PLANEJAMENTO TRIBUTÁRIO
PRESSUPOSTOS TEÓRICOS E APLICAÇÃO PRÁTICA

VALTER DE SOUZA LOBATO

Coordenador

JOSÉ ANTONINO MARINHO NETO

Organizador

PLANEJAMENTO TRIBUTÁRIO

PRESSUPOSTOS TEÓRICOS E APLICAÇÃO PRÁTICA

Belo Horizonte

CONHECIMENTO JURÍDICO

2021

© 2021 Editora Fórum Ltda.

É proibida a reprodução total ou parcial desta obra, por qualquer meio eletrônico, inclusive por processos xerográficos, sem autorização expressa do Editor.

Conselho Editorial

Adilson Abreu Dallari
Alécia Paolucci Nogueira Bicalho
Alexandre Coutinho Pagliarini
André Ramos Tavares
Carlos Ayres Britto
Carlos Mário da Silva Velloso
Cármen Lúcia Antunes Rocha
Cesar Augusto Guimarães Pereira
Clovis Beznos
Cristiana Fortini
Dinorá Adelaide Musetti Grotti
Diogo de Figueiredo Moreira Neto (*in memoriam*)
Egon Bockmann Moreira
Emerson Gabardo
Fabrício Motta
Fernando Rossi
Flávio Henrique Unes Pereira

Floriano de Azevedo Marques Neto
Gustavo Justino de Oliveira
Inês Virgínia Prado Soares
Jorge Ulisses Jacoby Fernandes
Juarez Freitas
Luciano Ferraz
Lúcio Delfino
Marcia Carla Pereira Ribeiro
Márcio Cammarosano
Marcos Ehrhardt Jr.
Maria Sylvia Zanella Di Pietro
Ney José de Freitas
Oswaldo Othon de Pontes Saraiva Filho
Paulo Modesto
Romeu Felipe Bacellar Filho
Sérgio Guerra
Walber de Moura Agra

CONHECIMENTO JURÍDICO

Luís Cláudio Rodrigues Ferreira
Presidente e Editor

Coordenação editorial: Leonardo Eustáquio Siqueira Araújo
Aline Sobreira de Oliveira

Av. Afonso Pena, 2770 – 15º andar – Savassi – CEP 30130-012
Belo Horizonte – Minas Gerais – Tel.: (31) 2121.4900 / 2121.4949
www.editoraforum.com.br – editoraforum@editoraforum.com.br

Técnica. Empenho. Zelo. Esses foram alguns dos cuidados aplicados na edição desta obra. No entanto, podem ocorrer erros de impressão, digitação ou mesmo restar alguma dúvida conceitual. Caso se constate algo assim, solicitamos a gentileza de nos comunicar através do *e-mail* editorial@editoraforum.com.br para que possamos esclarecer, no que couber. A sua contribuição é muito importante para mantermos a excelência editorial. A Editora Fórum agradece a sua contribuição.

Dados Internacionais de Catalogação na Publicação (CIP) de acordo com a AACR2

P712	Planejamento Tributário : pressupostos teóricos e aplicação prática/ José Antonino Marinho Neto (Org.); Valter de Souza Lobato (Coord.).– Belo Horizonte : Fórum, 2021.
	430p; 17cm x 24cm ISBN: 978-65-5518-269-9
	1. Direito Tributário. 2. Planejamento Tributário. I. Marinho Neto, José Antonino. II. Lobato, Valter de Souza. III. Título.
	CDD 341.39 CDU 336.2

Elaborado por Daniela Lopes Duarte - CRB-6/3500

Informação bibliográfica deste livro, conforme a NBR 6023:2018 da Associação Brasileira de Normas Técnicas (ABNT):

MARINHO NETO, José Antonino (Org.); LOBATO, Valter de Souza (Coord.). *Planejamento Tributário*: pressupostos teóricos e aplicação prática. Belo Horizonte: Fórum, 2021. 430p. ISBN 978-65-5518-269-9.

Aos alunos, razão de ser das aulas e das reflexões nelas produzidas.

Aos ilustres professores convidados para lecionar na disciplina ministrada e colaborar com a presente obra, pelo engrandecimento de ambas.

SUMÁRIO

APRESENTAÇÃO
Valter de Souza Lobato 15

PARTE GERAL

PLANEJAMENTO TRIBUTÁRIO: A ADI Nº 2.446 E AS TENTATIVAS DE REGULAMENTAÇÃO DO PARÁGRAFO ÚNICO DO ART. 116 DO CTN
Valter de Souza Lobato, Bianca Mauri Frade, José Antonino Marinho Neto 19
1   Introdução 19
2   Das tentativas de regulamentação do parágrafo único do art. 116 do CTN: propostas legislativas 20
2.1   A LC nº 104/01 e a introdução do parágrafo único no art. 116 do CTN 22
2.2   MP nº 66/02 24
2.3   PL nº 536/07 27
2.4   PLC nº 88/11: uma reforma do indigitado dispositivo? 27
2.5   PL nº 537/15 28
3   A ADI nº 2.446 e a interpretação do STF sobre a matéria 29
4   Uma comparação entre o entendimento do STF e as propostas legislativas ... 33
5   Uma comparação entre a jurisprudência do Carf e a decisão proferida nos autos da ADI nº 2.446 35
6   À guisa conclusiva: qual a moldura extraível do parágrafo único do art. 116 do CTN?.. 40
    Referências 47

A SIMULAÇÃO, O VÍCIO DE CAUSA E OS ELEMENTOS ESSENCIAIS DOS NEGÓCIOS JURÍDICOS COMO CRITÉRIOS PARA DELIMITAÇÃO DO DIREITO AO PLANEJAMENTO TRIBUTÁRIO NO BRASIL
Leonardo Aguirra de Andrade 51
1   Introdução 51
2   Exame dos casos concretos 53
2.1   Caso Dipil, Acórdão nº 9101-004.506 53
2.2   Caso SStowers, Acórdão nº 9101-004.709 55
3   Breves comentários sobre os casos 57
4   Fixação de algumas premissas teóricas 59
5   A simulação, a causa e os elementos essenciais dos negócios jurídicos como critérios para avaliação de planejamentos tributários 65
6   Os casos Dipil e Sstowers à luz do critério de simulação, causa e elementos essenciais dos negócios jurídicos 68
7   Conclusão 72

CONSIDERAÇÃO ECONÔMICA, PROPÓSITO NEGOCIAL E OS LIMITES DO PLANEJAMENTO TRIBUTÁRIO
Ramon Tomazela 75
1   Introdução 75

2	A consideração econômica na interpretação do fato gerador dos tributos	76
3	A interpretação econômica e o planejamento tributário	82
4	A teoria do propósito negocial	84
5	O art. 116, parágrafo único, do CTN	86
6	Conclusões	90

ÁGIO

A JURISPRUDÊNCIA DO CARF E A AMORTIZAÇÃO DE ÁGIO MEDIANTE INCORPORAÇÃO REVERSA: UMA ANÁLISE CRÍTICA
Angélica Duarte, Eduardo Arriciro Elias 95

1	Introdução	95
2	Breves considerações sobre a incorporação reversa de sociedades para amortização fiscal de ágio	98
3	Incorporação reversa para amortização de ágio na jurisprudência do Carf	102
4	Caso UOL Diveo	106
5	A relevância do Carf e da sua jurisprudência para a aplicação do direito tributário, no contexto do Estado Democrático de Direito	109
6	Conclusões	110
	Referências	111

AMORTIZAÇÃO FISCAL DO ÁGIO NA JURISPRUDÊNCIA DA CÂMARA SUPERIOR DE RECURSOS FISCAIS
Flávio Machado Vilhena Dias, Paulo Honório de Castro Júnior 113

1	Introdução	113
2	As figuras contábil e jurídica do ágio	114
2.1	Ágio no Decreto-Lei nº 1.598/1977	114
2.2	Programa Nacional de Desestatização e alteração da legislação do ágio	119
2.3	As diferenças entre as figuras contábil e jurídica do ágio e a aproximação pretendida pela Lei nº 12.973/2014	122
3	A pesquisa realizada	126
3.1	Ágio interno	127
3.2	Empresa-veículo	130
3.2.1	Acórdão nº 9101-004.500 – *Atacadão S.A.*	131
3.2.2	Acórdão nº 9101003.610 – *CTEEP*	134
3.3	Transferência de ágio	136
3.3.1	Acórdão nº 9101-004.819 – *Alvorada Cartões*	136
3.4	Laudo de avaliação	138
4	Conclusões	140
	Referências	143

PLANEJAMENTO TRIBUTÁRIO E APROVEITAMENTO FISCAL DO ÁGIO: ABORDAGEM DA JURISPRUDÊNCIA DO CARF E DO PODER JUDICIÁRIO
Tiago Conde Teixeira 145

1	Introdução	145
2	Ágio: disciplina legal e requisitos para a sua amortização	147
2.1	O ágio sob a égide da Lei nº 9.532/1997	147
2.2	A Lei nº 12.973/2014 e as alterações no tratamento fiscal do ágio	150
3	Amortização do ágio: os critérios utilizados pelo Carf e pelo Poder Judiciário	152
3.1	A abordagem do Carf sobre a possibilidade de amortização do ágio	152

3.1.1 Ausência de laudo 152
3.1.2 Ágio interno 154
3.1.3 Utilização de empresa-veículo 155
3.1.4 Ausência de propósito negocial 156
3.1.5 Ausência de confusão patrimonial 157
3.1.6 Ausência de efetivo pagamento 157
3.2 A abordagem do Poder Judiciário sobre a possibilidade de amortização do ágio 158
3.2.1 Ágio interno 158
3.2.2 Utilização de empresa-veículo 159
3.2.3 Ausência de propósito negocial 159
4 Conclusão 159
Referências 160

INCORPORAÇÃO DE AÇÕES

A INCORPORAÇÃO DE AÇÕES: ANÁLISE DE SUA NATUREZA JURÍDICA E DA EXISTÊNCIA DE POSICIONAMENTO CONSOLIDADO NO CONSELHO ADMINISTRATIVO DE RECURSOS FISCAIS
Leonardo Dias da Cunha, Marcelo Nogueira de Morais 165
1 Introdução 165
2 Incorporação de ações... 166
2.1 Natureza jurídica 167
2.1.1 Primeira corrente 167
2.1.2 Segunda corrente 169
3 Tratamento tributário dado pela legislação e o posicionamento adotado no presente estudo 170
4 Posicionamento do Conselho Administrativo de Recursos Fiscais – Carf........ 173
5 Conclusão 180
Referências.. 181

A INCORPORAÇÃO DE AÇÕES NA JURISPRUDÊNCIA DO CONSELHO ADMINISTRATIVO DE RECURSOS FISCAIS
Müller Nonato Cavalcanti Silva, Bárbara Shirley Alves Maia 183
1 Introdução 183
2 Da incorporação de ações... 184
3 A incorporação de ações na jurisprudência do Carf 187
3.1 Primeiro momento 187
3.2 Segundo momento 189
4 Do planejamento tributário por incorporação de ações 190
Referências.. 191

BIPARTIÇÃO CONTRATUAL – PETRÓLEO

CONTROVÉRSIAS ACERCA DA TRIBUTAÇÃO NOS CONTRATOS BIPARTIDOS DE AFRETAMENTO DE PLATAFORMA DE PETRÓLEO
Alexandre Evaristo Pinto, Bruno Cesar Fettermann Nogueira dos Santos............................ 195
1 Introdução: para o que já temos solução e no que ainda temos dúvida 195
2 O tratamento tributário das remessas de afretamento e serviços técnicos 197

3	Convenções para evitar a dupla tributação	198
4	Análise crítica dos precedentes do Carf sobre o assunto	204
4.1	Acórdãos da 2ª Seção	205
4.2	Acórdãos da 3ª Seção	208
5	Conclusão	209
	Referências	210

BIPARTIÇÃO CONTRATUAL: O AFRETAMENTO DE EMBARCAÇÕES PARA A EXPLORAÇÃO DE PETRÓLEO

Hanna Oliveira Lauar, Miguel Andrade Ferreira 213

	Introdução	213
1	O planejamento tributário e as normas antielisivas	215
2	A bipartição de contratos no afretamento de embarcações petrolíferas	218
3	Decisões do Conselho Administrativo de Recursos Fiscais (Carf)	220
3.1	CGG do Brasil Participações Ltda. (CGG) – Processos nºs 12448.726882/201390 e 11052.720070/2017-45	220
3.2	Petróleo Brasileiro S.A. Petrobras – Processo nº 16682.722899/201607	222
	Considerações finais	225
	Referências	227

SEGREGAÇÃO DE ATIVIDADES

O CASO DA SEGREGAÇÃO DE ATIVIDADES E RECEITA COMO DEMONSTRAÇÃO DA INSUFICIÊNCIA DO INSTITUTO DA SIMULAÇÃO NO DIREITO TRIBUTÁRIO BRASILEIRO

Leonardo de Andrade Rezende Alvim, Danielle Brandão Guisoli 231

1	A segregação de atividades e receitas como planejamento tributário	231
2	Simulação no direito tributário brasileiro	233
3	Caso Unilever	236
3.1	Acórdão nº 3403-002.519 – Conselho Administrativo de Recursos Fiscais	236
3.2	Acórdão nº 3301-003.169 – Conselho Administrativo de Recursos Fiscais	238
3.3	Análise do caso concreto – Acórdão nº 3403-002.519 e Acórdão nº 3301-003.169	241
4	Conclusão	244

PLANEJAMENTO TRIBUTÁRIO: A LEGITIMIDADE DA SEGREGAÇÃO OPERACIONAL E SOCIETÁRIA DE FONTES PRODUTORAS DE RENDIMENTOS

Luís Flávio Neto 247

1	Introdução	247
2	A legítima segregação das fontes produtoras de rendimentos: planejamento tributário oponível ao Fisco	249
2.1	As liberdades econômicas potencialmente restringidas pela vedação às referidas reestruturações societárias	251
2.2	A exigência de decisão clara do legislador para a restrição das referidas liberdades econômicas por meio da tributação	252
2.2.1	A inexistência de GAAR no ordenamento jurídico brasileiro	252
2.2.2	A inexistência de SAAR aplicável à segregação de fontes produtoras de rendimento em análise	254
2.3	O exemplo da segregação de patrimônio imobiliário: constituição de pessoa jurídica imobiliária para a locação ou venda de bens imóveis outrora pertencentes ao patrimônio de seus sócios (pessoa física ou jurídica)	254

3	A desconsideração da *simulada segregação de fontes produtoras de rendimentos*	256
3.1	Ausência de competência da Administração Fiscal para desconsiderar operações não simuladas	260
4	A identificação de fatores relevantes para a identificação de operações não oponíveis ao Fisco	262
4.1	Estrutura negocial	262
4.2	Estrutura financeira e contábil	263
4.3	Estrutura física e operacional	264
5	Breve retrospectiva dos julgamentos do Carf sobre a matéria	265
6	Qual a calibração do hidrômetro da intolerância ao planejamento tributário, conforme o Poder Judiciário brasileiro?	267
7	Considerações finais	270

CONTROVÉRSIAS ENVOLVENDO A TRIBUTAÇÃO SOBRE A RENDA

A (IM)POSSIBILIDADE DE DEDUÇÃO DE JUROS SOBRE O CAPITAL PRÓPRIO RETROATIVO DA BASE DE CÁLCULO DE IRPJ E CSLL

Daniela Nascimento Dias de Souza, Juliana Santos Moura, Lívia Carolina Silveira Costa ... 275

1	Introdução	275
2	Breve análise histórica e interpretação semântica da legislação instituidora dos JCP	276
3	Análise de casos no âmbito administrativo e judicial	282
3.1	Análise de julgamentos do Carf. Apresentação de dados da pesquisa	282
3.2	Argumentos favoráveis à possibilidade de deduzir os juros sobre o capital próprio	283
3.3	Argumentos desfavoráveis à possibilidade de dedução dos juros sobre o capital próprio de períodos anteriores	284
3.4	Análise de caso concreto – Pesquisa por amostragem – Divergência de posicionamento	285
3.5	Análise de julgamentos das decisões judiciais	288
4	Análise da pesquisa para fins de planejamento tributário: análise de riscos	291
5	Considerações finais	292
	Referências	293
	Anexo	295

REDUÇÃO DE CAPITAL E VENDA DE ATIVOS NA PESSOA FÍSICA: UMA ANÁLISE DOS LIMITES E ALCANCE DO DISPOSTO NA LEI Nº 9.249/95 À LUZ DA JURISPRUDÊNCIA DO CARF

Letícia Leite Vieira, Nayara Atayde Gonçalves Machado ... 301

	Introdução	301
1	Redução de capital social e devolução de ativos ao sócio ou acionista	303
2	Planejamento tributário no Brasil: debates atuais	305
3	Posições doutrinárias acerca das operações societárias realizadas no art. 22 da Lei nº 9.249/95 e suas repercussões tributárias	313
4	Metodologia da pesquisa que embasa o presente trabalho	316
5	Análise dos precedentes do Carf e da CSRF: balizas seguras para a adoção do disposto no art. 22 da Lei nº 9.249/95 como opção fiscal?	317
	Conclusão	322
	Referências	323

CASO ODEBRECHT: PRETENSÃO DE TRIBUTAÇÃO DO GANHO DE CAPITAL NA INCORPORAÇÃO DE SOCIEDADES PELO SEU VALOR CONTÁBIL

Thais de Barros Meira, Marina Pettinelli 325
1 Introdução 325
2 Descrição do caso 326
3 Breves comentários ao conceito de renda 329
4 Breves comentários sobre o conceito de ganho de capital 332
5 Breves comentários acerca dos aspectos societários e contábeis da incorporação de sociedades 334
6 Registros contábeis referentes à incorporação da ORINV pela GIF Realty 336
6.1 MEP 336
6.2 A contabilização do investimento pela Odebrecht 337
7 Inexistência de ganho no momento da incorporação de sociedade pelo valor contábil 339
8 Comentários finais 341
Referências 342

DEMAIS FIGURAS CLÁSSICAS DO PLANEJAMENTO TRIBUTÁRIO

"PEJOTIZAÇÃO" E SEUS REFLEXOS TRIBUTÁRIOS: ANÁLISE DOS CRITÉRIOS DE DESCONSIDERAÇÃO DE NEGÓCIOS JURÍDICOS NO ÂMBITO ADMINISTRATIVO

Ariane Coelho Baroni Perdigão de Miranda, Sávio Jorge Costa Hubaide 347
1 Introdução 347
2 A "pejotização" como planejamento tributário 348
2.1 As vantagens tributárias da "pejotização" e o art. 129 da Lei do Bem 349
3 O indefinido conceito de simulação aplicado à "pejotização" 351
3.1 Distinção entre trabalhadores autônomos e empregados 353
4 A Ação Declaratória de Constitucionalidade nº 66 354
5 Reflexos da reforma trabalhista e o posicionamento do STF sobre a terceirização das atividades-fim 356
6 Análise de casos do Carf 357
6.1 Caso Hospital Santa Helena e Caso Rede D'Or 357
6.2 Caso Hospital Oftalmológico de Brasília e Caso Globo 359
7 Conclusão 361
Referências 362

VALOR TRIBUTÁVEL MÍNIMO (VTM) PARA OPERAÇÕES COM PRODUTOS INDUSTRIALIZADOS ENTRE FIRMAS INTERDEPENDENTES

Elias Figueiroa da Silva, Wanderson Rodrigues Beserra 365
1 Introdução 365
2 Imposto sobre produtos industrializados (IPI) 366
3 Valor tributável mínimo (VTM) para operações com produtos industrializados 367
4 A controvérsia quanto ao termo "mercado atacadista" e "praça do remetente" 371
4.1 Conceito de "praça" como sinônimo de localidade circunscrita aos limites geográficos de dado município 372
4.2 Conceito mais amplo de "praça" 374
4.3 Conceito de "praça" irrelevante 376
5 Planejamento tributário e o valor tributável mínimo (VTM) 377
5.1 Caso Laboratórios Stiefel Ltda. (Acórdão Carf nº 3401-006.610) 378

5.2 Caso Procosa Produtos de Beleza Ltda. (Acórdão Carf nº 3402005.599) 380
6 Conclusões 381
Referências 382

A INTERPOSIÇÃO FRAUDULENTA E A PROVA NOS CASOS ADUANEIROS NOS JULGAMENTOS DO CONSELHO ADMINISTRATIVO DE RECURSOS FISCAIS
Lenisa R. Prado, Mariel Orsi Gameiro 385
1 Introdução 385
2 Direito aduaneiro e a legislação pertinente 386
2.1 Sanções aduaneiras 389
3 Tipos de importação 391
3.1 Importação própria ou direta 391
3.2 Importação por conta e ordem de terceiros 392
3.3 Importação por encomenda 393
3.4 Importância do Radar nas diferentes modalidades de importação 394
4 Objetivos do contribuinte infrator 395
5 Interposição fraudulenta: comprovada e presumida 396
6 A prova na interposição fraudulenta 398
7 Jurisprudência do Carf sobre o tema 402
7.1 Caso Via Itália Comércio e Importação de Veículos Ltda. 402
7.2 Caso Huawei do Brasil Telecomunicações Ltda. 403
7.3 Caso Cargill Agrícola Ltda. 405
8 Conclusão 407

APLICAÇÃO DO DIREITO E O PLANEJAMENTO TRIBUTÁRIO: ESTUDO DE CASO
Maysa de Sá Pittondo Deligne 411
Introdução 411
1 A complexidade do PIS e da Cofins 412
2 Planejamento tributário e a ausência de uma aproximação uníssona pela doutrina e jurisprudência pátrias 414
3 Planejamento tributário de PIS e Cofins: o caso do *split* de operações 417
Conclusão 423
Referências 423

SOBRE OS AUTORES 425

APRESENTAÇÃO

Pouquíssimos temas são tão debatidos e controvertidos em sede doutrinária como o planejamento tributário. É possível a desconsideração de atos e negócios jurídicos, ainda que lícitos, com fulcro no parágrafo único do art. 116 do CTN? Ou o citado dispositivo apenas autoriza a desconsideração com base em atos simulados? O que é simulação? Seria o parágrafo único do art. 116 do CTN inconstitucional? A referida desconsideração apenas poderia ser efetuada após a edição de lei ordinária a regulamentá-la? É possível a aplicação do critério do propósito negocial em um país cuja Constituição é tão insistente na proteção da segurança jurídica? É cabível a interpretação econômica do fato gerador? As figuras da fraude à lei, do abuso de direito, do abuso de formas, do negócio jurídico indireto etc. autorizam a desconsideração?

As mesmas perguntas também ensejaram e ensejam respostas da jurisprudência, em especial no âmbito do Carf. É claro que, nos casos postos sob análise daquele tribunal administrativo, os fatos assumem fundamental importância, inclusive em preponderância para a solução das controvérsias. Contudo, na evolução jurisprudencial do Carf, é possível verificar a predominância de determinados marcos teóricos, cambiantes ao longo do tempo, como é o normal do Direito e da vida.

O que se narrou acima nos levou a ministrar a matéria de Planejamento Tributário na Pós-Graduação em Direito na UFMG. O objetivo – e o desafio – daquela disciplina e que ora se materializa no livro que o leitor tem em mãos era o de confrontar a jurisprudência para verificar se a doutrina tem contribuído – e em que medida – para aprimorar a jurisprudência brasileira, administrativa e judicial.

Em boa hora, o livro é contemporâneo da ADI n° 2.446, em julgamento perante o STF, no qual a Suprema Corte vem entendendo pela constitucionalidade do parágrafo único do art.116 do CTN.

A presente obra é de tal modo estruturada: inicialmente, alguns capítulos se prestam a abordar a parte geral sobre planejamento tributário, sobretudo em perspectiva doutrinária. Após, são abordados vários temas sob os quais a jurisprudência do Carf em muito vem se debruçando: (i) amortização de ágio; (ii) incorporação de ações; (iii) bipartição contratual, com especial relevo para a exploração de petróleo; (iv) segregação de atividades; (v) controvérsias específicas envolvendo a tributação sobre a renda e (vi) outros temas clássicos do planejamento tributário, como as figuras da pejotização e da interposição fraudulenta.

À diversidade de temas soma-se a diversidade de autores: estudantes, advogados, procuradores, conselheiros e ex-conselheiros do Carf. Ademais, há pesquisadores jovens e outros muito experientes. Tudo isso com objetivo de analisar o tema de modo o mais plural possível. Estar na sala de aula é sempre um prazer enorme, mas este foi um semestre que me deixou recordações incríveis, seja pelo nível dos debates, seja pela forma profunda e empolgada com que os alunos encararam o desafio. Cumprimento todos, agradeço a todos, e o faço – com o perdão dos demais – ao meu colega, amigo e professor Leonardo Alvim, pois ele idealizou esta matéria comigo e sempre foi um grande incentivador dos meus projetos.

Feliz com o resultado daquele objetivo inicial, acredito que tanto a disciplina ministrada como o livro que ora se faz publicar cumpriu o seu desiderato. Esperamos que com esta obra possa haver um maior e melhor diálogo entre doutrina e jurisprudência, de modo a contribuir com a evolução de uma jurisprudência administrativa mais justa e estruturada.

Cumprimentando os autores dos artigos que compõem esta obra, desejamos uma boa leitura a todos.

Belo Horizonte, agosto de 2021.
Valter de Souza Lobato

PARTE GERAL

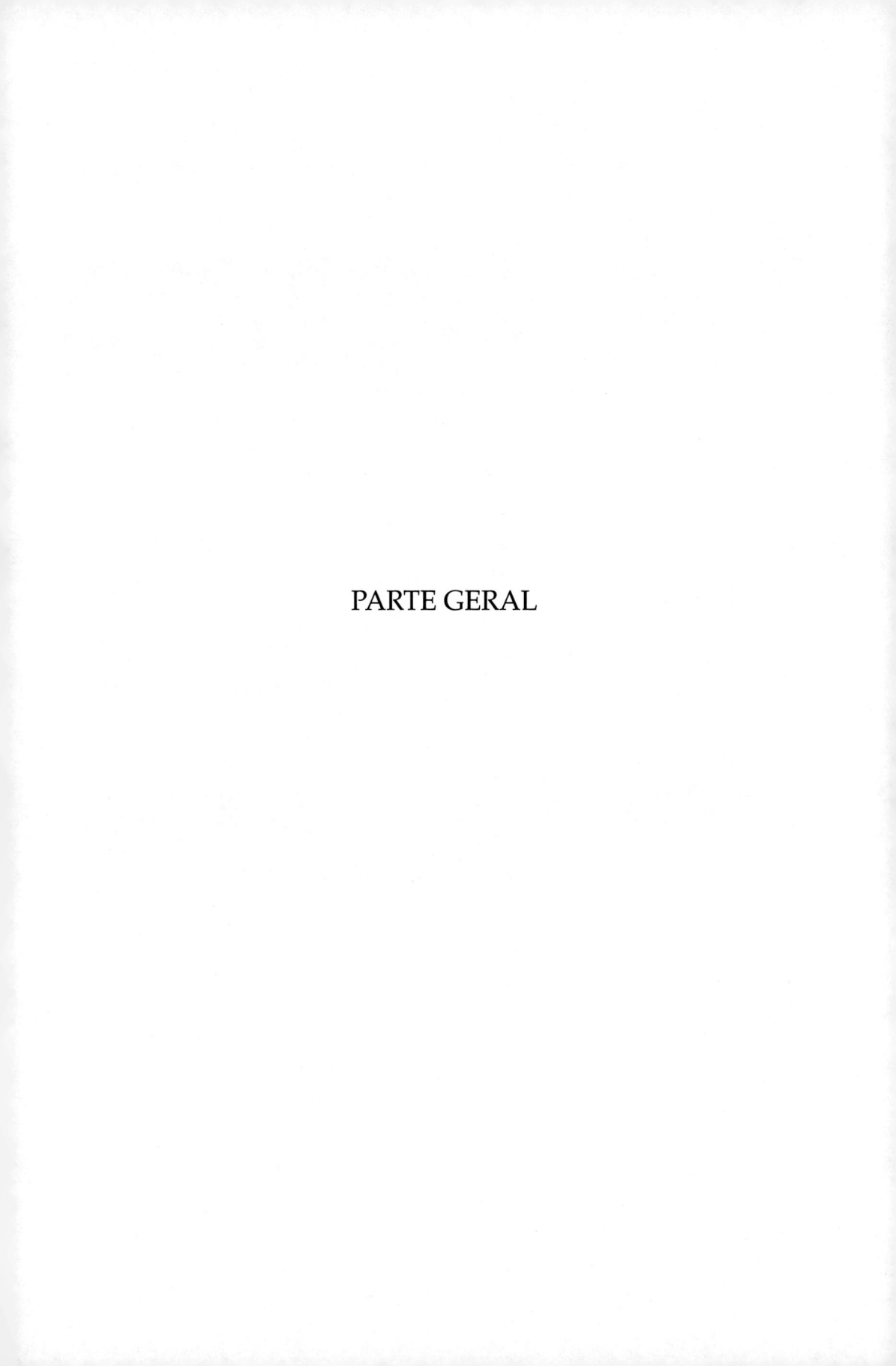

PLANEJAMENTO TRIBUTÁRIO: A ADI Nº 2.446 E AS TENTATIVAS DE REGULAMENTAÇÃO DO PARÁGRAFO ÚNICO DO ART. 116 DO CTN

VALTER DE SOUZA LOBATO

BIANCA MAURI FRADE

JOSÉ ANTONINO MARINHO NETO

1 Introdução

No ano em que a inclusão do parágrafo único no art. 116 do CTN completa duas décadas, o tema do planejamento tributário permanece como objeto de detida reflexão por parte da doutrina e da jurisprudência. Durante esse lapso temporal, a produção doutrinária a respeito do assunto alcançou níveis extraordinários, tanto em volume como em qualidade. No âmbito da jurisprudência administrativa – com especial relevo para o Carf –, desenvolveu-se um extenso número de julgados, constituindo-se em importante fonte de pesquisa para o tributarista que pretenda enfrentar este intrincado assunto.

Some-se a isto o fato de que se encontra em julgamento pelo STF a ADI nº 2.446, na qual a Suprema Corte vem entendendo pela constitucionalidade daquele dispositivo, conferindo a ele especial interpretação, consoante se verá adiante.

Dada a vastidão das discussões envolvendo o planejamento tributário, importa proceder um devido corte metodológico para os fins do presente trabalho: não se pretende, no curto espaço de que dispomos, analisar detalhadamente a jurisprudência administrativa em torno da aplicação do parágrafo único do art. 116 do CTN, muito embora a ela se faça referência em algumas passagens do estudo. Tampouco se intenta enfrentar esmiuçadamente a aplicação de conceitos desenvolvidos pela doutrina pertinentes ao tema, como os de propósito negocial, abuso de direito, abuso de formas, fraude à lei, entre outros.

Com efeito, este estudo tem por objetivo analisar a regulamentação do parágrafo único do art. 116 do CTN, tanto em momento anterior como posterior ao julgamento da ADI nº 2.446, a prevalecer a posição que ora vem se estabelecendo na Suprema Corte.

Assim, o presente trabalho inicia-se com um breve escorço histórico sobre as tentativas de regulamentação (e reforma) do parágrafo único do art. 116 do CTN. Após, passa-se a analisar os argumentos traçados no voto da Ministra Cármen Lúcia, no julgamento da ADI nº 2.446, sinalizando o que poderá vir a ser o entendimento do STF sobre a questão. Estabelecidas essas premissas, busca-se proceder a uma análise comparativa entre aquilo que o STF está a decidir e o que se tentou introduzir sobre o tema em âmbito legislativo, bem como cotejar os fundamentos da decisão com algumas categorias presentes na jurisprudência do Carf. Ao final, expressaremos nosso entendimento sobre a polêmica, sobretudo no que é pertinente às consequências que poderão advir dessa decisão, para fins de aplicação e regulamentação daquele dispositivo.

2 Das tentativas de regulamentação do parágrafo único do art. 116 do CTN: propostas legislativas

Quando da sua origem, por meio da Lei Complementar nº 104/2001, o parágrafo único do art. 116 do CTN foi introduzido no Digesto Tributário com o objetivo de permitir que a autoridade administrativa pudesse desconsiderar atos e negócios jurídicos dissimulados, conforme dispõe o texto legal:

> Art. 116. Salvo disposição de lei em contrário, considera-se ocorrido o fato gerador e existentes os seus efeitos: [...]
> Parágrafo único. *A autoridade administrativa poderá desconsiderar atos ou negócios jurídicos praticados com a finalidade de dissimular a ocorrência do fato gerador do tributo ou a natureza dos elementos constitutivos da obrigação tributária, observados os procedimentos a serem estabelecidos em lei ordinária.*

Da leitura do dispositivo, o parágrafo único do art. 116 do CTN autoriza a desconsideração dos atos e negócios jurídicos pela autoridade administrativa, desde que tais atos tenham por objetivo: (i) dissimular a ocorrência do fato gerador do tributo; ou (ii) dissimular a natureza dos elementos constitutivos da obrigação tributária.

A doutrina diverge sobre a matéria, na medida em que se busca definir se o referido dispositivo veicula norma geral antievasiva[1] ou antielisiva.[2] [3] A evasão fiscal é tradicionalmente conceituada como conduta ilícita, marcada por uma violação de norma legal, de modo a ocultar a ocorrência do fato gerador, ou seja, quando verificada a ocorrência de dolo, fraude ou simulação.

Por sua vez, a elisão fiscal está atrelada à licitude dos atos jurídicos, abarcando o conceito de planejamento tributário, ou seja, dentro das possibilidades autorizadoras para que o contribuinte se organize economicamente com os fins de diminuição da carga tributária.[4] Nessa senda, cumpre transcrever o escólio do mestre Antônio Roberto Sampaio Dória, no que diz respeito à distinção entre evasão e elisão fiscal:

> Indicadas assim as principais características da simulação, verifiquemos agora os critérios que permitem distingui-la, quando de sua incidência tributária, da elisão fiscal.
> (a) Inicialmente, a natureza dos meios. Na elisão são sempre lícitas; na simulação esconde-se, sob a habilidade maior ou menor do agente, sua ilicitude.
> (b) Quanto à ocorrência do fato gerador, a economia fiscal, conforme vimos, pressupõe a adoção de formas alternativa, de molde a evitar a verificação do pressuposto de incidência. Na simulação, o fato gerador ocorre efetivamente, mas vem desnaturado em sua exteriorização formal, pelo artifício utilizado, em sua aparência, como pressuposto de incidência legal.
> (c) Com relação à eficácia dos meios, ou seja, a efetividade da forma jurídica adota e a compatibilidade lógica entre forma e conteúdo, na economia a forma jurídica conquanto alternativa, é real; na simulação, é mero pretexto. Ademais, há correspondência lógica entre conteúdo e forma na elisão, embora nem sempre usualmente o respectivo resultado econômico venha a se manifestar sob a estrutura selecionada. De qualquer modo, a elisão tem como pré-requisito de sua concretização que o instrumental jurídico escolhido possua inquestionável idoneidade para permitir o enquadramento razoável da situação de fato. Na simulação, ao contrário, há em geral incompatibilidade entre a forma e conteúdo, de sorte que o nomen juris pretende moldar e identificar uma realidade factual, cujas

---

[1] Nesse sentido, é ver DERZI, Misabel de Abreu Machado. A desconsideração dos atos e negócios jurídicos dissimulados segundo a Lei Complementar nº 104, de 10 de janeiro de 2001. *In*: ROCHA, Valdir de Oliveira (Org.). *O planejamento tributário e a Lei Complementar 104*. São Paulo: Dialética, 2001. p. 205-232; MELO, Daniela Victor de Souza. Elisão e evasão fiscal – O novo parágrafo único do art. 116 do Código Tributário Nacional, com a redação da Lei Complementar nº 104/2001. *Revista Dialética de Direito Tributário*, n. 69, p. 47-68.

[2] Por todos, é ver GRECO, Marco Aurélio. *Planejamento tributário*. 3. ed. São Paulo: Dialética, 2011.

[3] Para uma revisão da literatura nacional antes da inclusão do parágrafo único ao art. 116 do CTN, é ver BECHO, Renato Lopes. O planejamento tributário na doutrina tradicional. *Revista Dialética de Direito Tributário*, n. 176, p. 136-155.

[4] No presente trabalho, partiremos da distinção apenas da elisão e da evasão fiscal. Contudo, não se descura da categoria doutrinária da elusão fiscal, elaborada pelo aguçado espírito científico de Heleno Taveira Torres, para quem a elusão consistiria no: "fenômeno pelo qual o contribuinte, mediante a organização planejada de atos lícitos, mas desprovidos de 'causa' (simulação ou com fraude à lei), tenta evitar a subsunção de ato ou negócio jurídico ao conceito normativo de fato típico e a respectiva imputação da obrigação tributária. Em modo mais amplo, elusão tributária consiste em usar de negócios jurídicos atípicos ou indiretos desprovidos de 'causa' ou organizados como simulação ou fraude à lei, com a finalidade de evitar a incidência de norma tributária impositiva, enquadrar-se em regime fiscalmente mais favorável ou obter alguma vantagem fiscal específica" (TORRES, Heleno Taveira. *Direito tributário e direito privado*: autonomia privada: simulação: elusão tributária. São Paulo: Revista dos Tribunais, 2003. p. 189).

características essenciais discrepam radicalmente daquelas que devem ser próprias do negócio ou categoria legal que foi empregada. Na primeira hipótese, o molde jurídico aceita, com mínima margem de acomodação, o fato que nele se insere. Na segunda, é evidente quase sempre, a violência da adaptação da forma jurídica aos fatos.

(d) No tocante aos resultados, na elisão produzem-se os resultados próprios do negócio jurídico utilizado, ao passo que na simulação os efeitos reais são diversos daqueles ostensivamente indicados, os quais, a propósito, não haveria necessidade de redundantemente assinalar, visto como seriam as consequências naturais do negócio jurídico, mas que não se produzem, por isto que vem ele viciado pela simulação.[5]

No mesmo sentido, Alberto Xavier conceitua a elisão fiscal como sendo a "não-sujeição à incidência da norma tributária pela adoção de uma conduta voluntária do contribuinte que tem por motivo exclusivo ou preponderante a obtenção daquele resultado negativo".[6] Por via de consequência, as normas antielisivas seriam aquelas que teriam

> por objetivo comum a tributação, por analogia, de atos ou negócios jurídicos extratípicos isto é, não subsumíveis ao tipo legal tributário, mas que produzem efeitos econômicos equivalentes aos dos atos ou negócios jurídicos típicos, sem, no entanto, produzirem as respectivas consequências tributárias.[7]

Estabelecidas essas premissas, passa-se a explorar o conteúdo das tentativas do legislador brasileiro em regulamentar o parágrafo único do art. 116 do CTN.

2.1 A LC nº 104/01 e a introdução do parágrafo único no art. 116 do CTN

O Projeto de Lei Complementar nº 77/1999 foi o responsável pela introdução do parágrafo único do art. 116 ao CTN. Baseando-se na exposição de motivos do referido projeto de lei, podem-se observar os interesses do legislador na inserção do dispositivo:

> A inclusão do parágrafo único ao art. 116 faz-se necessária para estabelecer, no âmbito da legislação brasileira, *norma que permita a autoridade tributária desconsiderar atos ou negócios jurídicos praticados com finalidade de elisão*, constituindo-se, dessa forma, em instrumento eficaz para o combate aos procedimentos de planejamento tributário praticados com abuso de forma ou de direito.

A partir do exposto acima, resta clara a intenção do legislador complementar em introduzir norma antielisiva ao ordenamento jurídico brasileiro, autorizando o combate aos planejamentos tributários praticados com: (i) abuso de forma; ou (ii) abuso de direito.

Para logo, cumpre anotar que, a nosso sentir, a interpretação do dispositivo inserido no CTN não pode se orientar pela vontade do legislador.

---

[5] DÓRIA, Antônio Roberto Sampaio. *Elisão e evasão fiscal*. São Paulo: José Bushatsky Editor, 1977. p. 65-67.
[6] XAVIER, Alberto. *Tipicidade da tributação, simulação e norma antielisiva*. São Paulo: Dialética, 2001.
[7] XAVIER, Alberto. *Tipicidade da tributação, simulação e norma antielisiva*. São Paulo: Dialética, 2001. p. 85.

É tradicional o entendimento da doutrina nesse sentido. Com efeito, de há muito afirmava Carlos Maximiliano que "a lei é a vontade transformada em palavras, uma força constante e vivaz, objetivada e independente do seu prolator; procura-se o sentido imanente no texto, e não o que o elaborador teve em mira".[8] E prossegue o jurista mineiro:

> Reduzir a interpretação à procura do intento do legislador é, na verdade, confundir o todo com a parte; seria útil, embora nem sempre realizável, aquela descoberta; constitui um dos elementos da Hermenêutica; mas, não o único; nem sequer o principal e o mais profícuo; existem outros, e de maior valia. Serve de base, como adiante se há de mostrar, ao processo histórico, de menor eficiência que o sistemático e o teleológico.
>
> Procura-se, hoje, o sentido objetivo, e não se indaga do processo da respectiva formação, quer individual, no caso do absolutismo, quer coletiva, em havendo assembleia deliberante, – como fundamento de todo o labor do hermeneuta. Exige-se um texto vivo; tolerar-se-ia a ficção de um legislador que falasse atualmente, e não de pessoa morta, que houvesse fixado o seu ideal e última vontade no Direito escrito, como faz o particular no testamento.[9]

Um outro argumento, calcado na teoria dos sistemas de Niklas Luhmann, corrobora o que se está a afirmar. Para este grande jurista e sociólogo alemão, o sistema jurídico é cognitivamente aberto, porém, operacionalmente fechado.[10] Nesse sentido, é fato que compete ao legislador introjetar determinados valores morais, políticos e/ou econômicos no sistema jurídico. Contudo, ao fazê-lo, atuam nesse processo os conversores internos do sistema jurídico. Trata-se de conceitos legais-normativos, trabalhados pela dogmática e que passam a compor o *input* do sistema. Em virtude deles é que os valores pertencentes ao ambiente se transformam em valores jurídicos, exercendo fundamental importância para as próprias decisões judiciais. Em suma, traduzem em jurídico aquilo que extrajurídico era, antes de serem introjetados pelo legislador no sistema.[11]

Nesse sentido, a questão que se coloca diz respeito ao vocábulo "dissimulado", constante da redação do parágrafo único do art. 116 do CTN. Segundo Caio Mário da Silva Pereira, trata-se de negócio jurídico pertencente à simulação relativa e, por via de consequência, situado nas plagas da ilicitude.[12] Some-se a isto o comando insculpido no art. 110 do CTN e as normas gerais em matéria tributária.

---

[8] MAXIMILIANO, Carlos. *Hermenêutica e aplicação do direito*. 20. ed. Rio de Janeiro: Forense, 2011. p. 23.

[9] MAXIMILIANO, Carlos. *Hermenêutica e aplicação do direito*. 20. ed. Rio de Janeiro: Forense, 2011. p. 24.

[10] Para uma leitura a respeito da teoria dos sistemas na concepção de Niklas Luhmann, é ver: DERZI, Misabel de Abreu Machado. *Modificações da jurisprudência no direito tributário*: proteção da confiança, boa-fé objetiva e irretroatividade como limitações constitucionais ao poder judicial de tributar. São Paulo: Noeses, 2009; LOBATO, Valter de Souza. O princípio da confiança retratado no Código Tributário Nacional. A aplicação dos arts. 100 e 146 do CTN. A análise de casos concretos. *In*: COÊLHO, Sacha Calmon Navarro (Coord.). *Segurança jurídica*: irretroatividade das decisões judiciais prejudiciais aos contribuintes: livro em louvor à Professora Misabel de Abreu Machado Derzi. Rio de Janeiro: Forense, 2013. p. 422.

[11] DERZI, Misabel de Abreu Machado. *Modificações da jurisprudência no direito tributário*: proteção da confiança, boa-fé objetiva e irretroatividade como limitações constitucionais ao poder judicial de tributar. São Paulo: Noeses, 2009. p. 32.

[12] "Pode a simulação ser absoluta ou relativa. Será absoluta quando o negócio encerra confissão, declaração, condição ou cláusula não verdadeira, realizando-se para não ter eficácia nenhuma. Diz-se aqui absoluta, porque há uma declaração de vontade que se destina a não produzir resultado. O agente aparentemente quer, mas na realidade não quer; a declaração de vontade deveria produzir um resultado, mas o agente não pretende resultado nenhum. A simulação se diz relativa, também chamada de dissimulação, quando o negócio tem por

A se considerar, portanto, o papel exercido pelos conversores no contexto do sistema jurídico, restam os seguintes questionamentos: o texto inserido no parágrafo único do art. 116 do CTN combate, de fato, a elisão tributária? Se assim o for, a norma é inconstitucional?

Seja como for, a intenção do legislador não se presta a nortear a interpretação dos textos jurídicos.

De todo modo, para que se possa identificar a natureza do dispositivo, bem como sua constitucionalidade e aplicabilidade, passa-se a analisar as tentativas do legislador brasileiro na sua regulamentação, inclusive para pautar eventuais tentativas futuras.

2.2 MP nº 66/02

A Medida Provisória nº 66 de 2002 veio na tentativa de regulamentar o parágrafo único do art. 116 do CTN com os procedimentos a serem observados pela fiscalização, bem como dispôs sobre os atos e negócios jurídicos que poderiam ser objeto da desconsideração pelas autoridades fiscais. Trata-se da primeira tentativa legislativa, no âmbito tributário, de introduzir os conceitos de (i) propósito negocial e (ii) abuso de forma, *in verbis*:

> Art. 13. Os atos ou negócios jurídicos praticados com a finalidade de dissimular a ocorrência de fato gerador de tributo ou a natureza dos elementos constitutivos de obrigação tributária serão desconsiderados, para fins tributários, pela autoridade administrativa competente, observados os procedimentos estabelecidos nos arts. 14 a 19 subseqüentes.
> Parágrafo único. O disposto neste artigo não inclui atos e negócios jurídicos em que se verificar a ocorrência de dolo, fraude ou simulação.
> Art. 14. São passíveis de desconsideração os atos ou negócios jurídicos que visem a reduzir o valor de tributo, a evitar ou a postergar o seu pagamento ou a ocultar os verdadeiros aspectos do fato gerador ou a real natureza dos elementos constitutivos da obrigação tributária.
> §1º Para a desconsideração de ato ou negócio jurídico dever-se-á levar em conta, entre outras, a ocorrência de:
> I - falta de propósito negocial; ou

---

objeto encobrir outro de natureza diversa (e.g., uma compra e venda para dissimular uma doação), ou quando conferir ou transmitir direitos a pessoas diversas daquelas às quais realmente se conferem ou se transmitem (e.g., a venda realizada a um terceiro para que este transmita a coisa a um descendente do alienante, a quem este, na verdade, tencionava desde logo transferi-la). E é relativa em tais hipóteses, porque à declaração de vontade deve seguir-se um resultado, efetivamente querido pelo agente, porém diferente do que é o resultado normal do negócio jurídico. O agente faz a emissão de vontade, e quer que produza efeitos; mas é uma declaração enganosa, porque a consequência jurídica em mira é diversa daquela que seria a regularmente consequente ao ato. A estes casos de simulação, absoluta ou relativa, acrescentam-se, ainda, a hipótese de instrumento particular ser antedatado ou pós-datado, e a de figurar como beneficiária do negócio jurídico pessoa determinada, porém, na realidade, inexistente. Na dogmática do Código Civil de 2002, somente é nulo o negócio jurídico em sendo absoluta a simulação. Se for relativa subsiste o negócio que se dissimulou, salvo se este padecer de outro defeito, na forma ou na própria substância" (PEREIRA, Caio Mário da Silva. *Instituições de direito civil* – Introdução ao direito civil: teoria geral do direito civil. 23. ed. Revisão e atualização de Maria Celina Bodin de Moraes. Rio de Janeiro: Forense, 2009. v. I. p. 543-544).

II - abuso de forma.

§2º Considera-se indicativo de falta de propósito negocial a opção pela forma mais complexa ou mais onerosa, para os envolvidos, entre duas ou mais formas para a prática de determinado ato.

§3º Para o efeito do disposto no inciso II do §1º, considera-se abuso de forma jurídica a prática de ato ou negócio jurídico indireto que produza o mesmo resultado econômico do ato ou negócio jurídico dissimulado.

Observa-se, da redação do texto proposto, a intenção do legislador em transferir para a ilegalidade a própria liberdade de o contribuinte optar por um arranjo econômico mais favorável tributariamente. O abuso de forma, por sua vez, inserido no âmbito tributário, buscou tornar ilegal a opção de organização tributária do contribuinte que produza o mesmo resultado econômico do negócio jurídico dissimulado. Dito de outro modo, o legislador pretendeu vetar a utilização de formas lícitas para obtenção de menor carga tributária (elisão fiscal) pelo contribuinte, o chamado por alguns de planejamento tributário abusivo.

Esta tentativa de regulamentação sofreu severas críticas da doutrina. Ives Gandra da Silva Martins viu nestes dois dispositivos inconstitucionalidades formais e materiais. Do ponto de vista formal, a lei ordinária a que faz referência o parágrafo único do art. 116 do CTN apenas poderia versar sobre aspectos procedimentais, em violação direta ao art. 146, III, da CR/88. Com efeito, ao CTN cabe definir normas gerais em matéria tributária, e não à lei ordinária regulamentadora de seu dispositivo.

Do ponto de vista material, porém, as inconstitucionalidades são postas pelo renomado publicista de forma candente: (i) haveria uma substituição do "princípio da legalidade pelo princípio do 'palpite fiscal'"; (ii) a desconsideração apenas valeria no âmbito do direito tributário, sem alcançar os demais ramos do direito; (iii) violariam flagrantemente o princípio da legalidade tributária não apenas o propósito negocial e o abuso de forma, como "qualquer outra que os humores da Fiscalização desejarem".[13]

No mesmo sentido, Hugo de Brito Machado aduz que o propósito negocial intentado pela referida medida provisória "constitui limitação intolerável à liberdade do cidadão contribuinte, sendo rejeitada até pela doutrina mais favorável à Fazenda em matéria de planejamento tributário".[14]

Já Marcus Abraham entende de modo diverso. Para este jurista, "não há mais espaço para o velho discurso da estrita legalidade baseada na tipicidade fechada para justificar qualquer planejamento tributário",[15] razão pela qual as categorias do propósito negocial e do abuso de formas (o *substance over form* dos estadunidenses) se prestariam a justificar a aplicação do parágrafo único do art. 116 do CTN. Isso não apenas em virtude

---

[13] MARTINS, Ives Gandra da Silva. Considerações sobre a norma antielisão. *Revista Dialética de Direito Tributário*, n. 87, p. 92-96. p. 95.

[14] MACHADO, Hugo de Brito. A falta de propósito negocial como fundamento para exigência de tributo. *Revista Dialética de Direito Tributário*, n. 143, p. 48-53. p. 50.

[15] ABRAHAM, Marcus. Os 10 anos da norma geral antielisiva e as cláusulas do propósito negocial e da substância sobre a forme presentes no direito brasileiro. *Revista Dialética de Direito Tributário*, n. 192, p. 79-93. p. 90.

dos princípios constitucionais que alteraram o paradigma do Estado brasileiro a partir de 1988, mas também como reflexo da teoria da função social dos contratos, albergada no Código Civil de 2002.

João Dácio Rolim e Paulo Rosenblatt estabelecem que o parágrafo único do art. 116 do CTN se baseou no conceito de abuso de direito, o qual, em matéria tributária, "deve ter como requisitos a ausência de propósito negocial (finalidade econômica principal ou única a obtenção de uma vantagem fiscal), e a manifesta artificialidade da operação". Esclarecem, contudo, que a categoria do propósito negocial "não deve se referir à intenção subjetiva, mas à causa objetiva do negócio jurídico, ou seja, a finalidade única ou preponderante de atingir um benefício fiscal, ausente a relevância da operação para o negócio celebrado (artificialidade)".[16]

Uma observação, porém, se faz necessária, no sentido da tentativa ilegal de introjeção das categorias do propósito negocial e do abuso de formas por meio da MP nº 66/02. Na opinião dos autores, dever-se-ia modificar o próprio CTN para tanto:

> O Congresso Nacional poderia ter aperfeiçoado as regras ou as substituído por regras mais adequadas, ao invés de simplesmente rejeitar tal MP. Contudo, o maior equívoco da MP nº 66/2002 é que, à exceção das regras procedimentais, todas as demais normas substantivas eram matéria reservada à lei complementar, por versarem sobre normas gerais de Direito Tributário. Assim é que a previsão dos critérios de propósito negocial e artificialidade deveriam ter sido inseridos no CTN por meio da LC nº 104, e não por medida provisória. Melhor seria fosse editada uma nova lei complementar para aperfeiçoar o texto do parágrafo único do art. 116 do CTN, até mesmo criando mais de um parágrafo para detalhar os requisitos e critérios de sua aplicação.[17]

De se ver, portanto, que o debate quanto à questão se mostra intrincado na doutrina nacional.[18]

Contudo, desde já incumbe salientar nossa posição quanto à referida MP, sobretudo no que diz respeito à categoria do propósito negocial: trata-se de instituto que não se encontra positivado em nosso ordenamento jurídico e que, a nosso sentir, pouco tem de jurídico. A aplicação do propósito negocial, com efeito, viola amplamente o princípio da legalidade. Albergar categoria desenvolvida pela jurisprudência norte-americana em um sistema constitucional e infraconstitucional rígido como o brasileiro, no qual a segurança jurídica prepondera em matéria tributária, faria letra morta do Estatuto do Contribuinte.

---

[16] ROLIM, João Dácio; ROSENBLATT, Paulo. Dez anos da normal geral antielisiva no Brasil. *Revista Dialética de Direito Tributário*, n. 197, p. 83-96. p. 88-89.

[17] ROLIM, João Dácio; ROSENBLATT, Paulo. Dez anos da normal geral antielisiva no Brasil. *Revista Dialética de Direito Tributário*, n. 197, p. 83-96. p. 92.

[18] Para uma análise doutrinária a respeito do tema com ênfase na jurisprudência administrativa, é ver SCHOUERI, Luís Eduardo (Coord.); FREITAS, Rodrigo de (Org.). *Planejamento tributário e o propósito negocial*: mapeamento decisões do Conselho de Contribuintes de 2002 a 2008. São Paulo: Quartier Latin, 2010; FARIA, Aline Cardoso de; GOMES, Marcus Lívio; ROCHA, Sérgio André (Org.). *Planejamento tributário sob a ótica do Carf*. Rio de Janeiro: Lumen Juris, 2019.

2.3 PL nº 536/07

O Projeto de Lei nº 536/07, ainda em tramitação no Congresso Nacional, apensado ao Projeto de Lei nº 133/07, estabelece procedimentos de desconsideração de atos ou negócios jurídicos tributários, com o objetivo de regular o parágrafo único do art. 116 do CTN. É ver o teor de seu art. 1º, §1º:

> Art. 1º Os atos ou negócios jurídicos praticados com a finalidade de dissimular a ocorrência de fato gerador do tributo ou a natureza dos elementos constitutivos da obrigação tributária serão desconsiderados, para fins tributários, pela autoridade administrativa competente, observados os procedimentos estabelecidos nesta Lei.
> §1º São passíveis de desconsideração os atos ou negócios jurídicos que visem ocultar os reais elementos do fato gerador, de forma a reduzir o valor de tributo, evitar ou postergar o seu pagamento.
> §2º O disposto neste artigo não se aplica nas hipóteses de que trata o inciso VII do art. 149 da Lei nº 5.172, de 25 de outubro de 1966 – Código Tributário Nacional (CTN).

Assim, a autoridade administrativa estaria autorizada não somente a desconsiderar os atos praticados em virtude de dolo, fraude ou simulação (art. 149, VII, CTN), tratando-se de evidente norma aplicada quando verificada a elisão fiscal.

Com efeito, o PL nº 536/07 constitui-se um vazio total. Mais confunde do que esclarece, para fins de regulamentação do parágrafo único do art. 116 do CTN. Pelo contrário, mais parece repetir a redação do dispositivo que pretende regular. Certamente, em caso de aprovação do referido projeto, acredita-se que as inúmeras, tormentosas e infindáveis discussões em matéria de planejamento tributário pouco avançariam.

2.4 PLC nº 88/11: uma reforma do indigitado dispositivo?

No âmbito da redação do próprio parágrafo único do art. 116 do CTN, encontra-se em trâmite na Câmara dos Deputados o Projeto de Lei Complementar nº 88/2011, com o objetivo de conferir nova redação ao dispositivo, nos seguintes termos:

> Art. 116. [...]
> Parágrafo único. Em caso de abuso da personalidade jurídica, caracterizado pelo desvio de finalidade, ou pela confusão patrimonial, poderá o juiz desconsiderar atos ou negócios jurídicos praticados com o objetivo de dissimular a ocorrência do fato gerador do tributo ou a natureza dos elementos constitutivos da obrigação tributária, observados os procedimentos a serem estabelecidos em lei ordinária.

As novas hipóteses legais que justificariam a desconsideração de atos ou negócios jurídicos seriam daqueles realizados com abuso de personalidade jurídica (= desvio de finalidade ou confusão patrimonial), o que remete, a nosso sentir, ao art. 50 do Código

Civil de 2002, recentemente modificado pela Lei nº 13.874/2019.[19] Nesse sentido, desvio de finalidade "é a utilização da pessoa jurídica com o propósito de lesar credores e para a prática de atos ilícitos de qualquer natureza" (CC/02, art. 50, §1º). A confusão patrimonial, por sua vez, é a "ausência de separação de fato entre os patrimônios".

Com isso, nas motivações expostas pelo Deputado Carlos Bezerra, redator do projeto de lei, a nova redação cumpre o objetivo de vedar atitudes do contribuinte que visem cometer ato ilícito, autorizando, no entanto, o planejamento tributário lícito. Assim expôs na justificação:

> Na verdade, quando dois ou mais profissionais se reúnem em uma sociedade para adquirir personalidade jurídica com o objetivo de pagar menos tributos do que pagariam isoladamente como pessoas físicas estão apenas utilizando as brechas legais, ou seja, estão praticando a "elisão fiscal" e não "fraude fiscal".

Pode-se interpretar que a reforma do parágrafo único do art. 116 do CTN, nos termos em que proposta, poderia estar regulando em definitivo o que seria o conceito de dissimulação em matéria tributária, o que até então não se mostra evidente no ordenamento jurídico. Ou seja, a dissimulação seria o abuso de personalidade jurídica.

2.5 PL nº 537/15

Por fim, o Projeto de Lei do Senado nº 537/2015, ainda em tramitação, também com o objetivo de regulamentar o parágrafo único do art. 116 do CTN, dispõe sobre a desconsideração de atos e negócios jurídicos com a finalidade de reduzir ou evitar o pagamento de tributo. Novamente, o legislador brasileiro pretende inserir no ordenamento as categorias do propósito negocial e do abuso de forma.

> Art. 2º São passíveis de desconsideração os atos ou negócios jurídicos que visem ocultar os verdadeiros aspectos do fato gerador ou a real natureza dos elementos constitutivos da obrigação tributária, com a finalidade de reduzir o valor de tributo ou de evitar ou postergar o seu pagamento.
> §1º Para a desconsideração de ato ou negócio jurídico dever-se-á levar em conta a ocorrência de:

---

[19] "Art. 50. Em caso de abuso da personalidade jurídica, caracterizado pelo desvio de finalidade ou pela confusão patrimonial, pode o juiz, a requerimento da parte, ou do Ministério Público quando lhe couber intervir no processo, desconsiderá-la para que os efeitos de certas e determinadas relações de obrigações sejam estendidos aos bens particulares de administradores ou de sócios da pessoa jurídica beneficiados direta ou indiretamente pelo abuso. §1º Para os fins do disposto neste artigo, desvio de finalidade é a utilização da pessoa jurídica com o propósito de lesar credores e para a prática de atos ilícitos de qualquer natureza. §2º Entende-se por confusão patrimonial a ausência de separação de fato entre os patrimônios, caracterizada por: I - cumprimento repetitivo pela sociedade de obrigações do sócio ou do administrador ou vice-versa; II - transferência de ativos ou de passivos sem efetivas contraprestações, exceto os de valor proporcionalmente insignificante; e III - outros atos de descumprimento da autonomia patrimonial. §3º O disposto no caput e nos §§1º e 2º deste artigo também se aplica à extensão das obrigações de sócios ou de administradores à pessoa jurídica. §4º A mera existência de grupo econômico sem a presença dos requisitos de que trata o caput deste artigo não autoriza a desconsideração da personalidade da pessoa jurídica. §5º Não constitui desvio de finalidade a mera expansão ou a alteração da finalidade original da atividade econômica específica da pessoa jurídica".

I - *falta de propósito negocial*; ou
II - *abuso de forma*.
§2º Considera-se indicativo de falta de propósito negocial a opção pela forma mais complexa ou mais onerosa, para os envolvidos, entre duas ou mais formas para a prática de determinado ato.
§3º Considera-se abuso de forma jurídica a prática de ato ou negócio jurídico indireto que produza o mesmo resultado econômico do ato ou negócio jurídico dissimulado.

Assim, retoma-se a ideia já rejeitada na MP nº 66/02, qual seja, a de que a autoridade administrativa estaria autorizada a realizar o lançamento do crédito tributário mesmo quando o contribuinte se utilizasse de formas lícitas para alcançar uma menor carga tributária. Por via de consequência, também é possível concluir a compreensão do Poder Legislativo no sentido de interpretar o parágrafo único do art. 116 do CTN como se norma antielisiva fosse.

Nesta senda, as críticas que se teceram outrora quando da análise da MP nº 66/02 mostram-se plenamente aplicáveis ao PL nº 537/15, sobretudo no que diz respeito à figura odiosa do propósito negocial.

3 A ADI nº 2.446 e a interpretação do STF sobre a matéria

Assim que inserido o parágrafo único do art. 116 no CTN, a Confederação Nacional do Comércio (CNC) ajuizou a ADI nº 2.446 perante o STF, objetivando a declaração de sua inconstitucionalidade.

Segundo a CNC, o referido dispositivo violaria os princípios constitucionais da legalidade e da separação dos poderes, isto é, a tributação de fato não subsumível à hipótese de incidência tributária e o exercício de função legislativa por órgão aplicador do direito, qual seja, o Poder Executivo, respectivamente. Ademais, defendeu a CNC a vedação à interpretação econômica das leis fiscais[20] no ordenamento jurídico brasileiro, bem como a inaceitável tributação por analogia, vedada inclusive em âmbito infraconstitucional, pelo art. 108, §1º do CTN.

Importa salientar que a CNC requereu medida cautelar, apresentando os argumentos acima como justificadores da plausibilidade do direito, somando-se ao perigo iminente de os contribuintes sofrerem autuações com base no preceito questionado.

Intimada a se manifestar, a Presidência da República, por intermédio da AGU, consignou que a Constituição não traria apenas limitações ao poder de tributar, mas também a necessidade de assegurar a efetividade dos princípios da isonomia e da capacidade contributiva. Nesse sentido, o objetivo da norma seria o de combater elisões abusivas, podendo a Administração negar eficácia a operações "esquisitas":

---

[20] Sobre a matéria, é ver: GALENDI JÚNIOR, Ricardo André. *A consideração econômica no direito tributário*. São Paulo: IBDT, 2020.

Cumpre realçar que o preceito legal impugnado não pretende afastar as formas lícitas de elisão ou de planejamento tributário, mas aspira a atingir o abuso do exercício desse direito, uma vez que não há mesmo, em canto algum e de espécie alguma, direito absoluto, de modo que dirige-se contra os casos de elisão ilícitas ou abusivas e, ao meu ver, mesmo contra casos de evasão.

Com tal preceptivo, não se exige que a administração tributária venha a anular os atos os negócios jurídicos dissimulados com o fito de esconder o fato gerador do tributo ou suas reais conseqüências.

Tais atos podem até continuar valendo para as partes, mas permite-se que a Administração negue eficácia a eles, desconsiderando em relação a ela as chamadas operações "esquisitas", ou seja, condutas incomuns que o contribuinte realiza, sem nenhum propósito empresarial, com o único objetivo de mascarar ou esconder o fato gerador do tributo efetivamente ocorrido ou reduzir a carga tributária.

Quanto ao *periculum in mora*, argumentou-se pela sua inexistência, em virtude da impossibilidade de autoaplicação do dispositivo, que deixa expressamente consignada a necessidade de edição de lei ordinária apta a estabelecer os aspectos procedimentais da desconsideração.

No mesmo sentido, manifestou-se o Congresso Nacional, ao asseverar que "a norma impugnada nada mais faz do que positivar a intolerância à elisão abusiva sem o comprometimento de nenhum princípio constitucional", muito embora arguindo que, ainda que o parágrafo único do art. 116 do CTN introduzisse a interpretação econômica entre nós, tal situação não revelaria inconstitucionalidade qualquer, por força dos princípios da isonomia e da capacidade contributiva. Ao contrário, "inconstitucional é a ausência de um sistema que combata a fuga de impostos através da dissimulação". A necessidade da regulamentação do dispositivo também foi salientada pelo Congresso Nacional.

A AGU reiterou a sua manifestação anterior, alegando que o combate à elisão abusiva já seria referendado pela jurisprudência de então e aceito por significativa parcela doutrinária. Asseverou-se que o aludido dispositivo representaria autêntica norma antievasiva,

> mas explicitamente mais ampla do que as normas que já existiam, a abranger algo além da simulação, do dolo e da fraude, para alcançar ao abuso de forma jurídica como a fraude ao espírito da lei e a falta de propósito negocial, tudo entendido como nuances do abuso de direito.

Também a improcedência da ADI foi requerida pela PGR, ao fundamento de que o parágrafo único do art. 116 do CTN representaria norma antievasiva, sem comprometer o direito ao planejamento tributário:

> Como já mencionado anteriormente, o propósito da norma ora hostilizada é o de impedir a evasão fiscal, razão pela qual permite a desconsideração de ato ou negócio jurídico praticado com a finalidade de mascarar a efetiva ocorrência e fato gerador ou a natureza de elemento constitutivo da obrigação tributária.
> Cumpre ainda esclarecer que o planejamento tributário - processo de escolha de ação ou omissão que visa à economia de tributos e à prática da elisão fiscal - conduta lícita que impede o surgimento da obrigação tributária não estão ameaçados pela norma do

parágrafo único do art. 116, do CTN; pois tanto um quanto o outro ocorrem em momento anterior à ocorrência do fato gerador; e a norma em questão trata da possibilidade de desconsideração de ato ou negócio jurídico praticado posteriormente ao fato gerador, com o propósito de dissimular sua ocorrência.

Antes da exposição do voto da Ministra Cármen Lúcia no julgamento da ADI nº 2.446, vale gizar uma importante observação: a liminar pleiteada pela CNC sequer chegou a ser apreciada, tendo o julgamento do mérito sido iniciado quase 20 anos após o ajuizamento da demanda. É de se destacar, por isso mesmo, que o receio dos contribuintes se concretizou: o Carf passou a admitir a autoaplicabilidade do parágrafo único do art. 116 do CTN. Fosse concedida a liminar outrora requerida, os rumos da discussão em matéria de planejamento tributário entre nós seriam sensivelmente distintos.

Feita a observação e retomando-se o raciocínio, o julgamento da ADI nº 2.446 iniciou-se em 12.6.2020. Com efeito, no âmbito do Plenário Virtual, o julgamento foi interrompido em 18.6.2020, em virtude do pedido de vista do Min. Ricardo Lewandowski. Acompanhando a Ministra Cármen Lúcia, no sentido da constitucionalidade do dispositivo, votaram os Ministros Marco Aurélio, Edson Fachin, Alexandre de Moraes e Gilmar Mendes.

Segundo a Ministra Cármen Lúcia, a improcedência da ADI e a constitucionalidade do parágrafo único do art. 116 do CTN se justificam na medida em que "a desconsideração autorizada pelo dispositivo está limitada a atos ou negócios jurídicos praticados com intenção de dissimulação ou ocultação desse fato gerador", sem que isso implique violação aos princípios da legalidade e da especificação conceitual. Nesse sentido, obrigação tributária há quando ocorre a subsunção do fato à hipótese de incidência tributária.

Ademais, o dispositivo citado não permitiria uma vedação ao planejamento tributário (elisão fiscal):

> Tem-se, pois, que a norma impugnada visa conferir máxima efetividade não apenas ao princípio da legalidade tributária mas também ao princípio da lealdade tributária.
> Não se comprova também, como pretende a autora, retirar incentivo ou estabelecer proibição ao planejamento tributário das pessoas físicas ou jurídicas. A norma não proíbe o contribuinte de buscar, pelas vias legítimas e comportamentos coerentes com a ordem jurídica, economia fiscal, realizando suas atividades de forma menos onerosa, e, assim, deixando de pagar tributos quando não configurado fato gerador cuja ocorrência tenha sido licitamente evitada.

Importa ressaltar que, na visão da Ministra Cármen Lúcia, o dispositivo em análise tampouco autorizaria a exigência de obrigação tributária por analogia. Isto por força não apenas da legalidade tributária, mas também da cláusula da separação dos poderes. Acresça-se a disposição expressa do já citado art. 108, §1º do CTN.

Diante dessas considerações, a questão que se coloca é a seguinte: qual a natureza do parágrafo único do art. 116 do CTN? Após diferenciar as categorias da elisão e evasão fiscais, a Ministra Cármen Lúcia categoricamente afirma que muito embora o legislador quisesse instituir uma norma antielisiva, consoante visto alhures, "a denominação 'norma antielisão' é de ser tida como inapropriada, cuidando o dispositivo de questão de norma de combate à evasão fiscal".

A esta mesma conclusão chegaram Misabel Derzi e Valter Lobato, em recente manifestação:

> Nesse sentido, independentemente da preferência doutrinária civilista que se venha a adotar, a conclusão a que se chega é a de que o voto da Ministra Cármen Lúcia coloca o parágrafo único do art. 116 do CTN no seu devido lugar: trata-se de norma, sim, combativa à evasão fiscal, e não à elisão fiscal. O poder que ela atribui às autoridades fiscais diz respeito justamente à desconsideração de atos e negócios jurídicos relativamente simulados, fraudulentos – e, portanto, situados nas plagas da ilicitude. Quanto à sua constitucionalidade, também com a razão a Ministra: trata-se de norma plenamente constitucional e de tal modo deve ser compreendida. [...]
> Sob o prisma estritamente dogmático, nossas considerações em muito tangenciam a abordagem anterior e coincidem com as lições de GILBERTO DE ULHÔA CANTO a que aludimos anteriormente.
> Assim como o saudoso jurista carioca, é necessário fincar raízes na distinção entre elisão e evasão fiscal. Com base nela é que podemos afirmar, como outrora afirmamos, que atos e negócios jurídicos dissimulados são atos ilícitos, e portanto, conceitualmente não dizem respeito a planejamento tributário. Se são atos ilícitos, não devem prevalecer, pelo que é absolutamente constitucional a norma contida no parágrafo único do art. 116 do CTN que permite às autoridades fiscais desconsiderá-los. O que viola a lei é e sempre será ato ilícito. Economia tributária, planejamento tributário, elisão fiscal – seja lá o nome que se dê ao fenômeno – é ato situado, por definição, no âmbito da licitude.[21]

Ou seja, a prevalecer este entendimento, terá dito o STF duas questões fundamentais: (a) a inexistência de um planejamento tributário abusivo (ou se trata de planejamento = elisão, ou não) e (b) que a interpretação correta do parágrafo único do art. 116 se dá no sentido de que o dispositivo não veicula norma antielisiva inconstitucional, mas sim norma antievasiva constitucional, apta a desconsiderar atos e negócios jurídicos ilícitos, porque simulados, e, portanto, situados nas plagas da ilicitude.

A este respeito, segundo Luís Flávio Neto, a aplicação do parágrafo único do art. 116 do CTN estaria no campo da regulação do planejamento tributário abusivo, ou seja, na dissimulação.[22] Para o autor, a norma contida no art. 109 do CTN limita o conceito de simulação previsto no direito civil (art. 167, CC/2002), tendo em vista a impossibilidade de o direito tributário utilizar-se de definições do direito privado para efeitos tributários.

---

[21] LOBATO, Valter de Souza; DERZI, Misabel de Abreu Machado. Planejamento tributário, a ADI 2446 e a constitucionalidade da norma geral antievasiva no Sistema Tributário Nacional. *In*: BRIGAGÃO, Gustavo; MATA, Juselder Cordeiro da (Org.). *Temas de direito tributário em homenagem a Gilberto de Ulhôa Canto*. 1. ed. Belo Horizonte: Arraes, 2020. v. 2. p. 449-474.

[22] Diz o autor: "Para o Direito Tributário brasileiro, estaria claro que a simulação se prestaria a sonegação, ou seja, o ilícito. No caso da simulação relativa, a ocorrência do fato gerador de uma obrigação tributária seria ocultada pela oposição do ato simulado. Na simulação absoluta, o contribuinte buscaria construir determinado invólucro que, caso real, lhe atribuiria benefícios fiscais, embora nada exista. Contudo, desde janeiro de 2001, quando a publicação do parágrafo único do art. 116, do CTN, a simulação, em sua configuração relativa (dissimulação), passou a figurar no antecedente da norma enunciada pelo legislador complementar com o objetivo de tutelar o planejamento tributário abusivo. Daí porque passou-se a discutir se o referido dispositivo se trataria de uma norma anti-evasão ou antiabuso" (FLÁVIO NETO, Luís. *Teorias do "abuso" no planejamento tributário*. 2011. 266 f. Dissertação (Mestrado em Direito) – Faculdade de Direito, Universidade de São Paulo, São Paulo, 2011. p. 60).

Daí decorre que, se determinado instituto do Direito Civil compõe algum enunciado prescritivo de matéria tributária, ao menos duas hipóteses seriam possíveis: (i) poderá o legislador tributário atribuir definição, conteúdo e alcance diversos do que se verifica no Direito civil (apenas o nome de batismo será igual nas diferentes searas jurídicas), ou; (ii) caso o legislador tributário silencie quanto à questão, deverá ser tomado o instituto conforme o seu perfil no Direito Civil.[23]

Quanto à recepção do instituto da simulação pelo art. 149, VII do CTN, o doutrinador paulista entende que a norma jurídica tributária combate o ato doloso, ou seja, o ato ou negócio jurídico praticado dentro do conceito da evasão fiscal com o cometimento do ilícito. Nesse sentido, o procedimento previsto no parágrafo único do art. 116 do CTN foi inserido no ordenamento com o objetivo de tutelar o planejamento abusivo, de modo que, para que seja alcançada a simulação relativa, será necessário que o legislador ordinário cumpra o requisito do procedimento especial.

De posse de tais considerações, passa-se a cotejar o entendimento do STF com as tentativas de regulamentação do parágrafo único do art. 116 do CTN até então existentes.

4 Uma comparação entre o entendimento do STF e as propostas legislativas

Ainda que a doutrina tenha travado acirrados debates quanto à natureza jurídica, constitucionalidade e aplicação do parágrafo único do art. 116 do CTN, observa-se verdadeira omissão do Poder Legislativo na edição da lei ordinária regulamentadora do citado dispositivo. É ver o excessivo tempo de tramitação dos projetos de lei acima compilados.

Ademais, é patente a morosidade do STF em julgar a ADI nº 2.446, ajuizada em 2001, logo após a edição da Lei Complementar nº 104/2001.

Consoante assinalado alhures, o Poder Judiciário absteve-se de se manifestar quanto à medida cautelar proposta pela Confederação Nacional do Comércio na ADI nº 2.446, requerida em pedido inicial. Tal situação chegou a comprometer a tutela adequada a ser exercida pelo Poder Judiciário, sobretudo no que diz respeito à ameaça ou lesão a direito dos contribuintes (art. 5º, XXXV, da CR/88).

A doutrina processualista entende a ação como o direito de obter a prestação jurisdicional do Estado pela via do processo e composição do litígio. Nesse sentido, esperava-se que a Suprema Corte se posicionasse quanto à produção de efeitos do dispositivo inserido pela LC nº 104/2001, até que fosse analisado o mérito da ADI.

---

[23] FLÁVIO NETO, Luís. *Teorias do "abuso" no planejamento tributário*. 2011. 266 f. Dissertação (Mestrado em Direito) – Faculdade de Direito, Universidade de São Paulo, São Paulo, 2011. p. 57.

Contudo, ao não julgar a medida cautelar pleiteada pela CNC, a atuação do STF beirou a própria negação de acesso à justiça e à prestação jurisdicional.[24]

Assim, pela própria natureza da ação direta de inconstitucionalidade, não se esperava que o STF julgasse o mérito de casos que envolvessem o planejamento tributário, mas que definisse os parâmetros do debate da interpretação do parágrafo único do art. 116 do CTN.

Nesse contexto, o Poder Legislativo, por meio das tentativas de regulamentação a que se fez referência, buscou justificar a vedação ao planejamento tributário mediante a inserção de conceitos como os de propósito negocial e abuso de forma no ordenamento, com o objetivo de vedar a economia do tributo por parte do contribuinte. Note-se que os projetos ainda em trâmite perante o Congresso Nacional ainda trazem exatamente os mesmos conceitos da já vetada MP nº 66/2002.

Ademais, o voto proferido pela Ministra Cármen Lúcia, posicionando-se pela constitucionalidade do dispositivo de natureza antievasiva, acaba por dar fim às discussões hoje em trâmite quanto à vedação da elisão fiscal. Nesse sentido, a prevalecer esse entendimento, caberá ao Poder Legislativo, por meio de lei ordinária, regulamentar a aplicação do parágrafo único do art. 116 de modo radicalmente distinto que pretendeu e vem pretendo fazer.

Não são outras as lições do eminente Professor Sacha Calmon Navarro Coêlho:

> a) No Direito brasileiro não há lugar para normas gerais antielisivas ante o rigor da Constituição. Há cabimento para normas anti-simulatórias como presunções juris tantum, específicas, legisladas.
> b) O parágrafo único do art. 116 traduz caso de simulação relativa, mas o ônus da prova é do Estado. O ato administrativo do lançamento goza de presunção de legitimidade, mas não dispensa a motivação, a razoabilidade e a proporcionalidade.
> c) A certeza e a segurança do Direito devem prevalecer. Caso contrário estaremos sob o tacão do arbítrio e da opressão fiscal.
> O Brasil optou, para evitar a evasão lícita, o método legislativo da „cláusula ou norma específica antielisiva especial ̋, repudiando a geral (art. 109 do CTN). O art. 110 do CTN para evitar invasões de competência, que o Brasil é uma República Federativa, com três ordens de Governo exercentes do poder de tributar, proibiu dar outro sentido aos institutos de direito privado utilizados com fatos jurígenos pela Constituição para repartir competências tributárias. Por outro lado, o CTN, no art. 109, conferiu ao legislador o poder de atribuir aos institutos, conceitos e formas de direito privado, efeitos fiscais próprios. Equivale a dizer que o legislador pode criar presunções relativas (juris tantum) para atribuir a um negócio jurídico extratípico, o mesmo regime jurídico tributário do negócio típico. Ao administrador, por via de conseqüência, é vedado utilizar tal expediente. Aqui não se trata mais de integração analógica, mas de equiparação legislativa razoável (presuntiva e juris tantum).

---

[24] Sobre o exercício da função jurisdicional por parte do Estado, ensina o Professor Humberto Theodoro Júnior: "A parte, diante do Estado-juiz, dispõe de um poder jurídico, que consiste na faculdade de obter a tutela para os próprios direitos ou interesses, quando lesados ou ameaçados, ou para obter a definição das situações jurídicas controvertidas. É o direito de ação, de natureza pública, por referir-se a uma atividade pública, oficial, do Estado" (THEODORO JÚNIOR, Humberto. *Curso de direito processual civil*. 59. ed. rev., atual. e ampl. Rio de Janeiro: Forense, 2018. p. 179).

Assim, desde que haja razoabilidade e proporcionalidade, sempre admitida a prova em contrário, o legislador pode, por exemplo, equiparar o comodato à locação, presumindo para fins do imposto de renda, um aluguel presuntivo tributável, salvo se o contribuinte, no caso concreto, provar que o comodato é real, não ocultando um contrato de locação (dissimulação). O legislador pode, eis outro exemplo, dizer que aquele que integraliza bens imóveis ao capital de sociedade civil ou mercantil, com imunidade (mediante um contrato de sociedade depois desfeito) que ele, o integralizador, e somente ele, pode se retirar da sociedade com os bens que colacionou. É uma típica regra antievasiva especial (anti-simulatória, como no exemplo anterior) que deve passar por um teste de verdade para ser aplicável. Veja-se o caso de a sociedade vir a ser desfeita 10 anos após. Não teria havido a intenção de ocultar uma compra e venda, tributada pelo imposto sobre transmissão de bens imóveis, mediante a celebração de um falso contrato de sociedade. O tempo decorrido é prova suficiente contra a presunção juris tantum de dissimulação, que cede lugar ao princípio da verdade material. Entre nós, portanto, só o legislador pode qualificar e requalificar os atos e negócios jurídicos para os tributar, jamais o agente do Estado-Administração. Este só pode, ao abrigo de norma legislada, aplicar a lei mediante ato administrativo fundamentado em provas (motivação). Ipso facto, não poderá, como sugerem alguns, utilizar a analogia imprópria para, com base nos resultados econômicos obtidos (idênticos), mas com inferior custo fiscal, desqualificar o negócio alternativo e a ele aplicar (negócio extra-típico) a tributação prevista para o negócio típico (ou seja, tipificado na lei). Seria a mais descarada utilização do arbítrio, contra a segurança jurídica e o princípio da legalidade, inclusive dos atos administrativos. Haveria um duplo atentado ao princípio da legalidade:

• criar fato gerador não previsto em lei, substituindo o legislador;

• praticar ato administrativo arbitrário, sequer discricionário, quando se sabe que o ato administrativo tributário é vinculado à lei.[25]

Portanto, os projetos de lei hoje em trâmite no Congresso Nacional, se convertidos em lei, tornar-se-iam manifestamente ilegais, em face da decisão (a ser) proferida pelo STF. O mesmo destino se dá quanto a futuros projetos de lei que se apresentarem no mesmo rumo dos que já foram rejeitados, em razão da inconstitucionalidade exposta.

5 Uma comparação entre a jurisprudência do Carf e a decisão proferida nos autos da ADI nº 2.446

Muito embora o presente estudo não se preste à análise minuciosa de casos concretos envolvendo planejamento tributário, são inúmeros os arestos em que o Carf aplica os conceitos de propósito negocial, abuso de formas e abuso de direito, com o objetivo de manter as autuações fiscais fundamentadas na ocorrência da elisão fiscal.[26]

---

[25] COÊLHO, Sacha Calmon Navarro. *Evasão e elisão fiscal*. O parágrafo único do art. 116, CTN, e o direito comparado. Rio de Janeiro: Forense, 2006. p. 61-63.

[26] Para uma leitura detida sobre o tema é ver FAJERSZTAJN, Bruno; SANTOS, Ramon Tomazela Santos. Planejamento tributário – Entre o positivismo formalista e o pós-positivismo valorativo: a nova fase da jurisprudência administrativa e os limites para a desconsideração dos negócios jurídicos. *Revista Dialética de Direito Tributário*, n. 223, p. 38-55; GUTIERREZ, Miguel Delgado. O planejamento tributário e o business purpose. *Revista Dialética de Direito Tributário*, n. 231, p. 75-81; MOTTA, Luciano de Campos Prado. Planejamento tributário: "direito de imagem" como evasão e elisão fiscais. *Revista Direito Tributário Atual*, n. 44, p. 290-313, 1º sem.

A questão que se coloca, portanto, é a seguinte: a partir da posição que o STF vem adotando no julgamento da ADI nº 2.446, seria possível a desconsideração de planejamentos tributários com base nas figuras acima elencadas? Dito de outro modo: agindo o contribuinte na senda da legalidade, poderiam tais figuras ser invocadas para a desconsideração dos planejamentos?

No Acórdão nº 2402-006.696, a ausência de propósito negocial e o suposto uso abusivo de formas jurídicas pelo contribuinte lastrearam a desconsideração perpetrada pela Receita Federal. No caso, ocorreu a transferência de ações de pessoas físicas para fundo de investimentos em participações (FIP) e posterior alienação, de modo que a autoridade administrativa entendeu que o FIP foi utilizado como empresa-veículo, com o objetivo de postergar o pagamento de tributos:

> ASSUNTO: IMPOSTO SOBRE A RENDA DE PESSOA FÍSICA IRPF
> Exercício: 2012
> IRPF. GANHO DE CAPITAL. DISSIMULAÇÃO. EMPRESA VEÍCULO. AUSÊNCIA DE PROPÓSITO NEGOCIAL. PLANEJAMENTO TRIBUTÁRIO. DESCONSIDERAÇÃO.
> Caracterizado o uso abusivo das formas jurídicas de direito privado com o objetivo de reduzir a apuração do ganho de capital em operação de alienação de ações, mediante dissimulação com utilização de empresa-veículo e ausente propósito negocial, impõe-se a desconsideração do ato ou negócio jurídico, forte no art. 116, parágrafo único, do CTN c/c o art. 167 da Lei n. 10.406/2002 (Código Civil).
> MULTA QUALIFICADA.
> A qualificação da multa, nos termos do artigo 44, II, da Lei 9.430/1996, requer a identificação, na conduta praticada pelo sujeito passivo, de sonegação, fraude ou conluio, previstas, respectivamente, nos arts. 71, 72 e 73 da Lei 4.502/1964. A dissimulação, consubstanciada em abuso de formas jurídicas de direito privado, mesmo com utilização de empresa-veículo e ausente propósito negocial, sem que reste comprovada fraude documental, não enseja a aplicação da multa de 150%, vez que há evidente distinção entre o planejamento tributário sem propósito negocial e a sonegação dolosa e fraudulenta de tributos, não se caracterizando, destarte, o dolo, em seus aspectos subjetivo (intenção) e objetivo (prática de um ilícito).[27]

No mesmo sentido, no Acórdão nº 1402-002.963, as categorias do abuso de direito de propósito negocial foram invocadas para lastrear a desconsideração do planejamento tributário levado a cabo pelo contribuinte. No caso, houve a emissão de debêntures adquiridas por empresa dentro de um mesmo grupo empresarial, acarretando a amortização de ágio decorrente dessa aquisição e ocasionando a diminuição do valor de IRPJ e de CSLL a pagar. O contribuinte, na interposição do recurso voluntário, acostou laudo de terceiro, fundamentando o ágio gerado economicamente e em condições de mercado. Mesmo assim, como se depreende da leitura da ementa do acórdão a seguir, o trabalho fiscal foi mantido pelo Carf.

2020; SOUZA, Túlio Venturini de. "Positivismo de estimação": a instrumentalização da aplicação do art. 116, parágrafo único, do CTN enquanto norma antielisiva. *Revista Direito Tributário Atual*, n. 42, p. 428-449, 2º sem. 2019.

[27] CARF, 2ª Seção de Julgamento, 4ª Câmara, 2ª Turma Ordinária. Acórdão nº 2402-066.696. Rel. Cons. Luís Henrique Dias Lima, sessão de 4.10.2018.

Assunto: Imposto sobre a Renda de Pessoa Jurídica – IRPJ
Exercício: 2002
EMBARGOS DE DECLARAÇÃO. ERRO MATERIAL.
Julgados dois autos de infração de exercícios diferentes em mesma sessão e reproduzidos quando da formalização o mesmo acórdão configurado está o erro material passível de integração em sede de embargos declaratórios.
NULIDADE. AUSÊNCIA
Insubsistentes os argumentos veiculados pela contribuinte pela alteração de critério jurídico (146, CTN) a prejudicar o exercício da ampla defesa e contraditório. Ademais, a presença ou não de fundamento econômico e a legitimidade ou não da amortização do ágio na emissão de debêntures trata-se de questão de mérito
PLANEJAMENTO TRIBUTÁRIO. OPONIBILIDADE AO FISCO. ABUSO DO DIREITO. PROPÓSITO NEGOCIAL. INDEDUTIBILIDADE
A emissão de debêntures, com o único propósito de reduzir a carga tributária, implica em planejamento tributário abusivo, mais especificamente, elisão abusiva. Para que um planejamento tributário seja oponível ao fisco, não basta que o contribuinte, no exercício do direito de auto-organização, pratique atos ou negócios jurídicos antes dos fatos geradores e de acordo com as formalidades previstas na legislação societária e comercial. É necessário que haja um propósito negocial, de modo que o exercício do direito seja regular.[28]

Já no Acórdão nº 1202-001.176, para além da categoria do abuso de direito, até mesmo os bons costumes foram sustentados pelo Carf para a manutenção da exigência fiscal. No caso, uma empresa integralizou capital com imóveis em outra empresa, tornando-se sócias, com a posterior alienação desses mesmos imóveis integralizados. Dessa forma, a fiscalização autuou o contribuinte com fundamento em utilização de operações societárias para evitar o pagamento de imposto de renda sobre o ganho de capital da alienação de imóveis, por se tratar de empresa imobiliária criada artificialmente. Assim, o contribuinte foi autuado com fundamento na utilização de formas previstas no direito privado (abuso de direito, art. 197 do CC/02) para economizar o pagamento de tributo.

ASSUNTO: IMPOSTO SOBRE A RENDA DE PESSOA JURÍDICA IRPJ
Ano-calendário: 2006, 2007
PLANEJAMENTO TRIBUTÁRIO. ABUSO DE DIREITO.
INOPONIBILIDADE AO FISCO.
O ato ou conjunto de atos praticados com abuso de direito, assim entendido o exercício de direito que manifestamente excede os limites impostos pelo seu fim econômico ou social, pela boa fé ou pelos bons costumes, é inoponível ao fisco.
COMPENSAÇÃO DE PREJUÍZOS FISCAIS. LIMITAÇÃO.
Os prejuízos fiscais de períodos anteriores somente podem ser compensados até o limite de trinta por cento do lucro real.
CSLL. DECORRÊNCIA.

---

[28] CARF, 1ª Seção de Julgamento, 4ª Câmara, 2ª Turma Ordinária, Acórdão nº 1402-002.963. Rel. Cons. Lucas Bevilacqua Cabianca Vieira, sessão de 13.3.2018.

O resultado do julgamento do IRPJ reflete seus efeitos sobre a CSLL lançada em decorrência das mesmas infrações.[29]

O que se pretende sustentar, no presente trabalho, é exatamente o fato de que o propósito negocial (e demais categorias que, embora positivadas no direito civil, acabam por funcionar como apêndices mal aplicados no direito tributário) não se presta como fundamento apto a legitimar a desconsideração de planejamentos tributários. A questão é bem colocada por José Maria Arruda de Andrade e Leonardo Branco:

> Assim, no campo do direito brasileiro, correto o raciocínio no sentido de que, em regra, a capacidade contributiva manifestada por alguém que não pratica fato gerador típico se encontra infensa ao âmbito da competência tributária do Estado, ainda que o resultado econômico seja equivalente àquele obtido por terceiro que, para tanto, incorreu no fato gerador. É necessário se considerar, entretanto, que, ao se buscar o propósito negocial, realiza-se um exercício em torno da consideração econômica do agir do contribuinte para se averiguar o interesse das partes desdobrado do seu agir. A partir do momento em que o legislador fixa institutos de direito privado como pontos ou limites fixos para a tributação, apenas se falará em fato gerador se estiver presente o instituto, forma ou negócio previsto em lei. Assim, ao praticar o fato descrito no antecedente e vinculado a um determinado instituto de direito privado [D], a contribuinte deverá pagar o tributo correspondente [C], com base na lei tributária [B]. Contudo, se não praticar o fato gerador, ou seja, se localizar o seu agir fora do horizonte de eventos da materialidade tributária a partir do qual se torna imperativo o recolhimento do tributo, não há garantia [W] que reconstrua a passagem de D para C justamente porque o fato previsto como gerador de um determinado tributo foi vinculado a um instituto de direito privado, e o contribuinte não o praticou.
>
> Parte da doutrina, ao refazer este percurso, apontou para ordenamentos, como o alemão e o austríaco, que, com o escopo de coibir esta prática, realizaram a previsão do instituto do abuso de formas jurídicas por meio das chamadas "cláusulas gerais antiabuso". Estas normas apenas serão aplicadas mediante a verificação de determinados critérios aferíveis a partir da apreciação do caso concreto, entre os quais o fato de não ser encontrado nenhum "[...] fundamento econômico razoável para a escolha do meio adotado" ou quando "[...] uma estrutura é [...] não natural, superficial, contraditória [...] e suas finalidades econômicas aparecem como secundárias", sendo possível se apontar, portanto, para laços de afinidade com a doutrina do propósito negocial.
>
> Assim, uma vez constatado o abuso de formas, emprega-se a norma tributária eludida, e, como tal proceder, por parte da autoridade fiscal, implicaria o recurso à analogia, estes países passaram a aduzir em seus ordenamentos expressamente esta possibilidade. Cabe observar que, quanto maior a vinculação com relação ao direito privado, maior a abrangência da regra antiabuso, vez que, ao se ampliar esta correlação com a legislação civil, "[...] igualmente aumentam as oportunidades da contenção do planejamento tributário por meio de instrumentos que cerceiem tais expedientes".
>
> A experiência brasileira, entretanto, ao invés de instaurar uma regra antiabuso desta natureza, voltou-se a um dispositivo que tratou da "dissimulação", o que remete ao instituto da simulação. Ao fazê-lo, a regra vedou o acesso à argumentação que apontava para a doutrina do "propósito negocial", ou da "substância sobre a forma" pela razão de "[...] não decorrerem da simulação em sua acepção de direito privado" e, ademais, passou ao largo do abuso de formas e da tradição da fraude à lei conforme o direito civil, além de

---

[29] CARF, 1ª Seção de Julgamento, 2ª Câmara, 2ª Turma Ordinária, Acórdão nº 1202-001.176. Rel. Cons. Orlando José Gonçalves Bueno, sessão de 29.7.2014.

demandar, não obstante, a necessidade de a lei ordinária prever os procedimentos próprios para que a autoridade fiscal pudesse concluir pela desconsideração dos atos ou negócios jurídicos praticados com a finalidade de dissimular a ocorrência do fato gerador, de modo a restringir praticamente à inocuidade a sua aplicação. Tratou-se, ao que parece, da recepção de "[...] um modelo antielisivo obsoleto", inspirado em dispositivo da legislação francesa fundado no instituto do abuso do direito e que, inclusive, foi suprimido pela França ao final do ano de 2008.[30]

Para que dúvidas não pairem, é ver recentíssima manifestação de Ricardo Mariz de Oliveira:

> Dentro da presente apresentação, sem abordar outras possibilidades, é necessário tratar do abuso no exercício de direito. Esta necessidade se impõe em virtude dos rumos que a fiscalização federal tomou depois que se viu derrotada em muitos casos nos quais sustentava ter havido simulação, mas em que as câmaras administrativas de julgamento repeliram a acusação porque efetivamente não havia esse vício.
>
> Quando isto ocorreu, a fiscalização passou a adotar a teoria de que haveria abuso no planejamento tributário se não houvesse um propósito (motivação) negocial ou extratributário para os atos praticados. Isto virou jurisprudência administrativa, razão pela qual o assunto merece as observações que vêm a seguir. [...]
>
> Voltando à teoria de abuso na prática de atos sem propósito negocial, convém destacar um aspecto fundamental e decisivo. Além de que inexiste norma legal que autorize em caráter geral a desconsideração, desqualificação ou requalificação dos atos jurídicos regularmente praticados, nem mesmo pelo argumento (que não é fundamento legal) de não ter havido motivação negocial, ao contrário, já existiu e vigorou uma norma permitindo a desconsideração de atos e negócios jurídicos por falta de propósito negocial, mas ela perdeu sua eficácia, conforme a própria Constituição Federal, e, por isto, não pode mais ser aplicada.
>
> Realmente, todo o substrato da teoria que defende a necessidade de motivação negocial passou, em determinada época, a constar de norma legal, a do art. 14, §1º, da Medida Provisória n. 66, de 2002, que admitia a desconsideração dos atos ou negócios jurídicos que visassem reduzir o valor do tributo, evitar ou postergar seu pagamento ou ocultar os verdadeiros aspectos do fato gerador ou a real natureza dos elementos constitutivos da obrigação tributária, entre outras hipóteses, quando houvesse falta de propósito negocial, que era definida como sendo a opção pela "forma" mais complexa ou mais onerosa para os envolvidos, entre duas ou mais "formas" para a prática de determinado ato.
>
> Todavia, além das suas imperfeição e imprecisão, essa norma foi rejeitada pelo Congresso Nacional, que se negou a confirmá-la em lei, quando a medida provisória foi convertida na Lei n. 10.637, da qual foram extraídos o art. 14 e os outros que tratavam do assunto.
>
> O efeito da não conversão foi a perda de eficácia da regra legal desde a sua edição (art. 62, §3º, da Constituição Federal), do que decorre o seguinte: como a Medida Provisória n. 66 foi publicada em 30 de agosto de 2002 e a Lei n. 10.637 o foi em 31 de dezembro de 2002, a referida norma foi eficaz tão somente entre 30 de agosto e 30 de dezembro daquele ano, e a partir de 31 de dezembro de 2002 deixou de ter eficácia, não podendo, por conseguinte, ser aplicada para o julgamento de qualquer processo tributário, ainda que a título de argumentação.
>
> Consequentemente, a teoria do propósito negocial voltou a ser mera teoria, mas não norma legal. Destarte, como a fiscalização está vinculada aos fatos e à lei pelo princípio da

---

[30] ANDRADE, José Maria Arruda de; BRANCO, Leonardo Ogassawara de Araújo. O apelo a argumentos extrajurídicos e ao art. 123 do CTN no combate ao planejamento tributário no âmbito do CARF: análise de casos envolvendo JCP e reserva de usufruto. *Revista Direito Tributário Atual*, n. 39, p. 433-456, 2018. p. 451-452.

legalidade, quando efetua lançamentos (CTN, art. 142, parágrafo único), não pode exercer sua atividade com base em norma legal que existiu, mas foi retirada do ordenamento jurídico nacional por determinação constitucional. Nem os órgãos julgadores podem empregar nos seus julgamentos um fundamento que foi extirpado desse ordenamento, mesmo que o façam ao pretexto de mera interpretação, sendo surpreendente, portanto, que a jurisprudência administrativa federal, cuja função é a de revisar a legalidade dos lançamentos tributários, ainda persista aplicando teoria que foi explicitamente espancada do direito positivo.[31]

Nesse sentido, com base nos escólios doutrinários trazidos à baila e nos termos do voto proferido pela Ministra Cármen Lúcia, nos autos da ADI nº 2.446, as figuras do abuso de direito, da fraude à lei, do abuso de forma etc. não podem ser invocadas como fundamentos para a manutenção de autuações fiscais realizadas por autoridade administrativa.

Saliente-se que ao menos as citadas figuras acima são conhecidas da doutrina civilista, sendo alguma delas positivadas na Lei Civil. Situação diversa, como já se disse aos borbotões no presente trabalho, ocorre com propósito negocial: trata-se de figura jurisprudencial alienígena, que não encontra fundamento constitucional, legal e, felizmente, jurisprudencial no direito brasileiro.

Utilizando-se o contribuinte de modos lícitos para organizar sua atividade empresarial, pouco importando se com isso deseja apenas economizar tributo, não resta autorizado ao Fisco promover a desconsideração dos planejamentos tributários de tais modos realizados. Ou o Estado, no seu mister fiscalizatório, comprova que o contribuinte incorreu em simulação, ou nada há de ser feito, sob pena de violação, manifesta, odiosa, grave e irreparável à legalidade tributária. Nada além disso.

Portanto, acredita-se que deveria o Carf reformar seu entendimento a respeito das citadas figuras após o julgamento da ADI nº 2.446. É possível e preciso que se busquem critérios possíveis de abarcar o conceito de simulação, o que já eliminaria grande parte do contencioso sobre este tema.

6 À guisa conclusiva: qual a moldura extraível do parágrafo único do art. 116 do CTN?

Por todo o exposto, importa tecer algumas considerações a respeito da interpretação jurídica e o cenário que se colocará a partir da decisão do STF nos autos da ADI nº 2.446, a prevalecer o entendimento que ora se coloca.

É Kelsen quem afirma ser a interpretação uma operação mental de fixação de sentido de um texto jurídico quando de sua aplicação (= concretização). Uma vez que toda norma jurídica tem de ser interpretada para ser aplicada, sustenta o mestre de

---

[31] OLIVEIRA, Ricardo Mariz. Fundamentos do planejamento tributário. *Revista Direito Tributário Atual*, n. 47, p. 614-638, 1º sem. 2021. p. 625-626.

Viena que esta interpretação não se restringe aos órgãos aplicadores do direito, sendo exercida também pelos destinatários das normas e pela ciência do direito.[32]

Em virtude disso, Kelsen diferencia as interpretações autêntica e não autêntica, a designar, respectivamente, "a interpretação do Direito pelo órgão que aplica" e "a interpretação do Direito que não é realizada por um órgão jurídico, mas por uma pessoa privada e, especialmente, pela ciência jurídica".[33]

Ao se referir à interpretação autêntica, sustenta Kelsen haver algumas hipóteses de indeterminação do ato de aplicação do direito: (i) uma delas é relativa, a considerar que muito embora a relação entre as normas superiores e inferiores seja de determinação, sempre haverá "uma margem, ora maior ora menor, de livre apreciação, de tal forma que a norma do escalão superior tem sempre, em relação ao acto de produção normativa ou de execução que a aplica, o carácter de um quadro ou moldura a preencher por este acto";[34] (ii) outra é intencional, ou seja, advinda do próprio órgão que estabeleceu a norma aplicanda, como ocorre nas hipóteses de atribuição de faculdades aos órgãos aplicadores do direito;[35] (iii) a última é não intencional, e pode se dar (a) quando "o sentido verbal da norma não é unívoco, o órgão que tem de aplicar a norma encontra-se perante várias significações possíveis",[36] (b) quando existe uma discrepância entre a intenção do legislador e os vocábulos por ele utilizados e (c) nos casos de antinomia, i.e., diante da contradição de normas constantes de uma mesma lei.[37]

O que importa ressaltar, na teoria kelseniana, é que, diante de todas as hipóteses de indeterminação, surgem várias possibilidades de aplicação das normas jurídicas – a famosa figura da moldura normativa – de modo que "é conforme ao Direito todo o acto que se mantenha dentro deste quadro ou moldura, que preencha esta moldura em qualquer sentido possível".[38] Nesse sentido, a interpretação, enquanto ato de conhecimento, presta-se a determinar os sentidos possíveis da norma a ser aplicada.[39]

Kelsen adiciona a isto outro argumento importante à sua teoria, qual seja: uma vez obtida a moldura da norma, a sua aplicação não se dá por meio de um juízo cognitivo (como o da interpretação), mas sim por um juízo de vontade. Daí a afirmativa no sentido de que "uma questão de conhecimento dirigido ao Direito positivo, não é um

---

[32] KELSEN, Hans. *Teoria pura do direito*. 4. ed. Coimbra: Armênio Amado, 1979. p. 463-464.
[33] KELSEN, Hans. *Teoria pura do direito*. 4. ed. Coimbra: Armênio Amado, 1979. p. 464.
[34] KELSEN, Hans. *Teoria pura do direito*. 4. ed. Coimbra: Armênio Amado, 1979. p. 464.
[35] KELSEN, Hans. *Teoria pura do direito*. 4. ed. Coimbra: Armênio Amado, 1979. p. 465.
[36] KELSEN, Hans. *Teoria pura do direito*. 4. ed. Coimbra: Armênio Amado, 1979. p. 465.
[37] KELSEN, Hans. *Teoria pura do direito*. 4. ed. Coimbra: Armênio Amado, 1979. p. 466.
[38] KELSEN, Hans. *Teoria pura do direito*. 4. ed. Coimbra: Armênio Amado, 1979. p. 466-467.
[39] "Sendo assim, a interpretação de uma lei não deve necessariamente conduzir a uma punica solução como sendo a única correcta, mas possivelmente a várias soluções que – na medida em que apenas sejam aferidas pela lei a aplicar – têm igual valor, se bem que apenas uma delas se torne Direito positivo no acto do órgão aplicador do Direito – no acto do tribunal, especialmente. Dizer que uma sentença judicial é fundada na lei, não significa, na verdade, senão que ela se contém dentro da moldura ou quadro que a lei representa – não significa que ela é a norma individual, mas que é uma das normas individuais que podem ser produzidas dentro da moldura da norma geral" (KELSEN, Hans. *Teoria pura do direito*. 4. ed. Coimbra: Armênio Amado, 1979. p. 467).

problema de teoria do Direito, mas um problema de política do Direito".[40] Partindo-se do pressuposto segundo o qual os órgãos aplicadores do direito também criam direito, esta criação se dá por meio de um ato de vontade. Esta é, inclusive e substancialmente, a diferença entre a interpretação autêntica, exercida pelos órgãos aplicadores do direito (poderes Executivo e Judiciário), da interpretação não autêntica (exercida pelos indivíduos destinatários das normas e precipuamente pela ciência do direito): o ato de vontade, presente na interpretação autêntica e inexistente na interpretação não autêntica. Em passagem clássica, assim se manifesta o maior jurista do século XX:

> Se queremos caracterizar, não apenas a interpretação da lei pelos tribunais ou pelas autoridades administrativas, mas, de modo inteiramente geral, a interpretação jurídica realizada pelos órgãos aplicadores do Direito, devemos dizer: Na aplicação do Direito por um órgão jurídico, a interpretação cognoscitiva (obtida por uma operação de conhecimento) do Direito a aplicar combina-se com um acto de vontade em que o órgão aplicador do Direito efectua uma escolha entre as possibilidades reveladas através daquela mesma interpretação cognoscitiva. Com este acto, ou é produzida uma norma de escalão inferior, ou é executado um acto de coerção estatuído na norma jurídica aplicanda.
>
> Através deste acto de vontade se distingue a interpretação jurídica feita pelo órgão aplicador do Direito de toda e qualquer outra interpretação, especialmente da interpretação levada a cabo pela ciência jurídica. A interpretação feita pelo órgão aplicador do Direito é sempre autêntica. Ela cria Direito. Na verdade, só se fala de interpretação autêntica quando esta interpretação assuma a forma de uma lei ou de um tratado de Direito internacional e tenha carácter geral, quer dizer, crie Direito não apenas para um caso concreto mas para todos os casos iguais, ou seja, quando o acto designado como interpretação autêntica represente a produção de uma norma geral. Mas autêntica, isto é, criadora de Direito, é-o a interpretação feita através de um órgão aplicador do Direito ainda quando crie Direito apenas para um caso concreto, quer dizer, quando esse órgão apenas crie uma norma individual ou execute uma sanção. A propósito importa notar que, pela via da interpretação autêntica, quer dizer, da interpretação de uma norma pelo órgão jurídico que a tem de aplicar, não somente se realiza uma das possibilidades reveladas pela interpretação cognoscitiva da mesma norma, como também se pode produzir uma norma que se situe completamente fora da moldura que a norma a aplicar representa.
>
> Através de uma interpretação autêntica deste tipo pode criar-se Direito, não só no caso em que a interpretação autêntica tem carácter geral, em que, portanto, existe interpretação autêntica no sentido usual da palavra, mas também no caso em que é produzida uma norma jurídica individual através de um órgão aplicador do Direito, desde que o acto deste órgão já não possa ser anulado, desde que ele tenha transitado em julgado, É facto bem conhecido que, pela via da interpretação autêntica deste tipo, é muitas vezes criado Direito novo – especialmente pelos tribunais de última instância.
>
> Da interpretação através de um órgão aplicador do Direito distingue-se toda e qualquer outra interpretação pelo facto de não ser autêntica, isto é, pelo facto de não criar Direito.[41]

De posse de tais considerações e levando-se em conta a decisão que vem proferindo o STF no julgamento da ADI nº 2.446, acredita-se que quatro grandes critérios podem informar a problemática do planejamento tributário entre nós, à luz do parágrafo único do art. 116 do CTN e das demais normas componentes do ordenamento jurídico.

---

[40] KELSEN, Hans. *Teoria pura do direito*. 4. ed. Coimbra: Armênio Amado, 1979. p. 467.
[41] KELSEN, Hans. *Teoria pura do direito*. 4. ed. Coimbra: Armênio Amado, 1979. p. 470-471.

O primeiro deles diz respeito à natureza jurídica daquele dispositivo: trata-se de cláusula geral antielisiva ou norma antievasiva e voltada, portanto, a combater atos e negócios ilícitos? O segundo critério refere-se à constitucionalidade do dispositivo. O terceiro critério passa pelo juízo de sua autoaplicabilidade ou não. E, por fim, há de se considerar a natureza da lei ordinária a que faz referência o parágrafo único do art. 116 do CTN: trata-se de lei veiculadora de um procedimento especial para a desconstituição do ato? Ou ela poderá dispor sobre questões materiais, tal como expôs o pensamento de Luís Flávio Neto? Vale observar que este último critério independe da natureza do parágrafo único do art. 116 do CTN: a considerar que ela seja uma norma antielisiva, atribuir-se natureza material à lei ordinária implica permitir, à guisa exemplificativa, que ela pudesse dispor sobre o conceito de figuras como o abuso de direito, abuso de forma, negócio jurídico indireto, fraude à lei, propósito negocial etc. Lado outro, entendendo-se pela sua natureza antievasiva, poder-se-ia dizer que a lei ordinária pudesse dispor, em tese, sobre um conceito específico de simulação em matéria tributária etc.

Da combinação de tais critérios, surgiriam 24 opções distintas:

Opção	Natureza do parágrafo único do art. 116 do CTN	Constitucionalidade do parágrafo único do art. 116 do CTN	Autoaplicabilidade do parágrafo único do art. 116 do CTN	Natureza da lei ordinária
Opção 1	Antielisão	Constitucional	Autoaplicável	Procedimental
Opção 2	Antielisão	Constitucional	Autoaplicável	Material
Opção 3	Antielisão	Constitucional	Autoaplicável	Ambas
Opção 4	Antielisão	Constitucional	Eficácia limitada	Procedimental
Opção 5	Antielisão	Constitucional	Eficácia limitada	Material
Opção 6	Antielisão	Constitucional	Eficácia limitada	Ambas
Opção 7	Antielisão	Inconstitucional	Autoaplicável	Procedimental
Opção 8	Antielisão	Inconstitucional	Autoaplicável	Material
Opção 9	Antielisão	Inconstitucional	Autoaplicável	Ambas
Opção 10	Antielisão	Inconstitucional	Eficácia limitada	Procedimental
Opção 11	Antielisão	Inconstitucional	Eficácia limitada	Material
Opção 12	Antielisão	Inconstitucional	Eficácia limitada	Ambas
Opção 13	Antievasão	Constitucional	Autoaplicável	Procedimental
Opção 14	Antievasão	Constitucional	Autoaplicável	Material
Opção 15	Antievasão	Constitucional	Autoaplicável	Ambas
Opção 16	Antievasão	Constitucional	Eficácia limitada	Procedimental
Opção 17	Antievasão	Constitucional	Eficácia limitada	Material
Opção 18	Antievasão	Constitucional	Eficácia limitada	Ambas
Opção 19	Antievasão	Inconstitucional	Autoaplicável	Procedimental
Opção 20	Antievasão	Inconstitucional	Autoaplicável	Material
Opção 21	Antievasão	Inconstitucional	Autoaplicável	Ambas
Opção 22	Antievasão	Inconstitucional	Eficácia limitada	Procedimental
Opção 23	Antievasão	Inconstitucional	Eficácia limitada	Material
Opção 24	Antievasão	Inconstitucional	Eficácia limitada	Ambas

Contudo, importa transformar o raciocínio lógico-matemático acima em raciocínio jurídico. Por certo, a declaração de inconstitucionalidade do parágrafo único do art. 116 do CTN, independentemente de sua natureza, prejudicaria os critérios de sua autoaplicabilidade e da natureza da lei ordinária regulamentadora.

Ademais, não se poderia conceber norma antievasiva inconstitucional. Isso porque tal assertiva implicaria a própria compreensão da inconstitucionalidade do art. 149, VII, do CTN, que autoriza a revisão de ofício do lançamento tributário "quando se comprove que o sujeito passivo, ou terceiro em benefício daquele, agiu com dolo, fraude ou simulação".

Nesse sentido, eis a moldura extraível do parágrafo único do art. 116 do CTN, com que se depara o STF no julgamento da ADI nº 2.446:

Opção	Natureza do parágrafo único do art. 116 do CTN	Constitucionalidade do parágrafo único do art. 116 do CTN	Autoaplicabilidade do parágrafo único do art. 116 do CTN	Natureza da lei ordinária
Opção 1	Antielisão	Constitucional	Autoaplicável	Procedimental
Opção 2	Antielisão	Constitucional	Autoaplicável	Material
Opção 3	Antielisão	Constitucional	Autoaplicável	Ambas
Opção 4	Antielisão	Constitucional	Eficácia limitada	Procedimental
Opção 5	Antielisão	Constitucional	Eficácia limitada	Material
Opção 6	Antielisão	Constitucional	Eficácia limitada	Ambas
Opções 7 a 12	Antielisão	Inconstitucional	N/A	N/A
Opção 13	Antievasão	Constitucional	Autoaplicável	Procedimental
Opção 14	Antievasão	Constitucional	Autoaplicável	Material
Opção 15	Antievasão	Constitucional	Autoaplicável	Ambas
Opção 16	Antievasão	Constitucional	Eficácia limitada	Procedimental
Opção 17	Antievasão	Constitucional	Eficácia limitada	Material
Opção 18	Antievasão	Constitucional	Eficácia limitada	Ambas

No contexto da ADI nº 2.446, é de se ver que a autora, a Confederação Nacional de Comércio – CNC, adotou a interpretação do parágrafo único art. 116 do CTN consistente na opção 7 (7 a 12, pelas razões explicadas acima): rogou a declaração de inconstitucionalidade do dispositivo, entendendo que uma norma antielisão seria incompatível com o ordenamento jurídico brasileiro.

A AGU e o Congresso Nacional, por sua vez, adotaram as interpretações constantes das opções 4 a 6, no sentido de consistir o dispositivo em norma antielisão destinada a combater planejamentos tributários abusivos. Muito embora não se vislumbre uma manifestação direta quanto à natureza da lei ordinária regulamentadora, é insistente o argumento no sentido da eficácia limitada do parágrafo único do art. 116 do CTN, tendo sido este, inclusive, o argumento para que a liminar requerida pela autora fosse indeferida: não haveria *periculum in mora* por se tratar de dispositivo a ser posteriormente regulamentado.

A decisão da Ministra Cármen Lúcia – e que vem prevalecendo no STF – compreende a opção 16. Com efeito, consoante demonstrado alhures, a ministra deixou expressamente consignado que a natureza do parágrafo único do art. 116 do CTN é antievasiva, tendo sido esta a razão de sua constitucionalidade. Ademais, vislumbra-se uma posição clara e precisa quanto aos critérios da eficácia limitada do dispositivo e da natureza procedimental da lei ordinária regulamentadora a que ele faz referência. Isso se depreende de passagem do voto no sentido de que "a plena eficácia da norma depende de lei ordinária para estabelecer procedimentos a serem seguidos".

A prevalecer esta posição, a questão que se coloca é a seguinte: como enfrentar a questão do planejamento tributário a partir da decisão nos autos da ADI nº 2.446? Isso porque, como bem explicitado por Misabel Derzi, a sentença, enquanto ato de aplicação e de criação do direito, representa uma escolha entre alternativas possíveis, de modo que as demais alternativas restam afastadas:

> É que a sentença, que se repete por meio da casuística, aplica e cria direito em sentido lato, uma vez que, por meio dela, se escolha uma, dentre as alternativas possíveis de significado dos enunciados linguístico das leis, ou seja, ela, em regra, está justificada por constituir uma norma individual, possível entre outras, e sacada da própria norma pré-constituída pelo legislador, mais universal e abstrata. Não obstante, a partir do momento em que o Poder Judiciário se firma em uma das alternativas possíveis de sentido, criando a norma específica e determinada do caso, e repetível para o mesmo grupo de casos, norma cabível dentro da norma legal, ele fecha as demais alternativas – antes possíveis.[42]

Nesse sentido, parece-nos lícito afirmar que tanto em sede administrativa quanto no âmbito judicial será vedado desconsiderar atos e negócios jurídicos praticados no âmbito da licitude, com base no parágrafo único do art. 116 do CTN. Isso porque tais opções de interpretação da norma estão sendo afastadas pela Suprema Corte.

Ademais, uma questão prática de suma importância coloca-se no debate: se a norma insculpida no parágrafo único do art. 116 do CTN é antievasiva e se sua eficácia é limitada, como combater a evasão fiscal, com base nesse dispositivo, diante da inexistência de lei ordinária que venha a conferir a ele plena eficácia? Bastará a desconsideração com fundamento no art. 167 do Código Civil?[43] Ou remanesce, puramente, a aplicação do art. 149, VII do CTN? Aplica-se o Decreto nº 70.235/72 até que sobrevenha lei ordinária regulando a matéria? É importante que esta questão seja tratada quando de uma modulação de efeitos do julgado – o que provavelmente ocorrerá, dada a complexidade da matéria e a decisão a ser proferida pelo STF.

---

[42] DERZI, Misabel de Abreu Machado. *Modificações da jurisprudência no direito tributário*: proteção da confiança, boa-fé objetiva e irretroatividade como limitações constitucionais ao poder judicial de tributar. São Paulo: Noeses, 2009. p. 188.

[43] A questão é fortemente debatida em ANDRADE, Leonardo Aguirra de. *Planejamento tributário*. São Paulo: Quartier Latin, 2016.

Por fim, necessário se faz atentar para o papel do legislador quando da elaboração da lei reguladora do dispositivo. Consoante se viu alhures, a decisão do STF é frontalmente contrária às tentativas de regulamentação do parágrafo único do art. 116 do CTN que tramitaram ou tramitam no Congresso Nacional. Com efeito, nos termos do que vem decidindo a Suprema Corte nos autos da ADI nº 2.446, caberá ao Congresso regular apenas o procedimento para a desconsideração dos atos e negócios jurídicos praticados no intuito de "dissimular a ocorrência do fato gerador do tributo ou a natureza dos elementos constitutivos da obrigação tributária".

Arquétipo interessante do que poderia vir a ser essa norma procedimental foi dado por Marco Aurélio Greco, já em 2001, ano da inclusão do parágrafo único ao art. 116 do CTN. Muito embora do ponto de vista material nossa posição – e a decisão do STF – seja em sentido contrário à posição sustentada por este eminente jurista, acredita-se que o procedimento por ele imaginado seria de grande valia para o direito tributário brasileiro.

Com efeito, afirma Greco que a desconsideração consistiria em uma espécie de incidente no procedimento fiscalizatório:

> a) instaura-se o procedimento de fiscalização junto a determinado sujeito passivo;
> b) no curso desse procedimento, o agente fiscal detecta a existência de atos ou negócios jurídicos que ele entende (por quaisquer razões que não serão aqui examinadas) apresentarem as características indicadas no parágrafo único do artigo 116;
> c) o agente fiscal suscita a questão de desconsideração, em procedimento próprio (em apartado), apresentando os elementos que apontem no sentido do cabimento da desconsideração (documentos, testemunhos, esclarecimentos prestados etc.);
> d) sobre a operação (ato ou negócio) questionada o agente deve aguardar a deliberação do órgão colegiado competente; porém, quanto a outras questões, o procedimento pode e deve ter prosseguimento normal, nos termos das leis de procedimento existentes;
> e) se a decisão for no sentido de desconsiderar os atos ou negócios, o procedimento de fiscalização terá prosseguimento nessa parte aplicando-se a legislação pertinente em função do fato gerador que o órgão colegiado tiver considerado ocorrido à vista do exame a que procedeu;
> f) se a decisão for no sentido de que não há o que desconsiderar, não se materializa o pressuposto de lavratura do auto de infração (na parte específica da questão suscitada); os atos praticados terão, perante o Fisco, os efeitos que lhe são próprios, o que não impede que sejam detectadas outras irregularidades na conduta do contribuinte; mas daí não pode advir nenhuma conseqüência que resultaria da desconsideração dos atos ou negócios.[44]

Este é apenas um exemplo de procedimento que poderia ser estabelecido para fins de regulamentação do parágrafo único do art. 116 do CTN. Quanto a este ponto, a doutrina em muito poderá contribuir com o legislador. O fato é que a lei precisa ser editada, e o seu escopo está sendo bem delineado pelo STF: a necessidade do estabelecimento de procedimentos para a desconsideração da evasão fiscal.

Por todo o exposto, algumas conclusões a que se chegou no presente estudo podem ser, de tal modo, sumariadas:

---

[44] GRECO, Marco Aurélio. Procedimentos de desconsideração de atos ou negócios jurídicos – O parágrafo único do artigo 116 do CTN. *Revista Dialética de Direito Tributário*, n. 75, p. 127-143. p. 139.

(i) o legislador teve por intuito estabelecer uma cláusula geral antielisiva no ordenamento jurídico brasileiro, e boa parte das tentativas de regulamentação do parágrafo único do art. 116 do CTN caminharam nesse sentido, para autorizar a desconsideração de atos e negócios jurídicos praticados com a ausência de propósito negocial e figuras específicas do direito civil, como abuso de direito, abuso de formas etc. Contudo, é de se destacar que o próprio legislador rejeitou uma norma com caráter antielisivo, dado que nenhuma tentativa de regulamentação foi aprovada pelo Poder Legislativo.

(ii) o STF, no julgamento da ADI nº 2.446, vem adotando a interpretação, a nosso sentir adequada, no sentido de compreender o citado dispositivo como uma norma antievasiva e, portanto, plenamente constitucional. A vontade do legislador mostra-se irrelevante para a interpretação normativa, na medida em que, ao se referir à dissimulação, o legislador acabou por colocar o debate nas raias da simulação e, por via de consequência, da ilicitude.

(iii) disso decorre que inúmeros projetos de lei, em trâmite perante o Congresso Nacional, caso aprovados, seriam natimortos, já que em patente contradição com a posição que ora prevalece na Suprema Corte. No mesmo sentido, a jurisprudência do Carf merece ser reformada, justamente porque as categorias do propósito negocial, do abuso de direito etc. não se prestam como fundamento a legitimar a desconsideração de atos e negócios jurídicos praticados no âmbito da licitude, sendo o planejamento tributário um direito do contribuinte.

(iv) por fim, não havendo a prática simulatória ou eivada de qualquer ilicitude, o planejamento tributário levado a cabo pelos contribuintes deve ser tido como legítimo por força dos princípios da legalidade e da separação dos poderes, que repelem a tributação por analogia, a interpretação econômica do fato gerador e o fato de que só a lei – só e tão somente a lei – tem o condão de estipular a forma de nascimento das obrigações tributárias. Fora disso, o que há é o arbítrio, a subjetividade ao arrepio da lei e o amesquinhamento da segurança jurídica, princípio tão caro ao regime constitucional brasileiro.

Referências

ABRAHAM, Marcus. Os 10 anos da norma geral antielisiva e as cláusulas do propósito negocial e da substância sobre a forme presentes no direito brasileiro. *Revista Dialética de Direito Tributário*, n. 192, p. 79-93.

ANDRADE, José Maria Arruda de; BRANCO, Leonardo Ogassawara de Araújo. O apelo a argumentos extrajurídicos e ao art. 123 do CTN no combate ao planejamento tributário no âmbito do CARF: análise de casos envolvendo JCP e reserva de usufruto. *Revista Direito Tributário Atual*, n. 39, p. 433-456, 2018.

ANDRADE, Leonardo Aguirra de. *Planejamento tributário*. São Paulo: Quartier Latin, 2016.

BECHO, Renato Lopes. O planejamento tributário na doutrina tradicional. *Revista Dialética de Direito Tributário*, n. 176, p. 136-155.

COÊLHO, Sacha Calmon Navarro. *Evasão e elisão fiscal*. O parágrafo único do art. 116, CTN, e o direito comparado. Rio de Janeiro: Forense, 2006.

DERZI, Misabel de Abreu Machado. A desconsideração dos atos e negócios jurídicos dissimulados segundo a Lei Complementar nº 104, de 10 de janeiro de 2001. *In*: ROCHA, Valdir de Oliveira (Org.). *O planejamento tributário e a Lei Complementar 104*. São Paulo: Dialética, 2001.

DERZI, Misabel de Abreu Machado. *Modificações da jurisprudência no direito tributário*: proteção da confiança, boa-fé objetiva e irretroatividade como limitações constitucionais ao poder judicial de tributar. São Paulo: Noeses, 2009.

DÓRIA, Antônio Roberto Sampaio. *Elisão e evasão fiscal*. São Paulo: José Bushatsky Editor, 1977.

FAJERSZTAJN, Bruno; SANTOS, Ramon Tomazela Santos. Planejamento tributário – Entre o positivismo formalista e o pós-positivismo valorativo: a nova fase da jurisprudência administrativa e os limites para a desconsideração dos negócios jurídicos. *Revista Dialética de Direito Tributário*, n. 223, p. 38-55.

FARIA, Aline Cardoso de; GOMES, Marcus Lívio; ROCHA, Sérgio André (Org.). *Planejamento tributário sob a ótica do Carf*. Rio de Janeiro: Lumen Juris, 2019.

FLÁVIO NETO, Luís. *Teorias do "abuso" no planejamento tributário*. 2011. 266 f. Dissertação (Mestrado em Direito) – Faculdade de Direito, Universidade de São Paulo, São Paulo, 2011.

GALENDI JÚNIOR, Ricardo André. *A consideração econômica no direito tributário*. São Paulo: IBDT, 2020.

GRECO, Marco Aurélio. *Planejamento tributário*. 3. ed. São Paulo: Dialética, 2011.

GRECO, Marco Aurélio. Procedimentos de desconsideração de atos ou negócios jurídicos – O parágrafo único do artigo 116 do CTN. *Revista Dialética de Direito Tributário*, n. 75, p. 127-143.

GUTIERREZ, Miguel Delgado. O planejamento tributário e o business purpose. *Revista Dialética de Direito Tributário*, n. 231, p. 75-81.

KELSEN, Hans. *Teoria pura do direito*. 4. ed. Coimbra: Armênio Amado, 1979.

LOBATO, Valter de Souza. O princípio da confiança retratado no Código Tributário Nacional. A aplicação dos arts. 100 e 146 do CTN. A análise de casos concretos. *In*: COÊLHO, Sacha Calmon Navarro (Coord.). *Segurança jurídica*: irretroatividade das decisões judiciais prejudiciais aos contribuintes: livro em louvor à Professora Misabel de Abreu Machado Derzi. Rio de Janeiro: Forense, 2013.

LOBATO, Valter de Souza; DERZI, Misabel de Abreu Machado. Planejamento tributário, a ADI 2446 e a constitucionalidade da norma geral antievasiva no Sistema Tributário Nacional. *In*: BRIGAGÃO, Gustavo; MATA, Juselder Cordeiro da (Org.). *Temas de direito tributário em homenagem a Gilberto de Ulhôa Canto*. 1. ed. Belo Horizonte: Arraes, 2020. v. 2.

MACHADO, Hugo de Brito. A falta de propósito negocial como fundamento para exigência de tributo. *Revista Dialética de Direito Tributário*, n. 143, p. 48-53.

MARTINS, Ives Gandra da Silva. Considerações sobre a norma antielisão. *Revista Dialética de Direito Tributário*, n. 87, p. 92-96.

MAXIMILIANO, Carlos. *Hermenêutica e aplicação do direito*. 20. ed. Rio de Janeiro: Forense, 2011.

MELO, Daniela Victor de Souza. Elisão e evasão fiscal – O novo parágrafo único do art. 116 do Código Tributário Nacional, com a redação da Lei Complementar nº 104/2001. *Revista Dialética de Direito Tributário*, n. 69, p. 47-68.

MOTTA, Luciano de Campos Prado. Planejamento tributário: "direito de imagem" como evasão e elisão fiscais. *Revista Direito Tributário Atual*, n. 44, p. 290-313, 1º sem. 2020.

OLIVEIRA, Ricardo Mariz. Fundamentos do planejamento tributário. *Revista Direito Tributário Atual*, n. 47, p. 614-638, 1º sem. 2021.

PEREIRA, Caio Mário da Silva. *Instituições de direito civil* – Introdução ao direito civil: teoria geral do direito civil. 23. ed. Revisão e atualização de Maria Celina Bodin de Moraes. Rio de Janeiro: Forense, 2009. v. I.

ROLIM, João Dácio; ROSENBLATT, Paulo. Dez anos da normal geral antielisiva no Brasil. *Revista Dialética de Direito Tributário*, n. 197, p. 83-96.

SCHOUERI, Luís Eduardo (Coord.); FREITAS, Rodrigo de (Org.). *Planejamento tributário e o propósito negocial*: mapeamento decisões do Conselho de Contribuintes de 2002 a 2008. São Paulo: Quartier Latin, 2010.

SOUZA, Túlio Venturini de. "Positivismo de estimação": a instrumentalização da aplicação do art. 116, parágrafo único, do CTN enquanto norma antielisiva. *Revista Direito Tributário Atual*, n. 42, p. 428-449, 2º sem. 2019.

THEODORO JÚNIOR, Humberto. *Curso de direito processual civil*. 59. ed. rev., atual. e ampl. Rio de Janeiro: Forense, 2018.

TORRES, Heleno Taveira. *Direito tributário e direito privado*: autonomia privada: simulação: elusão tributária. São Paulo: Revista dos Tribunais, 2003.

XAVIER, Alberto. *Tipicidade da tributação, simulação e norma antielisiva*. São Paulo: Dialética, 2001.

Informação bibliográfica deste texto, conforme a NBR 6023:2018 da Associação Brasileira de Normas Técnicas (ABNT):

LOBATO, Valter de Souza; FRADE, Bianca Mauri; MARINHO NETO, José Antonino. Planejamento tributário: a ADI nº 2.446 e as tentativas de regulamentação do parágrafo único do art. 116 do CTN. In: MARINHO NETO, José Antonino (Org.); LOBATO, Valter de Souza (Coord.). *Planejamento Tributário*: pressupostos teóricos e aplicação prática. Belo Horizonte: Fórum, 2021. p. 19-49. ISBN 978-65-5518-269-9.

A SIMULAÇÃO, O VÍCIO DE CAUSA E OS ELEMENTOS ESSENCIAIS DOS NEGÓCIOS JURÍDICOS COMO CRITÉRIOS PARA DELIMITAÇÃO DO DIREITO AO PLANEJAMENTO TRIBUTÁRIO NO BRASIL

LEONARDO AGUIRRA DE ANDRADE

1 Introdução

Depois de alguns anos estudando temas afeitos aos limites do planejamento tributário, algumas impressões – ainda que, por vezes, pouco fundamentadas em pesquisa científica – foram sendo por mim construídas a partir da contraposição entre as questões teóricas e os casos práticos nessa seara: (i) embora seja comum o emprego de figuras estrangeiras (como propósito negocial, abuso de forma, abuso de direito e fraude), a maior parte dos casos poderia ser decidida aplicando-se o conceito de simulação; (ii) o estudo do planejamento tributário, muitas vezes, é pautado pelos planejamentos que deram errado, ou seja, não foram admitidos – ainda que de maneira indevida – pelo fisco, o que torna difícil a tarefa de se apontar quais são planejamentos tributários – que não sejam opções fiscais – que dão certo; e (iii) os fatos concretos e as particularidades de cada caso são determinantes para o seu desfecho em sentido favorável ao contribuinte, havendo um cenário de bastante insegurança quanto aos critérios a serem aplicados para qualificar juridicamente tais fatos.

Em função dessas impressões, opta-se, neste artigo, por uma inversão dos fatores na ordem lógica que, comumente, é adotada para o estudo dos limites do planejamento tributário. Isto é, ao invés de se partir do estudo teórico para depois aplicar a um caso concreto, faz-se o inverso: são avaliados dois casos concretos para que, a partir deles, sejam identificados os parâmetros úteis à delimitação do direito ao planejamento tributário. Tal método se justifica para dar ênfase à relevância dos fatos no estudo do planejamento tributário, assim como para ficar claro ao leitor, desde logo, a dificuldade prática no estudo do tema.

Os casos concretos examinados são dois precedentes da 1ª Turma da Câmara Superior de Recursos Fiscais do Conselho Administrativo de Recursos Fiscais (Carf), identificados pelos nomes dos contribuintes interessados: (i) caso Dipil, Acórdão nº 9101-004.506, julgado em 6.11.2019, com decisão *desfavorável* ao contribuinte; e (ii) caso SStowers, Acórdão nº 9101-004.709, julgado em 17.1.2020, com decisão *favorável* ao contribuinte. Nesses dois casos (julgados em um intervalo de dois meses), o tema de fundo é o mesmo: planejamento tributário envolvendo a devolução de capital para os sócios, a valor contábil (com base no art. 22 da Lei nº 9.249/1995), seguido da venda pelo sócio (pessoa física) que recebeu o ativo devolvido a uma tributação menor do que aquela que haveria se o ativo tivesse sido vendido pela pessoa jurídica que teve o seu capital reduzido (carga tributária de 34% na pessoa jurídica, e de 15% na pessoa física).[1]

O objetivo do exame desses precedentes não é realizar uma avaliação aprofundada dos limites da opção fiscal constante do art. 22 da Lei nº 9.249/1995, no que se refere à devolução do capital a valor contábil, e sim analisar como o enfoque a *fatos distintos*, em dois casos do Carf que tratam do mesmo tema, foi determinante para a aplicação dos conceitos de simulação e de ausência de propósito negocial com resultados diferentes. Isso porque essa abordagem que dá maior destaque aos fatos de um planejamento tributário do que às teorias pertinentes à defesa dos direitos do contribuinte nessa matéria pode ser um indicativo de uma tendência no Carf, assim como pode representar uma sinalização importante para a construção de futuras estratégias argumentativas para o Fisco e para os contribuintes.

Ao final, o presente trabalho busca propor uma reflexão sobre os parâmetros jurídicos a serem considerados na delimitação do direito ao planejamento tributário envolvendo a redução de capital da pessoa jurídica seguida da venda do ativo pelo respectivo sócio.

---

[1] A respeito desses precedentes, confira-se: DANIEL NETO, Carlos Augusto. 1ª CSRF discute incidência de IRPJ nas operações de redução de capital. Parte 1. *Conjur*, 5 fev. 2020. Disponível em: https://www.conjur.com.br/2020-fev-05/direto-carf-csrf-discute-incidencia-irpj-operacoes-reducao-capital. Acesso em: 23 fev. 2021; e DANIEL NETO, Carlos Augusto. 1ª CSRF discute incidência de IRPJ nas operações de redução de capital. Parte 2. *Conjur*, 8 abr. 2020. Disponível em: https://www.conjur.com.br/2020-abr-08/direto-carf-csrf-discute--incidencia-ir-operacoes-reducao-capital. Acesso em: 23 fev. 2021.

2 Exame dos casos concretos

2.1 Caso Dipil, Acórdão nº 9101-004.506

O precedente em questão refere-se ao julgamento do recurso especial, interposto pela Fazenda Nacional, contra o Acórdão nº 1302002.389, que havia cancelado a autuação fiscal e reformado a decisão de 1ª instância. Na decisão recorrida, o voto vencedor, elaborado pelo Conselheiro Marcos Antonio Nepomuceno Feitosa, reformou o critério adotado pela DRJ relativo à exigência da demonstração, pelo contribuinte, de um propósito extratributário:

> Por isso, discordo da afirmação ínsita na decisão recorrida, quando afirma que "...o direito de auto-organização não existe para que os contribuintes paguem menos impostos, *devendo ser exercido com algum propósito extratributário*, a fim de que eventual supressão de tributos seja oponível ao Fisco.

A acusação fiscal avaliada, por sua vez, aponta que ao caso deveria ser aplicado o conceito de "simulação relativa" nos termos do art. 167 do Código Civil, embora tenha afirmado que a constituição de uma das empresas envolvidas – ALG Preservantes de Madeira Ltda. (ALG) – estaria maculada por "falta de propósito negocial".

Para tanto, a fiscalização considerou os seguintes fatos (i) a empresa ALG foi constituída em 23.6.2010, tendo como sócios Alberto Correia, Geraldina Maria Bona Correia, e Indústria Química Dipil Ltda. (Dipil), sendo que a Dipil integralizou suas cotas mediante a cessão e transferência dos direitos relativos à titularidade do registro de dois produtos (Madepil TRI 90 e Madepil AC 40) perante o Ibama, pelo valor contábil total de R$1.000,00; (ii) quando da constituição da ALG, os sócios da Dipil eram Alberto Correia e Geraldina Maria Bona Correia, e o capital social da ALG correspondia a R$2.000,00; (iii) a Dipil transfere para Alberto Correia a sua participação na ALG mediante redução de capital pelo valor contábil das quotas, e a sócia Geraldina Maria Bona Correia transfere sua participação na ALG para o sócio Alberto Correia; (iv) a ALG somente teria iniciado a suas atividades a partir do momento em que foi negociada, ou seja, final de março de 2011, tendo estado inoperante durante o ano de 2010; (v) por fim, Alberto Correia aliena, em março de 2011, suas ações na ALG por R$9,3 milhões para a pessoa jurídica Tecnologia de Madeiras Brasileiras Participações Ltda. (Madeiras Brasileiras), tendo oferecido à tributação o ganho de capital apurado por pessoa física (alíquota de 15%).

Além disso, a fiscalização levou em consideração a "ata de reunião de acionistas" da Dipil, datada de 28.6.2010, da qual se destaca o seguinte trecho:

> c) a Compradora deseja comprar da DIPIL apenas o seu negócio de preservantes de madeiras, o qual inclui o respectivo setor relacionado ao CCA (Arseniato de Cobre Cromatado), mais precisamente os preservantes de madeira para uso em geral e comercializados pela Sociedade, Madepil TRI90 e Madepil AC40, além da respectiva lista de clientes conforme Anexo 7.19 ao presente Contrato ("Negócio").

d) a fim de implementar a negociação pretendida, o Vendedor está realizando uma reestruturação societária, através da qual (i) o Vendedor constituiu a Newco juntamente com a DIPIL, que foi constituída para segregar o Negócio, (ii) a DIPIL contribuiu para o capital social da Newco mediante conferência dos direitos relativos à titularidade dos ativos relacionados ao Negócio, conforme listados no Anexo D ("Ativos"), que foram transferidos da DIPIL para a Newco pelo seu valor contábil, e (iii) o Vendedor realizou uma redução de capital da DIPIL, por meio da qual o Vendedor recebeu quotas da Newco detidas pela DIPIL, de acordo com as disposições previstas na Cláusula II abaixo (doravante denominada "Reestruturação Societária");

Com isso, restava claro que a constituição da ALG foi pactuada como condição para a venda, pela Dipil para a Madeiras Brasileiras, do seu negócio de preservantes de madeiras.

No Acórdão nº 9101-004.506, da Câmara Superior do Carf, prevaleceu o voto do Conselheiro André Mendes de Moura quanto ao mérito do planejamento tributário, em sentido desfavorável ao contribuinte, em síntese, com base (i) na inobservância dos requisitos para redução de capital, previstos no art. 22 da Lei nº 9.249/1995, e (ii) em caráter subsidiário ("razões de decidir de natureza subsidiária"), na equiparação da reestruturação em exame aos casos de "casa-separa", que foi chamado de "separa-sem-separar", sem apontar, com clareza, qual instituto ou fundamento foi aplicado para tanto.

De um lado, o Conselheiro Relator André Mendes de Moura defendeu que a "transferência de bens ao sócio não se pode dar por mera liberalidade", de modo que a redução de capital somente poderia ser efetivada, de acordo com as regras do Código Civil (arts. 1.082 e 1.084), "(1) se houver perdas irreparáveis, ou (2) se demonstrar que se encontra excessivo em relação ao objeto da sociedade". A partir disso, o referido conselheiro sustentou que a redução de capital poderia, sim, ter o efeito de diferir a tributação, porém, para tanto, seria necessário demonstrar a "devida motivação da redução do capital social da pessoa jurídica".

Aplicando esse racional ao caso concreto, o conselheiro relator concluiu que a operação societária em questão ensejou uma "transferência artificial" do ganho de capital da pessoa jurídica para a pessoa física. Os critérios jurídicos adotados para não se admitir tal planejamento dizem respeito à alegada "artificialidade" da reestruturação, sustentando que teria sido "desvirtuado [sic] por completo a finalidade da lei". Nesse particular, vale destacar que o conselheiro relator demonstra certo desconforto com o fato de que o contribuinte se limitou a defender o seu direito de realizar a redução de capital, sem apresentar a motivação dos atos praticados:

> Pelo contrário, ocorreu porque entendeu a Contribuinte que tinha o "direito" de "estruturar" suas operações de maneira a viabilizar uma tributação por meio da pessoa física [...] E nos autos não há uma palavra sobre os motivos pelo qual se deu a redução de capital da pessoa jurídica. Foi efetuada a operação simplesmente porque era a maneira de se transferir os ativos objeto de alienação da pessoa jurídica para a pessoa física, e, com a alienação do ativo, buscar a tributação em face da pessoa física, com alíquota menor. A Contribuinte busca uma

incidência na norma sem nenhum critério, sem demonstrar que a redução de capital era premente e vital para a manutenção da pessoa jurídica [...].

Além dessa linha de argumentação, o conselheiro relator também defendeu, em caráter subsidiário, que a operação não poderia subsistir, na medida em que se assemelharia a uma operação de "casa-separa", que, na verdade, seria um "separa-sem-separar". Adotou-se tal alcunha para reforçar a tese da artificialidade da transferência dos ativos da pessoa jurídica para a pessoa física (ou seja, o ativo vendido jamais teria "se separado" da pessoa jurídica), e, com efeito, na prática, quem praticou a venda dos ativos teria sido a pessoa jurídica, cujo capital foi reduzido, e não o seu sócio:

> No caso em tela, a operação pode ser qualificada como o "separa-sem-separar". Isso porque o ativo objeto de alienação da pessoa jurídica é transferido para o sócio retirante (ou seja, há uma separação entre o ativo e a pessoa jurídica). Na sequência, precisamente esse ativo, objeto de separação da pessoa jurídica, é alienado para o adquirente pelo sócio retirante, que tem uma tributação mais favorável do que a pessoa jurídica antes detentora do ativo. Como se pode perceber, na realidade, o ativo nunca se "separou" da pessoa jurídica. Foi transferido artificialmente para que pudesse ser alienado por um sujeito passivo com tributação mais favorável. Ou seja, na verdade, nunca se separou da pessoa jurídica de fato. Separou-se da pessoa jurídica sem ter efetivamente se separado, porque a transação se deu, efetivamente, entre a pessoa jurídica que originariamente detinha o ativo e o adquirente, e não entre o sócio retirante e o adquirente. É o "separa-sem-separar.

Como se vê, o caso em questão iniciou-se com base na acusação fiscal de simulação relativa e se encerrou com fundamento na alegação de artificialismo, ausência de propósito negocial e desvirtuamento da finalidade da lei, o que pode ser objeto de críticas, como se verá a seguir.

2.2 Caso SStowers, Acórdão nº 9101-004.709

Trata-se do julgamento do recurso especial, também interposto pela Fazenda Nacional, contra Acórdão nº 1201002.149, por meio do qual foram acolhidos os embargos de declaração opostos pelo contribuinte e dado provimento ao seu recurso voluntário.

No primeiro acórdão (de nº 1201001.778), que fora objeto de embargos de declaração, a 1ª Turma Ordinária da 2ª Câmara da Primeira Seção do Carf havia concluído que as transformações societárias efetivadas na SStowers teriam sido simuladas, encerrando o julgamento com desfecho desfavorável ao contribuinte. A parte da ementa, a seguir transcrita, é ilustrativa dessa conclusão:

> As transformações societárias realizadas pelas sócias da autuada e que foram o foco da presente autuação, visaram desmembrar parte do acervo operacional da Autuada (incluído o atribuído pela sócia que permaneceu), para ser vendida a outra empresa, pela pessoa física do sócio; o processo de transferência para a pessoa física do sócio envolveu o valor contábil do acervo e a venda pela pessoa física se deu pelo valor de mercado, incidindo a tributação à alíquota de 15%, caracterizando que as operações foram *simuladas*, dado que o objetivo foi a venda de parte do acervo pela pessoa jurídica. (Grifos nossos)

A parte da reestruturação alegadamente simulada dizia respeito à cisão parcial da empresa autuada, em valor contábil, seguida de uma série de atos que culminaram na venda de ativos por um dos sócios pessoa física dessa estrutura. Embora a ementa acima contenha referência à simulação, aquela decisão acabou validando – pelo menos, em um primeiro momento – a acusação fiscal que foi fundada em outros institutos, vale dizer, a fiscalização sustentou que os atos praticados pelo contribuinte teriam natureza de "abuso de direito", "fraude à lei", "à revelia da ética e da responsabilidade social".

Já, no acórdão recorrido (de n° 1201002.149), referente ao acolhimento dos embargos de declaração, a Turma julgadora alterou o desfecho do julgamento, reconhecendo a existência de erros de fato (sobretudo das datas dos eventos considerados) no acórdão embargado, e concluiu que o contribuinte teria conseguido demonstrar que, na data da cisão parcial, não havia certeza quanto à venda dos ativos cindidos (havia "vários interessados na compra").

Ao apreciar o recurso especial do Fisco, interposto contra essa decisão, o conselheiro original, André Mendes de Moura, seguiu basicamente a mesma linha de raciocínio adotada no caso Dipil, anteriormente mencionado: (i) não cumprimento dos requisitos para realização da redução de capital, e (ii) artificialidade na transferência de ativos da pessoa jurídica para a pessoa física, o que aproximaria o caso de uma operação de "casa-separa".

O relator deu destaque ao fato de que a pessoa jurídica tinha "conhecimento prévio [...] de que receberia proposta para vender as ações", ressaltando ainda que, entre a cisão da pessoa jurídica e a venda dos ativos cindidos pelo sócio pessoa física, transcorreu-se apenas trinta dias. Tais fatos parecem ter sido relevantes para a tomada de decisão pelo relator, que, ao final do seu voto, aplicou novamente a sua tese de "separar-sem-separar", ou seja, que também no caso SStowers a venda do ativo teria sido pactuada pela pessoa jurídica antes da sua entrega ao seu sócio pessoa física.

Esse entendimento, todavia, não prevaleceu. A Conselheira Cristiane Silva Costa foi designada como relatora, ao abrir divergência, com base no entendimento de que o contribuinte tem o direito de realizar a redução de capital, a valor contábil, de acordo com o art. 22 da Lei n° 9.249/1995, e que essa norma daria suporte para a legalidade da conduta do contribuinte.

No entanto, a declaração de voto divisora d'águas no julgamento foi, na verdade, dada pela Conselheira Edeli Pereira Bessa, que, no mérito, reconheceu, a partir de um reexame detalhado dos fatos do caso, a existência de "um motivo para a realização das operações questionadas, consistente no dissídio entre os sócios da fiscalizada quanto à manutenção do investimento para a execução de suas atividades". Portanto, no caso Sstowers, a autuação deveria ser cancelada, porque "a cisão se justificaria frente aos diferentes objetivos dos sócios, pois apenas o sócio remanescente tinha interesse em manter empenhado seu investimento nas atividades exercidas pela pessoa jurídica".

Também merece destaque a declaração de voto da Conselheira Livia De Carli Germano, pois, quanto ao mérito, ela reconheceu que há uma opção fiscal no art. 22 da Lei nº 9.249/1995, porém, para validar a regularidade do seu exercício, foi dito que caberia:

> avaliar se o negócio foi realizado no efetivo e legítimo exercício de tal opção (ou seja, se foram obtidos todos os efeitos que lhe são próprios – presença de "causa", e/ou ausência de "artificialidade"/ "simulação" / que tais) e sem que o resultado se revele um contorno a regra que proíba ou obrigue conduta diversa (ausência de "abuso").

Com base nessa premissa, e destacando que o ônus probatório é do fisco, a Conselheira Livia De Carli Germano concluiu que a fiscalização não teria demonstrado a prévia pactuação da venda dos ativos cindidos entre o comprador e a pessoa jurídica, cujo capital social foi reduzido:

> De fato, para que pudéssemos concluir que a operação praticada foi "artificial"/"simulada", a fiscalização deveria ter reunido indícios convergentes de que, por exemplo, o negócio foi primeiramente pactuado pela pessoa jurídica (partes, preço e quantidade), para só então ter havido a redução de capital e entrega da participação societária para a pessoa física. Não há qualquer início de prova efetuada pela autoridade lançadora neste sentido.

Desse modo, por maioria, a acusação fiscal contra a SStowers foi cancelada.

3 Breves comentários sobre os casos

A comparação entre os casos Dipil e SStowers permite algumas reflexões.

Primeiro, é interessante notar como dois processos envolvendo a mesma opção fiscal – redução de capital seguida da venda de ativos pelo sócio pessoa física, conforme o art. 22 da Lei nº 9.249/1995 – tiveram resultados diferentes, conforme os fatos apresentados pelas partes.

De um lado, no caso Dipil houve, a meu ver, a caracterização de alguma patologia próxima ao conceito de simulação, tendo em vista que a venda de negócio relativo aos "preservantes de madeira para uso em geral e comercializados pela Sociedade, Madepil TRI90 e Madepil AC40, além da respectiva lista de clientes" foi, primeiramente, pactuada entre a Dipil e o comprador desse negócio, e, em um segundo momento, foram celebrados diversos atos e negócios jurídicos, substancialmente, inexistentes. O fato determinante, a meu sentir, refere-se à existência de uma "ata de reunião de acionistas" da Dipil em que se registrou a informação de que a venda futura dos ativos já estava pactuada. Tratou-se, nesse sentido, de hipótese em que a parte busca "conferir ou transmitir direitos a pessoas diversas daquelas às quais realmente se conferem, ou transmitem" (art. 167, §1º, I, do Código Civil). Nesse ponto, o contribuinte não teve êxito em demonstrar uma realidade fática que permitisse uma conclusão diversa daquela alegada pelo Fisco, limitando-se a sustentar o seu direito ao planejamento tributário implementado.

De outro lado, no caso SStowers, a postura do contribuinte de buscar demonstrar, em detalhe, que os fatos do caso justificavam a realização da reestruturação foi determinante para um desfecho diferente, favorável ao contribuinte. Ou seja, além de defender o seu direito ao planejamento, o contribuinte, em caráter subsidiário, alega que reestruturação teve "propósito negocial". Para tanto, o contribuinte detalha minuciosamente os fatos e suas datas, *e-mails*, contratos e atas de reunião para sustentar que (i) havia ali um conflito entre sócios que implicava a saída de um deles, e (ii) não havia uma pactuação, por parte da SStowers, da venda dos ativos cindidos antes da cisão, e sim mera expectativa de que o sócio pessoa física viria a receber algumas ofertas para compra e venda dos ativos cindidos. Ou seja, buscou-se refutar uma eventual alegação de artificialidade na operação.

Nesse particular, a declaração de voto da Conselheira Edeli Pereira Bessa foi determinante. Pode-se dizer que o voto da Conselheira Edeli Bessa tirou o caso da vala comum dos processos que envolvem a redução de capital seguida da venda de ativos pelo sócio pessoa física, ao avaliar, detalhadamente, as razões apresentadas pelo contribuinte para justificar a motivação da reestruturação. Não se tratava ali de se verificar se o único objetivo da operação era a economia fiscal – como sustentava a fiscalização –, mas de analisar a qualidade do trabalho do fisco quanto à demonstração de que a venda dos ativos foi realizada, em sua substância, pela pessoa jurídica. Nesse ponto, a Conselheira Edeli conclui: "não foram reunidas evidências no sentido de que a pessoa jurídica autuada, e não referido sócio, teria iniciado negociações para esta alienação, de modo a indicar a sua pretensão de alterar a sujeição".

Como se vê, os fatos sustentados em cada caso, a partir de estratégias processuais distintas por parte de cada contribuinte, foram relevantes para os seus desfechos diferentes. Aqui são pertinentes as considerações de Sergio André Rocha sobre a importância dos fatos dos casos concretos em matéria de planejamento tributário:

> Uma coisa que nos parece evidente, ao caso desta breve provocação: o debate sobre planejamento tributário calcado exclusivamente em aspectos axiológicos e principiológicos se esgotou. Não ajuda em nada à solução das controvérsias reais entre Fisco e contribuintes e alimenta uma secção doutrinária irreal. Já é passada a hora de entendermos o que pensa a doutrina brasileira diante de fatos concretos. Não se duvide que a questão central do planejamento tributário *não é a interpretação da legislação tributária, é a análise dos fatos praticados pelo contribuinte.*[2]

O trabalho fiscal de demonstração da realidade fática não é uma tarefa que segue a lógica do "tudo ou nada". Pelo contrário, trata-se de atividade sujeita ao juízo de gradação, isto é, de uma avaliação qualitativa da suficiência das provas obtidas para demonstrar a aderência do caso ao critério que se busca aplicar.

---

[2] ROCHA, Sergio André. Para que serve o parágrafo único do artigo 116 do CTN afinal? *In*: GODOI, Marciano Seabra de; ROCHA, Sergio André (Org.). *Planejamento tributário*: limites e desafios concretos. Belo Horizonte: D'Plácido, 2018. p. 510.

Eis aqui, a meu ver, o problema: a ausência de uma definição clara a respeito do critério a ser aplicado pela administração fiscal no exame dos fatos concretos em um cenário em que (i) há diferentes conceituações do instituto da simulação (para fins da aplicação do art. 149, VII, do CTN), (ii) há divergência sobre a eficácia e o alcance do parágrafo único do art. 116 do CTN, (iii) não há consenso sobre a viabilidade da qualificação jurídica, pelo Fisco, dos atos praticados pelo contribuinte para desconsiderar operações não simuladas, e, por fim (porém, sem a pretensão de esgotar todas as causas dessa problemática), (iv) caso seja admitida tal qualificação jurídica, qual critério (diferente da simulação) seria passível de aplicação no direito tributário brasileiro. É o que se passa a avaliar, brevemente, na sequência.

4 Fixação de algumas premissas teóricas

Antes de avançar no exame dos critérios que entendemos pertinentes para delimitar o exercício do direito ao planejamento tributário, convém destacar algumas premissas teóricas, a fim de que o leitor melhor compreenda a nossa posição. Faço aqui considerações rápidas – algumas delas até superficiais – tendo em vista a extensão restrita do presente artigo. Para aprofundar o estudo do tema, faço referências aos meus estudos anteriores sobre o tema: *Planejamento tributário* (2016)[3] e *Acordo de planejamento tributário* (2020).[4]

Primeiramente, o Brasil não tem uma regra geral contrária aos atos elisivos ou elusivos (a chamada GAAR – *General Anti-Avoidance Rule*) passível de aplicação na atualidade.[5] Embora exista controvérsia sobre a eficácia do parágrafo único do art. 116 do CTN, antes da instituição dos "procedimentos a serem estabelecidos em lei ordinária",[6] a meu ver, é nítida a sua ineficácia, (i) dada a clareza da redação do parágrafo único

---

[3] ANDRADE, Leonardo Aguirra de. *Planejamento tributário*. São Paulo: Quartier Latin, 2016.
[4] ANDRADE, Leonardo Aguirra de. *Acordo de planejamento tributário*. São Paulo: Quartier Latin, 2020.
[5] SCHOUERI, Luís Eduardo; BARBOSA, Mateus Calicchio. "Chapter 6: Brazil". *In*: LANG, Michael *et al.* (Ed.). *GAARs – A Key Element of Tax Systems in the Post-BEPS Tax World*. [s.l.]: Online Books IBFD – IBFD, 2016. p. 116.
[6] De um lado, em sentido favorável à eficácia atual do parágrafo único do art. 116 do CTN (antes da sua regulamentação), destacam-se: Douglas Yamashita, que defende que o Código Civil (posterior à Lei Complementar nº 104/01) e o Decreto nº 70.235/72 seriam normas suficientes para viabilizar a aplicação do parágrafo único do art. 116 do CTN (YAMASHITA, Douglas. *Elisão e evasão de tributos* – Planejamento tributário à luz do abuso do direito e da fraude à lei. São Paulo: Lex, 2005. p. 148); Ricardo Lodi Ribeiro, para quem a aplicação do referido dispositivo não dependeria da regulamentação da lei (RIBEIRO, Ricardo Lodi. *Justiça, interpretação e elisão tributária*. Rio de Janeiro: Lumen Juris, 2003. p. 166); Ricardo Lobo Torres, que defendia que, se a legislação dos entes federativos já contivesse regras de procedimento administrativo suficientes para sua aplicação, o parágrafo único do art. 116 do CTN poderia ser aplicado atualmente (TORRES, Ricardo Lobo. *Planejamento tributário*: elisão abusiva e evasão fiscal. Rio de Janeiro: Elsevier, 2012. p. 52). De outro lado, sustentando o entendimento de que, enquanto não for editada uma lei ordinária regulamentadora do seu procedimento de aplicação, o parágrafo único do art. 116 do CTN é ineficaz, destacam-se: GRECO, Marco Aurélio. *Planejamento tributário*. 4. ed. São Paulo: Quartier Latin, 2019. p. 570-572; OLIVEIRA, Ricardo Mariz de. A elisão fiscal ante a Lei Complementar nº 104. *In*: ROCHA, Valdir de Oliveira (Coord.). *O planejamento tributário e a Lei Complementar 104*. São Paulo: Dialética, 2001. p. 261-262; BARRETO, Paulo Ayres. *Planejamento tributário*: limites normativos. São Paulo: Noeses, 2016. p. 225.

do art. 116 do CTN, no sentido da exigência de uma futura regulamentação para o seu procedimento de aplicação, e (ii) tendo em vista a insuficiência qualitativa das normas apontadas pela corrente doutrinária que defende a sua eficácia.

Apesar de ineficaz, o parágrafo único do art. 116 do CTN também gera dúvidas quanto à generalidade ou à especificidade do seu escopo de aplicação. De um lado, autores como Ives Gandra Martins,[7] Marco Aurélio Greco,[8] Ricardo Lobo Torres,[9] Heleno Taveira Tôrres,[10] Hugo de Brito Machado,[11] Lívia De Carli Germano,[12] entre outros, sinalizam que o parágrafo único do art. 116 do CTN teria um caráter geral, ou seja, tratar-se-ia de norma *geral* antiabuso ou norma *geral* antielisão, a depender da conceituação adotada por cada autor. Por outro lado, há autores como Alberto Xavier,[13] Ricardo Mariz de Oliveira,[14] Luís Eduardo Schoueri,[15] James Marins,[16] Paulo Ayres Barreto,[17] Douglas Yamashita,[18] que ensinam que o parágrafo único do art. 116 do CTN *não* teria natureza de norma geral antiabuso ou antielisão, mas uma *aplicação restrita* à dissimulação ou à simulação, a depender das bases teóricas adotadas por cada doutrinador.

A nosso ver, assiste razão à segunda corrente doutrinária acima mencionada, pois o parágrafo único do art. 116, parágrafo único, do CTN, limita-se às práticas simulatórias e dissimulatórias, sendo assim norma de escopo específico. Entendemos que o conceito de simulação, previsto no art. 149, VII, do CTN, pode ser entendido em seu sentido amplo e, nessa condição, já abrangia também a prática da dissimulação (simulação relativa).[19] Com efeito, considera-se que o parágrafo único do art. 116 do CTN tratou de matéria (dissimulação) que já estava abarcada no art. 149, VII, do CTN (simulação). Para tanto,

---

[7] MARTINS, Ives Gandra da Silva. Norma antielisão tributária e o princípio da legalidade à luz da segurança jurídica. *Revista Dialética de Direito Tributário*, São Paulo, v. 119, p 120-135, 2005. p. 125.

[8] GRECO, Marco Aurélio. Constitucionalidade do parágrafo único do artigo 116 do CTN. In: ROCHA, Valdir de Oliveira (Coord.). *O planejamento tributário e a Lei Complementar 104*. São Paulo: Dialética, 2001. p. 196; GRECO, Marco Aurélio. *Planejamento tributário*. 4. ed. São Paulo: Quartier Latin, 2019. p. 557-562.

[9] TORRES, Ricardo Lobo. A chamada 'interpretação econômica do direito tributário', a Lei Complementar 104 e os limites atuais do planejamento tributário. In: ROCHA, Valdir de Oliveira (Coord.). *O planejamento tributário e a Lei Complementar 104*. São Paulo: Dialética, 2001. p. 240.

[10] TÔRRES, Heleno Taveira. *Direito tributário e direito privado*: autonomia privada, simulação, elusão tributária. São Paulo: Revista dos Tribunais, 2003. p. 361-362.

[11] MACHADO, Hugo de Brito. A norma antielisão e o princípio da legalidade – Análise crítica do parágrafo único do art. 116 do CTN. In: ROCHA, Valdir de Oliveira (Coord.). *O planejamento tributário e a Lei Complementar 104*. São Paulo: Dialética, 2001. p. 109.

[12] GERMANO, Lívia de Carli. *Planejamento tributário e limites para a desconsideração dos negócios jurídicos*. São Paulo: Saraiva, 2013. p. 231.

[13] XAVIER, Alberto. *Tipicidade da tributação, simulação e norma elisiva*. São Paulo: Dialética, 2001. p. 70-73.

[14] OLIVEIRA, Ricardo Mariz de. A elisão fiscal ante a Lei Complementar nº 104. In: ROCHA, Valdir de Oliveira (Coord.). *O planejamento tributário e a Lei Complementar 104*. São Paulo: Dialética, 2001. p. 257-258.

[15] SCHOUERI, Luís Eduardo. Planejamento tributário – elisão e evasão fiscal – simulação – abuso de forma – interpretação econômica – negócio jurídico indireto – norma antielisiva. In: AMARAL, Antônio Carlos Rodrigues do (Coord.). *Curso de direito tributário*. São Paulo: Celso Bastos Editor, 2002. p. 299; SCHOUERI, Luís Eduardo. Planejamento tributário: limites à norma antiabuso. *Revista Direito Tributário Atual*, v. 24, p. 345-370, 2010. p. 346.

[16] MARINS, James. *Elisão tributária e sua regulação*. São Paulo: Dialética, 2002. p. 57-58.

[17] BARRETO, Paulo Ayres. *Planejamento tributário*: limites normativos. São Paulo: Noeses, 2016. p. 230.

[18] YAMASHITA, Douglas. *Elisão e evasão de tributos* – Planejamento tributário à luz do abuso do direito e da fraude à lei. São Paulo: Lex, 2005. p. 148.

[19] ANDRADE, Leonardo Aguirra de. *Planejamento tributário*. São Paulo: Quartier Latin, 2016. p. 183-184.

entendemos que a diferenciação terminológica entre os institutos da simulação e da dissimulação, mesmo se tratando do mesmo documento normativo, não é suficiente para superar a relação de gênero-espécie entre os respectivos conceitos.[20] Isto é, já que a dissimulação, como espécie (simulação relativa), já tinha fundamento no CTN, dentro do gênero simulação, substancialmente, o dispositivo em questão nada trouxe de novo. A única novidade é a exigência de uma regra procedimental. Portanto, o parágrafo único do art. 116 do CTN deve ser lido como norma específica para reforçar a rejeição das práticas simulatórias e dissimulatórias, sendo que a inovação se restringiu à criação do respectivo procedimento de fiscalização.

O voto da Ministra Cármen Lúcia, no julgamento da Ação Direita de Inconstitucionalidade nº 2.446, proferido na seção virtual iniciada em 12.6.2020, em julgamento em curso no Supremo Tribunal Federal, reforça essa visão de que a finalidade do parágrafo único do art. 116 do CTN é específica, e não geral, ao resguardar o direito do contribuinte ao planejamento tributário, sob a seguinte premissa:

> a norma não proíbe o contribuinte de buscar, pelas vias legítimas e comportamentos coerentes com a ordem jurídica, economia fiscal, realizando suas atividades de forma menos onerosa, e, assim, deixando de pagar tributos quando não configurado fato gerador cuja ocorrência tenha sido licitamente evitada.

Além disso, a Ministra Cármen Lúcia, nesse voto, concluiu que tal norma teria como finalidade o combate à evasão fiscal. O julgamento ainda está em andamento, uma vez que, após o voto do Ministra Cármen Lúcia, que foi acompanhada pelos ministros Marco Aurélio, Edson Fachin, Alexandre de Moraes e Gilmar Mendes, houve pedido de vistas pelo Ministro Ricardo Lewandowski. No entanto, a prevalecer o entendimento manifestado pela Ministra Cármen Lúcia, será possível dizer que a Suprema Corte tomou uma posição na delimitação do alcance do parágrafo único do art. 116 do CTN claramente mais favorável aos contribuintes, o que será importante quando – e se – esse dispositivo vier a se tornar eficaz, quando da sua regulamentação. Essa posição, todavia, é insuficiente para resolver algumas questões que ainda ficaram em aberto no exame dos limites do planejamento tributário. Em outras palavras, o STF perdeu a oportunidade de avaliar outros temas importantes nessa temática.[21]

Do que é possível extrair do referido voto, por um lado, parece correto o entendimento de que foi reconhecido que não há no "direito positivo brasileiro" uma norma autorizadora da desconsideração pelo fisco dos efeitos jurídicos de atos ou negócios jurídicos praticados pelos contribuintes "validamente e sem simulação" – friso aqui a duplicidade de caminhos, a qual será melhor avaliada a seguir – conforme os parâmetros do direito civil, "mesmo com o objetivo exclusivo e declarado de menor carga

---

[20] Em sentido contrário, confira-se: LEÃO, Martha Toribio. *O direito fundamental de economizar tributos*: entre legalidade, liberdade e solidariedade. São Paulo: Malheiros, 2018. p. 225; 243-244.

[21] Nesse sentido, confira-se: SOUZA, Hamilton Dias de; FUNARO, Hugo. ADI 2446: artigo 116, parágrafo único, do CTN é inconstitucional. *Conjur*, 18 ago. 2020. Disponível em: https://www.conjur.com.br/2020-jun-18/souza-funaro-consideracoes-adi-2446. Acesso em: 27 fev. 2021.

tributária".²² Por outro lado, dada a indefinição quanto (i) ao conceito de simulação e (ii) aos parâmetros do direito civil para definir o que é válido e o que não é válido, na qualificação jurídica dos atos praticados pelos contribuintes, tenho para mim que a indefinição e a insegurança continuaram tendo traços marcantes nesse tema.

De todo modo, assumindo como verdadeira a premissa – conforme a doutrina majoritária – de que o parágrafo único do art. 116 do CTN é norma ineficaz, pode-se dizer que o único critério – em vigor – dado pelo CTN para estabelecer os limites do exercício ao direito ao planejamento tributário é o conceito de simulação, conforme o seu art. 149, inc. VII. Entretanto, como dito acima, esse conceito é desprovido de definição clara no Código. A ausência da definição, no CTN, do conceito de simulação, a meu ver, é um problema central nesse debate, na medida em que permite que o conceito de simulação seja lido como uma "porta de entrada" mais estreita ou mais ampla, conforme as bases teóricas adotadas por cada intérprete. Na prática, não há um critério. Como bem aponta Sergio André Rocha: "[...], *o ponto chave neste debate é o conceito de simulação. No fundo, embora ele seja onipresente em todos esses autores, em termos práticos, cada um tem uma simulação para chamar de sua, que só fica clara diante de casos concretos*".²³

Tal indefinição abre margem para algumas dúvidas, tais como: aplica-se o conceito de simulação dado pelo art. 167 do Código Civil? Aplica-se somente a definição dada pelo art. 167 do Código Civil ou seria possível empregar outros critérios também estabelecidos no Código Civil para qualificar juridicamente os atos praticados pelo contribuinte? Ou, ainda, o intérprete da legislação tributária está restrito ao conceito de simulação do Código Civil ou pode se valer da teoria geral da simulação? A respeito dessas indagações, são oportunas as lições de Heleno Taveira Tôrres:

> Sobre os limites da aplicação do art. 167, §1º, do CC, tenho para mim que está uma especificação taxativa de hipóteses que somente tem aplicação no direito privado, haja vista os limites do dever de veracidade serem impostos às partes e aos terceiros diretamente envolvidos. Contudo, a teoria da simulação é assunto de teoria do direito positivo, aplicável a todos os demais campos de incidência. Por esse motivo, cumpre observar, em cada ramo de legislação específica, se há ou não alguma forma de tratamento próprio para as hipóteses de simulação, como defesa do consumidor, ordem econômica, sistema financeiro, mercado de capitais, sucesso, etc., ou se tais setores dogmáticos preferem tratá-la como regra de caráter geral, ou mesmo com recepção dos critérios adotados no direito civil, na hipótese de nada dispor a respeito. Como em matéria tributária dever de veracidade é exigido em todos os seus atos, por declarações e prestações de informações de toda ordem, inclusive por terceiros, não se justifica qualquer taxativa de vinculação dos atos administrativos àquela lista taxativa predisposta para os lindes do direito privado.²⁴

---

[22] Nesse sentido, confira-se: PONTES, Helenilson Cunha. O planejamento tributário na visão do STF: a ADI 2.446. *Conjur*, 22 jul. 2020. Disponível em: https://www.conjur.com.br/2020-jul-22/consultor-tributario-planejamento-tributario-visao-stf-adi-2446. Acesso em: 27 fev. 2021.

[23] ROCHA, Sergio André. Para que serve o parágrafo único do artigo 116 do CTN afinal? *In*: GODOI, Marciano Seabra de; ROCHA, Sergio André (Org.). *Planejamento tributário*: limites e desafios concretos. Belo Horizonte: D'Plácido, 2018. p. 492.

[24] TÔRRES, Heleno Taveira. *Direito tributário e direito privado*: autonomia privada, simulação, elusão tributária. São Paulo: Revista dos Tribunais, 2003. p. 364.

Parece acertado entendimento de Heleno Tôrres de que o dever de veracidade não se limita à simulação e ao seu regramento no art. 167 do Código Civil, embora os incs. I e II desse dispositivo já deem tratamento para a conduta mentirosa (mentir sobre as verdadeiras partes envolvidas em um negócio e a manifestação de vontade "não verdadeira").[25] A exigência de uma atuação verdadeira também pode encontrar suporte no conceito de "causa do negócio jurídico" ou na exigência de observância dos seus elementos essenciais, como será examinado a seguir.

A possibilidade de aplicação do direito privado para fins da qualificação jurídica de atos e negócios jurídicos praticados pelo contribuinte se deve ao fato de que não há disposição expressa em sentido diverso na legislação tributária, conforme a melhor interpretação do art. 109 do CTN.[26] Como não há definição de simulação (ou de outro critério em vigor) no regramento tributário, aplica-se o tratamento dado pelo direito privado para fins da referida qualificação jurídica.

Há aqui duas questões distintas: (i) qual conceito de simulação posso aplicar em matéria tributária?; (ii) além da simulação, posso aplicar outro critério?

Quanto à primeira questão, pode-se afirmar que há uma grande divergência sobre qual conceito de simulação deve ser empregado em matéria tributária, desde um conceito mais restrito, como ensina Alberto Xavier, enquanto ato ou negócio "falso", "mentiroso" e "enganatório",[27] até um conceito mais amplo, como aquele sustentado por Marciano Seabra de Godoi, que permitiria avaliar as circunstâncias concretas, os objetivos das partes e as causas dos atos e negócios jurídicos realizados.[28]

Nesse ponto, tenho para mim que, independentemente da amplitude que se dê ao conceito de simulação (art. 149, inc. VII, do CTN), ele não contempla os critérios que têm sido aplicados no exterior relativamente às práticas de *tax avoidance*. Ou seja, o único parâmetro expressamente previsto na legislação tributária, para limitar o direito ao planejamento tributário no Brasil (simulação), não tem extensão suficiente para dar suporte para critérios estrangeiros, tais como *business purpose* (Estados Unidos), normalidade ou abuso do direito (França), inadequação (Alemanha) ou fraude à lei (Espanha).[29]

---

[25] SCHOUERI, Luís Eduardo. Planejamento tributário: limites à norma antiabuso. *Revista Direito Tributário Atual*, v. 24, p. 345-370, 2010. p. 353.

[26] BALEEIRO, Aliomar. *Direito tributário brasileiro*. Atualização de Misabel de Abreu Machado Derzi. 11. ed. Rio de Janeiro: Forense, 1999. p. 685: "O art. 109 autoriza o legislador tributário a atribuir a um instituto de Direito Privado – dentro dos limites constitucionais existentes – efeitos tributários peculiares. E se o legislador tributário não o fizer expressamente, não poderá o intérprete adaptar o princípio ou instituto de Direito Privado para aplicar-lhe efeitos tributários especiais". No mesmo sentido, confira-se: AMARO, Luciano. *Direito tributário brasileiro*. 18. ed. São Paulo: Saraiva, 2012. p. 244-245: "A identidade do instituto, no direito privado e no direito tributário, dá-se sempre que o direito tributário não queira modificá-lo para fins fiscais, bastando, para que haja essa identidade, que ele se reporte ao instituto sem ressalvas. Se, porém, o direito tributário quiser determinar alguma modificação, urge que o diga de modo expresso. [...] Só quando queira é que a lei tributária irá, de modo expresso, modificar esses institutos ou conceitos (para fins tributários, obviamente)".

[27] XAVIER, Alberto. *Tipicidade da tributação, simulação e norma elisiva*. São Paulo: Dialética, 2001. p. 55.

[28] GODOI, Marciano de Seabra de. Dois conceitos de simulação e suas consequências para os limites da elisão fiscal. In: ROCHA, Valdir de Oliveira. *Grandes questões atuais de direito tributário*. São Paulo: Dialética, 2007. v. 11. p. 275-277.

[29] ANDRADE, Leonardo Aguirra de. *Planejamento tributário*. São Paulo: Quartier Latin, 2016. p. 301-303.

Na minha visão, isso não quer dizer que o contribuinte é livre para desrespeitar as regras – distintas daquelas relativas à simulação – previstas no direito privado para a qualificação jurídica dos seus atos e negócios jurídicos e, mesmo assim, garantir os seus efeitos em matéria tributária. Ou seja, embora o CTN preveja apenas um critério (indefinido, de simulação) para delimitar o direito ao planejamento tributário, o intérprete deve aplicar a legislação tributária sobre uma realidade jurídica dada pelo direito privado (caso não haja disposição em contrário na legislação tributária), avaliando se houve desnaturação artificial dos atos e negócios praticados.

Isso nos remete à segunda questão acima: parece-nos que a simulação é realmente o único parâmetro previsto no CTN com eficácia na atualidade – tendo em mente que a dissimulação é um critério existente, porém ineficaz, por ausência de regulamentação. No entanto, o intérprete da lei tributária não pode ignorar o direito privado, ao cumprir com o seu dever de avaliar – utilizando inclusive a consideração econômica – os fatos praticados pelos contribuintes, conforme os arts. 118, inc. I, 142 e 147 do CTN, relativamente a fatos geradores que remetem a situações de fato (art. 116, I, do CTN). Tal investigação dos fatos deve estar acompanhada de uma clara definição dos critérios jurídicos (inclusive do direito privado) aplicáveis. Como bem aponta Ricardo André Galendi Júnior, não se deve efetivar uma qualificação jurídica dos fatos de maneira apartada da intepretação da hipótese normativa, uma vez que tal qualificação, sempre, deverá tomar como ponto de referência os critérios extraídos da hipótese normativa, sob pena de permitir o casuísmo na avaliação dos fatos.[30]

A unicidade do critério aplicável (simulação), conforme o CTN, não é afastada pelo fato de, por ocasião da qualificação jurídica dos atos e negócios jurídicos praticados, conforme o direito privado, serem empregados outros parâmetros jurídicos, relativos às exigências de veracidade (boa-fé) e de consistência com os fins econômicos e sociais dos direitos exercidos (art. 187 do Código Civil), assim como os critérios relativos à causa dos negócios jurídicos (arts. 112, 138, 140, 166, 170 e 421 do Código Civil).

Nesse ponto, o art. 118, I, do CTN tem papel fundamental em matéria de planejamento tributário que envolve fatos geradores correlatos a "situações de fato" (art. 116, I, do CTN),[31] pois nele está a autorização para o Fisco coletar os efeitos fiscais que seriam passíveis de verificação, caso as figuras jurídicas utilizadas fossem consideradas ineficazes, independentemente da decretação da respectiva nulidade pelo Poder Judiciário, conforme previsto no art. 168 do Código Civil. Entretanto, o art. 118, I, do CTN não autoriza a desconsideração incondicional das formas jurídicas empregadas pelos contribuintes, sendo as autoridades fiscais obrigadas a respeitar as "liberdades contratuais de causa e forma".[32] Uma vez demonstrada irregularidade originária de

---

[30] GALENDI JÚNIOR, Ricardo André. *A consideração econômica no direito tributário*. São Paulo: IBDT, 2020. v. XXXII. Série Doutrina Tributária. p. 383.

[31] SCHOUERI, Luís Eduardo. Planejamento tributário: limites à norma antiabuso. *Revista Direito Tributário Atual*, v. 24, p. 345-370, 2010. p. 358.

[32] TÔRRES, Heleno Taveira. *Direito tributário e direito privado*: autonomia privada, simulação, elusão tributária. São Paulo: Revista dos Tribunais, 2003. p. 85-93.

ineficácia dos atos e negócios jurídicos, torna-se viável, com base no art. 118, I, do CTN, a requalificação da materialidade concreta em relação aos fatos geradores vinculados a "situações de fato" (art. 116, I, do CTN), em busca da verdade material.

Essas premissas nos levaram a concluir, em estudo anterior, que a interpretação conjunta dos arts. 109, 116, inc. I, e 118, inc. I, já permite às autoridades fiscais a investigação da materialidade concreta subjacente aos atos e negócios jurídicos, realizados pelos contribuintes, relativamente aos fatos geradores vinculados a "situações de fato", por ocasião da verificação da ocorrência da incidência da lei tributária, sendo possível a requalificação de tal realidade subjacente, se o Fisco tiver sucesso em demonstrar a contrariedade às regras do direito privado e a subsunção dos fatos à hipótese de incidência.[33]

Vale frisar que essa requalificação somente deve ser admitida caso o Fisco cumpra dois *deveres probatórios*,[34] vale dizer, comprovar tanto (i) uma irregularidade, vício ou defeito específico nas formas adotadas pelo contribuinte, bem como (ii) a realidade concreta, se passível de tributação, que fora revestida por essas formas. Não basta ao Fisco, portanto, dizer que o ato ou negócio jurídico contém irregularidades, deve também provar, minunciosamente, que ele tem outra qualificação jurídica.[35] Inexistindo provas ou sendo estas insuficientes para afastar a qualificação jurídica efetuada pelo contribuinte a ponto de tornar os atos ou negócios jurídicos inoponíveis ao Fisco, estes devem ter seus efeitos mantidos, garantindo-se a tutela de todas as respectivas consequências jurídicas, inclusive daquelas que representem economia fiscal.[36]

A questão que então se torna relevante é quais são os parâmetros do direito privado – além da simulação (art. 167 do Código Civil) – pertinentes à qualificação jurídica dos fatos para fins da delimitação do direito ao contribuinte ao planejamento tributário (que envolve fatos geradores vinculados a "situações de fato")? É o que se passa avaliar a seguir.

5 A simulação, a causa e os elementos essenciais dos negócios jurídicos como critérios para avaliação de planejamentos tributários

A qualificação dos atos praticados pelo contribuinte, em matéria de planejamento tributário, deve ser realizada, no âmbito do direito privado, conforme o instituto da simulação. Dada a ausência de definição de qual conceito de simulação é passível de emprego, não é mandatório que o intérprete se limite às hipóteses do art. 167 do Código Civil. É possível a rejeição a condutas materialmente baseadas na *mentira* com outros

---

[33] ANDRADE, Leonardo Aguirra de. *Planejamento tributário*. São Paulo: Quartier Latin, 2016. p. 183.
[34] TOMÉ, Fabiana Del Padre. *A prova no direito tributário*. 3. ed. São Paulo: Noeses, 2011. p. 336.
[35] GRECO, Marco Aurélio. *Planejamento tributário*. São Paulo: Quartier Latin, 2008. p. 166.
[36] GRECO, Marco Aurélio. A prova no planejamento tributário. In: NEDER, Marcos Vinícius; SANTI, Eurico Marcos Diniz de; FERRAGUT, Maria Rita (Coord.). *A prova no processo tributário*. São Paulo: Dialética, 2010. p. 199.

fundamentos, como o vício de causa do negócio jurídico, que encontram suporte nos arts. 112, 138, 140, 166, 170 e 421 do Código Civil.[37]

Por outro lado, também é possível defender que a abrangência do conceito de simulação, previsto no art. 167 do Código Civil contempla, além do falseamento da verdade, o descompasso entre aquilo que foi realizado efetivamente pelo contribuinte e a "causa" dos atos e negócios jurídicos formalmente empregados para atingir determinado objetivo. Como ensina o Professor Luís Eduardo Schoueri, a ausência de causa pode ser caracterizada como uma simulação.[38]

Admitida essa concepção ampla da simulação, entendemos que ela pode ser ferramenta útil e pertinente à avaliação de uma parte significativa dos atos praticados pelos contribuintes em matéria de planejamento tributário. Em outras palavras, são raros os casos de planejamento tributário maculados por alguma patologia diferente da simulação.

No entanto, a compreensão da simulação como um conceito mais amplo também serve, indevidamente, de porta de entrada para institutos sem base legal ou experiência jurídica fundamentada no Brasil, como os conceitos estrangeiros de propósito negocial (Estados Unidos), fraude à lei (Espanha), abuso do direito (França) e abuso de forma (Alemanha). Esses conceitos estrangeiros, embora apresentem uma proximidade com o vício de causa, com ele não se confundem, e o que os diferencia encontra obstáculos importantes para a sua importação no Brasil.

A importação dessas figuras deve ser repudiada, não apenas porque decorrem de experiências históricas, demandas sociais e culturas jurídicas diferentes da brasileira, mas sobretudo porque têm como suporte critérios inaplicáveis no direito tributário brasileiro, como os motivos subjetivos do contribuinte, a contrariedade ao espírito da lei, a violação a um suposto direito (do Fisco ou da sociedade) em matéria tributária (prévio à ocorrência do fato gerador do tributo) e as ideias de anormalidade e atipicidade, cujo emprego depende de comparações analógicas, vedadas, no Brasil, para cobrança de tributos, conforme art. 108, §1º, do CTN.

Por exemplo, o propósito negocial dá enfoque aos motivos do contribuinte (aspecto subjetivo), e não à causa do negócio (aspecto objetivo). Aqui são oportunas as lições de Moreira Alves, segundo o qual a causa se determina objetivamente, como função econômico-social atribuída, pelo direito, ao negócio jurídico, já os motivos seriam extrajurídicos e estariam relacionados com o querer do agente, que é impertinente à qualificação jurídica de atos.[39] O motivo ou intenção de economia fiscal, no Brasil, é

---

[37] BOZZA, Fábio Piovesan. *Planejamento tributário e autonomia privada*. São Paulo: Quartier Latin/IBDT, 2015. v. XV. Série Doutrina Tributária. p. 125.

[38] SCHOUERI, Luís Eduardo. Planejamento tributário: limites à norma antiabuso. *Revista Direito Tributário Atual*, v. 24, p. 345-370, 2010. p. 353.

[39] ALVES, José Carlos Moreira. *O direito*. Introdução e teoria geral. 13. ed. ref. Coimbra: Almedina, 2005. p. 153: "[...] a causa de um negócio jurídico difere dos motivos que levaram as partes a realizá-lo. Com efeito, a causa se determina objetivamente (é a função econômico-social que o direito objetivo atribui a determinado negócio jurídico); já o motivo se apura subjetivamente (diz respeito aos fatos que induzem as partes a realizar o negócio jurídico). No contrato de compra e venda, a causa é a permuta entre a coisa e preço (essa é a função

mero elemento (indiciário, e não conclusivo) entre tantos outros a serem avaliados na contextualização dos fatos de determinado caso concreto, porém jamais critério determinando para validação, ou não, de um planejamento tributário.[40] Pelo contrário, é razoável esperar que o contribuinte seja diligente e responsável com as suas finanças e, assim, busque, intencionalmente, o quanto mais possível, a economia fiscal, dentro dos limites legais. A motivação subjetiva é, portanto, impertinente para se avaliar o limite do planejamento tributário.

Considerando que existem diversos dispositivos do Código Civil brasileiro que apontam para a teoria da causa[41] e tendo em mente as lições de Antônio Junqueira de Azevedo, para quem o emprego da teoria da "causa" para fins da avaliação da regularidade de negócios jurídicos no Brasil seria *inevitável*,[42] entendemos cabível o seu emprego para fins da qualificação dos atos e negócios jurídicos praticados pelos contribuintes em matéria tributária.

Acolhemos, para tanto, as lições de Gilberto de Ulhôa Canto sobre a "causa final" (por que um negócio foi realizado?) e "causa eficiente" (por força de que um negócio foi realizado?), para sustentar que o critério do vício de causa permite testar os fatos concretos de um planejamento tributário, buscando avaliar se há, ou não, um eventual desalinhamento entre fim (que o negócio visa efetivar objetivamente) e causa do negócio praticado.[43]

Nesse exame, também são pertinentes as lições de Antônio Junqueira de Azevedo[44] quanto à exigência de observância da relação entre (i) a causa (função) atribuída pelas partes à estrutura do negócio e (ii) o tipo negocial (respeitando-se, inclusive, os seus "elementos categoriais inderrogáveis"). Essa estrutura permite compreender melhor a liberdade de escolha da substância do negócio jurídico. Isso porque a convergência consensual dos interesses das partes pode resultar na construção da manifestação de

---

econômico-social que lhe atribui o direito objetivo; essa é a finalidade prática a que visam, necessária e objetivamente, quaisquer que sejam os vendedores e quaisquer que sejam os compradores); os motivos podem ser infinitos (assim, por exemplo, alguém pode comprar uma coisa para presentear com ela um amigo. [...] A distinção entre causa e motivo é importante porque, em regra, a ordem jurídica não leva em consideração o último".

[40] SANTOS, Ramon Tomazela. O desvirtuamento da teoria do propósito negocial: da origem no caso Gregory vs. Helvering até a sua aplicação no ordenamento jurídico brasileiro. *Revista Dialética de Direito Tributário*, v. 243, p. 126-145, dez. 2015.

[41] SCHOUERI, Luís Eduardo. *Direito tributário*. 10. ed. São Paulo: Saraiva, 2020. p. 561 (nota 70). Schoueri afirma que o termo "causa" apareceria em várias acepções distintas nos seguintes artigos do Código Civil de 2002: 3º, 57, 145, 206, 35, 373, 395, 414, 598, 602 a 604, 624, 625, 669, 685, 689, 705, 715, 717, 791, 834, 869, 884, 885, 1.019, 1.035, 1.038, 1.044, 1.051, 1.085, 1.087, 1.148, 1.217, 1.244, 1.275, 1.360, 1.481, 1.523, 1.524, 1.529, 1.538, 1.577, 1.580, 1.641, 1.661, 1.723, 1.767, 1.818, 1.848, 1.962 a 1.965, 2.202 e 2.042.

[42] AZEVEDO, Antônio Junqueira de. *Negócio jurídico*: existência, validade e eficácia. 4. ed. São Paulo: Saraiva, 2002. p. 160: "A causa, no nosso direito, não está na lei, mas está, porque é inevitável, no ordenamento como um todo".

[43] CANTO, Gilberto de Ulhôa. Causas das obrigações fiscais. *In*: SANTOS, J. M. de Carvalho; DIAS, José de Aguiar (Dir.). *Repertório Enciclopédico do Direito Brasileiro*. Rio de Janeiro: Borsoi, 1947. v. 8. p. 21.

[44] AZEVEDO, Antônio Junqueira de. *Negócio jurídico*: existência, validade e eficácia. 4. ed. São Paulo: Saraiva, 2002. p. 140-142.

uma vontade mútua com um fim atípico para um negócio jurídico típico, mas não lhes é permitido alterar os "elementos categoriais inderrogáveis do tipo objetivo".[45]

A partir do critério de vício de causa, é oportuno considerar o entendimento de Humberto Ávila no sentido de que um planejamento tributário não deve ser admitido quando são desnaturados os "elementos essenciais" dos atos praticados, ensejando um defeito à sua "causa real e predominante":

> [...] os negócios jurídicos que não tiverem nenhuma causa real e predominante, a não ser conduzir a um menor imposto, terão sido realizados em desacordo com o perfil objetivo do negócio e, como tal, assumem um caráter abusivo; neste caso, o Fisco a eles pode ser opor, desqualificando-os fiscalmente para requalificá-los segundo a descrição normativo-tributária pertinente à situação que foi encoberta pelo desnaturamento da função objetiva do ato.[46]

O cerne da questão não está, portanto, na busca pela economia fiscal, e sim na observância da causa e dos *elementos categoriais inderrogáveis* do negócio praticado. Trata-se do descumprimento, ou não, dos requisitos essenciais do ato ou negócio jurídico, conforme o direito privado. Essa perspectiva aproxima a conduta mentirosa da conduta com vício de causa, como ensina o Professor Luís Eduardo Schoueri:

> [...] as partes no negócio combinam algo mas declaram coisa diversa. Há, em síntese, uma mentira. Essa é a hipótese quando das partes ajustam celebrar uma compra e venda e estão de acordo quanto à coisa e ao preço, mas assinam documentos declarando que querem constituir uma sociedade, a qual não chegar a contar com a *affectio societatis*, já que as partes não têm a intenção de juntar os seus esforços com vistas à consecução do objeto social. Ou seja, as partes exteriorizam a existência daquela intenção, mas ela é falsa, já que diverso foi o entendimento entre as partes. É igualmente neste espaço que surge a discussão quanto ao negócio sem causa: sendo este elemento do negócio jurídico, se as partes não desejam os efeitos do negócio este se torna sem causa, invalidando-o, mas uma vez, por simulação.[47]

Essas considerações do Professor Luís Eduardo Schoueri são oportunas para retomarmos o exame dos precedentes do Carf acima indicados, agora, à luz dos conceitos acima avaliados.

6 Os casos Dipil e Sstowers à luz do critério de simulação, causa e elementos essenciais dos negócios jurídicos

O estudo da simulação (em sentido amplo), do vício de causa e dos elementos essenciais dos negócios jurídicos permite ao intérprete da lei tributária a melhor seleção

---

[45] TÔRRES, Heleno Taveira. *Direito tributário e direito privado*: autonomia privada, simulação, elusão tributária. São Paulo: Revista dos Tribunais, 2003. p. 162: "Essa é a melhor demonstração de que 'tipo' e 'causa' são conceitos distintos e há liberdade de escolha não só para os tipos, mas também para as respectivas causas negociais".
[46] ÁVILA, Humberto. Planejamento tributário. XX Congresso Brasileiro de Direito Tributário. *Revista de Direito Tributário*, v. 98, p. 74-85, 2007. p. 83.
[47] SCHOUERI, Luís Eduardo. Planejamento tributário: limites à norma antiabuso. *Revista Direito Tributário Atual*, v. 24, p. 345-370, 2010. p. 353.

dos fatos a serem considerados no exame dos planejamentos envolvendo a operação de redução de capital a valor de mercado, conforme o art. 22 da Lei nº 9.249/95, seguida da venda dos ativos que eram da pessoa jurídica que teve o seu capital reduzido pelo respectivo sócio pessoa física. O objetivo aqui é identificar os aspectos determinantes e os aspectos não determinantes para tal avaliação.

Nesse sentido, a intenção ou motivação subjetiva das partes não são aspectos determinados. Pelo contrário, é natural que as partes busquem a economia fiscal. A motivação do contribuinte, como dito acima, é mero elemento pertinente ao contexto da operação, e não um fato decisivo para validação do planejamento. Em razão disso, tenho para mim que é equivocado o critério adotado pelo Conselheiro André Mendes de Moura, nos dois casos, para justificar o exame dos "reais motivos da alteração do capital social".

Também não me parece determinante debater se o art. 22 da Lei nº 9.249/95 é, ou não, uma opção fiscal,[48] uma vez que, mesmo tratando-se de uma opção fiscal, seria necessário avaliar a regularidade da qualificação jurídica dos atos e negócios jurídicos praticados. Ou seja, não há uma contradição em reconhecer a existência de uma opção fiscal e, ao mesmo tempo, analisar se não há simulação, vício de causa ou ausência de elementos essenciais nos atos da reestruturação e da posterior venda de ativos pela pessoa física.[49] Isso porque a opção fiscal pode ser exercida em meio a uma estruturação simulada ou maculada por outros vícios conforme o direito privado. Exemplo disso é o famoso caso Grendene, em que o contribuinte constituiu – incorrendo em simulação – 8 pessoas jurídicas para se manter dentro do limite do regime do lucro presumido (que é uma opção fiscal).[50] Ou seja, o ponto central não é a existência da opção fiscal, e sim o respeito à causa e os elementos essenciais do negócio jurídico praticado.[51]

Também não me parece correto considerar como determinante para a validação do planejamento a própria redução do capital. O contribuinte tem o direito de realizar a redução do capital a valor de mercado, como previsto no art. 22 da Lei nº 9.249/95, caracterizando assim um evento não tributado.[52] Nesse particular, cabe observar que o

---

[48] No sentido de que o art. 22 da Lei nº 9.249/95 seria uma opção fiscal, confira-se: DANIEL NETO, Carlos Augusto; KRALJEVIC, Maria Carolina Maldonado Mendonça. A tributação do valor justo de ativos na devolução do capital social. *Revista Direito Tributário Atual*, São Paulo, v. 44, p. 134-155, 1º quadr. 2020. p. 138.

[49] Em sentido diverso, ou seja, sustenta que haveria uma contradição, confira-se: DANIEL NETO, Carlos Augusto. 1ª CSRF discute incidência de IRPJ nas operações de redução de capital. Parte 2. *Conjur*, 8 abr. 2020. Disponível em: https://www.conjur.com.br/2020-abr-08/direto-carf-csrf-discute-incidencia-ir-operacoes-reducao-capital. Acesso em: 23 fev. 2021. "Aqui, parece-nos haver, com todas as vênias à I. Conselheira, uma contradição: ou bem o art. 22 traz uma opção fiscal (faculdade), na linha defendida pelo voto vencedor do acórdão (ressalvando-se as hipóteses de simulação), ou se exige que o contribuinte comprove um motivo extratributário para a realização dessa escolha, para além da economia fiscal, sob pena da operação ser considerada abusiva e inoponível ao Fisco. Não vislumbramos como se poderia condicionar o exercício de uma opção fiscal (mantida essa premissa) à demonstração de uma motivação extratributária – seria o mesmo que exigir que o contribuinte aponte uma razão negocial pela qual optou pelo lucro presumido, ao invés do lucro real, na apuração do IRPJ".

[50] CARF. Acórdão nº 103.07260. Rel. Urgel Ferreira Lopes, j. 26.2.1986.

[51] OYAMADA, Bruno Akio. Aspectos controvertidos sobre a entrega de instrumentos patrimoniais aos sócios na devolução de capital (art. 22 da Lei n. 9.249/1995). *Revista Direito Tributário Atual*, São Paulo, v. 42, p. 146-167, 2º sem. 2019. p. 153.

[52] Embora o tema tenha se tornado controverso com a edição da Solução de Consulta RFB nº 415/2017.

art. 1.082 do Código Civil e o art. 173 da Lei nº 6.404/1976 estabelecem dois critérios para redução de capital social: (i) um critério objetivo – existência de perdas irreparáveis; e (ii) um critério subjetivo – um julgamento sobre a excessividade do capital social. Esse critério subjetivo, estabelecido na lei, parece dar ampla liberdade para o contribuinte, inclusive para realizar deliberações equivocadas, não podendo o Fisco interferir na qualidade dessa deliberação ou na gestão administrativa do contribuinte. Portanto, havendo ampla liberdade para o contribuinte na escolha do montante de capital social, com base em expressa previsão legal, esse não parece ser um parâmetro determinante do exame de regularidade dos planejamentos tributários sobre o tema.

Assim, apesar de concordar com a premissa do voto divergente da Conselheira Cristiane Silva Costa (no sentido de que "o artigo 22, caput, da Lei nº 9.249/1995 prevê a possibilidade de devolução de capital social, facultando a avaliação pelo valor contábil ou de mercado"), não me parece acertada sua conclusão de que "a norma legal induziu o comportamento de redução de capital a valor contábil, *indução que é determinante para se vislumbrar a legalidade* da conduta do contribuinte no caso destes autos" (grifos nossos). Isso porque a redução de capital, a meu sentir, não é determinante para validação do planejamento em exame.

A redução de capital não deveria ser o principal aspecto a ser avaliado, também porque, em geral, as acusações fiscais nessa seara têm como objeto central a alegação de que o ativo vendido pelo sócio foi vendido, na verdade, pela pessoa jurídica. Os aspectos determinantes, nesse tipo de operação, referem-se (i) à efetiva titularidade dos ativos pela pessoa física e (ii) à ausência de prévia pactuação, pela pessoa jurídica, dos ativos cindidos ou transferidos ao sócio. Isso porque se a pessoa física não era proprietária dos ativos ou se a pessoa jurídica já havia realizado, substancialmente, a pactuação da sua venda (antes da transferência ao sócio), aplica-se o art. 167, §1º, I e II, do Código Civil para caracterizar uma simulação (negócio com pessoa diversa daquela indicada nos registros formais e declaração falsa), assim como é possível aplicar os dispositivos do Código Civil pertinentes à caracterização do vício de causa e vício nos elementos essenciais do negócio.

Outro fator, indicado no voto do Conselheiro André Mendes de Moura, no caso SStowers, que nos parece não determinante é o lapso temporal entre os atos de cisão da pessoa jurídica e a venda dos ativos cindidos pela pessoa física. Embora esse aspecto possa ser tido como elemento indiciário da pactuação prévia da venda dos ativos pela pessoa jurídica, ele é insuficiente e, portanto, não determinante para a regularidade do planejamento. Até porque é, sim, factível a hipótese em que o sócio pessoa física queira se desfazer dos ativos recebidos da respectiva pessoa jurídica logo após o seu recebimento, sem a prévia pactuação da venda antes da redução de capital ou cisão. Nesse caso, o lapso temporal para se fechar um negócio depende de condições de mercado, as quais são irrelevantes para avaliação da regularidade do planejamento. Deve-se aqui respeitar – mesmo na hipótese de controle societário – a autonomia da pessoa jurídica. Mais do que isso, deve ser respeitada a liberdade do contribuinte à livre gestão do seu patrimônio, inclusive da maneira menos onerada do ponto de vista fiscal, se forem observadas pelo contribuinte as regras do direito privado (ou seja, se não houve vícios de simulação, de causa ou ausência de elementos essenciais nos atos praticados).

Portanto, nesse tipo de operação, o intérprete da lei tributária deveria examinar, além da simulação, a observância, pelo contribuinte, da causa (função objetiva) e dos *elementos categoriais inderrogáveis* da compra e venda pelo sócio pessoa física (partes, objeto, preço etc.). Não se respeita a causa do negócio jurídico da compra e venda quando se trata de operação em que se transferem bens ou direitos que, substancialmente, não são de propriedade das partes indicadas nos documentos do negócio. Trata-se de uma mentira, cuja revelação demanda a investigação da realidade concreta, por parte do Fisco. Ademais, a mentira quanto às reais partes envolvidas contraria a exigência de observância dos *elementos categoriais inderrogáveis* da compra e venda. Daí porque é acertada a investigação realizada pela Conselheira Edeli Pereira Bessa quanto aos elementos de fato que justificariam a prévia pactuação, pela pessoa jurídica, da venda dos ativos que viriam a ser vendidos pelo sócio pessoa física, vale dizer, para se verificar se o Fisco conseguiu demonstrar que a parte indicada como vendedora nos documentos da compra e venda, substancialmente, não era proprietária do bem vendido.

Nesse sentido, o questionamento que deveria ser suscitado para testar o critério de simulação, vício de causa e de respeito aos *elementos categoriais inderrogáveis* da compra e venda pelo sócio pessoa física, nos planejamentos tributários relativos ao art. 22 da Lei nº 9.249/95, deveria ser: quais elementos de prova (contratos, atas de reunião, *e-mails*, comunicações entre as partes, condutas objetivamente comprovadas etc.) justificam a conclusão de que, antes da redução de capital ou cisão da pessoa jurídica, já havia uma compra e venda pactuada em sua integralidade do ponto de vista substancial entre o comprador e a pessoa jurídica? Para tanto, não basta – como fez o Fisco no caso SStowers – identificar meras ofertas de compra e venda, ou, ainda, comprovar que as partes já sabiam de uma eventual possibilidade de futura venda dos ativos pelo sócio pessoa física. Pelo contrário, o negócio deve estar concluído, como se verificou na ata de reunião de sócios no caso Dipil, em que todas as etapas e condições da venda já estavam previamente acertadas.

Por fim, cabe registrar que os fatores considerados pela Conselheira Edeli Pereira Bessa a respeito do "dissídio entre os sócios da fiscalizada quanto à manutenção do investimento para a execução de suas atividades", a princípio, não deveriam ser determinantes para o exame de regularidade do planejamento tributário. Até porque, mesmo se não houvesse tal conflito, seria possível validar o planejamento se o fisco não tivesse tido sucesso em demonstrar a prévia pactuação da venda dos ativos pela pessoa jurídica. Assim, esse aspecto deve ser tido como mero elemento de reforço argumentativo favorável à tese do contribuinte de que as circunstâncias do caso indicavam a impossibilidade da pactuação consensual entre os sócios sobre o destino dos ativos da pessoa jurídica. No entanto, tal conflito societário, por si só, é razão insuficiente para demonstrar, de maneira inconteste, a tese do contribuinte. Por outro lado, como é dever do Fisco provar que os ativos já tinham sido vendidos pela pessoa jurídica, e verificou-se que tal ônus probatório não foi cumprido, é correta a conclusão da Conselheira Edeli Bessa de que "a acusação fiscal não reúne evidências suficientes para desconstituir as operações realizada". Assim, concordando, ou não, com a relevância desse aspecto (conflito societário), trata-se de uma sinalização importante para os contribuintes a respeito de quais fatores têm sido levados em consideração no julgamento de planejamentos tributários análogos.

Já no caso Dipil, há um elemento também determinante que deveria ser considerado: a estruturação envolveu a constituição de uma pessoa jurídica, sem atividade, criada tão somente para viabilizar a venda dos ativos (já pactuada pela pessoa jurídica antes da sua transferência ao sócio pessoa física). Aqui havia também um vício quanto à causa e aos elementos essenciais da sociedade ALG. Parece acertado, portanto, o enfoque dado pelo Conselheiro André Mendes de Moura, em seu voto, no sentido de que "Contribuinte constituiu uma empresa de papel, a ALG, com capital social de R$2.000,00, apenas para ser integralizada com os ativos", embora não tenha havido uma fundamentação clara a respeito do enquadramento jurídico do potencial vício nessa parte da operação.

Como se vê, os julgamentos de dois casos de planejamento tributário sobre o mesmo tipo de operação (no caso, a redução de capital conforme o art. 22 da Lei nº 9.249/95 seguida de venda de ativo pelo sócio pessoa física) podem ter desfechos – como ocorreu nos casos Dipil e SStowers – bastante diferentes, a depender (i) da qualidade do trabalho do Fisco na comprovação da realidade subjacente aos atos e negócios jurídicos formalmente registrados pelo contribuinte, (ii) dos fatos selecionados pelo Fisco para serem objeto de comprovação (à luz dos parâmetros do direito privado aplicáveis), (iii) da estratégia argumentativa de cada contribuinte, e (iv) da qualidade dos documentos apresentados pelo contribuinte para refutar as alegações do Fisco. Não há, portanto, uma resposta apriorística sobre a validade desse tipo de planejamento tributário – mesmo envolvendo uma opção fiscal –, de modo que a conclusão pode variar de acordo com os critérios jurídicos adotados (simulação, vício de causa ou ausência de elementos essenciais dos atos praticados) e as provas colhidas para demonstração da sua aplicação no caso concreto.

7 Conclusão

Os casos Dipil e SStowers sugerem uma possível tendência de mudança na abordagem dos planejamentos tributários envolvendo a redução de capital social de pessoa jurídica seguida da venda dos ativos pelo sócio pessoa física. É possível que Fisco e contribuintes passem a adotar posturas diferentes em suas estratégias argumentavas em casos futuros, no sentido de melhor detalhar os fatos demonstrados.

De um lado, cabe ao Fisco um esforço na comprovação de que os ativos da reestruturação já tinham sido vendidos pela pessoa jurídica, antes da sua transferência para o respectivo sócio pessoa física, a partir do exame das comunicações entre as partes, contratos, ata de reunião etc., a fim de demonstrar que a operação de venda dos ativos pelo sócio pessoa física é maculada pela simulação (art. 167, §1º, I e II), por vício de causa ou pela ausência de elementos essenciais do negócio jurídico. De outro lado, ao contribuinte é recomendável não se limitar à defesa – em abstrato – do seu direito ao planejamento tributário e à redução de capital, mas apresentar elementos de prova voltados à indicação da existência de razões, circunstâncias ou fatos que advoguem a favor da tese de que não houve prévia pactuação da venda dos ativos à época em que eles estavam sob a titularidade da pessoa jurídica. Com isso, é possível que os debates no Carf a respeito desse tipo de planejamento gravitem mais em torno dos fatos de cada caso do que das teses jurídicas a respeito dos limites do planejamento. Para evitar casuísmos na avaliação dos fatos, nesses casos, é importante que o Carf mantenha uma consistência nos critérios jurídicos a serem empregados para tal exame factual.

É pertinente, para tanto, evitar o uso dos fundamentos relativos a "propósito negocial", "abuso do direito", "abuso de forma", "fraude à lei" e de qualquer outra figura de origem estrangeira e desprovida de fundamento no direito brasileiro e cultura jurídica nacional, uma vez que eles não promovem segurança jurídica e alguns deles contrariam a vedação ao emprego da analogia para cobrança de tributos (art. 108, §1º, do CTN). Para garantir maior segurança jurídica em matéria de planejamento tributário no Brasil, é oportuno que os conselheiros do Carf façam um esforço para utilizar conceitos nacionais em suas decisões. Até porque a simulação (art. 167 do Código Civil), a causa dos negócios jurídico e a exigência de observância dos *elementos categoriais inderrogáveis*, conforme a lição de Antônio Junqueira de Azevedo, são fundamentos suficientes para endereçar a maior parte dos planejamentos tributários submetidos à apreciação da Administração Tributária.

Informação bibliográfica deste texto, conforme a NBR 6023:2018 da Associação Brasileira de Normas Técnicas (ABNT):

ANDRADE, Leonardo Aguirra de. A simulação, o vício de causa e os elementos essenciais dos negócios jurídicos como critérios para delimitação do direito ao planejamento tributário no Brasil. *In*: MARINHO NETO, José Antonino (Org.); LOBATO, Valter de Souza (Coord.). *Planejamento Tributário*: pressupostos teóricos e aplicação prática. Belo Horizonte: Fórum, 2021. p. 51-73. ISBN 978-65-5518-269-9.

CONSIDERAÇÃO ECONÔMICA, PROPÓSITO NEGOCIAL E OS LIMITES DO PLANEJAMENTO TRIBUTÁRIO

RAMON TOMAZELA

1 Introdução

O debate dogmático a respeito da autonomia conceitual do direito tributário e da sua subordinação, ou não, aos institutos jurídicos regulados pelos demais ramos do direito, em especial pelo direito privado, ainda permanece no epicentro de inúmeras discussões práticas que atormentam os profissionais que militam na seara tributária.

Longe de representar um problema meramente teórico ou acadêmico, a interação entre o direito tributário e o direito privado está no seio de inúmeras polêmicas atinentes aos limites do planejamento tributário. A chamada "consideração econômica", conquanto rejeitada pelo Código Tributário Nacional (CTN), vem sendo aplicada na forma velada pela jurisprudência administrativa na interpretação dos fatos geradores, sobretudo em casos que envolvem os limites do planejamento tributário.

No presente artigo, pretende-se demonstrar, primeiramente, que a teoria da "consideração econômica" não foi acolhida pelo sistema tributário brasileiro, seja na Constituição Federal de 1988, seja no CTN. Em seguida, o artigo passará a evidenciar porque a teoria do propósito negocial não pode ser utilizada para justificar a desconsideração ou a requalificação de atos ou negócios jurídicos praticados pelos contribuintes.[1] Por fim, será examinado o art. 116 do CTN e os limites que orientam a sua aplicação no direito tributário brasileiro.

Eis o desafio de presente estudo.

2 A consideração econômica na interpretação do fato gerador dos tributos

A análise da consideração econômica na interpretação das leis tributárias encontra raízes no antigo debate acerca da autonomia dogmática ou científica do direito tributário que remonta ao final do século XIX e início do século XX, com o surgimento e desenvolvimento do direito público e o rompimento da hegemonia do direito privado. Atribui-se ao jurisconsulto francês Jean Domat o início da separação entre as *leis civis* e as *leis públicas*, que serviu de influência para o Código Napoleônico de 1804 e demais codificações posteriores.[2]

O surgimento do contencioso administrativo francês, a partir da Revolução Francesa, contribuiu para a emancipação do direito administrativo e, posteriormente, do direito financeiro e do direito tributário. Como o direito civil ocupava um papel de destaque na regulamentação das relações jurídicas, exercendo a função de autêntica "constituição privada" e assegurando o primado das codificações ("Era da Codificação"), a metodologia de interpretação das normas jurídico-tributárias provocou acesos debates na doutrina, sobretudo após a edição do Código Tributário alemão de 1919 de Enno Becker.

Correndo o risco da simplificação excessiva, pode-se dizer que, de um lado, autores como François Geny,[3] Georges Morange,[4] Achille Donato Giannini,[5] Heinrich

---

[1] BARRETO, Paulo Ayres. Algumas reflexões sobre o "propósito negocial" no direito tributário brasileiro. *In*: CARVALHO, Cristiano (Coord.). *Direito tributário atual*. Rio de Janeiro: Elsevier, 2015. p. 208.

[2] MORAES, Maria Celina Bodin de. A caminho de um direito civil constitucional. *Direito, Estado e Sociedade*, Rio de Janeiro, v. 1, p. 59-73, 1991.

[3] GENY, François. O particularismo do direito fiscal. Tradução de Guilherme Augusto dos Anjos. *Revista de Direito Administrativo*, Rio de Janeiro, v. 20, p. 6-31, 1950.

[4] MORANGE, Georges. A interpretação das leis fiscais. Tradução de Guilherme Augusto dos Anjos. *Revista de Direito Administrativo*, Rio de Janeiro, v. 32, p. 38-50, 1953.

[5] GIANNINI, Achille Donato. *Instituzioni di diritto tributario*. Milano: Giuffrè, 1948. p. 8.

W. Kruse[6] e Werner Flume[7] sustentavam, como ideia central, que o legislador tributário não poderia alterar os conceitos construídos pelos demais ramos do direito. Como o direito tributário não existe de modo isolado no sistema jurídico, não caberia ao legislador tributário alterar institutos e conceitos que estão fora do seu alcance, tais como aqueles cuidadosamente construídos pelo direito privado. Com base na unicidade do ordenamento jurídico e no postulado do legislador racional, defende-se que o direito tributário atua por superposição ou justaposição, encontrando nos demais ramos jurídicos a correta qualificação dos atos ou negócios jurídicos descritos na norma de incidência tributária.

Opondo-se a esta concepção, os expoentes da corrente autonomista, como Enno Becker,[8] Louis Trotabas,[9] Albert Hensel,[10] Benvenuto Griziotti,[11] Ezio Vanoni[12] e Dino Jarach[13] defendiam, ainda que com diferenças pontuais, a possibilidade de o legislador tributário criar institutos, conceitos e formas próprios, assim como alterar aqueles existentes no direito privado, uma vez que a norma tributária colhe situações da realidade social a partir de seus efeitos econômicos, sem qualquer espécie de subordinação aos conceitos oriundos de outras áreas do direito. A teoria autonômica desvincula o legislador tributário das definições rígidas e das amarras do direito privado, permitindo a construção de um conceito tributário baseado na substância econômica dos atos ou negócios jurídicos praticados.

Nos domínios da teoria autonomista, a *liberdade de qualificação* reivindicada por seus defensores envolvia não apenas a possibilidade de modificar os conceitos de direito privado, ampliando ou restringindo os seus elementos ou características, mas também a capacidade de interpretar as leis tributárias a partir do seu conteúdo econômico.[14] Nessa linha, a norma tributária deveria ser interpretada a partir dos efeitos econômicos do negócio jurídico praticado pelo contribuinte, sem qualquer subordinação aos conceitos oriundos de outros ramos do direito.

---

[6] KRUSE, Heinrich Wilhelm. *Steuerrecht*. München: C.H. Beck, 1969. p. 75 *apud* TORRES, Ricardo Lobo. *Normas de interpretação e integração do direito tributário*. 4. ed. Rio de Janeiro, 2006. p. 143.

[7] FLUME, Werner. Der Gesetzliche Steuertatbestand und die Grenztatbestände in Steuerrecht und Steuerpraxis. *Steuerberater-Jahrbuch*, 1967-1968. p. 64 *apud* TORRES, Ricardo Lobo. *Normas de interpretação e integração do direito tributário*. 4. ed. Rio de Janeiro, 2006. p. 143.

[8] MACHADO, Brandão. Prefácio do tradutor. In: HARTZ, Wilhelm. *Interpretação da lei tributária*. Conteúdo e limites do critério econômico. Tradução, prefácio e notas de Brandão Machado. São Paulo: Resenha Tributária, 1993. p. 5-27.

[9] TROTABAS, Louis. Ensaio sobre o direito fiscal. Tradução de Guilherme Augusto dos Anjos. *Revista de Direito Administrativo*, Rio de Janeiro, v. 26, p. 34-59, 1951.

[10] HENSEL, Albert. *Diritto tributario*. Tradução de Dino Jarach. Milano: Giufrrè, 1956. p. 63-69.

[11] GRIZIOTTI, Benvenuto. *Primi elementi di scienza delle finanze*. Milano: Giuffrè, 1962. p.11.

[12] VANONI, Ezio. *Natura ed interpretazione delle legge tributarie*. Padova: Cedam, 1932. p. 345.

[13] JARACH, Dino. *Curso de derecho tributario*. 3. ed. Buenos Aires: Cima, 1980. p. 205-214; JARACH, Dino. *O fato imponível*. Teoria geral do direito substantivo. Tradução de Dejalma Campos. 2. ed. São Paulo: Revista dos Tribunais, 2004. p. 1-230.

[14] TÔRRES, Heleno. *Direito tributário e direito privado*. Autonomia privada, simulação e elusão tributária. São Paulo: Revista dos Tribunais, 2003. p. 49.

No Brasil, a influência dos debates envolvendo a autonomia científica do direito tributário pôde ser sentida não apenas na obra doutrinária de Rubens Gomes de Sousa,[15] seguramente um dos maiores expoentes do direito tributário brasileiro, como também no art. 74 do Projeto de Código Tributário Nacional,[16] que serviu de base para a elaboração da Lei nº 5.172/1966, posteriormente denominada CTN.[17] Esse dispositivo legal previa que "a interpretação da legislação tributária visará sua aplicação não só aos atos, fatos ou situações jurídicas nela nominalmente referidos, como também àqueles que produzam ou sejam suscetíveis de produzir resultados equivalentes", mas ressalvava, em seu parágrafo único, os impostos incidentes sobre atos jurídicos formais.

Devido à forte oposição enfrentada no período transcorrido até a sua aprovação em 1966, o texto final do CTN não acatou a redação acima, mantendo apenas resquícios da chamada *consideração econômica* do fato gerador. Porém, não é correto afirmar que a *teoria autonomista* foi completamente refutada, eis que a sua influência ainda pode ser sentida, em maior ou menor grau, em certos dispositivos do CTN.[18]

Ainda no âmbito do CTN, é comum ouvir que os seus arts. 109 e 110, analisados em conjunto, garantem a prevalência dos institutos e conceitos de direito privado, restando ao direito tributário um papel subalterno, como mero direito de sobreposição. Condensados em uma única preposição, tais dispositivos compeliriam o legislador tributário a disciplinar o tratamento fiscal a partir da qualificação preexistente no âmbito do direito privado. Nessa perspectiva, o art. 109 do CTN dispõe que o direito privado deve ser utilizado para a pesquisa da definição, conteúdo e alcance de seus institutos, conceitos e formas, mas não para a definição dos respectivos efeitos tributários. Assim, se a hipótese tributária descreve um conceito de direito privado, cabe ao legislador tributário, tão somente, definir os respectivos efeitos tributários. A qualificação, ou não, de determinado negócio jurídico nos seus contornos deve observar os critérios estabelecidos pelo legislador civil.

Para as hipóteses em que o conceito de direito privado é utilizado pelo Poder Constituinte na discriminação das competências impositivas, o art. 110 do CTN restringe a liberdade de autuação do legislador infraconstitucional, ao prescrever que a lei tributária não pode alterar a definição, o conteúdo e o alcance de institutos, conceitos e formas de direito privado, utilizados, expressa ou implicitamente, para definir ou limitar competências tributárias. Em rigor, o art. 110 do CTN tem caráter didático e natureza declaratória, sendo simples explicitação da *supremacia constitucional*.[19] Porém,

---

[15] SOUSA, Rubens Gomes de. *Compêndio de legislação tributária*. 2. ed. São Paulo: Edições Financeiras, 1954. p. 44.
[16] Projeto nº 4.834, de 1954, resultante da Mensagem nº 373/54.
[17] A denominação Código Tributário Nacional foi atribuída pelo Ato Complementar nº 36/1967.
[18] Como exemplo, o art. 116, I, do CTN prevê que o fato gerador poderá descrever uma situação de fato, o que nos permite inferir que a lei poderá descrever um fato econômico. Já o art. 118 dispõe que "a definição legal do fato gerador é interpretada abstraindo-se da validade jurídica dos atos efetivamente praticados pelos contribuintes". Portanto, na hipótese em que o legislador tributário descreve um fato econômico, a incidência tributária não dependerá dos pressupostos formais do negócio jurídico, pois o que importa são os seus efeitos econômicos.
[19] MACHADO, Hugo de Brito. *Comentários ao Código Tributário Nacional*. São Paulo: Atlas, 2004. v. II. p. 235.

para a aplicação do mencionado dispositivo, é preciso antes verificar se o legislador constituinte utilizou determinado vocábulo em sua concepção preexistente no direito privado, ou se, ao contrário, pretendeu elaborar um conceito específico, com diferente conteúdo semântico.

Essa visão não é imune a controvérsias na doutrina.[20] Porém, para os fins do presente estudo, é suficiente advertir que, infelizmente, os arts. 109 e 110 do CTN são insuficientes para resolver o ponto crítico da celeuma, que consiste justamente em determinar se o legislador tributário, ao construir a hipótese normativa, incorporou, ou não, o conceito preexistente no direito privado. Logo, ainda que se adote a posição de que o legislador tributário não pode alterar os conceitos de direito privado, é certo que permanece sem resposta a questão de saber se o legislador tributário, ao utilizar determinada expressão, pretendeu incorporar o conceito de direito privado, ou, ao contrário, apenas captar a *realidade, expressão econômica* ou *utilidade* manifestada naquele vocábulo.

Isso acontece porque o legislador pátrio não adotou solução similar àquela contemplada no art. 11, §2°, da Lei Geral Tributária portuguesa, segundo o qual "sempre que, nas normas fiscais, se empreguem termos próprios de outros ramos de direito, devem os mesmos ser interpretados no mesmo sentido daquele que aí têm, salvo se outro decorrer directamente da lei". Um ligeiro passar de olhos sobre o texto legal em pauta evidencia que a regra prevista na lei portuguesa alcança qualquer *termo próprio* de outro ramo do direito, o que dispensa o intérprete de investigar se o legislador fiscal, ao utilizar determinado vocábulo, incorporou, ou não, o conceito de direito privado. Em outras palavras, significa dizer que a solução apriorística adotada pela lei portuguesa alcança qualquer remissão terminológica (e não apenas a remissão conceitual) e somente será afastada se outro sentido decorrer diretamente da lei.

Já no contexto do direito positivo brasileiro, o art. 116 do CTN simplesmente dispõe que, no processo de construção do enunciado normativo, o legislador pode colher *situações de fato* ou *situações jurídicas* para compor o suporte fático de determinada norma jurídica. Assim, o legislador pode optar por vincular a *hipótese abstrata* da norma de incidência a determinado *negócio jurídico*, que passa a constituir elemento indispensável para que esteja completa a *situação jurídica* descrita na lei como necessária e suficiente à ocorrência do fato gerador. Por igual forma, o legislador pode não vincular a hipótese tributária a um instituto jurídico específico, optando por uma descrição legal mais abrangente, capaz de alcançar qualquer negócio jurídico que ocasione determinado efeito.

Daí a tradicional distinção, feita por Alberto Xavier, entre os *fatos geradores de tipo estrutural* e os *fatos geradores de tipo funcional*. No primeiro caso, a lei tributária recorre a conceitos específicos de outros ramos do direito para descrever a hipótese tributária. No

---

[20] Cf. TORRES, Ricardo Lobo. *Normas de interpretação e integração do direito tributário*. 4. ed. Rio de Janeiro, 2006. p. 135-164.

segundo caso, a lei tributária descreve evento ou fato da realidade social, que independe da efetiva caracterização do ato ou negócio jurídico a ele relacionado.[21]

Isso mostra que a lei tributária pode descrever situações fáticas a partir de critérios econômicos, hipótese em que, por força de lei, a forma jurídica não será relevante. Nesse caso, para a realização do processo de subsunção,[22] caberá ao aplicador da lei averiguar os fatos com base nos elementos econômicos previstos pelo legislador, declarando, a partir daí, a ocorrência, ou não, do fato gerador da obrigação tributária.

Por outro lado, se a lei tributária contemplar negócios jurídicos regulados pelo direito privado como pressuposto para a tributação, então caberá ao intérprete observar a sua forma jurídica para fins de incidência do imposto devido. Neste caso, o aplicador não poderá empregar a *consideração econômica* na interpretação teleológica da norma jurídica, tendo em vista que a lei tributária vinculou a incidência tributária ao *tipo contratual*. Tanto isso é verdade que o art. 149 do CTN permite a requalificação de ato ou negócio jurídico pela Administração Tributária, entre outras hipóteses, quando comprovada a existência de simulação. Ora, pudesse o intérprete simplesmente estender a incidência tributária para outros negócios jurídicos com idênticos efeitos econômicos por meio de interpretação, ainda pretexto de atingir idêntica manifestação de capacidade contributiva, é evidente que o legislador complementar não precisaria ter introduzido no CTN o controle jurídico (e não econômico) dos atos ou negócios jurídicos simulados.

Note-se que a exegese articulada acima é a mais consentânea com o disposto na Lei Complementar nº 95/1998, que versa sobre a elaboração, a redação, a alteração e a consolidação de leis em geral, fornecendo ao aplicador da lei um importante instrumento para a interpretação dos textos legais. De acordo com art. 11, inc. I, letra "a", da referida lei complementar, a clareza da norma jurídica deve ser obtida mediante o uso de palavras e expressões em seu sentido comum, exceto quando versar sobre assunto técnico, hipótese em que se empregará a nomenclatura própria da área em que se esteja legislando.

Segundo a Lei Complementar nº 95/1998, a disposição normativa deve ser redigida com o emprego da nomenclatura própria da área em que se esteja legislando, o que abarca os conceitos oriundos de outros ramos do direito. É o que explica Karl

---

[21] Confira-se a lição da Alberto Xavier: "Tipos estruturais são aqueles em que a norma jurídica utiliza para descrever a sua hipótese conceitos de atos ou negócios jurídicos de Direito Privado sem alusão expressa aos efeitos econômicos por eles produzidos; tipos funcionais são aqueles em que a hipótese da norma tributária é caracterizada pela obtenção de um certo fenômeno econômico, independentemente da natureza jurídica dos atos ou negócios que para ele concorrem" (XAVIER, Alberto. *Tipicidade da tributação, simulação e norma antielisiva*. São Paulo: Dialética, 2001. p. 35).

[22] De acordo com Elival da Silva Ramos: "A subsunção em si constitui uma operação lógica inerente a todo e qualquer procedimento de aplicação de normas jurídicas, com a nota de que pressupõe a fixação inicial de um sentido provisório para a proposição prescritiva que serve como premissa maior, já tendo em vista as aplicações concretas que a partir dela se antevêem, bem como um manejar subsequente dos dados fáticos (premissa menor), tanto em termos de comprovação de sua existência, quanto em termos de seu enquadramento preliminar na classe de fatos descrita em abstrato no tipo legal, concluindo-se com a elaboração da norma de decisão que encerra o procedimento subsuntivo" (RAMOS, Elival da Silva. *Ativismo judicial* – Parâmetros dogmáticos. 2. ed. São Paulo: Saraiva, 2015. p. 67-68).

Larenz ao pontuar que "os termos que obtiveram na linguagem jurídica um significado específico, como, por exemplo, contrato, crédito, impugnação, nulidade de um negócio jurídico, herança, legado, são utilizados nas leis, na maioria das vezes, com este significado especial".[23]

De todo modo, não é tarefa fácil determinar se o legislador tributário se vinculou, ou não, a um tipo contratual específico. Para que se compreenda a dificuldade do tema, basta colocar a seguinte indagação: se a lei tributária menciona uma categoria de direito privado sem lhe atribuir definição privilegiada (*v.g.*, contrato de mútuo), o intérprete deve partir do pressuposto de que o respectivo instituto foi incorporado ao direito tributário segundo a sua concepção civilista tradicional?

Detendo-se com atenção sobre a matéria, Luís Eduardo Schoueri tem sustentado que não é imperativa a submissão do legislador ao conceito preexistente no direito privado, cabendo ao intérprete verificar, à luz da interpretação contextual, se o conceito de direito privado foi ou não adotado pelo legislador tributário.[24]

Por outro lado, autores como Ricardo Mariz de Oliveira,[25] Heleno Tôrres[26] e Humberto Ávila[27] defendem, com base em diferentes fundamentos, que se o legislador mencionou categoria de direito privado em lei tributária sem definição privilegiada, o intérprete deve ingressar nos meandros do direito privado para compreender a sua qualificação, que foi incorporada ao direito tributário sem qualquer modificação.

Para a solução do impasse, Andrei Pitten Velloso propõe, ainda que com foco nos conceitos utilizados na discriminação das competências impositivas, a tese da *incorporação prima facie dos conceitos jurídicos preexistentes*, segundo a qual se presume que o legislador empregou os signos linguísticos em consonância com a linguagem técnica e com os conceitos jurídicos preexistentes, salvo se a atividade interpretativa conduzir à conclusão diversa, evidenciando que o legislador lhes atribuiu sentido próprio.[28] Como o leitor mais atento já deve ter percebido, o autor propõe a utilização de expediente semelhante ao previsto na Lei Geral Tributária portuguesa, analisada linhas acima.

---

[23] LARENZ, Karl. *Metodologia da ciência do direito*. 6. ed. Tradução de José Lamengo. Lisboa: Fundação Calouste Gulbenkian, 2012. p. 452.

[24] SCHOUERI, Luís Eduardo. *Direito tributário*. São Paulo: Saraiva, 2011. p. 646.

[25] OLIVEIRA, Ricardo Mariz de; MATOS, Gustavo Martini de; BOZZA, Fábio Piovesan. Interpretação e integração da lei tributária. *In*: MACHADO, Hugo de Brito (Coord.). *Interpretação e aplicação da lei tributária*. São Paulo: Dialética; Fortaleza: Icet, 2010. p. 383.

[26] TÔRRES, Heleno. *Direito tributário e direito privado*. Autonomia privada, simulação e elusão tributária. São Paulo: Revista dos Tribunais, 2003. p. 48-53.

[27] ÁVILA, Humberto. Eficácia do Novo Código Civil na legislação tributária. *In*: GRUPENMACHER, Betina Treiger (Coord.). *Direito tributário e o Novo Código Civil*. São Paulo: Quartier Latin, 2004. p. 65.

[28] Embora trate mais especificamente da incorporação de conceitos jurídicos preexistentes pela Constituição, pede-se vênia para transcrever breve trecho da obra de Andrei Pitten Velloso: "Com a regra de que há uma incorporação *prima facie* dos conceitos preexistentes, trabalhará o intérprete, naqueles casos em que há apenas um conceito prévio, com a hipótese inicial de que esse significado tenha sido acolhido pela Constituição, sujeitando-a a uma exaustiva comprovação mediante um profundo labor de interpretação da Constituição, com a finalidade de constatar se há efetivamente um conceito autônomo e se, em caso positivo, a Constituição, no enunciado em consideração, o acolheu. Tendo sido acolhido um conceito autônomo, obviamente a tese inicial terá de ser afastada, já que a incorporação prima facie está sujeita à superação por idôneas razões em sentido contrário" (VELLOSO, Andrei Pitten. *Conceitos e competências tributárias*. São Paulo: Dialética, 2005. p. 268).

O que se pode extrair da controvérsia doutrinária acima é a importância da atividade hermenêutica para que o intérprete possa verificar se o legislador tributário se vinculou, ou não, ao conceito jurídico preexistente no direito privado ao redigir o antecedente normativo da norma de incidência tributária. De qualquer forma, cabe alertar que, mesmo partindo da concepção construtivista de que interpretação jurídica não se caracteriza como uma simples *descoberta* do sentido previamente envolto no texto positivo, mas, sim, como uma atividade de construção de norma jurídica,[29] ainda assim será preciso reconhecer que compete ao legislador tributário – e não ao intérprete – a opção de *redefinir* ou *incorporar* os institutos de outros ramos do direito. Por isso, é preciso prudência por parte do operador do direito nesta atividade de intepretação, cujo objetivo será o de detectar circunstâncias relevantes para a construção do significado do texto.

Em conclusão, tem-se que, caso se considere que a lei tributária contemplou um negócio jurídico como pressuposto do fato gerador, então caberá ao intérprete observar a sua forma jurídica para fins de incidência do imposto, independentemente da substância econômica. Por outro lado, caso assim não seja, o intérprete deverá interpretar a lei, a fim de realizar o processo de subsunção a partir dos critérios previstos na própria hipótese normativa, alcançando os fluxos financeiros eleitos pelo legislador tributário, sem qualquer espécie de subordinação ao conceito de mútuo previsto no direito privado.

3 A interpretação econômica e o planejamento tributário

Historicamente, o art. 129 do anteprojeto do Código Tributário Nacional elaborado por Rubens Gomes de Sousa limitava o uso da chamada "interpretação econômica" aos fatos geradores de tributos que não estavam vinculados a atos ou negócios jurídicos formais, como se pode verificar a seguir:

> Art. 129. Salvo em se tratando de tributos incidentes sobre atos jurídicos formais e de taxas, a interpretação da legislação tributária, no que se refere à conceituação de um determinado ato, fato ou situação jurídica como configurando, ou não, o fato gerador, e também no que se refere à determinação da alíquota aplicável, terá diretamente em vista os resultados efetivamente decorrentes do aludido ato, fato ou situação jurídica, ainda quando tais resultados não correspondam aos normais, com o objetivo de que a resultados idênticos ou equivalentes correspondam a tratamento tributário igual.

Assim, as formas jurídicas, quando elencadas na hipótese normativa do fato gerador do tributo, deveriam ser respeitadas pelo intérprete, sem a possibilidade de consideração dos respectivos efeitos econômicos, para além daqueles previamente acolhidos pelo direito privado. Porém, não se pode perder de vista que o art. 131, parágrafo único, do anteprojeto do Código Tributário Nacional, tratava do abuso na utilização de formas jurídicas pelos contribuintes, nos seguintes termos:

---

[29] ANDRADE, José Maria Arruda de. *Interpretação da norma tributária*. São Paulo: MP, 2006. p. 265.

Art. 131. [...]
Parágrafo único. A autoridade administrativa ou judiciária competente para aplicar a legislação tributária terá em vista, independentemente da intenção das partes, mas sem prejuízo dos efeitos penais dessa intenção quando seja o caso, que a utilização de conceitos, formas e institutos de direito privado não deverá dar lugar à evasão ou redução de tributo devido com base nos resultados efetivos do estado de fato ou situação jurídica efetivamente ocorrente ou constituída, nos termos do art. 129, quando os conceitos, formas ou institutos de direito privado utilizados pelas partes não correspondam ao legalmente ou usualmente aplicáveis à hipótese de que se tratar.

Ocorre que, por ocasião da conversão do anteprojeto na Lei nº 5.172/1966, posteriormente denominada Código Tributário Nacional pelo Ato Complementar nº 36/1967, a chamada "consideração econômica" foi abandonada. Isso porque, em um ambiente marcado por um regime ditatorial, houve uma guinada dogmática em favor de um direito tributário pautado na legalidade e na garantia às liberdades individuais.[30] Tanto é assim que Marco Aurélio Greco chega a chamar de "idolatria da lei" a postura dominante que surgiu no Brasil no âmbito do direito tributário, tanto em razão da conflituosa relação entre Fisco e contribuintes, quanto em virtude da ideia de resistência à ditadura militar brasileira.

Esse cenário perdurou até a Constituição Federal de 1988, que claramente privilegia um modelo decisório baseado no controle do poder e na garantia dos direitos do contribuinte. A Constituição Federal de 1988, ao contrário do texto constitucional de 1967, assumiu o perfil de uma Constituição da sociedade civil, colocando os antigos princípios constitucionais tributários (legalidade, anterioridade e irretroatividade) como "limitações constitucionais ao poder de tributar", isto é, como regras de bloqueio ao exercício do poder.[31]

Apesar dessa clara opção feita pelo legislador e pelo Poder Constituinte, é curioso notar que nos últimos anos, em diversos precedentes proferidos pelo Conselho Administrativo de Recursos Fiscais (Carf), sustenta-se que o ato ou negócio jurídico realizado pelo contribuinte somente será oponível ao Fisco se houver um propósito negocial que o justifique. Paradoxalmente, na visão do Carf, mesmo atos e negócios jurídicos válidos perante o direito privado podem ser inoponíveis ao Fisco. Ou seja, mesmo na ausência de vício de existência ou de validade no ato ou negócio jurídico praticado pelo contribuinte, as autoridades fiscais poderiam desconsiderá-lo, em virtude da ausência de um propósito negocial distinto da mera economia tributária. É o caso do Acórdão nº 9101-003.740, de 12.9.2018, no qual se afirmou que, "independentemente da validade jurídica do ato e do direito de auto-organização das sociedades, a questão diz respeito, essencialmente, à oponibilidade das condutas em relação ao Fisco, principalmente quando o seu único objetivo é o de obter vantagens tributárias".

---

[30] FURLAN, Anderson. *Planejamento fiscal no direito brasileiro*: limites e possibilidades. Rio de Janeiro: Forense, 2011. p. 180.
[31] GRECO, Marco Aurélio. Crise do formalismo no direito tributário brasileiro. *In*: RODRIGUES, José Rodrigo *et al.* (Org.). *Nas fronteiras do formalismo* – A função social da dogmática jurídica hoje. São Paulo: Saraiva, 2010. p. 231.

Diante disso, passa-se a examinar a teoria do propósito negocial e a possibilidade de sua aplicação no âmbito do direito tributário brasileiro.

4 A teoria do propósito negocial

Entre as várias teorias que investigam os limites do planejamento tributário, posição de proeminência é reservada à teoria do propósito negocial, cujas bases teóricas fundamentais foram desenvolvidas pela jurisprudência norte-americana, a partir do julgamento do caso *Gregory v. Helvering*, de 1934, no qual a Suprema Corte dos Estados Unidos considerou que as regras tributárias examinadas,[32] aplicáveis às reorganizações societárias, exigiam, por meio de interpretação finalística, um propósito negocial.[33]

Em linhas gerais, a teoria do propósito negocial apregoa que a autoridade fiscal pode requalificar o ato ou negócio jurídico praticado pelo contribuinte, na hipótese em que a sua intenção real e efetiva for evitar, reduzir ou retardar o pagamento de tributos, sem qualquer outro propósito econômico ou negocial. Assim, o ato ou negócio jurídico praticado com a principal finalidade de economizar tributos seria inoponível ao Fisco.

Ocorre que a *teoria do propósito negocial* foi desvirtuada desde a sua concepção original no emblemático julgamento do caso *Gregory v. Helvering*, que estava diretamente atrelada à interpretação finalística de normas jurídicas que abriam espaço para a investigação das razões para a realização do ato ou negócio jurídico. Isso porque a Seção 112 (g) do *Revenue Act* de 1928, ao tratar da distribuição de ações em reorganizações societárias ("distribution of Stock on Reorganization"), estabelecia que, em caso de distribuição de ações ou valores mobiliários de uma companhia para o seu acionista, em conformidade com um plano de reorganização, nenhum ganho tributável deveria ser reconhecido pelo beneficiário. Assim, no caso enfrentado nos Estados Unidos, havia um dispositivo legal que mencionava expressamente que a distribuição das ações deveria ser realizada em conformidade com um plano de reorganização ("pursuance of a plan of reorganization"), o que, na visão da Suprema Corte, abriria espaço para a investigação do propósito negocial subjacente ao plano de reorganização societária, para diferenciá-lo da mera transferência de ações, realizada fora do contexto de qualquer reorganização societária.

Essa deturpação da *teoria do propósito negocial* ocasionou o seu sucessivo enfraquecimento teórico ao longo do tempo, o que culminou com a positivação da análise da *substância econômica* nos Estados Unidos, a partir de critérios objetivos estabelecidos na Seção 7701 (o) do *Internal Revenue Code*, pelo *Health Care and Education and Reconciliation Act* de 2010.

---

[32] Segundo relato de Robert S. Summers, desde o *Revenue Act* de 1918, há regras jurídicas nos Estados Unidos que permitem, em situações específicas, o exame da motivação do contribuinte (SUMMERS, Robert S. A critique of the business-purpose doctrine. *Cornell Law Faculty Publication*, Ithaca, Paper 1336, p. 38-39, 1961).

[33] LEDERMAN, Leandra. W(h)ither economic substance. *Iowa Law Review*, Iowa City, v. 95, 2010. p. 393.

Disso decorre que a relevância atribuída à teoria do propósito negocial no direito tributário brasileiro, sobretudo no âmbito do Carf, não passa pelos filtros básicos que devem orientar qualquer recurso ao direito comparado,[34] não apenas em razão de sua incompatibilidade com o sistema constitucional-tributário brasileiro, mas também em virtude de sua superação no seu próprio país de origem, os Estados Unidos.

De fato, a teoria do propósito negocial foi transposta para o direito brasileiro não apenas desvirtuada após um longo processo de desenvolvimento nos Estados Unidos, mas também sem a observância do direito constitucional brasileiro, que assegura a livre iniciativa e o direito à auto-organização dos negócios. Assim, no Sistema Tributário brasileiro, o planejamento tributário deve ser visto como um procedimento lícito, por meio do qual os contribuintes buscam formas legítimas para estruturar os seus negócios da forma que seja menos onerosa do ponto de vista tributário.[35] Daí se dizer que a economia lícita de tributos se situa no campo do exercício regular dos direitos e da liberdade de praticar negócios jurídicos válidos e regulares, nos quais impera a adequada correspondência entre a forma e o conteúdo, sem artifício, manobra ou subterfúgio.[36]

É importante mencionar que, no âmbito do Poder Judiciário, a teoria do propósito negocial não conta com a mesma aceitação, como se pode verificar da decisão proferida pelo STJ no julgamento do Recurso Especial nº 1.119.405/RS, de 18.3.2010, no qual restou assentado, em voto da Ministra Eliana Calmon, que "o elemento econômico, ainda que importante para a aferição da capacidade contributiva, não prevalece frente à forma jurídica empregada, salvo se evidenciada pelo Fisco a fraude, o dolo ou a simulação das partes do negócio jurídico". Com base em tal fundamento, o julgado em questão afastou expressamente a doutrina da "substância econômica sobre a forma jurídica", bem como o conceito amplo e distorcido de simulação adotado na jurisprudência do Carf.

Em sentido semelhante, no julgamento do Recurso Especial nº 946.707/RS, de 25.8.2009, que versava sobre a incorporação de uma pessoa jurídica superavitária por uma sociedade deficitária, o STJ manteve acórdão recorrido que reconhecia, em tese, a possibilidade de uma empresa deficitária incorporar uma entidade financeiramente sólida, desde que as circunstâncias do caso concreto não evidenciassem a existência de simulação.[37]

---

[34] Nas palavras de Ricardo Mariz de Oliveira: "Como bem sabem todos os juristas, não é possível simplesmente importar preceitos do Direito de outros países, para aplicá-los aqui sem uma análise crítica e comparativa das diferenças entre o regime jurídico do país de origem e o nosso" (OLIVEIRA, Ricardo Mariz de. Norma geral antielusão. *Revista Direito Tributário Atual*, São Paulo, n. 25, 2011. p. 133).

[35] MACHADO, Hugo de Brito. *Introdução ao planejamento tributário*. São Paulo: Malheiros, 2014. p. 83-85.

[36] QUEIROZ, Mary Elbe. O planejamento tributário: procedimentos lícitos, o abuso, a fraude e a simulação. *In*: GRUPENMACHER, Betina Treiger *et al.* (Coord.). *Novos horizontes da tributação* – Um diálogo luso-brasileiro. Coimbra: Almedina, 2012. p. 358-359.

[37] No caso concreto, o Tribunal Regional Federal reconheceu a possibilidade de incorporação de uma pessoa jurídica superavitária por uma sociedade deficitária, mas entendeu que os fatos do caso concreto demonstravam a existência de simulação, caracterizada a partir dos seguintes indícios: (i) a adoção, pela incorporadora, da denominação social da incorporada; (ii) a mudança da sede para o antigo endereço da incorporada; (iii) a renúncia dos membros do conselho de administração da incorporadora, em favor dos membros do antigo conselho da incorporada; e (iv) o encerramento fático das operações da incorporadora previamente à incorporação. Diante disso, o Tribunal entendeu que o que ocorreu, de fato, foi a incorporação da incorporadora pela incorporada.

Ainda no âmbito do Poder Judiciário, vale mencionar o Recurso Especial nº 1.107.518/SC, decidido pela 2ª Turma do STJ em 6.8.2009, por unanimidade de votos, no qual se afirmou o seguinte:

> o titular da competência tributária pode através de normatização adequada excluir as zonas de não incidência para impedir a utilização da elisão tributária. Não há o que a doutrina chamou de poder geral da Administração tributária para desconstituir atos e negócios jurídicos (a chamada norma geral antielisão) já que o art. 116, parágrafo único, do CTN é norma de eficácia limitada, carente de lei para produzir efeitos.

Como se vê, a jurisprudência a respeito da teoria do propósito negocial ainda é incipiente no âmbito do Poder Judiciário. Porém, é inegável que as decisões proferidas até o momento seguem uma linha mais técnica na análise das operações de planejamento tributário, com base no conceito tradicional de simulação do direito privado e nos demais vícios dos negócios jurídicos.

5 O art. 116, parágrafo único, do CTN

De acordo com o art. 116, parágrafo único, do CTN, incluído pela Lei Complementar nº 104/2001, a autoridade administrativa poderá desconsiderar atos ou negócios jurídicos praticados com a finalidade de dissimular a ocorrência do fato gerador do tributo ou a natureza dos elementos constitutivos da obrigação tributária, observados os procedimentos a serem estabelecidos em lei ordinária.

A redação do dispositivo legal suscita dúvidas. Para Paulo Ayres Barreto, ao fazer referência a "atos ou negócios jurídicos praticados com a finalidade de dissimular a ocorrência do fato gerador", o art. 116, parágrafo único, do CTN acaba por alcançar apenas os atos ou negócios jurídicos eivados por simulação relativa, permitindo, assim, que a autoridade fiscal alcance os atos ou negócios jurídicos dissimulados.[38]

Na mesma linha, Luís Eduardo Schoueri critica a redação do art. 116, parágrafo único, do CTN, e defende que o seu escopo normativo se limita a autorizar a desconsideração de atos ou negócios jurídicos dissimulados, de modo que a sua única inovação seria exigir que a lei regulamentasse os procedimentos para tanto. Para o autor, esse dispositivo legal não autoriza o combate ao abuso de forma jurídica, tampouco a invocação da teoria do propósito negocial no direito tributário brasileiro.[39]

Neste caso, o STJ não chegou a examinar o mérito do caso concreto e os detalhes da operação societária, sob o argumento de que essa análise dependeria da revisão do substrato fático da lide, o que seria vedado pela Súmula STJ nº 7, segundo a qual: "a pretensão de simples reexame de prova não enseja recurso especial".

[38] BARRETO, Paulo Ayres. *Planejamento tributário*: limites normativos. São Paulo: Noeses, 2016. p. 228.

[39] SCHOUERI, Luís Eduardo. Planejamento tributário e garantias dos contribuintes: entre a norma geral antielisão portuguesa e seus paralelos brasileiros. *In*: ALMEIDA, Daniel Freire *et al.* (Coord.). *Garantias dos contribuintes no Sistema Tributário*: homenagem a Diogo Leite de Campos. São Paulo: Saraiva, 2012. p. 400-402.

Ricardo Mariz de Oliveira acrescenta que, sob o enfoque semântico, o termo "dissimulação" alcança apenas a simulação relativa, de modo que a tentativa de alargar o seu âmbito normativo, para qualificá-lo como uma norma geral antielisão, demandaria um enorme esforço exegético, além de contrariar o disposto no art. 11, inc. I, alínea "a", da Lei Complementar nº 95/1998, segundo o qual, na redação das disposições normativas, o legislador deve utilizar o seu sentido técnico apropriado.[40]

Diversamente, Marco Aurélio Greco sustenta que o art. 116, parágrafo único, do CTN constitui uma norma geral antielisiva, pois permite a requalificação de atos ou negócios jurídicos que não estejam eivados de patologia, especialmente em função da eficácia positiva do princípio da capacidade contributiva. Para o autor, como as hipóteses de simulação (absoluta e relativa), fraude à lei e abuso de direito já poderiam ser objeto de autuação fiscal com base no art. 149 do CTN, não faria sentido incluir uma nova regra jurídica no sistema tributário apenas para alcançar a simulação relativa (dissimulação), submetendo-a procedimento a ser definido por lei ordinária.[41]

Ricardo Lobo Torres também considera que o art. 116, parágrafo único, do CTN constitui uma norma geral antielisiva, pois o trecho "atos ou negócios jurídicos praticados com a finalidade de dissimular a ocorrência do fato gerador" estaria se referindo à dissimulação de fato gerador em abstrato. Assim, o ato ou negócio jurídico praticado (fato gerador concreto) é dissimulador da verdadeira compreensão do fato gerador no plano abstrato e dos elementos constitutivos da obrigação tributária. Para o autor, o termo "dissimulação" foi utilizado não no sentido tradicional de simulação relativa, mas como ingrediente da elisão fiscal, em linha com o modelo francês, cuja legislação prevê que "qui dissimulent la portée veritable d'um contrat ou d'une convention".[42] Logo, o objetivo do art. 116, parágrafo único, do CTN seria evitar a distorção do fato gerador em abstrato, no processo de qualificação e posterior subsunção do fato à norma jurídica.

Como se vê, a doutrina é controvertida acerca da caracterização do parágrafo único do art. 116 do CTN como uma norma geral antielisiva ou como uma regra antiabuso específico, que alcança apenas os casos de dissimulação.[43]

Em rigor, o art. 116, parágrafo único, do CTN apenas permite a desconsideração de negócios jurídicos dissimulados, assim entendidos aqueles utilizados como um disfarce para encobrir uma realidade subjacente, que corresponde ao negócio jurídico efetivamente praticado. Nessa hipótese, as autoridades fiscais poderiam desconsiderar o negócio jurídico aparente, para alcançar a realidade subjacente, desde que observado o procedimento específico a ser estabelecido por lei ordinária.

---

[40] OLIVEIRA, Ricardo Mariz de. Norma geral antielusão. *Revista Direito Tributário Atual*, São Paulo, n. 25, 2011. p. 137.
[41] GRECO, Marco Aurélio. *Planejamento tributário*. 3. ed. São Paulo: Dialética, 2011. p. 557.
[42] TORRES, Ricardo Lobo. *Planejamento tributário*: elisão abusiva e evasão fiscal. Rio de Janeiro: Elsevier, 2012, p. 49-51.
[43] BARRETO, Paulo Ayres. Planejamento tributário: perspectivas jurisprudenciais. *In*: ROCHA, Valdir de Oliveira (Coord.). *Grandes questões atuais do direito tributário*. São Paulo: Dialética, 2011. v. 15. p. 292-323.

Ainda que se entenda que o legislador complementar utilizou o termo "dissimulação" em seu sentido ordinário, fato é que esse vocábulo designa "o encobrimento das próprias intenções"[44] ou "a ocultação, por um indivíduo, de suas verdadeiras intenções ou sentimentos".[45] Trata-se, assim, de sentido bastante próximo ao que se extrai do conceito jurídico de simulação relativa, no qual o negócio jurídico dissimulado é justamente o evento oculto, que permanece subjacente à determinação volitiva das partes.

Deixando de lado a questão relativa ao escopo normativo do art. 116, parágrafo único, do CTN, o fato é que esse dispositivo legal não pode ser utilizado pela Administração Tributária para o controle de atos ou negócios jurídicos, pois depende de regulamentação do seu procedimento por meio de lei ordinária.[46] Trata-se, portanto, de norma jurídica de eficácia limitada, na medida em que a sua aplicação prática está condicionada à edição de lei ordinária disciplinando o procedimento para a desconsideração dos atos ou negócios jurídicos.

Além disso, o Congresso Nacional repudiou a introdução dessa pretensa norma geral antielisiva no ordenamento jurídico brasileiro, ao rejeitar parte da Medida Provisória nº 66/2002, a qual, em seu art. 14, §1º, inc. I, permitia a desconsideração de ato ou negócio jurídico sob a alegação de falta de propósito negocial.[47]

Na realidade, considerando o histórico total do Sistema Tributário brasileiro, percebe-se que o Congresso Nacional, em pelo menos quatro oportunidades, refutou projetos legislativos que pretendiam ampliar os poderes do Fisco para a desconsideração de atos ou negócios jurídicos praticados pelos contribuintes, como se pode verificar a seguir:[48]

- em 1966, o Congresso Nacional afastou a possibilidade de utilização da interpretação econômica para requalificar atos ou negócios jurídicos praticados pelo contribuinte, que estava prevista no art. 74 do projeto de lei que deu origem ao CTN (Lei nº 5.172, de 25.10.1966);
- em 1999, no projeto de lei que deu origem à Lei Complementar nº 104, de 10.1.2001, que, na redação original a ser atribuída ao parágrafo único do art. 116 do CTN, pretendia conceder poderes amplos para que a Administração Tributária pudesse requalificar atos ou negócios jurídicos praticados pelo contribuinte;

---

[44] FERREIRA, Aurélio Buarque de Holanda. *Novo Aurélio século XXI*: o dicionário da Língua Portuguesa. 3. ed. Rio de Janeiro: Nova Fronteira, 1999. p. 693-694.
[45] HOUAISS, Antônio; VILLAR, Mauro Salles. *Dicionário Houaiss da Língua Portuguesa*. Rio de Janeiro: Objetiva, 2009. p. 697.
[46] OLIVEIRA, Ricardo Mariz de. A elisão fiscal ante a Lei Complementar nº 104. In: ROCHA, Valdir de Oliveira (Coord.). *O planejamento tributário e a Lei Complementar 104*. São Paulo: Dialética, 2002. p. 261-263.
[47] OLIVEIRA, Ricardo Mariz de. Norma geral antielusão. *Revista Direito Tributário Atual*, São Paulo, n. 25, 2011. p. 134.
[48] BARRETO, Paulo Ayres. *Planejamento tributário*: limites normativos. São Paulo: Noeses, 2016. p. 163-168.

- em 2002, quando o Congresso Nacional refutou a citada Medida Provisória nº 66, que, em seu art. 14, §1º, inc. I, permitia a desconsideração de ato ou negócio jurídico sob a alegação de falta de propósito negocial;
- em 2015, quando o Congresso Nacional rejeitou a Medida Provisória nº 685, de 21.7.2015, que, a pretexto de instituir a chamada Declaração de Planejamento Tributário, tentou inserir no ordenamento jurídico conceitos como "razões extratributárias" e "forma jurídica inusual".

Obviamente, a rejeição da teoria do propósito negocial pelo Congresso Nacional impede a sua aplicação via interpretação, sob pena de afronta às regras constitucionais que regulam o processo legislativo. Se o art. 62, §10, da Constituição Federal veda até mesmo a reedição, na mesma sessão legislativa, de medida provisória rejeitada pelo Congresso Nacional, o que se dirá da sua aplicação, sem base legal, por meio de mera construção interpretativa?

Dessa forma, na ausência de base legal específica, a Administração Tributária brasileira não pode invocar a aplicação da teoria do propósito negocial e outros critérios análogos para a desconsideração ou a requalificação de atos ou negócios jurídicos, uma vez que o Congresso Nacional recusou a validade de diversas regras que pretendiam ampliar os poderes da Administração Tributária no ordenamento jurídico brasileiro.[49]

Daí a acertada crítica de Ricardo Mariz de Oliveira ao uso indevido da teoria do propósito negocial no Sistema Tributário brasileiro, por meio de decisões administrativas que não encontram respaldo no direito positivo em vigor.[50] O recurso ao direito comparado e às construções jurisprudenciais alienígenas depende de uma rigorosa análise das semelhanças e diferenças entre os direitos positivos em cotejo, a fim de que discursos judiciários informados por princípios e regras inteiramente distintos não sejam transpostos para a realidade do ordenamento jurídico brasileiro, sem a observância de suas características fundamentais. O direito norte-americano, em especial, não circunscreve o exercício do poder de tributar na própria Constituição Federal, como ocorre no direito brasileiro, que discrimina a competência tributária, delimita as materialidades elegíveis, impõe balizas ao exercício do poder de tributar e, ainda, arrola direitos e garantias aos contribuintes.[51] Assim, a teoria do propósito negocial não pode ser simplesmente transplantada para o Sistema Tributário brasileiro por meio de decisões proferidas por tribunais administrativos, que ignoram não apenas as diferenças entre

---

[49] Nas palavras de Luís Eduardo Schoueri: "Não se tendo obtido a aprovação legislativa, mediante a conversão da Medida Provisória nº 66, o propósito negocial ingressou por via oblíqua no ordenamento, passando a ser critério de validade nos temas que envolvem planejamento tributário" (SCHOUERI, Luís Eduardo. O Refis e a desjudicialização do planejamento tributário. *Revista Dialética de Direito Tributário*, São Paulo, n. 232, p. 110-111, 2015).

[50] OLIVEIRA, Ricardo Mariz de. Norma geral antielusão. *Revista Direito Tributário Atual*, São Paulo, n. 25, 2011. p. 134-135.

[51] GONÇALVES, José Artur Lima. *Imposto sobre a renda* – Pressupostos constitucionais. 1. ed. 2. tir. São Paulo: Malheiros, 2002. p. 20-24.

os dois ordenamentos jurídicos,[52] mas também a recusa expressa da Medida Provisória nº 66/2002 pelo Congresso Nacional.

Para concluir, é mencionar que o Supremo Tribunal Federal iniciou, no dia 12.6.2020, o julgamento da Ação Direta de Inconstitucionalidade (ADI) nº 2.446,[53] no qual se pleiteia a declaração da inconstitucionalidade do art. 116, parágrafo único, do CTN, sob a alegação de ofensa aos princípios da legalidade, da tipicidade cerrada e da separação de poderes, bem como de exigência de tributo com base em analogia e interpretação econômica do fato gerador da obrigação tributária.

Segundo o voto proferido pela Ministra Cármen Lúcia, o art. 116, parágrafo único, do CTN não proíbe o contribuinte de buscar, pelas vias legítimas e com base em comportamento coerente com a ordem jurídica, a economia tributária, sendo-lhe permitido organizar suas atividades da forma menos onerosa, deixando de pagar tributos quando não configurado o fato gerador cuja ocorrência tenha sido licitamente evitada.

Baseada nessas premissas, a Ministra Cármen Lúcia conclui que o art. 116, parágrafo único, do CTN não constitui uma norma geral antielisão, cuidando apenas do combate à evasão fiscal, por alcançar apenas "atos ou negócios jurídicos praticados com intenção de dissimulação ou ocultação" do fato gerador da obrigação tributária.

Diante disso, conclui-se que os atos ou negócios jurídicos praticados pelo contribuinte somente podem ser desconsiderados ou requalificados pelo Fisco diante da comprovação de vício de existência ou de validade, observado o disposto no art. 149 do CTN, que restringe o seu âmbito de aplicação aos casos de dolo, fraude e simulação.

6 Conclusões

Por todo o exposto, é possível concluir que:
(i) na interpretação da hipótese normativa dos fatos geradores, caso se considere que a lei tributária contemplou um negócio jurídico como pressuposto do fato gerador, então caberá ao intérprete observar a sua forma jurídica para fins de incidência do imposto, independentemente da substância econômica;
(ii) por outro lado, caso a hipótese normativa não esteja vinculada a um negócio jurídico, o intérprete deverá interpretar a lei, a fim de realizar o processo de subsunção a partir dos critérios previstos na própria hipótese normativa;
(iii) por ocasião da conversão do anteprojeto do Código Tributário Nacional na Lei nº 5.172/1966, a chamada "consideração econômica" foi abandonada, em razão de uma guinada dogmática em favor de um direito tributário pautado na legalidade e na garantia às liberdades individuais;

---

[52] OLIVEIRA, Ricardo Mariz de. Norma geral antielusão. *Revista Direito Tributário Atual*, São Paulo, n. 25, 2011. p. 133.
[53] Iniciado em 12.6.2020, o julgamento foi interrompido em 19.6.2020 por pedido de vista do Ministro Ricardo Lewandowski.

(iv) a *teoria do propósito negocial* foi desvirtuada desde a sua concepção original no emblemático julgamento do caso *Gregory v. Helvering*, que estava diretamente atrelada à interpretação finalística de normas jurídicas que abriam espaço para a investigação das razões para a realização do ato ou negócio jurídico;

(v) o art. 116, parágrafo único, do CTN apenas permite a desconsideração de negócios jurídicos dissimulados, assim entendidos aqueles utilizados como um disfarce para encobrir uma realidade subjacente, que corresponde ao negócio jurídico efetivamente praticado;

(vi) porém, esse dispositivo legal ainda não pode ser utilizado pela Administração Tributária para o controle de atos ou negócios jurídicos, pois depende de regulamentação do seu procedimento por meio de lei ordinária;

(vii) por tais razões, os atos ou negócios jurídicos praticados pelo contribuinte somente podem ser desconsiderados ou requalificados pelo Fisco diante da comprovação de vício de existência ou de validade, observado o art. 149 do CTN, que restringe o seu âmbito de aplicação aos casos de dolo, fraude e simulação.

Informação bibliográfica deste texto, conforme a NBR 6023:2018 da Associação Brasileira de Normas Técnicas (ABNT):

TOMAZELA, Ramon. Consideração econômica, propósito negocial e os limites do planejamento tributário. *In*: MARINHO NETO, José Antonino (Org.); LOBATO, Valter de Souza (Coord.). *Planejamento Tributário*: pressupostos teóricos e aplicação prática. Belo Horizonte: Fórum, 2021. p. 75-91. ISBN 978-65-5518-269-9.

ÁGIO

A JURISPRUDÊNCIA DO CARF E A AMORTIZAÇÃO DE ÁGIO MEDIANTE INCORPORAÇÃO REVERSA: UMA ANÁLISE CRÍTICA

ANGÉLICA DUARTE

EDUARDO ARRIEIRO ELIAS

1 Introdução

O "planejamento tributário" é, talvez, o mais controverso dos temas tributários em debate nas últimas décadas, sendo objeto de inúmeros estudos doutrinários e analisado em diversos julgamentos, tanto judiciais quanto administrativos.

Como se sabe, a Constituição do Brasil contém uma série de dispositivos garantidores da liberdade de exercício da atividade econômica, que asseguram ao contribuinte o direito de organizar as suas atividades da maneira que melhor lhe convier, inclusive no que diz respeito à legalidade da escolha pelo chamado "caminho menos oneroso", aspecto perfeitamente aplicável na seara tributária.[1]

Nessa linha, admitindo-se que tal direito de organização empresarial, postulado da livre iniciativa, não é absoluto, a importância da definição de diretrizes e limites claros para os contribuintes advém do próprio princípio constitucional da segurança jurídica, que tem por finalidade evitar o arbítrio da aplicação da lei no contexto do Estado Democrático de Direito.

Disso decorre que os critérios a serem utilizados pelos julgadores e pelas autoridades fiscais devem ter, como pressuposto de validade, o respaldo – previsão – no ordenamento jurídico brasileiro. É essa a relevância de perquirirmos as disposições contidas no contexto legislativo, bem como as correspondentes correntes doutrinárias hábeis a interpretá-las.

Assim, em matéria tributária, esse direito do contribuinte restaria limitado, inequivocamente, nos casos de simulação, conforme previsão contida no art. 149, inc. VII do Código Tributário Nacional (CTN),[2] autorizando a desconsideração, e consequente requalificação, dos efeitos tributários do ato, isto é, configurando-se como atos não oponíveis ao Fisco.

Inobstante as diversas correntes doutrinárias sobre o conceito de simulação, por fugir ao escopo principal deste trabalho, não se buscará, aqui, confrontar teorias acerca de tal ponto.[3]

Todavia, ao que nos interessa, deve-se observar que, tanto aqueles que adotam o conceito civilista do instituto (art. 167 do Código Civil),[4] quanto os que defendem a existência de um conceito tributário próprio – sejam os adeptos da teoria –, convergem no sentido de que situações de ilicitude manifesta, com artificialidade evidente e latente, mediante a ocultação ou distorção dos elementos do ato ou negócio jurídico, estariam incluídas no conceito.

---

[1] "O tema do planejamento tributário envolve, em última análise, uma concepção de Estado. Por esta razão, apresenta uma faceta ideológica que repercute no sentido que se extrai dos dispositivos normativos no momento da sua interpretação". Prossegue o autor: "o debate ideológico está na base dos questionamentos neste tema, pois dependendo da hierarquia de valores adotada pelo interprete, será a sua concepção de Estado e do relacionamento Fisco e contribuinte. Direito e ideologia são faces da mesma moeda e felizmente é possível discutir concepções ideológicas. Prefiro que a ideologia entre explicitamente pela porta da frente do debate do que disfarçada debaixo de uma capa de legalidade ou segurança 'neutras'; ou então disfarçada de uma 'verdade científica incontestável'" (GRECO, Marco Aurélio. *Planejamento tributário*. 3 ed. São Paulo: Dialética, 2011. p. 22; 308).

[2] "Art. 149. O lançamento é efetuado e revisto de ofício pela autoridade administrativa nos seguintes casos: [...] VII - quando se comprove que o sujeito passivo, ou terceiro em benefício daquele, agiu com dolo, fraude ou simulação; [...]".

[3] Como leciona Sérgio André Rocha: "[...] Não somos os pioneiros no reconhecimento de que a distância entre posições tidas por antagônicas no campo do planejamento tributário é menor do que se imagina" (ROCHA, Sergio André. Para que serve o parágrafo único do artigo 116 do CTN afinal? *In*: GODOI, Marciano Seabra de; ROCHA, Sergio André (Coord.). *Planejamento tributário*: limites e desafios concretos. Belo Horizonte: D'Plácido, 2018. p. 498.

[4] "Art. 167. É nulo o negócio jurídico simulado, mas subsistirá o que se dissimulou, se válido for na substância e na forma. §1º Haverá simulação nos negócios jurídicos quando: I - aparentarem conferir ou transmitir direitos a pessoas diversas daquelas às quais realmente se conferem, ou transmitem; II - contiverem declaração, confissão, condição ou cláusula não verdadeira; III - os instrumentos particulares forem antedatados, ou pós-datados".

Assim, pode-se concluir que as atividades dotadas de ilicitude – sem respeito à estrutura formal e desnaturação do ponto central do negócio praticado – seriam o núcleo (básico, de concordância) relativo ao conceito de simulação, autorizando, de forma inequívoca, a desconsideração e requalificação dos efeitos tributários do ato e, por conseguinte, a limitação das garantias de auto-organização do contribuinte.

De mais a mais, as controvérsias doutrinárias relativas ao tema aumentam quando se trata do parágrafo único do art. 116 do CTN, incluído pela Lei Complementar (LC) nº 104/01, o qual dispõe que a autoridade administrativa poderá desconsiderar atos ou negócios jurídicos praticados com a finalidade de dissimular a ocorrência do fato gerador do tributo ou a natureza dos elementos constitutivos da obrigação tributária, observados os procedimentos a serem estabelecidos em lei ordinária.[5]

Basicamente, alguns doutrinadores defendem que a norma não inovou no ordenamento jurídico, sendo apenas uma regra que reforça o controle de atos simulados, já consolidado na legislação anterior, caracterizando, portanto, como uma norma de combate à evasão fiscal. Inclusive, para eles, qualquer norma geral antiabuso no país seria inconstitucional.[6]

Lado outro, existem autores que entendem a norma como uma norma geral antielisiva ou antielusão, de modo que o dispositivo do CTN não estaria restrito às hipóteses de simulação (ilicitude). Assim, seria possível a desconsideração de atos lícitos, praticados sem qualquer patologia ou artificialidade.

O argumento para tanto é que não teria sentido o legislador complementar reunir-se para redigir norma inócua, já prevista anteriormente. Sendo que tal grupo ainda se subdivide entre autores que defendem a eficácia imediata da norma,[7] e aqueles que sustentam a necessidade de regulamentação para que produza efeitos.[8]

Ocorre que, até hoje, o dispositivo carece de fundamentação, de modo que, consequentemente, as autuações fiscais e decisões administrativas acerca do planejamento tributário possuem diversas fundamentações, contudo, convergem em evitar qualquer aprofundamento ou menção expressa ao parágrafo único do art. 116 do CTN. É isso

---

[5] "Art. 116. Salvo disposição de lei em contrário, considera-se ocorrido o fato gerador e existentes os seus efeitos: Parágrafo único. A autoridade administrativa poderá desconsiderar atos ou negócios jurídicos praticados com a finalidade de dissimular a ocorrência do fato gerador do tributo ou a natureza dos elementos constitutivos da obrigação tributária, observados os procedimentos a serem estabelecidos em lei ordinária".

[6] DERZI, Misabel Abreu Machado. A desconsideração dos atos e negócios jurídicos dissimulatórios, segundo a Lei Complementar nº 104, de 10 de janeiro de 2001. In: ROCHA, Valdir de Oliveira (Coord.). O planejamento tributário e a Lei Complementar nº 104. São Paulo: Dialética, 2001. p. 217-218; XAVIER, Alberto. Tipicidade da tributação, simulação e norma antielisiva. São Paulo: Dialética, 2001. p. 156-157; MELO, José Eduardo Soares de. Planejamento tributário e Lei Complementar nº 104. In: ROCHA, Valdir de Oliveira (Coord.). O planejamento tributário e a Lei Complementar nº 104. São Paulo: Dialética, 2001. p. 175; CARVALHO, Paulo Barros. Planejamento tributário e a doutrina da prevalência da substância sobre a forma na definição dos efeitos tributários de um negócio jurídico. In: MACHADO, Hugo de Brito (Coord.). Planejamento tributário. São Paulo: Malheiros, 2016. p. 593; SCHOUERI, Luís Eduardo. Planejamento tributário: limites à norma antiabuso. Revista Direito Tributário Atual, São Paulo, n. 24, 2010. p. 246-247.

[7] TORRES, Ricardo Lobo. Planejamento tributário: elisão abusiva e evasão fiscal. Rio de Janeiro: Elsevier, 2012. p. 52; RIBEIRO, Ricardo Lodi. Temas de direito constitucional tributário. Rio de Janeiro: Lumen Juris, 2009. p. 306.

[8] GRECO, Marco Aurélio. Planejamento tributário. 3 ed. São Paulo: Dialética, 2011. p. 568.

que ocorre nos casos envolvendo a amortização do ágio mediante incorporação reversa de sociedades.[9]

Assim, no presente estudo, será dado enfoque à análise dos casos concretos, buscando os fundamentos utilizados pelo conselho e pelas autoridades fiscais, tendo como premissa o plano conceitual – e principalmente legislativo –, vez que a previsibilidade da atividade estatal está pautada, principalmente, no ordenamento jurídico.

Não se olvida que o exame dos casos se desdobra pelo contexto fático das condutas praticadas, bem como das provas trazidas nos autos de modo individualizado. O que se busca é a análise de julgados, em especial específicos de incorporação reversa para aproveitamento de ágio, visando à identificação de balizas que levam as autoridades administrativas a desconsiderar os efeitos tributários da conduta do contribuinte, ante a situação concreta.

Em outras palavras, o que se pretende é trazer luzes à discussão, por meio da revisão e análise sistemática das decisões sobre o tema. Concluindo, de maneira crítica, se os limites colocados aos contribuintes na estruturação de seus negócios estão, ou não, a afetar normas basilares do Estado Democrático de Direito, que mantém clássicas instituições governamentais e princípios como o da separação de poderes e da segurança jurídica. Além de se erigir sob o império da lei, que deve resultar da reflexão e codecisão de todos, desaguando na proteção dos direitos e garantias fundamentais.

2 Breves considerações sobre a incorporação reversa de sociedades para amortização fiscal de ágio

A dinâmica dos mercados atuais traz, como tendência, atos de concentração empresarial e de combinação de negócios, a fim de que as corporações maximizem sua riqueza e se mantenham ativas e competitivas no mercado. Tais operações, por trazerem importantes reflexos tributários, são extremamente visadas pela administração tributária federal, especialmente quando se trata de eventos de reorganização societária com geração de ativos amortizáveis (ágio).

Nesse compasso, no que toca ao contexto jurídico do ágio – e a possibilidade de sua amortização –, a legislação tributária brasileira introduziu no art. 20 do Decreto-Lei nº 1.598/77, posteriormente recepcionado pelo art. 385 do antigo Regulamento do Imposto de Renda (RIR/99), a necessidade do desdobramento do custo de aquisição de investimentos avaliados pelo denominado método de equivalência patrimonial (MEP) no registro do balanço patrimonial da sociedade investidora.[10]

---

[9] ROCHA, Sergio André. Para que serve o parágrafo único do artigo 116 do CTN afinal? *In*: GODOI, Marciano Seabra de; ROCHA, Sergio André (Coord.). *Planejamento tributário*: limites e desafios concretos. Belo Horizonte: D'Plácido, 2018. p. 488.

[10] "Art. 20. O contribuinte que avaliar investimento em sociedade coligada ou controlada pelo valor de patrimônio líquido deverá, por ocasião da aquisição da participação, desdobrar o custo de aquisição em: I - valor de

Assim, o mencionado art. 20 preconizava que o custo de aquisição deveria ser registrado em duas subcontas distintas no balanço, segregando-se em: a) valor do patrimônio líquido na ocasião da aquisição; e b) ágio ou deságio na aquisição. Ou seja, a legislação tributária brasileira definia o ágio ou deságio como a diferença entre o custo de aquisição do investimento e o valor do patrimônio líquido (valor patrimonial) na ocasião da aquisição da participação societária.

Ainda, o ordenamento previa três possíveis razões determinantes para justificar o custo de aquisição de um investimento, quais sejam: a) mais-valia dos ativos; b) expectativa de rentabilidade futura; e c) outras razões econômicas, sendo obrigatória a classificação do fundamento econômico do ágio para que se possa efetuar o lançamento deste no balanço patrimonial da sociedade investidora.

Ocorre que a indedutibilidade fiscal do ágio é regra na legislação tributária brasileira, de modo que o ágio apenas se torna dedutível para fins de apuração do lucro real, seja qual for a classificação econômica, no momento da liquidação ou alienação do investimento, quando da apuração do ganho ou perda de capital investido.

Com o advento da Lei n° 9.532/97, foi imputada uma exceção à essa regra. Os arts. 7° e 8° da lei mencionada passaram a permitir um tratamento fiscal diferenciado – a amortização fiscal do ágio – a depender da classificação do fundamento econômico do ágio gerado na aquisição de investimento, para a pessoa jurídica que absorver patrimônio de outra, em virtude de incorporação, fusão ou cisão.[11]

---

patrimônio líquido na época da aquisição, determinado de acordo com o disposto no artigo 21; e II - ágio ou deságio na aquisição, que será a diferença entre o custo de aquisição do investimento e o valor de que trata o número I. §1° O valor de patrimônio líquido e o ágio ou deságio serão registrados em subcontas distintas do custo de aquisição do investimento".

[11] "Art. 7° A pessoa jurídica que absorver patrimônio de outra, em virtude de incorporação, fusão ou cisão, na qual detenha participação societária adquirida com ágio ou deságio, apurado segundo o disposto no art. 20 do Decreto-Lei n° 1.598, de 26 de dezembro de 1977: I - deverá registrar o valor do ágio ou deságio cujo fundamento seja o de que trata a alínea 'a' do §2° do art. 20 do Decreto-Lei n° 1.598, de 1977, em contrapartida à conta que registre o bem ou direito que lhe deu causa; II - deverá registrar o valor do ágio cujo fundamento seja o de que trata a alínea 'c' do §2° do art. 20 do Decreto-Lei n° 1.598, de 1977, em contrapartida a conta de ativo permanente, não sujeita a amortização; III - poderá amortizar o valor do ágio cujo fundamento seja o de que trata a alínea 'b' do §2° do art. 20 do Decreto-lei n° 1.598, de 1977, nos balanços correspondentes à apuração de lucro real, levantados posteriormente à incorporação, fusão ou cisão, à razão de um sessenta avos, no máximo, para cada mês do período de apuração; IV - deverá amortizar o valor do deságio cujo fundamento seja o de que trata a alínea 'b' do §2° do art. 20 do Decreto-Lei n° 1.598, de 1977, nos balanços correspondentes à apuração de lucro real, levantados durante os cinco anos-calendários subseqüentes à incorporação, fusão ou cisão, à razão de 1/60 (um sessenta avos), no mínimo, para cada mês do período de apuração. §1° O valor registrado na forma do inciso I integrará o custo do bem ou direito para efeito de apuração de ganho ou perda de capital e de depreciação, amortização ou exaustão. §2° Se o bem que deu causa ao ágio ou deságio não houver sido transferido, na hipótese de cisão, para o patrimônio da sucessora, esta deverá registrar: a) o ágio, em conta de ativo diferido, para amortização na forma prevista no inciso III; b) o deságio, em conta de receita diferida, para amortização na forma prevista no inciso IV. §3° O valor registrado na forma do inciso II do caput: a) será considerado custo de aquisição, para efeito de apuração de ganho ou perda de capital na alienação do direito que lhe deu causa ou na sua transferência para sócio ou acionista, na hipótese de devolução de capital; b) poderá ser deduzido como perda, no encerramento das atividades da empresa, se comprovada, nessa data, a inexistência do fundo de comércio ou do intangível que lhe deu causa. §4° Na hipótese da alínea 'b' do parágrafo anterior, a posterior utilização econômica do fundo de comércio ou intangível sujeitará a pessoa física ou jurídica usuária ao pagamento dos tributos e contribuições que deixaram de ser pagos, acrescidos de juros de mora e multa, calculados de conformidade com a legislação vigente. §5° O valor que servir de base de cálculo dos tributos e contribuições a que se refere o parágrafo anterior poderá ser registrado em conta do ativo, como custo do direito. Art. 8° O disposto no artigo anterior aplica-se,

Quando o fundamento econômico do ágio fosse classificado na mais-valia dos ativos, ou seja, na diferença do valor contábil dos bens classificados no ativo e o valor de mercado destes, a partir da incorporação, o ágio deveria ser registrado em contrapartida à conta que contabilizou o bem ou direito que lhe deu causa.

Tal lançamento permitia que esse ágio, ao integrar o custo de aquisição do bem que lhe deu causa, fosse deduzido fiscalmente de acordo com as regras de depreciação, amortização ou exaustão aplicáveis ao respectivo ativo.[12]

Tratamento semelhante era dado ao ágio oriundo de "outras razões econômicas". Ou seja, quando ocorresse a incorporação, o valor do ágio seria acrescido aos bens classificados como fundo de comércio e ativos intangíveis. No entanto, a legislação em comento ressalvou que quando houver incorporação de investimento, no qual haja ágio sob esse fundamento, não haveria que se falar em amortização ou depreciação.

Por fim, no que tange ao tratamento fiscal concedido à incorporação de investimento fundamentado com expectativa de rentabilidade futura, o legislador brasileiro concedeu, o que alguns autores consideram ser um benefício fiscal, a faculdade de a sociedade amortizar o ágio à razão de 1/60 (um sessenta avos), no mínimo, para cada mês do período de apuração, ocorrendo, assim, uma antecipação da dedução do ágio para fins de determinação da base de cálculo do imposto de renda.

Nesse sentido, conclui-se que no caso de a pessoa jurídica absorver o patrimônio de outra, em virtude de incorporação, fusão ou cisão, na qual detenha participação societária adquirida com ágio com fundamento econômico de expectativa de rentabilidade futura, não há que se falar em neutralidade fiscal do ágio, podendo este ser dedutível na apuração do lucro real, desde que a despesa referente à amortização do ágio não ultrapasse a razão de 1/60 (um sessenta avos).

Com a vigência da Lei nº 12.973/2014, manteve-se a essência do regime jurídico fiscal do ágio, inclusive a exceção quanto à possibilidade amortização do ágio nos casos relativos a operações societárias (fusão, cisão e incorporação).[13]

A referida lei também não alterou a previsão expressa contida no art. 8º da Lei nº 9.532/97, permitindo a amortização fiscal do ágio também nos casos em que a empresa incorporada, fusionada ou cindida for aquela que detinha a propriedade da participação

---

inclusive, quando: a) o investimento não for, obrigatoriamente, avaliado pelo valor de patrimônio líquido; b) a empresa incorporada, fusionada ou cindida for aquela que detinha a propriedade da participação societária".

[12] "A figura do ágio nas operações de planejamento tributário: a prova de sua licitude na jurisprudência administrativa" (NEDER, Marcos Vinicius; SANTI, Eurico Marcos Diniz de; FERRAGUT, Mara Rita (Coord.). *A prova no processo tributário*. São Paulo: [s.n.], 2010. p. 249).

[13] A lei trouxe novidades referentes a alguns aspectos que, no regime jurídico anterior, suscitavam conflitos, como exemplo, a vedação à amortização dos chamados ágios internos (intragrupo). Deve-se ressaltar que, como ponto central das modificações, a lei reduziu a base de apuração do ágio, vez que determinou a segregação do custo do investimento – avaliados pelo MEP – em: (i) valor de equivalência patrimonial (valor do patrimônio líquido no momento da aquisição); (ii) mais ou menos-valia, que corresponde à diferença entre o valor justo dos ativos líquidos da investida, na proporção da porcentagem da participação adquirida; e (iii) ágio por rentabilidade futura (*goodwill*), que corresponde à diferença entre o custo de aquisição do investimento e o valor justo dos ativos.

societária. Ou seja, conservou-se a possibilidade da amortização do ágio nas operações de incorporação reversa.[14]

Nessa perspectiva, a incorporação é a operação por meio da qual uma ou mais sociedades são absorvidas por outra, que lhes sucede universalmente em todos os direitos e obrigações, objetivando, por exemplo, a redução de custos administrativos, o aproveitamento de sinergias, ganho de escala e competitividade no momento pós-operação.[15]

Dentro disso, temos as chamadas "incorporações reversas", assim alcunhadas as operações nas quais uma companhia controlada incorpora sua controladora, sucedendo-a em seus direitos e obrigações.[16] Umas das particularidades desta operação é que, em regra, não há uma absorção direta da sociedade controladora pela controlada, mas a sua efetivação por via indireta, mediante a utilização de "empresa-veículo", como, inclusive, autoriza a legislação societária.

Do ponto de vista negocial, uma operação de aquisição via sociedade-veículo pode ter como fundamento segregar operações e ativos e passivos para gerenciamento de riscos, atender a exigências regulatórias (de órgãos como Cade, Bacen e Aneel, por exemplo), separar geração de lucros e caixa, gerenciar recursos e garantias financeiras, evitar que eventuais contingências na sociedade-alvo afetem o patrimônio líquido da controladora ou mesmo operacionalizar a incorporação pretendida, reduzindo a complexidade inerente ao contexto fático.[17]

Do ponto de vista fiscal, justifica-se em razão do melhor aproveitamento econômico do ágio derivado do processo de aquisição. Busca-se a amortização do ágio para fazer face a lucros tributáveis gerados pela sociedade-alvo, implicando aumento de sua capacidade de geração de caixa. O que, conforme aventado alhures, é expressamente autorizado pelos arts. 7° e 8° da mencionada Lei n° 9.532/97.

Nas operações de incorporação reversa, a aquisição do controle de participações societárias opera-se, normalmente, por meio de uma sociedade intermediária, já existente ou criada unicamente para a efetivação da operação. Operações dessa natureza são bastante comuns, por exemplo, em aquisições realizadas por fundos de investimentos

---

[14] "Art. 8° O disposto no artigo anterior aplica-se, inclusive, quando: [...] b) a empresa incorporada, fusionada ou cindida for aquela que detinha a propriedade da participação societária".

[15] "Art. 1.116. Na incorporação, uma ou várias sociedades são absorvidas por outra, que lhes sucede em todos os direitos e obrigações, devendo todas aprová-la, na forma estabelecida para os respectivos tipos" (Código Civil brasileiro).

[16] "Art. 264. Na incorporação, pela controladora, de companhia controlada, a justificação, apresentada à assembleia-geral da controlada, deverá conter, além das informações previstas nos arts. 224 e 225, o cálculo das relações de substituição das ações dos acionistas não controladores da controlada com base no valor do patrimônio líquido das ações da controladora e da controlada, avaliados os dois patrimônios segundo os mesmos critérios e na mesma data, a preços de mercado, ou com base em outro critério aceito pela Comissão de Valores Mobiliários, no caso de companhias abertas. [...] §4° Aplicam-se as normas previstas neste artigo à incorporação de controladora por sua controlada, à fusão de companhia controladora com a controlada, à incorporação de ações de companhia controlada ou controladora, à incorporação, fusão e incorporação de ações de sociedades sob controle comum".

[17] COSTA JR., Jorge Vieira. Incorporações reversas: algumas considerações. *Boletim IOB Temática Contábil e Balanços*, São Paulo, n. 29/30, 2002.

em participações (FIP) no mercado de *private equity*, bem como nas aquisições feitas por investidores estrangeiros.

A utilização de empresa-veículo dá-se, por exemplo, nos casos em que determinada sociedade, pretendendo adquirir o controle da sociedade (empresa-alvo), constitui determinada pessoa jurídica (empresa-veículo), nela aportando recursos que serão utilizados na aquisição da empresa-alvo. Em um segundo momento, a empresa-veículo adquire o controle da sociedade-alvo, com ágio. Na sequência, a empresa-veículo, que adquiriu o controle da sociedade pretendida, registrando o ágio na operação, é incorporada pela sociedade-alvo – incorporação reversa –, que passa a amortizar fiscalmente o ágio registrado.

Contudo, tais operações têm sido comumente questionadas pelas autoridades fiscais, que costumam sustentar a ilegalidade da amortização do ágio mediante incorporação reversa e uso de empresa-veículo, como se verá no tópico seguinte, sob a acusação de ausência de substância econômica, ausência de confusão patrimonial na operação – ante a utilização de recursos econômicos provenientes de outra fonte (real investidor) – e pelo fato de se tratar, muitas vezes, de sociedade efêmera, criada apenas para viabilizar a aquisição do investimento, aos olhos do Fisco, sem qualquer finalidade negocial.

O que se apresenta, a seguir, é um diagnóstico dos fundamentos e balizas que têm orientado as decisões do Carf acerca do tema, e em que medida estão respaldadas no ordenamento jurídico, contribuindo para efetividade do princípio da segurança jurídica em matéria tributária.

3 Incorporação reversa para amortização de ágio na jurisprudência do Carf

Foram pesquisados acórdãos do Carf com o objetivo de analisar a orientação do Conselho Administrativo, tendo sido selecionadas as seguintes palavras-chave: "incorporação e reversa" e "incorporação e avessas", tanto na ementa, quanto na íntegra da decisão. A pesquisa jurisprudencial levantou o total de 87 acórdãos, julgados no período entre 2016 e 2020.[18]

A partir da leitura e análise das decisões levantadas, foi possível descartar aqueles que, apesar de resultarem de busca a partir das palavras-chave escolhidas, não apresentam pertinência temática com o tema objeto do presente artigo.[19]

---

[18] Pesquisa atualizada até 30.9.2020, realizada no sítio eletrônico do Carf. Termos e resultados: "Pesquisa: Câmaras/Turmas (todas), Data inicial (01/01/2016), Data final (30/09/2020), Inteiro Teor contém (incorporação e reversal). Acórdãos encontrados: 78" e "Pesquisa: Câmaras/Turmas (todas), Data inicial (01/01/2016), Data final (30/09/2020), Inteiro Teor contém (incorporação e avessas). Acórdãos encontrados: 9".

[19] Os acórdãos da Tivit nº 1301-003.284/18 e 1301-002.608/17, apesar de serem relativos à matéria em estudo, não constam da tabela a seguir, pois o único fundamento para a manutenção da autuação foi o fato de o laudo de rentabilidade futura ter sido elaborado em data posterior à operação.

Em que pese a heterogeneidade da fundamentação dos votos vencedores, por meio da leitura analítica do inteiro teor dos acórdãos, procedeu-se à categorização temática dos acórdãos em grupos, com base no fundamento principal para o deslinde da controvérsia pelo Carf, conforme a tabela a seguir.

Grupo	Acórdãos	Resultado	Fundamento
Grupo 1	1301-003.656/19 (Arcelormittal) 1301-002.208/18 (TIM) 1201-001.534/18 (GDC Alimentos) 1201-001.830/17 (Lajeado) 1201-001.554/17 (Barcelona) 1402-002.373/17 (Kimberly-Klark) 1201-001.507/16 (Serasa)	Cancelamento da glosa das despesas com a amortização do ágio	Existência de propósito negocial (motivação extrafiscal)
Grupo 2	1301-002.111/16 (Banco Bradesco) 1201-002.894/19 (CTEEP) 1401-003.308/19 (Energisa) 1201-002.728/19 (CTEEP) 1402-002.740/17 (Claro) 1301-002.433/17 (Rio Grande Energia) 1301-002.434/17 (Bemis) 1302-001.978/16 (Cia Luz e Força)	Cancelamento da glosa das despesas com a amortização do ágio	Existência de propósito negocial (exigência de natureza regulatória)
Grupo 3	1401-004.267/20 (UOL Diveo) 1201-002.085/18 (Atacadão) 9101-003.208/17 (Bunge) 1402-002.827/18 (Isofilme)	Manutenção da glosa das despesas com a amortização do ágio	Ausência de propósito negocial (motivação extrafiscal)
Grupo 4	1201-003.693/20 (Sanofi) 1201-001.811/17 (Tempo) 1301-002.280/17 (Hipercard) 1302-002.060/17 (Solae) 1302-002.036/17 (Pimenta Verde) 1301-002.155/16 (Tilibra) 1301-002.009/16 (Metalurgia Nakayone)	Cancelamento da glosa das despesas com a amortização do ágio	Não há simulação/fraude/ilícito.
Grupo 5	1201-003.145/19 (Medabil) 1302-003.555 e 1302-003.556/19 (AGCO) 1301-002.019/16 (Rumo Malha)	Manutenção da glosa das despesas com a amortização do ágio	Simulação (conceito amplo. Teoria causalista)

Fonte: Elaboração própria.

Como se vê, não é possível afirmar a existência de um posicionamento jurisprudencial consolidado sobre a amortização de ágio mediante incorporação reversa, em âmbito administrativo. Além de a análise demandar a consideração fática das peculiaridades dos casos individualmente, os critérios utilizados pelos julgadores – precedidos pelas autoridades fiscais – costumam não estar suficientemente claros pela análise dos acórdãos.

Isto é, em diversos acórdãos, a motivação jurídica é composta por conceitos previstos no ordenamento – *e.g.*, simulação, assim entendida como ato ilícito ou como causa típica do negócio jurídico, artificialidade, ausência de propósito extrafiscal, entre outros – que se imbricam nos votos, sem ser possível visualizar com clareza qual seria o fundamento central para a decisão pela validade, ou não, do planejamento tributário empreendido.

Entre os critérios utilizados para evidenciação da conduta abusiva no planejamento, observa-se que o Carf tem adotado com frequência a busca pela existência de um propósito negocial nas operações submetidas ao seu exame.[20]

Assim, entendem como válidas as operações que gerem, além de efeitos tributários favoráveis àquele que as realizar, outros motivos de caráter econômico, comercial, societário ou financeiro.

De origem norte-americana, o requisito do *business purpose* para a realização de planejamento tributário não é expressamente previsto pela legislação brasileira. A Medida Provisória nº 66/02, editada com o objetivo de regulamentar o já mencionado parágrafo único do art. 116 do CTN, previa em seu art. 14, §1º a necessidade de aferição da falta de propósito negocial para se desconsiderar o ato ou jurídico, considerando como tal a opção pela forma mais onerosa para as partes envolvidas.[21]

O dispositivo, como se sabe, não foi convertido em lei pelo Congresso Nacional, tendo a matéria – e especificamente o propósito negocial – ficado sem regulamentação legal no ordenamento jurídico pátrio. O que, como mencionado, não tem impedido, também se sabe, que as autoridades dele se valham para desconstituir negócios jurídicos praticados pelos contribuintes brasileiros, na maior parte das vezes sob a obscura alegação de que apenas se buscou a economia tributária.

Ante a ausência de traços delineados do conceito, algumas das decisões constam que é possível auferir a existência ou não de propósito negocial a partir do questionamento se a operação teria sido efetuada do mesmo modo, se não fossem as vantagens tributárias ocasionadas. Inclusive, é essa a ideia subjacente às decisões do Conselho que entendem pela existência de propósito negocial em virtude de exigência regulatória – *e.g.* Aneel, Bacen e CVM –, que levariam à legítima constituição de empresas-veículo na aquisição de participações, com a consequente incorporação reversa e amortização do ágio registrado na ocasião.[22]

Lado outro, também se localizaram acórdãos atestando que a mera economia fiscal se configura como um propósito negocial em si mesmo,[23] bem como, acatando as

---

[20] *Vide* Grupos 1, 2 e 3 da tabela.

[21] "Art. 14. São passíveis de desconsideração os atos ou negócios jurídicos que visem a reduzir o valor de tributo, a evitar ou a postergar o seu pagamento ou a ocultar os verdadeiros aspectos do fato gerador ou a real natureza dos elementos constitutivos da obrigação tributária. §1º Para a desconsideração de ato ou negócio jurídico dever-se-á levar em conta, entre outras, a ocorrência de: I - falta de propósito negocial; ou II - abuso de forma. §2º Considera-se indicativo de falta de propósito negocial a opção pela forma mais complexa ou mais onerosa, para os envolvidos, entre duas ou mais formas para a prática de determinado ato".

[22] Grupo 2 da tabela.

[23] Acórdãos nºs 1302-001.978/16 (Cia. Luz e Força) e 1201-001.534/18 (GDC).

justificativas econômicas (por exemplo, barreiras à operacionalização) apontadas pelos contribuintes como válidas.[24]

A verdade é que a desconsideração de planejamentos fiscais, ainda nos dias de hoje, não se pauta por critérios claros e preestabelecidos. O ponto em comum das decisões e acórdãos, tão heterogêneas em suas motivações, é o fato de que, em sua maior parte, procuram eximir-se de aprofundamentos acerca do controverso parágrafo único do art. 116 do CTN.

Assim, foram encontrados casos em que a fiscalização alega a ocorrência de simulação, em seu conceito amplo, lançando mão do art. 149, VII, do CTN para requalificar a operação. Todavia, abarca em tal definição os critérios importados, como exemplo, o já mencionado propósito negocial.[25]

Isso resulta em decisões como as proferidas nos acórdãos nºs 1302-003.555 e 1302-003.556/19 (AGCO), nas quais foram mantidas as glosas das despesas com ágio, sob o fundamento de que estaria caracterizada simulação por parte do contribuinte, porém, sem a manutenção da multa qualificada de 150% (cento e cinquenta por cento) do valor do tributo, ao fundamento de que "as formas jurídicas empregadas foram claras e inexistem condutas maculadas pela mentira ou falseamento de aspectos relevantes dos negócios jurídicos".

De mais a mais, também foram encontradas decisões consignando que inexistiria conduta ilícita (simulação, fraude ou dolo) por parte do contribuinte, pela simples existência de empresas-veículo e operações de incorporação reversa, e considerando, portanto, como válidos os planejamentos engendrados. A justificativa utilizada é que os arts. 7º e 8º da Lei nº 9.532/97 dispõem que a pessoa jurídica que absorver patrimônio de outra em casos de cisão, fusão ou incorporação tem o direito de amortizar o ágio gerado na operação, desde que fundamentado na expectativa de rentabilidade futura, e inclusive em caso de incorporação reversa. Já o uso da empresa-veículo seria meramente instrumental.[26]

Tal posicionamento aponta para uma leitura restritiva do conceito de simulação – isto é, não existente ilicitude, respeitada a estrutura formal do negócio e não comprovada a falsidade –, aliada ao entendimento de que inexistiria uma norma antielisiva geral (por exemplo, art. 116 do CTN). Contudo, isso não consta de maneira expressa nas decisões, em sua maioria.

Pelo exposto, pode-se notar, da análise dos acórdãos do Carf, o receio dos julgadores de se filiarem expressamente a uma das correntes doutrinárias que interpretam

---

[24] Por exemplo: Acórdão nº 1301-003.656/19 (Arcelormittal – propósito de alavancar uma das etapas do processamento de bobinas de aço. A empresa-veículo foi extinta devido ao direito de exclusividade da *joint venture*); Acórdão nº 1301-002.208/18 (Tim – busca de melhor eficiência do ponto de vista operacional); Acórdão nº 1201-001.830/17 (Lajeado – motivos de natureza societária).

[25] No que tange ao escopo da pesquisa realizada, foram localizadas autuações nesse sentido, especialmente nos casos em que o Fisco entende inexistir confusão patrimonial na operação, vez que o real adquirente das ações, que pagou pelo ágio, seria diverso, sendo indevida a "transferência de ágio". Por exemplo: nºs 1201-003.145/19 (Medabil) e 1401-004.267/20 (UOL Diveo).

[26] Grupo 4 da tabela.

dispositivos contidos no ordenamento. Por isso, a maior parte destas, apesar de conter introduções expositivas de conceitos jurídicos e posicionamentos doutrinários, não expõe de forma clara e sistematizada a *ratio decidendi* principal, sobrepondo conceitos alienígenas a dispositivos do ordenamento jurídico.

Daí decorre que as decisões proferidas sobre o tema em estudo acabam tomadas por subjetividade, o que afeta a segurança jurídica e garantias fundamentais dos contribuintes.

A fim de ilustrar, de forma aprofundada, a crítica exposta no presente tópico acerca do panorama jurisprudencial do Carf, cumpre analisar o caso UOL Diveo,[27] recentemente julgado pela 1ª Seção de Julgamento do Carf.

4 Caso UOL Diveo

In casu, o Conselho analisou autuação fiscal referente à amortização de ágio nos anos-calendário de 2012, 2013 e 2014, decorrente de aquisição de participações societárias, com utilização de empresa-veículo, e seguidas de incorporação reversa.

Os ágios gerados ocorreram no contexto de um processo de reestruturação do Grupo UOL ocorrido em 2009 e 2010. As operações societárias, que possibilitaram a amortização do ágio, foram consideradas pela fiscalização como abusivas e sem propósito negocial.

Como narra a decisão analisada, as amortizações glosadas pela fiscalização referem-se à formação de dois ágios distintos. O primeiro – ágio DH&C – refere-se à aquisição da empresa brasileira Dorall (que detinha 76% da DH&C) pela UOL em 5.3.2009 com ágio, e na aquisição dos restantes 24% do capital DH&C pela UBN Internet Ltda. (controlada da UOL), na mesma data.

Dias após, a Dorall, que detinha 76% do controle da DH&C, foi incorporada por esta, de modo que a UBN passou a controlar diretamente 100% da DH&C. No mesmo dia, a UBN sofreu cisão parcial, relativa à parcela correspondente ao controle da DH&C e a parte cindida foi incorporada pela própria DH&C, num processo de incorporação reversa parcial. Assim, o ágio relativo à aquisição da participação no capital da DH&C, registrado integralmente na UBN, passou a constar do ativo da própria empresa.

Já o segundo – ágio DBNI –, foi formado a partir da aquisição, em 13.12.2010, pela DH&C, do grupo Diveo Broadband Networks Inc. (DBNI), sediado no exterior, com ágio, sendo que os recursos financeiros utilizados nesta operação vieram de subscrição de aumento de capital da UOL na própria DH&C, dias após. Para tal operação de aquisição no exterior, foi criada a empresa-veículo DH&C Merger (subsidiária nos Estados Unidos), a qual, logo após, foi incorporada (reversamente) pela DBNI, recém-adquirida.

---

[27] Acórdão nº 1401-004.267, julgado em 10.3.2020, 1ª Seção de Julgamento, 4ª Câmara, 1ª Turma Ordinária.

Após uma série de operações societárias entre as empresas do grupo DBNI, a amortização de ambos os ágios ocorreu após 30.4.2011, data em que a autuada (originalmente empresa do grupo Diveo), logo após alterar sua denominação para UOL Diveo, incorporou reversamente a DH&C, passando a ter em seus registros contábeis os ágios DH&C e DNBI, ambos anteriormente registrados na DH&C.[28]

Assim, na estrutura final, a UOL Diveo e a UBN restaram como controladas da UOL, e os ágios pagos na aquisição de participações societárias pelo Grupo UOL foram transferidos à sociedade autuada, a UOL Diveo, que passou a amortizá-los, sofrendo, assim, autuação fiscal.[29]

A fiscalização entendeu que houve simulação nos atos praticados pelo Grupo UOL durante o processo de reorganização societária implementado, evidenciado pela utilização de empresas-veículo, quando da aquisição das empresas DH&C e do grupo DBNI, bem como efetuadas diversas incorporações reversas. Por tal razão aplicou, inclusive, a multa qualificada de 150%.

Afirmou que o contribuinte teria se valido de operações de reestruturação societária, como "disfarce para se encobrir um objetivo real, objeto do qual fora a realização de um plano preconcebido, e não simplesmente a reorganização de um grupo".

Ainda, como ponto principal aprofundado pela fiscalização, não teria havido confusão patrimonial entre investidor e investida, requisito – decorrente dos arts. 7° e 8° da Lei n° 9.532/97 – para que ocorra a amortização fiscal do ágio.[30]

Para o Fisco, os ágios foram incorridos, na verdade, pela UOL, controladora do grupo.

Além disso, a autoridade fiscal entendeu que as operações estruturadas *em sequência, em curto intervalo de tempo, sem o concurso de qualquer evento externo que justificasse essa rapidez, bem como as incorporações reversas ocorridas*, também maculariam a legitimidade da amortização fiscal do ágio, porquanto atestariam a inexistência de *propósito negocial*.

Em suma, as alegações fazendárias sinalizam, conforme exposto no tópico acima, para a adoção de um conceito amplo de simulação, entendendo pelo caráter artificioso da operação, mediante uma análise substancial e global de tal. A simulação restaria reforçada, na visão do Fisco, pelo não atendimento do requisito legal da confusão patrimonial.

Nesse compasso, interligou-se a concepção à ideia de propósito negocial – a qual, como aventado acima, sequer possui previsão no ordenamento jurídico brasileiro. Sob a ótica do Fisco, o verdadeiro propósito da operação – tal como realizada pelo contribuinte – seria a vantagem fiscal, de modo que poderia ter ocorrido de outra forma, isto é, com a aquisição direta da autuada pela controladora UOL.

---

[28] Observa-se que em 31.3.2011, a DBNI foi dissolvida, propiciando que a DH&C passasse a ter o controle direto da Comutação e indireto da Diveo.
[29] Finalizando as etapas desta reorganização societária, em 2.3.2012, a UOL Diveo vendeu as últimas subsidiárias estrangeiras do grupo DBNI.
[30] Isto é, a obrigatória extinção da participação societária (investimento) mediante "encontro" da participação societária adquirida e do ágio pago por tal participação em um mesmo patrimônio ("confusão patrimonial").

O julgamento pelo Carf, em sessão ocorrida no dia 10.3.2020, foi, no mérito (glosas de despesas com ágio), desfavorável ao contribuinte, em julgamento decidido pelo voto de qualidade do Conselheiro Claudio de Andrade Camerano, representante do Fisco, que foi acompanhado pelos demais representantes da Receita Federal, inclusive pelo Presidente da Turma.[31]

Em resumo, foram mantidos os fundamentos da decisão da DRJ, que decidiu pela procedência da autuação, sob o mesmo entendimento da autoridade fiscal. Na oportunidade, concluiu-se pela existência de simulação, vez que, além de a amortização dos ágios somente poder ser dedutível no momento da extinção do investimento mediante reestruturação societária entre investida e "real investidora" (que seria a UOL), teriam ocorrido *operações estruturadas em sequência*, que atestariam a ocorrência de planejamento tributário abusivo, visando apenas à construção das condições para a dedução da amortização dos ágios.

Assim, segundo a DRJ, "a existência de um propósito econômico global para as aquisições das empresas DH&C e DBNI" não conferiria, de "maneira automática, a existência de propósito negocial específico para as diversas etapas da reorganização" que permitiram, ao final, a amortização dos ágios na Diveo após a incorporação da DH&C. Assim, não seria possível identificar, nas reorganizações societárias objeto de análise, *qualquer motivação extratributária*.

Em consonância com a fundamentação, a DRJ julgou procedente a multa em virtude da exigência tributária decorrente da prática de negócio jurídico fictício, visando apenas construir um cenário semelhante à hipótese legal que autoriza a amortização do ágio pago na aquisição de investimentos.

Todavia, no Carf, em que pese o voto-vencedor repisar as razões de decidir, da decisão DRJ, sem qualquer fundamentação adicional, a qualificação da multa aplicada pelo Fisco – em face da conduta simulada – foi afastada por unanimidade, nos termos do voto da Relatora Conselheira Letícia Domingues Costa Braga (com os conselheiros Claudio de Andrade Camerano e Nelso Kichel votando pelas conclusões).

Constou do voto que não teria ocorrido fraude ou dolo na conduta do contribuinte, o que houve foi "uma reorganização societária, uma aquisição de grandes empresas e a recorrente tentando fazer a operação da forma menos onerosa, o que de per si, não justifica a aplicação da multa qualificada, ao contrário da visão fiscal". Além disso, a ementa do acórdão faz referência apenas à inexistência de propósito negocial na operação, inclusive sublinhando o termo.[32]

---

[31] Acórdão nº 16-86.653/19, proferido pela 8ª Turma da DRJ/SPO.

[32] "ÁGIO. REESTRUTURAÇÃO SOCIETÁRIA. DEDUTIBILIDADE DA AMORTIZAÇÃO. A pessoa jurídica que, em virtude de incorporação, inclusive reversa, absorver patrimônio de sua investida, a qual tinha desdobrado o valor da participação em seu capital em valor patrimonial e em ágio fundamentado em expectativa de resultados futuros, somente poderá deduzir a despesa com a amortização desse ágio se observadas certas condições, tais como, existência de substância econômica e *propósito negocial nas operações de reorganização societária*, independência entre si e possibilidade de livre negociação quanto a todas as pessoas jurídicas envolvidas na operação, ônus efetivo na aquisição do ágio para a pessoa jurídica que o registrar em sua contabilidade e cujo patrimônio for absorvido e reunião numa só pessoa jurídica do patrimônio que tiver sofrido o encargo do ágio

5 A relevância do Carf e da sua jurisprudência para a aplicação do direito tributário, no contexto do Estado Democrático de Direito

O acórdão comentado no tópico alhures exemplifica a incongruência e a falta de sistematização lógica dos argumentos jurídicos utilizados pelo Conselho para invalidar operações relativas ao tema. Ao consignar na ementa apenas a inexistência de propósito negocial e afastar a multa qualificada, porém compilar no mérito do voto-vencedor as razões de decidir da DRJ, pautadas pela simulação, gera dúvidas no contribuinte e afeta frontalmente a segurança jurídica.

A segurança jurídica tem um campo de significação amplo. Como leciona Paulo de Barros,[33] a segurança jurídica é, por excelência, um sobreprincípio. Efetiva-se pela atuação de princípios, como o da igualdade, legalidade e legalidade estrita, universalidade da jurisdição, vedação do emprego do tributo com efeitos confiscatórios, irretroatividade e anterioridade, ao lado do princípio que consagra o direito à ampla defesa e ao devido processo legal.

De fato, as normas jurídicas somente concretizam seu conteúdo por meio da sua aplicação aos casos concretos, postos *sub judice*. Por outro lado, ela deixa claro que não basta apenas saber "o que é que os juízes decidem", mas é preciso também que se identifique quais fundamentos legais foram utilizados para a conclusão.

As decisões – sejam judiciais ou administrativas – devem decorrer fundamentalmente da lei, estruturando-se por meio de um procedimento que se inicia a partir da análise de regras gerais e abstratas e evolui para a composição da norma jurídica concreta e individual, por meio da particularização dos casos. Assim, ainda que o julgador tenha que completar a lei, nas ocasiões em que seu sentido estiver vago ou não se apresentar de maneira suficientemente clara, deverá fazê-lo conforme as ordenações principiológicas e normativas do ordenamento jurídico vigente.[34]

Nessa linha, o não embasamento das decisões do Carf em critérios postos no ordenamento jurídico de maneira clara e sistemática afeta a estruturação do Estado Democrático de Direito, que se caracteriza, entre outros aspectos, pelo combate à aplicação arbitrária da lei. Além disso, a ausência de critérios jurídicos bem delineados nos julgados constitui um óbice ao pleno exercício do direito de defesa do contribuinte, materializado no princípio do contraditório.

A essa relação somam-se os delineamentos do princípio da segurança jurídica, sob a perspectiva sistêmica de estabilização das expectativas, de modo que o Estado deve

---

e o patrimônio que presumivelmente gerará os lucros que justificaram o seu pagamento" (grifos no original). Encontra-se pendente de análise o recurso especial de divergência, interposto pelo contribuinte, pela Câmara Superior de Recursos Fiscais (CSRF).

[33] CARVALHO, Paulo de Barros. Princípio da segurança jurídica em matéria tributária. *Revista Diálogo Jurídico*, Salvador, n. 16, maio/ago. 2007. p. 84

[34] KELSEN, Hans. *Teoria pura do direito*. 6. ed. São Paulo: Martins Fontes, 1999. p. 166; HASSEMER, Winfried. Sistema jurídico e codificação: a vinculação do juiz à lei. *In*: KAUFMANN, Arthur; HASSEMER, Winfried (Org.). *Introdução à filosofia do direito e à teoria do direito contemporâneas*. Lisboa: Calouste Gulbenkian, 2002. p. 284.

orientar sua conduta a partir de modelos ideais de confiabilidade, lealdade, estabilidade e previsibilidade. Isso asseguraria o direto do contribuinte de se auto-organizar, como preleciona a Constituição Federal ao consagrar o princípio da livre iniciativa.

Da mesma forma que os precedentes judiciais servem de orientação para os juízes e, sobretudo, para os cidadãos e o Estado pautarem suas ações, os precedentes administrativos devem ser dotados de estabilidade e coerência, em sua integridade, podendo-se visualizar qual a premissa utilizada com base no ordenamento jurídico. Isso porque também influenciaram na construção e intepretação dos assuntos, bem como na própria atuação fazendária e sua criação legislativa.

Assim, a ausência de jurisprudência clara, lógica e arrimada em preceitos legais pelo Conselho culmina no desrespeito a princípios basilares do Estado Democrático de Direito e afronta diretamente garantias fundamentais dos contribuintes, consubstanciadas na livre iniciativa.

6 Conclusões

Por todo exposto, resta clara a relevância da construção jurisprudencial pelo Carf sobre os diversos temas relativos ao planejamento tributário, vez que impacta diretamente a atividade doutrinária e judicial e, indiretamente, fornece linhas de orientação para o contribuinte, que procura balizar suas atividades – organização fiscal, econômica e também operacional – pelas decisões desse órgão, construindo uma base de confiança.

Daí se desdobra que é papel do órgão julgador administrativo colocar limites e balizas, por meio da interpretação dos preceitos contidos no ordenamento, contanto que o faça de forma clara. Caso contrário, estar-se-á diante do arbítrio na aplicação da lei, ferindo a segurança jurídica e a confiança sistêmica, a qual se materializa não só por meio do princípio da irretroatividade.

De fato, o direito à amortização do ágio mediante incorporação – inclusive reversa – está previsto na legislação, sendo facultado o gozo de tal benesse ao contribuinte que atender ao disposto no texto legal. Assim, ao compactuar com autuações fiscais que entendem pela glosa de tais despesas com amortização, o Carf, como órgão inserido no contexto do Estado Democrático de Direito, deve prezar pela precisão e uniformidade dos fundamentos utilizados em suas decisões, sob pena de, como ocorre em casos apontados no presente estudo, ferir-se, do ponto de vista do contribuinte, a fidelidade do sistema à justiça e à lei, por meio da vedação arbitrária e subjetiva de algo previsto em lei.

Referências

CARVALHO, Paulo Barros. Planejamento tributário e a doutrina da prevalência da substância sobre a forma na definição dos efeitos tributários de um negócio jurídico. *In*: MACHADO, Hugo de Brito (Coord.). *Planejamento tributário*. São Paulo: Malheiros, 2016.

CARVALHO, Paulo de Barros. Princípio da segurança jurídica em matéria tributária. *Revista Diálogo Jurídico*, Salvador, n. 16, maio/ago. 2007.

COSTA JR., Jorge Vieira. Incorporações reversas: algumas considerações. *Boletim IOB Temática Contábil e Balanços*, São Paulo, n. 29/30, 2002.

DERZI, Misabel Abreu Machado. A desconsideração dos atos e negócios jurídicos dissimulatórios, segundo a Lei Complementar nº 104, de 10 de janeiro de 2001. *In*: ROCHA, Valdir de Oliveira (Coord.). *O planejamento tributário e a Lei Complementar nº 104*. São Paulo: Dialética, 2001.

GODOI, Marciano Seabra de; ROCHA, Sergio André (Coord.). *Planejamento tributário*: limites e desafios concretos. Belo Horizonte: D'Plácido, 2018.

GRECO, Marco Aurélio. *Planejamento tributário*. 3 ed. São Paulo: Dialética, 2011.

HASSEMER, Winfried. Sistema jurídico e codificação: a vinculação do juiz à lei. *In*: KAUFMANN, Arthur; HASSEMER, Winfried (Org.). *Introdução à filosofia do direito e à teoria do direito contemporâneas*. Lisboa: Calouste Gulbenkian, 2002.

KELSEN, Hans. *Teoria pura do direito*. 6. ed. São Paulo: Martins Fontes, 1999.

MELO, José Eduardo Soares de. Planejamento tributário e Lei Complementar nº 104. *In*: ROCHA, Valdir de Oliveira (Coord.). *O planejamento tributário e a Lei Complementar nº 104*. São Paulo: Dialética, 2001.

NEDER, Marcos Vinicius; SANTI, Eurico Marcos Diniz de; FERRAGUT, Mara Rita (Coord.). *A prova no processo tributário*. São Paulo: [s.n.], 2010.

RIBEIRO, Ricardo Lodi. *Temas de direito constitucional tributário*. Rio de Janeiro: Lumen Juris, 2009.

ROCHA, Sergio André. Para que serve o parágrafo único do artigo 116 do CTN afinal? *In*: GODOI, Marciano Seabra de; ROCHA, Sergio André (Coord.). *Planejamento tributário*: limites e desafios concretos. Belo Horizonte: D'Plácido, 2018.

SCHOUERI, Luís Eduardo. Planejamento tributário: limites à norma antiabuso. *Revista Direito Tributário Atual*, São Paulo, n. 24, 2010.

TORRES, Ricardo Lobo. *Planejamento tributário*: elisão abusiva e evasão fiscal. Rio de Janeiro: Elsevier, 2012.

XAVIER, Alberto. *Tipicidade da tributação, simulação e norma antielisiva*. São Paulo: Dialética, 2001.

Informação bibliográfica deste texto, conforme a NBR 6023:2018 da Associação Brasileira de Normas Técnicas (ABNT):

DUARTE, Angélica; ELIAS, Eduardo Arrieiro. A jurisprudência do Carf e a amortização de ágio mediante incorporação reversa: uma análise crítica. *In*: MARINHO NETO, José Antonino (Org.); LOBATO, Valter de Souza (Coord.). *Planejamento Tributário*: pressupostos teóricos e aplicação prática. Belo Horizonte: Fórum, 2021. p. 95-111. ISBN 978-65-5518-269-9.

AMORTIZAÇÃO FISCAL DO ÁGIO NA JURISPRUDÊNCIA DA CÂMARA SUPERIOR DE RECURSOS FISCAIS

FLÁVIO MACHADO VILHENA DIAS

PAULO HONÓRIO DE CASTRO JÚNIOR

1 Introdução

A amortização fiscal do ágio é tema da mais alta relevância, notadamente pela sua densidade jurídica e por sua repercussão econômica. Há importante doutrina sobre o assunto,[1] razão pela qual não é objeto deste estudo apresentar os seus elementos teórico-conceituais.

---

[1] Cf. SCHOUERI, Luís Eduardo. *Ágio em reorganizações societárias*: aspectos tributários. São Paulo: Dialética, 2012, bem como SANTOS, Ramon Tomazela. *Ágio na Lei 12.973/2014*: aspectos tributários e contábeis. São Paulo: RT, 2020.

A questão que se coloca para investigação é a forma como a jurisprudência administrativa julga os processos, especialmente a Câmara Superior (CSRF) do Conselho Administrativo de Recursos Fiscais (Carf).

O objetivo desta pesquisa é extrair, da referida jurisprudência, uma orientação, se possível clara e objetiva, sobre os efeitos fiscais admissíveis e não admissíveis nas operações que envolvam a geração e a amortização de ágio.

Para tanto, dividimos este texto em duas partes. Na primeira, serão apresentadas as figuras contábil e jurídica do ágio, antes e depois da Lei nº 12.973/2014, com o objetivo de contextualizar os acórdãos que serão objeto de nossa apreciação específica, bem como reforçar a distinção entre as duas figuras, que, apesar de serem homônimas, não se confundem.

Na segunda parte, apresentaremos o resultado da pesquisa realizada junto à CSRF, ilustrada com a descrição de alguns casos emblemáticos sobre quatro situações comumente verificadas na jurisprudência: (i) ágio interno; (ii) empresa-veículo; (iii) transferência de ágio; e (iv) laudo de avaliação.

Ao final, teceremos conclusões que podem ser úteis, tanto na identificação da atual jurisprudência administrativa, como na orientação sobre os limites dos efeitos fiscais decorrentes do planejamento de negócios jurídicos envolvendo a amortização de ágio.

2 As figuras contábil e jurídica do ágio

2.1 Ágio no Decreto-Lei nº 1.598/1977

As discussões que envolvem a amortização do ágio são diversas e o tema tem provocado intensos debates perante o Carf, e o Poder Judiciário, ainda que de forma incipiente, também já começa a ser instado a se manifestar acerca das controvérsias que gravitam em torno de mais esta problemática do direito tributário brasileiro.

E o que se percebe é que, passados vários anos em que as primeiras demandas chegaram ao Carf, ainda não há um entendimento consolidado no âmbito do Conselho. Certo é que, desde o início das discussões, já foram exarados inúmeros entendimentos com relação à interpretação da legislação e aos limites da Fazenda Pública para contestar os planejamentos tributários realizados pelos contribuintes no que tange ao aproveitamento do ágio.

Neste sentido, nos termos do art. 248, da Lei nº 6.404/1976,[2] as sociedades que possuam investimentos relevantes em controladas e/ou coligadas devem avaliá-los de acordo com o método de equivalência patrimonial (MEP).

---

[2] "Art. 248. No balanço patrimonial da companhia, os investimentos em coligadas ou em controladas e em outras sociedades que façam parte de um mesmo grupo ou estejam sob controle comum serão avaliados pelo método da equivalência patrimonial, de acordo com as seguintes normas: (Redação dada pela Lei nº 11.941, de 2009) I - o valor do patrimônio líquido da coligada ou da controlada será determinado com base em balanço patrimonial

Há de se ressaltar que, na aquisição de participação societária por determinada entidade, esta pode se propor a pagar um valor maior do que aquele registrado no patrimônio da entidade investida, quando tem, por exemplo, expectativa de uma rentabilidade futura. Assim, a entidade propõe-se a pagar pelo investimento um valor maior do que aquele nominal, que corresponde ao valor de livros.

O legislador, como se observa do Decreto-Lei nº 1.598/1977, determinou que aquelas pessoas jurídicas que detivessem investimentos em coligadas e controladas, ao fazer a escrituração pelo MEP, deveriam desdobrar o custo do investimento em (i) valor do patrimônio líquido existente no momento da aquisição da empresa investida; e (ii) o ágio ou deságio eventualmente presente na aludida aquisição.

Confira-se a redação dos arts. 20 e 21 daquele decreto-lei, antes das alterações promovidas pela Lei nº 12.973/2014:

> Art. 20. O contribuinte que avaliar investimento em sociedade coligada ou controlada pelo valor de patrimônio líquido deverá, por ocasião da aquisição da participação, desdobrar o custo de aquisição em:
> I - valor de patrimônio líquido na época da aquisição, determinado de acordo com o disposto no artigo 21; e
> II - ágio ou deságio na aquisição, que será a diferença entre o custo de aquisição do investimento e o valor de que trata o número I.
> §1º O valor de patrimônio líquido e o ágio ou deságio serão registrados em subcontas distintas do custo de aquisição do investimento.
> §2º O lançamento do ágio ou deságio deverá indicar, dentre os seguintes, seu fundamento econômico:
> a) valor de mercado de bens do ativo da coligada ou controlada superior ou inferior ao custo registrado na sua contabilidade;
> b) valor de rentabilidade da coligada ou controlada, com base em previsão dos resultados nos exercícios futuros;
> c) fundo de comércio, intangíveis e outras razões econômicas.
> §3º O lançamento com os fundamentos de que tratam as letras a e b do §2º deverá ser baseado em demonstração que o contribuinte arquivará como comprovante da escrituração.
> §4º As normas deste Decreto-lei sobre investimentos em coligada ou controlada avaliados pelo valor de patrimônio líquido aplicam-se às sociedades que, de acordo com a Lei nº 6.404, de 15 de dezembro de 1976, tenham o dever legal de adotar esse critério de avaliação, inclusive as sociedades de que a coligada ou controlada participe, direta ou indiretamente, com investimento relevante, cuja avaliação segundo o mesmo critério seja necessária para determinar o valor de patrimônio líquido da coligada ou controlada.
> Avaliação do Investimento no Balanço

---

ou balancete de verificação levantado, com observância das normas desta Lei, na mesma data, ou até 60 (sessenta) dias, no máximo, antes da data do balanço da companhia; no valor de patrimônio líquido não serão computados os resultados não realizados decorrentes de negócios com a companhia, ou com outras sociedades coligadas à companhia, ou por ela controladas; II - o valor do investimento será determinado mediante a aplicação, sobre o valor de patrimônio líquido referido no número anterior, da porcentagem de participação no capital da coligada ou controlada; III - a diferença entre o valor do investimento, de acordo com o número II, e o custo de aquisição corrigido monetariamente; somente será registrada como resultado do exercício: a) se decorrer de lucro ou prejuízo apurado na coligada ou controlada; b) se corresponder, comprovadamente, a ganhos ou perdas efetivos; c) no caso de companhia aberta, com observância das normas expedidas pela Comissão de Valores Mobiliários".

Art. 21. Em cada balanço o contribuinte deverá avaliar o investimento pelo valor de patrimônio líquido da coligada ou controlada, de acordo com o disposto no artigo 248 da Lei nº 6.404, de 15 de dezembro de 1976, e as seguintes normas:

I - o valor de patrimônio líquido será determinado com base em balanço patrimonial ou balancete de verificação da coligada ou controlada levantado na mesma data do balanço do contribuinte ou até 2 meses, no máximo, antes dessa data, com observância da lei comercial, inclusive quanto à dedução das participações nos resultados e da provisão para o imposto de renda.

II - se os critérios contábeis adotados pela coligada ou controlada e pelo contribuinte não forem uniformes, o contribuinte deverá fazer no balanço ou balancete da coligada ou controlada os ajustes necessários para eliminar as diferenças relevantes decorrentes da diversidade de critérios;

III - o balanço ou balancete da coligada ou controlada levantado em data anterior à do balanço do contribuinte deverá ser ajustado para registrar os efeitos relevantes de fatos extraordinários ocorridos no período;

IV - o prazo de 2 meses de que trata o item I aplica-se aos balanços ou balancetes de verificação das sociedades, de que trata o §4º do artigo 20, de que a coligada ou controlada participe, direta ou indiretamente.

IV - o prazo de 2 meses de que trata o item aplica-se aos balanços ou balancetes de verificação das sociedades de que a coligada ou controlada participe, direta ou indiretamente, com investimentos relevantes que devam ser avaliados pelo valor de patrimônio líquido para efeito de determinar o valor de patrimônio líquido da coligada ou controlada. (Redação dada pelo Decreto-lei nº 1.648, de 1978).

V - o valor do investimento do contribuinte será determinado mediante a aplicação, sobre o valor de patrimônio líquido ajustado de acordo com os números anteriores, da porcentagem da participação do contribuinte na coligada ou controlada.

Verifica-se que, em sua redação original, o Decreto-Lei nº 1.598/1977 determinava que o ágio fosse registrado com base em algum dos seguintes fundamentos econômicos: (i) valor de mercado de bens; (ii) rentabilidade futura; ou (iii) fundo de comércio, intangíveis e outras razões econômicas.

O ágio registrado com base no item (i) era realizado conforme o consumo do respectivo ativo (depreciação, amortização ou exaustão) e, em todas as hipóteses, poderia ser realizado (a) na alienação do investimento ou (b) no momento da sua extinção por incorporação, cisão ou fusão.[3]

Conforme art. 34 do Decreto-Lei nº 1.598/1977, em sua redação original, na hipótese de incorporação, fusão ou cisão de sociedades, haveria a possibilidade de ganho ou perda de capital. A perda seria dedutível *apenas se o acervo líquido fosse avaliado a valor de mercado*, sendo que o contribuinte *poderia optar por tratar essa perda como ativo diferido*, amortizável em até dez anos (inc. I):

Art. 34. Na fusão, incorporação ou cisão de sociedades com extinção de ações ou quotas de capital de uma possuída por outra, *a diferença entre o valor contábil das ações ou quotas*

---

[3] "Antes da entrada em vigor da Lei nº 9.532/1997, o ágio ou o deságio eram realizados no momento da *extinção do investimento* por incorporação, cisão ou fusão, *independentemente do seu fundamento econômico*" (SANTOS, Ramon Tomazela. *Ágio na Lei 12.973/2014*: aspectos tributários e contábeis. São Paulo: RT, 2020. p. 25).

extintas e o valor de acervo líquido que as substituir será computado na determinação do lucro real de acordo com as seguintes normas:

I - somente será dedutível *como perda de capital* a diferença entre o valor contábil e o valor de acervo líquido *avaliado a preços de mercado*, e o contribuinte *poderá*, para efeito de determinar o lucro real, *optar pelo tratamento da diferença como ativo diferido, amortizável no prazo máximo de 10 anos;*

II - será computado como ganho de capital o valor pelo qual tiver sido recebido o acervo líquido que exceder o valor contábil das ações ou quotas extintas, mas o contribuinte poderá, observado o disposto nos §§1º e 2º, diferir a tributação sobre a parte do ganho de capital em bens do ativo permanente, até que esse seja realizado.

§1º O contribuinte somente poderá diferir a tributação da parte do ganho de capital correspondente a bens do ativo permanente se:

a) discriminar os bens do acervo líquido recebido a que corresponder o ganho de capital diferido, de modo a permitir a determinação do valor realizado em cada período-base; e

b) mantiver, no livro de que trata o item I do artigo 8º, conta de controle do ganho de capital ainda não tributado, cujo saldo ficará sujeito a correção monetária anual, por ocasião do balanço, aos mesmos coeficientes aplicados na correção do ativo permanente.

§2º O contribuinte deve computar no lucro real de cada período-base a parte do ganho de capital realizada mediante alienação ou liquidação, ou através de quotas de depreciação, amortização ou exaustão deduzidas como custo ou despesa operacional.

Sobre o tema, é oportuno verificar as conclusões do coordenador do Sistema de Tributação no Parecer Normativo CST nº 51/1979:

Imposto Sobre a Renda e Proventos
MNTPJ 2.20.12.01 - Ganhos e Perdas de Capital
2.20.12.15 - Participação Extinta em Fusão. Incorporação ou Cisão
2.30.00.00 - Investimentos em Sociedades Coligadas ou Controladas Avaliados pelo Valor do Patrimônio Líquido

1. Procura-se esclarecer a composição dos elementos formadores de ganhos e perdas de capital, em casos de incorporação, fusão e cisão de sociedades, quando estes eventos correspondem à extinção de ações ou quotas de capital da participação societária.

2. A matéria é objeto do Decreto-Lei nº 1.598, de 26 dezembro de 1977, *cujo art. 34 determina que, na hipótese versada, o resultado imputável ao lucro real é "a diferença entre o valor contábil das ações ou quotas extintas e o valor de acervo líquido que as substituir"*, observadas as normas seguintes: [...].

3. O equacionamento do problema requer que, para efeito dos objetivos previstos no dispositivo legal, *fiquem definidos o conceito de "valor contábil e acervo líquido", de cuja comparação resultará a diferença que, eventualmente, constituirá ganho ou perda de capital.*

4. Valor contábil

4.1. No caso de participações societárias avaliadas a custo de aquisição, *o valor contábil será o saldo líquido da conta representativa do bem a considerar, correspondente ao custo de aquisição, corrigido monetariamente*, deduzido, se for o caso, da provisão para perdas que tiver sido computada na determinação do lucro real (DL nº 1.598/77, art. 31, §§1º e 3º).

4.2. Quando as participações societárias forem avaliadas pelo valor de patrimônio líquido (Lei nº 6.404, de 15.12.76, art. 248), *o valor contábil a considerar será aquele definido no art. 33 do DL nº 1.598/77, composto da soma algébrica dos elementos a seguir arrolados:*

I - *valor de patrimônio líquido pelo qual o investimento estiver registrado na contabilidade* do contribuinte;

> II - *saldo não amortizado de ágios ou deságios na aquisição da participação* com *fundamento na letra a,* do §2º do art. 20;
> III - ágio *ou deságio na aquisição do investimento com fundamento nas letras b e c do §2º do art. 20, ainda que tenha sido amortizado na escrituração comercial* do contribuinte;
> IV - provisão para perdas (art. 32) que tiver sido computada na determinação do lucro real. Acervo líquido
> 5. A *sociedade incorporadora* ou resultante de fusão ou cisão, ao processar sua reorganização, *substituirá as ações ou quotas representativas da participação acionária extinta por um conjunto de bens, direitos e obrigações; a diferença entre os valores ativos e passivos recebidos irá constituir o acervo líquido* referido no art. 34 do DL nº 1.598/77, *que servirá de parâmetro para apuração do ganho ou perda de capital.* [...]
> 7. Perdas de capital (Decreto-Lei nº 1.598/77, art. 34, item I)
> 7.1. Quando o valor de acervo líquido é inferior ao valor contábil, ocorre perda de capital *que poderá ser computada nos resultados do exercício social corrente. Ou, se assim o contribuinte preferir, ser carregada a conta de ativo diferido, para amortização em até dez anos;* a partir do décimo primeiro ano, o saldo eventualmente existente no ativo diferido torna-se indedutível para efeito de determinação do lucro real.
> 7.2. É importante assinalar, entretanto, que *a perda de capital somente será dedutível, na formação do lucro real da pessoa jurídica, se o acervo líquido tiver sido avaliado a preços de mercado.* (Grifos nossos)

Ou seja, a *perda de capital* era o instituto jurídico revelador da amortização fiscal do ágio, sendo que esta perda poderia ser *imediatamente* deduzida no lucro real ou diferida em até dez anos nas hipóteses dos eventos societários mencionados, à opção do contribuinte, desde que *o acervo líquido fosse avaliado a preços de mercado.*

Em momento anterior ao *evento jurídico de realização* (alienação, incorporação, fusão ou cisão), a figura contábil do ágio era amortizada, mas não produzia efeitos fiscais. Ou seja, em que pese a necessidade de se refletir, na contabilidade, os investimentos com ágio ou deságio, a sua amortização tinha efeito meramente contábil, não podendo gerar qualquer efeito fiscal. Daí ser comumente anunciada a dita *neutralidade* para fins tributários da amortização contábil do ágio, conforme determinação expressa do art. 25 do Decreto-Lei nº 1.598/1977:

> Art. 25. As contrapartidas da amortização do ágio ou deságio de que trata o artigo 20 não serão computadas na determinação do lucro real, ressalvado o disposto no artigo 33.

Edmar Oliveira Andrade Filho apresenta de forma bastante didática essa questão:

> Antes do advento da Lei nº 9.532/07, no período que ocorresse a alienação ou liquidação o contribuinte deveria apurar o ganho ou a perda de capital e poderia optar por diferir a tributação do ganho em caso de alienação a prazo ou em virtude de liquidação em virtude de incorporação, fusão ou cisão. Em caso de perda, ao contribuinte era facultada a decisão de adiar a dedução. Na apuração do ganho ou perda de capital o contribuinte deveria considerar os efeitos dos valores que porventura tivessem sido amortizados contabilmente antes do evento caracterizador da alienação ou liquidação; esses valores deveriam estar registrados na Parte B do Lalur, porquanto a despesa de amortização do ágio não era dedutível (exceto nos anos de 1979 e 1980) e as receitas decorrentes da amortização do deságio não eram tributáveis.[4]

---

[4] ANDRADE FILHO, Edmar Oliveira. *Imposto de renda das empresas.* 13. ed. São Paulo: Atlas, 2018. p. 491-492.

Portanto, de acordo com os preceitos originários do Decreto-Lei nº 1.598/1977, a entidade que fizesse um investimento na aquisição total ou parcial de outra entidade, pagando um valor superior ao patrimônio líquido da sociedade investida, em que pese ter que refletir essa aquisição na contabilidade, não teria efeitos tributários imediatos.

Mas, havendo um *evento jurídico de realização* (alienação, incorporação, fusão ou cisão), o ágio poderia ser amortizado imediatamente ou, em casos de extinção do investimento por incorporação, fusão ou cisão, também poderia haver o diferimento da dedutibilidade da perda de capital, em até dez anos.

2.2 Programa Nacional de Desestatização e alteração da legislação do ágio

Este cenário sofreu alteração com a edição da MP nº 1.602/1997 (posteriormente convertida na Lei nº 9.532/1997), para a hipótese de absorção de patrimônio de uma entidade por outra, com investimento avaliado pelo MEP. A referida medida provisória foi editada dentro de um contexto: o esforço do Governo brasileiro, iniciado em 1990, para promover a desestatização de diversas empresas.

Neste sentido, o PND – Programa Nacional de Desestatização, quando da edição da MP nº 155/1990 (posteriormente convertida na Lei nº 8.031/1990), tinha claros objetivos, como (i) reordenar a posição estratégica do Estado na economia, transferindo à iniciativa privada atividades atualmente exploradas pelo setor público; (ii) contribuir para a redução da dívida pública, concorrendo para o saneamento das finanças do setor público; (iii) permitir a retomada de investimentos nas empresas e atividades que vierem a ser transferidas à iniciativa privada; (iv) contribuir para a modernização do parque industrial do país, ampliando sua competitividade e reforçando a capacidade empresarial nos diversos setores da economia; (v) permitir que a Administração Pública concentre seus esforços nas atividades em que a presença do Estado seja fundamental para a consecução das prioridades do Governo; e (vi) contribuir para o fortalecimento do mercado de capitais, por meio do acréscimo da oferta de valores mobiliários e da democratização da propriedade do capital das empresas que integrarem o programa.

E justamente para incentivar e atrair o capital estrangeiro na aquisição de empresas estatais é que, em 1997, a MP nº 1.602/1997 alterou a regra de amortização fiscal do ágio na absorção de patrimônio destas empresas.

Deve-se dizer que o regime anterior, do Decreto-Lei nº 1.598/1977, à *primeira vista, era mais favorável do que o da Lei nº 9.532/1997*. Isso porque havia a possibilidade de amortização *imediata* do ágio, como perda de capital, ao passo que a nova norma exigia a sua amortização em 1/60 avos por mês.

A diferença entre os regimes do Decreto-Lei nº 1.598/1977 e o da Lei nº 9.532/1997 (objeto da conversão em lei da MP nº 1.602/1997), como mecanismo de incentivo à desestatização, deu-se na medida em que a dedução da perda, antes, *apenas era admitida se o acervo líquido absorvido fosse avaliado a valor de mercado*, exigência esta que *não subsistiu na nova norma*.

Portanto, pode-se afirmar que a Lei nº 9.532/1997 trouxe a exigência de amortização fiscal do ágio em 1/60 avos, em contrapartida à extinção da restrição de amortização fiscal, *nas hipóteses de incorporação, fusão ou cisão*, apenas quando o acervo líquido absorvido fosse avaliado a valor de mercado.

Interessante, neste ponto, que, na exposição de motivos da MP nº 1.602/1997, deixou-se claro que o intuito da alteração legislativa então proposta era dar maior transparência ao aproveitamento do ágio nas operações societárias. Veja-se o que constou no texto enviado ao Congresso Nacional:

> 11. O art. 8º estabelece o tratamento tributário do ágio ou deságio decorrente da aquisição, por uma pessoa jurídica, de participação societária no capital de outra, avaliada pelo método de equivalência patrimonial.
>
> Atualmente, pela inexistência de regulamentação legal relativa a esse assunto, diversas empresas, utilizando dos já referidos "planejamentos tributários", vêm utilizando o expediente de adquirir empresas deficitárias, pagando ágio pela participação, com a finalidade única de gerar ganhos de natureza tributária mediante o expediente, nada ortodoxo, de incorporação da empresa lucrativa pela deficitária.
>
> Com as normas previstas no Projeto, esses procedimentos não deixarão de acontecer, mas, com certeza, ficarão restritos às hipóteses de casos reais, tendo em vista o desaparecimento de toda vantagem de natureza fiscal que possa incentivar a sua adoção exclusivamente por esse motivo.

Assim, com o advento da Lei nº 9.532/1997, aqueles contribuintes que tinham realizado investimentos, com o pagamento de ágio, ficaram autorizados a deduzir os valores para determinação do lucro real, em 1/60 avos por mês. Veja-se o que dispôs a lei em comento:

> Art. 7º A pessoa jurídica que absorver patrimônio de outra, em virtude de incorporação, fusão ou cisão, na qual detenha participação societária adquirida com ágio ou deságio, apurado segundo o disposto no art. 20 do Decreto-Lei nº 1.598, de 26 de dezembro de 1977:
> I - deverá registrar o valor do ágio ou deságio cujo fundamento seja o de que trata a alínea "a" do §2º do art. 20 do Decreto-Lei nº 1.598, de 1977, em contrapartida à conta que registre o bem ou direito que lhe deu causa;
> II - deverá registrar o valor do ágio cujo fundamento seja o de que trata a alínea "c" do §2º do art. 20 do Decreto-Lei nº 1.598, de 1977, em contrapartida a conta de ativo permanente, não sujeita a amortização;
> III - poderá amortizar o valor do ágio cujo fundamento seja o de que trata a alínea "b" do §2º do art. 20 do Decreto-lei nº 1.598, de 1977, nos balanços correspondentes à apuração de lucro real, levantados posteriormente à incorporação, fusão ou cisão, à razão de um sessenta avos, no máximo, para cada mês do período de apuração; (Redação dada pela Lei nº 9.718, de 1998)
> IV - deverá amortizar o valor do deságio cujo fundamento seja o de que trata a alínea "b" do §2º do art. 20 do Decreto-Lei nº 1.598, de 1977, nos balanços correspondentes à apuração de lucro real, levantados durante os cinco anos-calendários subseqüentes à incorporação, fusão ou cisão, à razão de 1/60 (um sessenta avos), no mínimo, para cada mês do período de apuração.

§1° O valor registrado na forma do inciso I integrará o custo do bem ou direito para efeito de apuração de ganho ou perda de capital e de depreciação, amortização ou exaustão.

§2° Se o bem que deu causa ao ágio ou deságio não houver sido transferido, na hipótese de cisão, para o patrimônio da sucessora, esta deverá registrar:

a) o ágio, em conta de ativo diferido, para amortização na forma prevista no inciso III;

b) o deságio, em conta de receita diferida, para amortização na forma prevista no inciso IV.

§3° O valor registrado na forma do inciso II do caput:

a) será considerado custo de aquisição, para efeito de apuração de ganho ou perda de capital na alienação do direito que lhe deu causa ou na sua transferência para sócio ou acionista, na hipótese de devolução de capital;

b) poderá ser deduzido como perda, no encerramento das atividades da empresa, se comprovada, nessa data, a inexistência do fundo de comércio ou do intangível que lhe deu causa.

§4° Na hipótese da alínea "b" do parágrafo anterior, a posterior utilização econômica do fundo de comércio ou intangível sujeitará a pessoa física ou jurídica usuária ao pagamento dos tributos e contribuições que deixaram de ser pagos, acrescidos de juros de mora e multa, calculados de conformidade com a legislação vigente.

§5° O valor que servir de base de cálculo dos tributos e contribuições a que se refere o parágrafo anterior poderá ser registrado em conta do ativo, como custo do direito.

Art. 8° O disposto no artigo anterior aplica-se, inclusive, quando:

a) o investimento não for, obrigatoriamente, avaliado pelo valor de patrimônio líquido;

b) a empresa incorporada, fusionada ou cindida for aquela que detinha a propriedade da participação societária.

Como se observa, a própria legislação trouxe os requisitos que deveriam ser cumpridos pelos contribuintes, para que pudessem fazer jus à dedução. Em artigo denominado "*Ágio interno" e "empresa-veículo" na jurisprudência do CARF: um estudo acerca da importância dos padrões legais na realização da igualdade tributária*, Karem Jureidini Dias e Raphael Assef Lavez[5] sintetizam, de forma bastante didática, quais seriam os requisitos impostos pela então nova legislação, necessários para que o ágio pago pudesse ser deduzido à fração 1/60 ao mês. Confira-se:

> Em suma, da análise do direito positivo vigente até 2014 (ou até 2017, de acordo com as regras intertemporais da Lei n. 12.973/14), pode ser amortizado, para fins fiscais e à proporção de 1/60 mensal, o ágio decorrente de operações que preencham os seguintes requisitos:
>
> (i) o ágio deve resultar da aquisição de participação societária;
>
> (ii) o ágio deve estar fundamentado na expectativa de rentabilidade futura, correspondendo à diferença entre o custo de aquisição e o valor patrimonial (ágio enquanto desdobramento do custo de aquisição), comprovando-se tal fundamento por meio de demonstrativo específico;
>
> (iii) deverá haver a absorção do patrimônio, por meio de incorporação, cisão ou fusão, da controlada pela controladora ou o inverso.

---

[5] DIAS, Karem Jureidini; LAVEZ, Raphael Assef. "Ágio interno" e "empresa-veículo" na jurisprudência do Carf: um estudo acerca da importância dos padrões legais na realização da igualdade tributária. *In*: PEIXOTO, Marcelo Magalhães; FARO, Maurício Pereira (Coord.). *Análise de casos sobre aproveitamento de ágio*: IRPJ e CSLL à luz da jurisprudência do Carf (Conselho Administrativo de Recursos Fiscais). São Paulo: MP Editora, 2016. p. 336.

Neste sentido, em brilhante voto, o Ex-Conselheiro do Carf Luiz Flávio Neto, em que pese ter ficado vencido, por maioria, no julgamento conduzido junto à CSRF, deixa clara a possibilidade de amortização do ágio, quando cumpridos os requisitos impostos pela legislação. Vejam-se as suas colocações:

> Os arts. 7º e 8º da Lei n. 9.532/97 prescreveram que, na hipótese de aquisição de investimento relevante com ágio fundado em expectativa de rentabilidade futura, com a correta adoção do MEP para apuração pela investidora do patrimônio líquido da investida e do correspondente ágio, acompanhada da fórmula operacional básica estipulada em lei para a absorção, pela pessoa jurídica investidora, do acervo patrimonial da controlada ou coligada que justificou o ágio incorrido em sua aquisição (ou vice versa), então a consequência jurídico-tributária deve ser a amortização da fração de 1/60 por mês do ágio por expectativa de rentabilidade futura contra as receitas da empresa investida (cuja expectativa de lucratividade tenha dado causa ao ágio quando de sua aquisição). (Acórdão nº 9101-002.805 – Processo nº 16327.001482/201052 – Sessão de 10 de maio de 2017).

Com o advento da Lei nº 12.973/2014, houve grandes mudanças na legislação, no que tange à amortização do ágio e os requisitos a serem cumpridos pelos contribuintes, para que pudessem amortizar o ágio incorrido na aquisição de participações societárias. É sobre essas mudanças que se passa a discorrer.

2.3 As diferenças entre as figuras contábil e jurídica do ágio e a aproximação pretendida pela Lei nº 12.973/2014

O regime jurídico do ágio, anterior à Lei nº 12.973/2014, era substancialmente distinto do regime contábil do instituto homônimo. Isso fez com que ocorresse uma série de questionamentos fiscais, fundamentados na contabilidade, ainda que o ágio jurídico tivesse outros pressupostos.

O exemplo mais claro disso é a discussão sobre a amortização fiscal do chamado "ágio interno". Enquanto a contabilidade admite restritas hipóteses para seu registro, o direito não considera relevante se a aquisição de participação societária se deu entre empresas vinculadas ou não. As normas jurídicas não diferenciam tais situações, introduzindo uma feição própria para o ágio, totalmente desvinculada da contabilidade.

As diferenças entre o regime jurídico e contábil do ágio, antes da Lei nº 12.973/2014, ficam claras quando se avalia os seus fundamentos econômicos, determinados pelo Decreto-Lei nº 1.598/1977 (valor de mercado de bens; rentabilidade futura; ou fundo de comércio, intangíveis e outras razões econômicas). Na ciência contábil, esses fundamentos (jurídicos) são ilógicos. Ágio, em contabilidade, sempre foi sinônimo de *goodwill*, que é o valor residual pago por uma participação societária, já considerada em sua valoração a mais-valia de ativos.

Por isso, para a contabilidade, o fundamento "valor de mercado de bens" não é ágio e, sim, "mais-valia", ao passo que o fundamento "fundo de comércio, intangíveis e outras razões econômicas" não faz sentido do ponto de vista de alocação do preço pago na aquisição, porque já é computado como mais-valia de ativos ou como rentabilidade futura esperada; e, finalmente, a expectativa de rentabilidade é o *goodwill*, mas mensurada de forma distinta daquela determinada pelo direito, porque é o valor residual do preço pago, descontados os ativos a valor justo.

Sobre o conteúdo totalmente distinto das figuras homônimas do ágio na contabilidade e no direito, oportuna a lição[6] de Eliseu Martins e Sérgio de Iudícibus:

> Essa diferença entre o valor de mercado e o valor contábil dos elementos patrimoniais da entidade sendo adquirida jamais foi denominada, na Teoria, de "ágio". Todavia, nossa Regulamentação brasileira provocou enormes problemas passando a assim denominar *toda* a diferença entre valor de aquisição e valor contábil!
> O DL 1.598/1977, como sabido, assim o fez, determinando, por outro lado, no artigo 20, a classificação do "ágio" em três compartimentos (quando, pela Teoria, só poderiam existir dois) [...].
> Ora, a letra *a* contém o que não é genuinamente ágio, mas sim mais valia [...].
> A letra *b* é exatamente o *Goodwill* [...].
> Já a letra *c* é um desastre em termos contábeis [...].

Na mesma linha, a lição de Schoueri:[7]

> É comum encontrarem-se artigos jurídicos – e mesmo decisões – onde a temática do ágio aparece a partir de uma perspectiva contábil. Estuda-se a natureza contábil do ágio para, em seguida, confrontá-la com dispositivos da lei tributária. Quando se verifica que a lei tributária contém dispositivos incompatíveis com a contabilidade chega-se a afirmar que haveria "erro" do legislador, ignorando, em nome da boa ciência, mandamentos expressos da lei tributária.
> Não é essa a perspectiva que aqui se adota. O ágio, como se viu acima, é instituto jurídico. Tem disciplina legal exaustiva. O fato de haver figura homônima na Contabilidade – ou melhor ainda, o fato de a figura tributária ter se inspirado naquela – não afasta a conclusão de que, uma vez regulado pelo Direito, é neste campo que se deve investigar sua natureza.

Diante do distanciamento entre os institutos contábil e jurídico do ágio, e os problemas que decorreram disso, a Lei nº 12.973/2014 pretendeu uma (parcial) reaproximação conceitual, introduzindo importantes requisitos novos para a amortização fiscal.

A aproximação mais relevante se dá na mensuração e fundamentação do ágio, que passa a seguir a metodologia prevista no Pronunciamento Técnico CPC nº 15 (combinação de negócios), comumente denominada *purchase price allocation*. Isso significa que o ágio jurídico passa a se identificar com o *goodwill* contábil, sendo sempre a rentabilidade futura esperada, correspondente à diferença entre o custo de aquisição, o valor de patrimônio líquido e a mais ou menos-valia de ativos. É ver a nova redação do art. 20, do Decreto-Lei nº 1.598/1977, determinada pela Lei nº 12.973/2014:

---

[6] MARTINS, Eliseu; IUDÍCIBUS, Sérgio de. Intangível – Sua relação contabilidade/direito – Teoria, estruturas conceituais e normas – Problemas fiscais de hoje. *In*: SILVA, Fabio; MURCIA, Fernando Dal-Ri; VETTORI, Gustavo; PINTO, Alexandre Evaristo (Org.). *Controvérsias jurídico contábeis*. São Paulo: Dialética, 2011. v. 2. p. 76-77.

[7] SCHOUERI, Luís Eduardo. *Ágio em reorganizações societárias*: aspectos tributários. São Paulo: Dialética, 2012. p. 76-77.

Art. 20. O contribuinte que avaliar investimento pelo valor de patrimônio líquido deverá, por ocasião da aquisição da participação, desdobrar o custo de aquisição em:

I - valor de patrimônio líquido na época da aquisição, determinado de acordo com o disposto no artigo 21; e

II - mais ou menos-valia, que corresponde à diferença entre o valor justo dos ativos líquidos da investida, na proporção da porcentagem da participação adquirida, e o valor de que trata o inciso I do caput; e

III - ágio por rentabilidade futura (goodwill), que corresponde à diferença entre o custo de aquisição do investimento e o somatório dos valores de que tratam os incisos I e II do caput.

O ágio jurídico, portanto, passou a ser o valor residual do preço pago pelos ativos a valor justo, em deferência ao conceito contábil. Essa aproximação, contudo, não significa que o ágio jurídico seja uma mera remissão ao ágio contábil. *Os dois institutos permanecem diferentes*, por vários motivos. Entre eles, os seguintes:

i) O ágio contábil apenas surge em uma operação de combinação de negócios (CPC 15). Por mais abrangente que o termo "negócio" possa ser para a contabilidade, abarcando até mesmo a aquisição de ativos e entidades não personificadas em certas circunstâncias,[8] para o direito, basta a aquisição de *participação societária* com sobrepreço para que surja a possibilidade da amortização fiscal do ágio, sendo irrelevante a problemática econômica do que seja "negócio" ou "entidade" para fins de aplicação do CPC 15.

ii) Quanto às hipóteses em que o investimento deve ser avaliado pelo MEP, o art. 248, da Lei nº 6.404/1976 dispõe serem os investimentos em (a) *coligadas*, (b) controladas e (c) outras sociedades que façam parte de um mesmo grupo ou estejam sob controle comum. Este é o critério relevante para o direito e ele é mais amplo do que o critério determinado pelo CPC 15, pelo qual é pressuposta a aquisição do *controle* de um negócio. Ou seja, pelo regime jurídico do ágio, *qualquer aquisição de participação societária relevante* enseja a formação do ágio, a despeito de não se tratar de aquisição de controle de negócio.[9]

A Lei nº 12.973/2014 inovou ainda em relação ao laudo de avaliação do ágio:

a) O *goodwill* deverá ser baseado em laudo elaborado por perito independente e protocolado na Secretaria da Receita Federal do Brasil ou cujo sumário deverá ser registrado em Cartório de Registro de Títulos e Documentos, até o último dia útil do 13º (décimo terceiro) mês subsequente ao da aquisição da participação;

b) O contribuinte não poderá deduzir a mais-valia e o *goodwill*:

1. na hipótese em que o laudo não for elaborado e tempestivamente protocolado ou registrado;
2. na hipótese em que os dados do laudo apresentem vícios ou incorreções de caráter relevante.

Por fim, vale mencionar que a Lei nº 12.973/2013 vedou a amortização fiscal do ágio na hipótese de o investimento ser feito entre partes dependentes:

---

[8] Cf. SANTOS, Ramon Tomazela. *Ágio na Lei 12.973/2014*: aspectos tributários e contábeis. São Paulo: RT, 2020. p. 48-49.

[9] NOVAIS, Raquel; MARTINEZ, Bruna Marrara. A Lei 12.973/2014, a empresa-veículo e outros temas. *In*: MOSQUERA, Roberto Quiroga; LOPES, Alexsandro Broedel (Coord.). *Controvérsias jurídico-contábeis*. São Paulo: Dialética, 2015. v. 6. p. 504.

Art. 22. A pessoa jurídica que absorver patrimônio de outra, em virtude de incorporação, fusão ou cisão, na qual detinha participação societária adquirida com ágio por rentabilidade futura (goodwill) decorrente da aquisição de participação societária *entre partes não dependentes*, apurado segundo o disposto no inciso III do caput do art. 20 do Decreto-Lei nº 1.598, de 26 de dezembro de 1977, poderá excluir para fins de apuração do lucro real dos períodos de apuração subsequentes o saldo do referido ágio existente na contabilidade na data da aquisição da participação societária, à razão de 1/60 (um sessenta avos), no máximo, para cada mês do período de apuração. (Grifos nossos)

Essa opção legislativa claramente visa a resolver um problema jurídico aqui já mencionado, comumente denominado "ágio interno". Mas isso seria possível do ponto de vista do conceito jurídico de renda? Ou se estaria tão somente revogando parcialmente um "benefício fiscal"?

Há relevante doutrina no sentido da inconstitucionalidade dessa vedação, na medida em que, entre as notas irrenunciáveis que conformam o conceito de renda[10] para o direito tributário, estaria o que se chamou de princípio da renda líquida, pelo qual todos os gastos necessários à obtenção de receitas e rendimentos componentes do lucro devem ser deduzidos na apuração do imposto.

Nessa linha de raciocínio, o direito à dedução fiscal do ágio decorreria de um simples fato: *pagou-se por ele*, sendo, por consequência, uma despesa necessária à obtenção de lucros futuros, os quais serão tributados, razão pela qual se trata de despesa necessária à formação da renda, cuja dedutibilidade é um imperativo constitucional. O fato de o investimento ser realizado em empresa ligada não muda essa lógica jurídica, até porque as empresas, dependentes ou não dependentes, têm sua existência autônoma reconhecida pelo direito, que não pode, por mera conveniência fiscal, desconsiderar essa autonomia apenas para vedar a amortização fiscal de ágio.

Em outras palavras, não seria possível tributar lucros futuros, pelos quais já se pagou (*goodwill*), sem, antes, deduzir essa despesa. Do contrário, seria tributado o patrimônio da entidade, e não seu acréscimo patrimonial.

É ver a lição de Schoueri,[11] no sentido de que a amortização fiscal do ágio não configura benefício fiscal:

---

[10] A Constituição tributária, ao invés de delegar a escolha das bases tributáveis ao legislador ordinário, optou por uma estrutura de regras de competência, que, por sua vez, denotam conceitos, logo rígidos e necessários, dos quais a atividade legiferante e a do aplicador da norma não podem se afastar. Nesse sentido, Cf. ÁVILA, Humberto. Eficácia do novo Código Civil na legislação tributária. *In*: GRUMPENMACHER, Betina Treiger (Coord.). *Direito tributário e o novo Código Civil*. São Paulo: Quartier Latin, 2004. Sobre o conceito de renda, verificam-se na experiência e doutrina internacionais conceitos de renda sob a ótica do consumo (renda psíquica e renda-consumo) e sob a ótica da produção (renda-produto e *renda-acréscimo*). Ricardo Mariz de Oliveira sustenta que o conceito de renda adotado no direito brasileiro seria o de "acréscimo patrimonial", tanto sob o enfoque da Constituição – que pressupôs o conceito preexistente no ordenamento anterior e que foi recepcionado –, quanto sob o enfoque do Código Tributário Nacional. E vai além, deduzindo que o patrimônio seria um "quase- -princípio" informador das definições de renda; afinal, se renda é acréscimo patrimonial, no seu núcleo está justamente a análise do patrimônio de forma dinâmica em determinado lapso de tempo: "Podemos afirmar que o fato gerador do imposto de renda se resume a aumento patrimonial" (OLIVEIRA, Ricardo Mariz. *Fundamentos do imposto de renda*. São Paulo: Quartier Latin, 2008. p. 41).

[11] SCHOUERI, Luís Eduardo. *Ágio em reorganizações societárias*: aspectos tributários. São Paulo: Dialética, 2012. p. 13.

E por que não se trata de benefício?

Exatamente porque a incorporadora pagou aquele ágio. Ou seja: não há como falar em renda se o suposto ganho não corresponde a qualquer riqueza nova. É verdade que o empreendimento é lucrativo; o contribuinte (incorporadora), entretanto, não tem qualquer ganho, até que recupere o ágio que pagou.

Igualmente, ensina Humberto Ávila:[12]

> Nesse aspecto, não há dúvida de que as despesas decorrentes da aquisição de investimento com ágio baseado em rentabilidade futura devem ser enquadradas na categoria de despesas necessárias. E assim é porque o ágio é uma despesa paga pela empresa investidora na aquisição de um investimento cuja avaliação, baseada na sua rentabilidade futura, supera o seu valor atual. Em outras palavras e para aqui o que interessa mais de perto, o ágio é parte do custo de aquisição de um investimento, qualificando-se, por conseguinte, como uma despesa necessária à atividade da empresa que o adquire.
>
> Sendo isso verdadeiro, contudo, a proibição legal de deduzir ou amortizar as despesas decorrentes do ágio por rentabilidade futura colide com a Constituição na medida em que esta obriga o legislador a permitir a dedução de despesas necessárias à manutenção da fonte produtora de renda. A vedação do aproveitamento do ágio pago na aquisição do investimento implica, por conseguinte, tributação de patrimônio, não de renda.

Ramon Tomazela[13] ainda inclui, entre as razões de inconstitucionalidade da vedação à amortização fiscal do "ágio interno", a afronta à isonomia, uma vez que não haveria razão para discriminar os investimentos entre partes dependentes daqueles feitos entre não dependentes: "a restrição ao aproveitamento do ágio e da mais-valia de ativos nas transações entre partes dependentes não se sustenta diante do princípio da isonomia, por impor a contribuintes em situações idênticas encargos tributários distintos".

Com essas considerações introdutórias, passaremos a apresentar o resultado da pesquisa realizada.

3 A pesquisa realizada

A notória Operação Zelotes, deflagrada pela Polícia Federal e pelo Ministério Público Federal em 2015, gerou uma significativa reformulação na estrutura do Carf. A Portaria MF nº 343, de 9.6.2015, consolidou um novo regimento interno para o Conselho Administrativo de Recursos Fiscais, cuja composição foi também modificada.

Passados alguns anos desde que essas mudanças foram realizadas, observou-se uma alteração no posicionamento da jurisprudência administrativa. Por isso, a metodologia adotada neste trabalho considera este corte temporal na avaliação da jurisprudência: analisamos os acórdãos publicados entre 2015 e setembro de 2020 (data da

---

[12] ÁVILA, Humberto. Notas sobre o novo regime jurídico do ágio. In: MOSQUERA, Roberto Quiroga; LOPES, Alexsandro Broedel (Coord.). *Controvérsias jurídico-contábeis*. São Paulo: Dialética, 2015. v. 6. p. 151.

[13] SANTOS, Ramon Tomazela. A restrição ao aproveitamento do ágio de rentabilidade futura nas operações entre partes dependentes. *R. Fórum de Dir. Tributário – RFDT*, Belo Horizonte, ano 14, n. 82, 2016. p. 175.

conclusão da pesquisa), sob pena de serem mescladas fases distintas, o que causaria distorções no resultado.

Escolhemos quatro temas vinculados às discussões de ágio, por serem os mais notórios na jurisprudência administrativa: (i) ágio interno; (ii) empresa-veículo; (iii) transferência de ágio; e (iv) laudo de avaliação.

Considerando que a pesquisa em todas as câmaras do Carf resultou em centenas de acórdãos, decidimos limitar a amostragem investigada às decisões proferidas pela CSRF. Isso também foi motivado pelo fato de que a maior parte dos casos chega até a Câmara Superior. Por consequência, para que seja possível extrair critérios claros e objetivos, que possam orientar o planejamento de operações envolvendo ágio, é necessário considerar a instância máxima de julgamento do Carf.

O resultado estatístico da pesquisa foi o seguinte:

1. *Ágio interno (pesquisa = "Ágio + Interno")*
44 acórdãos (todos desfavoráveis ao contribuinte)
2. *Empresa-veículo (pesquisa = "Ágio + Empresa veículo")*
35 acórdãos, sendo 34 sobre ágio (2 favoráveis ao contribuinte)
3. *Transferência de ágio (pesquisa = "Transferência de ágio")*
37 acórdãos (1 favorável ao contribuinte – *também envolve empr. veíc.*)
4. *Laudo (pesquisa = "Ágio + Laudo")*
8 acórdãos (3 de não conhecimento, 5 desfavoráveis ao contribuinte)

Importante esclarecer que a maior parte dos casos sobre transferência de ágio envolve empresa-veículo. Optamos por separar os tópicos porque há razões de decidir diferentes para empresa-veículo em sentido clássico (a criação de entidade efêmera para viabilizar a amortização fiscal) e para a transferência de ágio em outras circunstâncias, notadamente quando a entidade utilizada para a transferência já existia no grupo empresarial.

Os resultados materiais, ou seja, as razões de decidir que prevaleceram e que são comumente verificadas na CSRF em relação aos temas listados serão apresentadas em cada subtópico e na síntese conclusiva.

3.1 Ágio interno

No chamado ágio interno, a aquisição da participação societária se dá entre empresas do mesmo grupo econômico e é vista pela fiscalização, na quase totalidade dos casos, como uma operação artificial, que não poderia gerar efeitos tributários, uma vez que realizada entre partes vinculadas.

De pronto, pode-se afirmar que, independentemente da proximidade das partes envolvidas nas transações, entende-se que o que se deve perseguir não é o fato de a operação ter sido realizada entre partes vinculadas, e sim se a operação importou na aquisição da participação societária e cumpriu os demais requisitos definidos na legislação para que o ágio possa ser efetivamente amortizado.

Não se pode deixar de mencionar que as operações entre partes relacionadas podem ser mais facilmente manipuladas, na medida em que não há – ou não deveria ter – interesses contrapostos. No caso de uma aquisição de participação societária, por exemplo, não há um comprador e um vendedor em situações opostas. Por isso, esse tipo de operação é sempre visto com *grano salis* pela fiscalização.

Contudo, no caso de amortização do ágio, mesmo que haja ressalvas da fiscalização quanto ao chamado "ágio interno", o que se percebe é que, até o advento da Lei nº 12.973/2014, o ordenamento jurídico brasileiro não vedada esse tipo de operação.

Só com a vigência da nova legislação, em especial com o que restou prescrito no art. 22 da Lei nº 12.973/14, é que ficou vedado expressamente o aproveitamento do ágio gerado em operação realizada por partes vinculadas.

O dispositivo legal – art. 22 da Lei nº 12.973/14 – foi claro ao dizer que o ágio só poderia ser amortizado na hipótese de "aquisição de participação societária entre partes não dependentes". E a própria Lei nº 12.973/14 trouxe o conceito do que seriam partes dependentes, como se observa da redação do art. 25. Confira-se:

> Art. 25. Para fins do disposto nos arts. 20 e 22, consideram-se partes dependentes quando:
> I - o adquirente e o alienante são controlados, direta ou indiretamente, pela mesma parte ou partes;
> II - existir relação de controle entre o adquirente e o alienante;
> III - o alienante for sócio, titular, conselheiro ou administrador da pessoa jurídica adquirente;
> IV - o alienante for parente ou afim até o terceiro grau, cônjuge ou companheiro das pessoas relacionadas no inciso III; ou
> V - em decorrência de outras relações não descritas nos incisos I a IV, em que fique comprovada a dependência societária.
> Parágrafo único. No caso de participação societária adquirida em estágios, a relação de dependência entre o(s) alienante(s) e o(s) adquirente(s) de que trata este artigo deve ser verificada no ato da primeira aquisição, desde que as condições do negócio estejam previstas no instrumento negocial.

Ademais, o art. 119 da Lei nº 12.973/2014 não deixa dúvidas, em seu art. 119, quando estatuiu que "esta Lei entra em vigor em 1º de janeiro de 2015, [...]". Mesmo que não houvesse essa previsão expressa, o art. 150, inc. III, da Constituição Federal de 1988 impede a aplicação retroativa da legislação, em especial quando esta preveja a instituição ou o aumento de determinado tributo.

Por outro lado, não se pode argumentar que a CVM, por meio do Ofício-Circular CVM/SNC/SEP nº 01/2007, de 14.2.2007, condenou as operações em que há ágio gerado internamente, ou seja, o ágio gerado sem a validação (pagamento) de terceiros independentes.

Neste ponto, cumpre ressaltar que, como demonstrado, não havia na legislação qualquer vedação à formação do ágio em operações realizadas entre partes vinculadas.

Ainda, como muito bem apontado pelo Ex-Conselheiro Alberto Pinto Souza Junior, no voto exarado no Acórdão nº 1302-001.150, não se pode dar efeitos tributários (ainda mais restritivos de direitos) a uma interpretação econômica feita pela Comissão de Valores Mobiliários. Veja-se o que constou daquele acórdão:

> Os julgadores do CARF prestarão um grande serviço ao Estado e a sociedade brasileiras se imprimirem segurança jurídica e isonomia ao sistema, evitando que suas decisões fiquem ao sabor lotérico do entendimento de cada conselheiro sobre conceitos vagos não positivados como, por exemplo, "falta de propósito negocial", que não passa de uma construção jurisprudencial alienígena sem respaldo no ordenamento jurídico pátrio. Da mesma forma, não me impressiona os efeitos tributários que se tenta dar a um mero pronunciamento técnico da CVM sobre ágio gerado em operações internas, se não vejamos o teor do item 20.1.7 do Ofício-Circular CVM/SNC/SEP nº 01/2007, *in verbis*: [...]
> Nota-se, hoje, que alguns tentam elevar tal pronunciamento da CVM a um status de norma tributária proibitiva do reconhecimento do chamado ágio interno ao grupo econômico, o que, por si só, já seria absurdo. A análise feita pela CVM é de cunho estritamente econômico, pois sequer embasa seu entendimento em qualquer norma jurídica, muito pelo contrário, afirma que, ainda que respeitada a Lei, economicamente é inconcebível o reconhecimento do ágio interno. *Como já dito anteriormente, "falta de substância econômica" assim como "falta de propósito negocial" não são institutos jurídicos nacionais, logo não maculam o ato jurídico seja lá qual for o conceito que os seus aplicadores lhes deem, logicamente, desde que não se configurem como um vício do negócio jurídico, segundo o nosso ordenamento legal*. (Acórdão nº 1302-001.150, Processo nº 16682.720880/2011-11, sessão de julgamento em 7.8.2013) (Grifos nossos)

Portanto, até a edição da Lei nº 12.973/2014,[14] não havia qualquer vedação legal para a existência do denominado "ágio interno", oponível ao fisco, não se mostrando correto afirmar como sendo ilegítima toda e qualquer operação de aquisição de investimento pelo simples fato de ter sido realizada por partes vinculadas.

Desta feita, o fato de se tratar de "ágio interno", gerado a partir de operações societárias entre partes vinculadas, não pode ser o único fundamento para descaracterização da operação. Cabe à fiscalização demonstrar e, é claro, provar que houve algum vício na realização dos atos.

Contudo, nas operações realizadas pelos contribuintes que envolviam o chamado ágio interno e que foram realizadas antes do advento da Lei nº 12.973/2014, o Conselho Administrativo de Recursos Fiscais, através da sua Câmara Superior, proferiu totalidade de julgados entendendo como ilegítimas as operações, dando uma interpretação à legislação contrária, a princípio, do que restou preconizado pelo legislador.

É que, em pesquisa realizada nos julgados proferidos pela CSRF, última instância de julgamento dentro da estrutura do Carf, foram encontrados 44 acórdãos que abordavam a questão do "ágio interno" e que foram proferidos após o ano de 2015 (inclusive). E a totalidade deles, seja por unanimidade, maioria de votos ou por voto de qualidade, entendeu pela impossibilidade de amortização de ágio gerado dentro de um mesmo grupo econômico, ou seja, gerado entre empresas vinculadas.

---

[14] E mesmo com a vedação imposta pela nova legislação, a doutrina tem se posicionado pela inconstitucionalidade do dispositivo, pelo motivo demonstrado alhures.

O entendimento, que se pode dizer como consolidado junto à CSRF, é no sentido de que, neste tipo de operação, não resta caracterizado o investimento ou até mesmo a confusão patrimonial, que seriam essenciais para que o ágio pudesse ser amortizado pela entidade. No Acórdão nº 9101-003.885, essa posição restou suficientemente clara, quando se observa a ementa do julgado, que afirma que "carece de consistência econômica ou contábil o ágio surgido no bojo de entidades sob o mesmo controle, o que obsta que se admitam suas consequências tributárias".

As operações analisadas pelo Carf que envolvem o ágio interno ainda precisarão ser submetidas ao crivo do Poder Judiciário, que dará a palavra final sobre o tema. De toda forma, a discussão no Judiciário é muito incipiente, sendo que ainda não houve apreciação do tema de forma definitiva pelos tribunais superiores, notadamente o Superior Tribunal de Justiça.

Não se pode deixar de mencionar, ainda, que não se pode mensurar qual será o impacto, nos julgamentos do Carf sobre o ágio interno, das alterações promovidas pela Lei nº 13.988/2020 no que concerne ao *voto de qualidade*, na medida em que diversos julgados contrários aos interesses do contribuinte nesta temática foram assim definidos pelo presidente do colegiado.

3.2 Empresa-veículo

Como visto, foram analisados trinta e quatro acórdãos envolvendo a matéria na CSRF, entre 2015 e setembro de 2020. Apenas dois foram favoráveis ao contribuinte, sendo um relativo à empresa-veículo em seu sentido clássico, de empresa efêmera criada para viabilizar a amortização fiscal do ágio (Acórdão nº 9101003.610 – *CTEEP*).

O outro caso, parcialmente favorável ao contribuinte, refere-se à verificação pela CSRF do que caracteriza uma empresa-veículo (Acórdão nº 9101-004.816 – *Credit Suisse*), tendo sido constatado que uma das *holdings* não era meramente veículo de ágio, e sim empresa operacional, com atividades de gestão.

Nos outros trinta e dois acórdãos, desfavoráveis ao contribuinte, prevaleceram os seguintes fundamentos principais:
1. A existência e a validade da formação do ágio não são suficientes para sua amortização fiscal. É preciso que a "investidora real" participe do ato de "confusão patrimonial [sic]" (absorção de patrimônio).
2. Existência efêmera e sem propósito extratributário da empresa-veículo.

Relevante notar que, em geral, ocorre o cancelamento da multa qualificada na CSRF, quando o ágio existe e é válido, tendo sido glosada sua amortização em razão de sua transferência, tida por indevida.

Feita essa introdução, ilustraremos os casos favorável e desfavorável, com a descrição dos seguintes acórdãos: (i) Acórdão nº 9101-004.500 – *Atacadão S.A.*; e (ii) Acórdão nº 9101003.610 – *CTEEP*.

3.2.1 Acórdão nº 9101-004.500 – *Atacadão S.A.*

O Acórdão nº 9101-004.500 foi proferido na sessão de julgamento de 6.11.2019, sendo relatora a Conselheira Edeli Pereira Bessa. O resultado do julgamento foi (i) por unanimidade de votos, em conhecer do recurso especial do contribuinte; e, no mérito, (ii) em negar-lhe provimento, *por maioria* de votos. Nota-se, portanto, *não ter sido utilizado o voto de qualidade* para a decisão de mérito. É ver a ementa da decisão:

> ÁGIO ORIUNDO DE AQUISIÇÃO COM USO DE RECURSOS FINANCEIROS DE OUTREM. AMORTIZAÇÃO. INDEDUTIBILIDADE.
> A hipótese de incidência tributária da possibilidade de dedução das despesas de amortização do ágio, prevista no art. 386 do RIR/1999, requer que participe da "confusão patrimonial" a pessoa jurídica investidora real, ou seja, aquela que efetivamente acreditou na "mais valia" do investimento, fez os estudos de rentabilidade futura e desembolsou os recursos para a aquisição.
> Não é possível o aproveitamento tributário do ágio se a investidora real transferiu recursos a uma "empresa-veículo" com a específica finalidade de sua aplicação na aquisição de participação societária em outra empresa e se a "confusão patrimonial" advinda do processo de incorporação não envolve a pessoa jurídica que efetivamente desembolsou os valores que propiciaram o surgimento do ágio, ainda que a operação que o originou tenha sido celebrada entre terceiros independentes e com efetivo pagamento do preço.

Nesse caso, ocorreu a seguinte sucessão de eventos.[15]

Em fevereiro de 2007, foi constituída a *holding* Korcula, por dois sócios pessoas físicas, com capital de R$100,00. Em 10.4.2007, os sócios de Korcula cederam 99% de suas quotas à empresa BREPA e 1% ao Carrefour, passando a Korcula a funcionar no mesmo prédio de suas duas sócias.

Em 27.4.2007, a controladora estrangeira Carrefour Nederland BV, situada nos Países Baixos, integralizou R$1.137.810.798,17 em aumento do capital da sua controlada Brepa. Em 30.4.2007 (três dias após), Brepa utiliza praticamente o mesmo valor para integralizar aumento de capital em Korcula. No mesmo dia, 30.4.2007, são efetivados os pagamentos referentes à aquisição da Atacadão S.A.

O valor total de venda acordado foi de R$2.233.440.000,00, sendo pago ágio no montante de R$1.780.738.273,26, dos quais R$1.095.629.201,83 são decorrentes de empréstimo direto de Carrefour Nederland BV para Korcula.

---

[15] Todos os eventos desta e das demais operações foram extraídos dos acórdãos proferidos e disponibilizados para consulta pública no *site* do Carf.

A operação pode ser sintetizada assim:

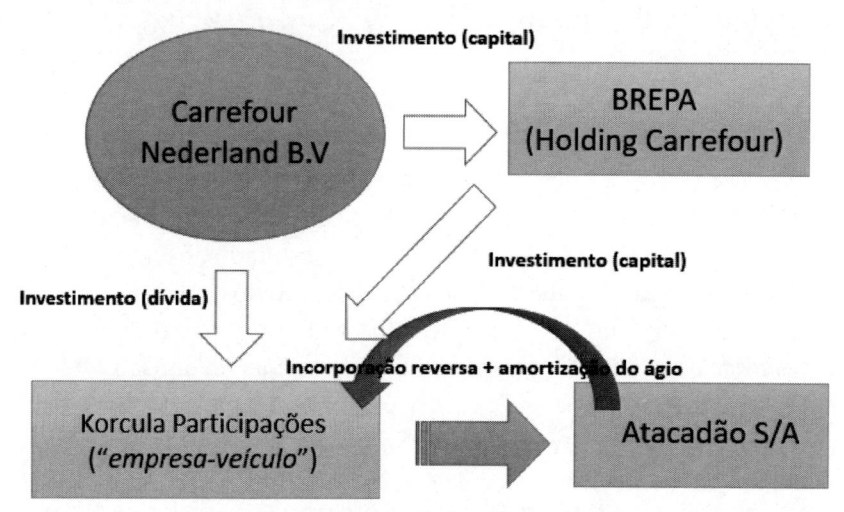

```
                    Investimento (capital)
    ┌─────────────┐ ═══════════════>  ┌──────────────────┐
    │  Carrefour  │                   │      BREPA       │
    │ Nederland B.V│                  │ (Holding Carrefour)│
    └─────────────┘                   └──────────────────┘
                                              │
                          Investimento (capital)
    Investimento (dívida)      │
         ║                     ▼
         ▼     Incorporação reversa + amortização do ágio
    ┌─────────────────┐ ═══════════>  ┌──────────────────┐
    │Korcula Participações│            │   Atacadão S/A   │
    │ ("empresa-veículo")│             │                  │
    └─────────────────┘               └──────────────────┘
              Aquisição de participação com ágio
```

Depreendem-se do acórdão as seguintes razões para a manutenção da autuação:
1. "A confusão patrimonial entre a *real investidora* e a investida é requisito indispensável para a dedutibilidade da amortização do ágio, afastando-se *situações artificiais* em que a incorporação não envolve a *real investidora*".
2. "Caso o ágio não tenha sido de fato arcado por nenhuma das pessoas participantes da "confusão patrimonial", não restarão satisfeitos nem o aspecto pessoal da norma nem o material".
3. "No presente caso não é preciso muito esforço para se verificar que *a confusão patrimonial entre investidora e investida é apenas aparente*. Isso porque *a investidora (KORCULA) cujo patrimônio se encontrou com o da investida (ATACADÃO) por ocasião de sua incorporação reversa não foi quem, de fato, efetivamente incorreu no esforço para adquirir o investimento com ágio. Não é ela (KORCULA) a investidora real (ou originária), mas sim empresa efêmera pela qual recursos e ágio apenas transitaram ("empresa veículo", para se usar a expressão corrente na doutrina e na jurisprudência)*".
4. "Tome-se, por exemplo, o *curto espaço de tempo* entre a passagem da KORCULA pelo Grupo Carrefour e a efetuação da aquisição do ATACADÃO, bem como a *inexistência de estrutura operativa* nessa empresa".
5. "De toda sorte, se, como dito, *Brepa efetuasse a aquisição e cindisse o investimento e o ágio para incorporação ao patrimônio da recorrente, subsistiria o mesmo vício aqui apontado, dado os recursos aportados em Korcula por Brepa terem sido, antes, integralizados por Carrefour BV em Brepa*".

Conclui-se, portanto, que se trata de um caso clássico de empresa-veículo para viabilizar investimento estrangeiro no país, com o mesmo tratamento tributário conferido ao investimento nacional.

A CSRF apegou-se em dois pontos centrais para invalidar a operação: (i) impossibilidade de utilização de empresa-veículo para aquisição de investimento no país, sendo que, mesmo se fosse utilizada a *holding* já existente ao tempo da negociação – Brepa –, com sua posterior cisão e incorporação reversa, haveria glosa da amortização fiscal, porque a "investidora real" estaria fora do país; e (ii) elementos indicativos da artificialidade de Korcula, como ausência de funcionários, mesmo endereço do Carrefour e da Brepa, existência efêmera e ausência de estrutura operativa.

Nesse sentido, é interessante contrapor a jurisprudência atual da CSRF aos fundamentos da sentença proferida em 26.4.2019, nos autos do Processo nº 5010311-02.2018.4.04.7205/SC, pelo Juiz Francisco Ostermann, da 2ª Vara Federal de Blumenau. O caso, envolvendo a Cremer S.A., é bastante parecido em termos conceituais a este ora analisado. Contudo, a sentença judicial foi favorável ao contribuinte.

Além de considerar que a *holding* criada pelo contribuinte seria uma empresa legítima, cujos contornos fáticos não denotariam a prática de atos e negócios simulados, chama a atenção terem sido invocados o art. 171 da Constituição Federal de 1988 e a Lei nº 4.131/1962, que determinam ser vedado discriminar o investimento estrangeiro no país:

> *A criação de "holdings" é legal,* encontrando respaldo, por exemplo, no artigo 2º, §3º, da Lei nº 6.404/76, que estabelece, ainda, que podem ser criadas com o objetivo de obtenção de incentivos fiscais ("A companhia pode ter por objeto participar de outras sociedades; ainda que não prevista no estatuto, a participação é facultada como meio de realizar o objeto social, ou para beneficiar-se de incentivos fiscais).
>
> Outrossim, *no caso de investidores estrangeiros (como no caso da MLGP), a criação de uma holding nacional se constitui em pressuposto para usufruir da prática de amortização do ágio,* consoante bem ressaltado pela parte autora na petição inicial.
>
> *Uma empresa nacional, via de regra, não necessitaria criar uma "holding" para efetivar a aquisição de outra, via incorporação,* uma vez que poderia adquirir o investimento diretamente e se aproveitar do ágio ocorrido na operação. *No caso dos investidores estrangeiros, entretanto, tal prática é inviável.* A eles, restaria a possibilidade de realizar uma incorporação internacional (sendo que não haveria condições de usufruir das regras de "ágio" estabelecidas pela legislação tributária brasileira), ou sua participação direta como sócios, aportando recursos de maneira pura e simples, igualmente impedidos de acessar as regras aplicáveis aos nacionais.
>
> Ou seja: *mais que uma faculdade, a criação da CREMERPAR se constituiu numa necessidade do investidor, para obter acesso isonômico ao mesmo tratamento tributário dispensável ao capital nacional.* É evidente que tal prática prejudica os interesses nacionais, mormente os de fomento ao investimento na atividade produtiva no país, seja de capital nacional ou estrangeiro.
>
> Insta ressaltar que o artigo 171, da Constituição da República, *que estabelecia a possibilidade de concessão de benefícios e tratamento diferenciado* à *empresa brasileira de capital nacional, foi revogado* pela Emenda Constitucional nº 6/1995, *justamente para evitar os obstáculos ao investimento no país.* A Lei nº 4.131/62, por seu turno, determina que *"Ao capital estrangeiro que se investir no País, será dispensado tratamento jurídico idêntico ao concedido ao capital nacional em igualdade de condições, sendo vedadas quaisquer discriminações não previstas na presente lei."*

Logo, tem-se que *ainda que a CREMERPAR houvesse sido constituída tão somente para possibilitar a geração de ágio amortizável em favor da MLGP (e, como visto, não o foi), ainda assim haveria legalidade no ato, pois se constituiria em pressuposto para que o investimento efetuado por sociedade estrangeira obtivesse o mesmo tratamento tributário dispensável ao investimento, acaso houvesse sido realizado por empresa nacional.* (Grifos nossos)

Os fundamentos da referida sentença demonstram que a discussão *judicial* sobre os casos de ágio envolvendo empresa-veículo levarão em conta outros fundamentos, além daqueles que têm prevalecido na CSRF.

3.2.2 Acórdão n° 9101003.610 – *CTEEP*

O Acórdão n° 9101003.610 foi proferido na sessão de julgamento de 5.6.2018, sendo relatora a Conselheira Cristiane Silva Costa. O resultado do julgamento foi: (i) por unanimidade de votos, conhecer do recurso especial da Fazenda Nacional; e (ii) no mérito, quanto ao ágio, *por maioria de votos*, negar provimento ao recurso. Nota-se, portanto, que mais uma vez *o voto de qualidade não foi decisivo* para a decisão de mérito. É ver a ementa da decisão:

> ÁGIO TRANSFERIDO. EMPRESA VEÍCULO.
> Não há restrições legais à transferência do ágio, notadamente quando havia restrições societárias e regulatórias que orientaram a criação de empresa veículo.

Nesse caso, ocorreu a seguinte sucessão de eventos:

O caso é tratado no contexto do Programa de Desestatização do Estado de São Paulo. ISA Capital adquiriu, com ágio, as ações da Companhia de Transmissão de Energia Elétrica Paulista – CTEEP. Para tanto, ISA Capital financiou-se mediante emissão de títulos de dívida.

Neste momento, como registrado nas decisões do processo, ISA Capital poderia ter incorporado ou ter sido incorporada por CTEEP, situação em que, como indicam os conselheiros, não haveria sequer questionamento da RFB quanto à amortização fiscal do ágio, por ser ele legítimo e validamente formado.

Ocorre que ISA Capital decidiu constituir a empresa ISA Participações, integralizando as ações com a participação societária na CTEEP. Isso fez com que ISA Participações passasse a deter o ágio pago na aquisição das ações da CTEEP.

Ato contínuo, a CTEEP incorporou a ISA Participações, procedendo com a amortização fiscal do ágio. A operação pode ser assim resumida:

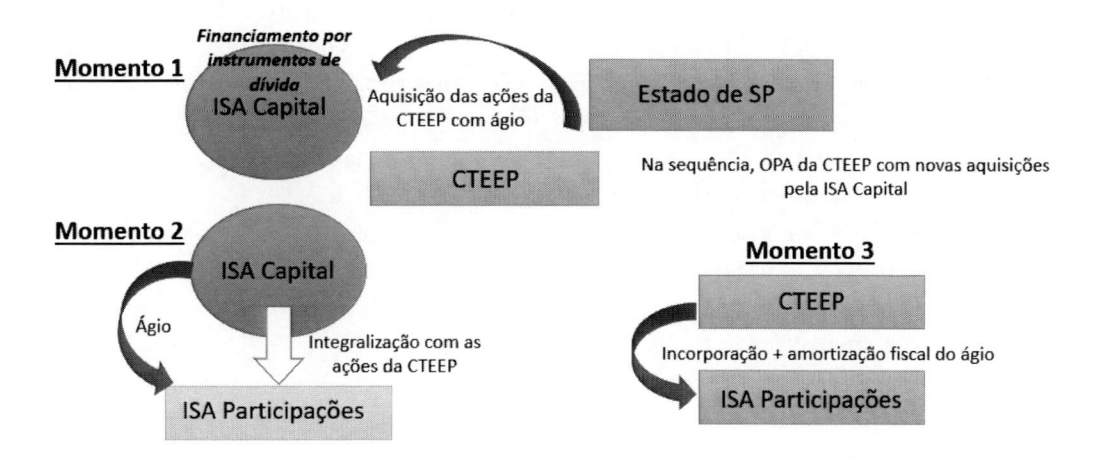

Momento 1: ISA Capital (Financiamento por instrumentos de dívida) — Aquisição das ações da CTEEP com ágio — Estado de SP. CTEEP. Na sequência, OPA da CTEEP com novas aquisições pela ISA Capital.

Momento 2: ISA Capital — Ágio — Integralização com as ações da CTEEP — ISA Participações.

Momento 3: CTEEP — Incorporação + amortização fiscal do ágio — ISA Participações.

As razões para o desprovimento do REsp da PGFN foram as seguintes:
1. O art. 8º da Lei nº 9.532/1997 autoriza expressamente a amortização fiscal do ágio por *incorporação reversa*.
2. O conjunto das operações foi realizado no contexto do Programa de Desestatização do Estado de São Paulo, sendo que "vários foram os casos de amortização de ágio no processo de privatização analisados por este CARF, sendo as conclusões no sentido da sua legitimidade não obstante o uso de 'empresas-veículo'".
3. Provou-se, mediante parecer técnico de ex-diretor da Aneel, que a Agência não aceitaria que a dívida da controladora, contraída justamente para aquisição do investimento, fizesse parte do acervo líquido a ser vertido para a CTEEP, trazendo para a concessionária de energia elétrica uma dívida que é do acionista. Suscitou-se, ainda, norma revogada da CVM sobre abuso do poder de controle.

Verifica-se, nesses termos, que a particularidade regulatória foi fundamental para a decisão adotada neste processo. A prova de que a operação não poderia ser realizada de outra forma, sob pena de ser invalidada pela Aneel ou caracterizar infração regulatória, foi a razão determinante para que a CSRF considerasse legítima a estrutura adotada.

3.3 Transferência de ágio

Como visto, foram analisados trinta e sete acórdãos envolvendo a matéria na CSRF, entre 2015 e setembro de 2020. Apenas um foi favorável ao contribuinte, sendo ele exatamente o caso envolvendo a CTEEP, acima descrito, por meio do qual o ágio foi transferido da ISA Capital para a ISA Participações (Acórdão n° 9101003.610 – *CTEEP*).

Nos outros trinta e seis acórdãos, desfavoráveis ao contribuinte, prevaleceram os seguintes fundamentos principais:
1. A existência e validade da formação do ágio não são suficientes para sua amortização fiscal.
2. O direito à contabilização do ágio não pode ser confundido com o direito à sua amortização.
3. É preciso que a "investidora real" absorva o patrimônio ou seja absorvida.
4. O ágio artificialmente transferido não pode ser utilizado para redução da base de cálculo de tributos.

Novamente, ocorre o cancelamento da multa qualificada na CSRF, quando o ágio existe e é válido, tendo sido glosada sua amortização em razão de sua transferência, tida por indevida.

Feita essa introdução, considerando que o caso CTEEP já foi apresentado, ilustraremos a posição dominante na CSRF com o Acórdão n° 9101-004.819 – *Alvorada Cartões*.

3.3.1 Acórdão n° 9101-004.819 – *Alvorada Cartões*

O Acórdão n° 9101-004.819 foi proferido na sessão de julgamento de 3.3.2020, sendo relatora a Conselheira Viviane Vidal Wagner. O resultado do julgamento foi: (i) por unanimidade de votos, conhecer do recurso especial da Fazenda Nacional; e (ii) no mérito, quanto ao ágio, *por voto de qualidade*, dar provimento ao recurso. Nota-se, portanto, *ter sido utilizado o voto de qualidade* para a decisão de mérito. É ver a ementa da decisão:

> INVESTIMENTO NÃO EXTINTO. REESTRUTURAÇÃO SOCIETÁRIA. ÁGIO TRANSFERIDO. AMORTIZAÇÃO INDEVIDA.
> A possibilidade excepcional de amortização do ágio pago, veiculada pelo caput do art. 386 e seu inciso III, pressupõe uma efetiva reestruturação societária na qual a investidora absorve parcela do patrimônio da investida ou vice-versa (§6°, II, do citado dispositivo).
> Quando não ocorre a extinção do investimento nem tampouco a confusão patrimonial entre a investidora e a investida originais o ágio é indedutível e não permite sua transferência a terceiros estranhos à operação que o ensejou.

Nesse caso, ocorreu a seguinte sucessão de eventos.

O Banco Bradesco adquiriu as ações do Banco BEC com ágio. Em seguida, integralizou as ações do Banco BEC em aumento de capital na empresa Oregon, que já existia no grupo, porém sem atividades econômicas relevantes naquele período. Com isso, o ágio foi transferido do Bradesco para a Oregon.

Na sequência, Alvorada Cartões incorpora 100% das ações da Oregon e, dias depois, a incorpora, tornando-se detentora das ações no Banco BEC. O ágio é, então, novamente transferido, desta vez para a Alvorada Cartões, que incorpora o Banco BEC e passa a amortizar fiscalmente o ágio. A operação pode ser ilustrada assim:

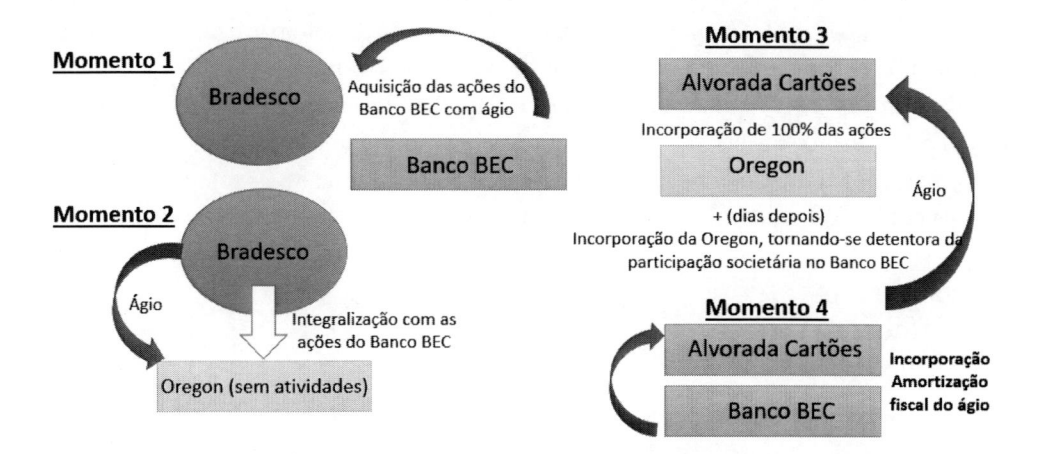

Momento 1
Bradesco — Aquisição das ações do Banco BEC com ágio
Banco BEC

Momento 2
Bradesco
Ágio
Integralização com as ações do Banco BEC
Oregon (sem atividades)

Momento 3
Alvorada Cartões
Incorporação de 100% das ações
Oregon
Ágio
+ (dias depois)
Incorporação da Oregon, tornando-se detentora da participação societária no Banco BEC

Momento 4
Alvorada Cartões
Banco BEC
Incorporação
Amortização fiscal do ágio

As razões para o provimento do REsp da PGFN foram as seguintes:
1. "De fato, não se discute nos autos a existência do ágio registrado pelo Bradesco em razão da aquisição de participação societária no Banco BEC e posteriormente transferido à Recorrente, via empresa-veículo, que passou a amortizá-lo. A questão controvertida reside no direito à amortização do ágio pela Recorrente, pois se o próprio Banco Bradesco tivesse incorporado o Banco BEC não haveria dúvida quanto ao enquadramento da operação no art. 7º da Lei nº 9.532/97".
2. "De acordo com o racional desenvolvido pelo voto condutor, o fato de investidora e investida jamais terem se tornado uma única entidade afasta, de plano, a possibilidade de amortização do ágio e, por via de consequência, qualquer aproveitamento mediante transferência a terceiros".

Nesse ponto, relevante notar que a CSRF se vale da noção de "investidor real" como sendo o Banco Bradesco, a ponto de afirmar que, se este incorporasse o Banco BEC, a amortização fiscal do ágio seria legítima.

A par do bem fundamentado voto, entendemos, com toda vênia, que há dois problemas com este raciocínio.

Em primeiro lugar, a CSRF introduz um requisito não previsto na legislação, qual seja, o de que apenas aquele que pagou, originalmente, pelo ágio, seja a entidade envolvida na operação societária que permita sua amortização fiscal.

O raciocínio é ilógico, porque, quando ocorre a transferência de ágio, sempre há uma contrapartida econômica que justifica a sua transferência. Ou seja, sempre há o esforço econômico relevante que justifica, do ponto de vista do conceito de renda, que o ágio seja amortizado na empresa que lhe titule, tenha sido ele transferido ou não.

Em segundo lugar, as autoridades fiscais, nesse ponto, *ao mesmo tempo* em que afirmam (indevidamente, como visto) que a amortização fiscal do ágio é um *benefício fiscal*, *esquecem a norma*, muitas vezes invocada por estas mesmas autoridades fiscais, *extraída do art. 111, do CTN*, para fazer uma interpretação teleológica e histórica do ágio. Ora, não havendo nenhuma restrição na norma para a transferência do ágio, poderia o Fisco introduzir requisitos "não literais" (tal qual a literalidade é compreendida pelo Fisco) para glosar a amortização? Parece-nos absolutamente contraditório com o posicionamento fazendário sobre a matéria, ainda que nosso conceito de intepretação literal não seja este, e que não consideremos a amortização fiscal do ágio um benefício fiscal.

3.4 Laudo de avaliação

Como demonstrado, na pesquisa dos acórdãos proferidos pela CSRF, que enfrentam a questão do "laudo de avaliação", foram encontrados poucos julgados proferidos após o ano de 2015. Notadamente, verificou-se a existência de 8 acórdãos, sendo que 3 deles entenderam por não conhecer do recurso especial e, nos outros 5, os julgados foram desfavoráveis aos contribuintes.

O número relativamente baixo de acórdãos da CSRF com relação a esta temática se justifica, em especial, pela limitada competência daquela Câmara Superior, que, basicamente, só pode admitir e enfrentar as razões recursais que demonstrem haver entendimento diverso em acórdão proferido por outra Turma, Câmara ou até mesmo pela CSRF.[16][17] Assim, por envolver, na maioria das vezes, questões fáticas e específicas, as discussões administrativas que tratam do laudo de avaliação acabam sendo esvaziadas na instância máxima de julgamento do Carf.

Esta limitação da competência da CSRF fica clara no Acórdão nº 9101-004.052, proferido em 11.3.2019, que deixou consignado, na ementa do julgado, que a

---

[16] A limitação da competência da CSRF é verificada na redação do §2º, do art. 37 do Decreto nº 70.235/1972. Confira-se: "Art. 37. O julgamento no Conselho Administrativo de Recursos Fiscais far-se-á conforme dispuser o regimento interno. (Redação dada pela Lei nº 11.941, de 2009) [...] §2º Caberá recurso especial à Câmara Superior de Recursos Fiscais, no prazo de 15 (quinze) dias da ciência do acórdão ao interessado: (Redação dada pela Lei nº 11.941, de 2009) I - (VETADO) (Redação dada pela Lei nº 11.941, de 2009) II - de decisão que der à lei tributária interpretação divergente da que lhe tenha dado outra Câmara, turma de Câmara, turma especial ou a própria Câmara Superior de Recursos Fiscais. (Redação dada pela Lei nº 11.941, de 2009)".

[17] Importante pontuar que, no Acórdão nº 9101-004.816, na parte que tratava do laudo de avaliação, o recurso especial não foi conhecido, porque não se verificou a demonstração de divergência jurisprudencial, uma vez que "o acórdão indicado como paradigma não traz, em suas razões de decidir, qualquer decisão quanto à matéria que se pretende discutir em sede recursal".

apreciação de conteúdo exclusivamente probatório para concretizar a reforma do acórdão recorrido, como por exemplo, de teor do laudo de avaliação relativo a expectativa de rentabilidade futura de investimento adquirido com ágio, escapa da competência de julgamento da 1ª Turma da Câmara Superior de Recursos Fiscais.

Por outro lado, no Acórdão nº 9101-003.618, proferido na sessão de 6.8.2018, o recurso especial da Procuradoria da Fazenda Nacional – PGFN não foi conhecido "quanto às alegações a respeito da contemporaneidade do laudo", sob o entendimento de que este argumento não constava "dentre os fundamentos jurídicos do lançamento tributário". Assim, o entendimento que prevaleceu, naquele julgamento, foi de que a CSRF não poderia enfrentar uma discussão que sequer foi aventada pela fiscalização, quando da lavratura do auto de infração em face do contribuinte.

De toda sorte, mesmo com esse campo limitado de autuação, as discussões enfrentadas pela CSRF, dentro do corte temporal da pesquisa realizada, podem ser resumidas na questão da contemporaneidade do laudo de avaliação e na ausência de cumprimento de requisitos básicos pelos laudos analisados, como indicação precisa do valor do ágio e elaboração e apresentação do laudo em língua estrangeira.

No que tange aos requisitos básicos a serem cumpridos e demonstrados no laudo de avaliação, em sessão de julgamento realizada em 5.4.2017, a CSRF, no Acórdão nº 9101-002.758, deixou clara a imprestabilidade do laudo e, por consequência, a impossibilidade de amortização do ágio, quando o laudo de avaliação apresentado "não traz elementos que possibilitem aferir o montante de ágio apropriado pela fiscalizada, não representando, assim, a 'demonstração' a que faz referência a legislação de regência".

Já no Acórdão nº 9101-003.345 (sessão de 17.1.2018), ao demonstrar que o laudo de avaliação foi apresentado em língua estrangeira, a decisão proferida invoca, entre outros preceitos legislativos, o disposto no parágrafo único, do art. 192[18] do Código de Processo Civil (Lei nº 13.105/2015), para afirmar que o laudo apresentado não poderia produzir efeitos, na medida em que não foi apresentada tradução juramentada do documento.

A discussão efetivamente enfrentada pela CSRF, desta feita, foi basicamente quanto à contemporaneidade do laudo de avaliação.

Neste sentido, não se pode olvidar que, como demonstrado acima, antes da edição da Lei nº 12.973/2014, não existiam requisitos legais e temporais para a elaboração do laudo de avaliação, para que este pudesse ser utilizado como fundamento para aquisição de participação societária com ágio.

Só com a edição daquela lei, nas alterações promovidas no art. 20 do Decreto-Lei nº 1.598/1977, é que o ordenamento pátrio passou a exigir que o laudo de avaliação fosse

> elaborado por perito independente que deverá ser protocolado na Secretaria da Receita Federal do Brasil ou cujo sumário deverá ser registrado em Cartório de Registro de Títulos e Documentos, até o último dia útil do 13º (décimo terceiro) mês subsequente ao da aquisição da participação.

---

[18] "Art. 192. Em todos os atos e termos do processo é obrigatório o uso da língua portuguesa. Parágrafo único. O documento redigido em língua estrangeira somente poderá ser juntado aos autos quando acompanhado de versão para a língua portuguesa tramitada por via diplomática ou pela autoridade central, ou firmada por tradutor juramentado".

Mesmo com essa ausência de requisitos básicos pelo legislador, para os eventos ocorridos antes da entrada em vigor da Lei nº 12.973/2014, o que se extrai dos poucos julgados proferidos pela CSRF é que a instância máxima de julgamento do Carf tem fixado o seguinte entendimento:

> a demonstração do valor econômico-financeiro da participação societária em aquisição a partir das perspectivas de rentabilidade futura da empresa é ônus da adquirente e constitui requisito indispensável para a dedução da amortização do ágio correspondente. Não basta estimá-lo de forma subjetiva, é preciso determiná-lo e demonstrá-lo, matematicamente, de forma precisa, e arquivar a documentação onde isso é feito, tudo ao tempo em que é feita a aquisição, nunca a posteriori.

Este entendimento foi exarado no Acórdão nº 9101-003.008, em sessão realizada em 8.8.2017.

Chama a atenção, neste acórdão, a afirmação constante do voto vencedor, no sentido de que o contribuinte não teria comprovado que, ao tempo da aquisição, houve o arquivamento da "documentação que demonstra de forma efetiva o valor econômico-financeiro da participação societária em aquisição a partir das perspectivas de rentabilidade futura".

O que se extrai desta afirmação é que, mesmo não havendo uma exigência legal à época dos fatos, o entendimento que prevaleceu na CSRF é no sentido de que há necessidade de o laudo de avaliação ser elaborado de forma contemporânea à aquisição. O acórdão deixou claro que a "determinação do valor econômico-financeiro da participação societária deve preceder a aquisição com ágio, não podendo se sustentar que primeiro se pague o ágio, para que depois se venha a justificá-lo".

Portanto, em síntese, o entendimento adotado pela CSRF é de que é do contribuinte o ônus da comprovação do ágio incorrido, quando este for amortizável, devendo essa comprovação ser feita através de laudo de avaliação que leve em consideração o tempo em que foi feita a aquisição com pagamento em sobrepreço, quando este pagamento "a maior" se der por expectativa de rentabilidade futura.

4 Conclusões

Ante o exposto, apresentamos a síntese conclusiva, tendo por referência o objetivo desta pesquisa, qual seja extrair, da jurisprudência da CSRF, uma orientação, se possível clara e objetiva, sobre os efeitos fiscais admissíveis e não admissíveis nas operações que envolvam a geração e a amortização de ágio.

A conclusão será dividida de forma a refletir as duas partes deste estudo.

Parte 1 – As figuras contábil e jurídica do ágio

1. Na redação original do Decreto-Lei nº 1.598/1977, a *perda de capital* era o instituto jurídico revelador da amortização fiscal do ágio, sendo que esta perda poderia ser *imediatamente* deduzida no lucro real ou diferida em até dez anos

nas hipóteses de fusão, cisão ou incorporação, à opção do contribuinte, desde que *o acervo líquido fosse avaliado a preços de mercado*.

2. O regime anterior, do Decreto-Lei nº 1.598/1977, à *primeira vista*, era mais favorável do que o da Lei nº 9.532/1997, porque havia a possibilidade de amortização imediata do ágio, ao passo que a nova norma exigia a sua amortização em 1/60 avos por mês. A diferença entre os regimes do Decreto-Lei nº 1.598/1977 e o da Lei nº 9.532/1997 se deu na medida em que a dedução da perda, antes, *apenas era admitida se o acervo líquido absorvido fosse avaliado a valor de mercado, exigência esta que não subsistiu na nova norma*. A Lei nº 9.532/1997 trouxe a exigência de amortização fiscal do ágio em 1/60 avos em contrapartida à extinção da restrição de amortização fiscal *apenas quando o acervo líquido absorvido fosse avaliado a valor de mercado*.

3. Diante do distanciamento entre os institutos contábil e jurídico do ágio, e os problemas que decorreram disso, a Lei nº 12.973/2014 pretendeu uma (parcial) reaproximação conceitual, introduzindo importantes requisitos novos para a amortização fiscal. A aproximação mais relevante se dá na mensuração e fundamentação do ágio, que passa a seguir a metodologia prevista no Pronunciamento Técnico CPC nº 15 ("combinação de negócios"), comumente denominada *purchase price allocation*. Isso significa que o ágio jurídico passa a se identificar com o *goodwill* contábil.

4. O ágio jurídico, portanto, passou a ser o valor residual do preço pago pelos ativos a valor justo, em deferência ao conceito contábil. Essa aproximação, contudo, não significa que o ágio jurídico seja uma mera remissão ao ágio contábil. *Os dois institutos permanecem diferentes*.

Parte 2 – A pesquisa realizada

5. A metodologia adotada neste trabalho considera, como corte temporal na avaliação da jurisprudência da CSRF, a Operação Zelotes e suas consequências. Por isso, analisamos os acórdãos publicados entre 2015 e setembro de 2020 (data da conclusão da pesquisa), sob pena de serem mescladas fases distintas, o que causaria distorções no resultado. Escolhemos quatro temas vinculados às discussões de ágio, por serem os mais notórios na jurisprudência administrativa: (i) ágio interno; (ii) empresa-veículo; (iii) transferência de ágio; e (iv) laudo de avaliação.

6. *Ágio interno*:

a) Até a edição da Lei nº 12.973/2014, não havia qualquer vedação legal para a amortização fiscal do "ágio interno". Reputamos essa vedação inconstitucional, na medida em que, entre as notas irrenunciáveis que conformam o conceito de renda para o direito tributário, está o que se chamou de *princípio da renda líquida*, pelo qual todos os gastos necessários à obtenção de receitas e rendimentos componentes do lucro devem ser deduzidos na apuração do imposto. Nessa linha, o direito à dedução fiscal do ágio decorre de um simples fato: *pagou-se por ele*, sendo, por consequência, uma despesa necessária à obtenção de lucros futuros, cuja dedutibilidade é um imperativo constitucional.

b) Nossa compreensão, baseada na conclusão *supra*, consiste em que a RFB não pode glosar a amortização fiscal do ágio *sob o único fundamento* de se tratar de "ágio interno", mas a questão da constitucionalidade ou não desta vedação imposta pela legislação deverá ser declarada pelo Poder Judiciário.

c) A nossa pesquisa nos julgados proferidos pela CSRF resultou em 44 acórdãos que abordavam a questão. A sua totalidade, seja por unanimidade, maioria de votos ou por voto de qualidade, entendeu pela impossibilidade de amortização de ágio gerado dentro de um mesmo grupo econômico. O entendimento, que se pode dizer como consolidado junto à CSRF, é no sentido de que, neste tipo de operação, não resta caracterizado o investimento ou até mesmo a confusão patrimonial, que seriam essenciais para que o ágio pudesse ser amortizado pela entidade.

7. *Empresa-veículo*:

a) Foram analisados trinta e quatro acórdãos envolvendo a matéria na CSRF, entre 2015 e setembro de 2020. Apenas dois foram favoráveis ao contribuinte, sendo um relativo à empresa-veículo em seu sentido clássico, de empresa efêmera criada para viabilizar a amortização fiscal do ágio (Acórdão nº 9101003.610 – CTEEP). O outro caso, parcialmente favorável ao contribuinte, refere-se à verificação pela CSRF do que caracteriza uma empresa-veículo (Acórdão nº 9101-004.816 – Credit Suisse), tendo sido constatado que uma das *holdings* não era meramente veículo de ágio, e sim empresa operacional, com atividades de gestão.

b) Nos outros trinta e dois acórdãos, desfavoráveis ao contribuinte, prevaleceram os seguintes fundamentos principais:

I. A existência e a validade da formação do ágio não são suficientes para sua amortização fiscal. É preciso que a "investidora real" participe do ato de "confusão patrimonial [*sic*]" (absorção de patrimônio).

II. Existência efêmera e sem propósito extratributário da empresa-veículo.

c) Relevante notar que, em geral, ocorre o cancelamento da multa qualificada na CSRF, quando o ágio existe e é válido, tendo sido glosada sua amortização em razão de sua transferência, tida por indevida.

8. *Transferência de ágio*:

a) Foram analisados trinta e sete acórdãos envolvendo a matéria na CSRF, entre 2015 e setembro de 2020. Apenas um foi favorável ao contribuinte, sendo ele exatamente o caso envolvendo a CTEEP. Nos outros trinta e seis acórdãos, desfavoráveis ao contribuinte, prevaleceram os seguintes fundamentos principais:

I. A existência e validade da formação do ágio não são suficientes para sua amortização fiscal.

II. O direito à contabilização do ágio não pode ser confundido com o direito à sua amortização.

III. É preciso que a "investidora real" absorva o patrimônio ou seja absorvida.

IV. O ágio artificialmente transferido não pode ser utilizado para redução da base de cálculo de tributos.

b) Novamente, ocorre o cancelamento da multa qualificada na CSRF, quando o ágio existe e é válido, tendo sido glosada sua amortização em razão de sua transferência, tida por indevida.

9. *Laudo de avaliação*:

a) Foram encontrados poucos julgados proferidos após o ano de 2015. Notadamente, verificou-se a existência de 8 acórdãos, sendo que 3 deles entenderam por não conhecer do recurso especial e, nos outros 5, os julgados foram desfavoráveis aos contribuintes. O número relativamente baixo de acórdãos da CSRF com relação a esta temática se justifica, em especial, pela limitada competência daquela Câmara Superior, que, basicamente, só pode admitir e enfrentar as razões recursais que demonstrem haver entendimento diverso em acórdão proferido por outra Turma, Câmara ou até mesmo pela CSRF.

b) Em síntese, o entendimento adotado pela CSRF é de que é do contribuinte o ônus da comprovação do ágio incorrido, quando este for amortizável, devendo essa comprovação ser feita através de laudo de avaliação que leve em consideração o tempo em que foi feita a aquisição com pagamento sobrepreço, quando este pagamento "a maior" se der por expectativa de rentabilidade futura.

Referências

ANDRADE FILHO, Edmar Oliveira. *Imposto de renda das empresas*. 13. ed. São Paulo: Atlas, 2018.

ÁVILA, Humberto. Eficácia do novo Código Civil na legislação tributária. *In*: GRUMPENMACHER, Betina Treiger (Coord.). *Direito tributário e o novo Código Civil*. São Paulo: Quartier Latin, 2004.

ÁVILA, Humberto. Notas sobre o novo regime jurídico do ágio. *In*: MOSQUERA, Roberto Quiroga; LOPES, Alexsandro Broedel (Coord.). *Controvérsias jurídico-contábeis*. São Paulo: Dialética, 2015. v. 6.

DIAS, Karem Jureidini; LAVEZ, Raphael Assef. "Ágio interno" e "empresa-veículo" na jurisprudência do Carf: um estudo acerca da importância dos padrões legais na realização da igualdade tributária. *In*: PEIXOTO, Marcelo Magalhães; FARO, Maurício Pereira (Coord.). *Análise de casos sobre aproveitamento de ágio*: IRPJ e CSLL à luz da jurisprudência do Carf (Conselho Administrativo de Recursos Fiscais). São Paulo: MP Editora, 2016.

MARTINS, Eliseu; IUDÍCIBUS, Sérgio de. Intangível – Sua relação contabilidade/direito – Teoria, estruturas conceituais e normas – Problemas fiscais de hoje. *In*: SILVA, Fabio; MURCIA, Fernando Dal-Ri; VETTORI, Gustavo; PINTO, Alexandre Evaristo (Org.). *Controvérsias jurídico contábeis*. São Paulo: Dialética, 2011. v. 2.

NOVAIS, Raquel; MARTINEZ, Bruna Marrara. A Lei 12.973/2014, a empresa-veículo e outros temas. *In*: MOSQUERA, Roberto Quiroga; LOPES, Alexsandro Broedel (Coord.). *Controvérsias jurídico-contábeis*. São Paulo: Dialética, 2015. v. 6.

OLIVEIRA, Ricardo Mariz. *Fundamentos do imposto de renda*. São Paulo: Quartier Latin, 2008.

SANTOS, Ramon Tomazela. A restrição ao aproveitamento do ágio de rentabilidade futura nas operações entre partes dependentes. *R. Fórum de Dir. Tributário – RFDT*, Belo Horizonte, ano 14, n. 82, 2016.

SANTOS, Ramon Tomazela. *Ágio na Lei* 12.973/2014: aspectos tributários e contábeis. São Paulo: RT, 2020.

SCHOUERI, Luís Eduardo. *Ágio em reorganizações societárias*: aspectos tributários. São Paulo: Dialética, 2012.

Informação bibliográfica deste texto, conforme a NBR 6023:2018 da Associação Brasileira de Normas Técnicas (ABNT):

DIAS, Flávio Machado Vilhena; CASTRO JÚNIOR, Paulo Honório de. Amortização fiscal do ágio na jurisprudência da Câmara Superior de Recursos Fiscais. *In*: MARINHO NETO, José Antonino (Org.); LOBATO, Valter de Souza (Coord.). *Planejamento Tributário:* pressupostos teóricos e aplicação prática. Belo Horizonte: Fórum, 2021. p. 113-144. ISBN 978-65-5518-269-9.

PLANEJAMENTO TRIBUTÁRIO E APROVEITAMENTO FISCAL DO ÁGIO: ABORDAGEM DA JURISPRUDÊNCIA DO CARF E DO PODER JUDICIÁRIO

TIAGO CONDE TEIXEIRA

1 Introdução

A Constituição Federal consagra o livre exercício da atividade econômica em seu art. 170,[1] assegurando ao contribuinte o direito de se organizar com o intuito de pagar menos tributos. Todavia, essa economia pode ser feita por meio de atos lícitos ou ilícitos.[2]

É justamente nesse ponto em que se insere a distinção entre elisão e evasão fiscal. Na esteira do Professor Sacha Calmon,[3] em ambos os casos há uma ação intencional

---

[1] Constituição Federal: "Art. 170. A ordem econômica, fundada na valorização do trabalho humano e na livre iniciativa, tem por fim assegurar a todos existência digna, conforme os ditames da justiça social, observados os seguintes princípios".
[2] TÔRRES, Heleno. *Direito tributário internacional*: planejamento tributário e operações transnacionais. São Paulo: Revista dos Tribunais, 2001. p. 37.
[3] COÊLHO, Sacha Calmon Navarro. *Teoria da evasão e da elisão em matéria tributária*. Planejamento fiscal – Teoria e prática. São Paulo: Dialética, 1998. p. 174.

do contribuinte com o intuito de não pagar ou pagar menos tributo. Dessa forma, o autor leciona que a distinção entre esses dois institutos é realizada com base em dois critérios principais.

O primeiro aspecto distintivo é a natureza dos meios empregados. Na evasão, os meios são sempre ilícitos, envolvendo, por exemplo, fraude, simulação ou sonegação. Por sua vez, na elisão, os meios são sempre lícitos, uma vez que não vedados pelo legislador. O segundo aspecto se refere ao momento da utilização desses meios. Na evasão, o emprego dos meios ilícitos se dá quando ocorre o fato gerador ou após a sua ocorrência. Noutro plano, na elisão, a utilização dos meios lícitos ocorre antes da realização do fato gerador.

Em suma, a elisão fiscal é a prática de atos lícitos, anteriores à realização do fato gerador, para obter legítima economia de tributos. Já a evasão fiscal é a prática de atos ilícitos, em momento concomitante ou posterior à ocorrência do fato gerador, para evitar o pagamento de tributo devido.

Nesse sentido, o planejamento tributário pode ser definido como a organização preventiva de negócios com vistas a economizar tributos.[4] Essa é uma prática muito utilizada pelas empresas, no entanto, em que pese a maioria dos autores entender que o contribuinte tem o direito de se organizar para pagar menos tributos, o principal debate, tanto na doutrina como na jurisprudência, refere-se aos limites do planejamento tributário.[5]

Esse debate se acentuou com a introdução do parágrafo único do art. 116 do CTN, que confere autorização legal para a autoridade fiscal desconsiderar atos ou negócios jurídicos praticados com a finalidade de dissimular a ocorrência do fato gerador do tributo ou a natureza dos elementos constitutivos da obrigação tributária.

A nosso ver, o referido dispositivo não se trata de uma norma geral antielisiva, e sim de norma que visa a evitar a evasão fiscal, aplicando-se apenas nos casos de simulação ou dissimulação. Esse mesmo entendimento foi adotado pela Ministra Cármen Lúcia, relatora da ADI n° 2.446/DF, na qual se discute a constitucionalidade do parágrafo único do art. 116 do CTN.

Em seu voto, a relatora, acompanhada pelos ministros Marco Aurélio, Edson Fachin, Alexandre de Moraes e Gilmar Mendes, entendeu pela constitucionalidade do artigo ora em debate. Entretanto, ressaltou que a previsão pretende, na verdade, combater a evasão fiscal, sendo inapropriada a denominação de "norma antielisão" dada ao dispositivo. O julgamento se encontra suspenso por pedido de vista do Ministro Ricardo Lewandowski.

---

[4] TÔRRES, Heleno. *Direito tributário internacional*: planejamento tributário e operações transnacionais. São Paulo: Revista dos Tribunais, 2001. p. 37.

[5] TEIXEIRA, Tiago Conde; TEIXEIRA, Yann Santos. Planejamento tributário e a amortização do ágio. *In*: MANEIRA, Eduardo; SANTIAGO, Igor Mauler (Coord.). *O ágio no direito tributário e societário*: questões atuais. São Paulo: Quartier Latin, 2015. p. 127.

Conclui-se, portanto, que, mesmo após a introdução do parágrafo único do art. 116 do CTN, o contribuinte ainda tem o direito de organizar as suas atividades a fim de pagar menos tributos, desde que o faça utilizando meios lícitos.

Estabelecidas essas premissas, é essencial delimitar o objeto do presente trabalho, haja vista que o planejamento tributário é extremamente amplo e pode ser realizado de diversas formas. Assim, o objetivo deste estudo é examinar os critérios utilizados pelo Carf e pelo Poder Judiciário para autorizar o aproveitamento fiscal do ágio gerado nas operações de fusão, cisão e aquisição de empresas.

2 Ágio: disciplina legal e requisitos para a sua amortização

2.1 O ágio sob a égide da Lei nº 9.532/1997

De plano, é mister ressaltar que o conceito jurídico de ágio não corresponde ao conceito de ágio adotado pela contabilidade.[6] Do ponto de vista contábil, o ágio corresponde à diferença entre o preço dos ativos da sociedade, isoladamente considerados, e o valor de mercado da companhia, como entidade única em operação. Ou seja, o ágio, sob a ótica contábil, constitui-se na apuração da diferença entre o valor pago pelo investimento e o valor justo dos ativos tangíveis e intangíveis da sociedade.[7]

Por sua vez, em que pese a existência do conceito contábil de ágio, o legislador decidiu se afastar dele e criar um instituto jurídico autônomo, cujos efeitos não guardam relação com os previstos pela contabilidade, ainda que possua o mesmo nome.[8] É dizer: a legislação tributária criou um conceito próprio de ágio, que difere do conceito cunhado pela doutrina contábil, de modo que é o instituto jurídico do ágio que produz efeitos tributários.[9]

Esse fenômeno ocorre porque o sistema jurídico, em decorrência do seu fechamento operacional, constrói a sua própria realidade por meio de normas jurídicas. Desse modo, quando um fato contábil, econômico ou de outra área da ciência ingressa no sistema jurídico, ele passa a ter seu próprio significado, que pode diferir do que

---

[6] TEIXEIRA, Tiago Conde; TEIXEIRA, Yann Santos. Planejamento tributário e a amortização do ágio. In: MANEIRA, Eduardo; SANTIAGO, Igor Mauler (Coord.). *O ágio no direito tributário e societário*: questões atuais. São Paulo: Quartier Latin, 2015. p. 154.

[7] SANTOS, Flávio Mattos dos; RIBEIRO, Ricardo Lodi. Natureza jurídica da amortização fiscal do ágio: despesa necessária, benefício fiscal ou norma antielisiva? In: MANEIRA, Eduardo; SANTIAGO, Igor Mauler (Coord.). *O ágio no direito tributário e societário*: questões atuais. São Paulo: Quartier Latin, 2015. p. 23.

[8] COÊLHO, Sacha Calmon Navarro; COELHO, Eduardo Junqueira. O conceito tributário de ágio previsto no Decreto-Lei nº 1.598/77 e os requisitos para a sua amortização com base no art. 7º da Lei 9.532/1997. In: MANEIRA, Eduardo; SANTIAGO, Igor Mauler (Coord.). *O ágio no direito tributário e societário*: questões atuais. São Paulo: Quartier Latin, 2015. p. 94.

[9] SCHOUERI, Luís Eduardo. *Ágio em reorganizações societárias* – Aspectos tributários. São Paulo: Dialética, 2012. p. 16.

possuía na ciência de origem. É dizer: o direito busca substrato no mundo fático, mas o traduz em linguagem jurídica, transformando os fatos do mundo em fatos jurídicos.[10]

Assim, coube ao Decreto-Lei nº 1.598/1977 definir o conceito jurídico do ágio. À luz do referido diploma legal, o ágio corresponde à diferença entre o custo da aquisição do investimento e o valor do patrimônio líquido contábil da investida, devendo o contribuinte indicar o fundamento econômico do sobrepreço pago.[11]

Dessa forma, conforme o art. 20 do Decreto-Lei nº 1.598/1977, reproduzido pelo art. 385 do Decreto nº 3.000/1999 (Regulamento do Imposto de Renda), no momento da aquisição da participação societária, o adquirente deve desdobrar o custo de aquisição em (i) o valor do patrimônio líquido da sociedade coligada ou controlada à época da aquisição e (ii) o valor do ágio ou do deságio,[12] devendo o contribuinte indicar o fundamento econômico do sobrepreço pago.[13]

Logo, é possível que o preço pago na aquisição de participação societária em determinada sociedade seja superior ou inferior ao valor patrimonial das ações. Isso ocorre porque, na maioria dos casos, o valor pago na aquisição de ações decorre de extensas negociações, nas quais diversos fatores influenciam a determinação da venda das participações societárias.[14]

Com relação aos fundamentos econômicos, sob a égide do Decreto-Lei nº 1.598/1977, anteriormente à edição da Lei nº 12.973/2014, eram três os tipos de ágio: (i) mais-valia dos ativos; (ii) expectativa de rentabilidade futura e (iii) fundo de comércio, intangíveis e outras razões econômicas.[15] Cumpre destacar que o tratamento tributário do ágio, para fins da sua amortização, varia conforme a sua fundamentação.[16]

No entanto, em que pese o conceito jurídico de ágio derivar do Decreto-Lei nº 1.598/1977, apenas com o advento da Lei nº 9.532/1997, por meio de seus arts. 7º e

---

[10] COÊLHO, Sacha Calmon Navarro; COELHO, Eduardo Junqueira. O conceito tributário de ágio previsto no Decreto-Lei nº 1.598/77 e os requisitos para a sua amortização com base no art. 7º da Lei 9.532/1997. *In*: MANEIRA, Eduardo; SANTIAGO, Igor Mauler (Coord.). *O ágio no direito tributário e societário*: questões atuais. São Paulo: Quartier Latin, 2015. p. 70.

[11] LOBATO, Valter de Souza. O novo regime jurídico do ágio na Lei 12.973/2014. *In*: MANEIRA, Eduardo; SANTIAGO, Igor Mauler (Coord.). *O ágio no direito tributário e societário*: questões atuais. São Paulo: Quartier Latin, 2015. p. 104.

[12] Decreto nº 3.000/1999: "Art. 385. O contribuinte que avaliar investimento em sociedade coligada ou controlada pelo valor de patrimônio líquido deverá, por ocasião da aquisição da participação, desdobrar o custo de aquisição em (Decreto-Lei nº 1.598, de 1977, art. 20) I - valor de patrimônio líquido na época da aquisição, determinado de acordo com o disposto no artigo seguinte; e II - ágio ou deságio na aquisição, que será a diferença entre o custo de aquisição do investimento e o valor de que trata o inciso anterior".

[13] LOBATO, Valter de Souza. O novo regime jurídico do ágio na Lei 12.973/2014. *In*: MANEIRA, Eduardo; SANTIAGO, Igor Mauler (Coord.). *O ágio no direito tributário e societário*: questões atuais. São Paulo: Quartier Latin, 2015. p. 104.

[14] SCHOUERI, Luís Eduardo. *Ágio em reorganizações societárias* – Aspectos tributários. São Paulo: Dialética, 2012. p. 12.

[15] COÊLHO, Sacha Calmon Navarro; COELHO, Eduardo Junqueira. O conceito tributário de ágio previsto no Decreto-Lei nº 1.598/77 e os requisitos para a sua amortização com base no art. 7º da Lei 9.532/1997. *In*: MANEIRA, Eduardo; SANTIAGO, Igor Mauler (Coord.). *O ágio no direito tributário e societário*: questões atuais. São Paulo: Quartier Latin, 2015. p. 82.

[16] SCHOUERI, Luís Eduardo. *Ágio em reorganizações societárias* – Aspectos tributários. São Paulo: Dialética, 2012. p. 9.

8º, tornou-se possível a dedução do ágio nas operações de incorporação, fusão e cisão entre investidora e investida.[17]

O objetivo desses dispositivos era possibilitar que o ágio pago na aquisição de participação societária com fundamento na expectativa de rentabilidade futura fosse lançado contra os lucros desse negócio, de modo que o valor pago a título de ágio fosse deduzido dos tributos devidos sobre os lucros.[18] É dizer: a amortização do ágio reduz o lucro tributável e, consequentemente, a base de cálculo do IRPJ e da CSLL.[19]

Essa autorização surgiu no contexto do Plano Nacional de Desestatização (PND), cujo objetivo era atrair investimento que deveria recair sobre empresas estatais brasileiras. É importante ressalvar, contudo, que a lei não ficou restrita a investimentos em estatais, mas sim a toda e qualquer aquisição, nos termos da lei.[20]

Nota-se, portanto, o caráter indutor da referida lei, com vistas a estimular incorporações societárias, que outorga, em seu art. 7º, às empresas o direito de recuperar parte do sobrepreço pago por meio da amortização do ágio.[21] Isso também se evidencia no art. 8º, que permitiu a dedução do ágio por rentabilidade futura, inclusive para investimentos não sujeitos à avaliação pelo método de equivalência patrimonial e nas situações de incorporação reversa, na qual a empresa investida incorpora a investidora.[22]

Assim, sob a égide da Lei nº 9.532/1997, os requisitos para a amortização do ágio eram (i) a aquisição de participação societária por valor superior ao patrimônio líquido registrado contabilmente fundamentada na expectativa de rentabilidade futura e (ii) a absorção do patrimônio da empresa investida pela investidora ou vice-versa, unindo no mesmo patrimônio o ágio que lhe deu causa.[23] Logo, nota-se que os efeitos fiscais do ágio pressupõem a absorção do patrimônio da investida pela investidora, ou vice-versa, e variam conforme o fundamento econômico do ágio indicado pelo investidor.[24]

---

[17] SANTOS, Flávio Mattos dos; RIBEIRO, Ricardo Lodi. Natureza jurídica da amortização fiscal do ágio: despesa necessária, benefício fiscal ou norma antielisiva? *In*: MANEIRA, Eduardo; SANTIAGO, Igor Mauler (Coord.). *O ágio no direito tributário e societário*: questões atuais. São Paulo: Quartier Latin, 2015. p. 22.

[18] OLIVEIRA, Ricardo Mariz de. *Fundamentos do imposto de renda*. São Paulo: Quartier Latin, 2008. p. 767.

[19] BARRETO, Paulo Ayres. Amortização do ágio: limites normativos. *In*: MANEIRA, Eduardo; SANTIAGO, Igor Mauler (Coord.). *O ágio no direito tributário e societário*: questões atuais. São Paulo: Quartier Latin, 2015. p. 324.

[20] LOBATO, Valter de Souza. O novo regime jurídico do ágio na Lei 12.973/2014. *In*: MANEIRA, Eduardo; SANTIAGO, Igor Mauler (Coord.). *O ágio no direito tributário e societário*: questões atuais. São Paulo: Quartier Latin, 2015. p. 101.

[21] COÊLHO, Sacha Calmon Navarro; COELHO, Eduardo Junqueira. O conceito tributário de ágio previsto no Decreto-Lei nº 1.598/77 e os requisitos para a sua amortização com base no art. 7º da Lei 9.532/1997. *In*: MANEIRA, Eduardo; SANTIAGO, Igor Mauler (Coord.). *O ágio no direito tributário e societário*: questões atuais. São Paulo: Quartier Latin, 2015. p. 93.

[22] COÊLHO, Sacha Calmon Navarro; COELHO, Eduardo Junqueira. O conceito tributário de ágio previsto no Decreto-Lei nº 1.598/77 e os requisitos para a sua amortização com base no art. 7º da Lei 9.532/1997. *In*: MANEIRA, Eduardo; SANTIAGO, Igor Mauler (Coord.). *O ágio no direito tributário e societário*: questões atuais. São Paulo: Quartier Latin, 2015. p. 88.

[23] LOBATO, Valter de Souza. O novo regime jurídico do ágio na Lei 12.973/2014. *In*: MANEIRA, Eduardo; SANTIAGO, Igor Mauler (Coord.). *O ágio no direito tributário e societário*: questões atuais. São Paulo: Quartier Latin, 2015. p. 111.

[24] COÊLHO, Sacha Calmon Navarro; COELHO, Eduardo Junqueira. O conceito tributário de ágio previsto no Decreto-Lei nº 1.598/77 e os requisitos para a sua amortização com base no art. 7º da Lei 9.532/1997. *In*: MANEIRA, Eduardo; SANTIAGO, Igor Mauler (Coord.). *O ágio no direito tributário e societário*: questões atuais. São Paulo: Quartier Latin, 2015. p. 89-90.

Nesse diapasão, em se tratando da sua amortização, o ágio fundado na alínea "a", ou seja, na mais-valia dos ativos, deveria ser registrado em contrapartida à conta dos bens ou direitos que lhe deram origem e amortizado na proporção em que forem realizados. Por sua vez, o ágio fundado na alínea "b", que se refere à expectativa de rentabilidade futura, pode ser amortizado, no prazo mínimo de 5 (cinco) anos, à razão de 1/60 avos (um sessenta avos) ao mês. Cabe mencionar que ágio justificado na expectativa de rentabilidade futura se justifica por laudo técnico, geralmente baseado no método de fluxo de caixa descontado, que deve ser arquivado pelo contribuinte.[25] Já o ágio disciplinado pela alínea "c", fundado em outras razões econômicas, não pode ser amortizado, tendo em vista a dificuldade de sua mensuração.[26]

Cabe mencionar que, entre os fundamentos econômicos elencados, não há uma ordem de preferência e sim múltiplas possibilidades, que variam conforme o caso concreto.[27]

Ademais, nos termos do §3º do art. 20 do Decreto-Lei nº 1.598/1977, o ágio fundamentado em mais-valia dos ativos ou em expectativa de rentabilidade futura deve ser baseado em demonstração que o contribuinte arquivará como comprovante da escrituração. Nota-se, nesse ponto, que o legislador não disciplinou a forma de apresentação do fundamento econômico nem do seu arquivamento, conferindo maior liberdade ao contribuinte, que poderia fazê-lo por meio de laudo elaborado por auditores independentes, relatórios internos ou até apresentações de *PowerPoint*.[28] Essa liberdade formal, no entanto, não o exime da necessidade de demonstração do valor do ágio e do fundamento utilizado.[29]

2.2 A Lei nº 12.973/2014 e as alterações no tratamento fiscal do ágio

Posteriormente, foi publicada a Lei nº 12.973/2014, que promoveu alterações expressivas no tratamento fiscal do ágio. No novo regime, o ágio deixa de corresponder

---

[25] LOBATO, Valter de Souza. O novo regime jurídico do ágio na Lei 12.973/2014. *In*: MANEIRA, Eduardo; SANTIAGO, Igor Mauler (Coord.). *O ágio no direito tributário e societário*: questões atuais. São Paulo: Quartier Latin, 2015. p. 108.

[26] SANTOS, Flávio Mattos dos; RIBEIRO, Ricardo Lodi. Natureza jurídica da amortização fiscal do ágio: despesa necessária, benefício fiscal ou norma antielisiva? *In*: MANEIRA, Eduardo; SANTIAGO, Igor Mauler (Coord.). *O ágio no direito tributário e societário*: questões atuais. São Paulo: Quartier Latin, 2015. p. 23.

[27] OLIVEIRA, Ricardo Mariz de. Questões atuais sobre o ágio – Ágio interno – Rentabilidade futura e intangível – Dedutibilidade das amortizações – As inter-relações entre a contabilidade e o direito. *In*: LOPES, Alexsandro Broedel; MOSQUERA, Roberto Quiroga (Coord.). *Controvérsias jurídico-contábeis* – Aproximações e distanciamentos. São Paulo: Dialética, 2011. v. 2. p. 219.

[28] PEREIRA, Roberto Codorniz Leite; SCHOUERI, Luís Eduardo. A figura do "laudo" nas operações societárias com ágio: do retrato da expectativa de rentabilidade futura para o retrato do valor justo. *In*: MANEIRA, Eduardo; SANTIAGO, Igor Mauler (Coord.). *O ágio no direito tributário e societário*: questões atuais. São Paulo: Quartier Latin, 2015. p. 181-182.

[29] OLIVEIRA, Ricardo Mariz de. Questões atuais sobre o ágio – Ágio interno – Rentabilidade futura e intangível – Dedutibilidade das amortizações – As inter-relações entre a contabilidade e o direito. *In*: LOPES, Alexsandro Broedel; MOSQUERA, Roberto Quiroga (Coord.). *Controvérsias jurídico-contábeis* – Aproximações e distanciamentos. São Paulo: Dialética, 2011. v. 2. p. 765.

à diferença entre o custo do investimento e o valor patrimonial das ações da empresa investida e passa a ser definido como a diferença entre o custo de aquisição e o valor justo do investimento, aproximando-se, portanto, do conceito adotado pela contabilidade.

Houve alteração também quanto aos fundamentos econômicos aptos a justificar o ágio. Explica-se: sob a égide do Decreto-Lei nº 1.598/1977, todo sobrepreço era considerado ágio, cabendo ao contribuinte escolher o seu fundamento econômico. Todavia, com as alterações legais, apenas a expectativa de rentabilidade futura (*goodwill*) pode justificar o ágio, sendo este o valor remanescente do sobrepreço pago após a subtração da parcela que corresponde à mais-valia dos ativos da empresa, que corresponde à diferença entre o seu valor justo e patrimonial.[30]

Com o advento da nova lei, tanto a mais-valia quanto o ágio devem ser fundamentados por meio de laudo elaborado por perito independente, que deve ser protocolado na Secretaria da Receita Federal do Brasil ou ter o seu sumário registrado em Cartório de Registro de Títulos e Documentos.[31]

A nosso ver, contudo, a principal mudança trazida pela Lei nº 12.973/2014 foi a vedação ao aproveitamento fiscal do ágio gerado na aquisição de investimentos entre partes dependentes. Ou seja, proibiu-se a amortização do denominado ágio interno, o que não constava na Lei nº 9.532/1997.

Nos termos do art. 25 do referido diploma legal, as partes envolvidas na operação de aquisição de participação societária são consideradas dependentes quando: (i) o adquirente e o alienante são controlados, direta ou indiretamente, pela mesma parte ou partes; (ii) existir relação de controle entre o adquirente e o alienante; (iii) o alienante for sócio, titular, conselheiro ou administrador da pessoa jurídica adquirente; (iv) o alienante for parente ou afim até o terceiro grau, cônjuge ou companheiro de sócio, titular, conselheiro ou administrador da pessoa jurídica adquirente; ou (v) decorrerem outras relações que comprovem a dependência societária.

Por fim, ressalta-se que, de acordo com o art. 65 da lei ora em comento, será aplicado o regime anterior do ágio, disciplinado pelo Decreto-Lei nº 1.598/1977 e pela Lei

---

[30] PEREIRA, Roberto Codorniz Leite; SCHOUERI, Luís Eduardo. A figura do "laudo" nas operações societárias com ágio: do retrato da expectativa de rentabilidade futura para o retrato do valor justo. In: MANEIRA, Eduardo; SANTIAGO, Igor Mauler (Coord.). *O ágio no direito tributário e societário*: questões atuais. São Paulo: Quartier Latin, 2015. p. 188.

[31] Decreto-Lei nº 1.598/1997: "Art. 20. O contribuinte que avaliar investimento pelo valor de patrimônio líquido deverá, por ocasião da aquisição da participação, desdobrar o custo de aquisição em: (Redação dada pela Lei nº 12.973, de 2014) (Vigência) I - valor de patrimônio líquido na época da aquisição, determinado de acordo com o disposto no artigo 21; e II - mais ou menos-valia, que corresponde à diferença entre o valor justo dos ativos líquidos da investida, na proporção da porcentagem da participação adquirida, e o valor de que trata o inciso I do caput; e (Redação dada pela Lei nº 12.973, de 2014) (Vigência) III - ágio por rentabilidade futura (goodwill), que corresponde à diferença entre o custo de aquisição do investimento e o somatório dos valores de que tratam os incisos I e II do caput. (Incluído pela Lei nº 12.973, de 2014) (Vigência) §3º O valor de que trata o inciso II do caput deverá ser baseado em laudo elaborado por perito independente que deverá ser protocolado na Secretaria da Receita Federal do Brasil ou cujo sumário deverá ser registrado em Cartório de Registro de Títulos e Documentos, até o último dia útil do 13º (décimo terceiro) mês subsequente ao da aquisição da participação. (Redação dada pela Lei nº 12.973, de 2014) (Vigência)".

nº 9.532/1997, às aquisições de participação realizadas até 31.12.2014, cujas operações de incorporação, fusão ou cisão ocorram até 31.12.2017.

3 Amortização do ágio: os critérios utilizados pelo Carf e pelo Poder Judiciário

Conforme demonstrado, a legislação autoriza a dedução do ágio da apuração do lucro real desde que certos requisitos sejam observados. Ocorre que as autoridades fiscais passaram a autuar e glosar o aproveitamento do ágio gerado em determinadas operações sob o fundamento de que se trataria, na verdade, de planejamento tributário abusivo.[32]

Passa-se, portanto, a analisar a jurisprudência do Carf e do Poder Judiciário sobre o tema, com vistas a elucidar quais são os critérios por eles utilizados para autorizar a amortização do ágio.

3.1 A abordagem do Carf sobre a possibilidade de amortização do ágio

No âmbito do Carf, os principais parâmetros avaliados são os seguintes: (i) ausência de laudo; (ii) operação realizada entre partes relacionadas (ágio interno); (iii) utilização de empresa-veículo; (iv) ausência de propósito negocial; (v) ausência de confusão patrimonial; e (vi) ausência de efetivo pagamento.

3.1.1 Ausência de laudo

No julgamento do Acórdão nº 1402-003.869,[33] o Carf entendeu que, em que pese a legislação vigente à época da operação não exigir a elaboração de laudo para atestar o ágio por rentabilidade futura, haveria necessidade de comprovação da existência de documento interno no momento do registro do ágio. Nesse precedente, o colegiado não acolheu os argumentos do contribuinte de que o laudo, embora elaborado posteriormente, referia-se à data do registro do ágio no que diz respeito à sua valoração, bem como a existência de documentos internos que demonstrariam a correção do valor contabilizado. Concluiu a turma julgadora que, como tal demonstrativo havia sido elaborado

---

[32] BARRETO, Paulo Ayres. Amortização do ágio: limites normativos. In: MANEIRA, Eduardo; SANTIAGO, Igor Mauler (Coord.). O ágio no direito tributário e societário: questões atuais. São Paulo: Quartier Latin, 2015. p. 324.
[33] CARF, 2ª Turma Ordinária da 4º Câmara da 1ª Seção. Acórdão nº 1402-003.869. Rel. Cons. Evandro Correa Dias, sessão de 17.4.2019.

mais de três meses após o registro do ágio, não era apto a justificar a mais-valia como sendo relativa a ágio por rentabilidade futura.

No mesmo sentido, no Acórdão nº 9101-003.008,[34] a 1ª Turma da CSRF decidiu que, para que a amortização do ágio possa ser deduzida da apuração do IRPJ e da CSLL, o contribuinte necessita demonstrá-lo de forma precisa e arquivar a documentação em que isso foi feito. No entendimento da Turma, essa demonstração deve ser contemporânea à aquisição da participação societária com ágio fundamentada na perspectiva de rentabilidade futura, não sendo admitida fundamentação da rentabilidade em momento posterior. Confira-se a ementa:

> ÁGIO. RENTABILIDADE FUTURA. DEMONSTRAÇÃO DO VALOR ECONÔMICO-FINANCEIRO DA PARTICIPAÇÃO SOCIETÁRIA EM AQUISIÇÃO. EFETIVIDADE E CONTEMPORANEIDADE À AQUISIÇÃO. A lei exige que o lançamento do ágio baseado na perspectiva de rentabilidade futura seja baseado em demonstração que o contribuinte arquivará como comprovante da escrituração. Embora não houvesse à época dos fatos a exigência de demonstração na forma de laudo, a produção e arquivamento de documentação que apresenta de forma objetiva e precisa a demonstração do valor econômico-financeiro da participação societária em aquisição a partir das perspectivas de rentabilidade futura da empresa é ônus da adquirente e constitui requisito indispensável para a dedução da amortização do ágio correspondente. Não basta estimá-lo de forma subjetiva, é preciso determiná-lo e demonstrá-lo, matematicamente, de forma precisa, e arquivar a documentação onde isso é feito, tudo ao tempo em que é feita a aquisição, nunca a posteriori.

Com a devida vênia, consideramos esse entendimento equivocado. Conforme exposto, o §3º do art. 20 do Decreto-Lei nº 1.598/1977 estabeleceu que o fundamento do ágio deve estar baseado em demonstração que deve ser arquivada pelo contribuinte, contudo, o referido dispositivo não disciplinou a forma e os critérios que deveriam ser observados na demonstração. Assim, o demonstrativo pode ser elaborado a qualquer tempo, desde que reflita as circunstâncias do negócio realizado e se baseie em elementos de prova contemporâneos à operação.[35]

Apenas com o advento da Lei nº 12.973/2014 o legislador passou a prever requisitos formais que deveriam ser atendidos. Nesse novo regime, o laudo deve ser elaborado por perito independente e protocolado junto à Secretaria da Receita Federal do Brasil ou ter o seu sumário registrado em Cartório de Registro de Títulos e Documentos até o último dia útil do 13º mês subsequente ao da aquisição da participação societária.[36]

Todavia, devido ao princípio da irretroatividade, assegurado como direito fundamental do cidadão-contribuinte pelo art. 150, III, "a", da CF/1988, esses requisitos

---

[34] CSRF, 1ª Turma. Acórdão nº 9101-003.008. Rel. Cons. Adriana Gomes Rêgo, sessão de 8.8.2017.

[35] PEREIRA, Roberto Codorniz Leite; SCHOUERI, Luís Eduardo. A figura do "laudo" nas operações societárias com ágio: do retrato da expectativa de rentabilidade futura para o retrato do valor justo. *In*: MANEIRA, Eduardo; SANTIAGO, Igor Mauler (Coord.). *O ágio no direito tributário e societário*: questões atuais. São Paulo: Quartier Latin, 2015. p. 184.

[36] PEREIRA, Roberto Codorniz Leite; SCHOUERI, Luís Eduardo. A figura do "laudo" nas operações societárias com ágio: do retrato da expectativa de rentabilidade futura para o retrato do valor justo. *In*: MANEIRA, Eduardo; SANTIAGO, Igor Mauler (Coord.). *O ágio no direito tributário e societário*: questões atuais. São Paulo: Quartier Latin, 2015. p. 190.

só podem ser exigidos para fatos geradores ocorridos após a entrada em vigor da Lei nº 12.973/2014. Nesse sentido, no Acórdão nº 1201-002.247,[37] entendeu-se indevida a glosa do aproveitamento do ágio sob fundamento de intempestividade do laudo de avaliação, uma vez que sequer existiria previsão legal acerca da obrigatoriedade do laudo à época dos fatos.

Em seu voto, o relator consignou que, no caso em tela, o demonstrativo foi veiculado por meio de relatório de avaliação, apresentado cerca de seis meses após a aquisição da participação societária, sendo que a fiscalização não contestou o conteúdo da demonstração. Dessa forma, como não havia, à época da operação, qualquer dispositivo legal que determinasse prazo para a apresentação desse documento, a Turma entendeu que restou devidamente comprovada a existência do elemento econômico que fundamentou o pagamento do ágio.

3.1.2 Ágio interno

Nesse ponto, as decisões recentes do colegiado convergem no sentido de que somente pode ser amortizado o ágio gerado entre sociedades independentes, tendo em vista que essa seria uma condição necessária para a formação de um preço justo dos ativos negociados. Por todos, veja-se a emenda do Acórdão nº 1302-003.381:[38]

> DESPESAS COM AMORTIZAÇÃO DE ÁGIO. EMPRESAS DE MESMO GRUPO ECONÔMICO. INDEDUTIBILIDADE.
> *A dedutibilidade da amortização do ágio somente é admitida quando este surge em negócios entre partes independentes*, condição necessária à formação de um preço justo para os ativos envolvidos. Nos casos em que seu aparecimento acontece no bojo de negócios entre entidades sob o mesmo controle, o ágio não tem consistência econômica ou contábil, o que obsta que se admitam suas consequências fiscais.

No âmbito da Câmara Superior de Recursos Fiscais (CSRF), o cenário é o mesmo. A título de exemplo, no Acórdão nº 9101-003.446,[39] o colegiado decidiu que a possibilidade de dedução das despesas de amortização do ágio, prevista no art. 386 do RIR/1999, requer a participação de uma pessoa jurídica investidora originária, que efetivamente tenha acreditado na "mais-valia" do investimento e realizado sacrifícios patrimoniais para sua aquisição. Em especial, entendeu-se que, pelo fato de alienante e adquirente integrarem o mesmo grupo econômico e estarem submetidos a controle comum, não teriam ocorrido tais sacrifícios, inexistindo circulação de riquezas, restando, portanto, evidenciada a artificialidade da reorganização societária que, carecendo de propósito

---

[37] CARF, 1ª Turma Ordinária da 2ª Câmara da 1ª Seção. Acórdão nº 1201-002.247. Rel. Cons. Luis Fabiano Alves Penteado, sessão de 12.6.2018.

[38] CARF, 2ª Turma da 3ª Câmara da 1ª Seção. Acórdão nº 1302-003.381. Rel. Cons. Paulo Henrique Silva Figueiredo, sessão de 22.1.2019.

[39] CSRF, 1ª Turma. Acórdão nº 9101-003.446. Rel. Cons. Rafael Vidal de Araújo, sessão de 6.3.2018.

negocial e substrato econômico, não teria o condão de autorizar o aproveitamento tributário do ágio que pretendeu criar.

É mister ressaltar que as decisões mencionadas se referem a fatos geradores regidos pela Lei nº 9.532/1997, de modo que resta evidente a confusão entre o conceito jurídico e contábil de ágio.

Explica-se: conforme lecionam Jorge Vieira da Costa Júnior e Eliseu Martins, sob o enfoque contábil, não se reconhece o ágio gerado em operações entre empresas do mesmo grupo de sociedades, tendo em vista que o resultado gerado seria artificial.[40] Esse entendimento, contudo, não se aplica ao tratamento fiscal do ágio sob a égide da Lei nº 9.532/1997, que remete ao Decreto-Lei nº 1.598/1977. Isso ocorre porque o conceito de ágio criado pela legislação tributária não guarda identidade com o originado na ciência contábil. É dizer: o legislador afastou-se do conceito contábil de ágio e o definiu, para fins fiscais, como a diferença entre o custo do investimento e o valor do patrimônio líquido da sociedade, o que pode ser apurado em operação realizada no âmbito de um grupo econômico.

Assim, verifica-se que, sob a égide da Lei nº 9.532/1997, não havia diferença, para fins de aproveitamento fiscal, entre o ágio gerado em operações entre partes independentes e o ágio interno, gerado em operações entre empresas do mesmo grupo econômico. Com efeito, apenas com o advento da Lei nº 12.793/2014 foi vedada a amortização do ágio interno. O próprio fato de o referido diploma legal vedar de maneira expressa a dedutibilidade do ágio gerado em operações entre partes relacionadas comprova que, sob a égide da legislação anterior, era autorizado o aproveitamento do ágio interno.[41]

3.1.3 Utilização de empresa-veículo

No âmbito das turmas ordinárias, há diversos precedentes nos quais se entendeu que a utilização de empresa-veículo não impede o aproveitamento do ágio.[42] A fundamentação comum extraída desses precedentes é que a interposição das empresas denominadas pelo Fisco "veículos" não ensejaria a formação de ágio inexistente, não havendo que se falar em ilegalidade das estruturas societárias utilizadas nas operações.

Esse entendimento, contudo, não tem prevalecido no âmbito da CSRF. Na 1ª Tuma da Câmara Superior, a jurisprudência majoritária é no sentido de que a confusão

---

[40] COSTA JUNIOR, Jorge Vieira da; MARTINS, Eliseu. A incorporação reversa com ágio gerado internamente: consequências da elisão fiscal sobre a contabilidade. *IV Congresso USP Controladoria e Contabilidade*, 2004. Disponível em: https://congressousp.fipecafi.org/anais/artigos42004/13.pdf. Acesso em: 4 mar. 2021.

[41] TEIXEIRA, Tiago Conde; TEIXEIRA, Yann Santos. Planejamento tributário e a amortização do ágio. In: MANEIRA, Eduardo; SANTIAGO, Igor Mauler (Coord.). *O ágio no direito tributário e societário*: questões atuais. São Paulo: Quartier Latin, 2015. p. 159.

[42] Nesse sentido, veja-se: CARF, 1ª Turma Ordinária da 2ª Câmara da 1ª Seção. Acórdão nº 1201-002.894. Rel. Cons. Neudson Cavalcante Albuquerque, sessão de 16.4.2019; CARF, 2ª Turma Ordinária da 3ª Câmara da 1ª Seção. Acórdão nº 1302-003.434. Rel. Cons. Gustavo Guimarães da Fonseca.

patrimonial exigida pelo art. 386 do RIR/99 tem que se dar entre a real investidora e a investida, não havendo que se falar em dedutibilidade da amortização do ágio ainda que a utilização de empresas-veículo possua propósito negocial, como exemplo, por imposição de questões regulatórias. É ver a ementa do Acórdão nº 9101-004.499:[43]

> EMPRESA VEÍCULO. UTILIZAÇÃO. REORGANIZAÇÃO SOCIETÁRIA. EFEITOS NÃO OPONÍVEIS PERANTE O FISCO. Sendo a empresa veículo aquela cuja existência se justifica pela passagem de patrimônio, sem nenhum outro motivo operacional, constata-se que, na reorganização societária realizada pelo Grupo Econômico, foi utilizada uma empresa veículo num processo de planejamento tributário, o qual não pode produzir efeitos perante o Fisco. Os motivos extra tributários alegados para o emprego da empresa veículo apenas reforçam o entendimento de que, sem a sua utilização, não seria possível compor a situação em que se deu a amortização do ágio.

Entendemos, no entanto, que essa posição da CSRF deve ser revista, uma vez que não há qualquer vedação legal à utilização de empresa-veículo para fins de aproveitamento fiscal do ágio.

3.1.4 Ausência de propósito negocial

A 1ª Turma Ordinária da 4ª Câmara da 1ª Seção, no julgamento do Acórdão nº 1401-004.194,[44] decidiu que não é possível deduzir o ágio gerado entre duas empresas do mesmo grupo econômico quando ausente propósito negocial.

Para além da discussão referente à existência ou não de propósito negocial para fins de desconsideração de determinado ato ou negócio jurídico – que faz referência, inclusive, ao art. 166, parágrafo único, do CTN, e adentra na esfera subjetiva do contribuinte, o que pode ser considerado incompatível com a necessária vinculação à lei à qual está submetida a fiscalização tributária – é de ver que as autoridades fazendárias deixaram de adotar o conceito jurídico de ágio, que permite o reconhecimento de ágio interno, apropriando-se do termo em sua perspectiva contábil, o qual não tem o condão de gerar efeitos fiscais.

Nesse diapasão, consideramos correta a decisão proferida pela 1ª Turma Ordinária da 2ª Câmara da 1ª Seção no Acórdão nº 1201-003.203.[45] Em suma, os conselheiros consignaram que, apesar de as normas gerais de controle de planejamentos tributários relacionadas às figuras do abuso de direito, abuso de forma, negócio jurídico indireto e inexistência de propósito negocial não terem previsão legal no direito tributário brasileiro, o que por si só já deveria afastar as exigências do IRPJ e da CSLL, restou

---

[43] CSRF, 1ª Turma. Acórdão nº 9101-004.499. Rel. Cons. Amélia Wakako Morishita Yamamoto, sessão de 6.9.2019.
[44] CARF, 1ª Turma Ordinária da 4ª Câmara da 1ª Seção. Acórdão nº 1401-004.194. Rel. Cláudio de Andrade Camerano, sessão de 11.2.2020.
[45] CARF, 1ª Turma Ordinária da 2ª Câmara da 1ª Seção. Acórdão nº 1201-003.203. Rel. Cons. Gisele Barra Bossa.

evidenciado no caso concreto que as operações ocorreram por meio de atos lícitos e que o contribuinte possuía razões extrafiscais relevantes.

3.1.5 Ausência de confusão patrimonial

Com relação a este critério, o entendimento do Carf é no sentido de que, para que seja possível a amortização do ágio, é necessário que a pessoa jurídica investidora real, ou seja, aquela que efetivamente acreditou no sobrepreço do investimento, fez os estudos de rentabilidade futura e desembolsou os recursos para a aquisição, participe da confusão patrimonial.[46]

Destarte, ainda que o ágio tenha sido criado em operação envolvendo terceiros independentes e com efetivo sacrifício patrimonial correspondente à participação societária adquirida, se houver a transferência do ágio pela investidora originária para outra empresa de seu grupo econômico, por meio de operações meramente contábeis e sem nova circulação de riquezas, não se torna possível o pretendido aproveitamento tributário do ágio em razão de a eventual confusão patrimonial advinda de posterior processo de incorporação entre empresas não envolver a real adquirente da participação societária com sobrepreço.

3.1.6 Ausência de efetivo pagamento

Por fim, no julgamento do Acórdão nº 1302-002.568, a 2ª Turma Ordinária da 3ª Câmara da 1ª Seção aduziu que a ausência de efetivo pagamento por parte da investidora pela aquisição de participações em operações com empresas controladas evidencia a falta de substância econômica da operação, impedindo o aproveitamento fiscal do ágio pretendido.

Com a devida vênia, entendemos que o colegiado se equivocou ao invocar a falta de pagamento como fundamento para desconsiderar operações no âmbito de um grupo de sociedades, tendo em vista que o desembolso de caixa não é requisito para o reconhecimento de ativos.[47] Nesse sentido, no bojo do PAG nº 11080.726429/2015-99, a 2ª Turma Ordinária da 3ª Câmara da 1ª Seção do Carf reconheceu a subscrição de ações de uma empresa em outra como forma de aquisição de participação.

---

[46] CSRF, 1ª Turma. Acórdão nº 9101-004.277. Rel. André Mendes de Moura, sessão de 10.7.2019.
[47] BARRETO, Paulo Ayres. Amortização do ágio: limites normativos. *In*: MANEIRA, Eduardo; SANTIAGO, Igor Mauler (Coord.). *O ágio no direito tributário e societário*: questões atuais. São Paulo: Quartier Latin, 2015. p. 328.

3.2 A abordagem do Poder Judiciário sobre a possibilidade de amortização do ágio

Noutro plano, no âmbito do Poder Judiciário, os principais temas debatidos com relação à possibilidade de amortização do ágio são: (i) ágio interno; (ii) utilização de empresa-veículo; e (iii) ausência de propósito negocial.

3.2.1 Ágio interno

No que concerne ao primeiro ponto, a jurisprudência não é uníssona, sendo possível encontrar, no âmbito dos Tribunais Regionais Federais, decisões favoráveis e desfavoráveis ao contribuinte.

Na Ação Anulatória nº 5010311-02.2018.4.04.7205, o Juiz Federal Francisco Ostermann de Aguiar, da 2ª Vara Federal de Blumenau, reconheceu o direito do contribuinte de utilizar o ágio para fins de amortização na apuração do lucro real. Em suma, o magistrado consignou que, no caso concreto, as operações obedeceram às formalidades necessárias, inexistindo prova de ilicitude, decorrente de simulação ou fraude, por exemplo. Além disso, à época da operação, não havia qualquer vedação à amortização de ágio interno. Por fim, aduziu que a utilização de empresa-veículo possuía propósito negocial, sendo necessária para a reorganização societária do contribuinte.

De maneira similar, o contribuinte também obteve decisões favoráveis nos Embargos à Execução Fiscal nº 5058075-42.2017.4.04.7100, julgados pela Justiça Federal do Rio Grande do Sul, e nos Embargos à Execução Fiscal nº 0143649-58.2017.4.02.5101, julgados pela Justiça Federal do Rio de Janeiro. Em ambos os casos, restou consignado que as operações de reestruturação societária obedeceram às formalidades necessárias, inexistindo prova de ilicitude, decorrente de simulação ou fraude, por exemplo, e que apenas após a vigência da Lei nº 12.973/14 é que se pode falar em vedação ao ágio interno.

Por outro lado, na Ação Anulatória nº 1008067-24.2018.4.01.3400, julgada pela Justiça Federal do Distrito Federal, entendeu-se que é vedado o aproveitamento fiscal do ágio geral entre partes dependentes. Ademais, o magistrado enfatizou que não restou demonstrado nos autos a efetiva circulação de riquezas.

No mesmo sentido, no julgamento da Apelação nº 0027143-60.2009.4.03.6100, o Tribunal Regional Federal da 3ª Região decidiu que a configuração do ágio pressupõe operação entre partes independentes, com a real intenção de investimento. Em face desse acórdão, o contribuinte interpôs recurso especial.

O REsp nº 1.808.639/SP é o *leading* case sobre ágio no STJ e tem gerado grandes expectativas nos contribuintes, no entanto, até o momento, não há data prevista para o julgamento do caso.

3.2.2 Utilização de empresa-veículo

Com relação a esse requisito, o Tribunal Regional Federal da 2ª Região entendeu que (i) a possibilidade de amortização de ágio na incorporação reversa aplica-se apenas nos casos em que há confusão patrimonial entre a empresa que o pagou e a adquirida, o que não se verificou no caso; e (ii) a constituição de empresa-veículo em momento posterior ao da aquisição, para transferência do ágio, seguida da incorporação reversa, não permite a amortização do ágio pela empresa adquirida.

Contudo, conforme já comentado em linhas pretéritas do presente estudo, a utilização de empresa-veículo não impede o aproveitamento fiscal do ágio. Nessa mesma toada, o Juiz Federal Aníbal Magalhães da Cruz, da 6ª Vara Federal Cível de Belo Horizonte,[48] enfatizou que não há qualquer vedação legal para o uso de empresa-veículo na obtenção de ágio e dedutibilidade para fins fiscais. Prosseguindo, ele concluiu que o contribuinte não é obrigado a realizar negócios pelo maior custo e com pagamento da maior carga tributária.

3.2.3 Ausência de propósito negocial

Por fim, no que tange a este último critério, a Juíza Federal Substituta Tatiana Pattaro Pereira, da 4ª Vara Cível Federal de São Paulo, decidiu, ao julgar o Processo nº 2011781-15.2018.4.03.6100, que o Fisco não pode desconsiderar negócios jurídicos pela simples falta de propósito negocial. Dessa forma, não sendo comprovada fraude ou simulação nas operações realizadas, elas são válidas, mesmo que tenham o único propósito de economizar tributos. Ademais, a magistrada destacou que, à época dos fatos geradores, inexistia qualquer vedação à amortização do ágio interno.[49]

4 Conclusão

A Constituição Federal assegura ao contribuinte o direito de se organizar, por meio de atos lícitos, com vistas a pagar menos tributos. Nesse sentido, a legislação autoriza a exclusão do ágio da apuração do lucro real, desde que observados determinados requisitos. Ocorre que as autoridades fiscais têm autuado os contribuintes e glosado o aproveitamento do ágio sob o fundamento de que se trataria de planejamento tributário abusivo.

---

[48] JFMG. Processo nº 1006997-96.4.01.3800. Juiz Federal Aníbal Magalhães da Cruz, j. 12.9.2019.
[49] JFSP. Processo nº 2011781-15.2018.4.03.6100. Juíza Federal Substituta Tatiana Pattaro Pereira, j. 18.6.2018.

A partir da análise da jurisprudência, é possível notar que o Carf e o Poder Judiciário têm adotado critérios não previstos na legislação para vedar a amortização do ágio. Essa conduta, contudo, não encontra respaldo na Constituição Federal, que consagra o princípio da legalidade de forma genérica em seu art. 5º, II, e, de forma específica, para o direito tributário em seu art. 150, I. É verdade que, em caráter excepcional, as operações realizadas pelo contribuinte podem ser desconsideradas, no entanto, nessas situações, cabe ao Fisco o ônus de provar que houve fraude ou simulação.

Referências

BARRETO, Paulo Ayres. Amortização do ágio: limites normativos. *In*: MANEIRA, Eduardo; SANTIAGO, Igor Mauler (Coord.). *O ágio no direito tributário e societário*: questões atuais. São Paulo: Quartier Latin, 2015.

COÊLHO, Sacha Calmon Navarro. *Teoria da evasão e da elisão em matéria tributária*. Planejamento fiscal – Teoria e prática. São Paulo: Dialética, 1998.

COÊLHO, Sacha Calmon Navarro; COELHO, Eduardo Junqueira. O conceito tributário de ágio previsto no Decreto-Lei nº 1.598/77 e os requisitos para a sua amortização com base no art. 7º da Lei 9.532/1997. *In*: MANEIRA, Eduardo; SANTIAGO, Igor Mauler (Coord.). *O ágio no direito tributário e societário*: questões atuais. São Paulo: Quartier Latin, 2015.

COSTA JUNIOR, Jorge Vieira da; MARTINS, Eliseu. A incorporação reversa com ágio gerado internamente: consequências da elisão fiscal sobre a contabilidade. *IV Congresso USP Controladoria e Contabilidade*, 2004. Disponível em: https://congressousp.fipecafi.org/anais/artigos42004/13.pdf. Acesso em: 4 mar. 2021.

LOBATO, Valter de Souza. O novo regime jurídico do ágio na Lei 12.973/2014. *In*: MANEIRA, Eduardo; SANTIAGO, Igor Mauler (Coord.). *O ágio no direito tributário e societário*: questões atuais. São Paulo: Quartier Latin, 2015.

OLIVEIRA, Ricardo Mariz de. *Fundamentos do imposto de renda*. São Paulo: Quartier Latin, 2008.

OLIVEIRA, Ricardo Mariz de. Questões atuais sobre o ágio – Ágio interno – Rentabilidade futura e intangível – Dedutibilidade das amortizações – As inter-relações entre a contabilidade e o direito. *In*: LOPES, Alexsandro Broedel; MOSQUERA, Roberto Quiroga (Coord.). *Controvérsias jurídico-contábeis* – Aproximações e distanciamentos. São Paulo: Dialética, 2011. v. 2.

PEREIRA, Roberto Codorniz Leite; SCHOUERI, Luís Eduardo. A figura do "laudo" nas operações societárias com ágio: do retrato da expectativa de rentabilidade futura para o retrato do valor justo. *In*: MANEIRA, Eduardo; SANTIAGO, Igor Mauler (Coord.). *O ágio no direito tributário e societário*: questões atuais. São Paulo: Quartier Latin, 2015.

SANTOS, Flávio Mattos dos; RIBEIRO, Ricardo Lodi. Natureza jurídica da amortização fiscal do ágio: despesa necessária, benefício fiscal ou norma antielisiva? *In*: MANEIRA, Eduardo; SANTIAGO, Igor Mauler (Coord.). *O ágio no direito tributário e societário*: questões atuais. São Paulo: Quartier Latin, 2015.

SCHOUERI, Luís Eduardo. *Ágio em reorganizações societárias* – Aspectos tributários. São Paulo: Dialética, 2012.

TEIXEIRA, Tiago Conde; TEIXEIRA, Yann Santos. Planejamento tributário e a amortização do ágio. *In*: MANEIRA, Eduardo; SANTIAGO, Igor Mauler (Coord.). *O ágio no direito tributário e societário*: questões atuais. São Paulo: Quartier Latin, 2015.

TÔRRES, Heleno. *Direito tributário internacional*: planejamento tributário e operações transnacionais. São Paulo: Revista dos Tribunais, 2001.

Informação bibliográfica deste texto, conforme a NBR 6023:2018 da Associação Brasileira de Normas Técnicas (ABNT):

TEIXEIRA, Tiago Conde. Planejamento tributário e aproveitamento fiscal do ágio: abordagem da jurisprudência do Carf e do Poder Judiciário. *In*: MARINHO NETO, José Antonino (Org.); LOBATO, Valter de Souza (Coord.). *Planejamento Tributário:* pressupostos teóricos e aplicação prática. Belo Horizonte: Fórum, 2021. p. 145-161. ISBN 978-65-5518-269-9.

INCORPORAÇÃO DE AÇÕES

A INCORPORAÇÃO DE AÇÕES: ANÁLISE DE SUA NATUREZA JURÍDICA E DA EXISTÊNCIA DE POSICIONAMENTO CONSOLIDADO NO CONSELHO ADMINISTRATIVO DE RECURSOS FISCAIS

LEONARDO DIAS DA CUNHA

MARCELO NOGUEIRA DE MORAIS

1 Introdução

A incorporação de ações, por manter a personalidade jurídica da sociedade que teve suas ações incorporadas, passando a ser subsidiária integral da sociedade que passou a ser sua única acionista, tem sido utilizada para alterar o controle de sociedades, evitar as consequências de uma simples transferência de controle acionário, manter um regime fiscal especial que eventualmente não possa ser transferido por sucessão, permanecer em continuidade de concessão pública, manter a possibilidade e fazer uso de prejuízo fiscal, o que seria proibido com a incorporação de sociedades que, como será visto, é algo diverso.

Nessa ordem de ideias, a incorporação de ações poderá ter repercussões tributárias, a depender da natureza jurídica considerada da integralização das ações de uma companhia com ações de outra, principalmente quando as ações originárias que serão incorporadas tiverem valor menor que o valor que for registrado na integralização perante a sociedade que realizar a incorporação das ações.

Dessa forma, o presente estudo aborda a natureza jurídica da operação de incorporação de ações, os posicionamentos teóricos existentes, concentrados em correntes de entendimentos e o enfoque de análise do entendimento do Conselho Administrativo de Recursos Fiscais (Carf), com a avaliação da possibilidade de se definir se há algum entendimento consolidado no órgão, para ao final tecer críticas com apresentação de caminhos para um entendimento mais coerente sobre a matéria no que permite a sua utilização como forma de planejamento tributário.

2 Incorporação de ações

No presente estudo, adota-se a posição de que a incorporação de ações se trata de instituto próprio do direito societário, sendo uma das facetas da transformação societária, decorrendo do exercício da autonomia privada.[1]

A materialização prática do instituto corre com a incorporação de todas as ações de uma sociedade ao patrimônio de outra sociedade, em que a primeira sociedade se torna subsidiária integral da segunda, em que esta se torna a única acionista da sociedade cujas ações foram incorporadas. Com isso, a sociedade que teve suas ações incorporadas mantém sua existência, tendo apenas sido alterado seu controle acionário.

Para que possa haver a incorporação de ações, a sociedade que incorporará as ações de outra aumenta seu capital social, procedendo à emissão de novas ações a serem subscritas pelos acionistas da sociedade que terá suas ações incorporadas, com sua integralização efetivada com a entrega das ações da sociedade que se tornará subsidiária integral.[2]

Deve ser mencionado que a operação em questão ocorre entre as sociedades, por meio de sua diretoria e assembleia-geral, não envolvendo diretamente seus sócios.[3]

Além disso, registre-se que a incorporação de ações não se confunde com a incorporação de sociedades, já que, neste último caso, a sociedade incorporada é absorvida (deixando de existir) pela sociedade incorporadora.[4]

---

[1] Há várias discussões teóricas sobre as incorporações de ações. Todavia, para tratar do tema seria demandado um estudo monográfico, que extrapolaria o viés da proposta do presente trabalho.
[2] *Vide* art. 252 da Lei nº 6.404/1976.
[3] *Vide* art. 252, §§1º e 2º da Lei nº 6.404/1976.
[4] *Caput* do art. 227 da Lei nº 6.404/1976: "Art. 227. A incorporação é a operação pela qual uma ou mais sociedades são absorvidas por outra, que lhes sucede em todos os direitos e obrigações".

Assim, como a natureza jurídica da incorporação de ações tem relação direta com a possibilidade da incidência tributária, passa-se a tratar dela.

2.1 Natureza jurídica

Os teóricos do direito tributário no Brasil divergem em alguns pontos quanto à natureza jurídica da operação, o que traz repercussões diversas de acordo com a natureza jurídica considerada.

Nessa ordem de ideias, têm sido identificadas, com maior segregação entre si, duas correntes de posicionamentos.

2.1.1 Primeira corrente

A primeira corrente, capitaneada por Alberto Xavier,[5] José Luiz Bulhões Pedreira,[6] Nelson Eizirik[7] e Ricardo Mariz,[8] entende que a incorporação de ações seria uma espécie de sub-rogação de ações, como uma espécie de substituição de ativos de igual valor econômico sem a geração de ganho de capital.

Como um instituto híbrido, a incorporação de ações não seria um simples aumento de capital por meio de subscrição de ações em bens (ações da incorporada), que se constitui de ato complementar e necessário à sua consumação,[9] mas uma simples troca, uma substituição ou ainda uma sub-rogação real.

Com isso, a incorporação de ações é um negócio jurídico diverso da incorporação de sociedades, não se confundindo com a subscrição de ações da sociedade por conferência de ações, já que na incorporação de ações a operação se dá entre sociedade e não com atuação direita dos sócios. Como resultado, os sócios da sociedade a ter as ações incorporadas nada transmitem ou permutam, limitando-se a receber da sociedade incorporadora ações substitutivas das que originalmente detinham, que passam a ocupar, em seu patrimônio, a mesma posição das ações substituídas, em sub-rogação

---

[5] XAVIER, Alberto. Incorporação de ações: natureza jurídica e regime tributário. *In*: CASTRO, Rodrigo R. Monteiro de; ARAGÃO, Leandro Santos de (Coord.). *Sociedade anônima* – 30 anos da Lei 6.404/76. São Paulo: Quartier Lartin, 2007.

[6] PEDREIRA, José Luiz Bulhões *et al*. *Direito das companhias*. Rio de Janeiro: Forense, 2009. v. II.

[7] EIZIRIK, Nelson. Incorporação de ações: aspectos polêmicos. *In*: WARDE JR., Walfrido Jorge (Coord.). *Fusão, cisão, incorporação e temas correlatos*. São Paulo: Quartier Latin, 2009. p. 77-99

[8] OLIVEIRA, Ricardo Mariz de. *Incorporação de ações no direito tributário*: conferência de bens, permuta, dação em pagamento e outros negócios jurídicos. São Paulo: Quartier Latin, 2014.

[9] EIZIRIK, Nelson. Incorporação de ações: aspectos polêmicos. *In*: WARDE JR., Walfrido Jorge (Coord.). *Fusão, cisão, incorporação e temas correlatos*. São Paulo: Quartier Latin, 2009.

real,[10] em que não haveria alteração do patrimônio do acionista, já que suas ações na incorporada foram substituídas por novas ações da incorporadora.

Ao se tratar da sub-rogação de um bem por outro, pressupõe-se a equivalência de valores. Dessa forma, na incorporação de ações não há alteração no patrimônio do acionista cujas ações foram substituídas por novas ações da sociedade incorporadora. Nesse passo, serão atribuídas novas ações aos acionistas, cujos valores deverão corresponder exatamente à participação que previamente detinham na sociedade que deve suas ações incorporadas.[11]

Por conseguinte, considerando que não houve mudança nos valores das ações titularizadas pelos acionistas da sociedade cujas ações são incorporadas, que passam a titularizar ações da incorporadora, não há variação patrimonial (ausência de mais-valia) que possa gerar ganho ou perda de capital a se refletir no resultado da operação, não havendo que se cogitar em tributação ou mesmo dedução, já que se mantém a possibilidade de realização de ganho quando ocorrer a alienação e resultar em renda efetivamente disponível.[12]

Portanto, o entendimento dessa corrente é de que não há alienação na incorporação de ações, havendo meramente uma sub-rogação real, com a manutenção da possibilidade de realização de ganho de capital quando houve realização de renda efetiva pela alienação das ações sub-rogadas.

Luís Eduardo Schoueri e Luís Carlos de Andrade Jr., ao criticarem essa corrente, comentam que sub-rogação real é uma ficção, que não fora objeto de formulações próprias no direito brasileiro, tendo apenas genericamente sido tratada no direito matrimonial. Nesse passo, "a substituição de um bem é irrelevante para o Direito, porque o bem substituto é juridicamente considerado como ele mesmo em si e *per si*".[13] Entretanto a sub-rogação, sendo uma ficção, não altera a consideração dada pelo direito, já que o bem substituído é visto como o bem substituído e não considerado por si mesmo, como se dá na sub-rogação legal. Assim, para que possa ser tomada como válida a sub-rogação real, deverá haver previsão legal, o que não ocorre para o caso de incorporação de ações, demonstrando se tratar de verdadeira alienação.[14]

Além disso, os citados autores ainda criticam o posicionamento dessa corrente, no que diz respeito ao entendimento de que haveria ausência de manifestação de vontade

---

[10] XAVIER, Alberto. Incorporação de ações: natureza jurídica e regime tributário. *In*: CASTRO, Rodrigo R. Monteiro de; ARAGÃO, Leandro Santos de (Coord.). *Sociedade anônima – 30 anos da Lei 6.404/76*. São Paulo: Quartier Lartin, 2007.

[11] EIZIRIK, Nelson. Incorporação de ações: aspectos polêmicos. *In*: WARDE JR., Walfrido Jorge (Coord.). *Fusão, cisão, incorporação e temas correlatos*. São Paulo: Quartier Latin, 2009; e OLIVEIRA, Ricardo Mariz de. *Incorporação de ações no direito tributário*: conferência de bens, permuta, dação em pagamento e outros negócios jurídicos. São Paulo: Quartier Latin, 2014. p. 158.

[12] OLIVEIRA, Ricardo Mariz de. *Incorporação de ações no direito tributário*: conferência de bens, permuta, dação em pagamento e outros negócios jurídicos. São Paulo: Quartier Latin, 2014. p. 149.

[13] SCHOUERI, Luís Eduardo; ANDRADE JUNIOR, Luís Carlos. Incorporação de ações: natureza societária e efeitos tributários. *Revista Dialética de Direito Tributário (RDDT)*, São Paulo, n. 200, p. 44-72, 2012.

[14] SCHOUERI, Luís Eduardo; ANDRADE JUNIOR, Luís Carlos. Incorporação de ações: natureza societária e efeitos tributários. *Revista Dialética de Direito Tributário (RDDT)*, São Paulo, n. 200, p. 44-72, 2012.

dos sócios das sociedades, algo necessário para a ocorrência de alienação, já que, pelo princípio majoritário, ao qual os acionistas se submeteram ao ingressar na sociedade, haveria uma autorização para que as decisões fossem tomadas, demonstrando mais um equívoco da corrente em questão.[15]

2.1.2 Segunda corrente

A segunda corrente, tendo como defensores Fran Martins[16] e Modesto Carvalhosa,[17] posiciona-se no sentido de que a incorporação de ações como um aumento de capital integralizado, por meio de conferência de bens (as ações), implicaria alienação de ações da sociedade que se tornará subsidiária integral.

Com esse entendimento, na operação em questão haveria uma aquisição voluntária para os acionistas controladores e compulsória para os acionistas minoritários, das ações da sociedade que está realizando a incorporação, em que a integralização do capital aumentado será feita, paga, com as ações da sociedade que está sendo incorporada, realidade essa que não teria como ser considerada permuta.[18]

Nesse passo, para esta corrente, a incorporação de ações trata-se de um negócio jurídico em que ocorre alienação de ações da sociedade incorporada, em que, com essas ações, seus sócios subscrevem e integralizam o capital social aumentado da sociedade incorporadora, em que poderá ser verificado um aumento de capital, tributável, da incorporadora mediante diferença entre o valor originário das ações da sociedade incorporada e o valor pelo qual houve a integralização do capital subscrito com ações, na sociedade incorporadora.

Importante se faz evidenciar que, quanto à segunda corrente, Luís Eduardo Schoueri e Luís Carlos de Andrade Jr. trazem a divergência de que a operação de incorporação de ações seria uma alienação de ações ainda que de forma ficta, com o caráter involuntário na transferência de ações, pois a voluntariedade ocorreria no momento em que o acionista ingressa na sociedade e aceita que as decisões sejam tomadas pelos acionistas controladores e a diretora com o aceite da assembleia-geral.[19]

---

[15] SCHOUERI, Luís Eduardo; ANDRADE JUNIOR, Luís Carlos. Incorporação de ações: natureza societária e efeitos tributários. *Revista Dialética de Direito Tributário (RDDT)*, São Paulo, n. 200, p. 44-72, 2012.

[16] MARTINS, Fran. *Comentários à Lei das Sociedades Anônimas*. Rio de Janeiro: Forense, 1975. v. 3.

[17] CARVALHOSA, Modesto. *Comentários à Lei de Sociedades Anônimas* – Arts. 243 a 300: lei 6.404, de 15 de dezembro de 1976, com as modificações da lei 11.941, de 27 de maio de 2009. 4. ed. rev. e atual. São Paulo: Saraiva, 2011. v. 4. t. II.

[18] CARVALHOSA, Modesto. *Comentários à Lei de Sociedades Anônimas* – Arts. 243 a 300: lei 6.404, de 15 de dezembro de 1976, com as modificações da lei 11.941, de 27 de maio de 2009. 4. ed. rev. e atual. São Paulo: Saraiva, 2011. v. 4. t. II. p. 97.

[19] SCHOUERI, Luís Eduardo; ANDRADE JUNIOR, Luís Carlos. Incorporação de ações: natureza societária e efeitos tributários. *Revista Dialética de Direito Tributário (RDDT)*, São Paulo, n. 200, p. 44-72, 2012.

3 Tratamento tributário dado pela legislação e o posicionamento adotado no presente estudo

Independentemente da denominação que se dê, o fato é que ocorre a transferência de ações da sociedade que foi incorporada para a incorporadora. Da mesma forma, altera-se a composição acionária da sociedade incorporadora, já que os acionistas da incorporada, com as cotas que possuíam desta, integralizaram as cotas subscritas que passaram a possuir na sociedade incorporadora.

Nesse viés, a legislação que trata do ganho de capital, tanto na pessoa física quanto na pessoa jurídica, descreve que há diferença positiva entre o valor originário do bem (aqui ações) e o valor pelo qual o bem foi transferido, independentemente da denominação (alienação, transferência, doação, compra e venda, permuta etc.).

A literalidade da previsão legislativa segue transcrita na sequência:

> Lei nº 7.713/1988 [...]
> Art. 2º O imposto de renda das pessoas físicas será devido, mensalmente, à medida em que os rendimentos e ganhos de capital forem percebidos.
> Art. 3º O imposto incidirá sobre o rendimento bruto, sem qualquer dedução, ressalvado o disposto nos arts. 9º a 14 desta Lei. (Vide Lei 8.023, de 12.4.90)
> §1º Constituem rendimento bruto todo o produto do capital, do trabalho ou da combinação de ambos, os alimentos e pensões percebidos em dinheiro, e ainda os proventos de qualquer natureza, assim também entendidos os acréscimos patrimoniais não correspondentes aos rendimentos declarados.
> *§2º Integrará o rendimento bruto, como ganho de capital, o resultado da soma dos ganhos auferidos no mês, decorrentes de alienação de bens ou direitos de qualquer natureza, considerando-se como ganho a diferença positiva entre o valor de transmissão do bem ou direito e o respectivo custo de aquisição corrigido monetariamente, observado o disposto nos arts. 15 a 22 desta Lei.*
> *§3º Na apuração do ganho de capital serão consideradas as operações que importem alienação, a qualquer título, de bens ou direitos ou cessão ou promessa de cessão de direitos à sua aquisição, tais como as realizadas por compra e venda, permuta, adjudicação, desapropriação, dação em pagamento, doação, procuração em causa própria, promessa de compra e venda, cessão de direitos ou promessa de cessão de direitos e contratos afins.*
> §4º A tributação independe da denominação dos rendimentos, títulos ou direitos, da localização, condição jurídica ou nacionalidade da fonte, da origem dos bens produtores da renda, e da forma de percepção das rendas ou proventos, bastando, para a incidência do imposto, o benefício do contribuinte por qualquer forma e a qualquer título. [...] (Grifos nossos)

> Decreto Lei nº 1.598/1977 [...]
> Art. 31. Serão classificados como ganhos ou perdas de capital, e computados na determinação do lucro real, os resultados na alienação, inclusive por desapropriação (§4º), na baixa por perecimento, extinção, desgaste, obsolescência ou exaustão, ou na liquidação de bens do ativo não circulante, classificados como investimentos, imobilizado ou intangível. (Redação dada pela Lei nº 12.973, de 2014)
> §1º Ressalvadas as disposições especiais, a determinação do ganho ou perda de capital terá por base o valor contábil do bem, assim entendido o que estiver registrado na escrituração do contribuinte, diminuído, se for o caso, da depreciação, amortização ou exaustão acumulada e das perdas estimadas no valor de ativos. (Redação dada pela Lei nº 12.973, de 2014)

§2° Nas vendas de bens do ativo não circulante classificados como investimentos, imobilizado ou intangível, para recebimento do preço, no todo ou em parte, após o término do exercício social seguinte ao da contratação, o contribuinte poderá, para efeito de determinar o lucro real, reconhecer o lucro na proporção da parcela do preço recebida em cada período de apuração. (Redação dada pela Lei n° 12.973, de 2014) (Vigência)

§3° (Revogado pela Lei n° 12.973, de 2014)

§4° O contribuinte poderá diferir a tributação do ganho de capital na alienação de bens desapropriados, desde que:

a) o transfira para reserva especial de lucros;

b) aplique, no prazo máximo de 2 anos do recebimento da indenização, na aquisição de outros bens do ativo permanente, importância igual ao ganho de capital;

c) discrimine, na reserva de lucros, os bens objeto da aplicação de que trata a letra b, em condições que permitam a determinação do valor realizado em cada período.

§5° A reserva de que trata o parágrafo anterior será computada na determinação do lucro real nos termos do §1° do artigo 35, ou utilizados para distribuição de dividendos.

§6° A parcela de depreciação anteriormente excluída do lucro líquido na apuração do lucro real deverá ser adicionada na apuração do imposto no período de apuração em que ocorrer a alienação ou baixa do ativo. (Incluído pela Lei n° 12.973, de 2014).

§7° A Secretaria da Receita Federal do Brasil, no âmbito de suas atribuições, disciplinará o disposto neste artigo. (Incluído pela Lei n° 12.973, de 2014) [...].

Lei n° 9.249/1995 [...]

Art. 23. As pessoas físicas poderão transferir a pessoas jurídicas, a título de integralização de capital, bens e direitos pelo valor constante da respectiva declaração de bens ou pelo valor de mercado.

§1° Se a entrega for feita pelo valor constante da declaração de bens, as pessoas físicas deverão lançar nesta declaração as ações ou quotas subscritas pelo mesmo valor dos bens ou direitos transferidos, não se aplicando o disposto no art. 60 do Decreto-Lei n° 1.598, de 26 de dezembro de 1977, e no art. 20, II, do Decreto-Lei n° 2.065, de 26 de outubro de 1983.

§2° Se a transferência não se fizer pelo valor constante da declaração de bens, a diferença a maior será tributável como ganho de capital. [...]

Em consonância com a legislação parcialmente transcrita acima, a transferência de cotas (bens), independentemente da denominação que de quê ao fato, tem sido tomada como elemento apto a atrair a incidência da tributação sobre eventual ganho de capital que venha a ocorrer.

Sob esse prisma, no caso de a transferência das cotas ocorrer pelo valor original (exemplo: cotas da empresa que se tornou subsidiária integral estavam registradas por x e foram entregues para integralizar as cotas na sociedade incorporadora por x), não haverá obrigatoriedade de que seja realizado o seu registro na integralização por valor a ser apurado na conferência de bens, ou por valor de mercado, haja vista que o potencial gerador de ganho de capital permanecerá latente, quando houve a realização da renda.

Importa descrever que a Secretaria da Receita Federal do Brasil (SRFB), costumeiramente considera que a integração de capital é uma espécie contida no gênero alienação, portanto, sujeita à apuração de ganho de capital e, em assim sendo, havendo diferença positiva entre o custo de aquisição do bem que venha a integralizar o capital social de sociedades, e o valor recebido como contrapartida (quantidade de ações com valor correspondente ao valor considerado dos bens e direito utilizado para a integralização), haverá consideração de ganho de capital, a ser apurado de forma segregada dos demais rendimentos da pessoa física.[20]

Como regra geral, André Mendes Moreira e Fernando Daniel de Moura Fonseca descrevem que os teóricos consideram a disponibilidade econômica como vinculada ao "regime de caixa", tributada na medida de sua realização em moeda, enquanto a disponibilidade jurídica está atrelada ao "regime de competência" em que é suficiente a ocorrência da operação que altere a titularidade do bem, mesmo que a realização financeira não se dê por elementos prontamente conversíveis em dinheiro.[21]

No entanto, o regime jurídico próprio da tributação sobre o ganho de capital, "exige que ele esteja financeiramente realizado, ou que a sua realização possa ser presumida em razão do recebimento de ativos altamente líquidos (quase moeda)". Dessa maneira, deve haver o diferimento da tributação para a etapa subsequente em que a pessoa física aliene efetivamente as cotas da sociedade, já que "o bem recebido em permuta herda o custo de aquisição do bem substituído, o que manterá preservado o ganho para o momento de sua realização".[22]

Com esse entendimento, deve-se ter em conta que a operação de integralização de capital social não pode ser comparada a uma operação de compra e venda, vez que as cotas integralizadas (bem ingressante no patrimônio da pessoa) teve o mesmo valor do bem ou direito dado em sua integralização, o que caracterizaria permuta sem torna.[23]

Na hipótese de que tivesse havido a troca das ações por dinheiro, não restaria dúvidas de que teria se efetivado a realização do lucro (pode ser positivo, nulo ou negativo). No entanto, na permuta, por não ter sido realizado financeiramente o valor em dinheiro, ainda não há a materialização do lucro efetivo. "É o caso, por exemplo, de permuta de um bem por outro cuja realização em dinheiro, ou em direitos com liquidez, dependa de nova troca no mercado. Nesse caso não há a realização do lucro potencial, mas sua transferência de um bem para outro".[24]

Diante dessas considerações, a posição adotada no presente estudo é que a incorporação de ações mediante a entrega de ações da sociedade incorporada, em troca por ações da sociedade incorporadora, tem natureza de permuta, em que poderá ser

---

[20] MOREIRA, André Mendes; FONSECA, Fernando Daniel de Moura. Imposto de renda sobre ganho de capital: necessidade de realização e disponibilidade do acréscimo patrimonial – Estudo de caso. *Revista Dialética de Direito Tributário (RDDT)*, São Paulo, n. 238, p. 28-40, 2015.

[21] MOREIRA, André Mendes; FONSECA, Fernando Daniel de Moura. Imposto de renda sobre ganho de capital: necessidade de realização e disponibilidade do acréscimo patrimonial – Estudo de caso. *Revista Dialética de Direito Tributário (RDDT)*, São Paulo, n. 238, p. 28-40, 2015.

[22] MOREIRA, André Mendes; FONSECA, Fernando Daniel de Moura. Imposto de renda sobre ganho de capital: necessidade de realização e disponibilidade do acréscimo patrimonial – Estudo de caso. *Revista Dialética de Direito Tributário (RDDT)*, São Paulo, n. 238, p. 28-40, 2015.

[23] MOREIRA, André Mendes; FONSECA, Fernando Daniel de Moura. Imposto de renda sobre ganho de capital: necessidade de realização e disponibilidade do acréscimo patrimonial – Estudo de caso. *Revista Dialética de Direito Tributário (RDDT)*, São Paulo, n. 238, p. 28-40, 2015.

[24] PEDREIRA, José Luiz Bulhões. *Imposto sobre a renda*. Rio de Janeiro: Justec/ADCOAS, 1979. v. 1. p. 28.

verificado ganho de capital a ser tributável se a integralização das ações se efetivar por valor superior ao registrado das ações originais da sociedade incorporada.

Todavia, tendo em vista que o regime jurídico próprio da tributação sobre o ganho de capital exige que ele esteja financeiramente realizado, o pagamento do IR-ganho de capital será diferido para quando as ações foram financeiramente realizadas em dinheiro, com a materialização do lucro efetivo.

Tendo em vista que o tema objeto do presente estudo tem relevância prática, o enfoque a ser dado será nas decisões que são tomadas no âmbito administrativo federal, a fim de se identificar o posicionamento seguido no Conselho de Administrativo de Recursos Fiscais (Carf), órgão que trata de julgamentos em segunda instância dos procedimentos administrativos envolvendo questões tributárias atinentes à União Federal.

4 Posicionamento do Conselho Administrativo de Recursos Fiscais – Carf

Conforme elucidado acima, na doutrina é possível apurar duas correntes sobre a natureza jurídica da incorporação de ações, sendo que a primeira entende tratar de uma espécie de sub-rogação, com o que não há que se falar em ganho de capital e a segunda a enquadra como alienação, sendo hipótese de incidência do imposto de renda sobre o ganho de capital que seja constatado.

Com o objetivo de apurar qual corrente o Conselho Administrativo de Recursos Fiscais – Carf – vem aplicando em suas decisões, nos casos em que a fiscalização analisa os denominados planejamentos tributários, por meio de uma pesquisa realizada no *site* no Carf[25] com os termos "incorporação", "de", "ações" e "planejamento", fora possível encontrar 47 (quarenta e sete) acórdãos, no período compreendido entre 1º.7.2010 e 31.7.2020.

Com base nesta pesquisa, fora possível apurar que grande parte dos lançamentos, nos quais a fiscalização avaliou os planejamentos tributários com a utilização de incorporação de ações, buscava apurar a legalidade do aproveitamento de ágio e não abordava a natureza jurídica da incorporação de ações.

Desta feita, preliminarmente, é pertinente destacar que a amostragem analisada, no longo período de 10 (dez) anos, é diminuta, para tentar definir um posicionamento consolidado dos órgãos sobre o tema. Mas permite traçar uma linha de entendimento, mesmo que preliminar, no sentido de apurar qual vertente o Carf mais utilizou.

É imprescindível destacar que no presente trabalho não se pretende adentrar na análise do mérito das decisões, mas tão somente apurar os conceitos adotados para definir a natureza jurídica da incorporação de ações.

---

[25] Disponível em: https://carf.fazenda.gov.br/sincon/public/pages/ConsultarJurisprudencia/consultarJurisprudenciaCarf.jsf. Acesso em: 20 set. 2020.

Nesse passo, na análise dos acórdãos identificados, verificou-se que apenas alguns, como os citados adiante, tratam especificadamente da conceituação da natureza jurídica da incorporação de ações.

No Acórdão nº 2202-002.187,[26] cuja decisão fora proferida no dia 20.2.2013, fora analisada no mérito a questão atinente à incorporação de ação, oportunidade na qual restou decidido que é permitido ao contribuinte realizar incorporação de ações, com fulcro na legislação vigente. Sendo que, no caso, se compreendeu que ocorreu a substituição no patrimônio do sócio, por idêntico valor, das ações da empresa incorporada pelas ações da empresa incorporadora, inexistindo ganho de capital.

Contudo, neste caso, a fiscalização lançou o crédito tributário por entender que ocorreu

> omissão de ganhos de capital na alienação de bens e direitos. Omissão de ganhos de capital na alienação de ações/quotas não negociadas em bolsa. Omissão de ganho de capital obtido na alienação de participação societária, conforme detalhadamente escrito no Termo de Verificação Fiscal.

Levando a efeito a segunda corrente, por entender que ocorreu uma alienação e que o autuado teria auferido renda na operação, incidindo então, o IR-ganho de capital.

O contribuinte arguiu que o lançamento deveria ser julgado improcedente, pois:

> o Impugnante, em nenhum momento houve acréscimo patrimonial representativo de renda, muito menos a realização de qualquer tipo de ganho de capital [...] que essa operação (incorporação de ações) tem por objeto transformar uma determinada sociedade empresária em subsidiaria integral de outra sociedade [...] na troca de ações da REFLA por ações emitidas pela BRATIL, em decorrência da incorporação de ações, sem a transferência de qualquer recursos, e ainda, sem que o custo de aquisição das ações fosse alterado para a Impugnante, é certo que não houve disponibilidade econômica (assim entendida como a percepção efetiva de rendimentos), pois apenas ocorreu uma troca de bens.

Com esta passagem da defesa apresentada pelo contribuinte, é possível apurar a adoção da primeira corrente, no que diz respeito ao conceito de incorporação de ações,

---

[26] "EMENTA [...] OPERAÇÃO DE INCORPORAÇÃO DE AÇÕES. DELIBERAÇÃO POR CONTA DAS PESSOAS JURÍDICAS ENVOLVIDAS NA OPERAÇÃO. INEXISTÊNCIA DE FATO GERADOR DE GANHO DE CAPITAL NA PESSOA FÍSICA DOS SÓCIOS. A figura da incorporação de ações, prevista no artigo 252 da Lei nº 6.404, de 1976, difere da incorporação de sociedades e da subscrição de capital em bens. Com a incorporação de ações, ocorre a transmissão da totalidade das ações (e não do patrimônio) e a incorporada passa a ser subsidiária integral da incorporadora, sem ser extinta, ou seja, permanecendo com direitos e obrigações. Neste caso, se dá a substituição no patrimônio do sócio, por idêntico valor, das ações da empresa incorporada pelas ações da empresa incorporadora, sem sua participação, pois quem delibera são as pessoas jurídicas envolvidas na operação. OPERAÇÃO DE INCORPORAÇÃO DE AÇÕES. LANÇAMENTO NA PESSOA FÍSICA DO SÓCIO. DATA DO FATO GERADOR CONSIDERADO PELA AUTORIDADE FISCAL LANÇADORA. INEXISTÊNCIA DE PAGAMENTO. A Lei nº 7.713, de 1988, em seu art. 2º, determina que o Imposto de Renda da Pessoa Física é devido pelo regime de caixa, à medida que o ganho de capital for percebido. Se não houve nenhum pagamento, na data do fato gerador considerado pela autoridade fiscal lançadora, este não pode ser considerado como percebido pelo Contribuinte, em respeito ao Princípio da Entidade, pois não ingressou em sua disponibilidade jurídica ou econômica, não implicando em fato gerador do Imposto de Renda. A tributação desses rendimentos, quando for o caso, depende da efetiva entrega dos valores ao Contribuinte".

tendo em vista que, a seu sentir, na incorporação de ações, ocorre somente uma troca de bens, sem envolver qualquer custo.

A primeira instância proferiu decisão, julgando procedente o lançamento por entender que, no caso em tela, ocorreu alienação. Sendo que, em seu entendimento, ocorrendo a alienação a qualquer título, de bens ou direitos, havendo diferença positiva entre o valor da transmissão e o respectivo custo de aquisição, mesmo nos casos de incorporação de ações, estar-se-ia diante de uma situação da vida que preenche os requisitos do fato gerador do IR-ganho de capital.

O conselheiro relator, Nelson Mallmon, preliminarmente, traz a lume os ditames previstos na Lei nº 6.404 de 1976,[27] que define as regras atinentes à conversão de uma sociedade anônima em subsidiária integral de outra, mediante a transferência de todas as suas ações, em aumento de capital, para a companhia incorporadora. Além disso, trata dos efeitos para os acionistas, que passam a ter ações da incorporadora, "operando-se a união dos acionistas de ambas as companhias na companhia incorporadora, com a manutenção da personalidade jurídica e do patrimônio da sociedade convertida em subsidiária integral".

O relator conclui elucidando que "na incorporação de ações não há a alienação de ações ou mesmo uma incorporação ficta, mas sim a sub-rogação legal dos acionistas da sociedade cujas ações houverem de ser incorporadas, nas ações da incorporadora". Afirma ainda:

> Da mesma forma é de se ressaltar, que a natureza jurídica da incorporação de ações reside nos efeitos do protocolo da operação sobre os acionistas das sociedades envolvidas, em especial da sociedade a ser convertida em subsidiária integral. Isto porque, não obstante o fato do instrumento de protocolo ser celebrado entre as companhias – vale dizer, sem a participação necessária de seus acionistas – o mesmo produz efeitos não somente sobre as partes do negócio jurídico, mas também sobre seus acionistas, que deverão transferir compulsoriamente suas ações à sociedade incorporadora, uma vez aprovada a incorporação de ações pela maioria dos acionistas das companhias envolvidas.

Pelo exposto, esta decisão do Carf levou a efeito a primeira corrente, por entender que na incorporação de ações não ocorre alienação, mas uma simples sub-rogação, oportunidade na qual os acionistas da empresa incorporada passam a ter ações da empresa incorporadora.

---

[27] "Art. 252. A incorporação de todas as ações do capital social ao patrimônio de outra companhia brasileira, para convertê-la em subsidiária integral, será submetida à deliberação da assembleia geral das duas companhias mediante protocolo e justificação, nos termos dos artigos 224 e 225. §1º A assembleia geral da companhia incorporadora, se aprovar a operação, deverá autorizar o aumento do capital, a ser realizado com as ações a serem incorporadas e nomear os peritos que as avaliarão; os acionistas não terão direito de preferência para subscrever o aumento de capital, mas os dissidentes poderão retirar-se da companhia, observado o disposto no art. 137, II, mediante o reembolso do valor de suas ações, nos termos do art. 230. §2º A assembleia geral da companhia cujas ações houverem de ser incorporadas somente poderá aprovar a operação pelo voto de metade, no mínimo, das ações com direito a voto, e se a aprovar, autorizará a diretoria a subscrever o aumento do capital da incorporadora, por conta dos seus acionistas; os dissidentes da deliberação terão direito de retirar-se da companhia, observado o disposto no art. 137, II, mediante o reembolso do valor de suas ações, nos termos do art. 230. §3º Aprovado o laudo de avaliação pela assembleia geral da incorporadora, efetivar-se-á a incorporação e os titulares das ações incorporadas receberão diretamente da incorporadora as ações que lhes couberem".

Noutro turno, cita-se o Acórdão nº 2301-004.481,[28] cuja decisão fora proferida em fevereiro de 2016,[29] oportunidade na qual restou decidido o seguinte:

> [...] o aumento do custo das ações de acionistas pessoas físicas se deu através de planejamento tributário que capitalizou dividendos em duplicidade, pois são meros reflexos da aplicação do método de equivalência patrimonial nas holdings, seguidas de correspondentes incorporações reversas, com o fim de majoração do custo da aquisição de ações a serem alienadas e consequente apuração de ganho de capital, por configurar conduta abusiva e dissociada dos fins visados pela legislação pertinente. [...].

Segundo consta do acórdão, a ação fiscal avaliou a operação de alienação das ações do Banco Pactual, que fora precedida por uma reorganização societária ocorrida entre sociedades *holdings*, as quais detinham todas as ações do banco. O relator destaca que as reorganizações consistiram em:

> [...] extinção das holdings que detinham participação societária no Banco, por meio de sucessivas incorporações às avessas, culminando com a alienação das ações do Banco Pactual diretamente pelos acionistas pessoas físicas da instituição. Por meio da reorganização societária foi adotado um planejamento tributário inconsistente, por meio do qual se verificou a majoração ilícita do custo das ações alienadas, gerando, como consequência, a redução indevida do ganho de capital tributável obtido pelo acionista pessoa física. [...].

Entre as matérias de defesa apresentadas pelo contribuinte, é possível a defesa da aplicação da primeira corrente, segundo a qual a incorporação seria somente uma sub-rogação:

> [...] A incorporadora recebe um conjunto patrimonial e paga aos acionistas da incorporada pelo mesmo, em ações representativas do aumento de seu capital. Não se apuram resultados na substituição de ações da incorporada por ações da incorporadora e, por essa razão, as ações da *incorporadora recebidas pelos acionistas da incorporada tem o mesmo custo de seus investimentos na incorporada*, declarados extintos na incorporação. [...] A opção de eliminarem-se holdings mediante incorporações reversas era o caminho lógico, natural e admitido por lei para viabilizar a venda das ações do BANCO pelos ACIONISTAS e o aumento do custo das ações do IMPUGNANTE foi mera consequência da adoção dessa opção, legítima e essencial

---

[28] Por oportuno, é importante destacar que no *site* em que é possível fazer a pesquisa consta como número do acórdão: 2302-004.481. Mas, quando se baixa o arquivo, no corpo do documento, consta Acórdão nº 2102-004.481.

[29] "EMENTA: GANHO DE CAPITAL NA ALIENAÇÃO DE AÇÕES. LUCROS ORIGINÁRIOS DA APLICAÇÃO DO MÉTODO DE EQUIVALÊNCIA PATRIMONIAL EM HOLDINGS. INCORPORAÇÃO REVERSA. AUMENTO DO CUSTO DE AQUISIÇÃO. O fato de cada uma das transações dentro do grupo societário, isoladamente e do ponto de vista formal, ostentar legalidade, não garante a legitimidade do conjunto de operações, quando restar comprovada que o aumento do custo das ações de acionistas pessoas físicas se deu através de planejamento tributário que capitalizou dividendos em duplicidade, pois são meros reflexos da aplicação do método de equivalência patrimonial nas holdings, seguidas de correspondentes incorporações reversas, com o fim de majoração do custo da aquisição de ações a serem alienadas e consequente apuração de ganho de capital, por configurar conduta abusiva e dissociada dos fins visados pela legislação pertinente. [...] No planejamento tributário, quando identificada a convicção do contribuinte de estar agindo segundo o permissivo legal, sem ocultação da prática e da intenção final dos seus negócios, não há como ser reconhecido o dolo necessário à qualificação da multa, elemento este constante do caput dos arts. 71, 72 e 73 da Lei nº 4.502/64. Apesar da nítida intenção do contribuinte em ver reduzida sua tributação, não se vislumbra a presença do dolo relacionado à conduta que levou à pretendida redução de tributo. Nos casos de planejamento tributário, é necessário que seja identificado o dolo relacionado à ilicitude da conduta praticada, e não com relação ao objetivo de redução de tributo. Mesmo porque está no cerne do conceito de elisão fiscal a existência do direito do contribuinte de planejar seus negócios com o objetivo de redução ou não pagamento de tributos".

à realização do negócio, diga-se de passagem. O art. 22 da Lei nº 9.249/95, admite que, nas extinções de pessoas jurídicas, os bens de sua propriedade sejam restituídos a seus sócios ou acionistas pelos correspondentes valores contábeis. Não cabe à fiscalização deixar de aplicar a lei por considerar que ela gera distorções injustificáveis. O 1º Conselho de Contribuintes já decidiu que "a existência de falhas na legislação" não pode ser suprimida pelo julgador, ou, ainda, que "não cabe à autoridade fiscal ignorar o preceito representativo da vontade do legislador" [...] "A sustentação da Fiscalização de que o custo das ações do Banco deveria ser definido com base no valor do capital de Pactual, dele expurgada uma parcela dos lucros do Banco que seria distribuída aos Acionistas, em razão de usufruto então constituído, chega a causar perplexidade, se confrontada com as normas legais que tratam da matéria, segundo as quais o custo do investimento corresponde ao preço pago por sua aquisição, acrescido dos lucros e reservas de lucros atribuídos aos mesmos, em razão da realização de aumentos de capital da investida. (Grifos nossos)

A relatora, Conselheira Alice Grecchi, destaca que, previamente à incorporação reversa, ocorreu, na incorporada, aumento de capital social, por meio da capitalização de créditos que os sócios detinham perante a sociedade, do direito a receber dividendos. Ao invés de receber em espécie os dividendos, estes valores foram utilizados para aumentar o capital social da sociedade. Destaca também que os levantamentos realizados pela fiscalização e os fundamentos utilizados na decisão de primeira instância estariam corretos, pois a majoração proveniente da incorporação seria indevida, o que deu causa à omissão de ganhos de capital, pois o aumento do "custo de aquisição das ações não pode superar a riqueza produzida pela sociedade".

Sem adentrar no mérito do lançamento, no que diz respeito à análise dos procedimentos realizados pelo contribuinte, pois não é o objeto do presente trabalho, é possível apurar que a fiscalização e os julgadores que analisaram o caso partiram da premissa segundo a qual a incorporação reversa na realidade fora adotada pelo contribuinte para evitar o enquadramento deste fato da vida como fato gerador do ganho de capital com a alienação das ações.

Por sua vez, em 27.6.2017, sobreveio decisão, por meio do Acórdão nº 9202-005.535,[30] segundo a qual o Carf decidiu que o conceito de alienação para apuração do ganho de capital engloba toda e qualquer operação que importe em transmissão de bens ou direitos, sendo a permuta uma das espécies previstas no texto ao lado da compra e venda e de outras operações.

O contribuinte arguiu em seu recurso que nas permutas puras, como aquela celebrada no caso,

---

[30] "Ementa: GANHO DE CAPITAL. ALIENAÇÃO. PERMUTA. O conceito de alienação para apuração do ganho de capital engloba toda e qualquer operação que importe em transmissão de bens ou direitos ou cessão ou promessa de cessão de direitos, sendo a permuta uma das espécies previstas no texto legal ao lado da compra e venda e de outras operações. Toda e qualquer operação de que se possa extrair uma alienação, ou os efeitos de uma alienação, também está sujeita à apuração do ganho de capital. A acepção utilizada pelo legislador foi a mais ampla possível, exceções devem estar previstas na legislação. ALIENAÇÃO DE AÇÕES. PERMUTA. PARTICULARES. O ganho de capital existente quando da alienação de ações por permuta entre particulares não tem abrigo nas exceções à tributação pelo imposto de renda. PARECERES PGFN. NÃO VINCULAÇÃO. Os Pareceres da PGFN afetam apenas as situações especificamente neles previstas, não se estendendo a caso diverso".

nem mesmo à existência de preço, cujo pagamento pudesse justificar a incidência do imposto. A apuração de ganho de capital tributável na permuta pressupõe que o negócio preveja o pagamento de torna, capaz de gera a realização financeira de alguma renda para o beneficiário.

O conselheiro relator, Luiz Eduardo de Oliveira Santos, de plano, nos primeiros parágrafos de seu voto, já destaca:

> De início, cabe salientar que, admitida a tributação do ganho de capital na permuta sem torna, não há qualquer discussão em sede de recurso especial com relação à operação de permuta em si, nem sobre a forma apuração do ganho de capital ou do imposto dela decorrente, que seriam matérias de prova. Desde logo, meu entendimento é o da insustentabilidade dos argumentos esgrimidos pelo contribuinte para afastar a tributação em testilha. Com efeito, todos eles foram em alguma medida adequadamente analisados no acórdão recorrido e com eles concordo. [...].

Neste sentido, o voto vencedor firmou entendimento segundo o qual da "alienação das ações resultou a existência de ganho com disponibilidade econômica ou jurídica, isso é fato gerador do imposto de renda". Ou seja, independentemente de o impugnante ter recebido algum valor em espécie, caso verifique que as ações recebidas tenham valor superior, já estaria enquadrada a hipótese de incidência do IR-ganho de capital.

No mesmo sentido, no Acórdão nº 1402.003-730,[31] proferido no dia 19.2.2019, fora levada à efeito a segunda corrente, segundo a qual, na incorporação de ações, ocorre uma alienação, em sentido amplo, o que pode dar ensejo ao IR-ganho de capital.

---

[31] "EMENTA: IRPJ. LANÇAMENTO POR HOMOLOGAÇÃO. AUSÊNCIA DE PAGAMENTO. DECADÊNCIA. PRIMEIRO DIA DO EXERCÍCIO SEGUINTE. O prazo decadencial para constituição de crédito tributário sujeito a lançamento por homologação, na ausência de qualquer pagamento antecipado, é o estabelecido no artigo 173, inciso I, do CTN, com início no primeiro dia do exercício seguinte àquele em que o lançamento poderia ter sido efetuado. DECADÊNCIA. TRIBUTO SUJEITO AO LANÇAMENTO POR HOMOLOGAÇÃO. PRECEDENTE VINCULANTE DO STJ. As decisões proferidas pelo Superior Tribunal de Justiça, em Recurso Repetitivo, conforme sistemática prevista no artigo 543C do Código de Processo Civil, deverão ser reproduzidas no julgamento do recurso apresentado pelo contribuinte artigo 62 do Regimento Interno do Conselho Administrativo de Recursos Fiscais. Nos casos de tributos sujeitos ao lançamento por homologação, a contagem do prazo decadencial do direito do Fisco constituir o crédito tributário pelo lançamento de ofício somente obedece aos critérios do art. 150 do Código Tributário Nacional quando há efetivo pagamento antecipado do tributo devido. OPERAÇÃO DE INCORPORAÇÃO DE AÇÕES. ALIENAÇÃO EM SENTIDO AMPLO. GANHO DE CAPITAL. TRIBUTAÇÃO. A operação societária de incorporação de ações caracteriza, no âmbito tributário, alienação em sentido, dando ensejo à tributação do ganho de capital quando as ações da sociedade incorporadora forem recebidas por valor superior ao das ações da sociedade incorporada. OPERAÇÃO DE INCORPORAÇÃO DE AÇÕES. SUBSCRIÇÃO DE AÇÕES POR VALOR SUPERIOR AO VALOR CONTÁBIL. ALIENAÇÃO EM SENTI AMPLO. GANHO DE CAPITAL. A incorporação de ações constitui uma forma de alienação em sentido amplo. A subscrição de ações pelo valor de mercado e superior ao consignado na escrituração contábil, ainda que no bojo da figura da incorporação de ações, caracteriza ganho de capital, devendo incidir a tributação correspondente. PLANEJAMENTO TRIBUTÁRIO. NEGÓCIO JURÍDICO. AUSÊNCIA DE PROPÓSITO NEGOCIAL. INEFICÁCIA CONTRA A FAZENDA. No contexto do planejamento tributário, não tem eficácia contra a Fazenda o negócio jurídico destituído de propósito negocial, mas que busca atingir fins puramente tributários. RESPONSABILIDADE TRIBUTÁRIA. AUSÊNCIA DE DEMONSTRAÇÃO DO INTERESSE COMUM. Não se verifica, no caso concreto, a presença do interesse comum previsto no artigo 124, I, do Código Tributário Nacional para dar ensejo à responsabilidade solidária. MULTA QUALIFICADA. CABIMENTO. Por meio de atos e negócios meramente formais, o sujeito passivo, em concluio com outras empresas do seu grupo empresarial declararam ao Fisco uma situação inexistente com o objetivo de evitar a tributação de um ganho de capital auferido. ASSUNTO: CONTRIBUIÇÃO SOCIAL SOBRE O LUCRO LÍQUIDO CSLL Ano-calendário: 2008 CSLL E IRPJ. LANÇAMENTO. IDENTIDADE DE MATÉRIA FÁTICA. DECISÃO MESMOS FUNDAMENTOS. Aplicam-se ao lançamento da CSLL as mesmas razões de decidir aplicáveis ao IRPJ, quando ambos os lançamentos recaírem sobre idêntica situação fática".

Nesta oportunidade, o contribuinte também arguiu que na incorporação de ações não há que se falar em ganho de capital, vez que se trata de uma sub-rogação real:

> [...] operação de incorporação de ações, não há apuração de ganho de capital para os acionistas da empresa incorporada (no caso, o Laboratório Farmasa), por se tratar de substituição de participações societárias sem obtenção de renda. O efeito produzido nessa operação é de sub-rogação real: as ações da empresa incorporada são substituídas por ações da empresa incorporadora. Assim, na perspectiva dos acionistas, ocorre uma verdadeira permuta. E, na permuta sem pagamento de torna não há ganho de capital. Não pode haver ganho para a impugnante que já não era acionista do Laboratório Farmasa no momento da incorporação de ações. [...].

Todavia, o conselheiro relator, Evandro Correa Dias, asseverou que a turma julgadora acompanhou o entendimento exarado pela fiscalização, bem como as razões de decidir no Recurso nº 9020-00-662, por meio da Câmara Superior, segundo a qual:

> [...] Edmar Oliveira Andrade Filho, in Imposto de Renda das Empresas, São Paulo, Ed. Atlas, p. 461/462, considera que a incorporação de ações constitui uma forma de alienação em sentido amplo e posicionasse favoravelmente a incidência de imposto de renda sobre ganho de capital quando a subscrição realizar-se por valor superior ao valor contábil [...] De acordo com a legislação tributária, as operações que importem alienação, a qualquer título, de bens e direitos, estão sujeitas a apuração do ganho de capital e, as pessoas físicas poderão transferir a pessoas jurídicas, a título de integralização de capital, bens e direitos, pelo valor constante da respectiva declaração ou pelo valor de mercado e, se a transferência não se fizer pelo valor constante da declaração de bens, a diferença a maior será tributável como ganho de capital, nos termos em que dispõe o artigo 3º, §3º, da Lei nº 7.713/88 e o artigo 23, §2º, da Lei nº 9.249/95 [...]. Ademais, não merece prosperar o entendimento que só há a obrigação de reconhecer eventual ganho de capital na operação de substituição de ações quando houver fluxo financeiro ou circulação de valores. O fato de o sujeito passivo não ter recebido nenhum numerário não afasta a hipótese de incidência prevista no artigo 23, §2º, da Lei nº 9.249/95, que prevê justamente a tributação em situação em que, apesar de não haver recebimento de numerário, a pessoa física transfere a pessoa jurídica, a título de integralização de capital, bens e direitos em valor superior ao constante da declaração de bens. [...].

O relator concluiu elucidando que adota a segunda corrente, com o que ocorre o ganho de capital nas operações de incorporações de ações, na forma do art. 252 da Lei nº 6.404/1976, havendo ganho de capital tributável pelo IRPJ e pela CSLL, se o titular da participação societária receber as novas ações por valor superior ao das anteriores.

Pelo exposto, conclui-se que, apesar de encontrar 47 acórdãos no Carf, quando fora realizada a pesquisa com os termos "incorporação", "ações" e "planejamento", no que tange ao que se pretende neste trabalho, em poucas oportunidades fora abordado de forma efetiva e profunda o conceito da incorporação de ações e seus efeitos. Nos diminutos casos que se enquadram no tema abordado no presente trabalho, fora possível apurar que, em 2013, sobreveio decisão segundo a qual, na incorporação de ações, fora adotado o critério da sub-rogação. Todavia, em decisões proferidas posteriormente, 2016, 2017 e 2019, restou decidido que a incorporação se enquadra como uma espécie de alienação, que seria hipótese de ganho de capital.

Denota-se que, mesmo que preliminarmente, o Carf vem tratando as incorporações de ações como uma hipótese de alienação, que pode ensejar a hipótese de incidência do IR-ganho de capital, caso haja diferença positiva entre o valor dado como pagamento e o recebido, isso para os casos com disponibilidade econômica ou apenas jurídica.

5 Conclusão

Do estudo realizado, verificou-se que a incorporação de ações é instituto próprio do direito societário, materializando-se por meio de aumento de capital social, da sociedade que incorporará as ações de outra sociedade que integralizará o capital social da primeira por meio de transferência de suas ações, tornando-se sua subsidiária integral.

Trata-se de um negócio entre sociedades, que possuem uma representação indireta, com autorização para tomar os direcionamentos da sociedade no lugar dos acionistas.

As ações dos acionistas, pessoas físicas ou jurídicas, transferidas em decorrência da incorporação de ações, aqui considerada permuta, poderão gerar ganho ou perda de capital, conforme se apure valor superior ou inferior em relação ao custo de aquisição das respectivas ações.

Pela análise da jurisprudência do Conselho Administrativos de Recursos Fiscais, não é possível cravar que há um entendimento consolidado, pois, diante da pesquisa realizada, com os termos "incorporação", "de", "ações" e "planejamento", em que pese encontrar 47 acórdãos, no período compreendido entre 1º.7.2010 e 31.7.2020, poucos tratavam especificamente da natureza jurídica da incorporação de ações. Grande parte dos acórdãos analisados, nos quais a fiscalização avaliou os planejamentos tributários com incorporação de ações, buscavam apurar somente a legalidade do aproveitamento de ágio.

Todavia, mesmo diante de uma diminuta amostragem, fora possível apurar que, atualmente, o Carf vem tratando as incorporações de ações como uma hipótese de alienação, que pode ensejar a hipótese de incidência do IR-ganho de capital, caso haja diferença positiva entre o valor dado como pagamento e o recebido, isso para os casos com disponibilidade econômica ou apenas jurídica.

Deve-se ter em conta que a incorporação de ações pressupõe a transferência de ações da sociedade que foi incorporada para a incorporadora. Com o que, por conseguinte, altera-se a composição acionária da sociedade incorporadora, uma vez que os acionistas da sociedade incorporada trocam as cotas que possuíam nesta sociedade por cotas da sociedade incorporadora. Nesse contexto, a questão pode ser enquadrada como uma hipótese de permuta, já que um ponto incontroverso sobre o tema é que os acionistas da incorporada efetivamente trocam suas ações pelas ações da incorporadora.

Assim, no caso de haver diferença a maior entre o valor das ações da incorporada em relação ao valor das ações recebidas da incorporadora, mesmo que seja somente uma disponibilidade jurídica, ocorre o fato gerador do IR-ganho de capital. Entretanto, tendo em vista que o regime jurídico próprio da tributação sobre o ganho de capital exige que ele esteja financeiramente realizado, o pagamento do IR-ganho de capital será diferido para quando as ações forem financeiramente realizas em dinheiro, com a materialização do lucro efetivo.

Referências

BRASIL. Conselho Administrativo de Recursos Fiscais. 2ª Turma. *Processo nº 16408.000120/2007-49, Acórdão nº 9202-000.662*. Recurso Especial do Procurador. Rel. Elias Sampaio Freire. Brasília. Sessão: 12.4.2010. Disponível em: https://carf.fazenda.gov.br/sincon/public/pages/ConsultarJurisprudencia/listaJurisprudenciaCarf.jsf. Acesso em: 29 set. 2020.

BRASIL. Conselho Administrativo de Recursos Fiscais. 2º Câmara/2º Turma Ordinária. *Processo nº 10680.726772/2011-88, Acórdão nº 2202-002.187*. Recurso Voluntário. Rel. Nelson Mallmann. Brasília. Sessão: 20.2.2013. Disponível em: https://carf.fazenda.gov.br/sincon/public/pages/ConsultarJurisprudencia/listaJurisprudenciaCarf.jsf. Acesso em: 29 set. 2020.

BRASIL. Conselho Administrativo de Recursos. 1º Câmara/2ª Turma Ordinária. *Processo nº 12448.734758/2011-36, Acórdão nº 2301-004.481*. Recurso Voluntário. Rel. Alice Grecchi. Brasília. Sessão: 15.2.2016. Disponível em: https://carf.fazenda.gov.br/sincon/public/pages/ConsultarJurisprudencia/listaJurisprudenciaCarf.jsf. Acesso em: 29 set. 2020.

BRASIL. Conselho Administrativo de Recursos. 2ª Turma. *Processo nº 12448.724621/2014-16, Acórdão 9202-005.535*. Recurso Especial do Contribuinte. Rel. Luiz Eduardo de Oliveira Santos. Brasília. Sessão: 27.6.2017. Disponível em: https://carf.fazenda.gov.br/sincon/public/pages/ConsultarJurisprudencia/listaJurisprudenciaCarf.jsf. Acesso em: 29 set. 2020.

BRASIL. Conselho Administrativo de Recursos. 4ª Turma/2ª Turma Ordinária. *Processo nº 16561.720167/2013-06, Acórdão nº 1402.003-730*. Recurso de Ofício e Voluntário. Rel. Evandro Correa Dias. Brasília. Sessão: 19.2.2019. Disponível em: https://carf.fazenda.gov.br/sincon/public/pages/ConsultarJurisprudencia/listaJurisprudenciaCarf.jsf. Acesso em: 29 set. 2020.

BRASIL. *Decreto-Lei n. 1.598 de 2618 dez. 1977*. Altera a legislação do imposto sobre a renda. Disponível em: http://www.planalto.gov.br/ccivil_03/Decreto-Lei/Del1598.htm. Acesso em: 10 set. 2020.

BRASIL. *Lei n. 6.404 de 15 dez. 1976*. Dispõe sobre as Sociedades por Ações. Disponível em: http://www.planalto.gov.br/ccivil_03/leis/L6404consol.htm. Acesso em: 10 set. 2020.

BRASIL. *Lei n. 7.713 de 22 dez. 1988*. Altera a legislação do imposto de renda e dá outras providências. Disponível em: http://www.planalto.gov.br/ccivil_03/leis/l7713.htm. Acesso em: 10 set. 2020.

BRASIL. *Lei n. 9.249 de 26 dez. 1995*. Altera a legislação do imposto de renda das pessoas jurídicas, bem como da contribuição social sobre o lucro líquido, e dá outras providências. Disponível em: http://www.planalto.gov.br/ccivil_03/leis/L9249.htm. Acesso em: 25 set. 2020.

BRASIL. *Lei n. 9.532 de 10 dez. 1997*. Altera a legislação tributária federal e dá outras providências. Disponível em: http://www.planalto.gov.br/ccivil_03/leis/L9249.htm. Acesso em: 25 set. 2020.

CARVALHOSA, Modesto. *Comentários à Lei de Sociedades Anônimas – Arts. 243 a 300: lei 6.404, de 15 de dezembro de 1976, com as modificações da lei 11.941, de 27 de maio de 2009*. 4. ed. rev. e atual. São Paulo: Saraiva, 2011. v. 4. t. II.

EIZIRIK, Nelson. Incorporação de ações: aspectos polêmicos. *In*: WARDE JR., Walfrido Jorge (Coord.). *Fusão, cisão, incorporação e temas correlatos*. São Paulo: Quartier Latin, 2009.

MARTINS, Fran. *Comentários à Lei das Sociedades Anônimas*. Rio de Janeiro: Forense, 1975. v. 3.

MOREIRA, André Mendes; FONSECA, Fernando Daniel de Moura. Imposto de renda sobre ganho de capital: necessidade de realização e disponibilidade do acréscimo patrimonial – Estudo de caso. *Revista Dialética de Direito Tributário (RDDT)*, São Paulo, n. 238, p. 28-40, 2015.

NEDER, Marcos Vinícius; SARAIVA, Telírio Pinto. Permuta de bens e direito: renda não realizada. *In*: ZILVETI, Fernando Aurélio; FAJERSZTAJN Bruno; SILVEIRA, Rodrigo Maito da Silva (Coord.). *Direito tributário*: princípio da realização no imposto sobre a renda – Estudos em homenagem a Ricardo Mariz de Oliveira. São Paulo: Instituto Brasileiro de Direito Tributário, 2019.

OLIVEIRA, Ricardo Mariz de. *Incorporação de ações no direito tributário*: conferência de bens, permuta, dação em pagamento e outros negócios jurídicos. São Paulo: Quartier Latin, 2014.

PEDREIRA, José Luiz Bulhões *et al*. *Direito das companhias*. Rio de Janeiro: Forense, 2009. v. II.

PEDREIRA, José Luiz Bulhões. *Imposto sobre a renda*. Rio de Janeiro: Justec/ADCOAS, 1979. v. 1.

SCHOUERI, Luís Eduardo; ANDRADE JUNIOR, Luís Carlos. Incorporação de ações: natureza societária e efeitos tributários. *Revista Dialética de Direito Tributário (RDDT)*, São Paulo, n. 200, p. 44-72, 2012.

XAVIER, Alberto. Incorporação de ações: natureza jurídica e regime tributário. *In*: CASTRO, Rodrigo R. Monteiro de; ARAGÃO, Leandro Santos de (Coord.). *Sociedade anônima* – 30 anos da Lei 6.404/76. São Paulo: Quartier Lartin, 2007.

Informação bibliográfica deste texto, conforme a NBR 6023:2018 da Associação Brasileira de Normas Técnicas (ABNT):

CUNHA, Leonardo Dias da; MORAIS, Marcelo Nogueira de. A incorporação de ações: análise de sua natureza jurídica e da existência de posicionamento consolidado no Conselho Administrativo de Recursos Fiscais. *In*: MARINHO NETO, José Antonino (Org.); LOBATO, Valter de Souza (Coord.). *Planejamento Tributário:* pressupostos teóricos e aplicação prática. Belo Horizonte: Fórum, 2021. p. 165-182. ISBN 978-65-5518-269-9.

A INCORPORAÇÃO DE AÇÕES NA JURISPRUDÊNCIA DO CONSELHO ADMINISTRATIVO DE RECURSOS FISCAIS

MÜLLER NONATO CAVALCANTI SILVA

BÁRBARA SHIRLEY ALVES MAIA

1 Introdução

A incorporação de ações é um instituto de direito societário previsto no art. 252[1] da Lei nº 6.404/1976, que se consiste na realização de uma operação na qual ações ou

---

[1] "Art. 252. A incorporação de todas as ações do capital social ao patrimônio de outra companhia brasileira, para convertê-la em subsidiária integral, será submetida à deliberação da assembleia-geral das duas companhias mediante protocolo e justificação, nos termos dos artigos 224 e 225. §1º A assembleia-geral da companhia incorporadora, se aprovar a operação, deverá autorizar o aumento do capital, a ser realizado com as ações a serem incorporadas e nomear os peritos que as avaliarão; os acionistas não terão direito de preferência para subscrever o aumento de capital, mas os dissidentes poderão retirar-se da companhia, observado o disposto no art. 137, II, mediante o reembolso do valor de suas ações, nos termos do art. 230. §2º A assembleia-geral da companhia cujas ações houverem de ser incorporadas somente poderá aprovar a operação pelo voto de metade, no mínimo, das ações com direito a voto, e se a aprovar, autorizará a diretoria a subscrever o aumento do capital da incorporadora, por conta dos seus acionistas; os dissidentes da deliberação terão direito de retirar-se da companhia, observado o disposto no art. 137, II, mediante o reembolso do valor de suas ações, nos termos do art. 230".

quotas societárias são incorporadas, parcial ou integralmente, por uma empresa ou um grupo de outras empresas. Cada operação, em razão das peculiaridades que envolvem o direito societário, traz nuances e particularidades que, não raras vezes, configurarão incorporação do título por valor superior ao nominal, ou seja, por avaliação de valor de mercado.

É importante ressaltar que a incorporação de ações não se confunde com a incorporação de sociedades, muito embora ambas sejam operações societárias utilizadas como formas de concentração e reorganização de patrimônio.

Quando da incorporação de ações, surgem questionamentos sobre a natureza jurídica da operação. Atualmente, vigoram três correntes doutrinárias que conceituam a incorporação de ações e fazem a alocação dentro de institutos do direito privado.

Em apertada síntese, pode-se dizer que a primeira corrente entende que a incorporação de ações equivale a uma espécie de alienação dos títulos, com efeito de ganho de capital. A segunda corrente entende que também há alienação dos títulos e acréscimo patrimonial, porém sem efeitos tributários por não haver realização da renda. Por derradeiro, a terceira corrente defende que a incorporação de ações equivale a uma permuta sem torna, na qual um título é substituído por outro, por meio de sub-rogação, inexistindo o elemento "preço". Ainda segundo esta corrente, mesmo que a incorporação enseje mais-valia, trata-se de mero valor econômico atribuído ao bem, que não pode ser confundido com ganho de capital.

Sob a óptica dessas três correntes doutrinárias, o Carf tem decidido sobre os efeitos tributários da operação de incorporação de ações, invocando, até mesmo, termos como "planejamento tributário abusivo", "propósito negocial", "simulação" e "abuso de formas".

Por fim, é de se destacar que o poder de fiscalização atribuído à Fazenda deve limitar-se ao que dispõe a lei. Somente poderá ser legítima a atuação do Fisco quando houver norma expressa com vedação de determinada conduta ou incluindo-a no espectro de incidência tributária.

2 Da incorporação de ações

Antes que seja analisada a jurisprudência do Carf em operações que envolvam incorporação de ações, é preciso tecer alguns comentários sobre a natureza da operação, suas principais características, sujeitos envolvidos e as finalidades pretendidas.

A natureza da operação de incorporação de ações, bem como seus efeitos no mundo jurídico, já foi objeto de estudo pela doutrina pátria, em que se destacam, em razão da profundidade da análise, os trabalhos de Modesto Carvalhosa, Ricardo Mariz de Oliveira e Luís Eduardo Schoueri.

A doutrina do Professor Modesto Carvalhosa, que doravante chamaremos de *primeira corrente*, asserta que a incorporação de ações se afigura como negócio jurídico com natureza de alienação, tal qual prescrevem as normas de direito privado. Com isso, entende-se que, quando da incorporação de ações de uma sociedade por outra, aquela cujo capital foi incorporado ocupa posição na relação jurídica como parte alienante, que transfere suas quotas societárias à sociedade incorporadora. Para a linha de pensamento do Professor Modesto Carvalhosa, é indiferente se a incorporação de ações se dá por parcela das quotas representativas do capital social ou se a operação cumpre, também, função de incorporação da sociedade.

A discriminação da incorporação de ações como operação de alienação de um bem – quotas representativas do capital social – traduz efeitos tributários relevantes tanto para as sociedades envolvidas no negócio jurídico quanto para a figura dos sócios e acionistas, isso porque as características de um negócio jurídico identificado como alienação, por vezes, revela diferença entre o valor nominal do título em confrontação com o valor de mercado, que analisa elementos alheios à simples identificação dos números impressos nos atos constitutivos da pessoa jurídica cuja parte fora incorporada.

Pela disciplina da primeira corrente, quando a alienação da participação societária se realiza por valor superior àquele nominal do título, a diferença mensurada adquire contornos de ganho de capital pelos acionistas que receberam os novos títulos em substituição. A caracterização como ganho de capital ocorre em razão de o investimento original ter sido substituído por título de maior valor quando da incorporação – equiparada à alienação.

A teoria defendida pela primeira corrente tem sido majoritariamente adotada pela jurisprudência do Conselho Administrativo de Recursos Fiscais – Carf, em diversos precedentes da Segunda Seção de Julgamento. A análise jurisprudencial foi feita sob o aspecto dos efeitos tributários da incorporação de ações aos sócios e acionistas, que, conforme a adoção de uma das correntes de pensamento, levou a prolação de acórdãos que abordaram a suposta ocorrência de ganho de capital.

O Professor Luís Eduardo Schoueri, em artigo[2] publicado sobre o tema, defende que a incorporação de ações se equipara a uma operação de alienação, porém com algumas peculiaridades inerentes ao próprio negócio.

Conforme defende o professor, quando da incorporação de ações, a incorporadora passa a deter em seu ativo quotas societárias da incorporada. Quando a operação ocorre por valor superior ao nominal, há ocorrência de aumento patrimonial, vez que leciona que a operação equivale ao negócio jurídico de alienação. Ainda segundo essa corrente de entendimento, ainda que exista mutação patrimonial, não pode haver efeitos tributários em razão de tratar-se de acréscimo que não se subsume ao conceito de *renda realizada*. Destaca que somente haverá renda quando da sua *realização*. Portanto, tanto os acionistas quanto a pessoa jurídica incorporadora não serão tributados por não haver realização da renda.

---

[2] SCHOUERI, Luís Eduardo; ANDRADE JR., Luiz Carlos de. Incorporação de ações: natureza societária e efeitos tributários. *Revista Dialética de Direito Tributário (RDDT)*, São Paulo, v. 200, p. 44-72, 2012.

A realização da renda, segundo doutrina do Professor Victor Borges Polizelli,[3] não se confunde com a mutação patrimonial, vez que, por império das normas de competência da Constituição da República, a renda realiza-se no momento de sua disponibilidade e que nenhum outro ato seja necessário para fruição pelo titular.

Para melhor compreensão do fenômeno de realização da renda, é importante tecer alguns concisos comentários sobre a própria definição de renda. O Professor Victor Borges Polizelli[4] busca definir o conceito constitucional de renda da forma mais essencial possível, como sendo uma grandeza que reflete em acréscimo de patrimônio e rendimentos em comparação a momento anterior.

O princípio da realização da renda auxilia na percepção da capacidade econômica apta à incidência de tributação a partir da identificação do marco temporal em que se considera consumado o fato tributável. Isto significa que, de acordo com a segunda corrente de entendimento, não se pode afirmar que haveria efeitos tributários na operação por não ter ocorrido momento temporal passível de realização da renda, dessa forma, não haveria que se falar na tributação em si.

Sob a óptica do Professor Luís Eduardo Schoueri, é possível que o negócio jurídico de alienação aconteça sem que o *ganho de capital* esteja disponível aos sócios e acionistas; em outras palavras, ainda que exista mutação patrimonial, inexiste renda por carência de realização.

Numa terceira corrente defendida em obra dedicada ao tema, o Professor Ricardo Mariz de Oliveira[5] disserta sobre as particularidades da incorporação de ações, tomando por pressuposto a substância da operação para o direito privado. A premissa maior defendida pelo professor é a equiparação da incorporação de ações a uma permuta, vez que há uma mera substituição de bens. Melhor esclarecendo, segundo esta corrente de pensamento, quando há operação de incorporação de ações, os acionistas da incorporadora passam também a ter participação na incorporada

Prosseguindo na linha defendida por Ricardo Mariz de Oliveira, é importante distinguir incorporação de sociedades de incorporação de ações, pois na segunda há transferência dos títulos representativos do capital social da incorporada para a incorporadora. Essa transferência equivale a uma permuta sem torna, haja vista a inexistência do elemento *preço*.

Merece destacar que esta terceira corrente traz à evidência que, havendo mais-valia na transferência de ações, ela deve ser considerada como mero valor econômico atribuído ao bem (ações/quotas) sem atribuição de *preço*, pois a operação efetiva-se

---

[3] POLIZELLI, Victor Borges. *O princípio da realização da renda*. São Paulo: Quartier Latin, 2014. "ao princípio da realização caberia tal denominação, pois tal espécie normativa congrega meramente uma diretriz (de que a renda seja tributável quando concluídos e puderem ser considerados permanentes os eventos que a deflagram) concretizável em diferentes graus (mediante a escolha potencial de eventos como a valorização, ocorrência da atividade econômica prestacional, pagamento, consumo etc.) – procurando-se checar sua validade" (p. 155).

[4] POLIZELLI, Victor Borges. *O princípio da realização da renda*. São Paulo: Quartier Latin, 2014. p. 130.

[5] OLIVEIRA, Ricardo Mariz de. *Incorporação de ações no direito tributário*: conferência de bens, permuta, dação em pagamento e outros negócios jurídicos. São Paulo: Quartier Latin, 2014.

como permuta sem torna, ou seja, há substituição de um bem por outro e a precificação não compõe parte do negócio jurídico. Portanto, não podem existir efeitos tributários na operação, tal qual o ganho de capital como regrado no art. 170 da Lei n° 6.404/1976,[6] por ser ausentes os critérios quantitativos da regra-matriz de incidência tributária.[7]

3 A incorporação de ações na jurisprudência do Carf

Com o estudo da jurisprudência do Carf em demandas cujo mérito gravita na operação de incorporação de ações, foi possível observar mudança de fundamentos e, por consequência, diferentes tratamentos tributários para operações semelhantes. Por oportuno, é relevante destacar que a mudança de fundamentação das decisões encontra amparo em fatores diversos, dos quais destaco a *reforma* do órgão em 2014, que culminou em novo regimento e alteração significativa da composição das turmas. Ainda, merece destaque a publicação da Solução de Consulta Cosit n° 224/2014 que, em linhas gerais, pronuncia-se a respeito da incorporação de ações e aponta pela ocorrência de alienação, fato que altera significativamente os efeitos tributários da operação. Portanto, para melhor didática da análise dos acórdãos, far-se-á a análise em dois momentos.

3.1 Primeiro momento

Por primeiro momento da jurisprudência do Carf, que se caracteriza por decisões prolatadas antes do ano de 2014, ressaltam-se os acórdãos que trouxeram por fundamento a inexistência de ganho de capital na incorporação de ações de modo a não existir efeitos tributários na operação. Merece destaque neste marco temporal o Acórdão n° 2202-002.187, publicado em 26.2.2013, em sessão de julgamento realizada na Segunda Turma Ordinária da Segunda Câmara da Segunda Seção de Julgamento, que fora confirmado pela Segunda Turma da Câmara Superior no Acórdão n° 9202-003.579, que ora se passa a analisar.

O acórdão *supra* aprecia a subsistência de auto de infração lavrado em desfavor de contribuinte pessoa física sob o argumento de que omitira rendimentos na sua declaração de ajuste de imposto de renda, pois no ano-calendário de 2007, por operações de incorporação de ações, o contribuinte fiscalizado teria auferido ganho de capital. O auto de infração também se amparou no argumento de simulação para o agravamento da multa ao patamar de 150%.

---

[6] "Art. 170. Depois de realizados 3/4 (três quartos), no mínimo, do capital social, a companhia pode aumentá-lo mediante subscrição pública ou particular de ações".
[7] CARVALHO, Paulo de Barros. *Direito tributário* – Linguagem e método. 3. ed. São Paulo: Noeses, 2013. p. 626.

A operação pode ser resumidamente descrita da seguinte forma: Contribuinte A, autuado e recorrente, que integra o quadro societário de empresa *holding* aqui denominada "XX", promoveu o aumento do capital social de R$1.000,00 para R$45.001.000,00 por meio de criação de novas quotas que foram integralizadas com quotas da empresa aqui denominada de "YY". Por meio de laudo técnico, as quotas integralizadas foram avaliadas a valor de mercado por R$287.995.525,00, que passou a ser o capital social da empresa "XX".

Tendo em vista a operação descrita, o Fisco lavrou auto de infração sob o fundamento de que a incorporação de ações da empresa "YY" pela empresa "XX", do qual o contribuinte A é sócio/acionista, equivale à operação de alienação e, por via oblíqua, houve ganho de capital não declarado às autoridades fiscais. Argumentou o Fisco que a operação caracterizava simulação e que o objetivo do contribuinte "A" seria o uso da operação de incorporação de ações para omitir ganho de capital tributável.

A Segunda Turma Ordinária da Segunda Câmara da Segunda Seção de Julgamento do Carf entendeu que a incorporação de ações não se identifica com operação de alienação, razão pela qual inexistente o ganho de capital tributável, tampouco existiu simulação.[8] Em recurso especial da Fazenda, a Segunda Turma da Câmara Superior manteve os termos do acórdão recorrido, mais uma vez afirmando inexistir alienação na operação de incorporação de ações.

Sobre o acórdão em análise, destaca-se que o fundamento para a desconstituição do auto de infração encontra amparo na Lei nº 6.404/1976. Foi apontado que todos os atos da operação praticada encontram guarida na legislação societária e, pela letra da lei, não existe equiparação da incorporação de ações à operação de alienação.

Importante destacar que os fundamentos do acórdão se assemelham às lições do Professor Ricardo Mariz de Oliveira. De igual forma foi delimitada linha de separação entre a legislação que rege os atos do direito privado com legislação tributária, numa *reverência tácita* ao que dispõe o art. 110 do Código Tributário Nacional,[9] ao consentir que não pode o Fisco dar interpretação própria aos atos praticados sob a égide do direito privado com fins únicos de tributação.

---

[8] "Como visto, a incorporação de ações tem como principais efeitos (i) o aumento de capital da incorporadora, realizado com as ações a serem incorporadas; (ii) a substituição das ações de emissão da sociedade cujas ações serão incorporadas por ações de emissão da incorporadora; (iii) a sub-rogação legal dos acionistas da sociedade cujas ações houverem de ser incorporadas, nas ações da incorporadora; (iv) a conversão da sociedade cujas ações serão incorporadas em subsidiária integral da incorporadora; e (v) a unificação das bases acionárias de ambas as sociedades na incorporadora. [...] É de se ressaltar, que o protocolo da operação não constitui um instrumento de alienação de ações, mas apenas o meio jurídico pelo qual são estabelecidos os termos da incorporação de ações ajustados entre as companhias".

[9] "Art. 110. A lei tributária não pode alterar a definição, o conteúdo e o alcance de institutos, conceitos e formas de direito privado, utilizados, expressa ou implicitamente, pela Constituição Federal, pelas Constituições dos Estados, ou pelas Leis Orgânicas do Distrito Federal ou dos Municípios, para definir ou limitar competências tributárias".

3.2 Segundo momento

Na etapa que se denomina segundo momento, a jurisprudência do Carf passa a analisar as operações de incorporação de ações sob outra óptica, que faço ilustrar pelo Acórdão nº 2201003.203, publicado em 20.7.2016, em sessão de julgamento realizada na Primeira Turma Ordinária da Segunda Câmara da Segunda Seção de Julgamento, cujo teor fora mantido pela Segunda Turma da Câmara Superior no Acórdão nº 9202-005.535.

A questão enfrentada neste acórdão pode ser resumida da seguinte forma: o contribuinte "H" fora autuado por omissão de rendimentos auferidos em ganho de capital por operação de incorporação de ações. O contribuinte "H" é sócio/acionista da empresa aqui denominada "A", que recebeu aporte em ações da empresa aqui denominada "B". Em momento posterior, a empresa "B" teve parcela de suas quotas adquiridas por empresa "C" com títulos de *royalties*. O resultado da operação gerou aumento de valor de mercado das quotas da empresa "A", da qual o contribuinte "H" é acionista.

A participação societária do contribuinte "H" junto à empresa "A" era equivalente a R$29.699.150,04, e, após o aporte da empresa "B" e aquisição das quotas por valor de mercado pela empresa "C", sua participação societária foi avaliada em R$704.060.973,96. O contribuinte "H" informou em sua declaração de ajuste de imposto de renda o ganho de capital de R$133.842.712,91, informando apenas o valor relativo aos títulos de *royalties*. O Fisco entendeu que houve omissão de ganho de capital na monta de R$570.218.261,05 na operação de incorporação de ações descrita e lavrou auto de infração no valor de R$85.532.739,16 (15% de R$570.218.261,05), acrescidos de multa de ofício e juros de mora.

Foi negado provimento ao recurso voluntário para manutenção do auto de infração, pois o entendimento da turma julgadora perfilhou pela premissa de que, mesmo na permuta de títulos mobiliários – incorporação de ações, há equivalência à alienação, que gera ganho de capital tributável.

Pelo apertado resumo dos argumentos que fundamentaram o acórdão em debate, mostra-se clara a adoção de entendimento que converge com a primeira corrente doutrinária, levando a incorporação de ações ao enquadramento de operação na qual ocorre alienação de bens.

Há de se fazer o destaque de que nos fundamentos da decisão não é invocada a Lei nº 6.404/1976, que regulamenta operações societárias, inclusive incorporação de ações. A *ratio* do acórdão[10] sustenta-se unicamente na apuração do valor de mercado dos títulos incorporados, apuração esta feita pela Fazenda durante o termo de verificação

---

[10] Para fins fiscais, o que importa é saber se há ou não ganho de capital na operação de permuta. A legislação que regula a matéria se direciona no sentido do ganho e da incidência tributária, ao dispor sobre as parcelas que integram o rendimento bruto como ganho de capital, tratando-as como o resultado da soma dos ganhos auferidos no mês decorrentes da alienação de bens ou direitos de qualquer natureza e considerando, como alienação, para fins de apuração do referido ganho, as operações que importem em alienação, a qualquer título, de bens ou direitos, tais como as realizadas por compra e venda e permuta, entre outras.

fiscal. Em recurso especial do contribuinte à Segunda Turma da Câmara Superior, por voto de qualidade, foi mantido o entendimento da câmara baixa, subsistindo na íntegra o auto de infração.

Sem a tentativa de conjecturar sobre as razões que formaram o convencimento do colegiado, é possível identificar que não foi feita análise pormenorizada da substância da operação, tampouco foram trazidos elementos e conceitos do direito privado – peculiar às operações de reorganização societária – para classificar a incorporação de ações como alienação e, por via oblíqua, alocá-la na hipótese de incidência do imposto sobre a renda.

Ainda neste tópico, é importante trazer a destaque o Acórdão nº 2202-004.360, com relação ao qual, embora o desfecho tenha sido pela ocorrência do ganho de capital pelo sócio/acionista de pessoa jurídica em operação de incorporação de ações, destaca-se o voto vencido[11] da conselheira relatora que, entre outros fundamentos, trata da realização da renda nos moldes compreendidos pela doutrina do Professor Luís Eduardo Schoueri e aqui destacada pelas lições de Polizelli.

4 Do planejamento tributário por incorporação de ações

Em sede de conclusão, é salutar trazer a tratamento a disciplina do planejamento tributário por meio de operação de incorporação de ações. Discutir planejamento tributário, por si, é aferir condutas praticadas pelos contribuintes no intuito de sujeitarem-se à carga tributária menos onerosa. O debate sobre *planejamento tributário abusivo* deve perfilhar os estudos dos ilícitos tributários e, igualmente, prática de condutas evasivas nas quais emerge a figura do dolo específico de fraudar o Erário. Portanto, planejamento tributário jamais pode ser confundido com conjugação de atos à margem da legislação tributária.

Os acórdãos aqui analisados apreciam a incidência de tributação de ganho de capital pelos sócios pessoas físicas quando da incorporação de ações. Indiferentemente do tributo ou sujeito envolvido na relação jurídica, é imperioso avaliar se os autos de infração julgados pelos acórdãos do Carf trazem em seus fundamentos norma cujo comando tenha por núcleo o modal proibitivo.

Como bem leciona o Professor Paulo de Barros Carvalho,[12] a norma-jurídica tributária aperfeiçoa-se em três modais: proibido, obrigatório e permitido. Portanto, não

---

[11] "Independente da natureza jurídica atribuída a operação de incorporação de ações, entendo que a solução da controvérsia requer também a resposta à seguinte questão: de acordo com a nossa legislação, quando se dá a realização da renda no caso do imposto de renda pessoa física?" (voto vencido, Conselheira Relatora Junia Roberta Gouveia Sampaio).

[12] CARVALHO, Paulo de Barros. *Direito tributário* – Linguagem e método. 3. ed. São Paulo: Noeses, 2013. p. 147. Fala-se, por isso, em antecedente e consequente, suposto e mandamento, hipótese e tese, prótase e apódose, pressuposto e estatuição, descritor e prescritor. A regulação da conduta se dá com a aplicação dos modais deônticos (permitido, proibido e obrigatório), mas sempre na dependência do acontecimento factual previsto na hipótese.

é preciso muito esforço hermenêutico para chegar à conclusão de que o Fisco somente poderá desconsiderar a substância de uma operação entre particulares, em especial na incorporação de ações, quando existir norma jurídica que proíba a prática da conduta em combate – *norma antiabuso*. Para deixar ainda mais claras estas ponderações, apenas quando a conduta do sujeito passivo se amoldar à hipótese de norma cujo mandamento seja vedar determinada prática é que a Fiscalização poderá, portanto, nos limites estabelecidos pelo próprio sistema de normas, combater a prática de ilícito tributário.

Como reflexão, vislumbra-se que o planejamento tributário – este entendido como operação não proibida por norma jurídica – tem sido alvo constante de fiscalização, de modo a retirar do contribuinte a opção de trilhar caminho que menos o onere, ainda que as operações não tenham qualquer vedação em norma.

Por fim, cumpre destacar que, como artigo doutrinário que se pretende ser, é indispensável análise crítica da atuação tanto da Fiscalização quanto dos órgãos julgadores, razão pela qual se levanta o questionamento sobre qual o limite de atuação do Fisco para desconsiderar negócios jurídicos praticados entre particulares com fundamentos que não encontram lastro em norma prescrita em lei.

Referências

BRASIL. Lei nº 5.172 de 25 de outubro de 1966. Dispõe sobre o Sistema Tributário Nacional e institui normas gerais de direito tributário aplicáveis à União, Estados e Municípios. *Diário Oficial da União*, Brasília, 27 out. 1966. Disponível em: http://www.planalto.gov.br/ccivil_03/leis/l5172compilado.htm Acesso em: 28 set. 2020.

BRASIL. Lei nº 6.404 de 15 de dezembro de 1976. Dispõe sobre as Sociedades por Ações. *Diário Oficial da União*, Brasília, 17 dez. 1976, p. 1. Disponível em: http://www.planalto.gov.br/ccivil_03/leis/l6404consol.htm. Acesso em: 28 set. 2020.

CARVALHO, Paulo de Barros. *Direito tributário* – Linguagem e método. 3. ed. São Paulo: Noeses, 2013.

CARVALHOSA, Modesto; KUYVEN, Fernando. *Tratado de direito empresarial*. 2. ed. rev., atual. e ampl. São Paulo: Thomson Reuters Brasil, 2018. v. 3.

GRECO, Marco Aurélio. *Planejamento tributário*. 3. ed. São Paulo: Dialética, 2011.

OLIVEIRA, Ricardo Mariz de. *Incorporação de ações no direito tributário*: conferência de bens, permuta, dação em pagamento e outros negócios jurídicos. São Paulo: Quartier Latin, 2014.

PINTO, Alexandre Evaristo. Carf analisa o momento de incidência do IRPF na incorporação de ações. *Conjur*, 1º maio 2019. Disponível em: https://www.conjur.com.br/2019-mai-01/direto-carf-carf-analisa-momento-incidencia-irpf-incorporacao-acoes. Acesso em: 28 set. 2020.

POLIZELLI, Victor Borges. *O princípio da realização da renda*. São Paulo: Quartier Latin, 2014.

PONCZEK, Daniel Kalansky. *O instituto da incorporação de ações*. 2011. 225 f. Dissertação (Mestrado em Direito Comercial) – Faculdade de Direito, Universidade de São Paulo, São Paulo, 2011.

SCHOUERI, Luís Eduardo; ANDRADE JR., Luiz Carlos de. Incorporação de ações: natureza societária e efeitos tributários. *Revista Dialética de Direito Tributário (RDDT)*, São Paulo, v. 200, p. 44-72, 2012.

Informação bibliográfica deste texto, conforme a NBR 6023:2018 da Associação Brasileira de Normas Técnicas (ABNT):

SILVA, Müller Nonato Cavalcanti; MAIA, Bárbara Shirley Alves. A incorporação de ações na jurisprudência do Conselho Administrativo de Recursos Fiscais. *In*: MARINHO NETO, José Antonino (Org.); LOBATO, Valter de Souza (Coord.). *Planejamento Tributário:* pressupostos teóricos e aplicação prática. Belo Horizonte: Fórum, 2021. p. 183-192. ISBN 978-65-5518-269-9.

BIPARTIÇÃO CONTRATUAL – PETRÓLEO

CONTROVÉRSIAS ACERCA DA TRIBUTAÇÃO NOS CONTRATOS BIPARTIDOS DE AFRETAMENTO DE PLATAFORMA DE PETRÓLEO

ALEXANDRE EVARISTO PINTO

BRUNO CESAR FETTERMANN NOGUEIRA DOS SANTOS

1 Introdução: para o que já temos solução e no que ainda temos dúvida

A descoberta da camada do pré-sal, em 2006, expandiu os espectros do chamando mercado de *oil and gas* no Brasil e, como consequência disso, foram celebrados diversos contratos de afretamento de plataforma de petróleo desde então.

Em muitos casos, na própria carta-convite destinada a chamar os interessados em afretar embarcações, estabelecia-se que as participantes no certame estavam obrigadas a constituir sociedade empresária no Brasil, que também seria contratada para prestar serviços relacionados à exploração de petróleo nas plataformas afretadas.[1]

---

[1] RIBEIRO, Diego Diniz. Carf debate se contratos bipartidos de afretamento de plataformas são válidos. *Conjur*, 17 abr. 2019.

Por conta dessa barreira regulatória, passou a ser comum, nesse mercado, que empresas estrangeiras constituíssem sociedades empresárias no Brasil que realizavam, propriamente, a exploração do petróleo e que, por sua vez, afretavam embarcações e plataformas e subcontratavam a prestação de serviços técnicos sísmicos por empresa estrangeira.

Ou seja, por meio dessa estrutura, a pessoa jurídica brasileira assumia, efetivamente, o risco da exploração de petróleo nos novos campos, auferindo os eventuais lucros pelo empreendimento, mas também se comprometia ante a empresa contratada no exterior com altas despesas de afretamento de plataformas e embarcações, e de importação de serviços técnicos necessários que possibilitavam a efetiva prospecção de petróleo na costa brasileira.

Com isso, as grandes empresas envolvidas na exploração de petróleo formalizavam dois contratos para estruturar sua atuação no ramo: o primeiro seria um contrato de afretamento de plataforma e o segundo, de prestação de serviços com a parceira estrangeira. Há casos, ainda, da própria Petrobras, em que foi celebrado contrato de prestação de serviço com empresa brasileira e contrato de afretamento com estrangeira. Tal bipartição contratual tem impacto nas remessas efetuadas ao exterior, na medida em que a sociedade brasileira passa a remunerar a estrangeira, em parte pelo afretamento, em parte pela importação de serviços (ou mesmo só pelo afretamento nos casos em que a prestação de serviço é doméstica) – o que, naturalmente, determina o tratamento tributário decorrente.

Afinal, por um lado, como se sabe, os pagamentos ao exterior pelo contrato de afretamento são isentos de imposto de renda retido na fonte (IRRF) e desonerados de contribuição de intervenção do domínio econômico (Cide), das contribuições ao Programa de Integração Social (PIS) e para financiamento da seguridade social (Cofins), como será exposto em mais detalhes na sequência.

Com relação às remessas ao exterior decorrentes da prestação de serviços técnicos, elas estão, geralmente, sujeitas a todos esses tributos e podem – quando muito – não sofrer a incidência do imposto de renda na fonte caso haja alguma convenção internacional para evitar a dupla tributação entre o Brasil e o país de residência fiscal da empresa estrangeira exportadora do serviço. Os pagamentos à pessoa jurídica situada no próprio território brasileiro pela prestação de serviços estão sujeitos, por outro lado, à tributação de IRRF, CSL, PIS e Cofins retida na fonte.

Diante de tais tratamentos tributários distintos impressos à remessa de afretamento e de prestação de serviços, era comum que valores mais altos estivessem atribuídos ao "preço" do afretamento em relação ao "preço" da importação de serviço. A título de ilustração, houve casos julgados no Conselho Administrativo de Recursos Fiscais (Carf) em que 90% do valor contratado estava atribuído como preço do afretamento e 10% como valor da importação de serviços técnicos.

Essa realidade deu ensejo a diversas autuações fiscais da Receita Federal do Brasil, suscitando suposta artificialidade das estruturas adotadas por pessoas jurídicas brasileiras que exploravam petróleo no país e remuneravam empresas sediadas no exterior com pagamentos de afretamento e importação de serviços.

Nessa linha, este trabalho tem por finalidade analisar – de um ponto de vista bastante pragmático – a posição adotada pela jurisprudência do Carf relativamente à possiblidade de as autoridades tributárias federais desconsiderarem contratos bipartidos celebrados no bojo de operações de exploração de petróleo e gás e quais os limites e consequências dessa desconsideração.

2 O tratamento tributário das remessas de afretamento e serviços técnicos

Antes de prosseguir com a análise efetiva da posição do Carf sobre o assunto, cumpre estabelecer algumas premissas de qual é o tratamento tributário previsto pela legislação brasileira atribuído às remessas realizadas ao exterior no contexto de contratos bipartidos.

Conforme mencionado, com a edição da Lei nº 9.481/97, o legislador federal passou a prever isenção de imposto de renda retido na fonte para pagamentos feitos ao exterior para contratação de afretamento de plataformas e embarcações. Ainda, argumentava-se que a mesma desoneração seria aplicável em matéria de PIS, Cofins e Cide, seja porque se entendia que não haveria importação de serviços no contrato de afretamento – para fins de incidência das primeiras contribuições –, seja porque não haveria transferência de tecnologia ou serviço técnico que justificasse a incidência da última.

Ocorre que – muito provavelmente em razão dessa espécie de planejamento engendrado pelas empresas na bipartição de contratos – o legislador federal alterou a regra de isenção para as remessas por afretamento e criou uma espécie de "norma antielisiva específica", destinada a limitar o exercício da liberdade do contribuinte de atribuir maior ou menor valor ao preço do afretamento em um caso de contrato bipartido.

A Lei nº 13.043/14 alterou o art. 1º, §2º, da Lei nº 9.481/97 e passou a prever que os pagamentos ao exterior por afretamento de embarcações e plataformas só poderiam gozar da isenção de IRRF se representassem, no máximo, 80% dos valores remetidos ao exterior, no caso de contratos bipartidos, de modo que os demais 20% dos montantes pagos deveriam ser qualificados como remuneração pela importação do serviço técnico.

Além disso, em razão da alteração legislativa, a Lei nº 9.481/97 passou a prever, expressamente, em seu art. 1º, §12, que a isenção não se aplicaria às contribuições PIS e Cofins, e tampouco à Cide.

Neste contexto, inclusive, as autoridades fiscais editaram a Solução de Consulta Cosit nº 12/15, que reafirmou a até recente alteração legal, limitando a parcela relativa ao contrato de afretamento a 80% do valor global do contrato, quando houver execução simultânea de prestação de serviço, relacionado à prospecção e exploração de petróleo ou gás natural, celebrado com pessoas jurídicas vinculadas entre si.

Embora enseje limitação à atribuição de valores ao "preço" do afretamento e ao "preço" da prestação de serviços, o dispositivo legal atualmente em vigor prevê expressamente que existe execução simultânea de contrato de afretamento ou aluguel de embarcações marítimas e contrato de prestação de serviço, o que somente corrobora uma realidade econômica que não é observada, muitas vezes, pelas autoridades fiscais.

Como decorrência de tal previsão legal, mostra-se uma situação usual e normal a execução simultânea de afretamento de embarcação e prestação de serviço relacionado com a exploração e produção de petróleo e gás natural.

Por outro lado, o pagamento por serviços técnicos possui diferentes tratamentos tributários caso o prestador seja residente no Brasil ou no exterior. No primeiro caso, determina a legislação tributária que os pagamentos pela prestação de serviço às pessoas jurídicas residentes no Brasil estão sujeitos à retenção na fonte de IRRF, PIS, Cofins e CSL. No segundo caso, por sua vez, as remessas ao exterior estão, no geral, sujeitas ao IRRF à alíquota de 15%, além de o contratante do serviço ter a obrigação de recolher Cide e PIS e Cofins incidentes na importação.

Interessante notar que, na hipótese de pagamento ao exterior, deve-se afastar a incidência do IRRF se houver convenção internacional para evitar a dupla tributação celebrada entre o Brasil e o país do prestador do serviço, que é particularidade importante nos casos concretos sobre o tema.

3 Convenções para evitar a dupla tributação

A celebração de convenções para evitar a bitributação da renda tem por objetivo delimitar a competência tributária entre dois países para relações econômicas transfronteiriças, evitando, com isso, o fenômeno da bitributação jurídica.

Com relação às convenções para evitar a bitributação da renda, Luís Eduardo Schoueri assevera que, como não existe um princípio de direito internacional que vede a bitributação – no que é acompanhado por Klaus Vogel –[2] os Estados passam a adotar medidas unilaterais ou bilaterais (por meio de concessões mútuas) para evitar ou mitigar os efeitos da bitributação.[3]

Dessa forma, as convenções explicitam essas concessões mútuas feitas entre os Estados contratantes para delimitar as suas respectivas competências com a finalidade

---

[2] VOGEL, Klaus. *Der räumliche Anwendungsbereich der Verwaltungsnorm*: Eine Untersuchung über die Grundfragen des sog. Internationalen Verwaltungs- und Steuerrechts. Hamburg: Alfred Metzner Verlag, 1965. p. 316.
[3] SCHOUERI, Luís Eduardo. Notas sobre os tratados internacionais sobre a tributação. *In*: AMARAL, Antônio Carlos Rodrigues do. *Tratados internacionais na ordem jurídica brasileira*. São Paulo: Lex, 2005. p. 200.

de se evitar ou mitigar a bitributação. As convenções, como ensinam Vogel[4] e Schoueri,[5] são como máscaras sobre a legislação interna, restringindo-lhe o âmbito de validade, uma vez que representam concessões sobre o exercício da soberania fiscal.

Considerando que a celebração de tais convenções exige uma negociação entre diferentes países, verifica-se que os países têm preferido adotar como ponto de partida para a celebração de tais acordos alguns modelos de convenção, sobretudo as convenções-modelo da OCDE e da ONU. Cumpre destacar que o Brasil tem adotado, em certa medida, a Convenção-Modelo da OCDE como parâmetro para a celebração de seus acordos para evitar a bitributação da renda.

A Convenção-Modelo da OCDE estabelece artigos específicos dispondo sobre o tratamento tributário a ser reservado para determinadas modalidades de renda (que estariam potencialmente sujeitas à bitributação), de acordo com a natureza de tais receitas. Na maior parte das convenções celebradas pelo Brasil, verifica-se que há artigos específicos para: (i) rendimentos dos bens imobiliários (art. 6º); (ii) lucros das empresas (art. 7º); (iii) lucros de navegação marítima e aérea (art. 8º); (iv) dividendos (art. 10); (v) juros (art. 11); (vi) *royalties* (art. 12); (vii) ganhos de capital (art. 13); (viii) rendimentos de profissões independentes (art. 14); (ix) rendimentos de profissões dependentes (art. 15); (x) remunerações de direção (art. 16); (xi) rendimentos de artistas e desportistas (art. 17); (xii) pensões (art. 18); (xiii) remunerações públicas (art. 19); e (xiv) rendimentos de estudantes (art. 20).

No tocante especificamente ao art. 7º das convenções-modelo para evitar bitributação, Sergio André Rocha destaca que tal dispositivo, tanto na Convenção-Modelo da OCDE quanto da ONU, estabelece a regra geral de que a renda ativa derivada do exercício de direto de atividades econômicas no país de fonte – sem interferência de um estabelecimento permanente – somente será tributada no chamado "Estado de Residência". Mais do que isso, o referido autor indica que isso acontece com relação aos rendimentos de (i) aluguel; (ii) prestação de serviços empresariais; (iii) seguro e resseguro; e (iv) venda de mercadorias.[6]

Dessa forma, o art. 7º dispõe que a renda ativa derivada do exercício direto de atividades econômicas no país da fonte, sem que haja um estabelecimento permanente, somente será tributada no país de residência.

Tal artigo possui uma lógica na medida em que é muito difícil ao país da fonte determinar o lucro do não residente, de modo que a tributação na fonte implica a tributação da receita bruta do não residente e não de sua renda.

Ao passarmos para o art. 7º da maioria das convenções celebradas pelo Brasil, verifica-se que não deve haver tributação da renda pelo Estado da fonte, a menos que

---

[4] VOGEL, Klaus. *Dopplebesteuerungsabkommen, der Bundesrepublik Deutschland auf dem Gebiet der Steuern von Einkommen und Vermögen, Kommentar auf der Grundlage der Musterabkommen*. 3. ed. München: Beck, 1996. p. 121.
[5] SCHOUERI, Luís Eduardo. *Direito tributário*. 7. ed. São Paulo: Saraiva, 2017. p. 125-126
[6] ROCHA, Sergio André. *Política fiscal internacional brasileira*. Rio de Janeiro: Lumen Juris, 2017. p. 50-54.

exista um estabelecimento permanente. Tome-se como exemplo a convenção firmada entre Brasil e França:

> ARTIGO VII
> Lucros das empresas
> 1. Os lucros de uma empresa de um Estado Contratante só podem ser tributados nesse Estado, a não ser que a empresa exerça sua atividade no outro Estado Contratante por meio de um estabelecimento permanente aí situado. Se a empresa exercer sua atividade desse modo, seus lucros poderão ser tributados no outro Estado, mas unicamente na medida em que forem imputáveis a esse estabelecimento permanente.
> 2. Quando uma empresa de um Estado Contratante exercer sua atividade no outro Estado Contratante por meio de um estabelecimento permanente aí situado, serão imputados, em cada Estado Contratante, a esse estabelecimento permanente os lucros que este obteria se constituísse uma empresa distinta e separada que exercesse atividades idênticas ou similares, em condições idênticas ou similares, e transacionasse com absoluta independência com a empresa da qual é um estabelecimento permanente.
> 3. No cálculo dos lucros de um estabelecimento permanente, é permitido deduzir as despesas que tiverem sido feitas para a realização dos fins perseguidos por esse estabelecimento permanente, incluindo as despesas de direção e os gastos gerais de administração igualmente realizados.
> 4. Nenhum lucro será imputado a um estabelecimento permanente pelo simples fato de esse estabelecimento permanente comprar mercadorias para a empresa.
> 5. Quando os lucros compreenderem elementos de rendimentos tratados separadamente nos outros artigos da presente Convenção, as disposições desses artigos não serão afetadas pelas disposições deste Artigo.

Vale ressaltar que o conceito de estabelecimento permanente é encontrado no artigo 5º das Convenção celebrada pelo Brasil para Evitar a Dupla Tributação e, mais uma vez, vale-se de trechos da Convenção firmada entre Brasil e França como exemplo:

> ARTIGO V
> Estabelecimento permanente
> 1. Para efeitos da presente Convenção, a expressão "estabelecimento permanente" significa uma instalação fixa de negócio em que a empresa exerça toda ou parte de sua atividade.
> 2. A expressão "estabelecimento permanente" compreende especialmente:
> a) uma sede de direção;
> b) uma sucursal;
> c) um escritório;
> d) uma fábrica;
> e) uma oficina;
> f) uma mina, uma pedreira ou qualquer outro local de extração de recursos naturais;
> g) um canteiro de construção ou de montagem cuja duração exceda seis meses. [...]
> 7. O fato de uma sociedade residente de um Estado Contratante controlar ou ser controlada por uma sociedade residente do outro Estado Contratante ou que exerce a sua atividade nesse outro Estado (quer seja através de um estabelecimento permanente, quer de outro modo) não é, por si, bastante para fazer de qualquer dessas sociedades estabelecimento permanente da outra.

Ao comentar o art. 7º das convenções-modelo da OCDE, Alberto Xavier assinala que a regra geral deste dispositivo prevê que o direito de tributar os lucros das empresas é de atribuição exclusiva do Estado de que tais empresas são residentes. Assim, ensina que os Estados de fonte são excepcionalmente autorizados a tributar os resultados das atividades que se exercem em seu território com mais intensidade, i.e., por meio de um estabelecimento permanente.[7]

No geral, os casos de bipartição de contratos para exploração de petróleo não dão ensejo à constituição de um estabelecimento permanente da empresa estrangeira no Brasil, de modo, então, que se estará diante de um caso de total aplicação do art. 7º da convenção, visto que somente o Estado da residência possui condições de saber, inclusive, se aquela atividade de afretamento de embarcações e de prestação de serviços gerará lucro ou não.

Até porque, na maior parte das vezes, a empresa localizada no Brasil e que faz remessas ao exterior (tanto de afretamento quanto de importação de serviços) costuma ser uma pessoa jurídica autônoma, controlada pela empresa estrangeira (beneficiária dos pagamentos), mas, ainda assim, uma empresa independente, não sendo uma filial ou sucursal da estrangeira. Ademais, vale lembrar que a pessoa jurídica brasileira é contribuinte dos tributos brasileiros (entre os quais o IRPJ), recolhendo devidamente os tributos sobre suas atividades, receitas e lucros, bem como que essa pessoa jurídica brasileira foi constituída como decorrência de uma exigência legal regulatória para fins de contratação junto à Petrobras.

Também cumpre salientar que o Brasil, ao celebrar convenções para evitar bitributação, visa a estimular as relações econômicas entre empresas brasileiras e estrangeiras, eliminando ou mitigando a bitributação, no entanto, a Administração Tributária acaba por restringir a aplicação das referidas convenções ao estabelecer unilateralmente entendimentos restritivos, sobretudo com relação ao art. 7º das convenções.

Sobre o histórico de interpretação do art. 7º das convenções para evitar bitributação celebrados pelo Brasil, Alberto Xavier[8] assinala que o tratamento dos serviços pelos tratados contra dupla tributação teve quatro diferentes fases: (i) primeira fase, em que a Administração Fiscal admitiu espontaneamente a aplicação do art. 7º dos tratados; (ii) segunda fase, de rejeição da aplicação do art. 7º dos tratados, submetendo os serviços em geral à classificação residual de "outros rendimentos", sujeitos nos tratados brasileiros; (iii) terceira fase, em que o Superior Tribunal de Justiça se pronunciou no sentido de aplicabilidade do art. 7º, com a consequente exclusão da retenção na fonte quanto aos serviços em geral; (iv) quarta fase, em que há uma tentativa por meio de atos administrativos de trazer definições unilaterais de serviços técnicos e de assistência técnica, que esvaziariam o teor do art. 7º dos tratados.

A primeira fase diz respeito exatamente ao momento em que as convenções foram celebradas, no qual se verificava o interesse brasileiro em desenvolver as relações econômicas bilaterais, mitigando ou eliminando situações potenciais de bitributação.

---

[7] XAVIER, Alberto. *Direito tributário internacional do Brasil*. 8. ed. Rio de Janeiro: Forense, 2015. p. 625-650.
[8] XAVIER, Alberto. *Direito tributário internacional do Brasil*. 8. ed. Rio de Janeiro: Forense, 2015. p. 643.

A segunda fase, à qual alude Alberto Xavier, representa o período em que o Ato Declaratório Executivo Cosit nº 1/00 foi aplicado, em que pese ele contrariasse todo o contexto de celebração das convenções internacionais.

A terceira fase, à qual Alberto Xavier alude, fundamenta-se em decisão do Superior Tribunal de Justiça, que afastou totalmente a aplicação do Ato Declaratório Executivo Cosit nº 1/00.

Em 17.5.2012, o Superior Tribunal de Justiça julgou o Recurso Especial nº 1.161.467/RS, que decidiu pela aplicação do art. 7º de convenções para evitar bitributação da renda celebradas pelo Brasil, conforme ementa a seguir:

> TRIBUTÁRIO. CONVENÇÕES INTERNACIONAIS CONTRA A BITRIBUTAÇÃO. BRASIL-ALEMANHA E BRASIL-CANADÁ. ARTS. VII E XXI. RENDIMENTOS AUFERIDOS POR EMPRESAS ESTRANGEIRAS PELA PRESTAÇÃO DE SERVIÇOS À EMPRESA BRASILEIRA. PRETENSÃO DA FAZENDA NACIONAL DE TRIBUTAR, NA FONTE, A REMESSA DE RENDIMENTOS. CONCEITO DE "LUCRO DA EMPRESA ESTRANGEIRA" NO ART. VII DAS DUAS CONVENÇÕES. EQUIVALÊNCIA A "LUCRO OPERACIONAL". PREVALÊNCIA DAS CONVENÇÕES SOBRE O ART. 7º DA LEI 9.779/99. PRINCÍPIO DA ESPECIALIDADE. ART. 98 DO CTN. CORRETA INTERPRETAÇÃO.
>
> 1. A autora, ora recorrida, contratou empresas estrangeiras para a prestação de serviços a serem realizados no exterior sem transferência de tecnologia. Em face do que dispõe o art. VII das Convenções Brasil-Alemanha e Brasil-Canadá, segundo o qual "os lucros de uma empresa de um Estado Contratante só são tributáveis nesse Estado, a não ser que a empresa exerça sua atividade em outro Estado Contratante por meio de um estabelecimento permanente aí situado", deixou de recolher o imposto de renda na fonte.
>
> 2. Em razão do não recolhimento, foi autuada pela Receita Federal à consideração de que a renda enviada ao exterior como contraprestação por serviços prestados não se enquadra no conceito de "lucro da empresa estrangeira", previsto no art. VII das duas Convenções, pois o lucro perfectibiliza-se, apenas, ao fim do exercício financeiro, após as adições e deduções determinadas pela legislação de regência. Assim, concluiu que a renda deveria ser tributada no Brasil - o que impunha à tomadora dos serviços a sua retenção na fonte -, já que se trataria de rendimento não expressamente mencionado nas duas Convenções, nos termos do art. XXI, verbis: "Os rendimentos de um residente de um Estado Contratante provenientes do outro Estado Contratante e não tratados nos artigos precedentes da presente Convenção são tributáveis nesse outro Estado".
>
> 3. Segundo os arts. VII e XXI das Convenções contra a Bitributação celebrados entre Brasil-Alemanha e Brasil-Canadá, os rendimentos não expressamente mencionados na Convenção serão tributáveis no Estado de onde se originam. Já os expressamente mencionados, dentre eles o "lucro da empresa estrangeira", serão tributáveis no Estado de destino, onde domiciliado aquele que recebe a renda.
>
> 4. O termo "lucro da empresa estrangeira", contido no art. VII das duas Convenções, não se limita ao "lucro real", do contrário, não haveria materialidade possível sobre a qual incidir o dispositivo, porque todo e qualquer pagamento ou remuneração remetido ao estrangeiro está - e estará sempre - sujeito a adições e subtrações ao longo do exercício financeiro.
>
> 5. A tributação do rendimento somente no Estado de destino permite que lá sejam realizados os ajustes necessários à apuração do lucro efetivamente tributável. Caso se admita a retenção antecipada – e portanto, definitiva - do tributo na fonte pagadora, como pretende a Fazenda Nacional, serão inviáveis os referidos ajustes, afastando-se a possibilidade de compensação se apurado lucro real negativo no final do exercício financeiro.

6. Portanto, "lucro da empresa estrangeira" deve ser interpretado não como "lucro real", mas como "lucro operacional", previsto nos arts. 6º, 11 e 12 do Decreto-lei n.º 1.598/77 como "o resultado das atividades, principais ou acessórias, que constituam objeto da pessoa jurídica", ai incluído, obviamente, o rendimento pago como contrapartida de serviços prestados.

7. A antinomia supostamente existente entre a norma da convenção e o direito tributário interno resolve-se pela regra da especialidade, ainda que a normatização interna seja posterior à internacional.

8. O art. 98 do CTN deve ser interpretado à luz do princípio lex specialis derrogat generalis, não havendo, propriamente, revogação ou derrogação da norma interna pelo regramento internacional, mas apenas suspensão de eficácia que atinge, tão só, as situações envolvendo os sujeitos e os elementos de estraneidade descritos na norma da convenção.

9. A norma interna perde a sua aplicabilidade naquele caso específico, mas não perde a sua existência ou validade em relação ao sistema normativo interno. Ocorre uma "revogação funcional", na expressão cunhada por HELENO TORRES, o que torna as normas internas relativamente inaplicáveis àquelas situações previstas no tratado internacional, envolvendo determinadas pessoas, situações e relações jurídicas específicas, mas não acarreta a revogação, stricto sensu, da norma para as demais situações jurídicas a envolver elementos não relacionadas aos Estados contratantes.

10. No caso, o art. VII das Convenções Brasil-Alemanha e Brasil-Canadá deve prevalecer sobre a regra inserta no art. 7º da Lei 9.779/99, já que a norma internacional é especial e se aplica, exclusivamente, para evitar a bitributação entre o Brasil e os dois outros países signatários. Às demais relações jurídicas não abarcadas pelas Convenções, aplica-se, integralmente e sem ressalvas, a norma interna, que determina a tributação pela fonte pagadora a ser realizada no Brasil.

11. Recurso especial não provido.

A decisão do STJ deixa claro que a convenção para evitar bitributação deve ser aplicada, quer seja porque ela prevalece sobre lei interna (o que é criticável como fundamento, diga-se de passagem), conforme art. 98 do Código Tributário Nacional, quer seja porque ela retira a eficácia da legislação tributária interna até que ela seja denunciada, tal qual explicita Klaus Vogel, com sua alusão à convenção internacional como máscara que é sobreposta à legislação interna, impedindo que a parte da legislação interna coberta por tal máscara irradie efeitos jurídicos.

A quarta fase, à qual alude Alberto Xavier, decorre da edição do Ato Declaratório Interpretativo nº 5/14, que determina que o tratamento tributário a ser dispensado aos rendimentos pagos, creditados, entregues, empregados ou remetidos por fonte situada no Brasil à pessoa física ou jurídica residente no exterior pela prestação de serviços técnicos e de assistência técnica, com ou sem transferência de tecnologia, com base em acordo ou convenção para evitar a dupla tributação da renda celebrado pelo Brasil, será aquele previsto no respectivo acordo ou convenção no artigo que trata de *royalties*, quando o respectivo protocolo contiver previsão de que os serviços técnicos e de assistência técnica recebam igual tratamento, na hipótese em que o acordo ou a convenção autorize a tributação no Brasil.

Em que pese, mais uma vez, a potencial ilegalidade e até a má-fé (na medida em que faz tábula rasa da convenção bilateralmente pactuada) na interpretação das convenções brasileiras por tal ato declaratório, cumpre notar que, em relação à prestação de serviços técnicos, a maioria dos tratados brasileiros tem uma previsão específica em seus protocolos, estabelecendo que tais serviços serão tratados como *royalties*. A exceção fica por conta dos tratados com a Áustria, a Finlândia, a França, o Japão e a Suécia.[9]

Assim, ainda que seja adotado o disposto no Ato Declaratório Interpretativo nº 5/14, verifica-se que a potencial requalificação dos serviços técnicos para *royalties* somente poderia acontecer quando o protocolo da convenção para evitar bitributação contiver previsão de que os serviços técnicos e de assistência técnica recebam igual tratamento.

Assim, é correto afirmar que não haverá incidência de IRRF nos pagamentos feitos por empresas brasileiras (a título de remuneração pela prestação de serviços técnicos) a beneficiários que estejam situados na Áustria, Finlândia, França, Japão e Suécia.

No caso dos demais países que possuem convenção para evitar a bitributação celebrada com o Brasil, pode-se questionar qual a extensão do protocolo para abranger ou não esse tipo de remessa. É dizer: como os tratados internacionais devem ser interpretados conforme o seu contexto – nos termos do art. 31 da Convenção de Viena para Interpretação e Aplicação dos Tratados –, é preciso entender em que contexto cada tratado específico bem como seu protocolo foram celebrados. O contexto deve revelar se as partes signatárias do acordo teriam pretendido que o art. 12 abrangesse o pagamento por serviços técnicos ou não – o que, evidentemente, é relevante, já que os tratados são a formalização de manifestações de vontades de dois Estados.

Por fim, ainda que o referido art. 7º não fosse aplicável, não se pode perder de vista que há contratos complexos, porquanto envolvem tanto o afretamento da embarcação quanto os serviços técnicos. Dessa forma, considerar todo o objeto do contrato como prestação de serviços revela-se demasiadamente arbitrário, pois não condiz com a realidade econômica.

Como contrato complexo, o objeto do contrato deve ser desmembrado, de modo que claramente não deveria haver IRRF sobre os pagamentos a título de afretamento de embarcação, uma vez que há previsão de alíquota zero para os pagamentos destinados às embarcações.

Feito esse panorama geral sobre o tratamento tributário relativo aos pagamentos de afretamento e serviços técnicos, adentra-se, na sequência, à análise crítica dos precedentes do Carf sobre o assunto.

4 Análise crítica dos precedentes do Carf sobre o assunto

No universo de casos que tratam da bipartição de contratos em operações de afretamento e prestação de serviços técnicos, é possível segregar os precedentes da

---

[9] ROCHA, Sergio André. *Política fiscal internacional brasileira*. Rio de Janeiro: Lumen Juris, 2017. p. 50-54.

2ª Seção – que julgam recursos em face de autuações de IRRF – e da 3ª Seção – que se debruçam sobre lançamentos de ofício de Cide, PIS e Cofins Importação.

De uma forma geral, todos os casos tratam da desconsideração dos contratos bipartidos pela autoridade fiscal para considerar que todo o pagamento realizado pela empresa brasileira se refere à remuneração pela prestação de serviços técnicos. Analisemos, então, alguns precedentes das 2ª e 3ª Seções do Carf.

4.1 Acórdãos da 2ª Seção

No Acórdão nº 2202-003.063, a Turma Julgadora entendeu, por maioria de votos, pelo não provimento ao recurso voluntário, por considerar que: (i) o contrato de afretamento e o contrato de prestação de serviços foram assinados na mesma data com uma empresa brasileira do mesmo grupo econômico; (ii) havia solidariedade entre a contratada (fretadora) e a interveniente (prestadora de serviços); (iii) o contrato de seguro de responsabilidade civil firmado pela interveniente (prestadora de serviços) e tinha a fretadora como cossegurada (aparentando que ambas compunham a mesma relação jurídica e que, portanto, desempenhavam uma única atividade em conjunto); e (iv) algumas cláusulas do contrato de afretamento preveem obrigações relativas à prestação de serviços.

Embora a recorrente tenha alegado a alteração legislativa da Lei nº 13.043/14 e citado a Solução de Consulta Cosit nº 12/15, estas não foram consideradas aplicáveis pela maioria da Turma, visto que surgiram depois dos fatos geradores em discussão.

Com relação à aplicação dos acordos para evitar a bitributação celebrados pelo Brasil, a maioria da Turma entendeu não ser aplicável o art. 7º por haver disposição específica nos protocolos dos acordos equiparando o tratamento tributário dos serviços técnicos e de assistência administrativa ao dos *royalties*. Todavia, tal disposição não existia na convenção celebrada entre Brasil e França, de forma que nesse caso específico a Turma entendeu que haveria estabelecimento permanente da pessoa jurídica estrangeira no país, dado que esta possuía uma controlada no Brasil – o que é criticável, uma vez que a própria convenção prevê, em seu art. 5 (7) que pessoas jurídicas constituídas no país não sejam consideradas estabelecimentos permanentes.

Por sua vez, quando do julgamento que resultou no Acórdão nº 2402-005.452 (de 17.8.2016), foi negado provimento ao recurso voluntário de forma unânime, pois a turma entendeu que a divisão entre o afretamento e a prestação de serviços era apenas formal e que as autoridades fiscais conseguiram comprovar que se tratava materialmente de prestação de serviços, sendo assim aplicável a tributação do IRRF.

No Acórdão nº 2202-003.620, foi negado provimento ao recurso de ofício por unanimidade, visto que foi considerada inadequada a premissa da autuação fiscal de que uma operação de afretamento de embarcação estrangeira deveria ser tributada simplesmente por não ter sido expressamente autorizada pela Antaq, ainda que houvesse dispensa de tal autorização, assim como foi entendida como inovação no âmbito do Carf a questão levantada pela Procuradoria-Geral da Fazenda Nacional de que a operação teria natureza de cabotagem.[10]

A Turma Julgadora, no Acórdão nº 2402-005.676, entendeu, por maioria de votos, que devia ser dado provimento ao recurso voluntário, no entanto, neste caso, a discussão se cinjia ao conceito de embarcação, visto que no voto vencido o relator entendia que as plataformas móveis não se enquadrariam como embarcação, sendo que os demais membros da turma entenderam em sentido diverso, de forma que se aplica a alíquota zero de IRRF.

A mesma Turma, desta vez no julgamento do Acórdão nº 2402-005.822, decidiu, por maioria de votos, pela tributação do IRRF das remessas, uma vez que foi entendido que não se tratava de contrato de afretamento, mas contrato de prestação de serviços. Nessa linha, foi relevante, entre outros pontos, a análise dos dispositivos contratuais, uma vez que cabia à fretadora a operação da unidade de perfuração, demonstrando que o conteúdo do afretamento incluía uma obrigação de fazer, inerente ao contrato de prestação de serviços.

Já a 1ª Turma da 4ª Câmara da 2ª Seção, em julgamento do Acórdão nº 2401-005.149, decidiu, por maioria de votos, que era aplicável a alíquota zero do IRRF – em razão do contrato de afretamento – com exceção dos pagamentos realizados em favor de empresas residentes em países de tributação favorecida, em que incide o imposto à alíquota de 25%.

A relatora pontuou que o fato de haver necessidade de serem executados simultaneamente contratos de afretamento e de prestação de serviços não implica, por si só, inexistência ou artificialidade de negócio jurídico, sendo que não deve prevalecer a caracterização de contrato de afretamento como sendo de prestação de serviços técnicos, por presunção, sem que haja motivação sólida e prova robusta e adequada da acusação. Ademais, ela ressalta que a própria Lei nº 13.043/14 corrobora a possibilidade execução simultânea ao trazer limites ao afretamento.

O acórdão, enfim, é relevante porque define limites importantes para a desconsideração, pela autoridade fiscal, de contratos celebrados pelos contribuintes. Ainda que não o diga expressamente, o voto vencedor repousa na premissa de que o contrato de afretamento é existente e válido até que a autoridade fiscal prove o contrário. De uma forma ou de outra, pelo resultado do julgamento, depreende-se uma importante conclusão para casos como esses, qual seja: a autoridade fiscal não pode presumir simulação, dolo ou fraude, mas deve provar a ocorrência de um desses vícios para desconsiderar o negócio jurídico celebrado.

No Acórdão nº 2202-004.581 (de 3.7.2018), entendeu-se, por maioria de votos, pela não aplicação da alíquota zero de IRRF. No voto vencedor, a redatora manifesta

---

[10] PINTO, Alexandre Evaristo. Tributação nos contratos bipartidos de afretamento de plataforma de petróleo. *Conjur*, 20 maio 2020.

o entendimento de que a fiscalização teria qualificado corretamente todo o contrato como de prestação de serviço, visto que a essência do contrato é a captura de dados.

Em julgamento do Acórdão n° 2301-005.520 (de 8.8.2018), decidiu-se, por voto de qualidade, pela incidência do IRRF sobre as remessas efetuadas ao exterior, com base na premissa de que os contratos não se referem ao afretamento de embarcação, mas à execução de um serviço especializado em que a contratada empregou seus próprios equipamentos e profissionais, de modo que não houve risco para a recorrente acerca do afretamento.

Ainda, segundo o voto vencedor, não devem ser aplicadas retroativamente as alterações da Lei n° 13.043/14, assim como não deve ser aplicada a convenção para evitar bitributação celebrada entre Brasil e França, visto que não há uma clara definição de lucros das empresas na convenção, de modo que ela deveria ser buscada na legislação nacional, bem como os serviços prestados pela contratada no exterior podem ser enquadrados no conceito de *royalties* da convenção.

Há declaração de voto no referido acórdão no sentido de que inexistia limitação de percentual do contrato de afretamento ante o contrato global quando dos fatos geradores. Além disso, a edição da Lei n° 13.043/14 vem exatamente confirmar que pode existir execução simultânea de contrato de afretamento ou aluguel de embarcações marítimas e contrato de prestação de serviço, corroborando uma realidade econômica usual.

Nesse diapasão, a dificuldade da bipartição dos contratos é mencionada na declaração de voto, ao citar que a própria DRJ reconhece isso ao dizer que "fica impossível à autoridade fiscal determinar qual a parte seria a remuneração tão somente da locação da embarcação", sendo que tal afirmação só confirmaria que, diante da constatação de que o contrato é complexo, optou-se por considerá-lo todo como prestação de serviço, que curiosamente é a qualificação que permite uma tributação mais gravosa.

Na declaração de voto consta ainda que deveria ser aplicado o art. 7° da convenção celebrada entre o Brasil e a França para evitar a dupla tributação, de modo que deve inexistir retenção na fonte sobre os pagamentos feitos pela recorrente à pessoa jurídica francesa prestadora de serviço, visto que a inteligência do referido dispositivo pressupõe que a renda ativa derivada do exercício direto de atividades econômicas no país da fonte, sem que haja um estabelecimento permanente, somente será tributada no país de residência.

Por fim, há menção ainda de que, embora em alguns acordos exista uma previsão específica em protocolo de que serviços técnicos serão tratados como *royalties*, inexiste tal previsão no protocolo específico da convenção celebrada entre Brasil e França, de forma que pode ser plenamente aplicável o entendimento que consta no Ato Declaratório Interpretativo n° 5/14, que impede a requalificação dos serviços técnicos para *royalties* quando não houver dispositivo em tal sentido no protocolo da convenção.

Mais do que isso, o voto vencedor poderia ser criticado por repousar no entendimento de que o termo "lucros no exterior" não possuiria um significado na legislação nacional. A melhor doutrina de direito tributário internacional ressalta que a interpretação dos tratados deve ser autônoma e não se devem utilizar conceitos da legislação interna para aplicá-lo –[11] exceto nos casos expressamente previstos pela própria convenção para evitar a dupla tributação (i.e., aquelas previstas no art. 3(2)).[12]

Diante do exposto, nota-se que a maior parte dos precedentes do Carf tem admitido a requalificação do contrato de afretamento de embarcações para a prestação de serviços técnicos, o que implica o afastamento da hipótese de aplicação da regra que prevê a alíquota zero de IRRF sobre as remessas pagas ao exterior. Também não têm prosperado os argumentos de aplicação do racional das limitações ao contrato de afretamento trazidas a partir da Lei n° 13.043/14 e de aplicação do art. 7° dos acordos para evitar bitributação celebrados pelo Brasil.

4.2 Acórdãos da 3ª Seção

Quando se analisa, por sua vez, o desfecho de autuações fiscais de Cide, PIS e Cofins incidentes na importação referentes a casos de desmembramento de contratos de afretamento e importação de serviços, constata-se, de igual modo, cenário desfavorável aos contribuintes.

Tem sido comum – como se verifica dos acórdãos n° 3402-005.853 e n° 3401-005.920 – o entendimento (ainda que por voto de qualidade) de que a operação efetuada pelo contribuinte teria sido artificial, uma vez que o afretamento das plataformas de petróleo seria um meio (instrumento) para a consecução da atividade-fim almejada pela Petrobras: a perfuração e exploração de poços de petróleo.[13]

Nesses casos, ainda, alguns elementos do próprio contrato de afretamento contribuiriam para a conclusão de que, na realidade, existiria um só contrato de importação de serviço, quais sejam: (i) a afretadora seria cossegurada em seguro de responsabilidade civil com prestadora de serviços; (ii) a rescisão do contrato de prestação de serviço seria a base para também implicar a rescisão do contrato de afretamento; e, ainda, (iii) o contrato de afretamento dispunha que a responsabilidade, operação, movimentação e administração da unidade seriam atividades que ficariam sob o controle e comando exclusivo da afretadora ou dos seus prepostos.

Convém mencionar que, no voto vencido do Acórdão n° 3401-005.920, foi ventilado o argumento de que a regra que alterou o prescrito no art. 1° da Lei n° 9.481/97 (impondo percentuais de segregação entre o preço pago pelo afretamento e pelos serviços

---

[11] VOGEL, Klaus. Harmonia decisória e problemática da qualificação nos acordos de bitributação. In: SCHOUERI, Luís Eduardo; ZILVETI, Fernando A. (Coord.). *Direito tributário*: estudos em homenagem a Brandão Machado. São Paulo: Dialética, 1998. p. 78-81.

[12] NETO, Luís Flavio. *Direito tributário internacional*: contextos para interpretação e aplicação de acordos de bitributação. São Paulo: Quartier Latin, 2018. v. XXII. Série Doutrina Tributária. p. 141-145.

[13] RIBEIRO, Diego Diniz. Carf debate se contratos bipartidos de afretamento de plataformas são válidos. *Conjur*, 17 abr. 2019.

técnicos) deveria ser interpretada de forma restrita ao IRRF, não sendo estendida às contribuições do PIS e da Cofins incidentes na importação.

Há, por outro lado, julgados como o do Acórdão n° 3401-005.920 (e do voto vencido no Acórdão n° 3402-005.849), em que a Turma Julgadora entendeu que o contrato de afretamento não seria um contrato instrumental para a prestação de serviços relacionados à exploração de petróleo, mas sim parte de uma "empreitada global de exploração e de produção de petróleo". Assim, o contrato de afretamento só poderia ser desconsiderado caso comprovada a inexistência do próprio afretamento, o que não era o caso dos autos. O fato de ter havido habilitação pela Repetro para essas operações acabou favorecendo o entendimento de que a segregação era existente e válida.

O Acórdão n° 3201-005.540 também compreende precedente favorável aos contribuintes, pois, na ocasião, a Turma Julgadora admitiu a possibilidade de segregação dos contratos de afretamento e de prestação de serviços, afastando-se a cobrança Cide sobre a remessa feita ao exterior por empresa brasileira.

Ressalte-se, ainda, um interessante argumento (adotado no voto vencido do Acórdão n° 3402-005.853) de que, em virtude do disposto no art. 373, I, do Código de Processo Civil, o ônus acusatório, em autos de infração, é da fiscalização. Assim, o contrato de afretamento é presumido existente e válido até que a autoridade fiscal comprove que o percentual de bipartição adotado pelo contribuinte não é condizente com a realidade econômica da operação. Nesse sentido, refuta-se a presunção – comumente suscitada pelas autoridades fiscais – de que 100% do valor da operação referir-se-ia a pagamentos pela prestação de serviços. Afinal, não seria razoável imaginar que os contratos de afretamento – que apresentam expressivo conteúdo econômico – não tivesse qualquer representatividade nas remessas feitas ao beneficiário não residente.

Diante, enfim, da ausência de uniformidade de entendimentos em torno do tema nas Turmas Ordinárias do Carf, a questão foi levada à apreciação da Câmara Superior, que, em diversas oportunidades, posicionou-se contrariamente aos contribuintes. Por exemplo, nos acórdãos n° 9303-008.340, n° 9303-010.058 e n° 9303-010.059, a Turma Julgadora confirmou que teria havido artificialidade na segregação de contratos e que, em verdade, a operação escondia uma prestação de serviço técnica, mantendo-se, com isso, a autuação para cobrança de Cide. Por sua vez, no Acórdão n° 9303-008.915, a Turma entendeu que o contrato, na verdade, seria um só e que sua real natureza seria de prestação de serviço (desconsiderando-se, portanto, o afretamento).

5 Conclusão

Diante do cenário normativo e jurisprudencial exposto, conclui-se que, embora o contribuinte goze, em tese, da liberdade de firmar dois contratos distintos (o de afretamento e da prestação de serviços) para a atividade de exploração de petróleo e gás – o que, inclusive, veio a ser confirmado pela edição da Lei n° 13.043/14, muitos questionamentos a respeito ainda são suscitados pelas autoridades fiscais. As autuações fiscais, muitas vezes, repousam na premissa de que a bipartição de contratos é artificial e que, em verdade, tudo se refere a um só contrato de prestação de serviços, porém nem sempre a fiscalização cumpre, adequadamente o seu ônus de acusatória.

Afinal, se a fiscalização entende que a mensuração da receita relativa a cada objeto (afretamento e prestação de serviço) está equivocada, caberia a ela comprovar que a mensuração está inadequada, demonstrando que houve fraude, dolo ou simulação com relação à mensuração. Do contrário, as desconsiderações de negócios jurídicos levadas a cabo pela autoridade fiscal serão arbitrárias e não contarão com o devido respaldo dos arts. 142 e 149 do Código Tributário Nacional.

Mais do que isso, se os negócios jurídicos serão considerados um único contrato de prestação de serviço e os pagamentos serão tributados como tais, então devem as autoridades fiscais atentar para o disposto nas convenções para evitar a dupla tributação. É dizer: não se pode ignorar a aplicação do art. 7º dos tratados nem presumir que a mera existência de protocolo anexo a ele permita, automaticamente, a aplicação do art. 12 para qualificar o rendimento como *royalty* e tributá-lo no Brasil. É preciso – repise-se – interpretar os tratados de acordo com o seu contexto e de maneira autônoma.

Em um passo adiante, caberia, então, ao Carf coibir esse tipo de desconsideração de contratos quando desacompanhada da devida comprovação de dolo, simulação ou fraude. Percebe-se, no entanto, que ainda existem muitos precedentes administrativos que não seguem essa linha e acabam confirmando procedimentos fiscais pouco (ou nada) embasados. Além disso, também é papel do Carf garantir que as convenções para evitar a dupla tributação sejam, adequadamente, respeitadas e aplicadas, de forma a honrar o compromisso que o Brasil firmou ante outros tantos países com quem celebrou seus tratados.

A jurisprudência – como se sabe – constitui importante fonte de direito e, especialmente em matéria tributária que conta com legislação de alta complexidade (e, por vezes, relativa coerência sistêmica), compreende baliza de conduta para os contribuintes. Também, portanto, nos casos de bipartição de contratos de afretamento, deveriam as autoridades julgadoras firmar critérios claros para o exercício da liberdade dos contribuintes e para a desconsideração de atos e negócios pela Administração Tributária. Do contrário, vence a violação ao princípio da legalidade e da segurança jurídica.

Referências

NETO, Luís Flavio. *Direito tributário internacional*: contextos para interpretação e aplicação de acordos de bitributação. São Paulo: Quartier Latin, 2018. v. XXII. Série Doutrina Tributária.

PINTO, Alexandre Evaristo. Tributação nos contratos bipartidos de afretamento de plataforma de petróleo. *Conjur*, 20 maio 2020.

RIBEIRO, Diego Diniz. Carf debate se contratos bipartidos de afretamento de plataformas são válidos. *Conjur*, 17 abr. 2019.

ROCHA, Sergio André. *Política fiscal internacional brasileira*. Rio de Janeiro: Lumen Juris, 2017.

SCHOUERI, Luís Eduardo. *Direito tributário*. 7. ed. São Paulo: Saraiva, 2017.

SCHOUERI, Luís Eduardo. Notas sobre os tratados internacionais sobre a tributação. *In*: AMARAL, Antônio Carlos Rodrigues do. *Tratados internacionais na ordem jurídica brasileira*. São Paulo: Lex, 2005.

VOGEL, Klaus. *Der räumliche Anwendungsbereich der Verwaltungsnorm*: Eine Untersuchung über die Grundfragen des sog. Internationalen Verwaltungs- und Steuerrechts. Hamburg: Alfred Metzner Verlag, 1965.

VOGEL, Klaus. *Dopplebesteurungsabkommen, der Bundesrepublik Deutschland auf dem Gebiet der Steuern von Einkommen und Vermögen, Kommentar auf der Grundlage der Musterabkommen*. 3. ed. München: Beck, 1996.

VOGEL, Klaus. Harmonia decisória e problemática da qualificação nos acordos de bitributação. *In*: SCHOUERI, Luís Eduardo; ZILVETI, Fernando A. (Coord.). *Direito tributário*: estudos em homenagem a Brandão Machado. São Paulo: Dialética, 1998.

XAVIER, Alberto. *Direito tributário internacional do Brasil*. 8. ed. Rio de Janeiro: Forense, 2015.

Informação bibliográfica deste texto, conforme a NBR 6023:2018 da Associação Brasileira de Normas Técnicas (ABNT):

PINTO, Alexandre Evaristo; SANTOS, Bruno Cesar Fettermann Nogueira dos. Controvérsias acerca da tributação nos contratos bipartidos de afretamento de plataforma de petróleo. *In*: MARINHO NETO, José Antonino (Org.); LOBATO, Valter de Souza (Coord.). *Planejamento Tributário:* pressupostos teóricos e aplicação prática. Belo Horizonte: Fórum, 2021. p. 195-211. ISBN 978-65-5518-269-9.

BIPARTIÇÃO CONTRATUAL: O AFRETAMENTO DE EMBARCAÇÕES PARA A EXPLORAÇÃO DE PETRÓLEO

HANNA OLIVEIRA LAUAR

MIGUEL ANDRADE FERREIRA

Introdução

Este artigo irá analisar a prática da bipartição contratual que, basicamente, consiste na celebração de dois objetos contratuais com uma única empresa, ou com empresas interdependentes, por meio dos quais se pactua a execução simultânea de diferentes atividades. Um caso habitual de bipartição, e que será melhor explorado no decorrer do artigo, se dá quando um dos contratos diz respeito ao afretamento de embarcações para a exploração de petróleo, enquanto o outro versa sobre a prestação de serviços que se dará nesta embarcação, havendo disposições específicas para cada atividade, mas cuja execução seja simultânea.

Tal prática interessa ao âmbito tributário quando determinada atividade, no caso do exemplo supracitado, o afretamento de embarcações petrolíferas, possui um tratamento tributário vantajoso ao contribuinte em comparação com aquele atribuído à prestação de serviços. Portanto, ao dividir os contratos que celebra com uma mesma empresa, ou com empresas de um mesmo grupo econômico, o contribuinte discrimina de forma clara o preço da prestação de serviços e os tributos que lhe são próprios, bem como o preço do afretamento e os tributos que lhe dizem respeito, sem que haja uma sobreposição indevida de um sobre o outro. Em suma, o contribuinte estrutura suas atividades de forma individualizada e dentro disso identifica de forma clara os tributos pertinentes a cada uma.

Todavia, a controvérsia entre o Fisco e o contribuinte nasce da suspeita daquele de que, ao bipartir os contratos, as partes introduziram no preço da atividade tributariamente beneficiada valores referentes àquela que não o é, no presente caso, uma proposital supervalorização do afretamento mediante uma desvalorização da prestação de serviços. Dentro dessa controvérsia, um lado busca tributar o que entende como uma suposta "realidade fática", mascarada pelo planejamento tributário do contribuinte, enquanto este alega a ausência de qualquer abuso ou simulação nos termos pactuados, bem como a violação pelo Fisco da sua liberdade negocial e contratual.

Diante dessa contenda, insta analisar em que medida os benefícios tributários atribuídos por lei ao afretamento de embarcações são explorados de forma indevida pelo contribuinte ou, por outro lado, simplesmente desconsiderados pela autoridade fiscal. Além disso, não só as fundamentações nas quais as autoridades fiscais se pautam variam conforme o caso e o auditor, como as decisões proferidas pelo Conselho Administrativo de Recursos Fiscais (Carf) são tão diversas como numerosos são seus conselheiros, o que nos leva a examinar quais medidas foram, ou poderiam ser, tomadas para reduzir tamanha insegurança jurídica.

Em síntese, o que este artigo se propõe é apresentar a bipartição contratual no ramo petrolífero de um ponto de vista tributário, analisar algumas decisões proferidas pelo Carf a respeito do tema e, por fim, expor os meios buscados pelo legislador para solucionar essa desavença entre Fisco e contribuinte.

No primeiro capítulo serão abordados de forma introdutória os objetivos que norteiam o planejamento tributário, bem como as normas que buscam coibir eventuais excessos decorrentes de um planejamento abusivo. Ato contínuo, o segundo capítulo retoma o exemplo que orienta a presente exposição, no caso, a bipartição de contratos de afretamento de plataformas petrolíferas e a prestação de serviços que nestas ocorrem, para com isso explicar com maior clareza a legislação por trás de tal forma de planejamento e a controvérsia existente entre Fisco e contribuinte. Por fim, o terceiro capítulo expõe casos de bipartição contratual analisados pelo Carf, enquanto as considerações finais concluem no sentido de uma maior eficácia e segurança jurídica de normas antielisivas específicas quando comparadas com as normas gerais antielisivas.

1 O planejamento tributário e as normas antielisivas

As nações devem proteger suas bases tributárias, ao mesmo tempo em que se beneficiam por adotarem comportamentos com a finalidade de atrair capital.[1] Com isso, a escolha por regras tributárias não se resume apenas à técnica, mas considera as implicações políticas e sociais dessa escolha.

Avi-Yonah sustenta que há três objetivos na tributação, que são: receita (*revenue*), redistribuição (*redistribution*) e regulação (*regulation*). O Estado tributa (i) para arrecadar e em seguida prestar, (ii) para promover uma melhor repartição da renda e da riqueza e (iii) para controlar atividades.[2]

Devem-se observar, nesse sentido, os interesses nacionais, como se pretende estimular investimentos internos ou externos, se é um exportador ou importador de capital, ou se há interesse arrecadatório relevante.[3] Em outras palavras, a Administração Pública deve ter como razão de ser e fundamento a busca pela realização do bem comum.

Nesse compasso, a doutrina tem reverenciado a legalidade como "limite" e como "fundamento" para a atuação administrativa: um contorno negativo e positivo para a atuação dos agentes da Administração Pública. Assim, além de dizer o que esta está proibida de fazer, a lei diz o que a Administração Pública deve e pode fazer. Dessa forma, o princípio da legalidade mostra-se como um mecanismo de proteção dos interesses públicos para além da proteção dos interesses privados dos administrados.[4]

Tal princípio é trazido no direito tributário pelo art. 150, I, da Constituição da República Federativa do Brasil: "Art. 150. Sem prejuízo de outras garantias asseguradas ao contribuinte, é vedado à União, aos Estados, ao Distrito Federal e aos Municípios: I - exigir ou aumentar tributo sem lei que o estabeleça".[5] Ademais, o princípio da legalidade desdobra-se em princípio da tipicidade tributária, ao passo que se estabelece um ideal de previsibilidade, determinabilidade e de mensurabilidade para o exercício das atividades do contribuinte ante o poder de tributar.[6] Portanto, a esfera de discricio-

---

[1] CHRISTIANS, Allison. Putting the reign back in sovereign. *Pepperdine Law Review*, v. 40, p. 1.373-1.414, 2013. p. 1.375-1.376.
[2] AVI-YONAH, Reuven S. The three goals of taxation. *Tax Law Review*, v. 60, n. 2, p. 1-28, 2006. p. 5-25.
[3] MAGALHÃES, Tarcísio Diniz. *Teoria crítica do direito tributário internacional*. Tese (Doutorado em Direito e Justiça) – Universidade Federal de Minas Gerais, Belo Horizonte, 2018. p. 138.
[4] BATISTA JÚNIOR, Onofre Alves. O "princípio da tipicidade tributária" e o mandamento de minimização das margens de discricionariedade e de vedação da analogia. In: TORRES, Heleno Taveira; MANEIRA, Eduardo (Coord.). *Direito tributário e a Constituição*: homenagem ao Prof. Sacha Calmon Navarro Coelho. São Paulo: Quartier Latin, 2012.
[5] BRASIL. Constituição da República Federativa do Brasil, de 5 de outubro de 1988. *Diário Oficial da União*, Brasília, 5 out. 1988. Disponível em: http://www.planalto.gov.br/ccivil_03/Constituicao/ConstituicaoCompilado.htm. Acesso em: 20 set. 2020.
[6] BRASIL. Lei n. 5.172, de 25 de outubro de 1966. Dispõe sobre o Sistema Tributário Nacional e institui normas gerais de direito tributário aplicáveis à União, Estados e Municípios. *Diário Oficial da União*, Brasília, 25 out. 1966. "Art. 97. Somente a lei pode estabelecer: I - a instituição de tributos, ou a sua extinção; II - a majoração de tributos, ou sua redução, ressalvado o disposto nos artigos 21, 26, 39, 57 e 65; III - a definição do fato gerador da obrigação tributária principal, ressalvado o disposto no inciso I do §3º do artigo 52, e do seu sujeito passivo; IV - a fixação de alíquota do tributo e da sua base de cálculo, ressalvado o disposto nos artigos 21, 26, 39, 57 e 65; V - a cominação de penalidades para as ações ou omissões contrárias a seus dispositivos, ou para outras infrações

nariedade do aplicador da lei tributária torna-se minimizada, em respeito à segurança jurídica e à certeza do direito.

Em um sistema econômico em vigor a livre iniciativa, a concorrência e a propriedade privada, os fatores que traduzam incertezas econômicas susceptíveis de prejudicar a livre expansão das empresas devem ser minimizados.[7]

Entretanto, o contraste entre a liberdade organizacional das empresas e a rigidez e segurança almejadas com o princípio da tipicidade leva a certas situações de indeterminação quanto à incidência, ou não, do tributo. Não se trata de tributar sem que haja uma lei ou além desta, mas sim de saber até a onde vai a lei, qual sua abrangência, e quais comportamentos do contribuinte são passíveis de serem enquadrados dentro do fato gerador previsto no diploma legal.

Nesse sentido, para as situações em que a livre expansão das empresas é utilizada para uma menor tributação, aduz o art. 116, parágrafo único, do Código Tributário Nacional (CTN), usualmente denominado norma geral antielisiva:

> Parágrafo único. A autoridade administrativa poderá desconsiderar atos ou negócios jurídicos praticados com a finalidade de dissimular a ocorrência do fato gerador do tributo ou a natureza dos elementos constitutivos da obrigação tributária, observados os procedimentos a serem estabelecidos em lei ordinária.

Paulo Caliendo[8] salienta que o alcance da referida norma se dirige à evasão ou à simulação ou dissimulação. Não se traduziria a referida norma como antielisiva, nem mesmo em uma cláusula geral antiabuso de formas de direito.

No entanto, percebe-se que a norma não guarda elementos mínimos, objetivos, para que o contribuinte possa saber quais condutas estão sujeitas a consequências tributárias, isto é, macula-se a segurança jurídica. Nesse sentido, uma "norma geral de tributação" não permite, de antemão, que o contribuinte planeje suas atividades com suficiente precisão.

Observa-se que o parágrafo único do art. 116 do CTN cria uma classe aberta de fatos geradores supletivos. Essa hipótese claramente se mostra contrária ao princípio da tipicidade, uma vez desrespeitado o ideal de previsibilidade, determinabilidade e mensurabilidade para o exercício das atividades do contribuinte ante o poder de tributar.

Ou seja, a elisão fiscal não se combate com tipos abertos para uma possibilidade infinita de atos ou negócios jurídicos, mas através da fixação de tipos específicos, objetivos, completos e direcionados para determinada conduta.

Por outro lado, o Brasil optou por regulamentar questões de tributação internacional como preços de transferência, tributação de lucros auferidos no exterior e

---

nela definidas; VI - as hipóteses de exclusão, suspensão e extinção de créditos tributários, ou de dispensa ou redução de penalidades".

[7] BATISTA JÚNIOR, Onofre Alves. O "princípio da tipicidade tributária" e o mandamento de minimização das margens de discricionariedade e de vedação da analogia. *In*: TORRES, Heleno Taveira; MANEIRA, Eduardo (Coord.). *Direito tributário e a Constituição*: homenagem ao Prof. Sacha Calmon Navarro Coelho. São Paulo: Quartier Latin, 2012.

[8] CALIENDO, Paulo. *Direito tributário e análise econômica do direito*. Rio de Janeiro: Elsevier, 2009.

subcapitalização. Em outras palavras, o Brasil optou por regulamentar a elisão fiscal internacional por meio de normas específicas, as quais guardam proteção para o contribuinte e para o Estado.

Derzi[9] afirma que em toda hipótese de boa-fé existe confiança a ser protegida. Nesse contexto, em âmbito de direito público, o cidadão espera do Estado proteção da confiança nele depositada, a partir dos seguintes pressupostos: (a) fato comissivo ou omissivo do Estado, passado, que desencadeia a confiança do cidadão e (b) configuração da confiança percebida e justificada, cujo conteúdo preenche o rol dos direitos e garantias individuais da Constituição.[10]

Nesse caso, a proteção da confiança fundamenta-se sob os seguintes argumentos: (a) a relação de dependência das pessoas privadas em relação ao Estado, o que projeta deveres do Estado de transparência, lealdade, publicidade, constância e continuidade; (b) a liberdade, no sentido de possibilidade de a pessoa exercer a autonomia privada; (c) a aplicação da regra "quanto mais, tanto mais", que determina que, quanto maior a obrigatoriedade exercida pelo Poder Público, mais fortemente a dependência do indivíduo de confiar na decisão do Poder Público.[11]

Conforme a jurisprudência alemã, as funções e limites da proteção da confiança encontram-se na dialética entre continuidade das normas, liberdade e segurança, ante o desenvolvimento social e dinâmico do Estado distribuidor.[12] Assim, a proteção da confiança apresenta-se como um direito fundamental individual, atingindo os poderes Executivo, Legislativo e Judiciário.[13] Manifesta-se também como resultado da concatenação de princípios como segurança jurídica, Estado de Direito e igualdade.[14]

Por conseguinte, Marco Aurélio Greco ressalta que "a legalidade assumiu um papel de proteção e defesa do contribuinte contra pretensões do detentor do poder no sentido de obter recursos financeiros pelo simples exercício do seu poder de fato".[15] O autor defende, no entanto, que se deve buscar a "liberdade-emancipação", conforme a qual se deve deixar um modelo formal de legalidade para outro em que se tenha uma ação direcionada à aprovação de regras em sintonia com os valores, princípios e objetivos constitucionais.[16]

---

[9] DERZI, Misabel Abreu Machado. *Modificações da jurisprudência*: a proteção da confiança e a boa-fé como limitações constitucionais ao poder de tributar. São Paulo: Noeses, 2009. p. 378.

[10] DERZI, Misabel Abreu Machado. *Modificações da jurisprudência*: a proteção da confiança e a boa-fé como limitações constitucionais ao poder de tributar. São Paulo: Noeses, 2009. p. 390.

[11] DERZI, Misabel Abreu Machado. *Modificações da jurisprudência*: a proteção da confiança e a boa-fé como limitações constitucionais ao poder de tributar. São Paulo: Noeses, 2009. p. 397-398.

[12] DERZI, Misabel Abreu Machado. *Modificações da jurisprudência*: a proteção da confiança e a boa-fé como limitações constitucionais ao poder de tributar. São Paulo: Noeses, 2009. p. 399.

[13] DERZI, Misabel Abreu Machado. *Modificações da jurisprudência*: a proteção da confiança e a boa-fé como limitações constitucionais ao poder de tributar. São Paulo: Noeses, 2009. p. 405.

[14] DERZI, Misabel Abreu Machado. *Modificações da jurisprudência*: a proteção da confiança e a boa-fé como limitações constitucionais ao poder de tributar. São Paulo: Noeses, 2009. p. 413.

[15] GRECO, Marco Aurélio. Três papéis da legalidade tributária. In: RIBEIRO, Ricardo Lodi; ROCHA, Sergio André (Coord.). *Legalidade e tipicidade no direito tributário*. São Paulo: Quartier Latin, 2008. p. 102-103.

[16] ROCHA, Sérgio André. Reconstruindo a confiança na relação fisco-contribuinte. *Revista Direito Tributário Atual*, São Paulo, n. 39, p. 507-527, 2018. p. 509-510.

Nessa seara, as regras antielisivas específicas mostram-se em consonância com o princípio da legalidade, uma vez editadas normas sob os ideais de previsibilidade, determinabilidade e mensurabilidade.

2 A bipartição de contratos no afretamento de embarcações petrolíferas

A Constituição Federal de 1988 estipulou, em seu art. 177, o monopólio da União sobre pesquisa, lavra, refino e demais formas de exploração do petróleo, gás natural e outros hidrocarbonetos fluidos. Porém, em 1995, a Emenda Constitucional nº 9 alterou o artigo supracitado para permitir que empresas privadas brasileiras participassem dessa atividade econômica por meio do regime de concessão.

Dois anos depois foi publicada a Lei 9.481/97,[17] que reduziu para zero a alíquota do imposto de renda retido na fonte (IRRF) dos rendimentos auferidos no país, por residentes ou domiciliados no exterior, decorrentes de afretamento de embarcações. Apesar de esta lei não focar exclusivamente na exploração de petróleo, suas disposições tributárias foram de grande valia para as concessionárias brasileiras que adentravam nesse mercado e que, até pouco tempo atrás, era exclusivo da União. Para que a concessionárias desempenhassem suas atividades, tendo em vista que a maior parte das jazidas petrolíferas brasileiras se encontram em alto-mar, foi necessário afretar embarcações de outras empresas para tanto, em especial plataformas de petróleo, dado que o custo para sua aquisição era demasiadamente alto. Portanto, o incentivo fiscal concedido mediante a alíquota zero do imposto de renda retido na fonte foi uma medida importante para fomentar esse incipiente mercado que despontava no Brasil.

Por outro lado, em 1999 foi promulgado o Repetro, que suspendeu o pagamento dos tributos federais nos casos de importação temporária de bens empregados nas atividades de exploração e produção de petróleo e gás com o compromisso de serem reexportados, um incentivo fiscal desta vez direcionado exclusivamente aos recém-ingressos na atividade de extração e produção de petróleo no Brasil.

Apesar de trivial, cumpre aqui observar que uma embarcação destinada à exploração de petróleo necessita de pessoas para operá-la, e é em razão disso que ocorre a bipartição contratual. Pois, ao invés de firmar somente um contrato no qual se prevê um único valor que abarque tanto o preço do afretamento da embarcação quanto o da prestação de serviços que naquela ocorrerá, as concessionárias brasileiras (contratantes) passaram a dividir seus contratos, criando disposições exclusivas ao afretamento, sujeito ao tratamento tributário mais benéfico, e disposições exclusivas à prestação de serviços na embarcação, não sujeitos a isenções e suspensões tributárias.

---

[17] BRASIL. Lei nº 9.481, de 13 de agosto de 1997. Dispõe sobre a incidência de imposto de renda na fonte sobre rendimentos de beneficiários residentes ou domiciliados no exterior, e dá outras providências. *Diário Oficial [da] República Federativa do Brasil*, Brasília, 13 ago. 1997. Disponível em: http://www.planalto.gov.br/ccivil_03/leis/L9481.htm. Acesso em: 11 set. 2020.

Em tese não haveria nenhum problema em tal prática, compreendida dentro da liberdade contratual das partes e na livre gestão de seus respectivos negócios. A controvérsia surge quando, em face de contratos de afretamento e prestação de serviços firmados com a mesma empresa ou com empresas interdependentes, há a alegação por parte do Fisco de que os valores de cada contrato foram alterados, mediante um superfaturamento do afretamento e uma desvalorização proposital da prestação de serviços, para que o benefício fiscal concedido ao primeiro abarque a maior parcela de valor possível.

Ante essa situação, foi publicada em 2014 a Lei nº 13.043, a qual alterou a redação da Lei nº 9.481 para prever expressamente o valor máximo da parcela do contrato referente ao afretamento nos casos de execução simultânea de afretamento e prestação de serviços relacionados à prospecção de petróleo e exploração de gás natural quando celebrados com pessoas jurídicas vinculadas entre si. A alteração visou delimitar o benefício fiscal de redução a zero da alíquota do IRRF e, simultaneamente, dar segurança jurídica ao contribuinte, uma vez que o Fisco estava desconsiderando os contratos de afretamento realizados pelas empresas do setor.

Subsequentemente, foi editada a Lei nº 13.586/2017, que reduziu os percentuais previstos na Lei nº 13.043, dado que estes seriam excessivos quando comparados com aqueles adotados por outros países. Além disso, referida lei traz que a ficção jurídica do racional percentual se aplica somente para o IRRF, permanecendo, portanto, uma insegurança quanto aos demais tributos típicos de tal atividade.

Entretanto, é em face do cenário anterior a 2014, marcado pela ausência de previsão específica dos percentuais, que diversas autuações fiscais sobre as empresas afretadoras foram lavradas. Nestas são cobrados valores altíssimos a título de IRRF, PIS/Cofins Importação, Cide Combustíveis, entre outros sobre os contratos de afretamento, em tese isentos, mas supostamente simulados para conter valores que não lhes dizem respeito.

Basicamente, as controvérsias surgiram diante do seguinte arranjo negocial entre empresas interdependentes de um lado e a contratante de outro, no sentido de considerar artificial ou abusiva a bipartição realizada:[18]

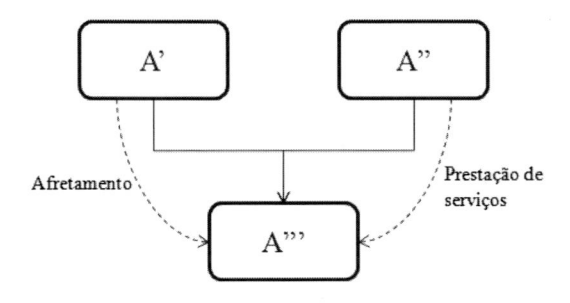

---
[18] Apesar de a ilustração apontar duas empresas, uma como prestadora de serviços e outra como fretadora, é possível que apenas uma figure no polo ativo da relação contratual, com dois objetos distintos no contrato em questão.

São inúmeros os argumentos adotados nos autos de infração para fundamentar as cobranças, pois, enquanto alguns sustentam que os contratos seriam simulados, prevendo valores que não condizem com a realidade, outros consideram que não há que se falar em afretamento autônomo, sendo a embarcação um mero instrumento empregado na prestação do serviço que, em se tratando do objetivo final do contrato (explorar petróleo), responde pelo valor integral deste. De igual sorte, mostram-se as decisões proferidas pelo Carf, que em face de casos extremamente semelhantes chegam a conclusões distintas, ora convalidando exações bilionárias e ora entendendo que estas não seriam devidas.

3 Decisões do Conselho Administrativo de Recursos Fiscais (Carf)

Dada a variedade de fundamentos nos autos de infração, bem como a profusão de decisões proferidas pelo Carf, cumpre analisarmos alguns dos julgados realizados por este órgão administrativo, para com isso tentar demonstrar o quão controversa se mostra a situação e como uma norma geral antielisiva, em face dessa realidade sujeita a múltiplas interpretações, não é capaz de fornecer a segurança jurídica que a atividade econômica requer.

3.1 CGG do Brasil Participações Ltda. (CGG) – Processos nºs 12448.726882/201390 e 11052.720070/2017-45

Em relação à CGG do Brasil Participações Ltda. (CGG), analisaremos dois acórdãos expedidos sob a matéria de IRRF. O primeiro, de número 2301005.520, pela 3ª Câmara, 1ª Turma Ordinária e sessão em 8.8.2018, referente ao ano-calendário 2009, tratou de três contratos firmados pela CGG com parte relacionada no exterior relativos a afretamento e respectiva prestação de serviços para embarcações equipadas e tripuladas.

Autuaram-se as remessas a título de afretamento sob o argumento de que o IRRF não teria incidência à alíquota zero, mas sim de 15%, alegando que a legislação para redução de alíquota se destina a serviços de transportes, e não à prospecção sísmica marítima (contratação feita pelo contribuinte), bem como que a CGG havia realizado contabilização como afretamento sem abertura das contas. Ao impugnar, a empresa alegou que se trata de contrato complexo, sobre o qual foram recolhidos IRRF e Cide referentes à parcela de serviços, que representam 20% do valor total pactuado. Além disso, ressaltou-se que todo afretamento necessita de uma prestação de serviço e que o próprio recolhimento de IRRF fora indevido ante o acordo para evitar a dupla tributação firmado entre Brasil e França, em seu art. VII.

Em voto vencido, afirmou-se que plataformas são embarcações, com base em entendimentos da própria Receita Federal do Brasil. Por conseguinte, considerou-se legítima a bipartição contratual, afastando o argumento da autuação de que o que se contrata é o serviço e que o afretamento seria meio. Adicionalmente, afirmou-se que a contratação intragrupo não caracteriza, por si só, simulação ou abuso de direito, ante a liberdade de contratar prevista pelo Código Civil em seu art. 421. Ressaltou-se também que coligação de contratos não demonstra artificialidade, citando-se a nova legislação de limite de valores de afretamento para a alíquota zero como exemplo da possibilidade.

No entanto, o voto vencedor determinou que o contrato era único e apenas de prestação de serviços, bem como que a remessa à França não se enquadraria no art. VII do tratado Brasil-França, que trata de lucros, mas sim no art. XII, sob título de *royalties*. Em declaração de voto, defendeu-se a aplicabilidade do art. VII, inclusive citando o Ato Declaratório Normativo da Receita Federal do Brasil (ADI RFB) n° 5/2014, o qual afirma que o tratamento será de *royalties* quando o respectivo protocolo do tratado contiver previsão de que os serviços técnicos e de assistência técnica recebam o mesmo tratamento, o que não é o caso do tratado Brasil-França. Frisou-se ainda que, mesmo se não adotado o ADI RFB n° 5/2014, a remessa não se trata de *royalty*, visto que sequer há transferência de tecnologia registrada no Instituto Nacional da Propriedade Industrial (Inpi), sendo devido o enquadramento como lucro, termo o qual enquadra renda ativa derivada do exercício de atividades econômicas no país da fonte sem estabelecimento permanente. Por fim, defendeu-se que o contrato firmado pelo contribuinte seria complexo e que a nova legislação justamente demonstra a prática de mercado.

Por sua vez, o segundo acórdão aqui analisado, referente ao ano-calendário 2013, de número 2401-006.997, pela 2ª Seção de Julgamento, 4ª Câmara, 1ª Turma Ordinária e sessão em 8.10.2019, endereçou a execução simultânea de serviço e afretamento, decidindo-se que se tratava de negócio jurídico único, considerando que serviços absorvem o afretamento. No entanto, conforme declaração de voto do caso anterior, decidiu-se pela aplicação do art. VII do tratado Brasil-França, afirmando-se que não deve haver requalificação dos serviços técnicos como *royalties*.

O segundo caso tratou de quatro contratos de prestação de serviços técnicos especializados de prospecção sísmica marítima, cuja autuação afirmava que frete seria parte para realização do objeto do contrato, bem como alegando que não se configura afretamento quando não se trata de transporte de carga.

Impugnou-se que segregação contratual não desqualifica a natureza jurídica do afretamento e que a existência de um único contrato com dois objetos tem previsão no ordenamento jurídico. Ressaltou-se inclusive que a autuação não mencionou dispositivo legal que corroborasse a sua tese, afrontando o art. 116, parágrafo único, do Código Tributário Nacional. Por fim, alegou que de toda forma não deveria haver incidência do IRRF com base no tratado Brasil-França.

Em voto vencido, considerou-se artificial a bipartição contratual e afirmou-se que os contratos em questão seriam de *know-how*, de forma que deveriam ser qualificados como *royalties*. No entanto, em voto vencedor, decidiu-se pela não incidência de IRRF, visto que o tratado Brasil-França não prevê em seu protocolo igual tratamento para serviço técnico e assistência técnica. Por último, em declaração de voto, aduziu-se que objeto único de prestação de serviços seria arbitrário, pois não condiz com a realidade econômica, considerando legal a bipartição.

3.2 Petróleo Brasileiro S.A. Petrobras – Processo nº 16682.722899/201607

A empresa Petróleo Brasileiro S.A. Petrobras foi autuada pelo não pagamento de PIS/Pasep Importação e Cofins Importação, referentes ao período de 1º.1.2012 a 31.12.2012 na importância de R$844.031.750,50 e R$3.887.661.396,51 respectivamente, com juros de mora calculados até dezembro de 2016. Conforme o auto de infração, tais valores seriam devidos em decorrência de pagamentos efetuados em favor de empresa estrangeira a título de afretamento de plataformas, navios e sondas para pesquisa/exploração de petróleo e gás. Sustenta a autoridade fiscal que o contrato de afretamento e o de serviços a serem prestados na plataforma afretada foram artificialmente bipartidos, havendo de um lado a Petrobras e de outro duas empresas pertencentes ao mesmo grupo econômico.

No caso, os serviços prestados no Brasil ocorriam na plataforma de propriedade da empresa estrangeira, ou seja, as duas empresas, pertencentes ao mesmo grupo econômico, afretavam a plataforma e nesta ministravam o serviço de exploração para o qual foram contratadas. Diante desse cenário, a autoridade fiscal entendeu que a plataforma seria uma parte "integrante e instrumental"[19] dos serviços contratados, não havendo que se falar em afretamento autônomo conforme a bipartição contratual levava a crer.

Cabe aqui relembrar que a Lei nº 9.481/97 isenta do pagamento de IRRF os valores devidos à empresa estrangeira a título de afretamento, assim como os bens importados temporariamente com o compromisso de serem reexportados para atividades de exploração e produção de petróleo e gás por empresas habilitadas no Repetro têm a suspensão dos tributos relativos ao desembaraço aduaneiro. Por outro lado, aos valores pertinentes à prestação de serviços não são concedidos os benefícios tributários supracitados.

Sustenta a autoridade tributária que a maior parte do preço do contrato bipartido seria referente ao afretamento da plataforma, enquanto valores bem inferiores foram atribuídos à prestação de serviços, pagos a uma empresa sediada no Brasil, porém controlada pela fretadora estrangeira. Em suma, na visão da autoridade fiscal, as receitas e custos foram divididos segundo a conveniência da Petrobras para, ao fim e ao cabo,

---

[19] "O fornecimento da plataforma é apenas meio para alcançar a verdadeira finalidade pretendida pela Petrobras" (BRASIL. Conselho Administrativo de Recursos Fiscais. Contratos de afretamento e de prestação de serviços. *Processo nº 16682.722899/201607*. Contribuinte: Petróleo Brasileiro S/A Petrobras. Relator: Lázaro Antônio Souza Soares. Brasília, 29 jan. 2019. p. 11. Disponível em: https://carf.fazenda.gov.br/sincon/public/pages/ConsultarJurisprudencia/listaJurisprudencia.jsf?idAcordao=7616541. Acesso em: 25 de set. 2020).

"firmar um contrato de prestação de serviços com o menor impacto tributário".[20] Dessa forma, nos termos da autuação, o importe integral pago à empresa estrangeira a título de afretamento seria, na verdade, um pagamento pela prestação de serviços sobre a qual deveriam incidir os tributos pertinentes.

Ao impugnar o auto de infração, a Petrobras sustentou que a legislação do Repetro reconhece e respalda a bipartição de contratos de afretamento, inclusive apontando tal prática como um requisito para a adesão ao regime.[21] Ademais, ressaltou que o art. 106 da Lei nº 13.043/2014 introduziu os §§2º ao 8º, que reconhecem a prática de mercado atinente à bipartição dos contratos em afretamento e serviços. Ao final, apontou a ilegitimidade passiva, uma vez que, como os serviços foram prestados no Brasil por empresa sediada no país, o tributo devido pela Petrobras seria, na linha da tese sustentada pelo fisco, PIS/Cofins retido na fonte e não PIS/Cofins Importação.[22]

Conforme a autuada:

> O fato de as empresas que contrataram com a Impugnante pertencerem ao mesmo grupo em nada interfere na autonomia e individualização dos contratos de afretamento e de prestação de serviços porque, ainda que tais contratos tivessem sido firmados num só instrumento e com a mesma pessoa jurídica, eles permaneceriam individualizados. [...] Face do exposto, se eventualmente fosse comprovada uma atribuição irreal de preços aos contratos – o que sequer foi cogitado –, seria cabível a glosa do excesso de custo do afretamento. Porém, nada justifica a desqualificação do contrato de afretamento para atribuir-lhe a natureza de prestação de serviços e, com isso, tributá-lo integralmente como tal.[23]

Ao julgar o recurso voluntário interposto em face da decisão da DRJ, o relator do voto vencedor no Acórdão nº 3401005.807, proferido pela 4ª Câmara/1ª Turma Ordinária, entendeu que não haveria que se falar em artificialidade da bipartição, uma vez que não restou demonstrada qualquer simulação ou planejamento tributário abusivo. Ademais, a possibilidade de bipartir o contrato seria algo expressamente previsto na legislação do Repetro, que foi simplesmente ignorada pela autoridade fiscal.

---

[20] BRASIL. Conselho Administrativo de Recursos Fiscais. Contratos de afretamento e de prestação de serviços. *Processo nº 16682.722899/201607*. Contribuinte: Petróleo Brasileiro S/A Petrobras. Relator: Lázaro Antônio Souza Soares. Brasília, 29 jan. 2019. p. 3. Disponível em: https://carf.fazenda.gov.br/sincon/public/pages/ConsultarJurisprudencia/listaJurisprudencia.jsf?idAcordao=7616541. Acesso em: 25 de set. 2020.

[21] Alusão ao §2º do art. 5º da IN RFB nº 844/2008 vigente à época do fato gerador.

[22] "Nesta esteira, podemos perceber que a fiscalização se utiliza de premissas absolutamente equivocadas. A uma porque, a um só tempo, assume a existência de um único contrato para prestação de serviço por empresa estrangeira, se olvidando que o serviço foi efetivamente prestado no Brasil por uma empresa nacional. Nunca é demais lembrar que é no Brasil em que se encontram os blocos de petróleo a serem explorados. A duas porque, sendo o serviço todo prestado no Brasil por uma empresa nacional, não haveria o que se falar em IRRF, CIDE importação e PIS e COFINS importação" (BRASIL. Conselho Administrativo de Recursos Fiscais. Contratos de afretamento e de prestação de serviços. *Processo nº 16682.722899/201607*. Contribuinte: Petróleo Brasileiro S/A Petrobras. Relator: Lázaro Antônio Souza Soares. Brasília, 29 jan. 2019. p. 6. Disponível em: https://carf.fazenda.gov.br/sincon/public/pages/ConsultarJurisprudencia/listaJurisprudencia.jsf?idAcordao=7616541. Acesso em: 25 de set. 2020.

[23] BRASIL. Conselho Administrativo de Recursos Fiscais. Contratos de afretamento e de prestação de serviços. *Processo nº 16682.722899/201607*. Contribuinte: Petróleo Brasileiro S/A Petrobras. Relator: Lázaro Antônio Souza Soares. Brasília, 29 jan. 2019. p. 7-8. Disponível em: https://carf.fazenda.gov.br/sincon/public/pages/ConsultarJurisprudencia/listaJurisprudencia.jsf?idAcordao=7616541. Acesso em: 25 de set. 2020.

Em sequência, o relator ressaltou que deve ser considerada a finalidade da norma que concede um tratamento tributário mais vantajoso ao contribuinte, no caso, o de fomentar a atividade petrolífera no Brasil. Nesse sentido, "todo o modelo construído pelo legislador visa promover a desoneração tributária através da separação das operações de afretamento e de prestação de serviços permitindo a dispensa total dos tributos incidentes sobre aquela",[24] e sublinha que apesar da previsão a bipartição abusiva ainda assim poderia ocorrer, porém cabendo à autoridade fiscal demonstrar, por exemplo:

> que não ocorreu o afretamento, ou que a empresa estrangeira não existia, ou demonstrar a falta de capacidade operacional de alguma das empresas contratadas, ou divergência entre a real vontade das partes e o negócio por elas declarado, ou que havia manipulação dos contratos com a finalidade de distribuir custos e receitas de forma a diminuir, fraudulentamente, a incidência dos tributos.[25]

Por fim, o relator também acatou a alegação de ilegitimidade passiva, posto que a autoridade tributária não indicou corretamente o tributo devido. Conforme o relator, nos termos da tese sustentada pelo Fisco, sendo a bipartição simulada e não havendo que se falar em afretamento autônomo, o único contrato existente seria entre a Petrobras e a empresa nacional prestadora de serviços, esta, sim, real importadora da plataforma. Portanto, a cobrança deveria ser de PIS e Cofins retidos na fonte, não cabendo à recorrente (Petrobras) o pagamento de PIS e Cofins Importação dentro do cenário descrito no auto de infração (inexistência de um contrato de afretamento com a empresa estrangeira).

Irresignada com a decisão, a Fazenda Nacional interpôs recurso para a Câmara Superior que, por sua vez, resultou no Acórdão nº 9303010.059, proferido pela 3ª Turma, no sentido da procedência da autuação fiscal por voto de qualidade. Sustenta o relator do voto vencedor que a realidade fática da operação contratual seria tão somente a de prestação de serviços, acatando, portanto, a tese da Fazenda de que a plataforma de petróleo afretada seria parte integrante e indissociável dos serviços contratados.

No entendimento consignado no voto vencedor, o contrato de afretamento firmado com a empresa estrangeira previa cláusulas inerentes ao contrato de prestação de serviços, enquanto o contrato firmado com a empresa nacional para a prestação de serviços estipulava obrigações típicas do contrato de afretamento. Portanto, haveria somente um contrato, e, conforme as palavras do relator, "os pagamentos efetuados em

---

[24] BRASIL. Conselho Administrativo de Recursos Fiscais. Contratos de afretamento e de prestação de serviços. *Processo nº 16682.722899/201607*. Contribuinte: Petróleo Brasileiro S/A Petrobras. Relator: Lázaro Antônio Souza Soares. Brasília, 29 jan. 2019. p. 28. Disponível em: https://carf.fazenda.gov.br/sincon/public/pages/ConsultarJurisprudencia/listaJurisprudencia.jsf?idAcordao=7616541. Acesso em: 25 de set. 2020.

[25] BRASIL. Conselho Administrativo de Recursos Fiscais. Contratos de afretamento e de prestação de serviços. *Processo nº 16682.722899/201607*. Contribuinte: Petróleo Brasileiro S/A Petrobras. Relator: Lázaro Antônio Souza Soares. Brasília, 29 jan. 2019. p. 32. Disponível em: https://carf.fazenda.gov.br/sincon/public/pages/ConsultarJurisprudencia/listaJurisprudencia.jsf?idAcordao=7616541. Acesso em: 25 de set. 2020.

favor das empresas estrangeiras correspondiam, de fato, à remuneração pelos serviços de perfuração e produção de petróleo prestados, causa econômica última da contratação".[26]

Verifica-se que, a despeito de haver leis específicas versando sobre a possibilidade de bipartir os contratos de afretamento no caso da exploração de petróleo, estas foram completamente desconsideradas para se tributar uma "realidade" vista por alguns, mas não por outros. Por fim, cumpre apontar que o voto da Câmara Superior não abordou a ilegitimidade passiva da Petrobras, apesar de esta ter alegado em sua defesa que a Fazenda Nacional não havia recorrido de todos os pontos da decisão contestada, pontos estes que subsistiam de forma autônoma no sentido da improcedência da autuação.

Esta breve análise de alguns julgamentos do Carf presta-se a demonstrar que seu posicionamento em face das isenções e suspensões tributárias relativas aos contratos de afretamento bipartidos não é uníssono. Pelo contrário, casos idênticos chegam a resultados opostos, com uma miríade de posicionamentos por partes dos conselheiros. Ao mesmo tempo, julgamentos realizados pela Câmara Baixa são revertidos na Câmara Alta, dado que cada relator busca desvelar a realidade que julga entrever.

Considerações finais

Observamos neste trabalho que a legalidade é limite e fundamento para a atuação administrativa, sendo um contorno negativo e positivo para a atuação dos agentes da Administração Pública.

No direito tributário, o princípio da legalidade desdobra-se em princípio da tipicidade tributária, estabelecendo um ideal de previsibilidade, determinabilidade e mensurabilidade para o exercício das atividades do contribuinte ante o poder de tributar.

No contexto de exercício de atividades do contribuinte, é sabido que pessoa jurídica ou pessoa física no Brasil estruturam as suas transações, podendo esse planejamento ter consonância com a finalidade pretendida ou ser abusivo, isto é, conter elemento de simulação, como disposto no art. 116, parágrafo único, do CTN. Chamada norma antielisiva geral, percebe-se que o dispositivo não guarda elementos mínimos, objetivos, para que o contribuinte possa saber quais condutas estão sujeitas a consequências tributárias adversas.

Sob a referida problemática nasce o fenômeno da bipartição contratual, conforme o qual dois objetos com tratamentos tributários distintos são dispostos em um mesmo contrato, ou em diferentes contratos pela mesma parte fornecedora. Tal prática interessa ao direito tributário quando um dos objetos tem um tratamento tributário benéfico em comparação ao outro, o que pode levar ao entendimento de que a bipartição contratual

---

[26] BRASIL. Conselho Administrativo de Recursos Fiscais. Contratos de afretamento e de prestação de serviços. *Processo nº 16682.722899/201607*. Contribuinte: Petróleo Brasileiro S/A Petrobras. Relator: Jorge Olmiro Lock Freire. Brasília, 21 jan. 2020. p. 10. Disponível em: https://carf.fazenda.gov.br/sincon/public/pages/ConsultarJurisprudencia/listaJurisprudencia.jsf?idAcordao=7616541. Acesso em: 25 set. 2020.

seria um planejamento tributário abusivo, quando aquele objeto beneficiado é supervalorizado ante o outro.

Exemplo de bipartição contratual, o afretamento de embarcações para a exploração de petróleo com prestação de serviços foi muito questionado pelo Fisco. Isso porque o afretamento de embarcações teve a sua alíquota de incidência de IRRF reduzida a zero pela Lei nº 9.481/97, enquanto a importação de serviços possui incidência de IRRF, PIS/Cofins Importação e Cide Remessas. Assim, autuou-se ora no sentido de que o contrato de afretamento estava supervalorizado, ora no sentido de que apenas o contrato de prestação de serviços deveria ser considerado.

Foi o que se observou nas decisões do Carf nºs 3401005.807 e 9303010.059, anos-calendário 2012 e 2013, respectivamente, que apresentam a Petrobras como contribuinte, e nas decisões nºs 2301005.520 e 2401-006.997, anos-calendário 2009 e 2013, referentes à CGG. Houve grande divergência de entendimento sobre a validade de bipartição contratual entre os votos proferidos, e, por fim, decidiu-se pelo objeto único contratual de prestação de serviços, o que resultou em crédito tributário a pagar pela Petrobras. Nos casos da CGG, primeiramente se equiparou o serviço a *royalty* sob o acordo para evitar a dupla tributação entre França e Brasil, resultando também em crédito tributário, e na sequência se aplicou o art. VII do tratado para concluir pela não incidência tributária.

Assim, percebe-se que há pouca segurança jurídica naquelas transações efetuadas sob a vigência da legislação que reduziu a zero a incidência do IRRF para o afretamento de embarcações. Nesse diapasão, em 2014 foi publicada a Lei nº 13.043, a qual previu expressamente o valor máximo da parcela de afretamento nos casos de execução com prestação de serviços relacionados à prospecção de petróleo e exploração de gás natural, quando celebrados com partes relacionadas. Em 2017, a Lei nº 13.586 reduziu os percentuais previstos na Lei nº 13.043.

A limitação do racional entre afretamento e serviços, apesar de se tratar de ficção jurídica, mostra-se de grande valia para limitar eventuais benefícios fiscais utilizados de forma abusiva, ao mesmo tempo em que garante segurança jurídica ao contribuinte. Isso porque, em toda hipótese de boa-fé, existe confiança a ser protegida. Ou seja, em âmbito de direito público, o cidadão espera do Estado proteção da confiança nele depositada.

Assim, percebe-se que a normatização antielisiva específica é efetiva para o Fisco e para o contribuinte, devendo-se preferir esta a normas antielisivas gerais não devidamente regulamentadas, como é o caso do art. 116, parágrafo único, do CTN. De igual forma, o contribuinte deve ter a sua confiança garantida ao ter como limite de atuação a norma específica, evitando-se a sobreposição de norma antielisiva geral quando da análise de suas transações.

Referências

AVI-YONAH, Reuven S. The three goals of taxation. *Tax Law Review*, v. 60, n. 2, p. 1-28, 2006.

BATISTA JÚNIOR, Onofre Alves. O "princípio da tipicidade tributária" e o mandamento de minimização das margens de discricionariedade e de vedação da analogia. *In*: TORRES, Heleno Taveira; MANEIRA, Eduardo (Coord.). *Direito tributário e a Constituição*: homenagem ao Prof. Sacha Calmon Navarro Coelho. São Paulo: Quartier Latin, 2012.

BRASIL. Conselho Administrativo de Recursos Fiscais. Contratos de afretamento e de prestação de serviços. *Processo nº 16682.722899/201607*. Contribuinte: Petróleo Brasileiro S/A Petrobras. Relator: Lázaro Antônio Souza Soares. Brasília, 29 jan. 2019. Disponível em: https://carf.fazenda.gov.br/sincon/public/pages/ConsultarJurisprudencia/listaJurisprudencia.jsf?idAcordao=7616541. Acesso em: 25 de set. 2020.

BRASIL. Conselho Administrativo de Recursos Fiscais. Contratos de afretamento e de prestação de serviços. *Processo nº 16682.722899/201607*. Contribuinte: Petróleo Brasileiro S/A Petrobras. Relator: Jorge Olmiro Lock Freire. Brasília, 21 jan. 2020. Disponível em: https://carf.fazenda.gov.br/sincon/public/pages/ConsultarJurisprudencia/listaJurisprudencia.jsf?idAcordao=7616541. Acesso em: 25 set. 2020.

BRASIL. Conselho Administrativo de Recursos Fiscais. Contratos de afretamento e de prestação de serviços. *Processo nº 12448.726882/201390*. Contribuinte: CGG do Brasil Participações Ltda. Relator: Marcelo Freitas de Souza Costa. Brasília, 8 ago. 2018. Disponível em: https://carf.fazenda.gov.br/sincon/public/pages/ConsultarJurisprudencia/consultarJurisprudenciaCarf.jsf. Acesso em: 25 set. 2020.

BRASIL. Conselho Administrativo de Recursos Fiscais. Contratos de afretamento e de prestação de serviços. *Processo nº 11052.720070/2017-45*. Contribuinte: CGG do Brasil Participações Ltda. Relatora: Marialva de Castro Calabrich Schlucking. Brasília, 8 out. 2019. Disponível em: https://carf.fazenda.gov.br/sincon/public/pages/ConsultarJurisprudencia/consultarJurisprudenciaCarf.jsf. Acesso em: 25 set. 2020.

BRASIL. Constituição da República Federativa do Brasil, de 5 de outubro de 1988. *Diário Oficial da União*, Brasília, 5 out. 1988. Disponível em: http://www.planalto.gov.br/ccivil_03/Constituicao/ConstituicaoCompilado.htm. Acesso em: 20 set. 2020.

BRASIL. Lei n. 5.172, de 25 de outubro de 1966. Dispõe sobre o Sistema Tributário Nacional e institui normas gerais de direito tributário aplicáveis à União, Estados e Municípios. *Diário Oficial da União*, Brasília, 25 out. 1966.

BRASIL. Lei nº 13.043, de 13 de novembro de 2014. Dispõe sobre os fundos de índice de renda fixa, sobre a responsabilidade tributária na integralização de cotas de fundos ou clubes de investimento por meio da entrega de ativos financeiros, sobre a tributação das operações de empréstimos de ativos financeiros e sobre a isenção de imposto sobre a renda na alienação de ações de empresas pequenas e médias. *Diário Oficial [da] República Federativa do Brasil*, Brasília, 14 nov. 2014. Disponível em: http://www.planalto.gov.br/ccivil_03/_Ato2011-2014/2014/Lei/L13043.htm. Acesso em: 20 de set. 2020.

BRASIL. Lei nº 9.481, de 13 de agosto de 1997. Dispõe sobre a incidência de imposto de renda na fonte sobre rendimentos de beneficiários residentes ou domiciliados no exterior, e dá outras providências. *Diário Oficial [da] República Federativa do Brasil*, Brasília, 13 ago. 1997. Disponível em: http://www.planalto.gov.br/ccivil_03/leis/L9481.htm. Acesso em: 11 set. 2020.

CALIENDO, Paulo. *Direito tributário e análise econômica do direito*. Rio de Janeiro: Elsevier, 2009.

CHRISTIANS, Allison. Putting the reign back in sovereign. *Pepperdine Law Review*, v. 40, p. 1.373-1.414, 2013.

DERZI, Misabel Abreu Machado. *Modificações da jurisprudência*: a proteção da confiança e a boa-fé como limitações constitucionais ao poder de tributar. São Paulo: Noeses, 2009.

GRECO, Marco Aurélio. Três papéis da legalidade tributária. *In*: RIBEIRO, Ricardo Lodi; ROCHA, Sergio André (Coord.). *Legalidade e tipicidade no direito tributário*. São Paulo: Quartier Latin, 2008.

MAGALHÃES, Tarcísio Diniz. *Teoria crítica do direito tributário internacional*. Tese (Doutorado em Direito e Justiça) – Universidade Federal de Minas Gerais, Belo Horizonte, 2018.

ROCHA, Sérgio André. Reconstruindo a confiança na relação fisco-contribuinte. *Revista Direito Tributário Atual*, São Paulo, n. 39, p. 507-527, 2018.

Informação bibliográfica deste texto, conforme a NBR 6023:2018 da Associação Brasileira de Normas Técnicas (ABNT):

LAUAR, Hanna Oliveira; FERREIRA, Miguel Andrade. Bipartição contratual: o afretamento de embarcações para a exploração de petróleo. *In*: MARINHO NETO, José Antonino (Org.); LOBATO, Valter de Souza (Coord.). *Planejamento Tributário:* pressupostos teóricos e aplicação prática. Belo Horizonte: Fórum, 2021. p. 213-228. ISBN 978-65-5518-269-9.

SEGREGAÇÃO DE ATIVIDADES

O CASO DA SEGREGAÇÃO DE ATIVIDADES E RECEITA COMO DEMONSTRAÇÃO DA INSUFICIÊNCIA DO INSTITUTO DA SIMULAÇÃO NO DIREITO TRIBUTÁRIO BRASILEIRO

LEONARDO DE ANDRADE REZENDE ALVIM

DANIELLE BRANDÃO GUISOLI

1 A segregação de atividades e receitas como planejamento tributário

Ao decorrer dos anos, o planejamento tributário atingiu grande importância, a qual pode ser percebida por meio do aumento de matérias doutrinárias a respeito do tema. Mas, não só isso, as empresas cada vez mais utilizam este instrumento para se valer de meios lícitos para reduzir o pagamento de tributos e ganhar eficiência.

Vivemos em um país cuja carga tributária é elevada. Em 2018, a carga tributária bruta – CTB do Brasil foi de 33,26% (trinta e três vírgula vinte e seis por cento) e, desde 2015, este percentual tem aumentado:

Gráfico 01 - Evolução da Carga Tributária no Brasil - 2002 a 2018 (%PIB)

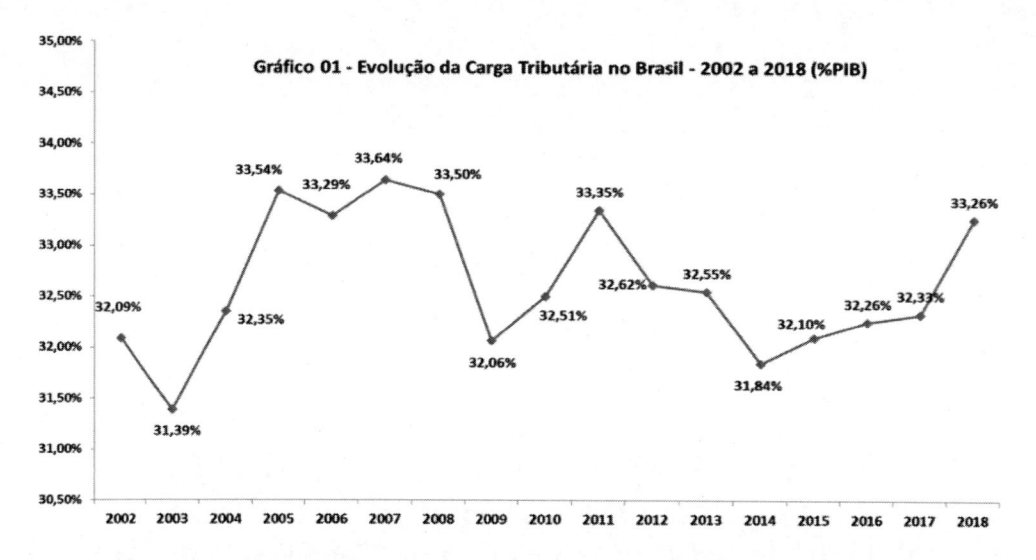

Ano	% PIB
2002	32,09%
2003	31,39%
2004	32,35%
2005	33,54%
2006	33,29%
2007	33,64%
2008	33,50%
2009	32,06%
2010	32,51%
2011	33,35%
2012	32,62%
2013	32,55%
2014	31,84%
2015	32,10%
2016	32,26%
2017	32,33%
2018	33,26%

Fonte: RECEITA FEDERAL; CATED – CENTRO DE ESTUDOS TRIBUTÁRIOS E ADUANEIROS. *Carga tributária no Brasil 2018* – Análise por tributos e base de incidência. Brasília, mar. 2020. Disponível em: https://receita.economia.gov.br/dados/receitadata/estudos-e-tributarios-e-aduaneiros/estudos-e-estatisticas/carga-tributaria-no-brasil/ctb-2018-publicacao-v5.pdf. Acesso em: 29 set. 2020.

Dessa forma, não é incomum que as empresas voltem seus esforços para busca de estratégias para obter benefícios. Uma das formas de planejamento tributário adotada no mundo empresarial nos últimos anos é a segregação de atividades e receita.

Conceitualmente, a oportunidade consiste em segregar atividades e receitas anteriormente concentradas em uma única empresa em entidades diferentes controladas ou não pelos mesmos sócios.

Para melhor compreensão, trouxemos um exemplo prático. Suponha que a empresa A exerça as atividades 1 e 2. Cada uma dessas atividades gera receita anual de R$40.000.000 (quarenta milhões de reais), que, somadas, totalizam R$80.000.000 (oitenta milhões de reais). De acordo com valor da receita total auferida pela empresa, por força do art. 257, I, do Decreto nº 9.580/2018, a companhia A está obrigada ao regime de tributação do lucro real.

Contudo, a empresa A decide fazer um planejamento tributário e cria a empresa B para exercer a atividade 1 e a empresa C para exercer a atividade 2. A partir de agora, cada empresa passará a ter receita anual de R$40.000.000 (quarenta milhões de reais). Como a receita de cada uma dessas empresas é inferior a R$78.000.000 (setenta e oito milhões de reais), as companhias B e C podem optar pelo regime de tributação do lucro presumido, gerando, assim, uma economia tributária para o grupo, que anteriormente era tributado pelo lucro real na empresa A nas atividades 1 e 2:

```
      CENÁRIO 1                           CENÁRIO 2
```

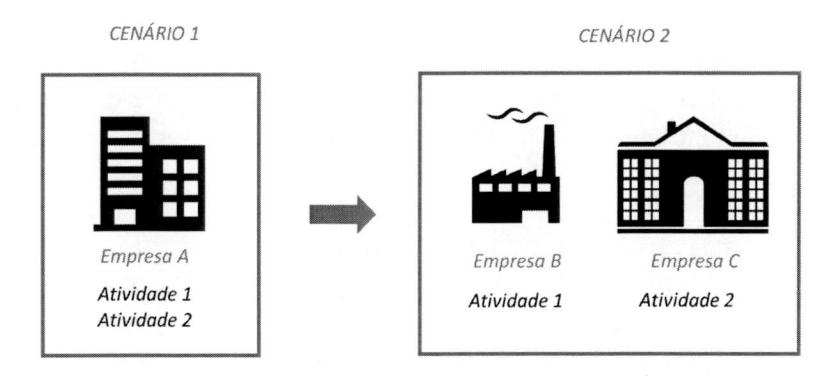

```
   ┌─────────────┐         ┌───────────────────────────┐
   │  [prédio]   │         │  [fábrica]   [casarão]    │
   │             │   ──▶   │                           │
   │  Empresa A  │         │  Empresa B   Empresa C    │
   │  Atividade 1│         │  Atividade 1 Atividade 2  │
   │  Atividade 2│         │                           │
   └─────────────┘         └───────────────────────────┘
```

Além da redução da carga tributária, há outros benefícios que as empresas podem obter ao utilizar a segregação de atividades e receita, como: racionalização das operações, melhor divisão e controle do negócio, planejamento sucessório e societário, viabilização de ingresso de investidores, melhora da organização, venda da parcela segregada e outros.

Apesar de a segregação de atividades e receita ser uma proposta atrativa de planejamento tributário, algumas operações dessa natureza têm sido objeto de questionamento pelas autoridades fiscais, o que ocasiona insegurança e incerteza no contribuinte em aderir a este tipo de planejamento tributário.

2 Simulação no direito tributário brasileiro

Os contribuintes que sofreram autuações nas operações de segregação de atividades e receita, em sua maioria, tiveram seu caso tipificado pelo Fisco como simulação. Portanto, discorreremos neste tópico a respeito deste instituto para melhor compreensão do tema.

Um tributarista que comece a realizar uma pesquisa bibliográfica sobre a simulação no direito civil brasileiro surpreende-se com a escassez de obras relacionadas ao assunto. É difícil encontrar artigos ou livros específicos sobre o instituto, e os próprios civilistas, muitas vezes, satisfazem-se em reproduzir o que diziam os autores clássicos do direito civil do início e metade do século XX.

Em uma das poucas obras específicas sobre simulação no direito civil, Luiz Carlos de Andrade Júnior, no início de seu livro, já afirma que "poucas monografias brasileiras dedicaram-se ao tema da simulação após 2002". E o seu próprio trabalho, fruto de sua tese de doutorado na USP, é uma fonte rica de elementos que ratificam a ideia de imprestabilidade do instituto da simulação do Código Civil em substituição à norma geral antiabuso.

Para começar, o §1° do art. 167, do Código Civil, traz um número exemplificativo de negócios jurídicos simulados. Do contrário, negócios jurídicos que aparentassem conferir ou transmitir *deveres*, ao invés de *direitos* a pessoas diversas daquelas para as quais realmente se conferem ou transmitem não seriam simulados. O mesmo se diga com relação aos negócios jurídicos que contivessem *termo*, ao invés de *condição* não verdadeira ou, ainda, trouxessem um instrumento particular com indicação de *local* diverso do real, ao invés de *data*, para utilizar exemplos de Luiz Carlos de Andrade Júnior.

A doutrina civilista ainda segrega a simulação em dois tipos: absoluta e relativa. Ocorre simulação absoluta quando se cria na declaração uma figura de um negócio jurídico não desejado, de algo que não existe. Enquanto a simulação relativa se cria na declaração uma figura diversa do negócio jurídico efetivamente desejado, ou seja, esta figura nasce para realizar outro negócio.

Diante dessa incompletude no direito civil, na seara tributária não seria diferente. A simulação no direito tributário não é concreta em termos de legislação, pois não há norma específica que verse ao seu respeito. A menção à simulação na legislação tributária é feita por meio do parágrafo único do art. 149, VII, do Código Tributário Nacional, que atribuiu competência ao Fisco para efetuar ou rever de ofício o lançamento quando ficar comprovado que o sujeito passivo agiu com dolo, fraude ou simulação.

O art. 149, VII, do Código Tributário Nacional, conjugado com o art. 167, parágrafo único do Código Civil brasileiro de 2002, são, portanto, os instrumentos normativos que o Fisco possui à sua disposição para tentar classificar as operações do contribuinte como sendo simuladas.

Esse tipo de conduta do Fisco acaba por gerar insegurança jurídica para o contribuinte, uma vez que: (i) não há um conceito de simulação específico para o direito tributário; (ii) não há regulamentação por lei ordinária do parágrafo único do art. 116 do Código Tributário Nacional, no que diz respeito a estabelecer procedimento especial para hipóteses em que ocorrerem atos dissimulados; (iii) para muitas matérias não há SAAR (*specific anti avoindance rules*) específicas ao tema.

Diante dessas questões, encontramo-nos em um cenário no qual a simulação passa a ser definida pelas autoridades administrativas e pelos tribunais judiciais e administrativos sem parâmetros definidos na própria lei. Isso acaba por gerar insegurança jurídica no contribuinte, pois o que hoje não é considerado simulação, amanhã pode o ser e ao próprio Fisco, que não possui critérios seguros de atuação.

O Código Civil de 2002 não traz um conceito de simulação. No âmbito doutrinário, os civilistas divergem, até hoje, sobre qual a melhor explicação para esse instituto jurídico, havendo teses voluntaristas, declaracionistas, causalistas, entre outras. No Brasil, entretanto, basta uma breve leitura em obras de direito civil para perceber que a maioria delas sequer entra nessa discussão. Exemplificativamente, Caio Mário da Silva Pereira, Carlos Roberto Gonçalves, Silvio Venosa, Paulo Lôbo, Pablo Stolze Gagliano e Rodolfo Pamplona Filho, Cristiano Chaves e Nelson Rosenvald nem tratam do assunto.

É difícil justificar, portanto, a escolha de uma teoria específica sobre simulação pelos tributaristas. Parece que a ausência de uma norma antiabusiva no Brasil incomoda a comunidade jurídica pela potencialidade de isso resultar em transferência de carga tributária de grandes para pequenos contribuintes. A consequência é que, quando se utiliza a simulação para impor limites ao abuso da liberdade empresarial, não se adota *qualquer* conceito de simulação, mas sim *o* conceito de simulação que mais se aproxime à figura da norma antiabuso ou, então, oferece-se um conceito *estipulativo* de simulação que, na prática, corresponde a algum modelo de norma antiabuso.

As duas práticas – adoção de um conceito de simulação mais próximo da norma antiabuso ou estipulação de um conceito de simulação que adote algum modelo de norma antiabuso –, embora sejam uma construção interpretativa mais adequada a uma sociedade moderna e interligada do que a condução automatizada à plena liberdade, pecam pela insuficiência ou pela descrição incorreta do objeto analisado sob o ponto de vista da ciência jurídica.

Um exemplo claro desta questão é a própria evolução da jurisprudência administrativa no que se refere à simulação. O Conselho Administrativo de Recursos Fiscais – Carf adotou, até o final do século XX, modelo subjetivo ou voluntarista de simulação. Segundo essa corrente, para que a simulação fosse configurada, era necessário que dois requisitos fossem comprovados: (i) vício de consentimento (vontade interna x vontade declarada); (ii) demonstração de atos realizados às escuras.

Contudo, a partir de 2005, o Carf alterou o seu posicionamento e passou a adotar o modelo objetivo ou causalista de simulação, deixando-se de lado a análise da divergência entre (vontade interna x vontade declarada), abrindo-se espaço para verificar de forma objetiva se há uma incompatibilidade entre a operação feita (negócio realizado) e o negócio intencionado pelas partes (causa típica). Uma vez configurada inconsistência entre estes dois elementos, estaria tipificado o instituto da simulação.

Importante ressaltar que a teoria causalista não deixa de lado a análise da vontade, que ainda é levada em consideração, contudo, o elemento central para concretizar a simulação gira em torno da causa, conforme nos ensina Tércio Sampaio Ferraz Júnior.

Há, ainda, uma grande discussão a respeito do conceito de causa do negócio jurídico. Caio Mário da Silva Pereira diz que, na venda de um terreno, a causa seria a obtenção do dinheiro e, em uma doação, a causa seria a liberalidade realizada pelo doador. Mas ele aponta que a doutrina se divide em relação à existência da causa de maneira autônoma e diferenciada do objeto ou da vontade das partes num negócio jurídico. Ele ensina que, no direito civil, existem os grupos causalistas e não causalistas. Após qualificar a controvérsia entre os dois grupos como "tormentosa e infindável", Caio Mário diz não haver uniformidade nem no grupo causalista sobre a existência de uma finalidade econômica ou social, que é a premissa utilizada pelos tributaristas que usam o conceito causalista de simulação no direito tributário. Esta compreensão seria restrita aos causalistas da escola objetiva.

Esta dificuldade em descobrir o fim objetivo de um negócio jurídico acentua a impropriedade do uso do instituto da simulação para regular condutas tributárias abusivas.

É nítido que o contribuinte fica exposto à grande insegurança jurídica, uma vez que a indefinição do conceito de simulação faz com que os fiscais confiram conteúdos diversos sobre o instituto.

Enquanto um conceito mais preciso de simulação não for estabelecido, seja por meio legal seja mesmo administrativo, nem houver a regulamentação do parágrafo único do art. 116 do Código Tributário Nacional ou a criação de mais normas específicas antiabuso (SAAR), estaremos diante de um cenário de dúvida, incerteza e insegurança, abrindo-se espaço para mais litígios e custos empresariais e públicos com litígios tributários.

3 Caso Unilever

3.1 Acórdão nº 3403-002.519 – Conselho Administrativo de Recursos Fiscais

A Unilever é uma empresa multinacional de bens de consumo e possui mais de 400 marcas compradas em 190 países. O caso Unilever consiste no planejamento tributário intrinsicamente relacionado ao PIS/Cofins monofásico.

O regime monofásico de tributação tem o objetivo de concentrar a tributação. Ou seja, ao invés de ocorrer incidência da contribuição sempre que ocorrer a venda de mercadoria, institui-se no início da cadeia produtiva uma alíquota majorada do tributo, de forma a desonerar as demais fases da operação, ficando os contribuintes subsequentes sujeitos ao instituto da isenção ou alíquota zero. Dessa forma, a tributação fica concentrada em um único integrante da cadeia produtiva, o qual deverá recolher o tributo monofásico referente a toda operação, aplicando-se a alíquota do tributo sobre o preço praticado na operação final de saída.

A Lei nº 10.147/2000 instituiu o PIS/Cofins monofásico para produtos de higiene e beleza na indústria, conferindo alíquota zero na venda de produtos específicos nesta mesma lei.

Inicialmente, a Unilever realizava a venda de seus produtos para terceiro, e, portanto, era responsável pelo recolhimento do PIS/Cofins monofásico, de modo que as demais vendas realizadas ao longo da cadeia estavam sujeitas à alíquota zero ou isenção:

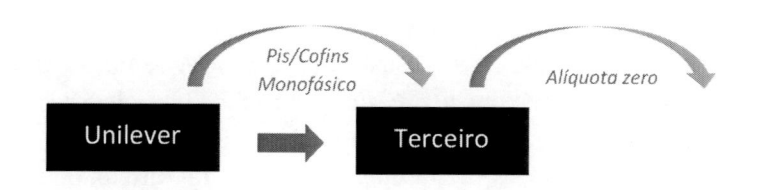

```
         Pis/Cofins                Alíquota zero
         Monofásico
   ┌──────────┐         ┌──────────┐
   │ Unilever │   ──▶   │ Terceiro │
   └──────────┘         └──────────┘
```

Contudo, em 2000, a Unilever operou um aumento de capital na IGL (empresa criada em março de 1999, que não realizava atividades industriais e não auferia receitas), de modo que a atuação da IGL passou a ser a industrialização de produtos de higiene e beleza. Portanto, a IGL passou a produzir com exclusividade para Unilever referidos produtos com preço de venda inferior ao que a Unilever praticava quando realizava a produção para venda direta no mercado. Dessa forma, a cadeia produtiva do PIS/Cofins monofásico das operações da Unilever ganhou mais uma etapa:

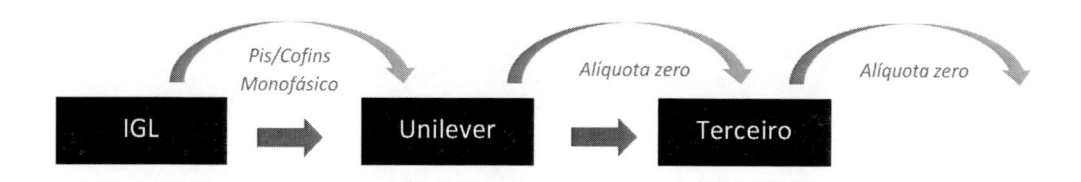

```
       Pis/Cofins            Alíquota zero         Alíquota zero
       Monofásico
   ┌─────┐        ┌──────────┐        ┌──────────┐
   │ IGL │  ──▶   │ Unilever │  ──▶   │ Terceiro │
   └─────┘        └──────────┘        └──────────┘
```

Diante desse cenário, o Fisco lavrou auto de infração em face da Unilever, alegando que o planejamento tributário havia sido feito única e exclusivamente com o objetivo de redução de carga tributária de PIS/Cofins monofásico (jan./2000 a dez./2003), e que a IGL não possuía autonomia empresarial com relação à Unilever no que se refere à produção, comercialização e gestão de políticas. Portanto, entenderam pela ocorrência de simulação absoluta, pois a vontade real foi ocultada. É importante ressaltar que não houve menção no auto de infração dos arts. 149, VII, nem 116, parágrafo único do Código Tributário Nacional – CTN.

Posteriormente, foi oferecida impugnação, e o Acórdão n° 08-21.793, de 20.9.2011, da Delegacia de Julgamento – DRJ, foi julgado parcialmente improcedente. O acórdão da DRJ desqualificou a simulação absoluta do auto de infração, pois, segundo o órgão julgador, houve uma série de relações jurídicas criadas com as novas unidades, o que não se classificaria como simulação. Por fim, entendeu pela ocorrência de fraude à lei e abuso de direito.

Contra o acórdão da DRJ, foram interpostos recurso de ofício e recurso voluntário, o que resultou no Acórdão n° 3403-002.519, de 22.10.2013, que deu provimento ao recurso voluntário pelo cancelamento ao auto de infração.

No que se refere à alegação do Fisco de simulação absoluta, o julgador entendeu que o objetivo do contribuinte não foi de repelir a incidência do PIS/Cofins monofásico, mas, através de uma alteração em sua estrutura econômica, a empresa passou a operar com a revenda de produtos, o que gerou uma nova etapa na cadeia produtiva. E estas ações não se enquadram no instituto da simulação absoluta.

Com a afirmação da DRJ de fraude à lei e abuso de direito, entendeu-se que a desconsideração de atos e negócios jurídicos não pode ocorrer embasada na redução da arrecadação, uma vez que se deve analisar o desdobramento das atividades das empresas e identificar os efeitos de cada ato. Caberia, portanto, ao Governo rever a estrutura de tributação monofásica e proceder ajustes no sistema para seu funcionamento apropriado.

A Procuradoria-Geral da Fazenda Nacional – PGFN apresentou recurso especial, o qual não foi admitido, conforme Acórdão n° 9303-003.474, de 24.2.2016, por entender que os acórdãos selecionados pela PGFN não seriam de casos semelhantes.

3.2 Acórdão n° 3301-003.169 – Conselho Administrativo de Recursos Fiscais

Além da autuação de PIS/Cofins monofásico, foi lavrado auto de infração contra a Unilever Brasil Industrial Ltda. – UBI (antiga IGL, incorporada em 1°.7.2010 pela UBI) de crédito tributário de IPI referente ao período de 2008 a 2010.

O imposto sobre serviços industrializados – IPI incide sobre "produtos industrializados, nacionais e estrangeiros, obedecidas as especificações contidas na Tabela de Incidência do Imposto sobre Produtos Industrializados – TIPI", conforme determinação do art. 2° do Decreto n° 7.212/2010.

O cerne da autuação ocorreu em virtude de a UBI industrializar diversas marcas de produtos de higiene e limpeza e, ao final do processo de industrialização, remeter o produto acabado para UB. A UB, por sua vez, emitia nota fiscal de saída com código fiscal de operações e prestações das entradas e saídas de mercadorias – CFOP de revenda de mercadoria, para diversos estabelecimentos comerciais de terceiros. Dessa forma, havia incidência do IPI apenas na remessa da UBI para UB, conforme demonstrado a seguir:

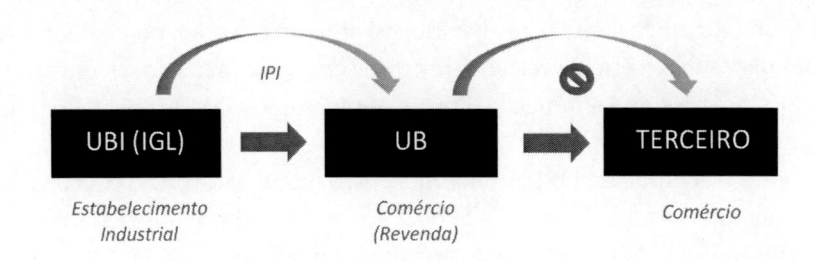

UBI (IGL) →[IPI]→ UB →⊘→ TERCEIRO

Estabelecimento Industrial | Comércio (Revenda) | Comércio

Além disso, o valor unitário dos produtos remetidos da UBI para UB representava apenas 1/3 do valor unitário dos mesmos produtos remetidos da UB para os estabelecimentos de terceiros. Isso ocorreu devido aos acordos de fornecimento firmados entre a UBI e a UB, que continham previsão de que as partes negociaram entre elas os preços que seriam praticados em suas operações.

Diante desse cenário, a fiscalização entendeu pela ocorrência de fraude, sonegação e conluio nos atos praticados com fundamento na simulação da *Etapa 1*, uma vez que, do ponto de vista formal, eram emitidas notas fiscais de venda da UBI para UB (estabelecimento comercial), mas, na prática, a UB atuava apenas como depósito para receber as remessas de produtos da UBI. Apenas posteriormente, a UB emitia notas fiscais com o valor real na operação de revenda. Ou seja, a UB atuava única e exclusivamente em prol de reduzir a base de cálculo do IPI.

A empresa apresentou impugnação ao auto de infração, que foi julgada improcedente por unanimidade dos votos no Acórdão nº 01-28.935 de 01/04/2014, pela 3ª Turma da Delegacia da Receita Federal do Brasil de Julgamento em Belém (PA). É importante ressaltar que, enquanto o auto de infração estava fundamentado em legislação específica do Regulamento de Produtos Industrializados, a DRJ apontou que a infração estava vinculada no art. 149, VII, do Código Tributário Nacional,[1] que prevê a possibilidade do lançamento de ofício nas hipóteses de dolo, fraude ou simulação. Contra o referido acórdão foi interposto recurso voluntário.

No Acórdão nº 3301-003.169 de 26/01/2007, foi lavrado o julgamento do recurso voluntário. No *voto do relator*, este entendeu pela ocorrência de simulação e justifica tais fatos por meio de duas normas "antielisivas" previstas no Decreto nº 7.212/2010 (Regulamento do Imposto sobre Produtos Industrializados) e que fundamentaram o auto de infração: (i) relação de independência entre o remetente (UBI) e o destinatário (terceiros), em decorrência de a UBI e a UB pertencerem ao mesmo grupo econômico;[2] (ii) existência de valor tributável mínimo da base de cálculo do IPI, que consiste no *preço corrente do mercado atacadista da praça do remetente*, naquelas situações e circunstâncias

---

[1] "Art. 149. O lançamento é efetuado e revisto de ofício pela autoridade administrativa nos seguintes casos: [...] VII - quando se comprove que o sujeito passivo, ou terceiro em benefício daquele, agiu com dolo, fraude ou simulação; [...]".

[2] "Art. 612. Considerar-se-ão interdependentes duas firmas: I - quando uma delas tiver participação na outra de quinze por cento ou mais do capital social, por si, seus sócios ou acionistas, bem como por intermédio de parentes destes até o segundo grau e respectivos cônjuges, se a participação societária for de pessoa física (Lei nº 4.502, de 1964, art. 42, inciso I, e Lei nº 7.798, de 1989, art. 9º); II - quando, de ambas, uma mesma pessoa fizer parte, na qualidade de diretor, ou sócio com funções de gerência, ainda que exercidas sob outra denominação (Lei nº 4.502, de 1964, art. 42, inciso II); III - quando uma tiver vendido ou consignado à outra, no ano anterior, mais de vinte por cento no caso de distribuição com exclusividade em determinada área do território nacional, e mais de cinquenta por cento, nos demais casos, do volume das vendas dos produtos tributados, de sua fabricação ou importação (Lei nº 4.502, de 1964, art. 42, inciso III); IV - quando uma delas, por qualquer forma ou título, for a única adquirente, de um ou de mais de um dos produtos industrializados ou importados pela outra, ainda quando a exclusividade se refira à padronagem, marca ou tipo do produto (Lei nº 4.502, de 1964, art. 42, parágrafo único, inciso I); ou V - quando uma vender à outra, mediante contrato de participação ou ajuste semelhante, produto tributado que tenha fabricado ou importado (Lei nº 4.502, de 1964, art. 42, parágrafo único, inciso II)".

em que o produto for remetido para estabelecimento próprio ou para estabelecimento que possua relação de interdependência.[3]

Além disso, o relator (Conselheiro Valcir Gassen) considerou que os estabelecimentos da UB existem única e exclusivamente para atuar como meros depósitos, evitando assim a tributação do IPI com as vendas simuladas da UBI para a UB, entendendo pela existência de evasão fiscal, em decorrência da simulação, que foi tipificada dentro do conceito do art. 167, II, da Lei nº 10.406/2002.[4] E concluiu que, em virtude de o negócio jurídico ter aparência diversa do que se verifica na realidade, ele é nulo.

Entendimento contrário consta na declaração de voto da Conselheira Maria Eduarda Alencar Câmara Simões, que entendeu por afastar integralmente a cobrança, uma vez que o auto de infração era nulo. O fundamento da nulidade é que a base legal informada no auto de infração estava equivocada.

Como o Fisco entendeu como inexistentes as operações da UBI com a UB, ocorreu a desconsideração da personalidade jurídica da UB, portanto, no entendimento da conselheira, a fiscalização não deveria ter fundamentado o auto de infração com base na legislação do IPI, mas sim com suporte no parágrafo único do art. 116 do Código Tributário Nacional.[5] A descrição do auto de infração estaria incompleta (vício material) e, com base do art. 59, da Lei nº 70.235/1972, constitui causa de nulidade.[6]

Por fim, a conselheira entendeu pela não ocorrência de simulação, uma vez que é comum o planejamento tributário que adote o tipo de estrutura que a Unilever adotou,[7] e, nestes casos, não foi configurada simulação. Citaram-se acórdãos do Carf

---

[3] "Art. 195. O valor tributável não poderá ser inferior: I - ao preço corrente no mercado atacadista da praça do remetente quando o produto for destinado a outro estabelecimento do próprio remetente ou a estabelecimento de firma com a qual mantenha relação de interdependência. (Lei nº 4.502, de 1964, art. 15, inciso I, e Decreto-Lei nº 34, de 1966, art. 2º, alteração 5 a) Art. 196. Para efeito de aplicação do disposto nos incisos I e II do art. 195, será considerada a média ponderada dos preços de cada produto, em vigor no mês precedente ao da saída do estabelecimento remetente, ou, na sua falta, a correspondente ao mês imediatamente anterior àquele".

[4] Com isso, observa-se que, apesar dos argumentos trazidos pelo contribuinte, é evidente que a fiscalização encontrou condutas que transpuseram a permitida elisão tributária e *adentraram na seara da evasão fiscal, conforme se verifica nas folhas 220 a 225 do termo de verificação fiscal, as quais demonstram a prática de simulação do grupo Unilever, tendo os negócios jurídicos aparência diferente do que se confirma na realidade, tornando nulo os negócios jurídicos praticados, como se depreende do que se prescreve no Código Civil*.

[5] "Art. 116. Salvo disposição de lei em contrário, considera-se ocorrido o fato gerador e existentes os seus efeitos: Parágrafo único. A autoridade administrativa poderá desconsiderar atos ou negócios jurídicos praticados com a finalidade de dissimular a ocorrência do fato gerador do tributo ou a natureza dos elementos constitutivos da obrigação tributária, observados os procedimentos a serem estabelecidos em lei ordinária. (Incluído pela LCP nº 104, de 2001)".

[6] "Art. 59. São nulos: I - os atos e termos lavrados por pessoa incompetente; II - os despachos e decisões proferidos por autoridade incompetente ou com preterição do direito de defesa".

[7] "E ainda que assim não fosse o entendimento desta Turma Julgadora, entendo que no presente caso não restou demonstrada pela fiscalização a apontada "simulação" para fins de *desconsideração* das operações realizadas entre a Unilever Industrial a Unilever Distribuidora. Isso porque, tanto no cenário nacional quanto no cenário mundial, sabe-se ser comum a adoção deste tipo de estrutura, com a divisão entre empresas do mesmo grupo econômico para fins de atuação nas áreas de industrialização e de comercialização/distribuição. Ademais, importa salientar que não há qualquer impedimento na legislação pátria quanto à adoção deste tipo de estrutura. Cumpre destacar, outrossim, que este Conselho já teve a oportunidade de se debruçar sobre a estrutura específica das Recorrentes, tendo concluído pela inexistência de simulação. É o que se extrai das decisões a seguir transcritas: [...]" (Acórdão, p. 58).

nesse sentido, e o entendimento foi de que a fiscalização poderia ter questionado apenas os preços adotados nas operações entre a UBI e a UB.

Ao final, a conclusão da Terceira Sessão de Julgamento foi por negar provimento ao recurso voluntário,[8] com fundamento de que: (i) o auto de infração não é nulo, pois contém os motivos de sua lavratura; (ii) a nulidade do negócio jurídico pela simulação (art. 167, II, Código Civil) leva à aplicação do art. 149, VII, do Código Tributário Nacional (lançamento de ofício nos casos de dolo, fraude ou simulação).

3.3 Análise do caso concreto – Acórdão nº 3403-002.519 e Acórdão nº 3301-003.169

Verificamos que, no *Caso 1 – Acórdão nº 3403-002.519*, o Fisco entendeu pela ocorrência de simulação absoluta,[9] porém, sem fazer menção aos arts. 149, VII, nem 116, parágrafo único do Código Tributário Nacional – CTN, e fundamentando a simulação na criação da empresa IGL com finalidade exclusiva de redução de carga tributária.

Na DRJ, foi reconhecida a inexistência de lei ordinária para desconsiderar os atos e negócios jurídicos praticados com finalidade de dissimular o Fisco (norma vinculada ao parágrafo único do art. 116 do CTN), e se afirmou que, quando esta norma nascer, restarão fortalecidos os procedimentos de desconsideração, fornecendo mais base à autoridade julgadora para justificar suas ações. Conforme tratamos no tópico 2 – *Simulação no direito tributário brasileiro*, a ausência de regulamentação do parágrafo único do art. 116 do CTN ou de SAAR gera insegurança jurídica ao contribuinte, pois o Fisco/órgão julgador considera válidos ou inválidos para fins tributários os atos e negócios jurídicos práticos pelo contribuinte sem critérios legais que concedam parâmetros de atuação. Por fim, a DRJ entendeu pela ocorrência de fraude à lei e abuso de direito, com a justificativa de que a arrecadação de PIS/Cofins monofásico foi reduzida.[10]

---

[8] "NULIDADE DO AUTO DE INFRAÇÃO. INEXISTÊNCIA DE CERCEAMENTO DE DEFESA. Não ocorre a nulidade do auto de infração quando a autoridade fiscal demonstra de forma suficiente os motivos pelos quais o lavrou, possibilitando o pleno exercício do contraditório e ampla defesa do contribuinte e sem que haja comprovado o efetivo prejuízo desse direito. ELISÃO. EVASÃO. SIMULAÇÃO. Quando há a transposição da linha divisória que separa a elisão da evasão o lançamento ou revisão de ofício ocorre com base no art. 149, VII, e não pelo art. 116, parágrafo único do CTN, haja vista a nulidade do negócio jurídico simulado de acordo com o art. 167, II, do Código Civil".

[9] Com efeito, a fiscalização questiona "que diferença ou que mudanças foram provocadas na Unilever e na IGL que justifiquem a existência do negócio jurídico se não a economia de PIS? *Quiseram criar uma empresa, mas se o não tivessem feito nada aconteceria e a criando nada mudou ou aprimorou-se (assim são as ações com objetivos empresariais) que justificasse o ato, senão a economia das contribuições. Parece-nos que fica caracteriza a simulação absoluta*, porque este ato jurídico aparentou conferir ou transmitir para IGL ao invés de a quem, realmente se conferiu ou transmitiu, a Unilever (fl. 426)" (CARF. Terceira Sessão de Julgamento. Acórdão nº 3403-002.519. Sessão de 22.10.2013. Recurso Voluntário. Recorrentes: Unilever Brasil Ltda. x Fazenda Nacional) (grifos nossos).

[10] "112. Assim, se é evidente *a fraude à lei ou manifesto o abuso de direito, com consequência da eficácia abstrativa do princípio da capacidade contributiva*, compete à autoridade fiscal desconsiderar as formas jurídicas abusivas, submetendo-se esse ato ao mesmo procedimento e competência de julgamento das formas antievasivas. Sob essa ótica, *a norma antielusiva, que se reconhece no parágrafo único do art. 116 do CTN, é norma de aplicabilidade direta e imediata, mas de eficácia restringível. A restrição legal, quando sobrevir, certamente buscará fortalecer o princípio democrático no*

A decisão final do acórdão foi dar provimento ao recurso voluntário, não acolhendo as fundamentações de simulação, abuso de direito e fraude à lei. Apesar de essa decisão não adentrar na inexistência de norma antiabuso, afirmou-se que "não existe uma política econômica clara e definida sobre como devem ser direcionadas e estruturadas as forças de produção, nem se tem um objetivo a ser atingido para estruturação da economia nacional".[11] Portanto, na visão da Terceira Sessão de Julgamento, o contribuinte não teria praticado ato simulado, mas apenas alterado a estrutura da sua cadeia produtiva e, ante a ausência de norma proibitiva de sua conduta, ela poderia ser praticada.

Diferente foi o entendimento no *Caso 2 – Acórdão nº 3301-003.169*, em que foi negado provimento ao recurso voluntário e o qual teve a simulação reconhecida nos autos do processo administrativo.

Interessante ressaltar, com relação ao *caso 2*, que tanto o fundamento do auto de infração e quanto o que consta do voto do relator utilizaram-se de dispositivos específicos da legislação do IPI. Foi com base no art. 612 do Ripi/2010 que a relação de independência entre o remetente (UBI) e o destinatário (terceiros) foi configurada, na medida em que a UBI e a UB pertenciam ao mesmo grupo econômico.[12] Mas não só isso, o art. 195, I, do Ripi/2010 prevê um valor tributável mínimo do IPI, que consiste no preço corrente do mercado atacadista da praça do remetente, naquelas situações e circunstâncias em que o produto for remetido para estabelecimento próprio ou para estabelecimento que possua relação de interdependência.[13] E o art. 196 do mesmo

---

procedimento de desconsideração, ampliando a legitimidade da autoridade julgadora e fraqueando aos intérpretes interessados a participação no procedimento. 113. No caso concreto, a fraude à lei é manifesta, pois não se mostra aceitável que a tributação caia a nível que frustre expressivamente a incidência monofásica, mediante a constituição e gestão artificiosas da indústria IGL por parte da UBR e o deslocamento da base tributável para a fase submetida à alíquota zero. 134. Nesse contexto, a aplicação do princípio da capacidade contributiva pode ser objetivamente aferida mediante a confrontação da receita da venda dos produtos industrializados (higiene e beleza), antes e depois da tributação monofásica, a fim de se verificar se há fraude à lei ou abuso de direito no exercício da liberdade de organização empresarial pela Unidade Econômica representada pela Unilever (art. 126, III, e art. 116, p. único, do CTN)" (CARF. Terceira Sessão de Julgamento. Acórdão nº 3403-002.519. Sessão de 22.10.2013. Recurso Voluntário. Recorrentes: Unilever Brasil Ltda. x Fazenda Nacional) (grifos nossos).

[11] CARF. Terceira Sessão de Julgamento. Acórdão nº 3403-002.519. Sessão de 22.10.2013. Recurso Voluntário. Recorrentes: Unilever Brasil Ltda. x Fazenda Nacional. p. 15).

[12] "Art. 612. Considerar-se-ão interdependentes duas firmas: I - quando uma delas tiver participação na outra de quinze por cento ou mais do capital social, por si, seus sócios ou acionistas, bem como por intermédio de parentes destes até o segundo grau e respectivos cônjuges, se a participação societária for de pessoa física (Lei nº 4.502, de 1964, art. 42, inciso I, e Lei nº 7.798, de 1989, art. 9º); II - quando, de ambas, uma mesma pessoa fizer parte, na qualidade de diretor, ou sócio com funções de gerência, ainda que exercidas sob outra denominação (Lei nº 4.502, de 1964, art. 42, inciso II); III - quando uma tiver vendido ou consignado à outra, no ano anterior, mais de vinte por cento no caso de distribuição com exclusividade em determinada área do território nacional, e mais de cinquenta por cento, nos demais casos, do volume das vendas dos produtos tributados, de sua fabricação ou importação (Lei nº 4.502, de 1964, art. 42, inciso III); IV - quando uma delas, por qualquer forma ou título, for a única adquirente, de um ou de mais de um dos produtos industrializados ou importados pela outra, ainda quando a exclusividade se refira à padronagem, marca ou tipo do produto (Lei nº 4.502, de 1964, art. 42, parágrafo único, inciso I); ou V - quando uma vender à outra, mediante contrato de participação ou ajuste semelhante, produto tributado que tenha fabricado ou importado (Lei nº 4.502, de 1964, art. 42, parágrafo único, inciso II)".

[13] "Art. 195. O valor tributável não poderá ser inferior: I - ao preço corrente no mercado atacadista da praça do remetente quando o produto for destinado a outro estabelecimento do próprio remetente ou a estabelecimento de firma com a qual mantenha relação de interdependência (Lei nº 4.502, de 1964, art. 15, inciso I, e Decreto-Lei nº 34, de 1966, art. 2º, alteração 5 a)".

regulamento prevê que será considerada a média ponderada dos preços de cada produto, em vigor no mês precedente ao da saída do estabelecimento.[14]

Ora, o instituto da simulação é precário no direito brasileiro, e, diante dessa situação, e da ausência de norma antiabuso (parágrafo único do art. 116, CTN), é interessante perceber como o Acórdão n° 3301-003.169 utilizou legislação específica (IPI) para julgar o caso. De certa forma, a legislação do IPI serviu como norma "antielisiva específica" no caso concreto.

Diante disso, é possível perceber que não só o instituto da simulação é precário, mas a própria legislação do PIS/Cofins, por não ter dispositivos normativos que vedem condutas antiabuso. O *caso 2* é um exemplo concreto de como a legislação específica de cada tributo pode contribuir para evitar condutas antielisivas por parte do contribuinte.

A simulação no direito brasileiro é um instituto ainda muito instável, e, mesmo adotando-se o conceito de simulação causalista ao qual o Carf aderiu em seus julgados, este conceito mostra-se insuficiente para ser aplicado nas questões relacionadas a planejamento tributário.

Não há como o contribuinte saber qual será o resultado dos casos vinculados à simulação, pois a ausência de norma específica traz juízo de valor, o que por sua vez leva à indeterminação.

Nos casos julgados pelo Carf, de planejamento tributário vinculado à segregação de atividades e receita, é possível perceber que o órgão administrativo, na medida do possível, tenta estabelecer alguns requisitos para validar ou não o planejamento tributário. Um dos acórdãos de suma importância neste aspecto é o Acórdão n° 9101-002.397, julgado pela Câmara Superior de Recursos Fiscais na sessão de 14.7.2016.

Referido acórdão trata a respeito de planejamento tributário feito pelas Empresas Estaleiro Kiwi Boats e Estaleiro Schaefer Yachts para segregar as atividades da empresa de forma a reduzir a carga tributária de IRPJ/CSLL/PIS/Cofins. Um dos votos emblemáticos no caso foi o do Conselheiro Luís Flávio Neto, que trouxe um resumo dos requisitos que o Carf tem levado em consideração nos casos de segregação de atividades e receita.

É possível perceber que a análise da licitude ou não da segregação de atividades no caso concreto ocorre em três estruturas: (i) estrutura negocial; (ii) estrutura financeira e contábil; (iii) estrutura física e operacional. Em cada uma dessas estruturas, examina-se se os requisitos foram atendidos. A seguir, demonstramos os requisitos por meio de tabela.

---

[14] "Art. 196. Para efeito de aplicação do disposto nos incisos I e II do art. 195, será considerada a média ponderada dos preços de cada produto, em vigor no mês precedente ao da saída do estabelecimento remetente, ou, na sua falta, a correspondente ao mês imediatamente anterior àquele".

Tipo de estrutura	Comentários
Estrutura negocial	– Assunção de efetiva responsabilidade pela atividade alegadamente desenvolvida, incluindo *riscos e benesses* sobre os ativos recebidos como contribuição ao capital social. – *Prática de preços de mercado* entre as partes segregadas. – Atenção aos *gastos com folha de pagamento, com a manutenção da estrutura básica ou aquisição de insumos* para as atividades específicas de uma das empresas, suportados aleatoriamente por outras empresas do grupo. – É também importante a existência de operações realizadas fora do grupo empresarial.
Estrutura financeira e contábil	*Confusão e descontrole financeiro entre as unidades supostamente segmentadas da entidade empresarial, que deve manter a assunção dos riscos e as benesses do negócio. Ex.: confusão quanto à titularidade de recebíveis e passivos, utilização injustificada e indiscriminada de contas bancárias centralizadas e outras sistemáticas de compensação financeira para o recebimento de receitas e o cumprimento de obrigações e outros.*
Estrutura física e operacional	– Endereços contíguos. – *Suficiência da estrutura operacional* para o desempenho das atividades da empresa, ressalvados os casos que demandam estruturas mínimas. – *Centralização de atividades administrativas*, ressalvadas as hipóteses de *cost sharing*, existência de *operações realizadas fora do grupo empresarial*. – Inexistência dos estabelecimentos declarados ao Fisco. São todos fatores que podem ser considerados, embora a sua relevância possa variar de caso a caso.

Mesmo com a definição de parâmetros mínimos, ainda assim, não há segurança jurídica ao contribuinte. Senão vejamos, um dos requisitos exigidos na estrutura física e operacional é a prática de operações fora do grupo empresarial. Podemos nos encontrar diante de uma empresa que tenha segregado suas atividades e que até tenha uma parte de seus produtos vendidos para terceiros, mas qual é o percentual mínimo que estas vendas para terceiros devem representar? 2%, 10%, 20%, 30%? Não há determinação.

4 Conclusão

Diante da exposição feita no presente artigo, transcrevemos a seguir, em forma de tópicos, as principais conclusões:
a) Os casos de autuação de planejamento tributário relacionados à segregação de atividades e receitas têm as atuações/os embasamentos dos órgãos julgadores vinculados ao instituto da simulação.
b) A simulação é um instituto precário no direito brasileiro, mesmo dentro do próprio direito civil, o que gera insegurança jurídica para o contribuinte.
c) O direito tributário pega emprestado do direito civil o conceito de simulação. O Carf tem adotado, desde 2005, nos julgamentos de simulação, a teoria causalista, segundo a qual se verifica de forma objetiva se há incompatibilidade entre a operação feita (negócio realizado) e o negócio intencionado pelas partes

(causa típica). Uma vez configurada inconsistência entre estes dois elementos, estaria tipificado o instituto da simulação.

d) Além da precariedade do instituto da simulação, a ausência de regulamentação do parágrafo único do art. 116 do CTN e a inexistência de SAAR específicas a várias atividades e tributos aumenta a insegurança jurídica.

e) Apesar dessa insegurança, o Carf tenta trazer de certa forma uma objetividade para esses casos, por meio da criação de requisitos para análise de casos de segregação de atividades e receita. Estes requisitos estão distribuídos em três estruturas: (i) estrutura negocial; (ii) estrutura financeira e contábil; (iii) estrutura física e operacional. Contudo, percebeu-se que isso não é suficiente para resolver a insegurança trazida pela simulação.

f) A questão do planejamento tributário e da precariedade do instituto da simulação continuará a gerar insegurança jurídica no contribuinte, até que a norma geral antiabuso seja regulamentada por lei ordinária e SAAR sejam editadas para mitigar a insegurança jurídica.

Informação bibliográfica deste texto, conforme a NBR 6023:2018 da Associação Brasileira de Normas Técnicas (ABNT):

ALVIM, Leonardo de Andrade Rezende; GUISOLI, Danielle Brandão. O caso da segregação de atividades e receita como demonstração da insuficiência do instituto da simulação no direito tributário brasileiro. *In*: MARINHO NETO, José Antonino (Org.); LOBATO, Valter de Souza (Coord.). *Planejamento Tributário*: pressupostos teóricos e aplicação prática. Belo Horizonte: Fórum, 2021. p. 231-245. ISBN 978-65-5518-269-9.

PLANEJAMENTO TRIBUTÁRIO: A LEGITIMIDADE DA SEGREGAÇÃO OPERACIONAL E SOCIETÁRIA DE FONTES PRODUTORAS DE RENDIMENTOS

LUÍS FLÁVIO NETO

1 Introdução

O "planejamento tributário" certamente está entre os temas mais discutidos na doutrina nacional e estrangeira. As discussões em sua órbita não cessam e exigem de nós permanente vigilância. O presente texto apresenta uma atualização da análise realizada pelo autor em relação à segregação de fontes produtoras de rendimentos por pessoas jurídicas,[1] tendo em vista recentes julgamentos de tribunais administrativos e judiciais que influenciam a matéria.

---

[1] Para uma versão anterior deste estudo, *vide*: NETO, Luís Flávio. Segregação operacional e societária de fontes produtoras de rendimentos: "planejamento tributário" ou "evasão fiscal"? *In*: LÍVIO, Marcos; ROCHA, Sergio André; FARIA, Aline Cardoso de (Org.). *Planejamento tributário sob a ótica do Carf*: análise de casos concretos. Rio de Janeiro: Lumen Juris, 2019. p. 265-291.

É comum que sejam realizadas segregações contratuais de atividades prestadas por uma única pessoa jurídica. Por sua vez, há também operações que conduzem à segmentação de uma entidade em mais do que uma pessoa jurídica. Este trabalho se dedica à análise dessa segunda modalidade.

Suponha-se, portanto, que uma entidade empresarial seja segmentada em mais do que uma pessoa jurídica, de modo que partes cindidas passem a explorar individualmente as atividades segregadas. Geralmente, segregam-se *atividades-meio* que, em outro momento e por variadas razões, decidiu-se unificar em uma única entidade. Segmenta-se a universalidade patrimonial em mais do que uma pessoa jurídica, de forma que as partes cindidas passem a explorar individualmente e com autonomia as atividades segregadas. Há, em geral, a manutenção de relações societárias entre as partes segregadas, controladas por uma *holding*, embora seja possível cogitar que dessa segregação surjam empresas com rompimento de laços societários ou mesmo com admissão de novos sócios.

A título ilustrativo, suponha-se que, pelo desejo de seu sócio-fundador, uma pessoa jurídica ("X") tenha desempenhado por anos uma série de atividades, contando com um objeto social diversificado, bem como tenha internalizado o desempenho de serviços acessórios a tais atividades. Contudo, após a morte do referido fundador, seus herdeiros decidam realizar uma reorganização societária. Cogite-se então que, em função da referida reestruturação, sob o controle de uma *holding*, foi constituída uma empresa ("A") dedicada à atividade de transporte de pessoas, uma segunda empresa ("B") dedicada à editoração de livros, uma terceira empresa ("C") fabricante de computadores e, ainda, uma quarta empresa ("D"), cuja atividade é imobiliária.

A motivação para essa reestruturação pode ser variada, a exemplo da divisão do controle dos negócios entre diferentes membros da família, ganhos em eficiência, melhoria de organização, oportunidade de explorar e obter ganhos com trabalhos internos em face de demanda do mercado, venda da parcela segregada, planejamento sucessório, entre outros. Diante de seu caráter íntimo, o "motivo" em questão não apresenta relevância jurídica.

Sob a perspectiva tributária, é comum que essa segregação possibilite a alguma das empresas desmembradas que se legitime à opção pelo lucro presumido, enquanto que a entidade empresarial anterior, da qual seu capital advém, apenas poderia ser tributada pelo lucro real. Ocorre que a opção pela sistemática do lucro presumido depende do cumprimento dos requisitos prescritos pelo legislador, especialmente no que se refere às limitações quanto (i) ao volume de receitas brutas obtidas pela pessoa jurídica; e (ii) exercício da atividade que não seja obrigada ao lucro real.

Ao menos três diferentes situações podem ser verificadas em reestruturações dessa natureza.

Primeiro, atividades que já eram fornecidas a terceiros pela pessoa jurídica segregada, tributadas pelo lucro real por conta do volume global de receitas advindas de outras atividades ou pela obrigatoriedade deste regime decorrente de algumas destas, poderiam, em tese, ser desempenhadas por empresa optante pelo lucro presumido. Caso o índice de lucratividade da pessoa jurídica então tributada pelo lucro real seja superior à presunção de lucratividade conferida pelo legislador na sistemática do lucro real, será possível verificar redução no ônus tributário decorrente da reestruturação.

Segundo, há a possibilidade, ainda, de que as unidades empresariais segregadas passem a oferecer a terceiros atividades que antes eram desenvolvidas apenas internamente (serviços de informática, por exemplo). Com isso, uma nova fonte de receitas seria criada, submetendo-se, possivelmente, à tributação conforme a sistemática do lucro presumido.

Terceiro, também é possível que as unidades empresariais se tornem fornecedoras de insumos para outras empresas do grupo empresarial. Nessa hipótese, atividades antes internalizadas e que representavam, portanto, apenas custos ou despesas cuja dedutibilidade fiscal dependeria das regras do lucro real passariam a ser prestadas por outra entidade empresarial (*outsourcing*). A empresa contratante de tais atividades, tributada pelo lucro real, permaneceria com custos ou despesas, enquanto que a entidade segregada passaria a obter receitas tributáveis. Na hipótese de o ônus tributário atinente à empresa segregada, decorrente da opção pelo lucro presumido, mostrar-se inferior àquele suportado pela empresa do grupo empresarial contratante, tributada pelo lucro real, então o ônus tributário suportado pelo grupo empresarial será tanto menor quanto maior for o preço acordado pela atividade em questão.

A questão controversa, analisada neste estudo, diz respeito aos limites existentes no direito tributário brasileiro em relação a reestruturações como essas, tendo em vista a possível redução de ônus fiscal a elas inerente. O tópico 2, a seguir, analisa hipóteses de legítima segregação de fontes produtoras de rendimentos, capazes de gerar a redução de carga tributária oponível à Administração Fiscal (planejamento tributário). Por sua vez, o tópico 3 dedica-se a situações opostas, em que se justifica a desconsideração, para fins tributários, da simulada segregação de fontes produtoras de rendimentos. O tópico 4 propõe a identificação de fatores relevantes para que as operações envolvidas possam ter a sua eficácia jurídica contestada pelo Fisco, enquanto que o tópico 5 apresenta um panorama das decisões do Conselho Administrativo de Recursos Fiscais (Carf) sobre a matéria. O tópico 6 considera decisões do Poder Judiciário, com destaque a julgamentos do Tribunal Regional Federal da 4ª Região (TRF-4) e do Supremo Tribunal Federal (STF).

2 A legítima segregação das fontes produtoras de rendimentos: planejamento tributário oponível ao Fisco

É preciso saber se a segregação das fontes produtoras de rendimentos, com ou sem a intenção principal (motivo íntimo preponderante) de permitir a alguma das unidades segregadas a opção pelo lucro presumido, é ou não admitida pelo sistema jurídico brasileiro.

No Brasil, o particular possui um núcleo de direitos livre de intervenções, dentro do qual está inserido o planejamento tributário.[2] Mais especificadamente, essa garantia dos contribuintes decorre das liberdades econômicas asseguradas pelo constituinte. Conforme leciona Tércio Sampaio Ferraz Júnior,[3] essas liberdades atribuem ao ser humano um espaço que não pode ser absorvido pela sociabilidade, tendo-se como reconhecida a capacidade de "reger o próprio destino, expressar a sua singularidade como indivíduo, igual entre iguais: o homem como distinto e singular entre iguais".

Não há dúvidas de que o Estado, por meio da tributação, deve participar dos sucessos econômicos dos particulares a ele conectados. Conforme o princípio da legalidade, o legislador deve eleger, dentro de seu respectivo âmbito de competência tributária, fatos geradores que captem capacidades contributivas conforme uma dosagem adequada à divisão do custo estatal. Dessa forma, ao mesmo tempo em que a Constituição Federal garante aos particulares a existência desse âmbito de liberdade, outorga ao Poder Legislativo a competência para regular e interferir em seu exercício, seja para estabelecer a cobrança de tributos, seja para limitar planejamentos tributários.

Não se trata, naturalmente, de questão reclusa ao direito brasileiro: geralmente, há nos ordenamentos jurídicos estrangeiros *normas gerais (general anti avoindance rules –* GAAR) ou *normas específicas (specific anti avoindance rules –* SAAR) para a reação aos planejamentos tributários não tolerados. As *normas gerais de reação ao planejamento tributário* prestam-se a alcançar algumas ou todas as espécies tributárias, com a prescrição de critérios para a identificação do *abuso*. Já as *normas específicas* incluem no âmbito de incidência da norma tributária, casuisticamente, situações que potencialmente podem ser utilizadas pelo contribuinte como substitutas não tributadas ou ainda fiscalmente menos onerosas e que, por decisão do legislador, devem ser submetidas igualmente àquela tributação mais onerosa.

No ordenamento jurídico brasileiro, quando houver clara decisão do legislador, então competirá à Administração Fiscal o papel de atribuir eficácia à intervenção estatal sobre as liberdades econômicas dos particulares. Mas essa atuação da Administração Fiscal, invariavelmente, depende de prévia e clara autorização do legislador, inclusive quanto à aplicação de normas de reação ao planejamento tributário.

Nesse cenário, a legitimidade de segregações societárias para ensejar a *economia de opção* ao *lucro presumido* ou a outras formas de tributação (como o Simples Nacional) deve ser compreendida com vistas a dois fatores fundamentais, analisados nos parágrafos seguintes: (i) as liberdades econômicas potencialmente restringidas pela vedação às referidas reestruturações societárias; e (ii) a existência de decisão clara do legislador para a restrição das referidas liberdades econômicas por meio da tributação.

---

[2] Nesse sentido, *vide*: ÁVILA, Humberto. Eficácia do Novo Código Civil na legislação tributária. *In*: GRUMPENMACHER, Betina Treiger (Coord.). *Direito tributário e o novo Código Civil*. São Paulo: Quartier Latin, 2004. p. 75-77.

[3] FERRAZ JÚNIOR, Tercio Sampaio. *Direito constitucional*: liberdade de fumar, privacidade, estado, direitos fundamentais e outros temas. Barueri: Manole, 2007. p. 196.

2.1 As liberdades econômicas potencialmente restringidas pela vedação às referidas reestruturações societárias

A *livre iniciativa* foi erigida como fundamento da ordem econômica pelo *caput* do art. 170 da Constituição Federal brasileira, com a dupla feição de proteger tanto o capital quanto o trabalho. Na explicação de Tercio Sampaio Ferraz Júnior,[4] trata-se de mandamento para que o Estado atue de forma negativa, no sentido de não interferir na expansão da criatividade do indivíduo e, ainda, positiva, de atuação para a valorização do trabalho humano. A esse propósito, leciona o professor:

> Não há, pois, propriamente, um sentido absoluto e ilimitado na livre iniciativa, que por isso não exclui a atividade normativa e reguladora do Estado. Mas há ilimitação no sentido de principiar a atividade econômica, de espontaneidade humana na produção de algo novo, de começar algo que não estava antes. Esta espontaneidade, base da produção da riqueza, é o fator estrutural que não pode ser negado pelo Estado. Se, ao fazê-lo, o Estado a bloqueia e impede, não está intervindo, no sentido de normar e regular, mas está dirigindo e, com isso, substituindo-se a ela na estrutura fundamental do mercado.

A *autonomia privada* decorre do *princípio da livre iniciativa*, atribuindo aos particulares o direito à *liberdade contratual*, isto é, de livremente celebrar ou não um contrato (liberdade de celebração), bem como de eleger o tipo contratual mais adequado (liberdade de seleção do tipo contratual, salvo restrição legal) e de preencher o seu conteúdo de acordo com os seus interesses (liberdade de fixação do conteúdo do contrato ou de estipulação).[5] Garante-se, por esse princípio, a liberdade de empresa, de investimento, de organização e de contratação.[6] É pertinente notar, com Tulio Rosembuj,[7] que a *liberdade da empresa* não se esgota no exercício da *liberdade contratual*, no exercício do *direito de propriedade* ou na atividade de produção de bens de terceiros no mercado livre: trata-se da garantia de poder decidir como combinar fatores de produção e de utilizar riqueza para produzir nova riqueza.

Se há limites ao exercício da liberdade, o Estado de Direito também pressupõe limites ao legislador para a edição de normas restritivas, pois, conforme salutar preocupação de Tércio Sampaio Ferraz Júnior, "a liberdade pode ser disciplinada, mas não pode ser eliminada".[8] Não poderia o Estado utilizar mecanismos de coerção para

---

[4] FERRAZ JÚNIOR, Tercio Sampaio. *Direito constitucional*: liberdade de fumar, privacidade, estado, direitos fundamentais e outros temas. Barueri: Manole, 2007. p. 195.

[5] Cf. BOULOS, Daniel M. *Abuso do direito no novo Código Civil*. São Paulo: Método, 2006. p. 226-240. No mesmo sentido, TÔRRES, Heleno Taveira. O conceito constitucional de autonomia privada como poder normativo dos particulares e os limites da intervenção estatal. *In*: TÔRRES, Heleno Taveira (Coord.). *Direito e poder*: nas instituições e nos valores do público e do privado contemporâneos. Barueri: Manole, 2005. p. 567.

[6] Cf. BARRETO, Paulo Ayres. *Elisão tributária* – Limites normativos. Tese (Concurso de Livre-Docência) – Departamento de Direito Econômico e Financeiro, Faculdade de Direito, Universidade de São Paulo, São Paulo, 2008. p. 128-129.

[7] ROSEMBUJ, Tulio. *El fraude de ley, la simulación y el abuso de las formas en el derecho tributario*. Barcelona: Marcial Pons, 1999. p. 57.

[8] FERRAZ JÚNIOR, Tercio Sampaio. *Direito constitucional*: liberdade de fumar, privacidade, estado, direitos fundamentais e outros temas. Barueri: Manole, 2007. p. 195.

compelir o contribuinte à prática de determinados atos e, assim, à ocorrência de hipóteses de incidência de tributos (ou seja, de intervenção no patrimônio particular). Assim ocorrendo, como adverte Luís Eduardo Schoueri,[9] estar-se-ia atentando de modo inadmissível contra a proibição ao confisco e o direito à propriedade.

2.2 A exigência de decisão clara do legislador para a restrição das referidas liberdades econômicas por meio da tributação

A Constituição Federal brasileira reserva ao legislador a competência para selecionar os critérios que devem ser observados para restrições à esfera de liberdades do particular, particularmente em relação ao tema dos planejamentos tributários.

A título ilustrativo, suponha-se que a sociedade familiar "A" vislumbre na segregação de suas atividades um ganho em organização, com a melhor divisão de responsabilidades e eficiência, bem como apaziguar brigas no núcleo familiar. Suponha-se, ainda, que a empresa "B" decida conduzir reestruturação semelhante à empresa "A", com a segregação efetiva de pessoas jurídicas que passariam a dedicar-se, individualmente, à exploração de atividades econômicas específicas, com a assunção dos riscos, responsabilidades e benesses atinentes à espécie. Suponha-se, por fim, que o único motivo para que a empresa "B" realizasse a referida reestruturação seria a redução da carga tributária.

Nesse exemplo, haveria tratamento não isonômico entre as empresas "A" e "B" caso fosse adotado, como critério para a legitimação fiscal das reorganizações em questão, a aferição da realização das operações com ou sem propósitos extratributários (*propósito negocial*). Enquanto a primeira ("A") poderia gozar da opção de submeter os rendimentos com aluguel e venda de bens imóveis à tributação conforme a sistemática do lucro presumido, a segunda ("B") restaria privada dessa opção.

Contudo, vale desde já observar que a questão é meramente teórica em relação ao tema analisado no presente estudo. Ao menos até este momento da história, não há qualquer GAAR ou SAAR no ordenamento tributário brasileiro aplicável à questão sob análise.

2.2.1 A inexistência de GAAR no ordenamento jurídico brasileiro

No Brasil, não há normas gerais que vedem *a priori* a efetiva segregação de fontes produtoras de rendimentos. Não há permissão, abstraída diretamente do Texto Constitucional, para que a Administração Fiscal atue como se possuísse ingerência na

---

[9] SCHOUERI, Luís Eduardo. *Normas tributárias indutoras e intervenção econômica*. Rio de Janeiro: Forense, 2005. p. 46.

condução das atividades econômica empreendidas, substituindo as decisões do indivíduo, para fins tributários, por outras que lhe pareçam arbitrariamente mais adequadas, com discricionário incremento do ônus tributário.

Por força do art. 146 da Constituição, compete à lei complementar prescrever normas gerais de intolerância a planejamentos tributários (GAAR). Com a observância da Constituição, compete ao legislador legitimamente eleito manifestar a decisão sobre *em quais circunstâncias* e em *qual intensidade* deverá o Estado intervir no exercício de liberdades econômicas. A exigência de lei para a desconsideração de planejamentos tributários, portanto, não encontra fundamento "apenas" no princípio da legalidade em matéria tributária (arts. 5º e 150, I, da Constituição), mas também das normas de direito econômico presentes no Texto Constitucional (arts. 170 e seguintes da Constituição).

No entanto, não há, até o momento, qualquer lei complementar que estabeleça norma geral de reação ao planejamento tributário (GAAR), mas apenas regras de combate a hipóteses de evasão fiscal.

É fundamental notar que o tema dos limites ao planejamento tributário está sob julgamento no Supremo Tribunal Federal,[10] tendo como plano de fundo o questionamento da constitucionalidade da Lei Complementar nº 104/2001, na parte em que acrescentou o parágrafo único ao art. 116 do CTN. Até o momento, há cinco votos favoráveis à constitucionalidade do dispositivo, sob a premissa de se tratar de mera norma de reação a hipóteses de evasão fiscal, não havendo no país, ainda, norma geral de reação de planejamento tributário (GAAR). Em seu voto recentemente disponibilizado, a i. Ministra Cármen Lúcia, relatora, acompanhada pelos i. ministros Marco Aurélio, Edson Fachin, Alexandre de Moraes e Gilmar Mendes, assim se manifestou:

> O art. 108 do Código Tributário Nacional não foi alterado pela Lei Complementar n. 104/2001, não estando autorizado o agente fiscal a valer-se de analogia para definir fato gerador e, tornando-se legislador, aplicar tributo sem previsão legal. [...]
> De se anotar que elisão fiscal difere da evasão fiscal. Enquanto na primeira há diminuição lícita dos valores tributários devidos pois o contribuinte evita relação jurídica que faria nascer obrigação tributária, na segunda, o contribuinte atua de forma a ocultar fato gerador materializado para omitir-se ao pagamento da obrigação tributária devida.
> A despeito dos alegados motivos que resultaram na inclusão do parágrafo único ao art. 116 do CTN, a denominação "norma antielisão" é de ser tida como inapropriada, cuidando o dispositivo de questão de norma de combate à evasão fiscal.

Confirmando-se este entendimento, não haverá dúvidas de que não há, no ordenamento jurídico brasileiro, qualquer norma que autorize distinguir reorganizações patrimoniais motivadas por critérios incertos e selecionados aleatoriamente pela Administração Fiscal sob rótulos abstratos de "razões extratributárias", "propósitos negociais" e quejandos. A adoção de critérios como esses, à sombra da lacuna legislativa, entre muitos outros óbices, encontraria vedação no art. 108 do CTN.

---

[10] STF. ADI nº 2.446, nº único 0001237-49.2001.1.00.0000/DF. Rel. Min. Cármen Lúcia.

2.2.2 A inexistência de SAAR aplicável à segregação de fontes produtoras de rendimento em análise

Se por um lado uma segregação de fontes produtora de rendimentos pode ser perfeitamente realizada em conformidade com as normas societárias, não há normas tributárias específicas que se possam opor ao contribuinte (SAAR). Não há SAAR que, de alguma forma, restrinja reorganizações patrimoniais nesse sentido ou interfira na fruição de seus ordinários efeitos jurídicos, inclusive no que diz respeito à sistemática do *lucro presumido*.

O primado da legalidade exigiria decisão clara do legislador nesse sentido, tal como ocorre em exemplos concretos do sistema tributário brasileiro. Um bom exemplo pode ser colhido da legislação atinente à contribuição ao PIS e à Cofins. No caso, o art. 3º, IV, das leis nºs 10.637/2002 e 10.833/2003, autorizou que o contribuinte, na apuração dessas contribuições pelo regime não cumulativo, apurasse créditos de "aluguéis de prédios, máquinas e equipamentos, pagos a pessoa jurídica, utilizados nas atividades da empresa". Empresas que possuíam imóveis próprios, utilizados em sua atividade operacional, logo cogitaram da segregação de tais bens de seu patrimônio para integralização em pessoas jurídicas imobiliárias, que passariam a os locar à sua anterior proprietária. Com isso, seria possível o aproveitamento de créditos de PIS e Cofins sobre o valor dos aluguéis pagos. Nesse caso, por meio do art. 31 da Lei nº 10.865/2004, o legislador decidiu neutralizar os efeitos desse planejamento tributário e prescrever uma SAAR.

Esse silêncio do legislador para o estabelecimento de uma SAAR relacionada à segregação de fontes produtoras de rendimentos se alia à sonora ordem emanada das liberdades econômicas asseguradas pela Constituição, o que transmite eloquente mensagem ao contribuinte no sentido de que o planejamento tributário ora em análise é admitido no ordenamento jurídico brasileiro, sendo vedados, naturalmente, atos simulados, fraudulentos, cometidos com o dolo da evasão de tributos. Não se trata de lacuna aleatória, mas de decisão consciente do legislador em não prever SAAR quanto ao planejamento tributário ora sob análise, inegavelmente presente no sistema jurídico brasileiro há décadas.

2.3 O exemplo da segregação de patrimônio imobiliário: constituição de pessoa jurídica imobiliária para a locação ou venda de bens imóveis outrora pertencentes ao patrimônio de seus sócios (pessoa física ou jurídica)

No contexto do planejamento tributário em análise, um bom exemplo a ser mencionado diz respeito à segregação de patrimônio imobiliário para a sua exploração por pessoa jurídica optante pelo lucro presumido. Trata-se do caso da constituição de pessoa jurídica imobiliária para a locação ou venda de bens imóveis outrora pertencentes ao patrimônio de seus sócios (pessoa física ou pessoa jurídica).

Suponha-se, para fins ilustrativos, uma empresa com atividade operacional não imobiliária (como a exploração de minérios, atividades de ensino, supermercados), que adotou, no passado, a decisão de imobilizar parte de seus recursos em bens imóveis, eventualmente utilizados em suas operações. Suponha-se, então, que por motivos variados (como mudança de política financeira ou redução de demanda e necessidade de enxugar custos e despesas para suportar a consequente redução de receitas) a assembleia da empresa decida reduzir o seu capital, com a integralização de bens imóveis em outra pessoa jurídica, esta com fins imobiliários.

A integralização de bens imóveis ao patrimônio de uma pessoa jurídica em realização de capital constitui liberdade de empresa expressamente assegurada pela Constituição Federal (art. 156, §2º, I). Fortalecendo as *liberdades econômicas* presentes em seu texto, a Constituição Federal não apenas garante ao particular esse direito, como lhe outorga imunidade tributária de ITBI em algumas hipóteses. A Constituição Federal não exigiu razões extratributárias para a fruição dessa garantia do particular. Não se trata de uma garantia condicionada a justificativas gerenciais ou íntimas do particular. Pelo contrário, o mandamento constitucional é claro, explícito, indubitável: no exercício de suas liberdades econômicas, com a garantia de poder decidir como e quando combinar fatores de produção e de utilizar riqueza para produzir nova riqueza, o particular pode integralizar bens imóveis ao capital social de pessoas jurídicas, sejam elas imobiliárias ou não.

Ainda que não houvesse essa previsão expressa, constata-se que as normas constitucionais não atribuem à Administração Fiscal legitimidade para interferir na capacidade de empreender dos particulares além do quanto prescrito em lei. Não há permissão, no Texto Constitucional, para que a Administração Fiscal atue como se possuísse ingerência na condução das atividades econômicas empreendidas, substituindo as decisões do indivíduo, para fins tributários, por outras que lhe pareçam arbitrariamente mais adequadas, com discricionário incremento do ônus tributário.

Com a observância da Constituição Federal, compete ao legislador legitimamente eleito manifestar a decisão sobre *em quais circunstâncias* e em *qual intensidade* deverá o Estado intervir no exercício de liberdades econômicas. A exigência de lei para a desconsideração de planejamentos tributários, portanto, não encontra fundamento "apenas" no princípio da legalidade em matéria tributária (arts. 5º e 150, I, da Constituição), mas também das normas de direito econômico presentes no Texto Constitucional (arts. 170 e ss. da Constituição).

Há, como se viu, garantias constitucionais outorgadas ao detentor do capital e há, ainda, leis societárias que regulam a constituição de pessoas jurídicas imobiliárias (direito privado) e que garantem às pessoas jurídicas imobiliárias a adoção da sistemática do *lucro presumido* (direito tributário). Não há, contudo, nenhuma SAAR quanto à matéria que, de alguma forma, restrinja reorganizações patrimoniais nesse sentido ou interfira na fruição de seus ordinários efeitos jurídicos, inclusive no que diz respeito à sistemática do *lucro presumido*.

O silêncio do legislador, assim, se alia à sonora ordem emanada das liberdades econômicas asseguradas pela Constituição, o que transmite eloquente mensagem ao contribuinte no sentido de que o planejamento tributário em questão é admitido no ordenamento jurídico brasileiro, sendo combatidos, como se viu, atos simulados, fraudulentos, cometidos com o dolo da evasão de tributos.

3 A desconsideração da *simulada segregação de fontes produtoras de rendimentos*

Conforme já se observou, em conformidade com o art. 146 da Constituição Federal, compete ao legislador complementar decidir se haverá uma norma geral de reação a planejamentos tributários e, nesse caso, qual o critério para a identificação das hipóteses as quais o fisco não deverá tolerar (*hidrômetro da intolerância*). De forma concreta, o legislador complementar competente enunciou apenas norma de reação à *fraude*, à *simulação*, ao *dolo* na evasão de tributos (CTN, art. 149, VII), deixando ao legislador ordinário a tarefa de estabelecer o procedimento especial para que se descortinem os casos de *dissimulação* (CTN, art. 116, parágrafo único) ou, ainda, para a edição de normas de reação a planejamentos tributários específicos (SAAR).

Nesse cenário, embora muito se discuta o assunto, o legislador complementar brasileiro sempre limitou os poderes da Administração Fiscal para desconsiderar atos praticados pelo contribuinte, restringindo-os para tornar inoponíveis apenas atos "simulados", "fraudulentos", cometidos com o dolo da evasão de tributos. Não há a outorga, pelo legislador competente (lei complementar), para que a Administração Fiscal considere inoponível atos que não possam ser qualificados como "simulados".

Isso significa que o legislador competente não considera institutos como "simulação", "fraude" ou "dolo tão estreitos a ponto de permitir atos que não deveriam ser tolerados, nem tão amplos a ponto de permitir arbitrariedades por parte do Fisco. O legislador tributário complementar, desde e edição do CTN (anos 60) até hoje, considera suficiente que a Administração Fiscal reaja exclusivamente em face de atos simulados, fraudulentos, com o dolo da evasão de tributos, reconhecendo-se a legitimidade das demais práticas (*planejamento tributário*).

Em relação à *fraude*, colhe-se do art. 72, da Lei nº 4.502/64, tratar-se de

> toda ação ou omissão dolosa tendente a impedir ou retardar, total ou parcialmente, a ocorrência do fato gerador da obrigação tributária principal, ou a excluir ou modificar as suas características essenciais, de modo a reduzir o montante do imposto devido a evitar ou diferir o seu pagamento.

A exigência do *dolo*, nesse enunciado prescritivo, tem o condão de agregar ao conceito de fraude a intenção de ofender o direito, de cometer ato sabidamente ilícito, e não qualquer hipótese na qual o contribuinte realiza atos para reduzir a ocorrência de fato gerador. O *dolo*, no direito civil, remete ao "emprego de um artifício ou expediente astucioso para induzir alguém à prática de um ato que o prejudica e aproveita ao autor do dolo ou a terceiro".[11] *Dolo* seria a própria intenção de causar *dano* a outrem, de contrariar o direito.[12]

Quanto à simulação, pode-se observar que as decisões do Carf, até o fim do século XX, apresentavam duas características fundamentais: (i) tratar-se-ia de um *vício de consentimento*, cuja mácula consistiria na divergência entre a *vontade interna*, subjetiva, e a *vontade declarada*; (ii) seria exigida a demonstração dos atos realizados às escuras, divergentes daqueles levados ao público.[13] Assim, no Acórdão nº 01-01857, de 15.5.1995, julgado pela CSRF,[14] foram refutadas as alegações de simulação formuladas pela fiscalização, tendo em vista a inexistência de provas de que a vontade das partes, levada a cabo nos documentos formulados para uma incorporação, seria contraditória com a vontade íntima efetivamente presente.

Contudo, Fabio Piovesan Bozza[15] sugere que, desde meados de 2005, a concepção de *simulação* em diversos casos no âmbito do Carf teria se tornado preponderantemente *causalista*, com contraposição à postura *voluntarista* até então adotada. O elemento fundamental para a caracterização da simulação não seria mais a divergência subjetiva, entre a vontade interna das partes e a manifestada nos negócios realizados. O foco, a partir de então, passaria a ser a incompatibilidade objetiva entre o modelo adotado nas operações realizadas para o negócio supostamente pretendido pelas partes.

A partir daí, provas quanto à verdadeira vontade das partes (*modelo subjetivo*) passaram a ser despiciendas. Em vez disso, pelo *modelo objetivo*, passaram a ter lugar deduções lógicas decorrentes de indícios dos mais variados, vocacionados a demonstrar a divergência do negócio realizado com a sua causa típica. Paradoxalmente, observa Fabio Piovesan Bozza,[16] muitas vezes o "conceito objetivo de simulação tornou-se de aplicação subjetiva".

Note-se que o legislador tributário não edificou um instituto distinto para a "simulação fiscal", mas laborou com remissão normativa, acolhendo o conceito normativo

---

[11] DINIZ, Maria Helena. *Dicionário jurídico*. São Paulo: Saraiva, 1998, p. 232.

[12] Paulo Ayres Barreto diferencia o *dolo* da *simulação*, na medida em que, naquele, "apenas um dos interessados tem ciência do ato doloso, enquanto na simulação, ambas as partes têm participação na ação concertada". A diferença de *dolo* e *fraude* residiria no fato de que esta "se consuma sem a intervenção pessoal do prejudicado. Além disso, enquanto o dolo geralmente antecede ou é concomitante à prática do negócio jurídico, a fraude é perpetrada posteriormente à sua celebração" (BARRETO, Paulo Ayres. *Elisão tributária* – Limites normativos. Tese (Concurso de Livre-Docência) – Departamento de Direito Econômico e Financeiro, Faculdade de Direito, Universidade de São Paulo, São Paulo, 2008. p. 157-186).

[13] Nesse sentido, vide: BOZZA, Fábio Piovesan. *Planejamento tributário e autonomia privada*. São Paulo: IBDT/Quartier Latin, 2015. p. 214.

[14] CARF. CSRF. Acórdão nº 01-01857, 15.5.1995.

[15] BOZZA, Fábio Piovesan. *Planejamento tributário e autonomia privada*. São Paulo: IBDT/Quartier Latin, 2015. p. 218-224.

[16] BOZZA, Fábio Piovesan. *Planejamento tributário e autonomia privada*. São Paulo: IBDT/Quartier Latin, 2015. p. 228.

de "simulação" prescrito pelo direito privado.[17] Ademais, o art. 109 do CTN prescreve que "os princípios gerais de direito privado utilizam-se para a pesquisa da definição, do conteúdo e do alcance de seus institutos, conceitos e formas, mas não para definição dos respectivos efeitos tributários". Daí decorre que, se determinado *instituto* do direito privado compõe algum enunciado prescritivo de matéria tributária, ao menos duas hipóteses seriam possíveis: (i) pode o legislador tributário atribuir definição, conteúdo e alcance diversos do que se verifica no direito privado (apenas o nome de batismo seria igual nas diferentes searas jurídicas); ou (ii) caso o legislador tributário silencie quanto à questão, deve o instituto ser compreendido conforme o seu perfil no direito privado.

Conjugando-se os arts. 109 e 110 do CTN, surge a questão: a lei tributária poderia utilizar o termo "simulação" para se referir à questão diversa da tutelada pelo direito civil, alterando a definição, o conteúdo e o alcance daquele instituto tradicional na seara privada? Em tese, sim, pois a expressão não fora utilizada, expressa ou implicitamente, pela Constituição Federal, pelas constituições dos estados, ou pelas leis orgânicas do Distrito Federal ou dos municípios, para definir ou limitar competências tributárias. No entanto, o legislador tributário não alterou o sentido desse instituto, utilizando-o tal qual no Direito privado.

No âmbito privado, o perfil jurídico da simulação foi revisto em decorrência da enunciação do novo Código Civil, de 2002. No Código Civil de 1916, a simulação correspondia a um defeito do negócio jurídico, decorrente de vício na vontade do agente, que poderia agir tanto de forma maliciosa, quando o negócio seria anulável (art. 102), como inocente (art. 103), em que o negócio subsistiria. O novo Código Civil tutela a simulação em seu art. 167.

A simulação trazida pelo novo Código Civil difere ao menos em dois pontos de sua conformação anterior. O negócio jurídico simulado será nulo (e não mais anulável), não surtindo efeitos desde a sua realização, bem como não se perpetuará no tempo, conforme o art. 169 do novo Código. Também não há mais menção à possibilidade de simulação inocente, pois a simulação deixa de se referir a um elemento subjetivo, configurando critério objetivo de validade do próprio negócio.

No caso, então, a *simulação* a que se refere o art. 149, VII, do CTN, corresponderia à "mentira" quanto à prática de um ato relevante para fins tributários. Sonega-se da Administração Fiscal a verdade dos fatos ocorridos. O ato simulado é um ato aparente, que não existe no mundo dos fatos, mas apenas de forma precária no mundo jurídico.

Na simulação absoluta, o contribuinte buscaria construir determinado invólucro que, caso real, lhe atribuiria benefícios fiscais, embora nada exista. Na simulação relativa, a ocorrência do fato gerador de uma obrigação tributária seria ocultada pela oposição do ato simulado.

---

[17] Sobre a relação entre o direito tributário e o direito privado, *vide*: ÁVILA, Humberto. Eficácia do Novo Código Civil na legislação tributária. *In*: GRUMPENMACHER, Betina Treiger (Coord.). *Direito tributário e o novo Código Civil*. São Paulo: Quartier Latin, 2004. p. 65-72.

Com a simulação absoluta, expõe Tulio Rosembuj,[18] as partes criariam com a sua declaração uma aparência de negócio que não querem realizar e do qual não esperam nenhum efeito. Seria uma aparência sem qualquer conteúdo verdadeiro e, assim, juridicamente inexistente, como é o caso da fraude contra credores, em que se cria um passivo inexistente ou se diminui o ativo, sem que nada realmente tenha sido realizado. Com a simulação relativa, as partes criariam a aparência para um negócio jurídico diverso daquele que efetivamente querem. Seria um disfarce, em que apenas aparentemente se realizaria um negócio jurídico, para, na verdade, realizar-se outro negócio.

Como exemplos de simulação, é possível cogitar a venda de bem imóvel por um valor abaixo do realizado, compatível com os limites exigidos pelo legislador para a adoção do lucro presumido ou a utilização de instrumentos antedatados de cessão gratuita do direito de uso de bem imóvel.

Cite-se, ainda, o Recurso Especial nº 243.767-MS, do Superior Tribunal de Justiça, para a distinção de simulação (absoluta) e dissimulação (relativa):

> Duas situações, entretanto, podem verificar-se. Uma, em que a simulação seja absoluta. As partes não pretenderam concluir negócio algum, como no exemplo acima mencionado. Isso reconhecido, não produzirá efeito. Pode, entretanto, ser relativa a simulação. As partes efetivamente desejavam a pratica de determinado contrato, mas esse ficou dissimulado por um outro. Assim, por exemplo, fez-se uma doação, dissimulada em compra e venda. Em tal caso, prevalecerá o negócio real.[19]

No direito tributário brasileiro, então, a simulação presta-se à sonegação, ou seja, ao ilícito. O que se combate não é a utilização de formas anormais, atípicas, para se alcançar determinado resultado. Combate-se o ato doloso da evasão de tributos em que as partes realizam determinado negócio jurídico, mas declaram ao Fisco que outro teria sido realizado.

Note-se que, para aferir-se a ocorrência de simulação, não é relevante questionar a existência de razões extratributárias. Interessa demonstrar que, por meio dos negócios jurídicos apresentados pelo contribuinte, tentou-se ocultar do Fisco a verdadeira configuração dos atos praticados (dissimulação) ou, ainda, que nada realmente foi realizado (simulação absoluta).

A apurada análise da questão exige que se diferencie a "simulação dos negócios jurídicos praticados" da "simulação da pessoa jurídica". Nesse primeiro, reconhece-se a personalidade jurídica das pessoas jurídicas envolvidas, mas se evidencia a simulação dos negócios jurídicos praticados por estas.

Embora não descarte *a priori* a possibilidade de simulação da própria pessoa jurídica, parece-me tratar-se de hipótese rara. A "pessoa jurídica" é ficção criada pelo direito para segregar uma personalidade jurídica dotada de direitos, inclusive patrimoniais, e apta a assumir deveres, com autonomia em relação aos seus sócios. A existência da

---

[18] ROSEMBUJ, Tulio. *El fraude de ley, la simulación y el abuso de las formas en el derecho tributario*. Barcelona: Marcial Pons, 1999. p. 49.
[19] STJ. Recurso Especial nº 243.767-MS. Rel. Min. Eduardo Ribeiro, j. 21.2.2000.

pessoa jurídica, portanto, é questão mais de direito que de fato. Parece mais factível a ocorrência de simulação de negócios jurídicos, em que se atribuam a pessoas jurídicas existentes rendimentos que não decorram, verdadeiramente, de suas atividades.

Assim, no âmbito do direito privado e, por remissão do legislador complementar, também no direito tributário, são reais e existentes atos de transmissão que efetivamente façam com que seja alterado o titular de direitos e obrigações de determinado acervo patrimonial. Ainda que uma reorganização patrimonial possa ser verificada documentalmente, ela pode ser irrelevante para fins tributários caso tais documentos contenham declaração, confissão, condição ou cláusula não verdadeira capaz de qualificar as operações como simuladas.

Operações que apenas simulam a segregação de fontes produtoras de rendimentos devem ser transparentes aos olhos da fiscalização tributária: inoponível, a operação dissimulada, por ser transparente aos olhos do Fisco, conduz a que se desvende a operação verdadeira que se procurou ocultar, à qual devem ser aplicadas as consequências tributárias correspondentes à espécie.

O contribuinte que simular a segregação de fontes produtoras de receitas, submetendo indevidamente parte ou todos os seus rendimentos à tributação mais branda aplicável a uma outra pessoa jurídica (decorrente do lucro presumido, por exemplo), estará sujeito ao lançamento de ofício da diferença do tributo que seria devido conforme o regime que lhe seria verdadeiramente aplicável (lucro real, por exemplo). Caso não seja possível a apuração do lucro real, deve ser apurado, nos termos da legislação, o lucro arbitrado. Diante de simulação, com o dolo específico da evasão de tributos, deverá, ainda, ser imposta multa qualificada de 150%.

A aferição da simulação, contudo, parece requerer considerações distintas, diante de empresas com rendimentos *ativos* (indústria, por exemplo), daquelas que apresentam apenas rendimentos *passivos* (aplicações financeiras, por exemplo). Enquanto muitas vezes a obtenção dos primeiros (rendimentos ativos) pressupõe estrutura operacional robusta, a condução das atividades relacionados aos últimos (rendimentos passivos) pode exigir, por natureza, estrutura operacional mínima. Ainda que cada caso demande análise particularizada, alguns fatores podem ser considerados *determinantes* para se qualificar uma reestruturação societária como *simulada*, enquanto outros, *relevantes*, por corroborar o acervo probatório, *mas não necessariamente determinantes*. Alguns desses fatores serão analisados no tópico 4 deste estudo.

3.1 Ausência de competência da Administração Fiscal para desconsiderar operações não simuladas

Em matéria tributária, em que vige o princípio da estrita legalidade, a atividade da Administração Fiscal naturalmente dependente da decisão do Poder Legislativo. A experiência demonstra, contudo, a existência de casos de extravasamento da competência administrativa pela adoção de critérios de intolerância ao planejamento tributário à revelia de autorização legal, possivelmente sob a influência de doutrinas estrangeiras. Essa situação merece especial atenção.

Quando se observam sistemas jurídicos estrangeiros,[20] percebe-se um influxo dos poderes Legislativo e Judiciário na edificação de normas jurídicas de delimitação da intolerância a planejamentos tributários qualificados como abusivos. Países com tradição no *civil law*, como o nosso, têm as suas normas de reação ao abuso no planejamento tributário prescritas pelo legislador, e muitas vezes encontram no Poder Judiciário um agente competente para aperfeiçoar o conceito de "abuso" prescrito em lei. Assim, na Alemanha, embora o legislador tenha tutelado ativamente a *norma de reação ao abuso de formas*, o Poder Judiciário tem sido decisivo no estabelecimento de testes para a delimitação do conceito de "abuso" (*vide* evoluções normativas claras ocorridas em 1919, 1931, 1977 e 2007). Na França, berço da teoria da intolerância ao *abuso do direito*, o legislador tem sido igualmente ativo, embora o Poder Judiciário também tenha sido decisivo para a evolução da GAAR vigente naquele país, como se observa do conhecido caso Janfin,[21] cuja decisão foi recentemente acolhida pelo legislador francês (*vide* evoluções normativas claras ocorridas em 1940, 1963, 1987 e 2008).

Por sua vez, sistemas jurídicos com tradição anglo-saxônica (*commom law*), em tese, teriam como característica a competência do Poder Judiciário para enunciar GAAR ou SAAR pelo método dos precedentes judiciais. Contudo, mesmo em sistemas com essa tradição jurídica, a referida competência também pode ser exercida pelo Poder Legislativo. Como exemplo, nos EUA, em que a doutrina do *propósito negocial* foi edificada de forma fragmentada e casuística nos variados tribunais espalhados pelo território norte-americano, o Poder Legislativo, em 2008 (*Obama Care*), decidiu delimitar e uniformizar o conceito de "abuso" que deveria ser obedecido pela Administração Fiscal.

Note-se que, como a legalidade em matéria tributária está entre os princípios geralmente aceitos pelas nações civilizadas, os sistemas jurídicos estrangeiros citados têm em comum a exigência de lei, em sentido estrito, para a prescrição de normas de reação ao planejamento tributário abusivo, com a possibilidade de atuação do Poder Judiciário em diferentes medidas. Contudo, em nenhum desses sistemas estrangeiros foi outorgada ao Poder Executivo a competência para estabelecer, à revelia de decisão vinculante do Poder Legislativo ou do Poder Judiciário, critérios próprios para a identificação do que seja "abuso", tampouco se atribuiu às autoridades fiscais a função de decidir consequências jurídicas daí decorrentes.

Naturalmente, dogmas do direito estrangeiro não podem ser importados acriticamente na aplicação do direito pátrio, de modo que a Administração Fiscal, ao se deparar com planejamentos tributários, não pode recorrer a "abuso do direito", "abuso

---

[20] Para uma análise detalhada da GAAR adotada nos países citados neste artigo, *vide*: NETO, Luís Flávio. *Teorias do abuso no planejamento tributário*. Dissertação (Mestrado) – Faculdade de Direito do Largo São Francisco, USP, São Paulo, 2011.

[21] FRANÇA. Corte de Cassação. Caso Sté Janfin, n. 260050, 2006.

de formas", "substância sobre a forma", "propósito negocial" ou outros institutos concebidos no direito estrangeiro.

Ocorre que o sistema jurídico brasileiro desconhece os aludidos institutos, que jamais foram prestigiados pelo legislador competente, o que impede a sua adoção pelos agentes fiscais, cuja incumbência restrita é de aplicação da lei. A semelhança mais evidente daqueles sistemas com o nosso consiste justamente na incompetência das autoridades fiscais para a decisão quanto à mais adequada calibração geral do hidrômetro de intolerância aos planejamentos tributários: tanto lá quanto aqui, essa não é uma competência do Poder Executivo.

4 A identificação de fatores relevantes para a identificação de operações não oponíveis ao Fisco

Fatores relacionados à *estrutura negocial, contábil, financeira, física* e *operacional* das empresas segregadas podem ser relevantes para a identificação de situações não oponíveis ao Fisco. De maneira geral, é possível dizer que tais fatores serão mais relevantes quanto mais estreito for o seu nexo com o elemento simulado e o fato gerador do tributo que dolosamente se procurou ocultar. A *relevância* de cada um desses fatores, contudo, dependerá do particular contexto presente no caso específico, não se descartando a relativização de todos eles em vista de situações concretas.

4.1 Estrutura negocial

Algumas questões atinentes à estrutura negocial da entidade podem ser relevantes para distinguir segregações societárias legítimas daquelas meramente simuladas, como a assunção de efetiva responsabilidade pela atividade alegadamente desenvolvida, incluindo riscos e benesses sobre os ativos recebidos como contribuição ao capital social, bem como coerência negocial e prática de preços de mercado entre as partes segregadas.

Quanto à assunção de efetiva responsabilidade pela atividade alegadamente desenvolvida, pode ser importante analisar gastos com folha de pagamento, com a manutenção da estrutura básica ou aquisição de insumos para as atividades específicas de uma das empresas, suportados aleatoriamente por outras empresas do grupo. Na ausência de justificativa plausível, tais fatos podem evidenciar confusão das unidades segregadas e simulação.

A assunção, pela pessoa jurídica segregada, dos riscos e das benesses sobre os ativos recebidos como contribuição ao capital social, também deve ser analisada. Em uma reestruturação societária, pode haver a contribuição de parcela do patrimônio outrora concentrado em uma pessoa jurídica, para a composição do capital social da pessoa jurídica que conduzirá a atividade segregada. Caso se declare ter transferido ativos a essa nova empresa para a integralização de seu capital, é plausível que esta assuma a responsabilidade, o risco e as benesses geradas por tais ativos.

Por sua vez, é natural que operações que não se alinhem, ao menos de forma aparente, com os padrões normais de gestão, demandem certa atenção. Não se pode, contudo, punir fiscalmente um particular por adotar uma estrutura ineficiente ou com padrões não ortodoxos. Por essa razão, geralmente esse fator se apresenta como não determinante ou mesmo irrelevante.

A existência de operações realizadas fora do grupo empresarial também é ponto sensível, ainda que não necessariamente determinante. A segregação de atividades desenvolvidas *interna corporis* não impede que as empresas segregadas também desenvolvam as suas atividades em benefício de unidades do mesmo grupo empresarial. A obtenção de receitas por operações realizadas com agentes estranhos ao grupo econômico pode, contudo, evidenciar efetiva exploração do mercado pela empresa segregada e, assim, afastar suspeitas de simulação da exploração econômica da atividade empresarial. Finalmente, a manipulação dos preços praticados entre partes relacionadas pode ser uma evidência mais contundente quanto ao dolo da evasão de tributos. Além de poder atrair legislação própria para a regência de certos casos, como os de distribuição disfarçada de lucros, esse elemento também pode ser relevante para evidenciar vícios da segregação societárias. No entanto, assim como os demais fatores acima, este também pode ser relativizado: da mesma forma que a prática de preços de mercado não é, por si só, fator suficiente para legitimar as operações, a prática de preços menores que o de mercado também não conduz necessariamente a vícios no negócio jurídico.

4.2 Estrutura financeira e contábil

A estrutura financeira e contábil das empresas segregadas também deve ser avaliada.

Certa confusão quanto à titularidade de recebíveis e passivos pode ser capaz de evidenciar ausência de autonomia das partes e a unidade de empresas apenas formalmente segmentadas. A utilização injustificada e indiscriminada de contas bancárias centralizadas e outras sistemáticas de compensação financeira para o recebimento de receitas e o cumprimento de obrigações, mantidas por empresas do grupo empresarial diferentes daquela a que são imputadas para fins tributários, corresponde a uma evidência contundente. Certamente empréstimos entre empresas do mesmo grupo empresarial, respeitados os ditames legais, são lícitos. O que evidencia a simulação da segregação societária é a confusão e o descontrole financeiro entre as unidades supostamente segmentadas da entidade empresarial, que deve manter a assunção dos riscos e as benesses do negócio.

Informes financeiros também são naturalmente relevantes. A contabilidade é instrumento hábil para descrever as mutações patrimoniais das empresas segregadas.

Informes financeiros devidamente formalizados vinculam tanto o Fisco como o contribuinte a assumir o ônus de provar que a realidade dos fatos é diversa daquela retratada pela contabilidade. As demonstrações contábeis, portanto, representam valioso instrumento para se aferir a existência de entidades segregadas.

Há casos em que os vícios presentes na contabilidade tornam os informes financeiros imprestáveis, ou mesmo em que estes não foram escriturados, o que não conduz necessariamente à presunção de fraude. Inexistente esse importante meio probatório, outros meios de prova podem ser utilizados para evidenciar a realidade dos fatos. Certamente haveria ensejo ao arbitramento dos lucros, mas se este deve ser realizado de forma segregada ou aglutinada dependerá de outros fatores presentes em cada caso.

4.3 Estrutura física e operacional

A estrutura física e operacional também deve ser observada em cada caso concreto. Questões como endereços contíguos, suficiência da estrutura operacional para o desempenho das atividades da empresa, centralização de atividades administrativas, existência de operações realizadas fora do grupo empresarial, bem como inexistência dos estabelecimentos declarados ao Fisco, são todos fatores que podem ser considerados, embora a sua relevância possa variar de caso a caso.

A adoção de endereços contíguos não conduz à presunção de irregularidades, mas não deixa de ser questão sensível. A depender da dimensão da estrutura física de uma das empresas do grupo empresarial, pode ser plausível que a pessoa jurídica segregada utilize parte desta e, assim, ser justificável a manutenção de endereços contíguos. Outras evidências devem ser verificadas, a fim de que se possa aferir se há confusão entre as empresas.

É necessário que haja estrutura operacional capaz de suprir toda a demanda da fonte produtora dos rendimentos. A aparente incompatibilidade da estrutura da empresa segregada com as receitas que lhe são atribuídas é um fator relevante e que suscita maiores cuidados. A partir daí, a fiscalização deve aprofundar a análise do caso concreto, de forma a corroborar mais evidências quanto à validade ou inoponibilidade da alegada segregação. Contudo, a relevância dessa evidência pode ser relativizada, pois não se pode deixar de cogitar hipóteses em que a segregação de atividades se justifica pela exploração de método negocial inovador, mais enxuto e eficiente, com a adoção, por exemplo, do modelo da terceirização de etapas produtivas.

Há, ainda, atividades que demandam estrutura operacional ínfima, como é o caso de empresas com rendimentos passivos e afins. Suponha-se, por exemplo, que um casal com 15 imóveis constitua uma pessoa jurídica imobiliária, integralizando-os ao seu capital social. O marido seria o administrador da empresa, enquanto que a esposa cuidaria das contas a pagar e a receber. Ambos receberiam pró-labore e dividendos na proporção da participação acionária. Os contratos celebrados, os encargos assumidos, as receitas recebidas, as negociações etc. seriam realizados em nome da pessoa jurídica. Seria exigida alguma estrutura profissional sofisticada, com outros funcionários ou uma sala locada para a sua sede, a fim de que se reconheça a legítima existência dessa pessoa jurídica para fins de opção ao lucro presumido? A resposta parece ser negativa, embora o volume de negócios imobiliários realizados possa demandar aferição diferenciada.

Ademais, a centralização de departamentos administrativos, como um mesmo departamento de contas a pagar e a receber para diversas empresas ou um contrato único com empresas de cartão de crédito, pode ser indício de manutenção de uma unidade não segregada. No entanto, a questão demanda a investigação de outros aspectos, pois a existência de estrutura operacional compartilhada entre as empresas do grupo empresarial, com contrato de rateio de despesas (*cost-sharing agreement*), é sabidamente legítima no direito brasileiro.

Finalmente, pode-se cogitar a inexistência em absoluto de estabelecimentos declarados ao Fisco. Nos ramos que pressupõem a condução de atividades em estabelecimentos físicos, a inexistência de fato dos estabelecimentos declarados formalmente corresponde à evidência contundente de simulação da condução de tais atividades pela empresa em questão.

5 Breve retrospectiva dos julgamentos do Carf sobre a matéria

Nas últimas décadas, a jurisprudência administrativa tem analisado a segregação de fontes produtoras de rendimentos. Contudo, há considerável instabilidade quanto às decisões proferidas. Em boa parte dos casos, expressou-se intolerância a reestruturações meramente simuladas, sujeitando-as, inclusive por dever funcional do agente fiscal (ato vinculado e não discricionário), às multas qualificadas, respeitando-se, por sua vez, os efeitos tributários de legítimas reestruturações societárias implementadas pelo particular. Contudo, em outros casos, mesmo reorganizações empresariais livres de simulação foram desconsideradas pelo Carf.

Um dos mais emblemáticos julgamentos sobre a matéria ocorreu em 25.2.*1986*, quando o Primeiro Conselho de Contribuintes proferiu o Acórdão n° 103-07260. Nesse julgamento, não se decidiu que a *segregação operacional e societária de fontes de rendimentos* seria algo intolerável. Pelo contrário, a referida decisão reagiu a operações que apenas simulavam tal segregação, mas que na verdade apenas esconderiam a manutenção da unidade empresarial original. Os silogismos adotados na decisão restaram claros: como as operações praticadas pelo contribuinte foram *simuladas*, então a economia de tributos gerada pela reestruturação societária não deveria ser reconhecida; mas se a segregação fosse verdadeira, então os seus efeitos jurídicos deveriam ser reconhecidos pela Administração Fiscal e o correspondente planejamento tributário respeitado.

Na mesma linha, no Acórdão n° 101-95.208, de 19.10.*2005*, o Primeiro Conselho de Contribuintes, de forma harmônica com o até aqui exposto, compreendeu que as segregações artificiais, com o propósito exclusivo de simular a legitimidade à opção pelo lucro presumido pelas partes, não poderiam ser reconhecidas para fins tributários. A decisão reconheceu o direito do contribuinte à reorganização societária e operacional de suas atividades e os efeitos tributários daí decorrentes, mas se voltou contra a situação concreta, reputada como simulada.

No Acórdão nº 103-23357, de 23.1.*2008*, o Primeiro Conselho de Contribuintes reafirmou a proteção jurídica da *segregação operacional e societária das fontes produtoras de rendimentos*. Como naquele caso os julgadores constataram que não havia provas de artificialismo, sem que qualquer simulação houvesse sido demonstrada pela fiscalização, reconheceu-se o direito de as partes segregadas optarem pelo *lucro presumido*.

No Acórdão nº 3402-001.908, de 26.9.*2012*, a 2ª Turma Ordinária da 4ª Câmara de Julgamento, da 3ª Seção do Carf, igualmente, confirmou o direito do contribuinte à *segregação operacional e societária das fontes produtoras de rendimentos*, consignando não haver simulação a ser combatida no caso analisado.

No Acórdão nº 3302-003.138, de 17.03.*2016*, a 2a Turma Ordinária, da 3a Câmara da 3a Seção do CARF, também confirmou o direito do contribuinte à *segregação operacional e societária das fontes produtoras de rendimentos*. Naquele caso, igualmente restou demonstrada a ausência de atos simulados.

No Acórdão nº 9101-002.397, de 13.7.*2016*, por unanimidade de votos, decidiu-se que, "demonstrada a simulação da segregação de fontes de rendimentos em diversas pessoas jurídicas, é legítima a desconsideração da reestruturação societária simulada para a tributação concentrada da única entidade realmente existente (CTN, art. 149)".

Contudo, no Acórdão nº 9101002.429, de 18.8.*2016*, analisou-se o caso da constituição de pessoa jurídica imobiliária para a locação ou venda de bens imóveis outrora pertencentes ao patrimônio de seus sócios. A autuação fiscal compreendeu que a venda dos bens imóveis pela pessoa jurídica imobiliária optante pelo lucro presumido, qualificados como item de seu estoque (ativo circulante), aproximadamente três anos após tê-los recebido como integralização de capital, constituiria planejamento tributário abusivo, sujeito, inclusive, à multa qualificada de 150%. Por maioria de votos, venceu a tese de que "não se pode admitir, à luz dos princípios constitucionais e legais entre eles os da função social da propriedade e do contrato e da conformidade da ordem econômica aos ditames da justiça social", a prática da reestruturação patrimonial em questão. Foi mantida, ainda, a qualificação da multa de 150%.

Atualmente, há alguma tendência para que o Carf passe a apresentar maior alinhamento às decisões do legislador a respeito da matéria. De fato, decisões mais recentes a respeito de outros temas de planejamento tributário evidenciam posições mais equilibradas.[22]

Em especial, as alterações introduzidas pela Lei nº 13.988/20, cuja aplicação para tais temas de maior complexidade possivelmente será testada com mais intensidade

---

[22] *Vide*, por exemplo, Acórdão nº 9101.004.709, de 17.1.2020, da 1ª Turma da Câmara Superior de Recursos Fiscais.

apenas após o retorno integral das atividades do Carf com o fim da pandemia, ao lado da influência da jurisprudência judicial que começa a florescer em torno de casos que lhe têm sido levados à análise, poderão representar significativa mudança nos rumos da jurisprudência administrativa.

6 Qual a calibração do hidrômetro da intolerância ao planejamento tributário, conforme o Poder Judiciário brasileiro?

Por muitos anos, presenciamos fenômeno que Luís Eduardo Schoueri[23] identificou como "desjudicialização do planejamento tributário". De fato, o Poder Judiciário por longo período produziu escassa jurisprudência a respeito do tema.

No entanto, decisões importantes quanto aos limites ao planejamento tributário vêm sendo proferidas nos últimos anos. Entre elas, logo ao lado da já mencionada ADI nº 2.446, merece destaque o entendimento do Poder Judiciário a respeito do caso julgado pela CSRF do Carf, no Acórdão nº 9101002.429.

No caso, a Justiça Federal,[24] em primeiro grau de jurisdição, confirmando tutela antecipada anteriormente concedida, concluiu que, "ausentes elementos que demonstrem a prática, pelas demandantes, de atos jurídicos simulados ou fraudulentos, a imposição tributária referente aos lançamentos embasados no processo administrativo de [...] deve ser afastada".

Ao analisar o recurso de apelação interposto pela Procuradoria-Geral da Fazenda Nacional (PGFN), o Tribunal Regional Federal da 4ª Região[25] (TRF4) decidiu por unanimidade de votos confirmar o cancelamento do auto de infração, agravando a condenação dos honorários de sucumbência contra a União pela insistência na discussão.

O acórdão merece ser lido e assimilado por toda a sociedade, por isso, peço permissão para transcrever boa parte de seu texto, com grifos que constam do voto original do i. Desembargador Federal Rômulo Pizzolatti, *in verbis*:

> Ocorre que, no caso ora examinado, a *fraude (simulação)/sonegação* consistiria na própria instituição, em 2005, da sociedade empresária Saiqui Empreendimentos Imobiliários Ltda., mediante cisão parcial da sociedade empresária Transpinho Madeiras Ltda. Já os *fatos geradores* – venda de imóveis incorporados à Saiqui pela cisão parcial da Transpinho, com pagamento de tributos a menos do que seria se houvessem sido vendidos pela própria Transpinho, antes da instituição da Saiqui – que teriam sido encobertos por essa fraude (simulação) ocorreram em 2006 e 2008. Bem por isso, salienta o auto de infração que *A criação da Saiqui Empreendimentos Imobiliários foi um passo preparatório no caminho de venda*

---

[23] SCHOUERI, Luís Eduardo. O Refis e a desjudicialização do planejamento tributário. *Revista Dialética de Direito Tributário*, São Paulo, v. 232, p. 103-115, 2015.
[24] Justiça Federal. Seção Judiciária do Rio Grande do Sul. 4ª Vara Federal de Caxias do Sul. Autos 5009900-93.2017.4.04.7107/RS.
[25] Justiça Federal. Tribunal Regional Federal da 4ª Região. Apelação/Remessa Necessária nº 5009900-93.2017.4.04.7107/RS.

desses imóveis. Além dessa inversão temporal – "fraude preparatória" –, observa-se que a criação da Saiqui Empreendimentos Imobiliários não constitui por si ilicitude.

Assim alinhavadas as circunstâncias que permeiam a autuação, o que se verifica é que, da mesma maneira que acontece em outras searas do direito tributário – como, exemplificativamente, aquela atinente à responsabilidade de pessoas jurídicas integrantes de *"grupos econômicos"* – o tema *"planejamento tributário"* é cercado de mistificações e ilogismos decorrentes, em boa parte, da leniência que o Judiciário vem tendo com as razões apresentadas pela fiscalização.

Com efeito, a idéia em voga aponta para uma imediata desconfiança com práticas que visem à economia de tributos, idéia essa introjetada pelos órgãos responsáveis pela arrecadação tributária, que mediante um trabalho de convencimento bem elaborado, suprimiram da discussão a premissa de que parte o seu posicionamento, qual seja, a de que existiria a necessidade de um *"propósito negocial"* – ou seja, de alguma razão extratributária – nos arranjos e rearranjos societários. Trata-se, contudo, de evidente falácia, uma vez que a premissa é sim discutível, e o ardil foi colocá-la justamente fora de questionamentos.

É preciso, assim, reparar essa falha e examinar não só as circunstâncias a partir da necessidade desse etéreo *"propósito negocial"*, mas sim e principalmente se esse *"propósito negocial"* é mesmo um requisito de validade das práticas de *"planejamento tributário"*.

Sobre o ponto, entendo irreparável a profunda análise realizada no voto vencido do Conselheiro Luís Flávio Neto no julgamento do recurso especial do contribuinte pelo Conselho Superior de Recursos Fiscais. A explanação é construída passo-a-passo até chegar na abordagem da questão central, assim resumida: *"qual a competência da administração fiscal e, ainda, dos Conselheiros do CARF, para desconsiderar os efeitos jurídicos de atos praticados pelo contribuinte e que tenham como consequência a redução ou o diferimento do ônus fiscal?"* (evento 1 – out7, pág. 208).

Diz-se ser esse o ponto nodal para a solução do imbróglio justamente porque os órgãos fiscais, partindo da *aparente* pouca especificidade que marcaria a normatização do assunto no Direito brasileiro – erro evidenciado pelo apelido dado ao artigo 116, parágrafo único, do CTN: *"norma geral antielisiva"* –, entendeu possuir um salvo-conduto para o estabelecimento de critérios próprios para aferição do que seria um *"planejamento tributário abusivo"* – como é o caso da tal *"ausência de propósito negocial"* – residindo a controvérsia exatamente em saber se o Fisco tem ou não competência para agir dessa maneira. [...]

Como se vê do quanto explanado acima, não é que as regras contidas no CTN – em especial no artigo 116, parágrafo único – contemplem uma autorização genérica para que o Fisco se oponha a qualquer arranjo, negócio ou ato que entender como planejamento abusivo ou desprovido de propósito extratributário, mas sim que elas se aplicam à totalidade dos casos envolvendo o *gênero* "tributo", *desde que presente a hipótese específica nelas prevista*. A sua generalidade, em verdade, diz respeito ao seu âmbito de incidência – todos os tributos –, e não ao seu conteúdo – limitado aos casos de dolo, fraude ou simulação. Se há alguma contraposição com normas ditas "específicas", tal contraposição reside justamente no fato de essas últimas estarem previstas em legislação própria de uma determinada *espécie* tributária, sendo somente a ela aplicáveis.

A legislação que disciplina os tributos em exame não contempla norma *"específica"* (no sentido de serem aplicáveis exclusivamente a tais espécies tributárias) impedindo ou tornando sem repercussão fiscal as operações realizadas, e isso é incontroverso. Cai-se, assim, nas regras *"gerais"* (no sentido de serem aplicáveis à generalidade dos tributos) previstas no CTN, que dispõem: [...]

Da leitura desses dispositivos [do artigo 116 e 149 do CTN], facilmente se percebe inexistir, como vinha sendo admitido sem maiores questionamentos, uma autorização genérica, ampla, inespecífica, para que a fiscalização desconsidere atos, negócios ou operações com base em critérios por ela aleatoriamente introduzidos, como o tal *"propósito negocial"*, expressão aliás tão desprovida de conteúdo que poderia dar azo às mais diversas interpretações, até mesmo à interpretação de que a economia de tributos é em si um propósito negocial. Assim é que, como já referido anteriormente, está o Fisco autorizado a desconsiderar *"planejamentos tributários"*, desde que, para a sua realização, empregue o contribuinte fraude, dolo ou simulação.

O volume de tributos economizado, a ausência de propósitos extratributários, ou qualquer outra circunstância que, a despeito de causar espécie à administração tributária, não seja proibida e, portanto, não reflita um ato ilícito, não pode ser considerada como causa justificadora do lançamento suplementar, impondo-se o respeito à liberdade que tem o contribuinte, no exercício da autonomia privada garantida no artigo 170 da Constituição Federal, de *"reestruturar a exploração do seu capital da forma mais eficiente, inclusive sob a perspectiva fiscal"* (evento 1 – out7, pág. 199). Diante de operações *lícitas* que venham sendo utilizadas pelos contribuintes *"como substitutas não tributadas, ou ainda menos onerosas"*, ou bem o legislador edita norma casuística proibindo o emprego desse expediente específico (ou ainda impedindo a economia pretendida), ou bem o Estado se conforma com o montante pago, não sendo aceitável que o Fisco, a pretexto de reparar o que parece uma injustiça fiscal aos seus olhos, desconsidere tal "planejamento", porque é do Poder Legislativo, e não da administração pública (por mais elevados que sejam os seus propósitos), a competência para *regular e interferir* no exercício das liberdades econômicas e no patrimônio dos indivíduos. [...]

Como se pode observar das autuações que tem por base a prática de atos supostamente dolosos, fraudulentos ou simulados, há uma tendência à confusão e ampliação desses conceitos para além do seu significado legal, como se o seu conteúdo pudesse ser moldado de acordo com critérios discricionários eleitos pela fiscalização. Não é demais lembrar que a ausência do tal "propósito negocial" é um dos elementos de que usualmente se vale a Receita Federal para sustentar que os atos praticados pelo contribuinte são mera simulação para suprimir tributos. Mas será que essas circunstâncias tão caras ao Fisco realmente importam para que se caracterize o vício, ou se trata de mais uma dentre tantas outras mistificações envolvidas na praxe tributária?

A resposta é simples e se encontra nos artigos 109 e 110 do CTN: [...]

Não existindo um conceito constitucional de "simulação", está o legislador tributário autorizado a dar-lhe definição, conteúdo e alcance que lhe pareçam adequados. O fato, no entanto, é que não há, ao menos quanto à definição, lei nesse sentido, de tal maneira que o instituto deve ser empregado conforme os contornos dados pelo direito privado. O tema é tratado pelo artigo 167 do Código Civil, que dispõe: [...]

Assim vista a questão, é de se perguntar: o que haveria de simulado nas operações realizadas pelo contribuinte?

Ora, considerando que houve, de fato, transmissão do patrimônio da Transpinho para a Saiqui e que a Saqui realizou as vendas registradas, a resposta à pergunta só pode ser uma: não existe simulação. Há perfeita correspondência da substância das operações com as formas que foram adotadas para a sua realização. A Saiqui é pessoa jurídica efetivamente existente e que praticou os negócios jurídicos, sendo irrelevantes as constatações do Fisco acerca do pequeno número de funcionários ou até mesmo do local em que estaria estabelecida a sociedade, pela simples razão de o seu objeto social – transações imobiliárias – não exigir mais que singelas instalações e o trabalho dos seus sócios.

Em conclusão, portanto, a reorganização patrimonial realizada pelo contribuinte, quando levada a efeito por meio de negócios jurídicos e operações *verdadeiros*, ainda que tenha por resultado a economia de tributos, não autoriza o Fisco a desconsiderá-los, pois não existe – e nem poderia existir, porque ofenderia o artigo 170 da Constituição Federal – uma norma geral que obrigue o administrado a, frente à possibilidade de submeter-se a dois regimes fiscais, optar pelo mais gravoso. Trata-se de verdadeira liberdade econômica, somente restringível – *e de maneira casuística* – pelo legislador, nunca pela administração pública.

Como se sabe, apenas em hipóteses muito restritas a PGFN deixa de recorrer de decisões contrárias à Administração Fiscal. Nesse caso, contudo, houve a concordância da PGFN em relação à decisão proferida pelo TRF4, que deixou de recorrer às instâncias superiores, com o trânsito em julgado da decisão de cancelamento do auto de infração.

7 Considerações finais

O tema analisado neste texto está em constante construção, mas os seus pilares, basilares para a sua correta compreensão, mantêm-se sólidos e inalterados há décadas no sistema jurídico brasileiro.

Em vista das liberdades econômicas, o contribuinte brasileiro goza do direito de reestruturar a exploração do seu capital da forma mais eficiente, inclusive sob a perspectiva fiscal, salvo intervenção clara do legislador. Por sua vez, não há qualquer norma societária ou tributária que obrigue a concentração do universo patrimonial de um indivíduo ou de uma sociedade em uma única pessoa jurídica, com a sujeição dos rendimentos consolidados à sistemática do lucro real, por ser esta a mais onerosa.

A adoção da sistemática do *lucro presumido* depende exclusivamente do cumprimento do binômio volume de receitas brutas obtidas pela pessoa jurídica e atividade que não obrigada ao lucro real. Não há qualquer norma específica de intolerância ao planejamento tributário em questão (SAAR) que impeça pessoas jurídicas resultantes de reestruturação societária optarem pela sistemática do lucro presumido.

Para fins fiscais, devem ser reconhecidos os efeitos da efetiva segregação das fontes produtoras de rendimentos, tratando-se de planejamento tributário plenamente oponível ao Fisco. Trata-se de decisão consciente do legislador, que calibrou, com as ferramentas tributárias existentes, as liberdades econômicas e os mecanismos de incremento do desenvolvimento econômico. Não se requer motivos extratributários (*propósito negocial*) para que segmentações de entidades empresariais (reais) legitimem que cada unidade segregada se legitime à opção pelo *lucro presumido*.

Por sua vez, é preciso distinguir hipóteses de reestruturações societárias reais, cujos efeitos jurídicos devem ser reconhecidos pela Administração Fiscal, de casos de simulação de reestruturações societárias, praticadas com o dolo da evasão de tributos, não oponíveis ao fisco e sujeitos à multa qualificada. Segregações societárias meramente simuladas não devem ser oponíveis ao Fisco. Caracterizado o dolo da evasão de tributos, tais segregações simuladas sujeitam o contribuinte à exigência de multa qualificada.

É, inclusive, o que se abstrai dos votos até agora proferidos pelo Supremo Tribunal Federal no julgamento da ADI nº 2.446.

O acórdão do Recurso de Apelação nº 5009900-93.2017.4.04.7107/RS, brevemente analisado neste artigo, é fundamental para o esclarecimento quanto às consequências tributárias de segregações de fontes produtoras de rendimentos, seja em razão do profícuo conteúdo do acórdão emanado pelo TRF4, seja em razão da concordância da PGFN quanto à decisão proferida. A concordância da PGFN, que deixou transitar em julgado a decisão judicial, pode ser compreendida pela sociedade como aquilo que se costuma chamar de "silêncio eloquente".

Informação bibliográfica deste texto, conforme a NBR 6023:2018 da Associação Brasileira de Normas Técnicas (ABNT):

NETO, Luís Flávio. Planejamento tributário: a legitimidade da segregação operacional e societária de fontes produtoras de rendimentos. *In*: MARINHO NETO, José Antonino (Org.); LOBATO, Valter de Souza (Coord.). *Planejamento Tributário*: pressupostos teóricos e aplicação prática. Belo Horizonte: Fórum, 2021. p. 247-271. ISBN 978-65-5518-269-9.

CONTROVÉRSIAS ENVOLVENDO A TRIBUTAÇÃO SOBRE A RENDA

A (IM)POSSIBILIDADE DE DEDUÇÃO DE JUROS SOBRE O CAPITAL PRÓPRIO RETROATIVO DA BASE DE CÁLCULO DE IRPJ E CSLL

DANIELA NASCIMENTO DIAS DE SOUZA

JULIANA SANTOS MOURA

LÍVIA CAROLINA SILVEIRA COSTA

1 Introdução

Desde o advento da Lei nº 9.249, de 26.12.1995, os juros sobre capital próprio – JCP são objeto de debate em torno de sua natureza jurídica. A controvérsia a que se dedica o presente artigo se refere à possibilidade de deduzir, das bases de cálculo do IRPJ e da CSLL, os JCP calculados sobre as contas do patrimônio líquido de um exercício de competência, mas creditados ou pagos em um exercício posterior, os denominados "JCP retroativos".

O presente estudo mostra-se de extrema relevância na medida em que, ao longo dos anos, se verificaram entendimentos divergentes quanto à dedutibilidade dos JCP retroativos. Como orientado pela Instrução Normativa da Secretaria da Receita Federal (SRF) nº 11/1996,[1] pela Instrução Normativa SRF nº 41/1998 – arts. 1º e 4º,[2] reforçados pela Solução de Consulta Cosit nº 329, de 27.11.2014 e pelo art. 75, §10, da Instrução Normativa RFB nº 1.700/2017,[3] o entendimento vinculante da Receita Federal do Brasil (RFB) é de que os JCP só são dedutíveis se o exercício de competência coincidir com o exercício do crédito ou do pagamento. O Carf, reforçado pela CSRF, tende a concordar com a RFB. Contudo, o Superior Tribunal de Justiça (STJ) discordou das instâncias administrativas, tendo admitido a dedução dos JCP retroativos, reconhecendo a inexistência de vedação legal, nos termos do REsp nº 1.086.752, julgado em 17.2.2009. Este entendimento tem sido acompanhado pela maioria dos Tribunais Regionais Federais (TRFs) do país.

Diante desta celeuma, ao ignorar a jurisprudência do STJ, a CSRF tem produzido notória e significante insegurança jurídica a respeito deste tema. A finalidade deste artigo, portanto, é oferecer subsídios para a compreensão das finalidades das regras dos JCP, e, por meio de um exame doutrinário e jurisprudencial (mediante o estudo das principais decisões no âmbito administrativo e judicial), contribuir para a análise acerca da possibilidade de dedução, para fins de apuração do IRPJ e da CSLL, do pagamento de juros sobre capital próprio, cuja apuração se deu com base em dados de anos anteriores ao da respectiva deliberação societária e pagamento ao acionista da pessoa jurídica, ao que passamos discorrer.

2 Breve análise histórica e interpretação semântica da legislação instituidora dos JCP

A Lei nº 9.249/1995, em seu art. 9º,[4] ao oferecer o tratamento legal dos juros sobre o capital próprio, prescreveu a possibilidade de a pessoa jurídica deduzir da base de cálculo do IRPJ e da CSLL, no momento da apuração do lucro real, os juros pagos ou creditados, de forma individualizada, ao titular, sócio ou acionista, como forma de remuneração do capital por esses investido na sociedade. Ainda, conforme o referido art. 9º, *caput*, bem como regulamentado pelo art. 75, *caput*, da Instrução Normativa RFB

---

[1] Despesa deve ser reconhecida no período que for deliberado o seu crédito ou pagamento.
[2] Impõe limite temporal como sendo o regime de competência.
[3] "Art. 75. Para efeitos de apuração do lucro real e do resultado ajustado a pessoa jurídica poderá deduzir os juros sobre o capital próprio pagos ou creditados, individualizadamente, ao titular, aos sócios ou aos acionistas, limitados à variação, pro rata die, da Taxa de Juros de Longo Prazo (TJLP) e calculados, exclusivamente, sobre as seguintes contas do patrimônio líquido: I - capital social; II - reservas de capital; III - reservas de lucros; IV - ações em tesouraria; e V - prejuízos acumulados. [...] §10. Para efeitos do disposto no caput, considera-se creditado individualizadamente o valor dos juros sobre o capital próprio, quando a destinação, na escrituração contábil da pessoa jurídica, for registrada em contrapartida a conta do passivo exigível, representativa de direito de crédito do sócio ou acionista da sociedade ou do titular da empresa individual, no ano-calendário da sua apuração".
[4] "Art. 9º A pessoa jurídica poderá deduzir, para efeitos da apuração do lucro real, os juros pagos ou creditados individualizadamente a titular, sócios ou acionistas, a título de remuneração do capital próprio, calculados sobre as contas do patrimônio líquido e limitados à variação, *pro rata dia*, da Taxa de Juros de Longo Prazo – TJLP".

nº 1.700/2017, o limite máximo para o pagamento dos JCP é a variação *pro rata die* da taxa de juros de longo prazo (TJLP),[5] calculada sobre as seguintes contas do patrimônio líquido: capital social, reservas de capital, reservas de lucros, ações em tesouraria e prejuízos acumulados. Percebe-se, neste ponto, que o art. 178 da Lei nº 6.404/1976 prevê o grupo de contas do patrimônio líquido, sendo possível concluir que apenas uma das atuais contas do patrimônio líquido não compõe a apuração dos JCP, qual seja, a conta de ajustes de avaliação patrimonial.[6]

Em que pese a previsão legal, o efetivo pagamento ou crédito dos JCP, nos termos do §1º[7] do art. 9º, fica condicionado à existência de lucros, computados antes da dedução dos juros, ou de lucros acumulados e reservas de lucros, em montante igual ou superior ao valor de duas vezes os juros a serem pagos ou creditados. Além disso, conforme previsto no dispositivo citado e regulamentado pelo art. 75, §2º, da Instrução Normativa nº 1.700/2017, os JCP não podem exceder o maior entre os seguintes valores: (i) 50% do lucro líquido do exercício antes da dedução dos JCP, caso sejam contabilizados como despesa; ou (ii) 50% do somatório dos lucros acumulados e das reservas de lucros.

Embora dedutível (desde que respeitados os limites legais), o pagamento ou crédito de JCP está sujeito à tributação na fonte. É o que se extrai do §3º, do art. 9º, da Lei nº 9.249/1995, que prevê que os JCP ficam sujeitos à incidência do imposto de renda na fonte à alíquota de 15%, na data do pagamento ou crédito ao beneficiário, sendo tal retenção considerada: (i) antecipação do devido na declaração de rendimentos, no caso de beneficiário pessoa jurídica tributada com base no lucro real; e (ii) tributação definitiva, no caso de beneficiário pessoa física ou pessoa jurídica não tributada com base no lucro real, inclusive isenta.

Em linhas gerais, a referida lei instituiu o JCP, por meio do qual se permitiu que a pessoa jurídica pague uma remuneração aos seus sócios ou acionistas com base na variação da taxa de juros de longo prazo (TJLP), com a possibilidade de dedução das respectivas despesas para fins de apuração do lucro real e da base de cálculo da CSLL, podendo-se dizer que a lei leva em conta, basicamente, dois mecanismos para eliminar a bitributação econômica: (i) método da isenção dos dividendos (critério geral); e

---

[5] Tendo em vista a falta de uma definição clara por parte da Receita Federal do Brasil quanto à metodologia de cálculo *pro rata die* da TJLP aplicável ao cálculo dos JCP, e levando em conta a Circular do Banco Central do Brasil (Bacen) nº 2.722/1996 e as recomendações da Comissão de Valores Mobiliários (CVM), é possível concluir que a TJLP obedece ao sistema de capitalização, ou seja, método exponencial. Assim, a TJLP é o custo básico dos financiamentos concedidos pelo Banco Nacional de Desenvolvimento Econômico e Social (BNDES), divulgada pelo Conselho Monetário Nacional (CMN) até o último dia útil do trimestre imediatamente anterior ao da sua vigência, calculada pelos seguintes parâmetros: meta de inflação calculada *pro rata* para os doze meses seguintes ao primeiro mês de vigência da taxa; e prêmio de risco.

[6] SILVA, Marcos Ricardo Cruz. Ponderações sobre os juros sobre capital próprio e seus contornos fiscais e jurídicos. 2013/2015. *Fiscosoft*, 2012. Acesso em: 8 set. 2020. Disponível em: http://www.fiscosoft.com.br/main_online_frame.php?page=/index.php?PID=273740&key=RzNNVGd4TVRNd05qSTJOVGcyTXpjM09URTJNakV5T mpFd05UQT1DOQ.

[7] "§1º O efetivo pagamento ou crédito dos juros fica condicionado à existência de lucros, computados antes da dedução dos juros, ou de lucros acumulados e reservas de lucros, em montante igual ou superior ao valor de duas vezes os juros a serem pagos ou creditados".

(ii) método da dedução do JCP (critério opcional),[8] sendo possível afirmar que este se mostra mais vantajoso, ao permitir, a quem paga os juros, a redução da base de cálculo do IRPJ e da CSLL através da dedução da despesa com o pagamento de JCP, ao contrário do que ocorre com os dividendos.

Importante destacar, ainda, que ao instituir os JCP o legislador acabou por criar um mecanismo que mitigava os efeitos da extinção da sistemática da correção monetária de balanço, ao passo que também reduzia a assimetria tributária entre o custo do capital próprio e de capital de terceiros, ao permitir a dedutibilidade dos juros pagos ao investidor também na primeira situação, expressamente manifestada nos itens 3 e 10 da Exposição de Motivos da Lei nº 9.249/1995, que instituiu a figura dos JCP.[9]

Não se pode perder de vista que o instituto dos JCP tem provocado divergência de entendimento quanto à sua natureza jurídica, visto que para as autoridades fiscais se trata de despesa financeira, ao passo que a Comissão de Valores Mobiliários (CVM),[10] bem como a interpretação técnica emitida pelo Comitê de Pronunciamento Contábeis,[11] entende que tem a mesma natureza dos dividendos.

---

[8] "Anote-se que, no caso de pessoa física, o valor recebido a título de JCP está sujeito à tributação definitiva na fonte à alíquota de 15%. Por outro lado, na hipótese de beneficiário pessoa jurídica, o respectivo montante deve ser incluído nas bases de cálculo do IRPJ, da CSLL, do PIS e da Cofins, de modo que o alívio da tributação somente será experimentado se essa pessoa jurídica também efetuar o pagamento de JCP para seus sócios ou acionistas pessoas física" (SANTOS, Ramon Tomazela. Aspectos controvertidos atuais dos juros sobre o capital próprio (JCP): o impacto das mutações no patrimônio líquido, o pagamento acumulado e a sua qualificação nos acordos internacionais bilaterais. *Revista Dialética de Direito Tributário*, n. 214, jul. 2013. p. 110).

[9] Exposição de Motivos da Lei nº 9.249/95 (nº 325, que acompanhou Projeto de Lei nº 126/1995): "3. Nesse sentido, a proposição extingue os efeitos da correção monetária das demonstrações financeiras – inclusive para fins societários –, combinando a medida com expressiva redução de alíquotas (arts. 1º ao 5º). [...] 7. A extinção da correção monetária do balanço simplifica consideravelmente a apuração da base tributável e reduz a possibilidade de planejamento fiscais. [...] 10. Com vistas a equiparar a tributação dos diversos tipos de rendimentos do capital, o Projeto introduz a possibilidade de remuneração do capital próprio investido na atividade produtiva, permitindo a dedução dos juros pagos aos acionista, até o limite da variação da Taxa de Juros de Longo prazo – TJLP; compatibiliza as alíquotas aplicáveis aos rendimentos provenientes de capital de risco àquelas pela qual são tributados os rendimentos do mercado financeiro; desonera os dividendos; caminha na direção da equalização do tratamento tributário do capital nacional e estrangeiro; e revoga antiga isenção do imposto de renda incidente sobre a remessa de juros para o exterior, prevista no Decreto-Lei nº 1.215, de 1972 (arts. 9 a 12, §2º do art. 13, art. 28, e inciso I do art. 32), a fim de que não ocorra qualquer desarmonia no tratamento tributário que se pretende atingir. Igualando-se, para esse fim, o aplicador nacional e estrangeiro".

[10] Deliberação CVM nº 207/1996: "II – Os juros recebidos pelas companhias abertas, a título de remuneração do capital próprio, devem ser contabilizados da seguinte forma: a) como crédito da conta de investimentos, quando avaliados pelo método da equivalência patrimonial e desde que os juros sobre o capital próprio estejam ainda integrando o patrimônio líquido da empresa investida ou nos casos em que os juros recebidos já estiverem compreendidos no valor pago pela aquisição do investimento; e b) como receita, nos demais casos". Deliberação CVM nº 683/2012 que revogou a disposição anterior: "I – aprovar e tornar obrigatória, para as companhias abertas, a Interpretação Técnica ICPC 08(R1), emitida pelo Comitê de Pronunciamentos Contábeis – CPC, anexa à presente Deliberação, que trata da contabilização da proposta de pagamento de dividendos; [...]".

[11] "Os juros sobre o capital próprio – JCP são instituto criado pela legislação tributária, incorporado ao ordenamento societário brasileiro por força da Lei 9.249/95. É prática usual das sociedades distribuírem-nos aos seus acionistas e imputarem-nos ao dividendo obrigatório, nos termos da legislação vigente. Assim, *o tratamento contábil dado aos JCP deve, por analogia, seguir o tratamento dado ao dividendo obrigatório*. O valor de tributo retido na fonte que a companhia, por obrigação da legislação tributária, deva reter e recolher não pode ser considerado quando se imputam os JCP ao dividendo obrigatório" (CPC. *ICPC 08 (R1)* – Contabilização da Proposta de Pagamento de Dividendos. Disponível em: http://www.cpc.org.br/CPC/Documentos-Emitidos/Interpretacoes/Interpretacao?Id=17. Acesso em: 5 set. 2020).

Como se sabe, este artigo se presta a analisar a controvérsia quanto à possibilidade de dedução, para fins de apuração de IRPJ e de CSLL, do pagamento de JCP de períodos anteriores ao da respectiva deliberação societária e pagamento aos acionistas, ou seja, após o término do exercício em que o lucro foi apurado. Isso porque, como dito alhures, a Receita Federal do Brasil possui entendimento vinculante de que os JCP só são dedutíveis se o exercício de competência coincidir com o exercício do crédito ou do pagamento.

Este entendimento tem sido reforçado por meio dos julgados da CSRF, que tem sustentado que o "pagamento ou crédito de juros sobre capital próprio a acionista ou sócio representa faculdade concedida em lei, que deve ser exercida em razão do regime de competência".[12] Nesse sentido, seria incabível a deliberação pelo pagamento de JCP

> em relação a exercícios anteriores ao da deliberação, posto que (*sic*) os princípios contábeis, a legislação tributária e a societária rejeitam tal procedimento, seja pela ofensa ao regime de competência, seja pela apropriação de despesas em exercício distinto daquele que as ensejou.[13]

Com base neste entendimento, denota-se, de imediato, que as despesas de JCP deveriam ser confrontadas com as "receitas que formam o lucro do período", devendo correlacionar-se às "receitas obtidas no período que se deu a utilização do capital dos sócios, no período em que esse capital permaneceu investido na sociedade".[14]

Para chegarmos a uma resposta à controvérsia suscitada, pertinente faz-se a análise das finalidades das regras dos JCP, pois, como bem nos ensina Ricardo Galendi,[15] a identificação das finalidades de um dispositivo de lei presta-se a orientar sua interpretação. Contudo, Galendi adverte que "a determinação de finalidades é um momento particularmente desafiador da hermenêutica jurídica, sendo certo que a mera suposição de uma finalidade não é suficiente". Assim, pondera:

> o intérprete deve evidenciar a finalidade mediante critérios objetivos. Não se pode conceber que o intérprete meramente faça valer seu entendimento pessoal; tampouco que a finalidade "do intérprete" contradiga uma finalidade que se possa com precisão atribuir ao Legislador: a interpretação teleológica não se pode converter em interpretação "ideológica". Se não se consegue, de maneira convincente, evidenciar a finalidade em questão, não há que se conceber argumentação teleológica.[16]

---

[12] CSRF, 1ª Turma. Acórdão nº 9101-002.691. Rel. Desig. Rafael Vidal de Araújo, sessão de 16.3.2017; CSRF, 1ª Turma. Acórdão nº 9101-002.693. Rel. Desig. Rafael Vidal de Araújo, sessão de 16.3.2017; CSRF, 1ª Turma. Acórdão nº 9101-002.689. Rel. Desig. Rafael Vidal de Araújo, sessão de 16.3.2017; CSRF, 1ª Turma. Acórdão nº 9101-002.778. Rel. Desig. Rafael Vidal de Araújo, sessão de 6.4.2017, todos citados por GALENDI JUNIOR, Ricardo André. A teleologia dos juros sobre o capital próprio e a interpretação dos limites à sua dedutibilidade. *Revista Direito Tributário Atual*, São Paulo, n. 45, p. 402-436, 2º sem. 2020. p. 430.

[13] GALENDI JUNIOR, Ricardo André. A teleologia dos juros sobre o capital próprio e a interpretação dos limites à sua dedutibilidade. *Revista Direito Tributário Atual*, São Paulo, n. 45, p. 402-436, 2º sem. 2020. p. 430.

[14] GALENDI JUNIOR, Ricardo André. A teleologia dos juros sobre o capital próprio e a interpretação dos limites à sua dedutibilidade. *Revista Direito Tributário Atual*, São Paulo, n. 45, p. 402-436, 2º sem. 2020. p. 430.

[15] GALENDI JUNIOR, Ricardo André. A teleologia dos juros sobre o capital próprio e a interpretação dos limites à sua dedutibilidade. *Revista Direito Tributário Atual*, São Paulo, n. 45, p. 402-436, 2º sem. 2020. p. 419-420.

[16] GALENDI JUNIOR, Ricardo André. A teleologia dos juros sobre o capital próprio e a interpretação dos limites à sua dedutibilidade. *Revista Direito Tributário Atual*, São Paulo, n. 45, p. 402-436, 2º sem. 2020. p. 419-420.

Assim, baseado na análise teleológica do regime jurídico dos JCP, acima exposto, é irrefragável que a instituição dos JCP possuiu três finalidades: (i) remunerar o custo de oportunidade do acionista (a finalidade mais específica da dedutibilidade dos JCP); (ii) mitigar o incentivo ao endividamento (beneficiando a neutralidade do sistema tributário e garantindo a tributação da renda efetiva ou "lucro puro", desconsiderando-se efeitos inflacionários); e (iii) compensar os efeitos da extinção da correção monetária dos balanços.[17]

Analisando, portanto, a legislação aplicável aos JCP, rechaça-se qualquer intenção de entendimento no sentido de ser vedado o pagamento, em dado ano-calendário, de juros sobre o capital próprio que deixaram de ser distribuídos em exercícios anteriores. De igual modo, não se verifica na legislação qualquer previsão de perda do direito ao pagamento em razão do decurso do tempo.[18] Note-se que o *caput* do art. 9º não traz qualquer limitação em relação ao período ao qual se aplica. "Basta que se recorra à interpretação semântica do dispositivo para que se permita ao contribuinte deduzir JCP considerando-se a remuneração relativa a períodos anteriores".[19] Além disso, como reforça Galendi, também o elemento teleológico demanda que se adote a interpretação que ora se expõe, "se o fundamento da aplicação da TJLP é justamente remunerar o custo de oportunidade dos sócios, então se deve adotar a interpretação que efetivamente promove tais finalidades".[20]

Não restam dúvidas, pois, que o sócio pode ser remunerado em relação ao capital posto à disposição da sociedade em períodos anteriores, caso não o tenha sido naqueles períodos, posto que (i) o limite do *caput* do art. 9º da Lei nº 9.249/1995 aplica-se no ano em que o capital se encontra disponibilizado,[21] e (ii) o limite do §1º aplica-se no ano em que se realizar o efetivo crédito ou pagamento.[22] Enquanto o limite do *caput* tem uma

---

[17] GALENDI JUNIOR, Ricardo André. A teleologia dos juros sobre o capital próprio e a interpretação dos limites à sua dedutibilidade. *Revista Direito Tributário Atual*, São Paulo, n. 45, p. 402-436, 2º sem. 2020. p. 419-420.

[18] MOREIRA, André Mendes; FONSECA, Fernando Daniel de Moura. Da possibilidade de pagamento de juros sobre capital próprio apurados com base em exercícios anteriores – Dedutibilidade do IRPJ. Revista *Dialética de Direito Tributário*, n. 235, p. 29-38, abr. 2015. p. 31.

[19] GALENDI JUNIOR, Ricardo André. A teleologia dos juros sobre o capital próprio e a interpretação dos limites à sua dedutibilidade. *Revista Direito Tributário Atual*, São Paulo, n. 45, p. 402-436, 2º sem. 2020. p. 427.

[20] "Pode vir a ocorrer que, por mera opção ou mesmo por impossibilidade, não tenha a sociedade logrado remunerar o capital do sócio naquele período. Se assim suceder, deve-se garantir a faculdade de pagar o JCP em períodos subsequentes, pois é esta a interpretação que promove o *telos* da norma, qual seja, remunerar o custo de oportunidade dos sócios. Caso se condicione a remuneração do capital do sócio ao pagamento de JCP no período, não se terá a remuneração adequada do custo de oportunidade do sócio, tampouco a conseguinte mitigação do viés de endividamento inerente ao IRPJ. Logo, a limitação do *caput* deve ser interpretada como possibilitando a remuneração do capital dos sócios em períodos subsequentes, caso não tenha a sociedade assim procedido no ano em que o capital encontrava-se disponibilizado" (GALENDI JUNIOR, Ricardo André. A teleologia dos juros sobre o capital próprio e a interpretação dos limites à sua dedutibilidade. *Revista Direito Tributário Atual*, São Paulo, n. 45, p. 402-436, 2º sem. 2020. p. 427-428).

[21] "Art. 9º A pessoa jurídica poderá deduzir, para efeitos da apuração do lucro real, os juros pagos ou creditados individualizadamente a titular, sócios ou acionistas, a título de remuneração do capital próprio, calculados sobre as contas do patrimônio líquido e limitados à variação, pro rata dia, da Taxa de Juros de Longo Prazo – TJLP".

[22] "§1º O efetivo pagamento ou crédito dos juros fica condicionado à existência de lucros, computados antes da dedução dos juros, ou de lucros acumulados e reservas de lucros, em montante igual ou superior ao valor de duas vezes os juros a serem pagos ou creditados".

razão de ser (remuneração do custo de oportunidade do acionista), o limite do §1º é imposto por mera conveniência arrecadatória.[23]

Galendi explica:

> trata-se de dois momentos que podem ser temporalmente distintos: a sociedade pode creditar o sócio, remunerando-o pelo capital posto à disposição da sociedade. Não existe na letra da lei qualquer exigência de que o sócio seja pago no mesmo ano em que disponibilizar o capital e o *telos* dos JCP demanda que se conclua que tal pagamento pode, sim, ser realizado em períodos subsequentes. De outro lado, o limite do §1º deve ser observado somente no ano em que ocorrer o efetivo pagamento ou crédito. Este limite não se aplica necessariamente em conjunto com o limite do *caput*, a cada ano: é possível que se apliquem os limites em momentos distintos.[24]

A distinção entre "pagamento ou crédito" e "efetivo pagamento ou crédito" confirma a possibilidade de se remunerar o sócio em relação ao capital disponibilizado em períodos anteriores. Se não fosse possível tal pagamento, não haveria motivo para se realizar a distinção temporal entre "pagamento ou crédito" e "efetivo pagamento ou crédito".[25]

Além disso, como nos ensinam André Mendes Moreira e Fernando Daniel de Moura Fonseca:

> se os juros sobre o capital próprio têm natureza jurídica semelhante à dos dividendos (segundo defendem alguns), nada deveria impedir o seu pagamento relativo a períodos anteriores, da mesma forma que os dividendos podem ser distribuídos com base em lucros acumulados e reservas de lucros.[26]

Ademais, como já demonstrado:

> o §1º do art. 9º utiliza a expressão "o efetivo pagamento ou crédito fica condicionado" para estabelecer o limite de valor dedutível em cada período base, sem restringir, entretanto, o momento do efetivo pagamento ou crédito do valor. Ainda que se adote o posicionamento de que os JCP possuem natureza de juros, igualmente nada impede que o pagamento seja feito com base em períodos anteriores, já que o fato gerador da despesa só se torna existente com a deliberação pelo seu pagamento e não com a apuração do lucro.[27]

---

[23] GALENDI JUNIOR, Ricardo André. A teleologia dos juros sobre o capital próprio e a interpretação dos limites à sua dedutibilidade. *Revista Direito Tributário Atual*, São Paulo, n. 45, p. 402-436, 2º sem. 2020. p. 427.

[24] GALENDI JUNIOR, Ricardo André. A teleologia dos juros sobre o capital próprio e a interpretação dos limites à sua dedutibilidade. *Revista Direito Tributário Atual*, São Paulo, n. 45, p. 402-436, 2º sem. 2020. p. 428.

[25] Segundo Ricardo Mariz de Oliveira, "é possível pagar ou creditar a remuneração num período e calcular o seu montante com base na TJLP aplicada sobre o patrimônio líquido (capital próprio) de anos anteriores, e a dedução, no período em que ocorrer o pagamento ou crédito individualizado, será possível até os limites de lucro líquido ou de lucros acumulados e reservas de lucro deste período" (OLIVEIRA, Ricardo Mariz de. Juros sobre o capital próprio: momento de dedução da despesa. *Revista Direito Tributário Atual*, São Paulo, v. 28, 2012. p. 339).

[26] MOREIRA, André Mendes; FONSECA, Fernando Daniel de Moura. Da possibilidade de pagamento de juros sobre capital próprio apurados com base em exercícios anteriores – Dedutibilidade do IRPJ. Revista *Dialética de Direito Tributário*, n. 235, p. 29-38, abr. 2015. p. 31.

[27] MOREIRA, André Mendes; FONSECA, Fernando Daniel de Moura. Da possibilidade de pagamento de juros sobre capital próprio apurados com base em exercícios anteriores – Dedutibilidade do IRPJ. Revista *Dialética de Direito Tributário*, n. 235, p. 29-38, abr. 2015. p. 31.

Como veremos na análise dos casos, adiante, o Carf vinha adotando posicionamento que parece ser mais consistente com as normas contábeis aplicáveis. Portanto, a limitação imposta pela esfera administrativa, notadamente pela Instrução Normativa nº 11/1996, que prevê a obediência ao regime de competência, além de não se sustentar por seus próprios fundamentos, como já contraposto pela doutrina e jurisprudência do STJ, torna inútil a distinção entre "pagamento ou crédito" (*caput* do art. 9º) e " efetivo pagamento ou crédito" (§1º), sendo, portanto, incompatível com a própria literalidade dos dispositivos.

Por todo exposto, a hermenêutica e a interpretação das finalidades dos dispositivos legais que instituíram os JCP nos levam à conclusão de que é possível pagar ou creditar os juros sobre capital próprio num período e calcular o seu montante com base na TJLP aplicada sobre capital de anos anteriores, sendo certo que a dedução, no período em que ocorrer o pagamento ou crédito individualizado, será possível até os limites de lucro líquido ou de lucros acumulados e reservas de lucro deste período. Passa-se à análise dos casos concretos.

3 Análise de casos no âmbito administrativo e judicial

3.1 Análise de julgamentos do Carf. Apresentação de dados da pesquisa

Primeira instância de avaliação das operações realizadas em matéria tributária pelos contribuintes, o Carf já se manifestou numerosas vezes acerca da possibilidade de dedução ou não dos juros sobre o capital próprio apurados de maneira retroativa do imposto de renda e da contribuição social sobre o lucro líquido.

Para fins de análise da evolução do entendimento dos julgadores administrativos sobre o assunto, consideramos os acórdãos[28] proferidos pelas Turmas Ordinárias e pela Câmara Superior de Recursos Fiscais no período de junho de 2008 a agosto de 2020. O corte temporal realizado levou em consideração a criação do Carf pela Medida Provisória nº 449/2008, convertida na Lei nº 11.941/2009, decorrente da unificação dos Conselhos de Contribuintes do Ministério da Fazenda e da Câmara Superior, e teve abrangência até a data de realização da pesquisa de acórdãos para elaboração do presente artigo.

Foram realizadas duas pesquisas de acórdãos, ambas em agosto de 2020, considerando o período supramencionado, contemplando dois critérios de busca.

A primeira utilizou o conjunto de palavras-chave "juros capital próprio" e "limite temporal" e considerou ementas e decisões que apresentassem os referidos termos, resultando em 25 acórdãos encontrados. Após breve análise das ementas e conteúdo

---

[28] Disponível em: https://carf.fazenda.gov.br/sincon/public/pages/ConsultarJurisprudencia/consultarJurisprudenciaCarf.jsf. Acesso em: 27 set. 2020.

dos acórdãos, identificamos que apenas 13 versavam especificamente sobre o tema em discussão, sendo os demais eliminados do estudo. Desses 13 julgados, 8 eram favoráveis à dedução e 5 eram desfavoráveis.

A segunda pesquisa considerou as palavras-chave "juros capital próprio" e "períodos anteriores", filtrando apenas as ementas que apresentassem os referidos termos. Foram encontrados, ao todo, 70 acórdãos, sendo que, desses, 45 tratavam do tema em análise. Todos eles tiveram votos proferidos em desfavor do contribuinte.

No anexo a este artigo, detalhamos todos os acórdãos mencionados, bem como a instância de decisão e o prognóstico dos votos proferidos.

Após o corte material realizado no resultado de ambas as pesquisas, passamos à análise do inteiro teor dos julgados que versavam sobre a dedutibilidade dos juros sobre o capital próprio apurados sobre os lucros verificados em exercícios anteriores, buscando extrair o entendimento exarado pelos órgãos julgadores e a fundamentação utilizada para autorizar ou não a dedução desses valores da apuração do IRPJ e da CSLL.

3.2 Argumentos favoráveis à possibilidade de deduzir os juros sobre o capital próprio

Nos julgados nos quais o Carf decidiu pela possibilidade de dedução de juros sobre o capital próprio de períodos anteriores, os conselheiros fundamentaram a suas decisões no art. 9º da Lei nº 9.249/1995.[29] Amparados por esse dispositivo legal, afirmaram que o ordenamento jurídico vigente não faz nenhuma restrição temporal acerca do pagamento de juros sobre o capital próprio. Portanto, diante dessa ausência de restrição temporal e da discricionariedade das sociedades empresariais em remunerar os juros sobre o capital próprio aos acionistas, verifica-se que os juros não precisam

---

[29] "Art. 9º A pessoa jurídica poderá deduzir, para efeitos da apuração do lucro real, os juros pagos ou creditados individualizadamente a titular, sócios ou acionistas, a título de remuneração do capital próprio, calculados sobre as contas do patrimônio líquido e limitados à variação, pro rata dia, da Taxa de Juros de Longo Prazo – TJLP. §1º O efetivo pagamento ou crédito dos juros fica condicionado à existência de lucros, computados antes da dedução dos juros, ou de lucros acumulados e reservas de lucros, em montante igual ou superior ao valor de duas vezes os juros a serem pagos ou creditados. §2º Os juros ficarão sujeitos à incidência do imposto de renda na fonte à alíquota de quinze por cento, na data do pagamento ou crédito ao beneficiário. §3º O imposto retido na fonte será considerado: I - antecipação do devido na declaração de rendimentos, no caso de beneficiário pessoa jurídica tributada com base no lucro real; II - tributação definitiva, no caso de beneficiário pessoa física ou pessoa jurídica não tributada com base no lucro real, inclusive isenta, ressalvado o disposto no §4º; §5º No caso de beneficiário sociedade civil de prestação de serviços, submetida ao regime de tributação de que trata o art. 1º do Decreto-Lei nº 2.397, de 21 de dezembro de 1987, o imposto poderá ser compensado com o retido por ocasião do pagamento dos rendimentos aos sócios beneficiários. §6º No caso de beneficiário pessoa jurídica tributada com base no lucro real, o imposto de que trata o §2º poderá ainda ser compensado com o retido por ocasião do pagamento ou crédito de juros, a título de remuneração de capital próprio, a seu titular, sócios ou acionistas. §7º O valor dos juros pagos ou creditados pela pessoa jurídica, a título de remuneração do capital próprio, poderá ser imputado ao valor dos dividendos de que trata o art. 202 da Lei nº 6.404, de 15 de dezembro de 1976, sem prejuízo do disposto no §2º. §8º Para fins de cálculo da remuneração prevista neste artigo, serão consideradas exclusivamente as seguintes contas do patrimônio líquido: I - capital social; II - reservas de capital; III - reservas de lucros; IV - ações em tesouraria; e V - prejuízos acumulados".

ser obrigatoriamente pagos ou creditados ao final de cada período, o que permite o pagamento em momento futuro.

Nesse sentido, esclareceram que a dedução de juros sobre o capital próprio de períodos anteriores no imposto de renda e/ou na contribuição social sobre o lucro líquido não ofendeu o regime de competência. Isso porque no regime de competência os juros devem ser registrados como despesa financeira quando há deliberação determinando o pagamento de juros. Ou seja, nada obsta a distribuição acumulada de JCP, desde que provada, ano a ano, ter esse sido passível de distribuição, levando em consideração os parâmetros existentes no ano-calendário em que se deliberou sua distribuição.

Portanto, o que o contribuinte pretendeu foi deduzir o pagamento realizado naquele exercício, ainda que referente a período anterior. Desse modo, o pagamento foi deliberado naquele exercício, razão pela qual foi deduzido nele. Os votos ainda se fundamentaram no precedente judicial do STJ – REsp n° 1.086.752-PR –, o qual decidiu caso análogo com os mesmos fundamentos.

Ademais, em diversos votos favoráveis, os conselheiros afirmaram que a dedução de JCP retroativo observou o aspecto temporal e quantitativo estabelecido no art. 9° da Lei n° 9.249/1995. Isso porque, no que tange ao aspecto temporal, a dedução ocorreu no exercício em que foi deliberado o pagamento. E, no que diz respeito ao aspecto quantitativo, a sua observância deu-se na medida em que os juros sobre o capital próprio foram calculados sobre a conta de patrimônio, observado o TJLP (taxa de juros de longo prazo), conforme determinação legal.

3.3 Argumentos desfavoráveis à possibilidade de dedução dos juros sobre o capital próprio de períodos anteriores

Verificamos que, principalmente a partir de 2016, a totalidade das decisões examinadas foram tomadas em desfavor do contribuinte, inadmitindo a dedutibilidade dos JCP retroativos. Entendemos que este fato se deve à publicação da Solução de Consulta Cosit n° 329/2014, na qual a Receita Federal do Brasil manifestou entendimento no sentido da impossibilidade de se deduzir, na apuração do lucro real, os juros sobre o capital próprio apurados sobre contas do patrimônio líquido relativas a exercícios anteriores ao do seu efetivo reconhecimento como despesa, o que pode ter servido como base para a mudança de posicionamento dos conselheiros sobre o assunto.

Na maioria dos casos, os julgadores invocaram o regime de competência, afirmando que somente podem ser reconhecidas receitas e despesas na competência em que são realizadas e que o reconhecimento de JCP de ano anterior no período de apuração corrente iria contra esse princípio. Isso porque os juros sobre o capital próprio devem ser calculados com base nas contas do patrimônio líquido da pessoa jurídica e, após determinado o valor a ser pago a cada titular, sócio ou acionista, ser registrados contabilmente como despesa, construindo uma obrigação a ser paga.

Esse cálculo, de acordo com o entendimento dos conselheiros, deve ser realizado anualmente sobre os lucros apurados naquele exercício, assim como a contabilização do valor devido como despesa, com contrapartida nas contas do passivo da entidade, haja vista se tratar de uma obrigação a ser cumprida. O efetivo pagamento, por sua vez, pode ocorrer em outro exercício financeiro, desde que o lançamento contábil no passivo tenha sido realizado no ano-calendário de apuração dos JCP.

O que os julgadores entendem não ser possível é que os JCP de um exercício passado sejam deliberados e pagos em exercício diverso. Para eles, a deliberação pela distribuição de JCP deve ser realizada no próprio exercício, ainda que o pagamento fique postergado para anos seguintes. Assim, caso a entidade não delibere pelo pagamento dos juros em determinado ano-calendário, ficaria impossibilitada de fazê-lo em exercício diverso, devendo a remuneração aos sócios e acionistas ser realizada por meio de dividendos.

Assim, com amparo no regime de competência, os conselheiros do Carf e da CSRF entendem que, caso não haja deliberação pelo pagamento de juros sobre o capital próprio no exercício vigente, a entidade estaria renunciando a esse direito, não podendo realizá-lo em exercício posterior, visto que essa remuneração sobre os juros deve ser calculada tomando-se por base o lucro auferido naquele determinado ano, não sendo possível que o resultado líquido dessas receitas e despesas seja transportado para uma competência posterior para fim do cálculo dos JCP.

Por fim, argumenta-se, ainda, que somente a deliberação em assembleia para o pagamento dos JCP em determinado ano não possui o condão de autorizar o pagamento e a dedução desses juros em exercícios posteriores caso não tenha havido o registro contábil dessa obrigação (despesa) no exercício em que ocorrida a deliberação. Isto é, ainda que os sócios e acionistas tenham decidido pela remuneração sobre o capital, mas optado, devido a quaisquer circunstâncias, por realizar o pagamento em exercício diverso, se tal obrigação não tiver sido registrada no passivo da entidade, como uma obrigação a pagar, e sido transportada para os exercícios posteriores, entendem os conselheiros que haveria um desrespeito ao regime de competência, o que impossibilitaria o pagamento dessa remuneração aos sócios como JCP, bem como sua dedução na apuração do IRPJ e da CSLL.

3.4 Análise de caso concreto – Pesquisa por amostragem – Divergência de posicionamento

Por meio da análise de um caso concreto é possível vislumbrar melhor as incidências do caso na prática, bem como avaliar de forma mais apurada os argumentos utilizados pelo Carf e pela CSRF, além de verificar as divergências apresentadas durante o julgamento. Assim torna possível analisar que posição doutrinária e fundamentos jurídicos foram adotados pela Turma Julgadora no caso concreto e, ainda, fornece-nos elementos que auxiliarão a pesquisa, a fim de obter uma análise conclusiva que verifique o risco de autuação e viabilidade do contribuinte em sede de planejamento tributário.

Dessa forma, por amostragem, apresentamos o Acórdão n° 1401000.901,[30] o qual em seu julgamento pelo Carf teve como relator o Conselheiro Alexandre Antônio Alkmim Teixeira. O referido caso, em sede de julgamento pelo Carf, tratava-se de um recurso voluntário interposto contra o Acórdão n° 16-31.884, proferido pela 8ª Turma da Delegacia da Receita Federal do Brasil em São Paulo, mantendo o lançamento tributário.

Nesse caso, a empresa Citibank foi autuada em razão da dedução de despesas de JCP referentes aos anos de 2001 a 2005 pela contribuinte na apuração de IRPJ/CSLL de 2006. A empresa contribuinte teria deduzido, na apuração do lucro real de 2006, o valor de R$95.061.000,00 a título de JCP, conforme constava na sua DIPJ. Desse total, R$40.911.116,55 teriam sido calculados retroativamente aos anos-calendário de 2001 a 2005, com base na TJLP e no PL desses períodos de apuração, sem que houvesse deliberação social tomada no devido tempo e sem os respectivos lançamentos contábeis.

Assim, o Fisco entendeu que não se poderia reconhecer como dedutível o valor de R$40.911.116,55, mas apenas a despesa paga ou incorrida no próprio ano-calendário de 2006 e nos limites legalmente estabelecidos para este período.

Na decisão proferida pela 8ª Turma da Delegacia da Receita Federal do Brasil em São Paulo, a Receita Federal decidiu que o referido valor deveria, então, ser tributado como "Adições não Computadas na Apuração do Lucro Real – Juros Pagos ou Creditados a título de remuneração do capital próprio indedutíveis".

Inconformada com a decisão da DRJ, a empresa contribuinte apresentou recurso voluntário. A fiscalização apresentou os seguintes argumentos para justificar a autuação:

a) Não houve deliberação dos sócios dentro dos próprios exercícios de 2001 a 2005 e, em vista disso, "não seria possível validar a opção extemporânea pelo pagamento dos JCP, sob pena de deturpação da sistemática de tributação em vigor, isto é, do regime de competência", consoante o previsto no art. 9° da Lei n° 9.249/95, no art. 29 da IN SRF n° 93/97, no Ato Declaratório Normativo n°

---

[30] "Ementa(s) IMPOSTO SOBRE A RENDA DE PESSOA JURÍDICA – IRPJ. Ano-calendário: 2002, 2003, 2004, 2005, 2006. JUROS SOBRE CAPITAL PRÓPRIO – DEDUTIBILIDADE – LIMITE TEMPORAL – O período de competência, para efeito de dedutibilidade dos juros sobre capital próprio da base de cálculo do imposto de renda, é aquele em que há deliberação de órgão ou pessoa competente sobre o seu pagamento ou crédito. Inclusive, a remuneração do capital próprio pode tomar por base o valor existente em períodos pretéritos, desde que respeitado os critérios e limites de dedutibilidade previstos em lei na data da deliberação do pagamento ou creditamento. PRECLUSÃO. INAPLICABILIDADE. A preclusão está relacionada à perda de direitos, faculdades ou poderes processuais, não se relacionando à hipótese de ausência de deliberação de JCP em exercícios anteriores. RENÚNCIA. NECESSIDADE DE INTERPRETAÇÃO RESTRITIVA. Não há previsão legal sobre a configuração de renúncia de direito no caso de ausência da deliberação do pagamento dos JCP. A renúncia de direitos deve ser interpretada de forma restrita, não devendo o silêncio do acionista ser interpretado como ato volitivo de abdicação de direito, gerando efeitos tributários. LANÇAMENTO DECORRENTE – CSLL – Tratando-se de lançamento reflexo, a solução dada ao lançamento matriz é aplicável, no que couber, ao lançamento decorrente, quando não houver fatos novos a ensejar decisão diversa, ante a íntima relação de causa e efeito que os vincula. Vistos, relatados e discutidos os presentes autos. Acordam os membros do colegiado, por maioria de votos, em dar provimento ao recurso, vencido o Conselheiro Fernando Luiz Gomes de Mattos".

13/96, no art. 29 da IN SRF nº 11/96, da IN SRF nº 41/98, nos arts. 176, 177, 186 e 202 da Lei nº 6.404/76, e nos arts. 247, 248 e 251 do RIR/99.
b) O pagamento de JCP é faculdade concedida pela lei para ser exercida no ano calendário de apuração do lucro real, estando a dedutibilidade das despesas financeiras correspondentes restrita aos juros sobre o PL incidentes durante o ano da referida apuração, por força do princípio da autonomia dos exercícios financeiros.
c) É obstada a dedução na apuração do lucro real do ano de juros incidentes sobre patrimônio líquido de anos anteriores.
d) O não exercício da mencionada faculdade configura renúncia ao benefício concedido na lei, ensejando a preclusão temporal que impede seu aproveitamento em períodos de apuração do lucro real posteriores.

O conselheiro relator, Dr. Alexandre Antônio Alkmim Teixeira, por sua vez, proferiu o seu voto embasado nos seguintes fundamentos:

a) Mesmo na eventualidade de considerar que a ausência de deliberação do JCP em exercícios anteriores conduziria à caducidade do direito à dedução do valor do lucro real (direito material), o argumento não prosperaria em virtude da ausência de fundamento legal que ampare esse raciocínio.
b) Deliberação do pagamento dos JCP é faculdade dos acionistas. Deste modo, não merece prosperar o argumento de preclusão temporal, vez que esse instituto não é aplicável à perda de direito material e tampouco existe previsão legal de prazo para deliberação de pagamento de JCP.
c) Alegação de que o não exercício da faculdade de dedução nos anos de 2001 a 2005 configura renúncia de direto:

> Equivoca-se, entretanto, o órgão julgador ao realizar tal afirmação, porque a renúncia a direitos sempre deve ser expressa, não sendo presumida pelo simples não exercício de determinada faculdade, salvo nos casos em que houver expressa previsão legal, que, definitivamente, não é a hipótese dos autos.

d) O evento que criou a obrigação da entidade de pagar os JCP surgiu em 2006. Logo, o passivo e, consequentemente, a despesa são de competência do ano-calendário de 2006.
e) Da deliberação nasce para a PJ a obrigação de remunerar o capital dos sócios e, por isso, o período de competência seria marcado a partir desse momento.

Em sede de análise e julgamento do caso, por maioria dos votos, foi dado provimento ao recurso voluntário, sendo que o voto do Conselheiro Fernando Luiz Gomes de Mattos divergiu do voto do relator e, por conseguinte, foi o voto vencido. Participaram da sessão de julgamento os conselheiros: Jorge Celso Freire da Silva (presidente), Alexandre Antonio Alkmim Teixeira, Mauricio Pereira Faro, Antonio Bezerra Neto, Fernando Luiz Gomes de Mattos e Karem Jureidini Dias.

Ocorre que a Procuradoria da Fazenda Nacional não se conformou com a referida decisão e apresentou recurso especial de divergência em relação ao pagamento retroativo de JCP, o qual foi admitido pela CSRF. A referida Câmara deu provimento ao recurso especial, por meio do voto de qualidade. Foram vencidos os conselheiros Cristiane Silva Costa (relatora), Luís Flávio Neto, Daniele Souto Rodrigues Amadio e Gerson Macedo Guerra. O voto vencedor foi o do Conselheiro Rafael Vidal de Araújo, que apresentou os seguintes fundamentos:

    a) O pagamento ou crédito de juros sobre capital próprio à acionista ou a sócio representa faculdade concedida em lei, que deve ser exercida em razão do regime de competência. Incabível a deliberação de juros sobre capital próprio em relação a exercícios anteriores ao da deliberação, posto que os princípios contábeis, a legislação tributária e a societária rejeitam tal procedimento, seja pela ofensa ao regime de competência, seja pela apropriação de despesas em exercício distinto daquele que as ensejou.

    b) As despesas de juros sobre capital próprio devem ser confrontadas com as receitas que formam o lucro do período, ou seja, têm que estar correlacionadas com as receitas obtidas no período que se deu a utilização do capital dos sócios, no período em que esse capital permaneceu investido na sociedade.

    c) A aplicação de uma taxa de juros que é definida para determinado período de determinado ano e seu rateio proporcional ao número de dias que o capital dos sócios ficou em poder da empresa configuram importante referencial para a identificação do período a que corresponde a despesa de juros e, consequentemente, para o registro dessa despesa pelo regime de competência.

    d) Não existe a possibilidade de uma conta de despesa ou de receita conservar seus saldos para exercícios futuros. Em outros termos, apurado o resultado, o que era receita deixa de sê-lo e também o que era despesa deixa de sê-lo. Apenas as contas patrimoniais mantêm seus saldos de um ano para outro. Os JCP podem passar de um exercício para o outro, desde que devidamente incorrida e escriturada a despesa dos JCP no exercício em que o capital dos sócios foi utilizado pela empresa, com a constituição do passivo correspondente.

Como se vê, o referido caso retrata exatamente o que vem acontecendo com inúmeras empresas, que usaram JCP retroativo para deduzir no imposto de renda e na contribuição social do lucro líquido. A divergência de entendimento dentro do Carf e da CSRF está assente e demonstra claramente a insegurança jurídica que o contribuinte vivencia ao elaborar o seu planejamento tributário.

3.5 Análise de julgamentos das decisões judiciais

Após uma análise das decisões proferidas pelo Carf e pela CSRF sobre o tema – dedução de JCP retroativo – faz-se necessário analisar o que o Judiciário vem entendendo sobre o assunto. O STJ estabeleceu um precedente sobre o tema em 2009 – REsp nº 1.086.752/PR,[31] o qual até o presente momento vem sendo aplicado em diversos casos análogos.

Por meio de pesquisas de jurisprudência sobre o tema no sítio eletrônico do Superior Tribunal de Justiça, utilizando-se os termos "juros sobre capital próprio" e "períodos anteriores"[32] foram identificados 1 acórdão e 11 decisões monocráticas. O acórdão identificado é o REsp nº 1.086.752/PR, sendo que, posteriormente a esse julgado, o STJ passou a utilizá-lo como entendimento dominante acerca do tema e, por meio da Súmula nº 568 do STJ,[33] vem decidindo de forma monocrática os julgados que abordam o tema, adotando sempre o entendimento de possibilidade de deduzir os juros sobre o capital próprio de anos anteriores no IR e a CSLL do ano corrente.

Desse modo, passamos à análise do caso precedente, a fim de identificar os fundamentos jurídicos que lastreiam o posicionamento do STJ vigente há mais de 10 anos.

O referido precedente é um recurso especial interposto pela Fazenda Nacional em face da decisão do TRF4,[34] que concedeu a segurança pleiteada pelo contribuinte,

---

[31] "MANDADO DE SEGURANÇA. DEDUÇÃO. JUROS SOBRE CAPITAL PRÓPRIO DISTRIBUÍDOS AOS SÓCIOS/ACIONISTAS. BASE DE CÁLCULO DO IRPJ E DA CSLL. EXERCÍCIOS ANTERIORES. POSSIBILIDADE. I - Discute-se, nos presentes autos, o direito ao reconhecimento da dedução dos juros sobre capital próprio transferidos a seus acionistas, quando da apuração da base de cálculo do IRPJ e da CSLL no ano-calendário de 2002, relativo aos anos-calendários de 1997 a 2000, sem que seja observado o regime de competência. II - A legislação não impõe que a dedução dos juros sobre capital próprio deva ser feita no mesmo exercício-financeiro em que realizado o lucro da empresa. Ao contrário, permite que ela ocorra em ano-calendário futuro, quando efetivamente ocorrer a realização do pagamento. III - Tal conduta se dá em consonância com o regime de caixa, em que haverá permissão da efetivação dos dividendos quando esses foram de fato despendidos, não importando a época em que ocorrer, mesmo que seja em exercício distinto ao da apuração. IV - 'O entendimento preconizado pelo Fisco obrigaria as empresas a promover o creditamento dos juros a seus acionistas no mesmo exercício em que apurado o lucro, impondo ao contribuinte, de forma oblíqua, a época em que se deveria dar o exercício da prerrogativa concedida pela Lei 6.404/1976'. V - Recurso especial improvido" (REsp nº 1.086.752/PR. Rel. Min. Francisco Falcão, Primeira Turma, j. 17.2.2009. DJe, 11 mar. 2009).

[32] Disponível em: https://scon.stj.jus.br/SCON/jurisprudencia/toc.jsp?livre=%22JUROS+SOBRE+CAPITAL+PR%D3PRIO%22+E+%22EXERC%CDCIOS+ANTERIORES%22&b=ACOR. Acesso em: 3 out. 2020.

[33] Súmula nº 568 – STJ: "O relator, monocraticamente e no Superior Tribunal de Justiça, poderá dar ou negar provimento ao recurso quando houver entendimento dominante acerca do tema" (STJ, Corte Especial. Súmula nº 568, j. 16.3.2016. DJe, 17 mar. 2016).

[34] "TRIBUTÁRIO. IMPOSTO DE RENDA PESSOA JURÍDICA E CONTRIBUIÇÃO SOCIAL SOBRE O LUCRO. RENDA. LUCRO. DEDUÇÃO DOS JUROS SOBRE CAPITAL PRÓPRIO, RELATIVOS A EXERCÍCIOS SOCIAIS PRETÉRITOS. 1. Segundo o art. 9º da Lei nº 9.249/95, os juros pagos pela pessoa jurídica a seu titular, sócios ou acionistas, a título de remuneração do capital próprio, possui natureza jurídica de dividendos, aplicando-se as disposições do art. 202 da Lei nº 6.404/1976. 2. Conquanto os juros sobre capital próprio tenham natureza de dividendos, o seu tratamento fiscal é distinto. Enquanto os dividendos distribuídos não se sujeitam à incidência de imposto de renda, por força do art. 10 da Lei nº 9.249/95, os juros sobre capital próprio são tributados na fonte e considerados, dentro dos limites legais, despesa dedutível da pessoa jurídica pagadora. 3. O art. 202 da Lei nº 6.404/1976 autoriza a não-distribuição do dividendo obrigatório no exercício social em que os órgãos da administração informarem à assembléia geral ordinária em que a situação financeira da companhia não é compatível com o seu pagamento. Em se tratando de companhia fechada, a assembléia geral pode deliberar nesse sentido, desde que não haja oposição de qualquer acionista presente. Os lucros não distribuídos deverão ser distribuídos deverão ser registrados como reserva especial e, se não absorvidos por prejuízos em exercícios subseqüentes, deverão ser pagos como dividendo, assim que o permitir a situação financeira da companhia. 4. A inteligência da legislação supracitada conduz à conclusão de que o creditamento de juros sobre o capital próprio, relativos a exercícios anteriores, assim como de dividendos obrigatórios não-distribuídos no exercício social, não está limitado ao exercício social em que deveria ter sido pago. O que importa, tanto para fins de demonstração de resultado, quanto para efeito de tributação, é o momento em que a pessoa jurídica efetivamente realizou o pagamento, sendo que irrelevante que o dispêndio decorra de lucro auferido em exercícios passados ou no exercício ao qual se refere a demonstração dos resultados. 5. O entendimento preconizado pelo Fisco obrigaria as empresas a promover o creditamento dos juros a seus acionistas no mesmo exercício em que apurado o lucro, impondo ao contribuinte, de forma oblíqua, a época em que se deveria dar o exercício de prerrogativa concedida pela Lei nº 6.404/1976".

o qual buscou o direito de deduzir os juros sobre o capital próprio transferido a seus acionistas, quando da apuração da base de cálculo do IRPJ e da CSLL, no ano calendário de 2002, relativo aos anos-calendários de 1997-2000, sem que seja observado o regime de competência.

O Ministro Francisco Falcão foi o relator do referido REsp nº 1.086.752/PR. Ele fundamentou o seu voto no art. 9º[35] da Lei nº 9.249/1995 e no art. 202[36] da Lei nº 6.404/1976 para decidir sobre a possibilidade de deduzir da apuração do lucro real os juros pagos aos sócios e aos acionistas a título de remuneração. Indicou também o art. 29 da IN nº 11/96[37] para afirmar que o ordenamento jurídico vigente recepciona

---

[35] *Idem* item 2.

[36] "Art. 202. Os acionistas têm direito de receber como dividendo obrigatório, em cada exercício, a parcela dos lucros estabelecida no estatuto ou, se este for omisso, a importância determinada de acordo com as seguintes normas: (Redação dada pela Lei nº 10.303, de 2001) (Vide Lei nº 12.838, de 2013): I - metade do lucro líquido do exercício diminuído ou acrescido dos seguintes valores: a) importância destinada à constituição da reserva legal (art. 193); e b) importância destinada à formação da reserva para contingências (art. 195) e reversão da mesma reserva formada em exercícios anteriores; (Incluída pela Lei nº 10.303, de 2001) II - o pagamento do dividendo determinado nos termos do inciso I poderá ser limitado ao montante do lucro líquido do exercício que tiver sido realizado, desde que a diferença seja registrada como reserva de lucros a realizar (art. 197); III - os lucros registrados na reserva de lucros a realizar, quando realizados e se não tiverem sido absorvidos por prejuízos em exercícios subseqüentes, deverão ser acrescidos ao primeiro dividendo declarado após a realização. §1º O estatuto poderá estabelecer o dividendo como porcentagem do lucro ou do capital social, ou fixar outros critérios para determiná-lo, desde que sejam regulados com precisão e minúcia e não sujeitem os acionistas minoritários ao arbítrio dos órgãos de administração ou da maioria. §2º Quando o estatuto for omisso e a assembléia-geral deliberar alterá-lo para introduzir norma sobre a matéria, o dividendo obrigatório não poderá ser inferior a 25% (vinte e cinco por cento) do lucro líquido ajustado nos termos do inciso I deste artigo. §3º A assembléia-geral pode, desde que não haja oposição de qualquer acionista presente, deliberar a distribuição de dividendo inferior ao obrigatório, nos termos deste artigo, ou a retenção de todo o lucro líquido, nas seguintes sociedades: I - companhias abertas exclusivamente para a captação de recursos por debêntures não conversíveis em ações; II - companhias fechadas, exceto nas controladas por companhias abertas que não se enquadrem na condição prevista no inciso I. §4º O dividendo previsto neste artigo não será obrigatório no exercício social em que os órgãos da administração informarem à assembléia-geral ordinária ser ele incompatível com a situação financeira da companhia. O conselho fiscal, se em funcionamento, deverá dar parecer sobre essa informação e, na companhia aberta, seus administradores encaminharão à Comissão de Valores Mobiliários, dentro de 5 (cinco) dias da realização da assembléia-geral, exposição justificativa da informação transmitida à assembléia. §5º Os lucros que deixarem de ser distribuídos nos termos do §4º serão registrados como reserva especial e, se não absorvidos por prejuízos em exercícios subseqüentes, deverão ser pagos como dividendo assim que o permitir a situação financeira da companhia. §6º Os lucros não destinados nos termos dos arts. 193 a 197 deverão ser distribuídos como dividendos".

[37] "Art. 29. Para efeito de apuração do lucro real, observado o regime de competência, poderão ser deduzidos os juros pagos ou creditados individualizadamente a titular, sócios ou acionistas, a §1º À opção da pessoa jurídica, o valor dos juros a que se refere este artigo poderá ser incorporado ao capital social ou mantido em conta de reserva destinada a aumento de capital. §2º Para os fins do cálculo da remuneração prevista neste artigo, não será considerado, salvo se adicionado ao lucro líquido para determinação do lucro real e da base de cálculo da contribuição social sobre o lucro, valor: a) da reserva de reavaliação de bens e direitos da pessoa jurídica; b) da reserva especial de trata o art. 428 do RIR/94; c) da reserva de reavaliação capitalizada nos termos dos arts. 384 e 385 do RIR/94, em relação às parcelas não realizadas. §3º O valor do juros pagos ou creditados, ainda que capitalizados, não poderá exceder, para efeitos de dedutibilidade como despesa financeira, a cinqüenta por cento de um dos seguintes valores: a) do lucro líquido correspondente ao período-base do pagamento ou crédito dos juros, antes da provisão para o imposto de renda e da dedução dos referidos juros; ou b) dos saldos de lucros acumulados de períodos anteriores. §4º Os juros a que se refere este artigo, inclusive quando exercida a opção de que trata o §1º ou quando imputados aos dividendos, auferidos por beneficiário pessoa jurídica submetida ao regime de tributação com base no: a) lucro real, serão registrados em conta de receita financeira e integrarão lucro real e a base de cálculo da contribuição social sobre o lucro; b) lucro presumido ou arbitrado, serão computados na determinação da base de cálculo do adicional do imposto. §5º Os juros serão computados nos balanços de suspensão ou redução (art. 10). §6º Os juros remuneratórios ficarão sujeitos à incidência do imposto de renda na fonte à alíquota de quinze por cento, na data do pagamento ou crédito. §7º O imposto de renda incidente na fonte: a) no caso de beneficiário pessoa jurídica submetida ao regime de tributação com base no lucro real, será considerado

os juros sobre o capital próprio, como receita financeira. Portanto, não possui natureza de lucro ou dividendo. Por meio dessa fundamentação, o r. Ministro Francisco Falcão chegou à conclusão de que os juros sobre o capital próprio dizem respeito ao patrimônio líquido da empresa, o que permite que sejam creditados de acordo com os lucros e reservas acumulados.

Diante dessa construção de raciocínio, o r. ministro então afirma que legislação não impõe que a dedução de juros sobre o capital próprio deva ser feita no mesmo exercício-financeiro em que realizado o lucro da empresa. Desse modo, a legislação permite de forma tácita que a dedução ocorra em ano-calendário futuro, quando efetivamente ocorrerá a realização do pagamento, o que demonstra consonância com o regime de caixa.

A Turma Julgadora do STJ para o julgamento do precedente em análise foi composta pelo Ministro Luiz Fux, Teori Albino Zavascki, Denise Arruda, Benedito Gonçalves e o relator Francisco Falcão, sendo que todos acompanharam o voto do ministro relator que, por unanimidade, negou provimento ao recurso especial e, por conseguinte, decidiu pela possibilidade de deduzir os juros sobre o capital próprio de anos anteriores no IR e a CSLL do ano corrente.

Posterior a esse julgado, o STJ passou a utilizá-lo como entendimento dominante e, como dito alhures, vem decidindo de forma monocrática os julgados acerca do tema, adotando sempre o entendimento esboçado acima de possibilidade de deduzir os juros sobre o capital próprio de anos anteriores no IR e a CSLL do ano corrente.

4 Análise da pesquisa para fins de planejamento tributário: análise de riscos

Diante de todo o apresentado, constata-se que nos meados do ano de 2015 o Carf mudou o seu entendimento e, desde então, decide pela impossibilidade de dedução

---

antecipação do devido na declaração de rendimentos ou compensado com o que houver retido por ocasião do pagamento ou crédito de juros, a título de remuneração do capital próprio, a seu titular, sócios ou acionistas; b) será considerado definitivo, no caso de beneficiário pessoa física ou pessoa jurídica não submetida ao regime de tributação com base no lucro real, inclusive isenta; c) no caso de beneficiário sociedade civil de prestação de serviços, submetida ao regime de tributação de que trata o art. 1º do Decreto-lei nº 2.397, de 1987, poderá ser compensado com o retido por ocasião do pagamento de rendimentos a seus sócios; d) deverá ser pago até o terceiro dia útil da semana subsequente à do pagamento ou crédito dos juros. §8º A pessoa jurídica que exercer a opção de que trata o §1º assumirá o ônus do imposto incidente na fonte sobre os juros. §9º O valor do imposto será determinado sem o reajuste da respectiva base de cálculo e não será dedutível para fins de apuração do lucro real e da base de cálculo da contribuição social sobre o lucro. §10. O imposto incidente na fonte, assumido pela pessoa jurídica, será recolhido no prazo de quinze dias contados do encerramento do período-base em que tenha ocorrido a dedução dos juros, sendo considerado: a) definitivo, nos casos de beneficiário pessoa física ou jurídica não submetida ao regime de tributação com base no lucro real, inclusive isentas; b) como antecipação do devido na declaração, no caso de beneficiário pessoa jurídica submetida ao regime de tributação com base no lucro real. §11. Na hipótese da alínea 'b' do §anterior, a pessoa jurídica beneficiária deverá registrar, como receita financeira, o valor dos juros capitalizados que lhe couber e o do imposto de renda na fonte a compensar. §12. O valor do imposto registrado como receita poderá ser excluído do lucro líquido para determinação do lucro real".

de JCP retroativo no IR e no CSLL, mantendo todas as autuações do Fisco. Tal posicionamento é diverso do Judiciário, o qual desde 2009 firmou entendimento sobre a possibilidade de deduzir os juros sobre o capital próprio no IR e no CSLL. É importante ressaltar que o ordenamento jurídico não sofreu qualquer alteração em sua legislação que justificasse a mudança de entendimento pelo Carf. Tal é que os novos julgados não se fundamentam em qualquer legislação que tenha sofrido alteração após 2015. Tal mudança de entendimento ocorreu após a apresentação da Solução de Consulta Cosit nº 329/14,[38] na qual a Receita Federal manifestou claro entendimento de que é proibida a dedução dos JCP pagos ou creditados que tenham sido calculados a partir dos saldos das contas contábeis encerradas em exercícios anteriores ao da deliberação. Após essa solução de consulta, houve ainda uma alteração no Regimento Interno do Carf e uma alteração significativa na composição das Turmas de Julgamento, o que remete à possível justificativa, não jurídica, de mudança de entendimento.

Diante dessa análise, para fins de tomada de decisão em planejamento tributário, é importante que o contribuinte tenha ciência de que provavelmente será autuado pelo Fisco, em que pese tenha grande possibilidade de reverter essa situação por meio de decisão judicial. Ocorre que uma autuação fiscal implica diversas consequências, tais como impossibilidade de emissão de certidão negativa. Desse modo, é cediço que o posicionamento do Fisco e do Carf inviabilizam a utilização por muitas empresas, em seu planejamento tributário, da dedução de JCP retroativo, por não poderem sofrer as consequências dessa autuação até a reversibilidade do caso no Judiciário.

Uma sugestão para minimizar os riscos e possibilitar a dedução de JCP retroativo sem sofrer as consequências inerentes de uma autuação fiscal é o contribuinte impetrar um mandado de segurança em caráter preventivo. Nesse caso, mediante uma decisão favorável, o contribuinte poderá deduzir o JCP retroativo sem sofrer os efeitos de autuação fiscal.

5 Considerações finais

A presente pesquisa demonstra que as celeumas de direito tributário perpassam não somente os princípios e fundamentos da ciência do direito tributário, mas, além disso, cercam-se pelos conceitos e princípios adotados pela contabilidade e pela economia, sendo objeto de análise até da ciência de finanças públicas.

Este estudo prestou-se a analisar a possibilidade de dedução no IRPJ e na CSLL de JCP retroativo, verificando-se que o ponto central da discussão é a natureza jurídica do JCP, o conceito de regime de competência, as escriturações fiscais, bem como a

---

[38] MATSUNAGA, Marcos H. M. JCP "retroativo" na jurisprudência do "novo" Carf. *Jota*, 15 set. 2016. Disponível em: https://www.jota.info/opiniao-e-analise/artigos/observatorio-carf-juros-sobre-capital-proprio-retroativo-na-jurisprudencia-novo-carf-15092016. Acesso em: 3 out. 2020.

interpretação semântica e a finalidade da norma instituidora. Em análise à pesquisa de jurisprudências do Carf e da CSRF, verificou-se que houve uma mudança de posicionamento após a apresentação de uma solução de consulta da Receita Federal em 2014 e uma pequena mudança no quadro de composição dos conselheiros do Carf. Insta salientar que a mudança de posicionamento do Carf, adotando o entendimento de impossibilidade de deduzir no IR e na CSLL o JCP retroativo, não foi em razão de qualquer alteração no ordenamento jurídico e contraria, inclusive, um entendimento consolidado pelo Poder Judiciário, por meio de precedente adotado pelo STJ há mais de 10 anos.

Através dos dados de pesquisa apresentados, é possível constatar que o Carf adotou um entendimento majoritário de 2008 a 2014, e começou a mudar o seu entendimento a partir de 2015. Como dito alhures, o entendimento que prevalece atualmente pelo Carf é de impossibilidade de dedução no IR e na CSLL do JCP retroativo. Entretanto, cumpre ressaltar que esse entendimento não é unânime entre os conselheiros, o que evidencia mais uma vez a insegurança jurídica. Para tentar corrigir tais incongruências, apresentamos uma solução paliativa que visa minimizar os efeitos do posicionamento adotado pelo Carf, contudo, salientamos que a melhor solução seria uma mudança de paradigma do Conselho por meio de decisões mais técnicas, fundamentadas na legislação vigente e nos institutos pilares do direito.

Tais dados permitem-nos concluir que o posicionamento adotado pelo Carf onera o contribuinte, bem como, o Judiciário. Isto porque, para que o contribuinte possa aplicar a legislação vigente e o entendimento consolidado do STJ a fim de obter melhor rendimento financeiro para a sua empresa, este precisa estar disposto a sofrer uma autuação fiscal e suas respectivas consequências, ou estar disposto a entrar em uma disputa judicial e arcar com todos os gastos que esta disputa implica, a fim de obter uma decisão judicial que lhe confira segurança para realizar tais deduções. Destarte, resta evidenciado que o posicionamento jurídico adotado pelo Carf no tema objeto deste trabalho provoca insegurança jurídica ao contribuinte, desvirtua os princípios inerentes do Conselho e viola a ideia de justiça, na medida em que não é possível se falar em justiça sem a ideia de Estado de Direito, a qual inexiste sem a ideia de segurança jurídica.[39]

Referências

BALEEIRO, Aliomar. *Limitações constitucionais ao poder de tributar*. Atualização de Misabel Abreu Machado Derzi. Rio de Janeiro: Forense, [s.d.].

BARRETO, Paulo Ayres. Juros sobre o capital próprio: não incidência de PIS e Cofins. *Revista de Direito Tributário*, São Paulo, v. 100, p. 130-139.

BRASIL. STJ. Primeira Turma. REsp 1086752/PR. Rel. Ministro Francisco Falcão, j. 17.2.2009. *DJe*, 11 mar. 2009.

---

[39] BALEEIRO, Aliomar. *Limitações constitucionais ao poder de tributar*. Atualização de Misabel Abreu Machado Derzi. Rio de Janeiro: Forense, [s.d.].

GALENDI JUNIOR, Ricardo André. A teleologia dos juros sobre o capital próprio e a interpretação dos limites à sua dedutibilidade. *Revista Direito Tributário Atual*, São Paulo, n. 45, p. 402-436, 2º sem. 2020.

MARINUZZO, Patrícia. Planejamento tributário via juros sobre o capital próprio. *Turivius Blog*, 23 mar. 2020. Disponível em: https://turivius.com/portal/planejamento-tributario-via-juros-sobre-o-capital-proprio/ Acesso em: 23 de julho de 2020.

MARTINS, Eliseu. Um pouco da história dos juros sobre o capital próprio. *Boletim IOB – Temática Contábil e Balanços*, ano 38, n. 49, dez. 2004.

MARTINS, Ives Gandra da Silva; SOUZA, Fátima Fernandes Rodrigues de. A figura dos juros sobre o capital próprio e as contribuições sociais do PIS e da Cofins. *Revista Dialética de Direito Tributário*, São Paulo, n. 169, p. 73-74, 2009.

MATSUNAGA, Marcos H. M. JCP "retroativo" na jurisprudência do "novo" Carf. *Jota*, 15 set. 2016. Disponível em: https://www.jota.info/opiniao-e-analise/artigos/observatorio-carf-juros-sobre-capital-proprio-retroativo-na-jurisprudencia-novo-carf-15092016. Acesso em: 3 out. 2020.

MOREIRA, André Mendes; FONSECA, Fernando Daniel de Moura. Da possibilidade de pagamento de juros sobre capital próprio apurados com base em exercícios anteriores – Dedutibilidade do IRPJ. Revista *Dialética de Direito Tributário*, n. 235, p. 29-38, abr. 2015.

SCHOUERI, Luís Eduardo. Juros sobre capital próprio: natureza jurídica e forma de apuração diante da "nova contabilidade". *In*: MOSQUERA, Roberto Quiroga; LOPES, Alexsandro Broedel. *Controvérsias jurídico-contábeis*: aproximações e distanciamentos. São Paulo: Dialética, 2012. v. 3.

ANEXO

Índice de decisões pesquisadas no âmbito do Carf e CSRF

(continua)

Palavras-chave	"Juros capital próprio" e "limite temporal"
Período	6/2008 a 8/2020
Abrangência	Ementa + Decisão
Casos encontrados	25
Casos sobre o tema	13

Acórdão	Órgão julgador	Data da sessão	Contribuinte	Relator	Prognóstico
101-96.751	Carf – 1º CC/1ª Câmara	19.5.2008	Companhia Siderúrgica Nacional	Valmir Sandri	Favorável à dedução dos JCP retroativos
1202000.766	Carf – 2ª Câmara/2ª Turma Ordinária	8.5.2012	Alcoa Alumínio S.A.	Geraldo Valentim Neto	Favorável à dedução dos JCP retroativos
1402001.178	Carf – 4ª Câmara/2ª Turma Ordinária	11.9.2012	Unibanco Holdings S.A.	Antônio José Praga de Souza	Favorável à dedução dos JCP retroativos
1402001.179	Carf – 4ª Câmara/2ª Turma Ordinária	11.9.2012	Santander S.A. Corretora de Câmbio e Títulos	Antônio José Praga de Souza	Favorável à dedução dos JCP retroativos
1402001.250	Carf – 4ª Câmara/2ª Turma Ordinária	7.11.2012	Unibanco – União de Bancos Brasileiros S.A.	Leonardo Henrique Magalhães de Oliveira	Favorável à dedução dos JCP retroativos
1401000.900	Carf – 4ª Câmara/1ª Turma Ordinária	4.12.2012	Citibank	Alexandre Antonio Alkmim Teixeira	Favorável à dedução dos JCP retroativos
1401000.901	Carf – 4ª Câmara/1ª Turma Ordinária	4.12.2012	Citibank Leasing S.A. Arrendamento Mercantil	Alexandre Antonio Alkmim Teixeira	Favorável à dedução dos JCP retroativos
1401000.902	Carf – 4ª Câmara/1ª Turma Ordinária	4.12.2012	Banco Votorantim S.A.	Alexandre Antonio Alkmim Teixeira	Favorável à dedução dos JCP retroativos
1201001.245	Carf – 2ª Câmara/1ª Turma Ordinária	18.1.2016	Natura Cosméticos S.A.	João Otávio Oppermann Thomé	Desfavorável à dedução dos JCP retroativos
1302002.098	Carf – 3ª Câmara/2ª Turma Ordinária	11.4.2017	Construtora Celi Ltda.	Alberto Pinto Souza Junior	Desfavorável à dedução dos JCP retroativos

(conclusão)

Acórdão	Órgão julgador	Data da sessão	Contribuinte	Relator	Prognóstico
1402002.754	Carf – 4ª Câmara/2ª Turma Ordinária	20.9.2017	Santander Brasil S.A. Corretora de Títulos e Valores Mobiliários	Leonardo Luis Pagano Gonçalves	Desfavorável à dedução dos JCP retroativos
1301003.676	Carf – 3ª Câmara/1ª Turma Ordinária	23.1.2019	Banco Sofisa S.A.	Carlos Augusto Daniel Neto	Desfavorável à dedução dos JCP retroativos
1401003.275	Carf – 4ª Câmara/1ª Turma Ordinária	20.3.2019	Companhia Muller de Bebidas	Cláudio de Andrade Camerano	Desfavorável à dedução dos JCP retroativos

(continua)

Palavras-chave	"Juros capital próprio" e "períodos anteriores"
Período	6/2008 a 8/2020
Abrangência	Ementa
Casos encontrados	70
Casos sobre o tema	45

Acórdão	Órgão julgador	Data da sessão	Contribuinte	Relator	Prognóstico
1301001.253	Carf – 3ª Câmara/1ª Turma Ordinária	10.7.2013	Banco Fibra S.A.	Carlos Augusto de Andrade Jenier	Desfavorável à dedução dos JCP retroativos
1101000.918	Carf – 1ª Câmara/1ª Turma Ordinária	11.7.2013	Britânia Eletrodomésticos Ltda.	Edeli Pereira Bessa	Desfavorável à dedução dos JCP retroativos
1201000.857	Carf – 2ª Câmara/1ª Turma Ordinária	10.9.2013	Itaú Unibanco S.A.	Marcelo Cuba Netto	Desfavorável à dedução dos JCP retroativos
1102000.934	Carf – 1ª Câmara/2ª Turma Ordinária	8.10.2013	BV Leasing Arrendamento Mercantil S.A.	José Evande Carvalho Araujo	Desfavorável à dedução dos JCP retroativos
1101001.186	Carf – 1ª Câmara/1ª Turma Ordinária	23.9.2014	Fênix Empreendimentos Ltda.	Edeli Pereira Bessa	Desfavorável à dedução dos JCP retroativos
1201001.245	Carf – 2ª Câmara/1ª Turma Ordinária	18.1.2016	Natura Cosméticos S.A.	João Otávio Oppermann Thomé	Desfavorável à dedução dos JCP retroativos
1401001.535	Carf – 4ª Câmara/1ª Turma Ordinária	3.2.2016	TRW Automotive Ltda.	Fernando Luiz Gomes de Mattos	Desfavorável à dedução dos JCP retroativos
1401001.537	Carf – 4ª Câmara/1ª Turma Ordinária	3.2.2016	IBM Brasil Indústria de Máquinas E Serviços Ltda.	Fernando Luiz Gomes de Mattos	Desfavorável à dedução dos JCP retroativos
1302001.785	Carf – 3ª Câmara/2ª Turma Ordinária	4.2.2016	Dacasa Financeira S.A.	Edeli Pereira Bessa	Desfavorável à dedução dos JCP retroativos

(continua)

Acórdão	Órgão julgador	Data da sessão	Contribuinte	Relator	Prognóstico
1402002.239	Carf – 4ª Câmara/2ª Turma Ordinária	5.7.2016	Safra Vida e Previdência S.A.	Paulo Mateus Ciccone	Desfavorável à dedução dos JCP retroativos
1401001.743	Carf – 4ª Câmara/1ª Turma Ordinária	5.10.2016	Safra Leasing S.A. Arrendamento Mercantil	Antonio Bezerra Neto	Desfavorável à dedução dos JCP retroativos
1402002.358	Carf – 4ª Câmara/2ª Turma Ordinária	24.1.2017	Banco Fibra S.A.	Paulo Mateus Ciccone	Desfavorável à dedução dos JCP retroativos
1402002.363	Carf – 4ª Câmara/2ª Turma Ordinária	24.1.2017	JS Administração de Recursos S.A.	Lucas Bevilacqua Cabianca Vieira	Desfavorável à dedução dos JCP retroativos
9101002.691	CSRF – 1ª Turma	16.3.2017	Caterpillar Brasil Ltda.	Cristiane Silva Costa	Desfavorável à dedução dos JCP retroativos
9101002.698	CSRF – 1ª Turma	16.3.2017	Usina Moema Açúcar e Álcool Ltda.	Rafael Vidal de Araújo	Desfavorável à dedução dos JCP retroativos
9101002.694	CSRF – 1ª Turma	16.3.2017	Unibanco Holdings S.A.	Cristiane Silva Costa	Desfavorável à dedução dos JCP retroativos
9101002.690	CSRF – 1ª Turma	16.3.2017	Luizacred S.A. Sociedade de Crédito, Financiamento e Investimento	Adriana Gomes Rêgo	Desfavorável à dedução dos JCP retroativos
9101002.695	CSRF – 1ª Turma	16.3.2017	J. Safra Corretora de Valores e Cambio Ltda.	Rafael Vidal de Araújo	Desfavorável à dedução dos JCP retroativos
1402002.444	Carf – 4ª Câmara/2ª Turma Ordinária	10.4.2017	Chartis Seguros Brasil S.A.	Demetrius Nichele Macei	Desfavorável à dedução dos JCP retroativos
1401001.851	Carf – 4ª Câmara/1ª Turma Ordinária	11.4.2017	Toniolo Busnello S.A. Túneis, Terraplanagens e Pavimentações	Luciana Yoshihara Arcangelo Zanin	Desfavorável à dedução dos JCP retroativos
1301002.425	Carf – 3ª Câmara/1ª Turma Ordinária	16.5.2017	Companhia de Seguros Aliança do Brasil	José Eduardo Dornelas Souza	Desfavorável à dedução dos JCP retroativos
1401001.882	Carf – 4ª Câmara/1ª Turma Ordinária	18.5.2017	Aché Laboratórios Farmacêuticos S.A.	Abel Nunes de Oliveira Neto	Desfavorável à dedução dos JCP retroativos
9101003.066	CSRF – 1ª Turma	13.9.2017	Lojas Renner S.A.	Adriana Gomes Rêgo	Desfavorável à dedução dos JCP retroativos
9101003.068	CSRF – 1ª Turma	13.9.2017	BV Leasing Arrendamento Mercantil S.A.	Adriana Gomes Rêgo	Desfavorável à dedução dos JCP retroativos

(continua)

Acórdão	Órgão julgador	Data da sessão	Contribuinte	Relator	Prognóstico
9101003.065	CSRF – 1ª Turma	13.9.2017	Banco Pine S.A.	Adriana Gomes Rêgo	Desfavorável à dedução dos JCP retroativos
9101003.067	CSRF – 1ª Turma	13.9.2017	Safra Leasing S.A. Arrendamento Mercantil	Adriana Gomes Rêgo	Desfavorável à dedução dos JCP retroativos
9101003.064	CSRF – 1ª Turma	13.9.2017	Arch Química Brasil Ltda. (sucessora de Nordesclor S.A.)	Adriana Gomes Rêgo	Desfavorável à dedução dos JCP retroativos
1401002.105	Carf – 4ª Câmara/1ª Turma Ordinária	17.10.2017	Vonpar Refrescos S.A.	Luciana Yoshihara Arcangelo Zanin	Desfavorável à dedução dos JCP retroativos
9101003.213	CSRF – 1ª Turma	8.11.2017	Dana Indústrias Ltda.	Adriana Gomes Rêgo	Desfavorável à dedução dos JCP retroativos
9101003.216	CSRF – 1ª Turma	8.11.2017	Banco Santander (Brasil) S.A.	Cristiane Silva Costa	Desfavorável à dedução dos JCP retroativos
9101003.215	CSRF – 1ª Turma	8.11.2017	Cia Itaú de Capitalização	André Mendes de Moura	Desfavorável à dedução dos JCP retroativos
9101003.214	CSRF – 1ª Turma	8.11.2017	Construtora Norberto Odebrecht S.A.	André Mendes de Moura	Desfavorável à dedução dos JCP retroativos
1302002.572	Carf – 3ª Câmara/2ª Turma Ordinária	23.2.2018	Banco CNH Industrial Capital S.A.	Marcos Antonio Nepomuceno Feitosa	Desfavorável à dedução dos JCP retroativos
9101003.570	CSRF – 1ª Turma	8.5.2018	Mondelez Brasil Ltda.	Adriana Gomes Rêgo	Desfavorável à dedução dos JCP retroativos
9101002.689	CSRF – 1ª Turma	16.3.2017	Citibank Leasing S.A. Arrendamento Mercantil	Cristiane Silva Costa	Desfavorável à dedução dos JCP retroativos
9101003.662	CSRF – 1ª Turma	4.7.2018	Portolub Comércio de Lubrificantes Ltda.	Rafael Vidal de Araújo	Desfavorável à dedução dos JCP retroativos
9101003.684	CSRF – 1ª Turma	7.8.2018	Companhia de Seguros Aliança do Brasil	Rafael Vidal de Araújo	Desfavorável à dedução dos JCP retroativos
9101003.736	CSRF – 1ª Turma	11.9.2018	A.C. Nielsen do Brasil Ltda.	Rafael Vidal de Araújo	Desfavorável à dedução dos JCP retroativos

(conclusão)

Acórdão	Órgão julgador	Data da sessão	Contribuinte	Relator	Prognóstico
9101003.737	CSRF – 1ª Turma	11.9.2018	Fênix Empreendimentos Ltda.	Rafael Vidal de Araújo	Desfavorável à dedução dos JCP retroativos
9101003.757	CSRF – 1ª Turma	13.9.2018	J. Safra Corretora de Valores e Câmbio Ltda.	Rafael Vidal de Araújo	Desfavorável à dedução dos JCP retroativos
9101003.805	CSRF – 1ª Turma	2.10.2018	Aché Laboratórios Farmacêuticos S.A.	Adriana Gomes Rêgo	Desfavorável à dedução dos JCP retroativos
1301003.676	Carf – 3ª Câmara / 1ª Turma Ordinária	23.1.2019	Banco Sofisa S.A.	Carlos Augusto Daniel Neto	Desfavorável à dedução dos JCP retroativos
1402003.899	Carf – 4ª Câmara / 2ª Turma Ordinária	15.5.2019	Cia Hering	Edeli Pereira Bessa	Desfavorável à dedução dos JCP retroativos
1301-004.099	Carf – 3ª Câmara / 1ª Turma Ordinária	18.9.2019	Hipercard Banco Múltiplo S.A. (Sucessora de Unicard Banco Múltiplo S.A.)	Fernando Brasil de Oliveira Pinto	Desfavorável à dedução dos JCP retroativos
1401-004.201	Carf – 4ª Câmara / 1ª Turma Ordinária	11.2.2020	Aymoré Crédito, Financiamento e Investimento S.A.	Carlos André Soares Nogueira	Desfavorável à dedução dos JCP retroativos

---

Informação bibliográfica deste texto, conforme a NBR 6023:2018 da Associação Brasileira de Normas Técnicas (ABNT):

SOUZA, Daniela Nascimento Dias de; MOURA, Juliana Santos; COSTA, Lívia Carolina Silveira. A (im)possibilidade de dedução de juros sobre o capital próprio retroativo da base de cálculo de IRPJ e CSLL. In: MARINHO NETO, José Antonino (Org.); LOBATO, Valter de Souza (Coord.). *Planejamento Tributário*: pressupostos teóricos e aplicação prática. Belo Horizonte: Fórum, 2021. p. 275-299. ISBN 978-65-5518-269-9.

REDUÇÃO DE CAPITAL E VENDA DE ATIVOS NA PESSOA FÍSICA: UMA ANÁLISE DOS LIMITES E ALCANCE DO DISPOSTO NA LEI Nº 9.249/95 À LUZ DA JURISPRUDÊNCIA DO CARF

LETÍCIA LEITE VIEIRA

NAYARA ATAYDE GONÇALVES MACHADO

Introdução

O planejamento tributário é um dos temas mais discutidos na seara tributária atual, seja pela existência de posições doutrinárias tão distintas, que reverberam em precedentes administrativos e judiciais divergentes sobre o tema, seja pela clara intenção governamental, em âmbito nacional e internacional, de regulamentar operações fiscais entendidas como "agressivas".

O debate envolve a discussão sobre o alcance do art. 116 do CTN, incluído pela Lei Complementar nº 104/2001, que dá poder à autoridade administrativa para que desconsidere negócios jurídicos que visam à dissimulação da ocorrência do fato gerador da obrigação tributária, "observados os procedimentos a serem estabelecidos na legislação ordinária".

Como indica o Professor Sérgio André Rocha, a doutrina majoritária sustenta que a referida norma não possui eficácia plena, tendo em vista a ausência, por ora, de lei ordinária que a tenha regulamentado.[1] Sob esse viés, justifica-se o fato de poucas autuações julgadas pelo Conselho Administrativo de Recursos Fiscais (Carf) serem baseadas na norma contida no art. 116 do CTN.

Ainda que se entenda, contudo, pela inaplicabilidade do art. 116 do CTN para desconsideração de planejamentos tributários considerados ilícitos, o debate atual acerca dos limites para o planejamento perpassa o conteúdo e o alcance de conceitos próprios do direito privado e das legislações estrangeiras relativos a vícios no negócio jurídico, conceitos como "simulação", "abuso de direito", "abuso de forma", "propósito negocial", "negócio jurídico indireto", entre outros.

Nota-se, de plano, a ausência de uma regulamentação legal concisa sobre o tema, de modo a conferir ao Estado e aos contribuintes balizas seguras a serem utilizadas no desenvolvimento de planejamentos fiscais que não configurem a famigerada evasão fiscal.

Nesse sentido, o STF iniciou o julgamento da ADI nº 2.446, que discute o alcance do art. 116 do CTN, tendo sido prolatado o voto da relatora, Ministra Cármen Lúcia, e de quatro outros ministros que acompanharam o voto da relatora, estando o processo, atualmente, com vista ao Ministro Ricardo Lewandowski.

Em seu voto, a relatora, apesar de considerar a norma constitucional, reforçou a necessidade de regulamentação para a sua aplicabilidade. Trouxe ainda a diferença de entendimento entre o conceito de evasão e elisão fiscal, destacando que a norma não proíbe o planejamento tributário, sendo possível ao contribuinte, pelas vias legítimas e comportamentos coerentes com o ordenamento jurídico, a economia fiscal.

Ainda que o alcance da referida discussão no âmbito do Supremo Tribunal Federal seja de suma relevância, os efeitos práticos da decisão podem ser poucos, ante a complexidade das discussões que hoje alcançam os tribunais administrativos e judiciais envolvendo o tema.

O presente estudo tem por enfoque a venda de ativos pela pessoa física, regulamentada pelo art. 22 da Lei nº 9.249/95, buscando-se, pela leitura da fundamentação das recentes decisões exaradas pelo Carf em operações assim enquadradas, qual tem sido a interpretação dada ao texto legal e quais seriam os critérios necessários à configuração da licitude da operação de venda de ativos por intermédio dos sócios ou acionistas pessoas físicas com as benesses definidas em lei.

Busca-se, assim, ao final, trazer possíveis balizas à atividade do contribuinte que pretende promover a venda de ativos por intermédio de sócios ou acionistas em

---

[1] ROCHA, Sérgio André. Para que serve o parágrafo único do art. 116 do CTN afinal? *In*: GODOI, Marciano Seabra de; ROCHA, Sérgio André (Orgs.). *Planejamento tributário*: limites e desafios concretos. Belo Horizonte: D'Plácido, 2018. p. 487.

configuração à disciplina do art. 22 da Lei nº 9.249/95, portanto, com o pagamento do IRPF na pessoa física, sob a alíquota de 15%, sem que se desconsidere o negócio jurídico celebrado.

Para tal fim, foi elaborada metodologia de pesquisa jurisprudencial sobre o tema, abarcando uma análise ampla dos acórdãos exarados pelo Carf e pela CSRF no período de 2008 a 2020, que será melhor explanada nos tópicos que se seguem.

Antes, mostra-se relevante, contudo, realizar uma breve análise da dinâmica da operação de redução de capital, regida pelo art. 22 da Lei nº 9.249/1995 e do planejamento tributário no Brasil.

1 Redução de capital social e devolução de ativos ao sócio ou acionista

A operação de redução de capital, mediante devolução de bens ou direitos ao sócio ou acionista, está disciplinada no art. 22 da Lei nº 9.249/1995, *in verbis*:

> Art. 22. Os bens e direitos do ativo da pessoa jurídica, que forem entregues ao titular ou a sócio ou acionista, a título de devolução de sua participação no capital social, poderão ser avaliados pelo valor contábil ou de mercado.
> §1º No caso de a devolução realizar-se pelo valor de mercado, a diferença entre este e o valor contábil dos bens ou direitos entregues será considerada ganho de capital, que será computado nos resultados da pessoa jurídica tributada com base no lucro real ou na base de cálculo do imposto de renda e da contribuição social sobre o lucro líquido devidos pela pessoa jurídica tributada com base no lucro presumido ou arbitrado.
> §2º Para o titular, sócio ou acionista, pessoa jurídica, os bens ou direitos recebidos em devolução de sua participação no capital serão registrados pelo valor contábil da participação ou pelo valor de mercado, conforme avaliado pela pessoa jurídica que esteja devolvendo capital.
> §3º Para o titular, sócio ou acionista, pessoa física, os bens ou direitos recebidos em devolução de sua participação no capital serão informados, na declaração de bens correspondente à declaração de rendimentos do respectivo ano-base, pelo valor contábil ou de mercado, conforme avaliado pela pessoa jurídica.
> §4º A diferença entre o valor de mercado e o valor constante da declaração de bens, no caso de pessoa física, ou o valor contábil, no caso de pessoa jurídica, não será computada, pelo titular, sócio ou acionista, na base de cálculo do imposto de renda ou da contribuição social sobre o lucro líquido.

A operação é ainda disposta pelos arts. 1.081 a 1.084 do Código Civil para as sociedades limitadas e pelos arts. 173 e 174 da Lei nº 6.404/1976 para as sociedades anônimas.

Conforme posto pelos dispositivos legais, a redução do capital da sociedade é autorizada quando identificadas, pela assembleia-geral, perdas irreparáveis à sociedade, ou caso o capital seja considerado excessivo. Cumpridos tais requisitos, autoriza-se a promoção da redução do seu capital social, entregando ativos aos sócios, na proporção da sua contribuição à integralização do capital social.

Anteriormente à publicação da Lei n° 9.249/1995, a entrega de bens e direitos da pessoa jurídica à sócio ou acionista somente poderia ocorrer a valor de mercado. Quando entregues em valor contábil, havia a presunção de ocorrência da distribuição disfarçada de lucros (DDL), nos termos do art. 60 do Decreto-Lei n° 1.598/1977, com a consequente tributação do negócio jurídico, tal como se este tivesse sido realizado a valor de mercado.

Com a edição da Lei n° 9.429/95, conferiu-se neutralidade à operação de redução de capital, facultando ao contribuinte que a transferência de bens e direitos aos sócios se desse por valor de mercado ou valor contábil. Uma vez realizada a valor contábil, ou seja, pelo mesmo valor histórico registrado em sua contabilidade, não se apura ganho de capital e, com isso, não há que se falar em incidência de IRPJ e CSLL. Lado outro, uma vez realizada a devolução por valor de mercado, há tributação pelo IRPJ e pela CSLL a título de ganho de capital, fruto da diferença entre o valor de mercado e o valor contábil.

O presente estudo visa à análise de situações nas quais a sociedade realiza a operação de redução do capital social, devolvendo ao sócio ou acionista parte do capital social investido em forma de ações – ocorrendo, em momento posterior, alienação destas ações a outra pessoa jurídica.

A principal motivação da operação realizada por intermédio da pessoa jurídica – e seu enquadramento como planejamento tributário, se dá pela possibilidade de economia tributária a título de IRPJ e CSSL sobre o ganho de capital auferido.

À guisa de exemplo, temos a seguinte situação fática: pessoa "X" (sendo esta física ou jurídica) deseja adquirir ações da pessoa jurídica "B", ações essas pertencentes à sociedade "A". Em situação típica, ou seja, em uma venda direta de ações, a sociedade "A" recolheria aos cofres públicos IRPJ e CSLL na alíquota total de 34% (trinta e quatro por cento).

Lado outro, caso realizada por intermédio da pessoa jurídica, observa-se a seguinte situação fática: a pessoa jurídica "A" inicialmente promove a redução do seu capital social e devolve os ativos a título de participação societária aos seus sócios (pessoa física) na forma de ações. Uma vez realizada a devolução, os sócios acionistas promovem a alienação dos ativos à empresa "C". Desse modo, o ganho de capital é devido pelo sócio ou acionista pessoa física, a uma alíquota de 15% (quinze por cento), gerando uma economia tributária de 19% (dezenove por cento).

A exposição de motivos da Lei n° 9.249/95 trouxe, em suas razões, a busca por "harmonizar o tratamento tributário dos rendimentos, equalizando a tributação das pessoas judiciais à das pessoas físicas, cujos rendimentos externos já estão sujeitos ao imposto na forma da legislação em vigor". Outro anseio legal na regulamentação do tema foi a simplificação da tributação sobre a renda no Brasil. A *mens legis*, portanto, deve ser considerada na interpretação das operações que visam à redução do capital e venda de ativos na pessoa física, buscando-se, também, na interpretação teleológica o alcance do mais adequado sentido da norma.

Estabelecidas as balizas legais e fáticas que norteiam a venda de ativos disciplinada na Lei nº 9.249/95, passa-se a uma breve análise do cenário legal e jurisprudencial contemporâneo sobre a temática do planejamento tributário.

2 Planejamento tributário no Brasil: debates atuais

Conforme expõe Marco Aurélio Greco, em sua obra *Planejamento tributário*,[2] antes de iniciar um debate sobre planejamento, "é preciso identificar a ideologia de quem está se manifestando". Ou seja, o sistema de valores e a concepção ideológica adotados pelo intérprete da norma interferirão, diretamente, na amplitude conferida aos planejamentos tributários considerados lícitos.

Nesse sentido, ao adotar uma concepção liberal clássica de Estado, entenderá o intérprete por garantir uma esfera de maior liberdade ao contribuinte, estabelecendo um campo de ilegalidade quase mínimo para pautar suas ações. Por sua vez, em se adotando uma concepção ideológica de Estado eminentemente social, "certamente se defenderá que o planejamento tributário é uma conduta sempre inaceitável porque frustra o atingimento da capacidade contributiva, quebra a isonomia e agride a solidariedade social".[3]

Portanto, no estudo da matéria, ganham relevância as preconcepções ideológicas do intérprete, as quais definirão, ao fim e ao cabo, o grau de flexibilização e adstrição na conformação dos planejamentos tributários às normas em vigor. Nesse sentido, Marciano Seabra de Godoi[4] expõe que "A visão e as opiniões que uma pessoa tem sobre o planejamento tributário são necessária e fortemente condicionadas pela visão que a mesma pessoa tem sobre a natureza e as funções do Estado, a natureza e a função do tributo e do direito tributário".

Para os ultraformalistas, o apego à legalidade como princípio maior do direito tributário leva à concepção de que apenas se proíbe, em sede de planejamento abusivo, os casos expressamente previstos em lei, no sentido de que a evasão fiscal depende concretamente de uma previsão legal.

Já para os adeptos de uma teoria social da tributação, a noção de solidariedade da arrecadação tributária acarretaria a adoção de institutos e teorias do direito nacional e comparado para se verificar a conformidade de um planejamento tributário ao ordenamento jurídico como um todo. Ou seja, a análise da conformidade de um planejamento impõe ainda, necessariamente, sua consideração à luz de outros princípios que regem a tributação, como capacidade contributiva, solidariedade, proporcionalidade,

---

[2] GRECO, Marco Aurélio. *Planejamento tributário*. 3. ed. São Paulo: Dialética, 2011. p. 22.
[3] GRECO, Marco Aurélio. *Planejamento tributário*. 3. ed. São Paulo: Dialética, 2011. p. 22.
[4] GODOI, Marciano Seabra de. Planejamento tributário. *In*: MACHADO, Hugo de Brito (Org.). *Planejamento tributário*. São Paulo: Malheiros, 2016. v. 1. p. 447.

entre outros. Mediante o emprego de tal principiologia, poderia o intérprete da norma valer-se do uso de normas gerais antiabuso.

Nessa linha de interpretação, surge o conceito de elusão tributária, o qual, segundo Alex Ribeiro Bernardo e Aline Della Vittoria,[5] cuida justamente de "hipóteses de planejamentos aparentemente legítimos, mas que substancialmente representam burla à norma de incidência tributária, por conta da modificação artificiosa das formas jurídicas dos atos ou negócios realizados".

Quais seriam, contudo, os instrumentos legitimados no ordenamento jurídico pátrio para valoração dos negócios jurídicos e desconsideração destes, em caso de evidente abuso?

Leonardo Rezende Alvim,[6] em artigo dedicado ao estudo do tema, expõe haver quatro principais correntes doutrinárias acerca dos limites do planejamento tributário, em especial no que tange à interpretação dada ao art. 116, parágrafo único do CTN: aqueles que consideram que a legalidade estrita conduz à liberdade absoluta do contribuinte naquilo que não estiver na lei; aqueles que consideram que se deve utilizar o conceito de simulação do Código Civil; aqueles que consideram que se deve dar um conceito de simulação específico para o direito tributário e aqueles que traçam as consequências jurídicas, a partir da forma com que compreendem o princípio da capacidade contributiva.

Ao citar a primeira corrente, o doutrinador expõe que tais autores defendem uma liberdade ampla dos contribuintes para organizarem-se livremente, sendo este grupo majoritário formado por doutrinadores que consideram que não existe uma norma geral antiabuso no Brasil, entre os quais cita os professores Sacha Calmon, Misabel Derzi, José Eduardo Soares de Melo, Ives Gandra da Silva Martins, Hugo de Brito Machado, Humberto Ávila, entre outros.

Tal concepção parte, portanto, daqueles que defendem um conceito liberal de Estado, em defesa da autonomia privada, diminuindo as amarras entre o papel do Estado e a atuação do contribuinte.

Como representante desta linha de pensamento, Misabel Derzi,[7] dissertando sobre a aplicabilidade do art. 116 do CTN no ordenamento jurídico, expôs que seu objetivo seria "combater a simulação fraudulenta, a sonegação, por meio da autorização expressa para a desconsideração do ato ou negócio jurídico simulatório". Assim, defende a

---

[5] BERNARDO, Alex Ribeiro; DELLA VITTORIA, Aline. Redução de capital para alienação de ativos por intermédio dos sócios pessoas físicas ou pessoa jurídica domiciliada no exterior. *In*: FARIA, Aline Cardoso de; GOMES, Marcus Lívio; ROCHA, Sergio André. *Planejamento tributário sob a ótica do Carf*: análise de casos concretos. Rio de Janeiro: Lumen Juris, 2019. p. 36.

[6] ALVIM, Leonardo de Andrade Rezende. Planejamento tributário: os tribunais administrativos e judiciais estabelecendo os parâmetros de atuação do contribuinte e do fisco. *In*: LOBATO, Valter; FRATTARI, Raphael. *Trinta anos da Constituição Federal de 1988*. Belo Horizonte: Arraes, 2019. p. 534-536.

[7] DERZI, Misabel Abreu Machado. A desconsideração dos atos e negócios jurídicos dissimulatórios segundo a Lei Complementar 104, de 10 de janeiro de 2001. *In*: ROCHA, Valdir de Oliveira (Coord.). *O planejamento tributário e a Lei Complementar 104*. São Paulo: Dialética, 2001. p. 230.

doutrinadora existir no ordenamento jurídico nacional uma cláusula geral antielisiva, mas limitada, em sua interpretação, ao que dispõem os arts. 109 e 110 do CTN.

Portanto, sem a regulamentação legal de disposições expressas de coibição de planejamentos tributários, conferindo-lhes ilicitude, o intérprete da norma não pode impor critérios não fundamentados em lei para fazê-lo. O princípio da legalidade possui, nessa concepção, aplicação cogente, sendo a segurança jurídica, confiança e certeza, norteadores da interpretação.

Leonardo Alvim ainda aponta a existência de uma segunda corrente de entendimento, na qual seus autores, embora não reconheçam a existência de uma norma geral antiabuso no país, consideram ser possível sua regulamentação. Estes autores defendem que, enquanto não vier a norma geral antiabuso, seria possível aplicarem-se institutos do direito privado, em especial a simulação, para desconsideração de negócios jurídicos eivados de ilicitude.

Mesmo entre os doutrinadores adeptos da possibilidade de combate aos atos elusivos mediante o uso de normas gerais antiabuso, verifica-se ainda não haver consenso relativo a quais regras e institutos poderiam ser invocados no ordenamento jurídico pátrio como justificativa à desconsideração dos planejamentos abusivos.

O primeiro dissenso seria relativo à aplicação do conceito de simulação, desdobrando-se a interpretação nos conceitos voluntarista, declaracionista e causalista. Na concepção voluntarista, mencionando André Folloni, Leonardo Alvim expõe:

> [...] para quem o conceito de dissimulação, previsto no artigo 116, §único, do CTN é distinto do conceito de simulação do Código Civil. O autor chega a concluir, a partir do uso da teoria da argumentação jurídica, que o conceito correto de dissimulação da nossa norma antiabuso seria o de abuso de forma, em função da Exposição de Motivos da MP 66/2002. Mas, ao final, Folloni considera que a norma geral antiabuso só poderia estar prevista em lei complementar, restando as figuras do direito privado.[8]

Marciano Seabra de Godoi e Andréa Karla Ferraz,[9] dissertando sobre as controvérsias existentes no ordenamento pátrio quanto aos conceitos de simulação, relatam a existência de duas concepções tradicionais acerca dos negócios jurídicos: a subjetiva e a objetiva. Na concepção subjetiva, o negócio jurídico seria, antes de tudo, uma manifestação de vontade, destinada a criar determinados efeitos.

Assim, para essa corrente, a manifestação de vontade poderia ser analisada com base em dois elementos: a vontade e a declaração, sendo que, em condições normais, vontade e declaração coincidem em um negócio jurídico. Entretanto, nas situações em

---

[8] ALVIM, Leonardo de Andrade Rezende. Planejamento tributário: os tribunais administrativos e judiciais estabelecendo os parâmetros de atuação do contribuinte e do fisco. In: LOBATO, Valter; FRATTARI, Raphael. Trinta anos da Constituição Federal de 1988. Belo Horizonte: Arraes, 2019. p. 534-536.

[9] GODOI, Marciano Seabra de; FERRAZ, Andréa Karla. Planejamento tributário e simulação: estudo e análise dos casos Rexnord e Josapar. Revista Direito GV, São Paulo, v. 8, n. 1, p. 359-380, jan./jun. 2012. Disponível em: http://bibliotecadigital.fgv.br/ojs/index.php/revdireitogv/article/view/24006/22761. Acesso em: 23 out. 2020.

que se verifica a divergência entre tais aspectos do negócio jurídico, perquire-se a respeito de qual elemento deveria prevalecer na solução a ser dada à divergência.

Para os voluntaristas, vontade e declaração seriam interdependentes, na medida em que a vontade depende da declaração para ser conhecida externamente. Assim, em havendo contradição entre tais elementos, a primazia da vontade levaria à ineficácia do negócio jurídico celebrado.

Nessa compreensão, a vontade interna do declarante deve prevalecer na produção de efeitos jurídicos e será definidora na interpretação da validade do negócio jurídico entabulado. Marciano Godoi[10] complementa que "na perspectiva voluntarista somente haverá simulação se as partes inventam ou escondem de alguém um *fato específico* no bojo de negócios jurídicos vistos isoladamente entre si".

Por sua vez, na concepção declaracionista, citando Ferrara,[11] Godoi e Ferraz expõem que a essência dessa teoria se encontra no princípio de que a declaração emitida por pessoa capaz produz efeitos jurídicos sem que se considere se o declarado está realmente de acordo com o desejo desse indivíduo. Portanto, deve prevalecer, objetivamente, a declaração de vontade, sendo esta a base do negócio jurídico. Concluindo sobre o conceito de simulação nessa concepção, os autores expõem:[12]

> [...] Diversos autores seguiram contribuindo para a evolução do tema, até que se chegou a uma versão mais adiantada e menos radical da corrente declaracionista: a simulação deveria ser vista como um fenômeno unitário, isto é, o ato simulado seria o resultado de duas declarações que se anulariam ou se neutralizariam. Na realidade, as partes envolvidas não desejariam operar nenhuma alteração em suas situações jurídicas. Nesse contexto, a duplicidade de declarações conferiria unidade ao ato simulado não por uma divergência entre vontade e declaração, mas pela troca, entre as partes, de declarações que se anulariam ou se neutralizariam, criando uma nova declaração.

A teoria declaracionista acabou sendo alvo de críticas pelos doutrinadores, na medida em que apenas deslocou o defeito do negócio jurídico do declarante para o declaratário, mas manteve a característica de beneficiar um dos elementos do negócio jurídico apenas.

Por sua vez, na corrente objetivista de negócio jurídico, desloca-se a elementaridade do negócio do jurídico do elemento volitivo para o objetivo prático do negócio. Citando Orlando Gomes e José Abreu, Godoi e Ferraz[13] expõem que, na concepção

---

[10] GODOI, Marciano Seabra de. Dois conceitos de simulação e suas consequências para os limites da elisão fiscal. *In*: ROCHA, Valdir de Oliveira (Coord.). *Grandes questões atuais do direito tributário*. São Paulo: Dialética, 2007. v. 11. p. 285.

[11] FERRARA, Francisco. *A simulação dos negócios jurídicos*. Campinas: Red Livros, 1999. p. 60.

[12] GODOI, Marciano Seabra de; FERRAZ, Andréa Karla. Planejamento tributário e simulação: estudo e análise dos casos Rexnord e Josapar. *Revista Direito GV*, São Paulo, v. 8, n. 1, p. 359-380, jan./jun. 2012. p. 364. Disponível em: http://bibliotecadigital.fgv.br/ojs/index.php/revdireitogv/article/view/24006/22761. Acesso em: 23 out. 2020.

[13] GODOI, Marciano Seabra de; FERRAZ, Andréa Karla. Planejamento tributário e simulação: estudo e análise dos casos Rexnord e Josapar. *Revista Direito GV*, São Paulo, v. 8, n. 1, p. 359-380, jan./jun. 2012. p. 365. Disponível em: http://bibliotecadigital.fgv.br/ojs/index.php/revdireitogv/article/view/24006/22761. Acesso em: 23 out. 2020.

objetiva do negócio jurídico, a simulação ocorreria quando "as partes, combinadas entre si, estabelecem um regramento de interesses diversos daqueles que pretendem observar nas suas relações, procurando atingir um objetivo divergente da *causa típica* do negócio escolhido".

Ricardo Mariz de Oliveira[14] tece críticas sobre a contraposição dessas teorias na definição do conceito jurídico de simulação, questionando a amplitude de aplicação destas no ordenamento jurídico:

> As teorias são maravilhosas e podem ser consistentes, mas não se pode dizer que enfeixem verdades imutáveis e de amplitude total. Assim, é verdade que o comportamento incompatível com a causa denuncia a existência de simulação. Tanto quanto é verdade que o ato simulado não corresponde à intenção subjetiva das partes quanto ao que querem fazer.

Leonardo Alvim[15] arremata apontando não existir um conceito de simulação no Código Civil de 2002, e que os próprios civilistas divergem, até hoje, sobre a melhor explicação para esse instituto conforme as teses declaracionistas, voluntaristas e causalistas, o que torna difícil justificar a escolha de uma teoria específica sobre simulação pelos tributaristas.

Godoi e Ferraz,[16] por sua vez, concluem, com base nos pronunciamentos dos tribunais superiores brasileiros (TRF da 4ª Região e STJ) acerca do conceito de simulação – e consequentemente acerca dos limites do planejamento tributário –, haver clara preponderância do conceito amplo e causalista de simulação, segundo o qual os atos e os negócios jurídicos concatenados artificiosamente devem ser vistos em contexto amplo, "levando-se em conta aspectos fáticos, econômicos e operacionais que a doutrina tradicional da simulação considera irrelevantes", pois se examina a causa concreta dos negócios (comparando-a com a causa típica pela qual os negócios jurídicos foram engendrados pelo ordenamento jurídico), avaliando as operações no seu todo com o objetivo de medir quão artificiosos podem ter sido os atos e os negócios jurídicos praticados pelas partes.

Para além do conceito de simulação, questiona-se ainda na doutrina pátria a possibilidade de se valer o intérprete de outros institutos visando à análise da conformação dos planejamentos tributários, citando-se, nesse sentido, o abuso de direito e a fraude à lei, previstos, respectivamente, nos arts. 187 e 167 do Código Civil, bem como o abuso de forma, o negócio jurídico indireto e a doutrina ou teste do *business purpose*,

---

[14] OLIVEIRA, Ricardo Mariz de. A simulação no Código Tributário Nacional e na prática. *Revista de Direito Tributário Atual*, São Paulo, v. 27, 2012. p. 570.

[15] ALVIM, Leonardo de Andrade Rezende. Planejamento tributário: os tribunais administrativos e judiciais estabelecendo os parâmetros de atuação do contribuinte e do fisco. In: LOBATO, Valter; FRATTARI, Raphael. *Trinta anos da Constituição Federal de 1988*. Belo Horizonte: Arraes, 2019. p. 548.

[16] GODOI, Marciano Seabra de; FERRAZ, Andréa Karla. Planejamento tributário e simulação: estudo e análise dos casos Rexnord e Josapar. *Revista Direito GV*, São Paulo, v. 8, n. 1, p. 359-380, jan./jun. 2012. p. 375-376. Disponível em: http://bibliotecadigital.fgv.br/ojs/index.php/revdireitogv/article/view/24006/22761. Acesso em: 23 out. 2020.

os quais não possuem previsão no ordenamento jurídico nacional, sendo aplicados por importação da doutrina estrangeira.

Alex Bernardo e Aline Della Vittoria[17] entendem pela caracterização do abuso de forma pela instrumentação anormal de um negócio jurídico, isto é, a utilização ou criação de estrutura jurídica perfeitamente legal a fim de evitar o tributo que a lei determina incidir sobre uma outra estrutura jurídica mais adequada para a situação. Quanto ao abuso de direito, disciplinado no art. 187 do CC/02, compreende-se na ilicitude decorrente do exercício de um direito que excede manifestamente os limites impostos pelo seu fim econômico ou social, pela boa-fé ou pelos bons costumes.

Na visão dos autores, a existência de expressa previsão dessa forma de abuso no ordenamento jurídico brasileiro permitiria sua utilização como fundamento para desconsideração de negócios jurídicos abusivos:

> Especificamente acerca do abuso de direito, entendemos que tal instituto, por estar previsto no Código Civil, também pode ser invocado expressamente como fundamento para desconsideração de planejamentos artificiosos, em reforço às regras disposta no inciso VII do art. 149 do CTN e parágrafo 1º do art. 167 do Código Civil (conceito amplo de simulação), eis que, se o ordenamento autoriza que atos praticados entre particulares possam ser tidos como ilícitos, por violação à regra do art. 187 do Código Civil, com muito mais razão a ordem jurídica deve autorizar que a mesma consequência seja observada na seara do direito tributário, em que se cuida de crédito público e indisponível.

Já o negócio jurídico indireto é caracterizado por Marciano Seabra de Godoi[18] como aquele em que há uma incongruência entre a função econômico-social típica do negócio e os objetivos concretos visados pelas partes que se utilizaram do negócio em determinadas circunstâncias.

Alex Bernardo e Aline Della Vittoria[19] apontam que a construção doutrinária do negócio jurídico indireto em muito se assemelha ao conceito amplo de simulação, não se tratando, portanto, de figuras substancialmente distintas, pois ambas procuram investigar vício na causa do negócio jurídico, ou seja, as duas tentam identificar se o contribuinte se utilizou de uma estrutura negocial típica de forma artificial para atingir objetivos contrastantes com as finalidades previstas pelo ordenamento para aquele determinado ato.

Já quanto ao propósito negocial, a leitura dessa teoria permite concluir pela necessidade de se conferir um motivo negocial para a celebração de negócios jurídicos e

---

[17] BERNARDO, Alex Ribeiro; DELLA VITTORIA, Aline. Redução de capital para alienação de ativos por intermédio dos sócios pessoas físicas ou pessoa jurídica domiciliada no exterior. In: FARIA, Aline Cardoso de; GOMES, Marcus Lívio; ROCHA, Sergio André. *Planejamento tributário sob a ótica do Carf*: análise de casos concretos. Rio de Janeiro: Lumen Juris, 2019. p. 42-45.

[18] GODOI, Marciano Seabra de. Planejamento tributário. In: MACHADO, Hugo de Brito (Org.). *Planejamento tributário*. São Paulo: Malheiros, 2016. v. 1. p. 461.

[19] BERNARDO, Alex Ribeiro; DELLA VITTORIA, Aline. Redução de capital para alienação de ativos por intermédio dos sócios pessoas físicas ou pessoa jurídica domiciliada no exterior. In: FARIA, Aline Cardoso de; GOMES, Marcus Lívio; ROCHA, Sergio André. *Planejamento tributário sob a ótica do Carf*: análise de casos concretos. Rio de Janeiro: Lumen Juris, 2019. p. 44.

atividades do contribuinte. Ou seja, se um planejamento tributário for pensado com a única finalidade de economizar tributos ou visando à obtenção de vantagens tributárias diversas, tal planejamento deve ser desconsiderado para fins fiscais, ensejando a tributação sobre o fato gerador que se tentou evitar.

Para Alex Bernardo e Aline Della Vittoria,[20] a essência da doutrina do propósito negocial consiste em analisar a correspondência entre a vontade concreta manifestada pelas partes e a causa jurídica dos negócios, de forma a aferir se o contribuinte visou a fins estritamente tributários. Se tal finalidade, objetivo concreto do contribuinte, não estiver de acordo com as causas jurídicas dos negócios praticados, com as finalidades vislumbradas pelo direito para esses negócios, o planejamento poderá ser desconsiderado, concluindo, assim, que tal doutrina se assemelha ao conceito amplo e causalista de simulação.

A adoção da doutrina do propósito negocial nas decisões dos tribunais administrativos tem sido objeto de grandes controvérsias doutrinárias e jurisprudenciais, justamente pela existência de concepções divergentes sobre os limites legais da desconsideração dos negócios jurídicos no ordenamento jurídico brasileiro.

Alvim[21] ainda aponta a existência de uma terceira corrente de pensamento, defendida por Sérgio André Rocha, que considera estar em vigor a norma geral antiabuso e propõe um conceito estipulativo do termo "dissimulados" previsto no parágrafo único, do art. 116, do CTN, que abrangeria os poderes de desconsiderar, qualificar e requalificar próprios às normas antiabuso.

Ainda assim, para o autor, seria imprescindível a edição de normas processuais específicas, conforme previsto no parágrafo único do art. 116 do CTN, para que tal norma possa ser aplicada, na medida em que este dispositivo criou um novo instrumento para controle da elusão fiscal. Nesse sentido, expõe:[22]

> Dessa maneira, a posição que estamos defendendo é que a função do parágrafo único do artigo 116 está circunscrita, ainda, a situações em que se verifique a presença de patologias do ato ou negócio jurídico. De acordo com o corte feito anteriormente, as situações de artificialidade evidente (como, por exemplo, uma operação societária de "casa e separa" feita em um único dia, com toda a evidência de abuso de forma jurídica com a finalidade de obtenção de uma vantagem fiscal) caracterizam-se como simuladas.
>
> Se os casos de simulação – entendida como vício de causa – prescindem da aplicação do parágrafo único do artigo 116 do CTN para a desqualificação e requalificação dos atos e negócios jurídicos praticados, nas situações em que não esteja presente a simulação, nenhuma desconsideração é possível, a não ser após a regulamentação deste dispositivo.

---

[20] BERNARDO, Alex Ribeiro; DELLA VITTORIA, Aline. Redução de capital para alienação de ativos por intermédio dos sócios pessoas físicas ou pessoa jurídica domiciliada no exterior. *In*: FARIA, Aline Cardoso de; GOMES, Marcus Lívio; ROCHA, Sergio André. *Planejamento tributário sob a ótica do Carf*: análise de casos concretos. Rio de Janeiro: Lumen Juris, 2019. p. 46.

[21] ALVIM, Leonardo de Andrade Rezende. Planejamento tributário: os tribunais administrativos e judiciais estabelecendo os parâmetros de atuação do contribuinte e do fisco. *In*: LOBATO, Valter; FRATTARI, Raphael. *Trinta anos da Constituição Federal de 1988*. Belo Horizonte: Arraes, 2019. p. 546.

[22] ROCHA, Sérgio André. *Planejamento tributário na obra de Marco Aurélio Greco*. Rio de Janeiro: Lumen Juris, 2019. p. 141.

Criticando os doutrinadores que defenderiam o posicionamento de que a norma do art. 116 do CTN não teria inovado no ordenamento jurídico, pois apenas estaria reafirmando a proibição da existência de negócios jurídicos tributários simulados, Sérgio André Rocha[23] esclarece:

> Se é certo que o parágrafo único do artigo 116 inovou no ordenamento jurídico brasileiro, criando um conceito de dissimulação que não se equipara ao de simulação, é igualmente evidente que ele não foi editado para conferir uma competência tributária que a Administração Fazendária sempre teve. Em outras palavras, claramente não se pode sustentar que este dispositivo tenha uma espécie de eficácia declaratória, reconhecendo expressamente o que o Fisco sempre teve competência para fazer. Ou seja, o parágrafo único do artigo 116 do CTN tem que servir para alguma coisa!

Leonardo Alvim[24] ainda menciona a existência de uma quarta corrente, representada pelo posicionamento de Marco Aurélio Greco, para quem o Fisco possuiria os mesmos poderes de desconsiderar, qualificar e requalificar inerentes a uma norma antiabuso, independentemente da existência do parágrafo único, do art. 116, do CTN, em função do princípio da capacidade contributiva ativa, inserto na Carta Constitucional de 1988.

Para o Professor Marco Aurélio Greco,[25] o justo estaria no equilíbrio entre a liberdade e a solidariedade (posicionado entre ambas), defendendo a aplicação do princípio da capacidade contributiva positiva como elemento de desconsideração e requalificação de atos legais não maculados por patologia.

Sérgio André Rocha[26] destaca que a grande dificuldade dessa teoria seria identificar as situações em que esse instituto seria aplicável para fundamentar um ato de desconsideração pelas autoridades fiscais. Quer dizer, em razão de não existir ainda a regulamentação ao parágrafo único do art. 116, a forma de aplicação da capacidade contributiva para desconsideração dos planejamentos tributários ainda não teria eficácia.

Leonardo Alvim[27] conclui pela possibilidade de estabelecimento de parâmetros seguros de atuação aos contribuintes por meio de decisões de órgãos e conselhos colegiados, apontando que a limitação de sua atuação à definição do conceito de dissimulação, previsto no parágrafo único, do art. 116, do CTN ou ao conceito civilista de simulação, ante a ausência de regulamentação desse dispositivo, polui o debate, prejudicando o exercício pelo tribunal do seu papel efetivo de promover o debate deliberativo e, caso a caso, ir estabelecendo os parâmetros de atuação dos contribuintes.

---

[23] ROCHA, Sérgio André. *Planejamento tributário na obra de Marco Aurélio Greco*. Rio de Janeiro: Lumen Juris, 2019. p. 144.

[24] ALVIM, Leonardo de Andrade Rezende. Planejamento tributário: os tribunais administrativos e judiciais estabelecendo os parâmetros de atuação do contribuinte e do fisco. In: LOBATO, Valter; FRATTARI, Raphael. *Trinta anos da Constituição Federal de 1988*. Belo Horizonte: Arraes, 2019. p. 536.

[25] GRECO, Marco Aurélio. Planejamento fiscal e abuso de direito. In: MARTINS, Ives Gandra da Silva (Coord.). *Imposto de renda*: conceitos, princípios e comentários. São Paulo: Atlas, 1996. p. 91.

[26] ROCHA, Sérgio André. *Planejamento tributário na obra de Marco Aurélio Greco*. Rio de Janeiro: Lumen Juris, 2019. p. 112.

[27] ALVIM, Leonardo de Andrade Rezende. Planejamento tributário: os tribunais administrativos e judiciais estabelecendo os parâmetros de atuação do contribuinte e do fisco. In: LOBATO, Valter; FRATTARI, Raphael. *Trinta anos da Constituição Federal de 1988*. Belo Horizonte: Arraes, 2019. p. 559.

Portanto, ainda que haja consenso doutrinário e jurisprudencial sobre a não aplicação da norma antielisiva no Brasil, é certo que não há consenso doutrinário a respeito da aplicação dos institutos do direito privado brasileiros e estrangeiros que denotam os abusos negociais para que se firme um caminho seguro ao planejamento tributário no Brasil.

As incertezas que pairam sobre o tema, colocando-o na zona cinzenta da insegurança jurídica, consistente na ausência de balizas concretas e parâmetros definidos para a atuação dos contribuintes e do Fisco, exigem da academia um esforço máximo de dedicação a esses debates, ansiando pela concretização de um consenso que reflita e condense os ideais de justiça e liberdade na tributação.

3 Posições doutrinárias acerca das operações societárias realizadas no art. 22 da Lei nº 9.249/95 e suas repercussões tributárias

Estabelecidas as premissas doutrinárias que permeiam o tema, importa ainda trazer à discussão os posicionamentos doutrinários atualmente existentes acerca da validade dos planejamentos tributários lastreados no art. 22 da Lei nº 9.249/95 e a possibilidade de invalidação destes quando configurada a ocorrência de condutas abusivas.

Para Sérgio André Rocha,[28] a operação encartada no art. 22 da Lei nº 9.249/95 não se trata de uma operação nitidamente artificial e, se não se está diante de uma operação artificial que desvirtue as causas típicas dos atos e negócios jurídicos, não há que se falar em ato simulado. Se não configura ato simulado, não pode ele ser controlado com base no art. 149, VII, do CTN. Portanto, neste caso, somente se poderia cogitar de tributação caso aplicável o art. 116, parágrafo único, do CTN, que ainda não se tornou eficaz.

Alex Ribeiro e Aline Della Vittoria,[29] por sua vez, entendem ser evidente que a regra do art. 22, §1º, da Lei nº 9.249/95 se trata de uma opção fiscal e que a interpretação autêntica de referida norma, corroborada pela leitura da exposição de motivos, espanca quaisquer dúvidas de que sua finalidade típica consiste na possibilidade de que o sócio que recebe bens e direitos a título de devolução de sua participação societária – nas hipóteses de redução de capital legalmente previstas – possa se desobrigar do pagamento do IR sobre ganho de capital num primeiro momento, vindo a pagar o referido tributo somente se e quando vier a alienar as ações por seu valor de mercado a um terceiro.

Contudo, condenam o uso de tal forma jurídica com a única finalidade de promover a economia de tributos na hipótese de alienação de ativos da pessoa jurídica,

---

[28] ROCHA, Sérgio André. *Planejamento tributário na obra de Marco Aurélio Greco*. Rio de Janeiro: Lumen Juris, 2019. p. 146.
[29] BERNARDO, Alex Ribeiro; DELLA VITTORIA, Aline. Redução de capital para alienação de ativos por intermédio dos sócios pessoas físicas ou pessoa jurídica domiciliada no exterior. In: FARIA, Aline Cardoso de; GOMES, Marcus Lívio; ROCHA, Sergio André. *Planejamento tributário sob a ótica do Carf*: análise de casos concretos. Rio de Janeiro: Lumen Juris, 2019. p. 71.

o que distorce por completo a sua finalidade típica. Para os autores, tal regra perderia sua característica de "opção" fiscal quando a situação que leva à sua aplicação foi forjada e estruturada, mediante prévias operações sem qualquer propósito negocial e desprovidas de razoabilidade, podendo ser constatada a presença de elementos de artificialidade. Assim, concluem:

> A análise da abusividade do planejamento tributário exige que se olhe atentamente para a sequência de atos e negócios jurídicos praticados pelo contribuinte como se fosse um filme, não se podendo atentar somente para uma de suas cenas estáticas, ignorando a dinâmica envolvida no processo.
>
> Além disso, deve-se notar todos os vestígios e contradições demonstrados pelo próprio contribuinte e que sejam hábeis a identificar qual seria o seu real objetivo em proceder a determinado ato de redução de capital com posterior devolução de participação acionária aos sócios.
>
> Assim, fazendo uso do conceito amplo de simulação do art. 149, VII, do CTN – dispositivo este que abarca todos os parâmetros de constatação de abusividade importados das doutrinas estrangeiras – deve-se atentar, mediante a análise global das operações realizadas, para a existência de possível descompasso entre a finalidade perseguida pelas partes e a finalidade/causa típica ou função econômico-social dos negócios utilizados.
>
> À guisa de conclusão, a identificação das características supracitadas associada à efetiva economia de tributos pode ensejar a desconsideração do ato ilegitimamente praticado, possibilitando o lançamento de ofício pela autoridade administrativa. A contrario sensu, o planejamento tributário que resulte em minoração da carga tributária somente deverá ser considerado legítimo caso, dentro de critérios de razoabilidade, seja comprovada a efetiva existência de motivo extrafiscal relevante que se coadune com a finalidade típica da forma jurídica utilizada.[30]

Ainda em análise à amplitude de aplicação do disposto no art. 22 da Lei nº 9.249/95, especialmente na jurisprudência do Carf, Carlos Augusto Daniel Neto[31] defende ser o posicionamento majoritário do Carf no sentido de se considerar a adoção do disposto no art. 22 da Lei nº 9.249/95 como uma opção fiscal do contribuinte, que pode escolher o momento que quer realizar o ganho de capital de bens e direitos que estão incorporados ao capital de pessoas jurídicas.

Em que pese haver precedentes que analisam a questão como um planejamento tributário, buscando identificar a presença ou a ausência de um propósito negocial para validar a devolução dos bens e direitos (destacando precedentes nos quais há tanto motivos extratributários como indícios de simulação), o autor destaca que, de uma forma geral, a jurisprudência do Conselho se desenha no sentido de reconhecer que o contribuinte pode escolher o momento em que apurará o ganho de capital sobre os bens e direitos incorporados ao capital social (na incorporação, na devolução ou em

---

[30] BERNARDO, Alex Ribeiro; DELLA VITTORIA, Aline. Redução de capital para alienação de ativos por intermédio dos sócios pessoas físicas ou pessoa jurídica domiciliada no exterior. In: FARIA, Aline Cardoso de; GOMES, Marcus Lívio; ROCHA, Sergio André. *Planejamento tributário sob a ótica do Carf*: análise de casos concretos. Rio de Janeiro: Lumen Juris, 2019.

[31] DANIEL NETO, Carlos Augusto. Carf reconhece a validade da devolução de capital a valor contábil. *Conjur*, 13 mar. 2019. Disponível em: https://www.conjur.com.br/2019-mar-13/direto-carf-carf-reconhece-validade-devolucao-capital-valor-contabil. Acesso em: 29 out. 2020.

posterior alienação), ressalvados os casos em que a fiscalização comprove a ocorrência de simulação, como nos casos em que a alienação é anterior à devolução de capital.

Tratando especificamente das recentes alterações tributárias às normas contábeis, decorrentes da edição da Lei nº 12.973/2014, Carlos Augusto Daniel Neto e Maria Carolina Maldonado[32] tecem ainda críticas à interpretação trazida pela Receita Federal do Brasil (RFB), por meio da Solução de Consulta Cosit nº 415, que entendeu que a redução de capital social a valor contábil, com a devolução de bem mensurado pelo valor justo, estaria sujeita à adição de eventual acréscimo no valor do ativo ao lucro real da sociedade, pois o seu valor contábil incluiria o ganho decorrente de avaliação a valor justo.

Segundo os autores, essa interpretação dada pela RFB possuiria o efeito prático de esvaziar a opção do contribuinte pela entrega de ativo a valor de mercado ou a valor contábil, pois o valor contábil já refletirá o seu valor de mercado – ou uma estimativa aproximada dele. Destacam que tal entendimento afasta a faculdade, contida no art. 22 da Lei nº 9.249/1995, de devolução de capital a valor contábil, sem efeitos tributários, aos contribuintes que mensurarem seus ativos a valor justo, já que, tanto na devolução a valor contábil, como na devolução a valor de mercado, a diferença entre o custo histórico e o valor de mercado será tributada.

Ademais, defendem que interpretar "valor contábil" como o "custo histórico acrescido do ganho ou perda decorrente de avaliação a valor justo" viola a correta interpretação do art. 22 da Lei nº 9.249/1995, tendo em vista que ignora o contexto significativo da lei e o sentido técnico originalmente atribuído pelo legislador ao "valor contábil", qual seja, o custo histórico do bem ou direito. Em conclusão, propõem:

> O defendido neste trabalho, entretanto, não é a redução de capital a valor contábil com a incorporação do montante correspondente ao valor justo ao patrimônio dos sócios, de forma a afastar a tributação do ganho em definitivo, mas sim o diferimento da tributação até que o ativo seja alienado pelo sócio, por montante superior ao informado em sua declaração de imposto de renda, e o ganho efetivamente se realize.
> Assim, o §1º do art. 13 da Lei n. 12.973/2014, que, frise-se, determina a tributação do ganho decorrente da avaliação a valor justo à medida que o ativo seja realizado, há de ser interpretado de forma a preservar a opção fiscal contida no art. 22 da Lei n. 9.249/1995, bem como em consonância com o art. 43 do CTN e com os princípios constitucionais da capacidade contributiva e da isonomia tributária.[33]

Portanto, verifica-se a existência de divergências doutrinárias especialmente no que tange às regras ou aos critérios para que se desconsidere a opção fiscal dada por lei, garantindo-se a aplicação da norma nos casos em que a operação se deu com a observância dos critérios legais, exceto quando restar demonstrado claro intuito simulatório.

---

[32] DANIEL NETO, Carlos Augusto; KRALJEVIC, M. C. M. M. Tributação do valor justo de ativos na devolução do capital social. *Revista Direito Tributário Atual*, v. 44, p. 134-155, 2020.

[33] DANIEL NETO, Carlos Augusto; KRALJEVIC, M. C. M. M. Tributação do valor justo de ativos na devolução do capital social. *Revista Direito Tributário Atual*, v. 44, p. 134-155, 2020.

4 Metodologia da pesquisa que embasa o presente trabalho

Antes que se passe à análise dos precedentes firmados no âmbito do Carf e da CSRF acerca do tema, é preciso destacar a metodologia de pesquisa jurisprudencial adotada no presente trabalho, destacando-se os critérios de pesquisa necessários à formulação da amostra.

Primeiramente, como critério institucional, as decisões pesquisadas restringem-se à jurisprudência administrativa do tema, em especial, os precedentes firmados no âmbito do Conselho de Contribuintes, posteriormente reformulado para o Conselho Administrativo de Recursos Fiscais. O recorte temático consiste no tema já delimitado no estudo, enquanto o recorte temporal se fixou no período de junho de 2008 a junho de 2020.

Adotou-se como recorte processual a análise de recursos voluntários, recursos de ofício e especiais. A consulta foi realizada entre os dias 24 e 28.6.2020.

Foram realizadas 3 buscas por acórdãos contemplando os seguintes conjuntos de palavras-chave: "redução capital pessoa física", "redução capital ativo" e "redução de capital entrega bens direitos".

Dos resultados encontrados, foram excluídos aqueles cujo tema não correspondia ao analisado na pesquisa. Os dados encontrados foram organizados em planilha de acordo com data da publicação do acórdão, instância (Carf ou CSRF), órgão julgador (câmara/turma), relator, número do acórdão, contribuinte e breve resumo da ementa.

Assim, com os critérios adotados, adotaram-se como corte jurisprudencial as decisões anteriores a 2016 e posteriores a 2016, período no qual se notou sensível mudança nos precedentes firmados em âmbito administrativo.

Para o período anterior a 2016, utilizando-se as palavras-chave "redução capital" e "pessoa física", e selecionando-se a pesquisa apenas de ementas, encontramos 25 precedentes, sendo que apenas 3 casos eram referentes ao tema em debate. Utilizando-se as palavras-chave "redução capital ativo", e buscando em ementa mais decisão, encontramos 54 casos, sendo encontrados apenas 2 casos que versam sobre o tema, ambos já encontrados na pesquisa com as palavras-chave anteriores.

Por sua vez, pesquisando-se as palavras-chave "redução capital" e "entrega bens e direitos", e selecionando-se a pesquisa de ementas e decisões, encontraram-se 9 casos, sendo apenas 4 novos precedentes dos 6 que versavam sobre o tema, todos favoráveis ao contribuinte.

Já para o período posterior a 2016, utilizando-se as palavras-chave "redução capital" e "pessoa física", e selecionando-se a pesquisa apenas de ementas, encontramos 52 precedentes, sendo que apenas 19 casos eram referentes ao tema em discussão. Utilizando-se as palavras-chave "redução capital ativo", e buscando em "ementa mais decisão", encontramos 105 casos, sendo encontrados apenas 20 casos que versam sobre o tema. Entre estes casos, apenas 6 não haviam sido encontrados pela busca textual anterior, utilizando-se as palavras-chave "redução de capital" e "pessoa física".

Por sua vez, pesquisando-se as palavras-chave "redução capital" e "entrega bens e direitos", e selecionando-se a pesquisa de ementas e decisões, encontraram-se 13 casos, dos quais apenas 8 se relacionavam ao tema e apenas 2 consistiam em novos precedentes não encontrados na busca textual anterior, sendo todos favoráveis ao contribuinte.

5 Análise dos precedentes do Carf e da CSRF: balizas seguras para a adoção do disposto no art. 22 da Lei nº 9.249/95 como opção fiscal?

Primeiramente, quanto aos casos julgados pelo Carf no período anterior a 2016, dos 7 casos totais encontrados sobre o tema, selecionaram-se 3 precedentes, consistentes nos acórdãos nºs 1402-001.341, julgado em março de 2013, 1402-001.472 e 1301-001.302, ambos julgados em outubro de 2013.

Destaque-se que, dos sete casos encontrados, todos os acórdãos foram prolatados favoravelmente ao contribuinte. Assim, a justificativa para escolha dos três paradigmas mencionados se deu em razão dos fundamentos adotados no julgado, buscando-se abordar de forma ampla, por meio de situações fáticas e fundamentos distintos, as linhas teóricas adotadas pelo Carf no julgamento da matéria no período anterior a 2016.

Quanto ao primeiro caso, envolvendo a empresa Socopa, questionou a Fiscalização o motivo pelo qual a referida empresa promoveu o resgate das ações preferenciais três dias antes da oferta pública de ações da Bovespa Holding S.A., quando já era de conhecimento que o preço desses ativos, mesmo considerando as projeções dos prospectos preliminares, seria bem superior àquele pelo qual eles estavam registrados em sua contabilidade. Destacou o julgado que, qualquer empresa, visando ao lucro, dificilmente repassaria seus ativos a determinado valor (no caso das ações da Bovespa Holding S.A., R$2,23) sabendo que poderia, 3 dias depois, vender os mesmos ativos a um valor bem superior.

Entendeu, assim, restar patente a não realização de um lucro extraordinário por parte da Socopa em favor das pessoas ligadas a ela.

O voto condutor do relator destacou que, pela análise da situação concreta, não houve opção legal, mas sim um encadeamento de operações, formalmente válidas em cada uma das etapas, destinadas a fins específicos. Evidenciou-se, pois, que o contribuinte realizou uma verdadeira maratona de eventos societários com a principal finalidade de tributar os notórios ganhos com esses nas pessoas físicas, como de fato fez, sendo que poderia ter feito diretamente, haja vista o respaldo legal. Em conclusão, assim destacou o relator:

> Estou certo de que constitui propósito negocial legítimo o encadeamento de operações societárias visando a redução das incidências tributárias, desde que efetivamente realizadas antes da ocorrência do fato gerador, bem como não visem gerar economia de tributos mediante criação de despesas ou custos artificiais ou fictícios.

A análise do voto condutor deixa clara a existência de certa confusão entre propósito negocial e ausência de simulação, devendo se questionar se a necessidade de que os atos praticados produzam os efeitos próprios leva à caracterização de um propósito negocial. O fato de não terem sido geradas despesas ou custos artificiais apenas evidencia a ausência de simulação, mas não de uma motivação econômica de natureza não tributária.

Com relação ao Acórdão nº 1301-001.302, envolvendo a Suzano Holding S.A., Polpar S.A. e Bexma Comercial Ltda., estas teriam praticado atos simulados na alienação das ações de Suzano Petroquímica S.A. à Petróleo Brasileiro S.A. (Petrobras), com o objetivo de submeter o ganho de capital à tributação nas pessoas físicas (alíquota de 15%), ao invés de sujeitá-lo ao regime das pessoas jurídicas (34% de outras receitas). Após reduzir o seu capital social, a Suzano Holding S.A. restituiu, a valor contábil, as ações que possuía da empresa Suzano Petroquímica S.A. (76%) aos seus acionistas pessoas físicas que, posteriormente, as venderam à Petrobras por R$2,1 bilhões, reduzindo em 19% a tributação incidente na operação. A fiscalização questionou a necessidade de redução do capital social da empresa.

Em suma, entendeu a fiscalização que a venda das ações poderia ser realizada de maneira simples e objetiva (da Suzano diretamente para a Petrobras), mas, visando à redução da incidência tributária sobre as operações, optou-se pela prática de um conjunto complexo de atos.

O voto condutor do acórdão destacou que havia previsão legal para a redução do capital e que, no caso, a causa da redução do capital social estaria no fato de que os acionistas majoritários tinham interesse em se retirar da sociedade, alienando suas participações e com a finalidade de adequar a alienação das ações para a Petrobras nos termos exigidos por esta. Destacou ainda ser juridicamente protegido o procedimento levado a efeito pelas companhias e seus acionistas por meio do qual se devolve a estes, pelo valor contábil, bens e direitos do ativo da pessoa jurídica (art. 22, *caput*, da Lei nº 9.249, de 1995).

Portanto, não havendo nenhuma ilicitude no procedimento realizado pelos acionistas, não haveria que se exigir IRPJ e CSLL da empresa Suzano Holding S.A., quando esta sequer recebeu qualquer importância relacionada à venda que os acionistas fizeram à Petrobras. A legalidade no encadeamento das operações foi considerada suficiente para fins de não descaracterização das operações realizadas.

As principais críticas ao acórdão consistem na exigência de um propósito negocial (mesmo que ele tenha sido encontrado no caso) e à suposta natureza indutora do art. 22 da Lei nº 9.249/95. O teste de propósito negocial não encontra previsão legal no Brasil, consistindo em construção jurisprudencial sem lastro legislativo. Com efeito, o contribuinte, no momento de planejar a execução de uma operação que tenha o potencial de se subsumir ao fato gerador de determinado tributo, possui o direito de optar pelo caminho menos oneroso, o que não caracteriza fraude à lei e não constitui argumento válido à desconsideração da operação.

Já o Acórdão nº 1402-001.472, envolvendo as Organizações Globo, tratou-se de uma operação pela qual a Família Marinho vendeu a São Marcos Empreendimentos Imobiliários Ltda., empresa detentora de participações em diversos *shopping centers* brasileiros, por R$615 milhões. No caso, após as quotas de capital da São Marcos serem transferidas aos seus sócios pessoas físicas, a companhia foi vendida e o ganho de capital obtido foi tributado pelo IRPF. No entanto, a fiscalização sustentou que tal operação não teve motivação nem propósito negocial, sendo que o real objetivo era pagar menos imposto de renda a título de ganho de capital.

O voto condutor do acórdão destacou que não merece qualquer apoio, por ausência de sustentação jurídica, a compreensão desenvolvida pelo Fisco, pois a este não é dado, pelo nosso ordenamento pátrio, desconsiderar, sem apoio em lei, negócios jurídicos legítimos firmados pelos contribuintes. Traz ainda uma breve diferenciação entre elisão e evasão fiscal, estabelecendo, ainda, requisitos para se caracterizar a simulação. Assim, conclui:

> Apenas as operações do contribuinte que mascarem determinada transação econômica e jurídica, ocultando, por formas artificiosas, a realidade, configuram operações simuladas. Dito isso, analisando o caso concreto sob essas diretrizes, verifica-se com clareza que estamos diante da hipótese de elisão fiscal, ou, como queira, planejamento fiscal lícito.
> Não se tratam aqui de meras alterações formais de titularidade patrimonial ou de atribuição de direitos e deveres que, em última análise, não causam alterações substanciais na pessoa jurídica e patrimonialmente no grupo econômico.
> Pelo contrário, analisando com atenção os fatos descritos e os elementos de prova constantes dos autos, nota-se que os atos realizados refletiram a real vontade das partes, com alterações substanciais para todo o grupo.

Outros pontos que devem ser destacados no julgado consistiram no fato de se considerar que os atos praticados refletiram a real vontade das partes, notando-se a presença de motivos não predominantemente tributários congruentes entre si, ou, noutros dizeres, compatíveis com a finalidade pretendida com a realização do negócio jurídico, quais sejam, (i) a segregação das atividades relacionadas à *shopping centers* (únicas de interesse do comprador); e (ii) a alienação de tais atividades para terceiro.

Ademais, destacou-se que todos os atos praticados ocorreram antes da ocorrência do fato gerador, ou seja, da materialização da hipótese de incidência do IRPJ e da CSLL. A conclusão do julgado ainda caminhou no sentido de se analisar o dispositivo do art. 22 da Lei nº 9.249/95, identificando previsão expressa que autoriza os procedimentos adotados pelo contribuinte.

Aqui, portanto, mais uma vez, observou-se a busca por uma causa para os negócios realizados, a existência de propósito negocial às operações realizadas, que não consistia, somente, na redução de tributos e na economia fiscal, mas em intenções outras de cunho eminentemente extrafiscal. Observou-se, também, a relevância da prática dos atos que desencadearam as operações em momento anterior à ocorrência do fato gerador.

Já no que se refere aos casos julgados pelo Carf no período posterior a 2016, selecionaram-se também entre os casos analisados 3 precedentes que envolvem a matéria, referentes aos acórdãos n°s 1201-001.809, julgado em julho de 2017, 1201-002.082, julgado em março de 2018, e 9101-004.506, julgado em outubro de 2019.

Quanto ao primeiro caso, envolvendo a Cobra Construções Ltda., a autuação referia-se à transferência das ações da sociedade Latinoamericana, à época parcialmente detidas pela Cobra para pessoas jurídicas sediadas no exterior (precisamente Wibra S.A. e Codinex S.A., localizadas no Uruguai), ocorrida no desenvolvimento da negociação da venda da Latinoamericana para a empresa CPC. Nesse sentido, a tese da acusação fiscal seria de que a alienação que gerou ganho de capital seria, em verdade, realizada pela Cobra e não por suas acionistas, Wibra S.A. e Codinex S.A., a quem a empresa havia entregue as ações que detinha da Latinoamericana, em operação de redução de capital social.

A decisão do julgado utilizou-se do termo "simulação", ao afirmar a tese de acusação, afirmando que "a acusação fiscal é de que a redução de capital, mediante devolução para as acionistas [...] foi simulada", definindo em seguida o conceito da referida simulação, tendo como base o art. 167 do Código Civil.

Entretanto, posta a análise do art. 22 da Lei n° 9.249/1995, entendeu a 2ª Câmara da 1ª Turma Ordinária que a operação realizada pela Cobra cumpria todos os trâmites legais, isto é, sem oposição de credores ou debenturistas e realizada mediante assembleias com o referido fim, não havendo o que se falar em simulação.

O voto relator destacou ainda que a jurisprudência do Carf era posta no sentido de que o fato de sócias pessoas jurídicas visarem à alienação de ativos a terceiros, tributando o ganho de capital na pessoa jurídica situada no exterior, não caracterizava a operação de redução de capital social, enquanto uma simulação.

Com relação ao segundo acórdão, n° 1201-002.082, os autos têm origem em autuação referente a ganho de capital que supostamente teria sido obtido pela Cerradinho Participações S.A. na alienação da Jarsy Holdings S.A., à empresa Noble Comercializadora de Energia Ltda. Segundo entendimento do Fisco, a alienação da Jarsy S.A. envolveria "planejamento tributário abusivo", pois havia sido realizada mediante operação de redução de capital social aos sócios pessoas físicas.

Entendeu a fiscalização que a venda da Jarsy somente poderia ocorrer pela alienação direta, com o consequente recolhimento de IRPJ e CSLL à alíquota de 34%, caso contrário, estar-se-ia diante de planejamento tributário abusivo:

> Ao invés de realizarem a venda direta dos ativos à interessada, buscaram atingir esse objetivo por caminhos tortuosos e complexos, através de um planejamento tributário abusivo que incluía, nos procedimentos, uma Reorganização Societária composta por duas cisões parciais, que visava, para os Acionistas/Dirigentes, reduzir a carga tributária incidente sobre o ganho de capital obtido com a venda dos ativos para o Grupo Noble.

Em breve histórico da operação societária, tem-se que a sociedade CAEE S.A., atuante no setor sucroalcooleiro, adquiriu três usinas entre os anos de 1973 e 2007. A Família Fernandes detinha 92,8% das ações da CAEE e constituiu a sociedade Cerradinho Holding S.A., posteriormente denominada Cerradinho Participações S.A., controladora da CAEE S.A. Desejando alienar as referidas usinas de álcool e açúcar, os acionistas controladores (membros da Família Fernandes), pessoas físicas e jurídicas, firmaram contrato de venda de ações, antes da realização da operação de redução de capital social da sociedade e antes mesmo das operações de cisão parcial, que migrariam os ativos a serem alienados às empresas – da CAEE S.A. para a NG Bioenergia/Jarsy S.A.

Uma vez realizada a operação de cisão parcial, a NG Bioenergia/Jarsy S.A. passa a ser controlada pela Cerradinho Holding S.A. nas mesmas condições em que esta controlava a CAEE S.A., o que permitiu a redução de capital e consequente alienação dos ativos pelos sócios.

Na análise da conselheira relatora, entendeu-se que a operação tinha interesses extrafiscais e, por isso, não havia de ser configurada como planejamento tributário abusivo. Isso porque o Grupo Cerradinho somava dívida bancária de R$1,6 bilhão e apurara prejuízo fiscal de R$190 milhões, entre os primeiros anos da década de 2000, o que motivou a tomada de diversos empréstimos, a fim de sanar as dívidas. Para obter tais financiamentos, o grupo deveria cumprir diversas condições estabelecidas pelos credores, o que motivou o início de diversas tentativas de capitalizar a empresa.

Assim, entendeu o Carf que as operações societárias, desde o início, foram orquestradas pelos acionistas para sanar as dívidas do grupo, o que terminaria por afastar as alegações da Fazenda Nacional de que o reinvestimento imediato do valor da alienação na sociedade demonstraria a ilicitude do planejamento. O valor recebido pela alienação foi aproximadamente R$800 milhões, sendo que R$275 milhões foram destinados ao pagamento de dívidas bancárias, R$150 milhões tinham que ser conferidos à CAEE/UPA para quitar obrigações dessas empresas com credores e R$125 milhões foram utilizados para pagar os tributos sobre o ganho de capital do negócio. Restando R$250 milhões, que foram destinados a investimentos e aos próprios acionistas, comprovando autoria das operações realizadas por estes.

Este acórdão apresenta como base à sua fundamentação o propósito negocial das operações, ancorada ainda à estrita legalidade do art. 22 da Lei nº 9.249/1995. Não apresenta conceitos definidos do que seria entendido como "planejamento tributário abusivo", tampouco a simulação de possíveis atos realizados pelo grupo.

Por fim, o Acórdão nº 9101-004.506, julgado pela 1ª Turma do CSRF em novembro de 2019, analisa a operação realizada pela Indústria Química Dipil Ltda. Trata-se de ganho de capital decorrente da alienação da pessoa jurídica ALG Preservantes de Madeira Ltda., constituída com capital social de R$2.000,00 e integralizado por dois sócios pessoas físicas e a Indústria Química Dipil Ltda. que integralizou sua participação mediante cessão e conferência dos direitos relativos à titularidade e registro de dois produtos.

A Dipil transfere então a um dos sócios a sua participação mediante redução de capital pelo valor contábil das quotas e assim também o faz o outro sócio pessoa física. Ato contínuo, o sócio que recebeu a integralidade das quotas aliena suas ações por R$9,3 milhões para a pessoa jurídica Tecnologia de Madeiras Brasileiras Participações Ltda., tendo oferecido à tributação o ganho de capital apurado por pessoa física (alíquota de 15%).

A fiscalização entendeu que as operações societárias tiveram por objetivo deslocar a sujeição passiva da pessoa jurídica para a pessoa física e efetua o lançamento de ganho de capital para aplicar a tributação devida para a pessoa jurídica.

O voto do relator, pela primeira vez entre os acórdãos analisados, disseca a origem e os objetivos concernentes ao art. 22 da Lei nº 9.249/1995, concluindo que:

> Buscou o legislador tutelar pela sobrevivência da pessoa jurídica, retirando-se o encargo de um eventual recolhimento de tributo em uma situação em que se faz efetivamente necessária uma redução do capital social. Contudo, inferir-se que, a partir de tal permissivo, haveria um fomento para qualquer espécie de liberalidade, no sentido de incentivar operações societárias para viabilizar a transferência da sujeição passiva de ganho de capital a ser auferido mediante a realização do ativo que foi transferido para recolher um valor menor ou se esquivar da obrigação tributária, é interpretação que não encontra sustentação no ordenamento jurídico.

Assim, entendeu o voto que as operações realizadas foram no sentido de buscar a transferência artificial da pessoa jurídica para a pessoa física do ganho de capital, uma vez que não seguiram as hipóteses definidas pelos arts. 1.082 e 1.084 do Código Civil e art. 173 da Lei nº 6.404/1976.

Nestes termos, foi conhecido e provido o recurso especial da PGFN, revertendo a decisão em segunda instância, que julgou procedente o pleito da sociedade Dipil. Em contramão às outras decisões colacionadas, em que pese a CSRF tenha reconhecido que a operação de redução de capital com devolução de ativos aos sócios e acionistas tenha determinação legal, se opôs a 1ª Turma ao argumento apresentado de que o contribuinte teria o "direito de estruturar suas operações de maneira a viabilizar uma tributação por meio da pessoa física", tendo em vista o não cumprimento dos requisitos postos no Código Civil.

Conclusão

A regra contida no art. 22 da Lei nº 9.249/1995 configura-se como uma opção fiscal, uma faculdade do contribuinte, que pode optar por devolver a participação na sociedade, aos seus sócios e acionistas, mediante avaliação pelo valor de mercado ou valor contábil.

Contudo, ainda que a legislação tenha dado ao contribuinte a opção de devolução das ações com as benesses fiscais apontadas, na prática, tem-se verificado a ocorrência de lançamentos fiscais buscando desconfigurar a operação licitamente realizada nos casos em que se constate a inexistência de um real propósito para a operação, que não a mera economia tributária, ou se verifique a ocorrência de atos simulatórios.

Portanto, a adoção da disciplina legal com a opção de redução de capital com venda de ativos na pessoa física tem sido colocada no bojo do planejamento tributário e avaliada pelas autoridades fiscais com base nos mesmos critérios e regras usualmente utilizados para a descaracterização de planejamentos tributários abusivos.

A análise dos julgados anteriores a 2016 aponta por uma busca à causa dos negócios realizados, a existência de propósito negocial às operações realizadas, que não consistia, somente, na redução de tributos e na economia fiscal, mas em intenções outras de cunho eminentemente extrafiscal. Observou-se, também, a relevância da prática dos atos que desencadearam as operações em momento anterior à ocorrência do fato gerador.

A análise das jurisprudências posteriores ao ano de 2016 permitem confirmar o entendimento do Carf pelo reconhecimento da legalidade da operação de redução de capital com devolução de ações aos sócios e acionistas. Esses julgados, majoritariamente a favor do contribuinte, utilizam-se em sua maioria de conceitos amplos de simulação ou mesmo se limitam ao simples reconhecimento da regra do art. 22 da Lei nº 9.249/1995 como uma opção fiscal do contribuinte.

Contudo, verifica-se a existência de julgados que desconsideraram o favor legal quando não restou demonstrada a ocorrência da finalidade da redução de capital e venda de ativos na pessoa física, que não a simples redução dos tributos.

Não é possível afirmar, por ora, quais requisitos e critérios prevalecerão na jurisprudência do Carf e nas autuações fiscais para fins de aplicação do regime da redução de capital e venda de ativos na pessoa física, pois não houve fixação de teses sobre o tema pelo Conselho Administrativo. Sabe-se, contudo, que a questão tem sido analisada sob o prisma de cada caso concreto, buscando-se, em cada caso, os indícios de legalidade e validade das operações, entre os quais se havia negociação prévia de venda da empresa no momento em que houve redução do capital.

Deve-se, entretanto, combater as autuações fiscais embasadas na disciplina do art. 116, parágrafo único do CTN, uma vez que ainda não regulamentada na legislação pátria, bem como na doutrina do propósito negocial, considerando se tratar de construção meramente jurisprudencial, sem qualquer base legal em vigor. Deve prevalecer a legalidade tributária, confiança sistêmica e boa-fé nas relações entabuladas pelo contribuinte e pelo Estado, buscando-se sempre preservar as situações e operações pautadas na norma tributária, sob pena de se invalidar os institutos legais e se perpetrar a insegurança jurídica no sistema tributário nacional.

Referências

ALVIM, Leonardo de Andrade Rezende. Planejamento tributário: os tribunais administrativos e judiciais estabelecendo os parâmetros de atuação do contribuinte e do fisco. *In*: LOBATO, Valter; FRATTARI, Raphael. *Trinta anos da Constituição Federal de 1988*. Belo Horizonte: Arraes, 2019.

BERNARDO, Alex Ribeiro; DELLA VITTORIA, Aline. Redução de capital para alienação de ativos por intermédio dos sócios pessoas físicas ou pessoa jurídica domiciliada no exterior. *In*: FARIA, Aline Cardoso de; GOMES, Marcus Lívio; ROCHA, Sergio André. *Planejamento tributário sob a ótica do Carf*: análise de casos concretos. Rio de Janeiro: Lumen Juris, 2019.

DANIEL NETO, Carlos Augusto. Carf reconhece a validade da devolução de capital a valor contábil. *Conjur*, 13 mar. 2019. Disponível em: https://www.conjur.com.br/2019-mar-13/direto-carf-carf-reconhece-validade-devolucao-capital-valor-contabil. Acesso em: 29 out. 2020.

DANIEL NETO, Carlos Augusto; KRALJEVIC, M. C. M. M. Tributação do valor justo de ativos na devolução do capital social. *Revista Direito Tributário Atual*, v. 44, p. 134-155, 2020.

DERZI, Misabel Abreu Machado. A desconsideração dos atos e negócios jurídicos dissimulatórios segundo a Lei Complementar 104, de 10 de janeiro de 2001. *In*: ROCHA, Valdir de Oliveira (Coord.). *O planejamento tributário e a Lei Complementar 104*. São Paulo: Dialética, 2001.

FERRARA, Francisco. *A simulação dos negócios jurídicos*. Campinas: Red Livros, 1999.

GODOI, Marciano Seabra de. Dois conceitos de simulação e suas consequências para os limites da elisão fiscal. *In*: ROCHA, Valdir de Oliveira (Coord.). *Grandes questões atuais do direito tributário*. São Paulo: Dialética, 2007. v. 11.

GODOI, Marciano Seabra de. Planejamento tributário. *In*: MACHADO, Hugo de Brito (Org.). *Planejamento tributário*. São Paulo: Malheiros, 2016. v. 1.

GODOI, Marciano Seabra de; FERRAZ, Andréa Karla. Planejamento tributário e simulação: estudo e análise dos casos Rexnord e Josapar. *Revista Direito GV*, São Paulo, v. 8, n. 1, p. 359-380, jan./jun. 2012. Disponível em: http://bibliotecadigital.fgv.br/ojs/index.php/revdireitogv/article/view/24006/22761. Acesso em: 23 out. 2020.

GRECO, Marco Aurélio. Planejamento fiscal e abuso de direito. *In*: MARTINS, Ives Gandra da Silva (Coord.). *Imposto de renda*: conceitos, princípios e comentários. São Paulo: Atlas, 1996.

GRECO, Marco Aurélio. *Planejamento tributário*. 3. ed. São Paulo: Dialética, 2011.

OLIVEIRA, Ricardo Mariz de. A simulação no Código Tributário Nacional e na prática. *Revista de Direito Tributário Atual*, São Paulo, v. 27, 2012.

ROCHA, Sérgio André. Para que serve o parágrafo único do art. 116 do CTN afinal? *In*: GODOI, Marciano Seabra de; ROCHA, Sérgio André (Orgs.). *Planejamento tributário*: limites e desafios concretos. Belo Horizonte: D'Plácido, 2018.

ROCHA, Sérgio André. *Planejamento tributário na obra de Marco Aurélio Greco*. Rio de Janeiro: Lumen Juris, 2019.

Informação bibliográfica deste texto, conforme a NBR 6023:2018 da Associação Brasileira de Normas Técnicas (ABNT):

VIEIRA, Letícia Leite; MACHADO, Nayara Atayde Gonçalves. Redução de capital e venda de ativos na pessoa física: uma análise dos limites e alcance do disposto na Lei nº 9.249/95 à luz da jurisprudência do Carf. *In*: MARINHO NETO, José Antonino (Org.); LOBATO, Valter de Souza (Coord.). *Planejamento Tributário:* pressupostos teóricos e aplicação prática. Belo Horizonte: Fórum, 2021. p. 301-324. ISBN 978-65-5518-269-9.

CASO ODEBRECHT: PRETENSÃO DE TRIBUTAÇÃO DO GANHO DE CAPITAL NA INCORPORAÇÃO DE SOCIEDADES PELO SEU VALOR CONTÁBIL

THAIS DE BARROS MEIRA

MARINA PETTINELLI

1 Introdução

1 Recentemente, o Conselho Administrativo de Recursos Fiscais (Carf) analisou o Caso Odebrecht,[1] em que entendeu pela tributação de suposto ganho de capital auferido pela sócia da sociedade incorporada, no momento da incorporação realizada, pelo imposto sobre a renda das pessoas jurídicas (IRPJ) e pela contribuição social sobre o lucro líquido (CSLL).

2 Em síntese, como será descrito com maiores detalhes a seguir, as autoridades fiscais entenderam que, no momento da incorporação de sociedades, haveria uma

---

[1] Processo Administrativo nº 10580.722510/2016-87.

permuta das ações da sociedade incorporada pelas ações da sociedade incorporadora, que equivaleria a uma alienação. Tal alienação teria gerado um ganho de capital correspondente à diferença entre (i) o valor do investimento na incorporada e (ii) o valor do investimento na incorporada, que deveria ter sido reconhecido pelo sócio da incorporada após a incorporação.

3 Embora existam diversos argumentos para sustentar a impossibilidade de tributação do suposto ganho de capital no caso sob análise, o foco do presente artigo será demonstrar que a incorporação de sociedades, realizada a valor contábil, não gera ganho de capital sujeito à tributação pelo IRPJ, considerando-se o conceito de renda e o próprio conceito de ganho de capital.[2]

2 Descrição do caso

4 No Caso Odebrecht, que deu origem ao Acórdão n° 1401-002.821, de 14.8.2018,[3] bem como no Acórdão n° 1401-003.583, de 16.7.2019,[4] decorrente dos embargos de declaração opostos em face do primeiro acórdão, o Carf entendeu que, na incorporação de uma controlada por outra pessoa jurídica, a controladora da sociedade incorporada teria auferido ganho de capital tributável pelo IRPJ e pela CSLL.

5 Mais especificamente, a partir da leitura dos referidos acórdãos, infere-se que a Odebrecht S.A. (Odebrecht) detinha ações representativas de 85,5% do capital da sociedade Odebrecht Realizações (ORINV). As ações representativas de 14,5% do capital da sociedade ORINV eram detidas pela GIF Realty Incorporações Imobiliárias e Participações S.A. (GIF Realty).

6 Em Assembleia-geral extraordinária realizada em 30.4.2012, os sócios da ORINV aprovaram a incorporação dessa sociedade pela sua sócia GIF Realty. De acordo com o laudo de avaliação e protocolo de incorporação e justificação relativo à incorporação da ORINV pela GIF Realty, o capital dessa sociedade foi aumentado em R$779.476.305,51.

7 O valor do aumento de capital de R$779.476.305,51 acima mencionado correspondia à diferença entre o valor do patrimônio líquido da ORINV (R$911.878.160,38),

---

[2] Para fins metodológicos, optou-se por não analisar a CSLL. De qualquer forma, tendo em vista que o ponto de partida de apuração de ambos os tributos é o resultado do exercício apurado de acordo com as normas contábeis, os exames e conclusões a serem desenvolvidos serão também relevantes para fins de incidência da CSLL.

[3] "IMPOSTO DE RENDA. GANHO DE CAPITAL. LIQUIDAÇÃO DE INVESTIMENTO E AQUISIÇÃO DE NOVA PARTICIPAÇÃO SOCIETÁRIA. ACRÉSCIMO PATRIMONIAL. POSSIBILIDADE. Investimento em participação liquidado e substituído na mesma operação por investimento diverso, cuja aplicação do percentual da participação detida resulta em patrimônio superior demonstra a existência do ganho de capital na operação. Tributa-se o ganho oriundo da diferença entre o valor do patrimônio que foi liquidado e o novo valor do investimento que o substituiu".

[4] "TRIBUTAÇÃO DO GANHO APURADO. MÉTODO DE EQUIVALÊNCIA PATRIMONIAL (MEP). INEXISTÊNCIA. Improcede a alegação de que o ganho na operação não pode ser tributado em razão da aplicação do MEP. Demonstra-se nas provas produzidas no processo que tratou-se de operação de alienação e não de simples aplicação do equivalência patrimonial. [...]".

descontado o valor correspondente à participação de 14,5% da GIF Realty (R$132.191.888,07) na ORINV.

8 Em virtude do aumento de capital da GIF Realty acima mencionado, foram emitidas novas ações ordinárias nominativas e sem valor nominal dessa sociedade, sendo que parcela de tais ações foram transferidas à Odebrecht.

9 Após a incorporação, a Odebrecht manteve seu percentual de participação de 85,5% na incorporadora. As ações remanescentes da GIF Realty passaram a ser detidas pelo GIF III Fundo de Investimentos e Participações (GIF FII), que detinha 100% das ações representativas do capital social da GIF Realty, antes da incorporação.

10 As figuras a seguir refletem os cenários existentes antes da incorporação da ORINV pela GIF Realty, bem como aquele que, segundo as autoridades fiscais, deveria existir após a incorporação, considerando-se os fatos brevemente descritos acima e outras informações que constam nos acórdãos sob análise:

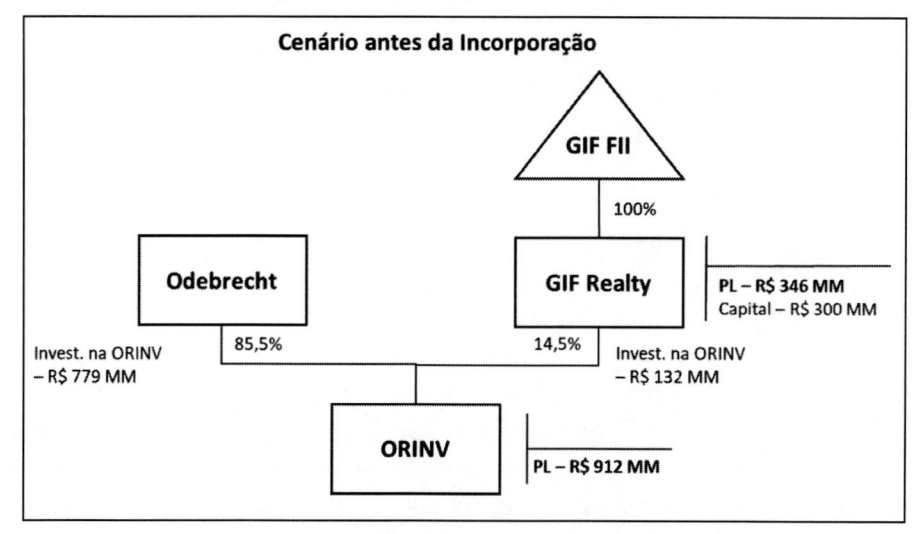

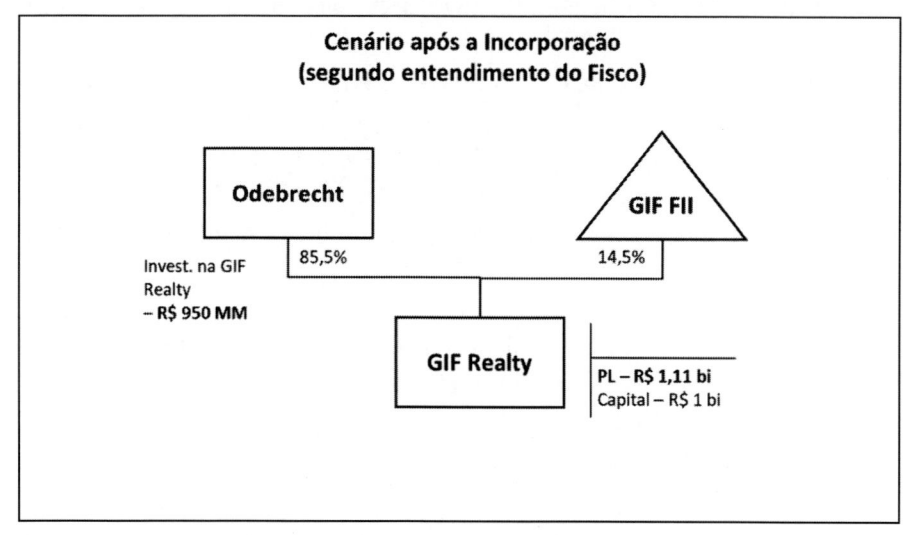

Cenário antes da Incorporação

- GIF FII — 100% — GIF Realty (PL – R$ 346 MM; Capital – R$ 300 MM)
- Odebrecht — 85,5% / GIF Realty — 14,5% — ORINV (PL – R$ 912 MM)
- Invest. na ORINV – R$ 779 MM (Odebrecht)
- Invest. na ORINV – R$ 132 MM (GIF Realty)

Cenário após a Incorporação (segundo entendimento do Fisco)

- Odebrecht — 85,5% / GIF FII — 14,5% — GIF Realty (PL – R$ 1,11 bi; Capital – R$ 1 bi)
- Invest. na GIF Realty – R$ 950 MM (Odebrecht)

11 Conforme se verifica nas figuras acima, de acordo com o entendimento das autoridades fiscais, o valor do investimento da Odebrecht na GIF Realty, após a incorporação, deveria ser maior que o valor do investimento que era detido por aquela sociedade na ORINV.

12 As autoridades fiscais entenderam que a diferença entre o valor do investimento da Odebrecht na GIF Realty, após a incorporação, e o valor do investimento na ORINV registrado pela ORINV antes da incorporação corresponderia a ganho de capital auferido na incorporação, que estaria sujeito à tributação pelo IRPJ e pela CSLL.

13 As autoridades fiscais sustentaram que, no momento da incorporação, a Odebrecht teria permutado as ações detidas na ORINV pelas ações que passaram a ser detidas na GIF Realty. A permuta, de acordo com as autoridades fiscais, seria uma forma de alienação, e, no caso específico, essa alienação teria gerado um ganho de capital para a Odebrecht correspondente à diferença entre o valor pelo qual o valor do investimento na ORINV estava registrado – R$779.476.305,51 – e aquele pelo qual o investimento na GIF Realty deveria ter sido registrado – R$950.486.547,67, correspondente a 85,5% do patrimônio líquido da GIF Realty após a incorporação (R$1.111.680.172,71).

14 No entanto, a Odebrecht registrou seu investimento na GIF Realty pelo mesmo valor que detinha o investimento na ORINV. Nesse sentido, a Odebrecht esclareceu que era titular de 100% das ações da ORINV, que foram alienadas para a GIF Realty.

15 Assim, quando a GIF Realty aumentou o capital da ORINV, apesar de a participação da Odebrecht ter sido reduzida de 100% para 85,5%, a Odebrecht auferiu um ganho, proporcional ao ágio pago pela GIF, no valor de R$214.146.168,00, que foi contabilizado em contrapartida ao patrimônio líquido da Odebrecht, seguindo orientação do item 66 da Interpretação Técnica do Comitê de Pronunciamentos Contábeis (CPC) nº 9.

16 Em conformidade com a legislação aplicável, que será analisada em maiores detalhes a seguir, a diferença acima mencionada não foi tributada pela Odebrecht no momento do aumento de capital da ORINV pela GIF Realty.

17 No momento da incorporação da ORINV pela GIF Realty, a Odebrecht teria registrado o investimento na GIF Realty pelo valor de R$779.476.305,51. Mas as autoridades fiscais entenderam que, de acordo com as normas contábeis aplicáveis, mais especificamente, de acordo com o MEP, o valor do investimento da Odebrecht na GIF Realty deveria ter sido registrado pelo valor de R$950.486.547,67, e a diferença entre os referidos valores representaria o ganho de capital tributável auferido pela Odebrecht.

18 Os argumentos apresentados pelo contribuinte para afastar a tributação do suposto ganho de capital seriam os seguintes: (i) impossibilidade de tributação do suposto ganho de capital decorrente da aplicação do MEP; (ii) impossibilidade de se tratar incorporação como permuta; (iii) ausência de tributação relativa ao aumento de capital de 2010 e sua irrelevância para o processo sobre a incorporação de 2012; (iv) impossibilidade de tributação da operação de permuta (caso assim fosse classificada a incorporação), no caso em que não há torna.

19 O voto vencedor do primeiro acórdão acima mencionado – Acórdão nº 1401-002.821, de 14.8.2018 – acolheu os argumentos apresentados pelas autoridades fiscais para justificar a tributação do suposto ganho de capital pelo IRPJ e pela CSLL.

20 A Conselheira Letícia Domingues Costa Braga proferiu seu voto vencido no sentido de que, ainda que a incorporação da ORINV pela GIF Realty tivesse gerado um acréscimo patrimonial para Odebrecht, não haveria ganho de capital tributável por esta última sociedade. Isso porque, ainda que a Odebrecht tivesse que registrar o investimento na GIF Realty pelo valor total de R$950.486.547,67, a diferença entre esse valor e o valor do investimento na ORINV corresponderia a uma receita decorrente da aplicação do método de equivalência patrimonial (MEP), que não está sujeita à tributação.

21 Além disso, no voto vencido, restou consignado que a incorporação de sociedade não ensejaria a realização da renda, que autorizaria a incidência do IRPJ e da CSLL.

22 Em 30.11.2018, a Odebrecht opôs embargos de declaração em face do acórdão acima mencionado, alegando a omissão na apreciação de diversos fundamentos que teriam sido apresentados em sua impugnação. Referidos embargos de declaração foram acolhidos e deram origem ao Acórdão nº 1401-003.583, de 16.7.2019.

23 Especificamente no que tange à impossibilidade de tributação de receita decorrente de aplicação do MEP, o acórdão acima menciona que tal argumento efetivamente não teria sido analisado pelo acórdão embargado, pois o caso sob análise não trataria de simples aumento patrimonial relativo à utilização do MEP, mas, sim, da extinção do investimento original na ORINV e o registro de um novo investimento na GIF Realty.

24 Em 21.10.2019, a Odebrecht apresentou recurso especial, que ainda está pendente de julgamento pela Câmara Superior de Recursos Fiscais (CSRF).

3 Breves comentários ao conceito de renda

25 As principais teorias econômicas que tratam do conceito de renda estão relacionadas ao conceito de renda como renda-produto ou acréscimo patrimonial.[5]

26 Como esclarece Luís Eduardo Schoueri, de acordo com a teoria-produto, ou teoria da fonte, considera-se renda o fruto periódico de uma fonte permanente. Por outro lado, a teoria da renda-acréscimo patrimonial adota o conceito de renda a partir da comparação da situação patrimonial em dois momentos distintos. Neste último grupo, inclui-se o sistema SHS (Schanz-Haig-Simons), de acordo com o qual a renda corresponderia ao acréscimo líquido de riqueza, acrescido da renda imputada e dos gastos com consumo em determinado período.[6]

---

[5] Conforme COSTA, Alcides Jorge. Conceito de renda tributável. *In*: MARTINS, Ives G. S. (Coord.). *Estudos sobre o imposto de renda* – Em memória de Henry Tilbery. São Paulo: Resenha Tributária, 1994. p. 21.

[6] SCHOUERI, Luís Eduardo. O mito do lucro real na passagem da disponibilidade jurídica para a disponibilidade econômica. *In*: MOSQUERA, Roberto Q.; LOPES, Alexsandro B. (Coord.). *Controvérsias jurídico-contábeis* – Aproximações e distanciamentos. São Paulo: Dialética, 2010. p. 243.

27 Segundo Joachin Lang, o conceito de renda decorre de diversos princípios, como princípio da igualdade, da certeza, do direito de propriedade, dos direitos de família, dos direitos de liberdade previstos pelo tratado que estabeleceu a União Europeia (livre movimentação de mercadorias, pessoas, serviços e capital), da capacidade contributiva, entre outros. Embora não estivesse analisando o sistema tributário brasileiro, note-se que diversos desses princípios também são encontrados em nosso ordenamento jurídico.[7]

28 A Constituição Federal prevê em seu art. 153, inc. III, que o imposto de renda, de competência da União Federal, será instituído sobre "a renda e proventos de qualquer natureza".

29 Especificamente sobre o conceito de renda adotado pelo sistema tributário brasileiro, José Artur Lima Gonçalves esclarece que o critério material da regra-matriz de incidência de um tributo deve estar em conformidade com definição (ainda que implícita) estabelecida pela própria Constituição Federal. Segundo esse doutrinador, "o âmbito semântico dos veículos linguísticos por ela adotados para traduzir o conteúdo dessas regras de competência não pode ficar à disposição de quem recebe a outorga de competência".[8]

30 Sobre a necessidade de definição do conceito de renda pela própria Constituição Federal, Paulo Ayres Barreto frisa que o legislador constitucional discriminou a competência impositiva mediante a utilização de conceitos. Caso se admitisse que o legislador infraconstitucional é quem definiria as referências sígnicas constitucionais, seria esvaziada a repartição de competências impositivas delineada pelo legislador constitucional.[9] Para o autor, o conceito constitucional de renda deve ser entendido como "um acréscimo a um dado conjunto de bens e direitos (patrimônio), pertencentes a uma mesma pessoa (física ou jurídica), observado um lapso temporal necessário para que se realize o cotejo entre certos ingressos, de um lado, e determinados desembolsos, de outro".[10]

31 Por outro lado, parte da doutrina, como exemplo, Bulhões Pedreira, sustenta que o Poder Legislativo deve definir, na legislação infraconstitucional, o que será entendido como renda, observando, contudo, as limitações impostas implicitamente pela Constituição Federal sobre esse tema, tendo seu poder limitado pelo sistema constitucional de distribuição de poder tributário.[11]

---

[7] LANG, Joachin. The influence of tax principles on the taxation of income from capital. *In*: ESSERS, Peter; RIJKERS, Arie (Org.). *The notion of income from capital*. Amsterdam: IBFD, 2005. p. 3-31.

[8] GONÇALVES, José Artur Lima. *Imposto sobre a renda*: pressupostos constitucionais. São Paulo: Malheiros, 2002. p. 171.

[9] BARRETO, Paulo Ayres. *Planejamento tributário*: limites normativos. São Paulo: Noeses, 2016. p. 56

[10] BARRETO, Paulo Ayres. *Imposto sobre a renda e preços de transferência*. São Paulo: Dialética, 2001. p. 73.

[11] Nesse sentido ensina José Luiz Bulhões Pedreira: "a Constituição Federal autoriza a União a impor tributos sobre a 'renda e os proventos de qualquer natureza'. No exercício do Poder Legislativo cabe ao Congresso Nacional definir, na legislação ordinária, o que deve ser entendido por renda, para efeitos de tributação. Mas ao definir a renda tributável o Congresso Nacional tem o seu poder limitado pelo sistema constitucional de distribuição de poder tributário, e fica sujeito à verificação, pelo Poder Judiciário, da conformidade dos conceitos legais com os princípios da Constituição. O Congresso pode restringir ou limitar o conceito de renda e proventos de qualquer natureza constante da Constituição, mas não ampliá-lo além dos limites compatíveis

32 Ricardo Mariz de Oliveira entende que o conceito de renda, para fins de imposição do imposto de renda, decorre das disposições do art. 43 da Lei nº 5.172, de 25.10.1966 (Código Tributário Nacional – CTN), que foi recepcionado pela Constituição Federal como lei complementar, em virtude de tratar de matéria que, de acordo com a Constituição Federal de 1988, cabia à lei complementar.[12] Nesse sentido, lembre-se que, nos termos do art. 146, inc. III, alínea "a" da Constituição Federal, cabe à lei complementar estabelecer normas gerais em matéria de legislação tributária, especialmente sobre a "definição de tributos e de suas espécies, bem como, em relação aos impostos discriminados nesta Constituição, a dos respectivos fatos geradores, bases de cálculo e contribuintes".

33 O CTN estabelece, em seu art. 43, que o imposto de renda incidirá sobre a renda e proventos de qualquer natureza, tendo por fato gerador a aquisição da disponibilidade econômica ou jurídica: (i) de renda, "assim entendido o produto do capital, do trabalho ou da combinação de ambos"; ou (ii) de proventos de qualquer natureza, que corresponderiam aos demais acréscimos patrimoniais.

34 O dispositivo acima mencionado reflete os conceitos de renda como acréscimo patrimonial e renda como produto, uma vez que a renda corresponderia aos acréscimos patrimoniais e aumentos positivos no patrimônio, abrangendo o produto do capital e do trabalho.

35 Além disso, referido dispositivo legal estabelece que ocorrerá o fato gerador do imposto de renda quando houver a "disponibilidade jurídica ou econômica" sobre acréscimos patrimoniais. Como esclarece Alberto Xavier, essa regra está diretamente relacionada ao princípio da realização em matéria de imposto de renda, segundo o qual somente são submetidos à tributação os ganhos, rendimentos e demais proventos quando efetivos e realizados, e não quando considerados potenciais ou meramente virtuais.[13]

36 Luciano Amaro esclarece que, independentemente de se tratar de renda produzida ou recebida, sempre haverá um fato econômico (visto sob a ótica da ciência econômica, que analisa o fenômeno de produção de uma riqueza nova apropriada por certo agente econômico) e jurídico (visto sob o ângulo da lei, que atribui consequências jurídicas ao fato, inclusive de ordem tributária).[14]

---

com a distribuição constitucional de rendas" (PEDREIRA, José Luiz Bulhões. *Imposto de renda*. São Paulo: APEC, 1969. p. 2-21). Corrobora esse entendimento Celso Antônio Bandeira de Mello, citado por MOSQUERA, Roberto Quiroga. *Renda e proventos de qualquer natureza – O imposto e o conceito constitucional*. São Paulo: Dialética, 1996. p. 40.

[12] OLIVEIRA, Ricardo Mariz. *Fundamentos do imposto de renda*. São Paulo: Quartier Latin, 2008. p. 283.

[13] XAVIER, Alberto. A diferença de tratamento tributário de receitas financeiras e ganhos de capital na aquisição de créditos por terceiros. *Revista Dialética de Direito Tributário*, São Paulo, n. 201, 2012. p. 41.

[14] AMARO, Luciano. Imposto sobre a renda e proventos de qualquer natureza. *In*: MARTINS, Ives G. S. (Coord.). *O fato gerador do imposto sobre a renda e proventos de qualquer natureza*. São Paulo: Resenha Tributária: CEEU, 1986. p. 387.

37 Segundo Luís Eduardo Schoueri,[15] o conceito de disponibilidade econômica estaria relacionado a um conceito econômico de patrimônio, independentemente da existência de um título jurídico. De qualquer forma, essa distinção não seria relevante, pois em ambos os casos, segundo o art. 43 do Código Tributário Nacional, deverá ocorrer a tributação da renda. Basta existir disponibilidade. A disponibilidade se verifica quando o beneficiário pode, segundo o seu entendimento, empregar os recursos para a destinação que lhe aprouver.

38 Ainda sobre o conceito de renda, vale destacar que o Plenário do Supremo Tribunal Federal, no julgamento do Recurso Extraordinário n° 201.465-6, entendeu que, para fins de definição da base de cálculo tributável pelo imposto de renda, deveria recorrer-se à legislação ordinária.

39 Com base em todo o acima exposto, estamos mais inclinados à posição de que o conceito de renda está definido na Constituição Federal, pois, caso contrário, teria que se admitir que o legislador infraconstitucional poderia ampliar ou reduzir a competência tributária que foi outorgada à União Federal para a instituição desse tributo. A função do CTN seria, portanto, a de explicitar o conceito de renda adotado pela Constituição Federal.

40 De qualquer forma, o conceito de renda adotado pelo CTN está em consonância com aquele previsto pela Constituição Federal, podendo-se inferir a partir da análise conjunta de tais dispositivos normativos que a renda corresponderá ao acréscimo patrimonial auferido dentro de determinado período de tempo, ou, ainda, o produto do trabalho, do capital ou da combinação de ambos, sempre que houver disponibilidade econômica ou jurídica de tais rendimentos, assim entendido o momento em que o contribuinte, segundo o seu entendimento, pode empregar os recursos para a destinação que lhe aprouver.

41 Ainda que exista margem para sustentar que o CTN, recepcionado por força de lei complementar, teria competência para definir o conceito de renda, está claro que não há fundamento para a posição adotada pelo Supremo Tribunal Federal no sentido de que caberia ao legislador ordinário definir a base de cálculo do tributo, e, consequentemente, a sua hipótese de incidência.

4 Breves comentários sobre o conceito de ganho de capital

42 Nos termos do art. 31 do Decreto-Lei n° 1.598, de 26.12.1977, serão classificados como ganhos ou perdas de capital, e computados na determinação do lucro real, os

---

[15] SCHOUERI, Luís Eduardo. O mito do lucro real na passagem da disponibilidade jurídica para a disponibilidade econômica. *In*: MOSQUERA, Roberto Q.; LOPES, Alexsandro B. (Coord.). *Controvérsias jurídico-contábeis* – Aproximações e distanciamentos. São Paulo: Dialética, 2010. p. 248.

resultados na alienação de bens do ativo não circulante, classificados como investimentos, imobilizados ou intangíveis.

43 O ganho de capital, nas palavras de Judith Freedman, é geralmente definido como um ganho não recorrente decorrente da transmissão de bem ou um direito a terceiro, cuja origem se dissocia daquela normalmente atribuída à "renda".[16]

44 Portanto, no caso de alienação de investimento, é auferido ganho de capital que decorre da alienação do próprio capital, ou seja, do investimento. Assim como esclarece Miguel Delgado Gutierrez, para os defensores da teoria da fonte, em que a renda é vista como o ganho regular (que se repete no tempo) derivado de fonte permanente, o ganho de capital estaria excluído do conceito de renda.[17]

45 Note-se, contudo, que o art. 43, inc. I, do CTN apenas estabelece que a fonte de produção da renda deve ser o capital, o trabalho ou a combinação de ambos, sem fazer qualquer exigência em relação ao seu caráter durável, permanente ou periódico. Portanto, já se poderia dizer que esse dispositivo autorizaria a tributação da renda.

46 Mas, como mencionado anteriormente, o sistema tributário brasileiro adotou não somente a teoria da fonte (inc. I do art. 43 do CTN), mas, também, a teoria da renda como acréscimo patrimonial (inc. II do art. 43 do CTN). Dessa forma, ainda que se entenda que o ganho de capital não poderia ser tributado com base no inc. I do art. 43 do CTN, nada impediria que a sua tributação se desse em conformidade com o inc. II do art. 43 do CTN, que trata dos acréscimos patrimoniais.

47 Gilberto Ulhôa Canto esclarece, inclusive, que, embora a expressão "proventos de qualquer natureza" seja comumente utilizada para designar as contraprestações por serviços com vínculo empregatícios, especialmente aqueles vinculados a pensões e outros benefícios pagos a inativos, o legislador constitucional procurou incluir em tal expressão os ganhos de capital. Nesse sentido, destaca que a comissão especial que atuou no projeto convertido na Emenda Constitucional nº 18, de 1965, teria discutido a possibilidade de inclusão da expressão "ganho de capital" em vez de "proventos de qualquer natureza". Mas, ao final, entendeu-se que isso seria desnecessário.[18]

48 Independentemente do fundamento para a tributação do ganho de capital, certo é que não se poderá tributar uma parcela maior que o próprio produto do capital ou o acréscimo patrimonial auferido, sob pena de violação aos conceitos de renda.

---

[16] FREEDMAN, Judith. Treatment of capital gains and losses. *In*: ESSERS, Peter; RIJKERS, Arie (Org.). *The notion of income from capital*. Amsterdam: IBFD, 2005. p. 191.

[17] GUTIERREZ, Miguel Delgado. Do conceito de alienação para fins de apuração do ganho de capital. *Revista Dialética de Direito Tributário*, São Paulo, n. 230, 2014. p. 97.

[18] CANTO, Gilberto Ulhôa. Imposto sobre a renda e proventos de qualquer natureza. *In*: MARTINS, Ives G. S. (Coord.). *O fato gerador do imposto sobre a renda e proventos de qualquer natureza*. São Paulo: Resenha Tributária: CEEU, 1986. p. 1-44.

5 Breves comentários acerca dos aspectos societários e contábeis da incorporação de sociedades

49 A incorporação de sociedade é a operação de reorganização societária pela qual uma ou mais sociedades são absorvidas por outra ou outras. Em virtude da incorporação, a sociedade incorporada extingue-se, com a sucessão universal pela incorporadora, em todos os direitos e obrigações.

50 Conforme entendimento da doutrina societária, na incorporação ocorre aumento do capital social da incorporadora, que é *subscrito e integralizado pela incorporada*, mediante versão de seus ativos e passivos.[19] Por esse motivo, Nilton Latorraca diz que as partes de uma incorporação são apenas as sociedades, incorporadora e a incorporada, inexistindo envolvimento dos respectivos sócios.[20]

51 Nesse sentido, e considerando que a incorporação é entendida como um ato de sucessão universal e da sub-rogação legal, a substituição ocorre sem interrupção do vínculo societário do acionista, diferentemente do que se verifica em eventos de alienação.[21]

52 Ademais, a incorporação de sociedades pode se dar pelo valor contábil ou de mercado. No caso da Odebrecht, por exemplo, infere-se que incorporação das sociedades ocorreu pelo valor contábil. Em outras palavras, não houve reavaliação dos ativos e passivos da sociedade incorporada pela incorporadora.

53 No caso em que a incorporação ocorre a valor contábil, o que se verifica é que a nova sociedade recebe o investimento na sociedade incorporadora exatamente pelo mesmo valor do investimento registrado na sociedade incorporada, razão pela qual

---

[19] "Assim, a subscrição, *que é obrigação da incorporada, cumpre-se com a integralização em bens e direitos que constituem o seu patrimônio,* fazendo-o pelo valor líquido deste [...] Temos, assim, que a transferência do patrimônio da incorporada para a incorporadora se dá a título de pagamento da dívida contraída com a subscrição" (CARVALHOSA, Modesto. *Comentários à Lei de Sociedades Anônimas* – Artigo 206 a 242. 4. ed. São Paulo: Saraiva, 2009. v. 4. t. I. p. 275.)

[20] "Temos então que a incorporação é um processo de absorção de sociedades, com sucessão nos direitos e obrigações, *em que são partes a incorporadora e as incorporadas. O envolvimento dos acionistas dessas sociedades na aprovação da operação, na dissidência não os torna parte do processo*" (LATORRACA, Nilton. *Direito tributário* – Imposto de renda das empresas. 15. ed. São Paulo: Atlas, 2000. p. 694.)

[21] Nesse sentido são os ensinamentos de Modesto Carvalhosa, José Luiz Bulhões Pedreira e Alfredo Lamy Filho: "[...] a primeira impressão que se poderia ter da incorporação é que esta seria um negócio de alienação, de natureza especial, não confundível com a compra e venda e a permuta. *Ocorre que a incorporação, que se efetiva com a subscrição do capital da incorporadora com o patrimônio líquido da incorporada,* não constitui nem compra e venda, nem alienação sui generis. [...] A entrega desse patrimônio como forma de pagamento tem como efeito a transferência de propriedade sobre o mesmo, no valor correspondente ao da subscrição" (CARVALHOSA, Modesto. *Comentários à Lei de Sociedades Anônimas* – Artigo 206 a 242. 4. ed. São Paulo: Saraiva, 2009. v. 4. t. I. p. 275. Grifos nossos). "*A substituição das ações na incorporação, fusão e cisão* dá-se por subrogação real legal — como efeito que a lei atribui a esses negócios jurídicos: *não é efeito de negócio jurídico de alienação,* como os de cessão ou permuta, *entre os acionistas titulares das ações extintas e a sociedade que emite as ações que as substituem.* [...] A incorporação e a fusão são negócios jurídicos nascidos do acordo de duas ou mais sociedades e a cisão é negócio jurídico unilateral de modificação de sociedade. Os atos de vontade das sociedades são atos coletivos — formados pelo voto da maioria dos acionistas na Assembleia Geral, que manifestam sua vontade no exercício da função de membros desse órgão social. *A substituição de ações não decorre, portanto, de atos de alienação dos acionistas*" (LAMY FILHO, Alfredo; PEDREIRA, José Luiz Bulhões (Coord.). *Direito das Companhias*. Rio de Janeiro: Forense, 2009. v. II. p. 1766. Grifos nossos).

não há evento de alienação capaz de ensejar ganho de capital tributável, especialmente em virtude da ausência de diferença entre o valor do investimento na incorporada e da incorporadora.

54 Para facilitar o entendimento do que se alega, suponha-se que determinada sociedade (sócia) detenha participação societária representativa de 100% de uma sociedade *holding* (A), que não tenha passivos e cujo único ativo seja a participação societária representativa de 100% do capital de outra sociedade (B). Por sua vez, suponha-se que a sociedade B não tenha passivos e tenha apenas um ativo que seja um imóvel avaliado pelo valor de $100.

55 Suponha-se, ainda, que a sócia tenha concluído que não valeria mais a pena manter, em sua estrutura societária, duas sociedades, razão pela qual implementaria uma incorporação de sociedades. Para tanto, haveria duas opções: (i) incorporaria a sociedade B na sociedade A, hipótese em que o seu investimento em A seria mantido exatamente da mesma forma; ou (ii) incorporaria a sociedade A na sociedade B (incorporação reversa), hipótese em que o seu investimento em B seria registrado pelo mesmo valor, que resultariam no seguinte cenário:

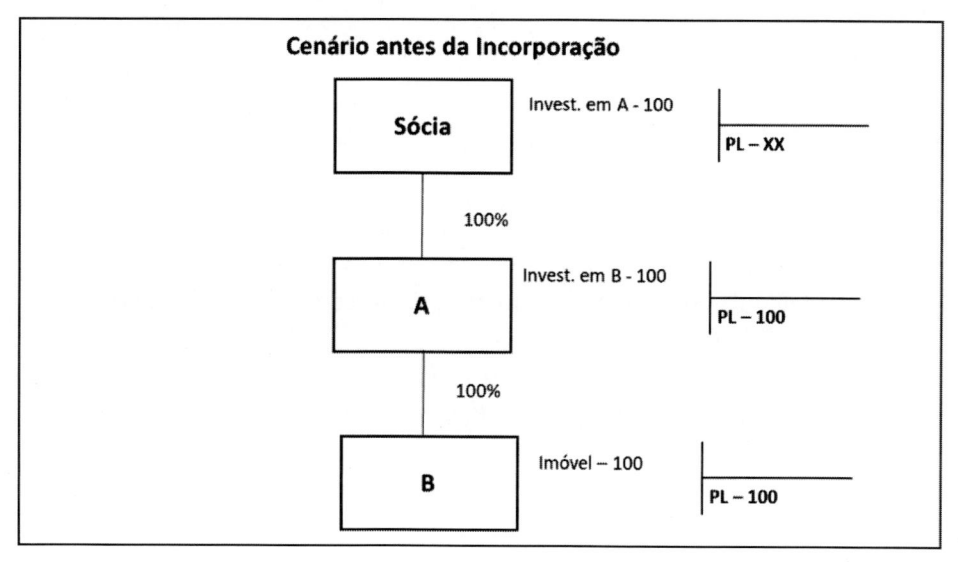

Cenário antes da Incorporação

- Sócia: Invest. em A - 100 | PL – XX
- A (100% da Sócia): Invest. em B - 100 | PL – 100
- B (100% de A): Imóvel – 100 | PL – 100

56 O exemplo acima ilustra o fato de que a incorporação de A por B ou B por A não representa qualquer acréscimo ao patrimônio da sócia. Nesse sentido, deve-se salientar que, se a sócia não tivesse qualquer outro passivo ou ativo, o seu patrimônio líquido seria de exatamente $100, antes e após a incorporação.

Cenário após a Incorporação

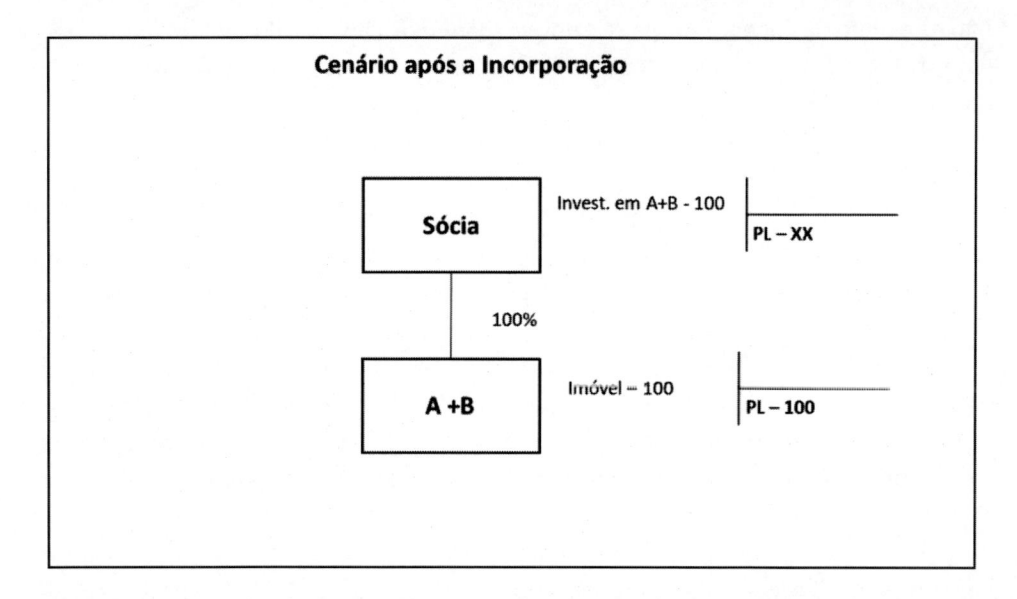

```
        ┌─────────┐
        │  Sócia  │── Invest. em A+B - 100   | PL – XX
        └────┬────┘
            100%
        ┌─────────┐
        │  A +B   │── Imóvel – 100           | PL – 100
        └─────────┘
```

6 Registros contábeis referentes à incorporação da ORINV pela GIF Realty

6.1 MEP

57 No Caso Odebrecht, o que se verifica é que, após a incorporação da ORINV pela GIF Realty, o investimento da GIF Realty foi registrado pela Odebrecht exatamente pelo mesmo montante que o investimento na ORINV estava registrado pela Odebrecht, qual seja, R$779.476.305,51.

58 No entanto, a fiscalização entendeu que o valor correto que teria que ser registrado seria de R$950.486.547,67. Referido valor foi obtido pela fiscalização por meio da aplicação do percentual de 85,5%, que representava o percentual de participação da Odebrecht no capital da GIF Realty, sobre o patrimônio líquido dessa sociedade após a incorporação (R$1.111.680.172,71).

59 Importante notar que, em nenhum momento, a fiscalização alegou que a incorporação deveria ter sido realizada a mercado. A fiscalização confirmou que a incorporação poderia ter sido realizada a valor contábil, a ser definido de acordo com a aplicação do MEP.

60 A sistemática de reconhecimento pelo MEP é obrigatória em investimentos em coligadas ou em sociedades sob controle comum. Nos termos do art. 248, da Lei nº 6.404, de 15.12.1976 (Lei das Sociedades Anônimas), os investimentos em coligadas, controladas e em outras sociedades que façam parte de um mesmo grupo ou estejam sob controle comum devem ser avaliados pelo MEP, isto é, mediante a aplicação, sobre o valor do patrimônio líquido da sociedade controlada ou coligada, apurado conforme a Lei das Sociedades Anônimas, do percentual de participação no seu capital, após efetuados determinados ajustes em tal investimento que não são relevantes para fins da nossa análise.

61 Além disso, segundo o art. 243, §1º, da Lei das Sociedades Anônimas, são consideradas coligadas "as *sociedades* nas quais a investidora tenha influência significativa", sendo que tal influência é presumida quando a investidora for titular de 20% ou mais do capital votante da investida, sem controlá-la (§5º).

62 O MEP, em linhas gerais, consiste na aplicação sobre o valor do patrimônio líquido da investida, ajustado, quando necessário, para uniformização de práticas contábeis, da porcentagem de participação do controlador nesta mesma investida.

63 O método de equivalência patrimonial é também denominado *one line consolidation*, uma vez que, em uma única linha, é refletida a parcela do lucro ou prejuízo da investida que cabe à investidora.

64 Logo após a edição da Lei das Sociedades Anônimas, o Decreto-lei nº 1.598, de 26.12.1977, incorporou, na legislação fiscal, os dispositivos da Lei das Sociedades Anônimas comentados acima. O art. 21, do Decreto-Lei nº 1.598/77, já após os ajustes promovidos pela Lei nº 12.973, de 13.5.2014, prevê expressamente a obrigação de avaliação de investimento pelo MEP "de acordo com o disposto no artigo 248 da Lei nº 6.404, de 1976". Referido dispositivo legal está refletido no art. 423 do Regulamento do Imposto de Renda, aprovado pelo Decreto nº 9.580, de 22.11.2018 (RIR/18).

65 A aplicação do MEP, para fins de avaliação do investimento detido em controlada ou coligada, implica refletir, na investidora, as alterações patrimoniais ocorridas na controlada ou coligada. Assim, como consequência, o valor do investimento deve ser ajustado pelo valor do patrimônio líquido da investida, apurado nos termos do art. 248 da Lei das Sociedades Anônimas e do art. 423 do RIR/18, devendo a diferença no valor deste patrimônio líquido ser escriturada a débito ou a crédito da rubrica de investimento. Como regra geral, a contrapartida deste ajuste na conta de investimento deve ser reconhecida no resultado do exercício de competência, não devendo ser computada na apuração do lucro real, consoante art. 425 do RIR/18. Significa dizer que eventual despesa é não dedutível e eventual receita é não tributável.

66 No mesmo sentido, o art. 23 do Decreto-Lei nº 1.598/77, reproduzido no art. 426 do RIR/18, prevê que as contrapartidas em resultado (positivas ou negativas) decorrentes da aplicação do MEP não serão computadas na determinação do lucro real, base de cálculo do IRPJ. De forma similar, o art. 2º, §1º, alínea "c", da Lei nº 7.689/88, que trata da CSLL, estabelece, entre outros ajustes, que serão adicionados e excluídos, respectivamente, o resultado negativo e/ou positivo da avaliação de investimentos pelo valor de patrimônio líquido.

6.2 A contabilização do investimento pela Odebrecht

67 No Caso Odebrecht, o que se verificou foi que essa sociedade, após a incorporação da ORINV pela GIF Realty, registrou o investimento na GIF Realty exatamente pelo mesmo valor contábil que a ORINV estava registrada pela Odebrecht. No entanto, o resultado a que se chegou não foi o mesmo esperado pela fiscalização.

68 Isso porque, como se infere da leitura dos acórdãos, inicialmente, a Odebrecht detinha 100% da participação societária da ORINV, e, em maio de 2010, a GIF Realty subscreveu capital da ORINV, reduzindo a participação da Odebrecht na ORINV para 85,5%.

69 Como a Odebrecht era controladora da ORINV e, no momento da subscrição do capital, não houve perda de controle, o ágio no valor de R$214.146.168,00 referente ao aumento de capital acima mencionado representou um ganho para a Odebrecht proporcional à sua participação no capital social da ORINV. Referido valor foi contabilizado em contrapartida ao patrimônio líquido da Odebrecht, nos termos do item 66 da Interpretação Técnica do CPC nº 9, a seguir transcrito:

> Por isso o Pronunciamento Técnico CPC 36 requer, em seus itens 23 e 24, que as mudanças na participação relativa da controladora sobre uma controlada que não resultem na perda de controle devem ser contabilizadas como transações de capital (ou seja, transações com sócios, na qualidade de proprietários) nas demonstrações consolidadas. Em tais circunstâncias, o valor contábil da participação da controladora e o valor contábil da participação dos não controladores devem ser ajustados para refletir as mudanças nas participações relativas das partes na controlada. *Qualquer diferença entre o montante pelo qual a participação dos não controladores tiver sido ajustada e o valor justo da quantia recebida ou paga deve ser reconhecida diretamente no patrimônio líquido atribuível aos proprietários da controladora, e não como resultado.* (Grifos nossos)

70 Note-se, portanto, que contabilização acima já ocorreu em conformidade com os padrões internacionais de contabilidade ou *International Financial Reporting Standards* (IFRS) editados em conformidade com a Lei nº 11.638, de 28.12.2007.

71 Uma relevante premissa das normas contábeis editadas de acordo com os IFRS é que elas se destinam à elaboração de demonstrações financeiras consolidadas. Dessa forma, quando houver mudanças na participação societária detida na controlada que não resultam na perda de controle, tais operações devem ser refletidas contabilmente como transações patrimoniais (ou seja, transações com os sócios, como exemplo, operações de aquisição de suas próprias ações para manutenção em tesouraria).[22]

72 Essa é a razão, portanto, para que o ganho decorrente do aumento de capital da ORINV pela GIF Realty não tenha sido lançado em conta de resultado, mas em conta patrimonial da Odebrecht.

73 De qualquer forma, na época do referido aumento de capital, ainda estava em vigor o Regime Tributário de Transição (RTT), instituído pela Lei nº 11.941/09, com objetivo de neutralizar os efeitos fiscais das normas contábeis editadas de acordo com os IFRS. Assim, no contexto do RTT, deveriam ser considerados, para fins fiscais, os métodos e critérios contábeis vigentes em 31.12.2007.

74 De acordo com os critérios contábeis anteriores, o ganho acima mencionado deveria ser lançado como resultado. Mas é importante esclarecer que a legislação fiscal

---

[22] Cf. item 23 do Pronunciamento Técnico CPC 36 (R3).

reconheceu, expressamente, no §2°, do art. 33 do Decreto-Lei n° 1.598/77, reproduzido no art. 509 do Decreto n° 9.580, de 22.11.2018 (RIR/18), a possibilidade de a investidora apurar resultados decorrentes da aplicação do MEP em virtude da denominada "variação do percentual de participação societária" na investida, que ocorre, por exemplo, no ganho de diluição, sendo o acréscimo daí oriundo "tido como receita não-tributável e o decréscimo, como despesa não-dedutível", para fins de apuração do IRPJ.

75 Assim, considerando-se que a diferença registrada por determinada sociedade entre (i) o novo valor do investimento avaliado pelo MEP e (ii) o antigo valor do investimento é registrada como ganho decorrente do valor do percentual de participação societária, tal diferença não está sujeita à tributação, por expressa determinação legal do art. 509 do RIR/18.

76 Quando houve a incorporação da ORINV pela GIF Realty, de acordo com as informações que constam no processo, teriam sido mantidos exatamente os mesmos registros existentes antes da incorporação, de modo que o investimento da Odebrecht na GIF Realty foi registrado pelo valor de R$779.476.305,51, e não pelo valor de R$950.486.547,67, apontado pela fiscalização como correto.

7 Inexistência de ganho no momento da incorporação de sociedade pelo valor contábil

77 Como mencionado anteriormente, a renda corresponderá ao acréscimo patrimonial auferido dentro de determinado período de tempo, ou, ainda, o produto do trabalho, do capital ou da combinação de ambos, sempre que houver disponibilidade econômica ou jurídica de tais rendimentos, assim entendido o momento em que o contribuinte, segundo o seu entendimento, pode empregar os recursos para a destinação que lhe aprouver.

78 Assim, não se pode tributar, a título de ganho de capital, uma parcela maior que o próprio produto do capital ou o acréscimo patrimonial auferido, sob pena de violação ao conceito de renda.

79 No caso sob análise, verifica-se que, no momento da incorporação da ORINV pela GIF Realty, não houve diferença entre o valor pelo qual as ações da ORINV estavam registradas e o valor pelo qual as ações da GIF Realty passaram a ser registradas pela Odebrecht, de modo que não haveria que se falar em ganho de capital tributável.

80 Não poderia ser de outra forma, pois o critério eleito para a incorporação ocorrida foi o valor contábil, e não o valor de mercado, destacando-se que tal critério não foi questionado pelas autoridades fiscais.

81 No entanto, no caso ora sob análise, as autoridades fiscais entenderam que a forma correta para o registro do investimento da Odebrecht na GIF Realty, conforme o valor contábil, deveria ter sido simplesmente a aplicação do MEP, o que não teria sido observado pela Odebrecht, pois essa sociedade simplesmente refletiu o seu investimento na GIF Realty da mesma forma que tal investimento estava registrado na ORINV.

82 Destaca-se que, mesmo se o MEP tivesse sido aplicado pela Odebrecht para avaliar o investimento na GIF Realty, tal ganho não seria tributado em virtude de todos os dispositivos acima mencionados que estabelecem a neutralidade do MEP para fins fiscais.

83 De fato, segundo Luís Eduardo Schoueri, o resultado de equivalência patrimonial seria mero reflexo dos resultados da investida. Mais especificamente, o MEP apenas possibilitaria que se revelasse em cada sociedade o lucro que foi auferido uma única vez. Assim, por representar mero reflexo de realidades econômicas, tais movimentações patrimoniais deveriam ser irrelevantes para fins fiscais. A impossibilidade de tributação de tais valores deveria ser uma decorrência do princípio da capacidade contributiva.[23]

84 Além disso, subsidiariamente, seria possível sustentar que eventual ganho auferido pela Odebrecht no momento do aumento de capital que precedeu a incorporação de sociedades, apesar de não ser tributado, poderia ser considerado custo de aquisição pela Odebrecht na apuração do ganho de capital em uma eventual alienação dos seus investimentos.

85 Isso porque, para fins de apuração do ganho de capital, o custo de aquisição, nos termos do art. 33 do Decreto-Lei nº 1.598/77, é valor do patrimônio líquido pelo qual o investimento estiver registrado na contabilidade do contribuinte, como resultado da avaliação do investimento pelo MEP, em linha com os arts. 243 e 248 da Lei das Sociedades Anônimas e art. 21 do Decreto-Lei nº 1.598/77.

86 Conforme se nota, na redação do art. 33 Decreto-Lei nº 1.598/77, não há qualquer ressalva quanto à origem do valor de patrimônio líquido do investimento para fins da determinação do custo de aquisição na apuração do ganho de capital – se ganho obtido com a variação da participação (ganho de diluição), disciplinado pelo art. 33, §2º do Decreto-Lei nº 1.598/77, ou se decorre do simples aumento ou redução no valor do patrimônio líquido, disciplinados pelo art. 23 do Decreto-Lei nº 1.598/77.

87 O art. 33 Decreto-Lei nº 1.598/77 prevê, expressamente, que o custo de aquisição corresponde ao valor de patrimônio líquido pelo qual o investimento estiver registrado na contabilidade. Assim, considerando as disposições da Lei das Sociedades Anônimas e do Decreto-Lei nº 1.598/77, é possível afirmar que existe um único conceito de patrimônio líquido da controlada ou coligada, aquele que consta da legislação societária e foi incorporado à legislação fiscal.

88 Corrobora esse entendimento o decidido no Acórdão nº 1402-004.537, de 11.3.2020, proferido pelo Carf, que também tratava de ganho de capital no momento da incorporação de sociedades. No referido caso, o Carf analisou, entre outras questões que não são relevantes para a presente análise, se o ganho decorrente de variação no

---

[23] SCHOUERI, Luís Eduardo. *Ágio em reorganizações societárias* – Aspectos tributários. São Paulo: Dialética, 2012. p. 53.

percentual de participação societária poderia ser considerado custo de aquisição do investimento para fins de determinação do ganho de capital.

89 A autoridade fiscal sustentou que o art. 509 do RIR/18 seria uma regra de diferimento da tributação, sendo que o ganho de diluição somente não estaria sujeito à tributação enquanto o investimento não fosse alienado. Assim, de acordo com o entendimento da autoridade fiscal, o custo de aquisição, para efeitos do cálculo do ganho de capital, seria o valor da participação societária antes de o aumento de capital ocorrer.

90 A Delegacia da Receita Federal do Brasil de Julgamento (DRJ), por sua vez, entendeu de forma diversa das autoridades fiscais, no sentido de que o disposto no art. 509 do RIR/18 seria uma hipótese de não incidência, e não diferimento da tributação.

91 O Carf, por maioria de votos, acompanhou o entendimento manifestado pela DRJ, no sentido de que o disposto no art. 509 do RIR/18 prevê uma situação de não incidência tributária, em especial pelos seguintes fundamentos (i) não há previsão expressa no texto legal no sentido de que o artigo estaria prevendo uma hipótese de diferimento de tributação e (ii) a Instrução Normativa da Receita Federal do Brasil nº 1700, de 14.3.2017, não prevê a necessidade de se realizar o controle na Parte B do Lalur do valor do ganho, o que seria obrigatório no caso de diferimento de tributação.

92 Nesse contexto, o Carf entendeu que o valor do custo de aquisição para fins da determinação do ganho de capital tributável corresponderia ao valor do patrimônio líquido da investida após o aumento de capital e, portanto, incluído o ganho de diluição.

93 Verifica-se, portanto, que, por diferentes caminhos, se chega ao mesmo resultado: ausência de ganho de capital tributável no caso sob análise, o que faz todo sentido, uma vez que a incorporação de sociedade foi realizada pelo seu valor contábil, não tendo sido questionada, em qualquer momento, a possibilidade de utilização de tal critério pelas sociedades.

8 Comentários finais

94 Em virtude de todo o acima exposto, pode-se inferir que, independentemente de todos os demais argumentos apresentados pela Odebrecht para afastar a ilegitimidade da tributação do suposto ganho de capital no momento da incorporação da ORINV pela GIF Realty,[24] o fato é que a incorporação de sociedades sob análise, realizada por seu valor contábil, não gerou ganho tributável.

95 No caso específico sob análise, a suposta diferença encontrada pelas autoridades fiscais decorreu exclusivamente da aplicação das normas contábeis destinadas à elaboração das demonstrações financeiras consolidadas, em virtude das quais, em momento anterior à incorporação, uma parcela referente à variação de participação

---

[24] Como exemplo, a impossibilidade de se tratar incorporação como permuta e impossibilidade de tributação da operação de permuta (caso assim fosse classificada a incorporação), no caso em que não há torna.

societária não foi registrada na conta de ativo referente ao investimento da Odebrecht na incorporada, tendo sido tal parcela lançada diretamente contra o patrimônio líquido daquela sociedade.

96 Para fins de apuração do suposto ganho de capital, as autoridades fiscais aplicaram o MEP após a incorporação, para determinar o valor do investimento da Odebrecht na sociedade incorporadora, que resultou em valor superior àquele que havia sido registrado em conta de ativo da Odebrecht referente ao seu investimento na incorporada.

97 Ocorre que, como acima mencionado, o ganho decorrente do MEP não deve ser tributado, havendo diversas normas tributárias que visam à neutralização dos seus efeitos para fins fiscais.

98 Além disso, subsidiariamente, seria possível sustentar que eventual ganho auferido pela Odebrecht no momento do aumento de capital que precedeu a incorporação de sociedades, apesar de não ser tributado, poderia ser considerado custo de aquisição pela Odebrecht na apuração do ganho de capital em uma eventual alienação dos seus investimentos.

99 Verifica-se, portanto, que, por diferentes caminhos, se chega ao mesmo resultado: ausência de ganho de capital tributável no caso sob análise, que se trata de incorporação de sociedade por seu valor contábil, fato que não foi objeto de questionamento em qualquer momento.

Referências

AMARO, Luciano. Imposto sobre a renda e proventos de qualquer natureza. *In*: MARTINS, Ives G. S. (Coord.). *O fato gerador do imposto sobre a renda e proventos de qualquer natureza*. São Paulo: Resenha Tributária: CEEU, 1986.

BARRETO, Paulo Ayres. *Imposto sobre a renda e preços de transferência*. São Paulo: Dialética, 2001.

BARRETO, Paulo Ayres. *Planejamento tributário*: limites normativos. São Paulo: Noeses, 2016.

CANTO, Gilberto Ulhôa. Imposto sobre a renda e proventos de qualquer natureza. *In*: MARTINS, Ives G. S. (Coord.). *O fato gerador do imposto sobre a renda e proventos de qualquer natureza*. São Paulo: Resenha Tributária: CEEU, 1986.

CARVALHOSA, Modesto. *Comentários à Lei de Sociedades Anônimas* – Artigo 206 a 242. 4. ed. São Paulo: Saraiva, 2009. v. 4. t. I.

COSTA, Alcides Jorge. Conceito de renda tributável. *In*: MARTINS, Ives G. S. (Coord.). *Estudos sobre o imposto de renda* – Em memória de Henry Tilbery. São Paulo: Resenha Tributária, 1994.

FREEDMAN, Judith. Treatment of capital gains and losses. *In*: ESSERS, Peter; RIJKERS, Arie (Org.). *The notion of income from capital*. Amsterdam: IBFD, 2005.

GONÇALVES, José Artur Lima. *Imposto sobre a renda*: pressupostos constitucionais. São Paulo: Malheiros, 2002.

GUTIERREZ, Miguel Delgado. Do conceito de alienação para fins de apuração do ganho de capital. *Revista Dialética de Direito Tributário*, São Paulo, n. 230, 2014.

LAMY FILHO, Alfredo; PEDREIRA, José Luiz Bulhões (Coord.). *Direito das Companhias*. Rio de Janeiro: Forense, 2009. v. II.

LANG, Joachin. The influence of tax principles on the taxation of income from capital. *In*: ESSERS, Peter; RIJKERS, Arie (Org.). *The notion of income from capital*. Amsterdam: IBFD, 2005.

LATORRACA, Nilton. *Direito tributário* – Imposto de renda das empresas. 15. ed. São Paulo: Atlas, 2000.

MOSQUERA, Roberto Quiroga. *Renda e proventos de qualquer natureza* – O imposto e o conceito constitucional. São Paulo: Dialética, 1996.

OLIVEIRA, Ricardo Mariz. *Fundamentos do imposto de renda*. São Paulo: Quartier Latin, 2008.

PEDREIRA, José Luiz Bulhões. *Imposto de renda*. São Paulo: APEC, 1969.

SCHOUERI, Luís Eduardo. *Ágio em reorganizações societárias* – Aspectos tributários. São Paulo: Dialética, 2012.

SCHOUERI, Luís Eduardo. O mito do lucro real na passagem da disponibilidade jurídica para a disponibilidade econômica. *In*: MOSQUERA, Roberto Q.; LOPES, Alexsandro B. (Coord.). *Controvérsias jurídico-contábeis* – Aproximações e distanciamentos. São Paulo: Dialética, 2010.

XAVIER, Alberto. A diferença de tratamento tributário de receitas financeiras e ganhos de capital na aquisição de créditos por terceiros. *Revista Dialética de Direito Tributário*, São Paulo, n. 201, 2012.

Informação bibliográfica deste texto, conforme a NBR 6023:2018 da Associação Brasileira de Normas Técnicas (ABNT):

MEIRA, Thais de Barros; PETTINELLI, Marina. Caso Odebrecht: pretensão de tributação do ganho de capital na incorporação de sociedades pelo seu valor contábil. *In*: MARINHO NETO, José Antonino (Org.); LOBATO, Valter de Souza (Coord.). *Planejamento Tributário*: pressupostos teóricos e aplicação prática. Belo Horizonte: Fórum, 2021. p. 325-343. ISBN 978-65-5518-269-9.

DEMAIS FIGURAS CLÁSSICAS DO PLANEJAMENTO TRIBUTÁRIO

"PEJOTIZAÇÃO" E SEUS REFLEXOS TRIBUTÁRIOS: ANÁLISE DOS CRITÉRIOS DE DESCONSIDERAÇÃO DE NEGÓCIOS JURÍDICOS NO ÂMBITO ADMINISTRATIVO

ARIANE COELHO BARONI PERDIGÃO DE MIRANDA

SÁVIO JORGE COSTA HUBAIDE

1 Introdução

A constituição de pessoas jurídicas para a prestação de serviços, fenômeno intitulado "pejotização", tornou-se uma das práticas corriqueiramente adotadas pelos contribuintes, haja vista possuir como uma de suas consequências a redução do ônus fiscal. Haja vista a possibilidade de prestação de serviços por pessoas físicas ou jurídicas, enquanto a celebração de relações de emprego sujeita o empregador aos encargos tributários, previdenciários e trabalhistas, e o empregado à tributação das pessoas físicas, a constituição de sociedades empresárias reduz tais incidências.

Apesar da autorização expressa contida no art. 129 da Lei do Bem, verdadeira opção fiscal, sobretudo aos trabalhadores autônomos, a "pejotização" pode vir a ser utilizada para encobrir relações de emprego, cenário que tem suscitado controvérsias no âmbito doutrinário e jurisprudencial. Mesmo assim, ainda não há limites claros para o exercício da livre iniciativa dos contribuintes, bem como quais seriam os critérios que ensejariam a desconsideração dos atos e negócios jurídicos praticados.

As diversas autuações que recaem tanto sobre o imposto de renda da pessoa física prestadora de serviços, quanto sobre as contribuições previdenciárias a cargo do empregador, são examinadas pelo Conselho Administrativo de Recursos Fiscais, sem que se tenha pacificado um posicionamento acerca dos critérios de desconsideração.

Soma-se a esse conturbado contexto as alterações introduzidas pela Reforma Trabalhista, bem como a tese fixada pelo Supremo Tribunal Federal, que reputou legítima a terceirização das atividades-fim as quais, por expressa previsão legal, não configuram relação de emprego entre prestadores e tomadores. Ainda, a constitucionalidade do art. 129 da Lei do Bem foi submetida à apreciação da Suprema Corte por meio da Ação Declaratória de Constitucionalidade nº 66.

2 A "pejotização" como planejamento tributário

No direito tributário, o planejamento tributário é um dos temas mais instigantes e complexos, posto que suscita debates dos pontos de vista jurídico, econômico, filosófico, político e, sobretudo, ideológico,[1] bem como envolve um embate principiológico entre a legalidade, a livre iniciativa e a autonomia dos contribuintes de um lado, e a capacidade contributiva, a igualdade e a solidariedade de outro. A distinção entre os institutos da elisão e da evasão fiscal, separados pela zona intermediária cinzenta da elusão, provocam divergências na doutrina, na jurisprudência e até mesmo nas propostas legislativas.

No âmbito teórico, o planejamento tributário pode ser entendido como medida coerente com a lógica do direito, que seria, ele próprio, "uma atividade compartilhada de planejamento social".[2] Outras correntes enxergam o planejamento como um dever constitucional dos administradores, pois o tributo seria um custo tal qual outro qualquer, que deveria ser reduzido sempre que possível,[3] e há quem defenda um direito

---

[1] Sobre a influência da ideologia: "Além de teórico, o planejamento tributário é tema carregado de ideologia política e econômica [...] A visão e as opiniões que uma pessoa tem sobre o planejamento tributário são necessária e fortemente condicionadas pela visão que a mesma pessoa tem sobre a natureza e as funções do Estado, a natureza e as funções do tributo e do direito tributário" (GODOI, Marciano Seabra de. Planejamento tributário. *In*: MACHADO, Hugo de Brito (Coord.). *Planejamento tributário*. São Paulo: Malheiros, 2016. p. 447).

[2] SHAPIRO, Scott J. *Legality*. Cambridge: Belknap, 2011 *apud* JORGE, Alice de Abreu Lima. *Planejamento no direito tributário*. 1. ed. Belo Horizonte: D'Plácido, 2018. p. 17-21.

[3] MOREIRA, André Mendes. O planejamento tributário sob a ótica do Código Tributário Nacional. *In*: GODOI, Marciano Seabra de; ROCHA, Sérgio André (Org.). *Planejamento tributário*: limites e desafios concretos. Belo Horizonte: D'Plácido, 2018. p. 79; XAVIER, Alberto. *Tipicidade da tributação, simulação e norma antielisiva*. São Paulo: Dialética, 2001.

fundamental à economia tributária.⁴ Em contrapartida, não se pode deixar de mencionar a corrente que prega a existência de um dever fundamental de recolher tributos.⁵

Ocorre que, pela conjugação e pela convivência harmônica de diversos (e as vezes opostos) princípios e valores estatuídos na Constituição da República de 1988, mostra-se imprescindível encontrar um equilíbrio ao reconhecer o planejamento tributário como direito dos contribuintes, em respeito aos princípios da legalidade, da tipicidade, da livre iniciativa e da segurança jurídica, mas sem se descurar do fato de que o tributo não consiste tão somente numa ferramenta financiadora das atividades estatais, mas possui uma função instrumental como mecanismo propulsor de justiça distributiva e combate às desigualdades.

No entanto, ante a complexidade, a infinitude e a constante evolução das possíveis relações jurídicas praticadas pelos contribuintes que podem ocasionar reflexos tributários, a legislação não se mostrou capaz de regular o tema como seria utopicamente ideal. Assim, poucas são as considerações *a priori* a respeito de planejamentos tributários, que inevitavelmente dependem da análise de situações fáticas particulares.

De toda forma, e apesar das consideráveis diferenças teóricas acerca do planejamento tributário, ponto comum é que tal instituto diz respeito tão somente às condutas lícitas praticadas pelos contribuintes, majoritariamente antes da ocorrência dos fatos geradores, e que tendem a postergar, reduzir ou evitar a incidência tributária. Trata-se de uma estratégia, um conjunto de atos ordenados que visam a atingir determinada finalidade (economia tributária), que pode ser entendida como um direito legítimo do contribuinte, o qual não pode ser necessariamente compelido ao recolhimento da maior carga tributária possível em cada situação, desde que respeitados os limites legais.

Nessa toada, uma das usuais práticas classificadas como planejamento tributário consiste na prestação de serviços de caráter personalíssimo ou não por meio da constituição de pessoas jurídicas pelo prestador, que recebeu a alcunha de "pejotização".

2.1 As vantagens tributárias da "pejotização" e o art. 129 da Lei do Bem

A "pejotização" consiste, portanto, na prática por meio da qual profissionais autônomos ou não constituem pessoas jurídicas para a prestação de serviços, sendo que a principal controvérsia reside na possibilidade de que essa relação de natureza civil venha a encobrir uma relação de emprego, sujeitando-se a um regime tributário mais favorecido.

---

[4] LEÃO, Martha Toribio. *O direito fundamental de economizar tributos*: entre legalidade, liberdade e solidariedade. São Paulo: Malheiros, 2018.

[5] GRECO, Marco Aurélio. *Planejamento tributário*. 4. ed. São Paulo: Quartier Latin, 2019; NABAIS, José Casalta. *O dever fundamental de pagar impostos*. Coimbra: Almedina, 1998.

Do ponto de vista tributário, a contratação da prestação de serviços por meio de pessoas jurídicas gera vantagens tanto para o prestador quanto para o tomador.

Com efeito, no que se refere ao prestador, se ofertasse sua mão de obra por meio de uma relação de emprego, estaria sujeito ao recolhimento de imposto de renda sobre a pessoa física, cuja alíquota pode chegar a 27,5% (vinte e sete inteiros e cinco décimos por cento), além da contribuição do segurado empregado. Por outro lado, se os serviços autônomos são prestados por meio de uma pessoa jurídica, considerando-se a possibilidade de opção pela sistemática do lucro presumido, a alíquota efetiva da tributação da renda (IRPJ e CSLL) pode alcançar 10,88% (dez inteiros e oitenta e oito centésimos por cento)[6] que, somado aos 3,65% (três inteiros e sessenta e cinco centésimos por cento) das contribuições ao PIS e à Cofins no regime cumulativo, totalizam 14,53% (quatorze inteiros e cinquenta e três centésimos por cento) de tributos federais. Há, ainda, a incidência do ISSQN, cujas alíquotas variam de 2% (dois por cento) a 5% (cinco por cento). De todo modo, a carga tributária é consideravelmente menos onerosa para a pessoa jurídica, se comparada à pessoa física.

No tocante ao tomador dos serviços, a contratação de um empregado pode se sujeitar ao recolhimento da contribuição previdenciária patronal, das contribuições do grau de incidência da incapacidade laborativa decorrente dos riscos ambientais do trabalho (GIIL-RAT), bem como das contribuições destinadas a terceiros. Além das incidências tributárias, a contratação de empregados naturalmente sujeita o empregador ao recolhimento de verbas trabalhistas e do Fundo de Garantia do Tempo de Serviço (FGTS). Dessa forma, a contratação de serviços por intermédio de pessoas jurídicas se mostra vantajosa, também, sob a ótica do tomador.

Embora não existisse nenhuma vedação à constituição de pessoas jurídicas para a prestação de serviços,[7] a Lei nº 11.196/05 (Lei do Bem), expressamente autorizou que os serviços intelectuais, de natureza científica, artística ou cultural sejam prestados por meio de sociedades:

> Art. 129. Para fins fiscais e previdenciários, a prestação de serviços intelectuais, inclusive os de natureza científica, artística ou cultural, em caráter personalíssimo ou não, com ou sem a designação de quaisquer obrigações a sócios ou empregados da sociedade prestadora de serviços, quando por esta realizada, se sujeita tão-somente à legislação aplicável às pessoas jurídicas, sem prejuízo da observância do disposto no art. 50 da Lei nº 10.406, de 10 de janeiro de 2002 – Código Civil.

O citado dispositivo não só autorizou a prestação dos serviços intelectuais por intermédio de pessoa jurídica, como determinou que, quando assim o ocorrer, tais obrigações sujeitar-se-ão exclusivamente à legislação aplicável às pessoas jurídicas,

---

[6] Considerando-se a alíquota de 34% (15% de IRPJ + adicional de 10% de IRPJ + 9% de CSLL), sobre a base de cálculo presumida de 32% das prestadoras de serviços.

[7] ÁVILA, Humberto. A prestação de serviços personalíssimos por pessoas jurídicas e a sua tributação: o uso e abuso do direito de criar pessoas jurídicas e o poder de desconsiderá-las. In: ROCHA, Valdir de Oliveira (Coord.). *Grandes questões atuais do direito tributário*. São Paulo: Dialética, 2013. v. 17. p. 141-149.

notadamente para fins fiscais e previdenciários. Trata-se, nesse sentido, de verdadeira regra prescritiva e mandatória, que poderá ser afastada pelos agentes administrativos e pelo Poder Judiciário somente diante de razões extraordinárias, com relevantes justificativas, ou se verificadas exceções também legalmente previstas.

Nessa linha de ideias, eventuais alegações baseadas nos princípios da solidariedade, da capacidade contributiva, da isonomia, ou na necessidade de verificação de um propósito negocial se mostram insuficientes para afastar a regra introduzida pelo art. 129 da Lei do Bem. A um, pois a incidência tributária não prescinde da ocorrência do fato gerador abstratamente previsto na lei. A dois, a exigência de motivação extratributária não encontra amparo no ordenamento jurídico atual,[8] havendo, contudo, previsão para o lançamento tributário nos casos de comprovada simulação (art. 149, VII, do CTN).

3 O indefinido conceito de simulação aplicado à "pejotização"

O conceito de simulação é tão controvertido que foi apontado por Marciano Seabra de Godoi[9] como o "cerne do problema jurídico dos limites do planejamento tributário no direito brasileiro". Em que pese seja o único instituto regularmente previsto no Código Tributário Nacional, não raro os agentes administrativos incorporam teorias alienígenas como o abuso de direito, o abuso de formas, a fraude à lei, o negócio jurídico indireto e o teste do propósito negocial.[10]

Nesse cenário, bastante pertinente é o alerta de Sérgio André Rocha quanto ao "problema dos rótulos".[11] É dizer, verifica-se uma polissemia na utilização de tais institutos, sendo que, por questões semânticas, são adotadas posições aparentemente contraditórias que, quando aplicadas aos casos concretos, bastante se aproximam. Ainda

---

[8] O propósito negocial não só inexiste no ordenamento, como as tentativas de sua inclusão por meio das medidas provisórias nºs 66/2002 e 685/2015 foram afastadas pelo Poder Legislativo. Nesse sentido: "Diante desse quadro, é, de fato, surpreendente que estes critérios, expressamente rejeitados pelo Congresso Nacional, sigam sendo aplicados pelas autoridades fiscais e pelos órgãos encarregados de revisar administrativamente os lançamentos, como o Conselho Administrativo de Recursos Fiscais" (LEÃO, Martha Toribio. *O direito fundamental de economizar tributos*: entre legalidade, liberdade e solidariedade. São Paulo: Malheiros, 2018. p. 242-246).

[9] GODOI, Marciano Seabra de. A Unilever e o planejamento tributário da década. *In*: GOMES, Marcus Lívio *et al*. *Planejamento tributário sob a ótica do Carf*: análise de casos concretos. Rio de Janeiro: Lumen Juris, 2019. p. 325.

[10] "Se até o final da década de 90 prevalecia, até mesmo nas decisões do Primeiro Conselho de Contribuintes, uma abordagem formal da legitimidade do planejamento tributário, já há quase duas décadas que prevalece, ao menos nas autuações fiscais da Receita Federal do Brasil e nas decisões do CARF, uma abordagem que desqualifica e requalifica determinados atos ou negócios jurídicos praticados pelo contribuinte, ao argumento de que são artificiais, praticados com abuso de direito ou abuso de formas jurídicas, em fraude à lei, ou que são simulados e carecem de propósito negocial" (ROCHA, Sérgio André. Para que serve o parágrafo único do artigo 116 afinal? *In*: GODOI, Marciano Seabra de; ROCHA, Sérgio André (Org.). *Planejamento tributário*: limites e desafios concretos. Belo Horizonte: D'Plácido, 2018).

[11] "Um autor fala em abuso de direito, e outro rebate dizendo que o abuso de direito jamais poderia ser um critério válido para a desconsideração de atos e negócios jurídicos praticados pelo contribuinte. Então alguém argumenta que o critério seria a fraude à lei, outros o rejeitam com veemência. Há quem sustente que o único critério possível é a simulação. Mas qual simulação? Não existe um conceito unitário e unívoco de simulação" (ROCHA, Sérgio André. *Planejamento tributário na obra de Marco Aurélio Greco*. Rio de Janeiro: Lumen Juris, 2019. p. 103-104).

segundo o autor,[12] é possível verificar mais de uma patologia em determinados casos concretos, a depender dos conceitos utilizados.

A "pejotização", cuja principal controvérsia reside em verificar se a prestação de serviços por intermédio de pessoas jurídicas encobre uma relação de emprego, é um dos exemplos nos quais tais rótulos podem se confundir. Pode-se entender pela configuração da simulação, em seu conceito voluntarista, pela divergência entre a vontade real (celebrar uma relação de emprego) e a vontade manifestada (contratação de serviços via pessoas jurídicas). Considerando-se a autorização prevista no art. 129, da Lei nº 11.196/05, pode-se arguir abuso no exercício do direito à prestação de serviços intelectuais por sociedades empresárias, quando se constata, em verdade, a existência de uma relação empregatícia.

Ademais, é também cabível a argumentação de que se trata de fraude à lei, posto que se utilizaria o art. 129 como uma norma de contorno, a fim de contornar as normas imperativas que regulam a relação de emprego e imputam as obrigações fiscais, trabalhistas e previdenciárias. Por fim, pode-se arguir a configuração de um negócio indireto, se a contratação da pessoa jurídica (negócio típico celebrado) se dá com o efeito equivalente aos efeitos próprios de outro negócio (relação de emprego), mas que as partes evitam celebrar em razão de determinadas consequências (incidências fiscais, trabalhistas e previdenciárias).[13]

Nesse sentido, a classificação de determinados negócios jurídicos numa das patologias depende de quais são as premissas em que se baseia o intérprete, quais são os conceitos e os parâmetros utilizados, e quais são suas influências ideológicas. Tal enquadramento envolve, ainda, não só a problemática da importação de conceitos e teorias estrangeiras, como também a controvérsia quanto à possibilidade ou não de se utilizar conceitos civilistas como abuso de direito e fraude à lei na seara tributária, e se o conceito cível de simulação poderia ser modificado para fins tributários.

Ocorre que, em atenção ao consagrado princípio da legalidade, o Código Tributário Nacional, norma competente para dispor sobre o lançamento (art. 146, III, "b", CF/88), prevê tão somente a figura da simulação como critério impositivo do lançamento de ofício pelos agentes administrativos, motivo pelo qual institutos como o abuso de direito e a fraude à lei não podem fundamentar autuações fiscais, até que eventualmente seja editada a regulação prevista no parágrafo único do art. 116 do CTN.

Apesar de divergências conceituais, pode-se destacar como ponto comum entre os principais doutrinadores civilistas[14] que a simulação envolve uma pretensão dos

---

[12] ROCHA, Sérgio André. *Planejamento tributário na obra de Marco Aurélio Greco*. Rio de Janeiro: Lumen Juris, 2019. p. 127.

[13] "Ocorre negócio indireto quando o negócio típico é celebrado para obter um efeito prático equivalente àquele próprio de outro negócio, mas que as partes não desejam celebrar em razão de certos efeitos ou problemas que enseja" (GRECO, Marco Aurélio. *Planejamento tributário*. 4. ed. São Paulo: Quartier Latin, 2019. p. 295).

[14] Sobre o panorama da doutrina civilista, veja-se: JORGE, Alice de Abreu Lima. *Planejamento no direito tributário*. 1. ed. Belo Horizonte: D'Plácido, 2018. p. 122; CARVALHO, João Rafael Lavandeira Gândara de. *Forma e substância no direito tributário*. São Paulo: Almedina, 2016. p. 303.

agentes de criar uma aparência de realidade distinta do negócio efetivamente declarado, com o intuito de enganar terceiros.

Na seara tributária, por outro lado, parte da doutrina defende a adoção de um conceito amplo de simulação,[15] haja vista que, se adotado o conceito restritivo previsto no Código Civil, configurar-se-ia a simulação somente se o contribuinte prestasse declarações falsas, como fingimento ou manipulação. Nessa linha, o conceito amplo ou causalista abarcaria não só falsidades, mas também os atos praticados que não correspondam à razão de ser, à finalidade prática do negócio jurídico.

Dessa forma, e não havendo que se falar necessariamente na incorporação de um conceito civilista de simulação ao direito tributário, correta é a lição de João Rafael Gândara de Carvalho, no sentido de que é possível verificar a prática da "simulação-evasão", quando os atos praticados são falsos, ou da "simulação-elusão", que se verifica pelo uso distorcido de determinado negócio jurídico, para atingir finalidade diversa. Nas palavras do autor, o contribuinte desvirtua a forma, pois "falseia o arranjo sistemático e finalístico de elementos que compõe a unidade jurídica".[16]

3.1 Distinção entre trabalhadores autônomos e empregados

A relação de emprego é uma das espécies do gênero relação de trabalho, que apresenta como principais elementos característicos a pessoalidade, a não eventualidade (habitualidade), a onerosidade e a subordinação. Há, todavia, outras formas de prestação de serviços, sendo o trabalho autônomo classificado por Maurício Godinho[17] como a de maior "importância sociojurídica no mundo contemporâneo".

A principal diferença na prestação de serviços por trabalhadores autônomos em relação aos empregados reside na ausência de subordinação. Trabalhadores autônomos são prestadores de serviço de profissões regulamentadas ou não, que se organizam de forma independente, assumindo os riscos da atividade, sem subordinação a um empregador.

Dada a autonomia conferida a esses trabalhadores, a legislação conferiu uma alternativa para a prestação de serviços, que consiste na possibilidade de constituição de pessoas jurídicas. Nessa toada, para os trabalhadores autônomos, não há que se falar sequer em planejamento tributário, haja vista que, conforme observado por Greco,[18] as opções fiscais estão excluídas do âmbito do planejamento, "pois correspondem a escolhas que o ordenamento positivamente coloca à disposição do contribuinte, abrindo

---

[15] Por todos: GODOI, Marciano Seabra de. A Unilever e o planejamento tributário da década. In: GOMES, Marcus Lívio et al. Planejamento tributário sob a ótica do Carf: análise de casos concretos. Rio de Janeiro: Lumen Juris, 2019. p. 326; 330.

[16] CARVALHO, João Rafael Lavandeira Gândara de. Forma e substância no direito tributário. São Paulo: Almedina, 2016. p. 307-317.

[17] DELGADO, Maurício Godinho. Curso de direito do trabalho. 16. ed. rev. e ampl. São Paulo: LTr, 2017. p. 372.

[18] GRECO, Marco Aurélio. Planejamento tributário. 4. ed. São Paulo: Quartier Latin, 2019. p. 113.

expressamente a opção de escolha". As opções fiscais não configuram planejamento tributário, assim como as condutas expressamente proibidas e as desejadas (induzidas).

Em outras palavras, a prestação de serviços poderia ter sido celebrada entre o prestador pessoa física e os tomadores, mas a legislação positivamente instituiu uma alternativa ao prestador que, se constituir sociedade empresária, estará sujeito à legislação específica para fins fiscais e previdenciários.

A autorização contida no art. 129 da Lei do Bem, no entanto, não se limitou aos trabalhadores autônomos. O que ocorre, em verdade, é que os empregados que constituem pessoas jurídicas para a prestação de seus serviços, caso mantenham o vínculo de subordinação com o empregador, estarão sujeitos à desconsideração dos atos e negócios jurídicos, ao fundamento da simulação. Isso porque, seja pelo conceito restritivo, quando o que as partes declaram (contratação entre pessoas jurídicas) não ocorre da forma declarada (manutenção da relação de emprego), pode restar configurada a simulação relativa ou dissimulação, ou seja pelo conceito amplo, a contratação entre sociedades empresárias não pode ser distorcida para atingir finalidade diversa daquela típica do negócio jurídico.

De toda forma, os atos e negócios não podem ser desconsiderados somente por não se enquadrarem no modelo ou padrão pretendido, segundo um viés estatístico,[19] mas dependem de uma análise casuística. No que tange aos trabalhadores autônomos, a constituição de pessoas jurídicas é uma opção fiscal conferida pelo ordenamento jurídico, enquanto os empregados devem desfazer o vínculo empregatício, caso optem pela autorização contida no art. 129 da Lei do Bem, especialmente no que se refere ao requisito da subordinação.

4 A Ação Declaratória de Constitucionalidade nº 66

O art. 129 da Lei do Bem foi submetido à apreciação do Supremo Tribunal Federal por meio da Ação Declaratória de Constitucionalidade nº 66, ajuizada pela Confederação Nacional da Comunicação Social (CNCOM) em 11.10.2019, sob relatoria da Min. Cármen Lúcia. Os pontos centrais aduzidos pela confederação residem no fato de que o referido dispositivo foi editado a fim de viabilizar aos prestadores de serviços intelectuais a opção legítima de se constituir uma pessoa jurídica para o exercício de suas atividades.

Todavia, demonstrou-se que a Administração Tributária e parte dos acórdãos proferidos pelo Conselho Administrativo de Recursos Fiscais (Carf), bem como decisões proferidas pela Justiça do Trabalho e pela Justiça Federal, afastam a aplicação do art. 129, ao fundamento da existência de patologias que encobririam relações de emprego. Nessa toada, o ajuizamento da ação se deve ao fato de que, apesar da expressa autorização

---

[19] CARVALHO, João Rafael Lavandeira Gândara de. *Forma e substância no direito tributário*. São Paulo: Almedina, 2016. p. 347.

legal, diversas autuações são lavradas contra contribuintes que optam pela constituição de pessoas jurídicas para a prestação de serviços.

Ao examinar a questão, a min. relatora votou pela declaração de constitucionalidade do dispositivo, reconhecendo a harmonia do art. 129 da Lei do Bem com as diretrizes constitucionais, especialmente com o art. 1°, IV, que estabelece a livre iniciativa como um dos fundamentos da República, o art. 5°, XIII, que prevê o livre exercício do trabalho, e o art. 170, parágrafo único, que assegura o livre exercício de qualquer atividade econômica.

Ademais, a ministra reconheceu a necessidade de conjugação dos valores sociais do trabalho com a livre iniciativa, fazendo menção ao julgamento da Arguição de Descumprimento de Preceito Fundamental (ADPF) n° 324/DF, oportunidade em que a Suprema Corte reconheceu a legitimidade da terceirização de atividades-fim, conforme será exposto a seguir. É ver, na mesma linha da preservação da liberdade e da livre iniciativa, reconheceu as transformações econômicas e sociais atuais, e defendeu o direito à estruturação de modelos de negócio em um mercado competitivo, regido pelo princípio da livre concorrência.

Em contrapartida, o Min. Marco Aurélio instaurou a divergência, baseando-se na existência de um princípio implícito de proteção aos trabalhadores, que vincularia os três poderes e serviria como diretriz interpretativa a ser adotada na análise da constituição de pessoas jurídicas para a prestação de serviços. Aponta para a existência de uma prejudicial tendência pela desregulamentação das normas trabalhistas, e que um dos efeitos danosos da "pejotização" seria o da "desintegração da identidade coletiva dos trabalhadores mediante o enfraquecimento dos laços de pertencimento".

Contudo, ainda que o julgamento da ADC n° 66 não tenha se encerrado, a maioria da Corte acompanhou a posição da min. relatora, votando pela procedência da ação e pela declaração da constitucionalidade do art. 129 da Lei do Bem. Acompanharam a Min. Cármen Lúcia, até então, os ministros Alexandre de Moraes, Edson Fachin, Ricardo Lewandowski, Gilmar Mendes, Celso de Mello e Luiz Fux. O Min. Marco Aurélio, por sua vez, votou pela improcedência da ação, e foi acompanhado pela Min. Rosa Weber.

Em que pese a posição formada pelo Supremo Tribunal aparentemente favoreça os contribuintes, há que se pontuar que as autuações lavradas pelo Fisco, bem como as decisões administrativas e judiciais que condenam a "pejotização", não sustentam a inconstitucionalidade do art. 129. Em verdade, a análise casuística volta-se para a existência ou não dos requisitos configuradores da relação de emprego, bem como pela presença ou não das patologias capazes de macular o planejamento tributário.

De toda forma, como o julgamento é bastante recente, ainda não é possível mensurar e avaliar seus impactos na lavratura de autuações e na orientação de decisões proferidas pelas esferas administrativa e judicial.

5 Reflexos da reforma trabalhista e o posicionamento do STF sobre a terceirização das atividades-fim

Sob a ótica trabalhista, a "pejotização" possui como vantagem desonerar o empregador dos diversos encargos oriundos das relações de emprego, configurada quando presentes os requisitos da pessoalidade (isto é, não há relação de emprego entre pessoas jurídicas), da habitualidade, da onerosidade e da subordinação.

A Lei nº 13.467/2017, apelidada de Reforma Trabalhista, alterou diversos dispositivos da Consolidação das Leis do Trabalho, com o objetivo de modernizar a legislação, flexibilizar e desburocratizar determinadas formas de contratação, havendo, por outro lado, um receio de que tenha prejudicado alguns direitos trabalhistas conquistados a duras penas.

Uma das modificações introduzidas pela Reforma diz respeito à contratação dos autônomos. A inclusão do art. 442-B, na CLT,[20] prevê que o autônomo, ainda que preste serviço com exclusividade e de modo habitual, não poderá ser enquadrado como empregado, o que reitera a prevalência do requisito da subordinação. Lado outro, continua em pleno vigor a disposição segundo a qual serão nulos os atos praticados com o intuito de desvirtuar, impedir ou fraudar a aplicação da lei trabalhista.[21]

Ademais, no mesmo período da Reforma Trabalhista, foi alterada a concepção de terceirização, pela introdução do art. 4º-A, na Lei nº 6.019/74, segundo o qual se considera prestação de serviços a terceiros a execução de quaisquer das atividades da contratante, inclusive sua atividade principal (atividade-fim), restando expressamente previsto, no §2º, que não se configura vínculo empregatício entre os trabalhadores ou sócios da prestadora de serviços com a tomadora.

Nesse contexto, o Supremo Tribunal Federal, ao julgar em conjunto a ADPF nº 324 e o RE nº 958.252, fixou a Tese nº 725 de Repercussão Geral, segundo a qual "é lícita a terceirização ou qualquer outra forma de divisão do trabalho entre pessoas jurídicas distintas, independentemente do objeto social das empresas envolvidas, mantida a responsabilidade subsidiária da empresa contratante".

Dessa forma, tanto a legislação quanto a jurisprudência afastam a existência de relação de emprego na prestação de serviços por trabalhadores autônomos, bem como na terceirização de quaisquer atividades da tomadora, o que favorece a autonomia e a livre iniciativa dos contribuintes, e torna árduo o ônus fazendário de comprovar a existência de vícios que justifiquem a autuação sob o fundamento da "pejotização".

---

[20] Consolidação das Leis do Trabalho – Decreto-Lei nº 5.452/43: "Art. 442-B. A contratação do autônomo, cumpridas por este todas as formalidades legais, com ou sem exclusividade, de forma contínua ou não, afasta a qualidade de empregado prevista no art. 3º desta Consolidação. (Incluído pela Lei nº 13.467, de 2017)".

[21] Consolidação das Leis do Trabalho – Decreto-Lei nº 5.452/43: "Art. 9º Serão nulos de pleno direito os atos praticados com o objetivo de desvirtuar, impedir ou fraudar a aplicação dos preceitos contidos na presente Consolidação".

6 Análise de casos do Carf

A pesquisa de casos concretos foi realizada perante o Conselho Administrativo de Recursos Fiscais (Carf), incluídas tanto as câmaras "baixas" quanto a Câmara Superior de Recursos Fiscais (CSRF). A metodologia da pesquisa consistiu na busca por palavras-chave em determinados lapsos temporais.

Em primeiro lugar, a palavra "pejotização", no período de 7/2000 a 7/2020 resultou em sete acórdãos sobre o tema do presente trabalho, dos quais quatro foram julgados de modo favorável à Fazenda, dois aos contribuintes, e um acolhimento parcial. Posteriormente, o recorte temporal foi reduzido para 7/2010 a 7/2020, e a expressão "prestação serviços intermédio pessoa jurídica" resultou em mais sete acórdãos sobre o assunto, dos quais quatro favoreciam o Fisco, e três os contribuintes. Finalmente, a pesquisa pela expressão "prestação serviços pessoa jurídica 129 11.196", no mesmo período, resultou em vinte e dois acórdãos sobre o tema, dos quais vinte julgados favoreceram a Fazenda, e dois foram parcialmente providos aos contribuintes.

Assim, pode-se observar que o entendimento majoritário do órgão julgador administrativo tende a negar provimento aos recursos interpostos pelos contribuintes, mantendo-se as autuações lavradas. Ademais, em que pese a análise dos fatos seja naturalmente casuística, a desconsideração dos atos e negócio jurídicos praticados pelo contribuinte gravita em torno da existência ou não da subordinação.

6.1 Caso Hospital Santa Helena e Caso Rede D'Or

No dia 9.1.2019, foi publicado o Acórdão nº 2401-005.900, oportunidade em que a 4ª Câmara da 1ª Turma Ordinária da 2ª Seção de Julgamento do Carf julgou recurso voluntário interposto por sociedade empresária constituída por médicos (Hospital Santa Helena), que havia sido autuada pela prática da "pejotização".

Em suma, o lançamento fiscal mantido pela 5ª Turma da Delegacia de Julgamento em Juiz de Fora/MG pretendia a cobrança de contribuições previdenciárias patronais, contribuições para o financiamento dos benefícios concedidos em razão do grau de incidência de incapacidades decorrentes dos riscos do trabalho e contribuições destinadas a terceiros, ao fundamento de que a pessoa jurídica teria sido constituída com o único objetivo de afastar os encargos trabalhistas e tributários.

A fiscalização apurou que o contribuinte efetuava pagamentos a pessoas jurídicas prestadoras de serviços, cujos sócios não figuravam na folha de salários, e apurou como um dos elementos probatórios o fato de que o sítio eletrônico do hospital alegava contar com a composição de equipe técnica de médicos especializados, os quais eram, em verdade, sócios das pessoas jurídicas prestadoras de serviços.

Alega, portanto, que o contribuinte autuado divulga a equipe médica aos seus clientes, mas internamente funcionaria como um "hospital fantasma", isto é, apenas como um local onde os médicos poderiam locar espaços de trabalho para a prestação de serviços por conta própria. Buscou comprovar, ainda, que parte dos serviços prestados foram celebrados por acordos informais, e não por contratos regulares, e que as sociedades "pejotizadas" teriam deixado de cumprir suas obrigações de envio de guias de recolhimento de FGTS e de informações à Previdência Social (GFIP), o que seria um indício de que os prestadores se identificavam como empregados do hospital.

A *ratio* da autuação foi a caracterização da simulação, fundamento que encontra previsão legal no Código Tributário Nacional, e foi aplicada, inclusive, a multa qualificada, ao fundamento de que "houve o afastamento do ato real (utilização de segurados empregados) com a imposição de uma roupagem diversa (contratação de pessoa jurídica interposta)".

Ainda conforme o acórdão, o contribuinte, por sua vez, buscou demonstrar a inexistência da relação de emprego, e que as pessoas jurídicas teriam sido constituídas em razão da alta especialização dos médicos, em exercício da autonomia da vontade. Em relação aos requisitos, não estariam presentes a subordinação e a habitualidade, posto que os profissionais poderiam ser substituídos por outros, e prestavam serviços para demais tomadores, inclusive concorrentes da autuada. Enfatizam também que os médicos são profissionais altamente qualificados, que negociavam "em pé de igualdade" com as tomadoras, o que justificaria a constituição das pessoas jurídicas, bem como afastaria o requisito da subordinação oriunda das relações entre empregadores e empregados.

Em relação ao descumprimento de obrigações acessórias pelas prestadoras de serviço, o contribuinte sustenta que há diversas razões que poderiam justificar tal conduta, não sendo possível deduzir que o descumprimento teria decorrido da existência de relações empregatícias. Demonstrou que as sociedades empresárias assumiam os encargos trabalhistas, previdenciários e tributários, recolhendo tributos sobre a receita e a renda.

O voto vencedor parte da premissa de que a Constituição assegura a todos o livre exercício de qualquer atividade econômica (art. 170, parágrafo único), de modo que não há óbice legal à constituição de pessoas jurídicas para a prestação de serviços. Apesar de reconhecer que as vantagens tributárias incentivaram a prática, o julgador reconheceu a autorização legal expressa contida no art. 129 da Lei do Bem, que poderia ser limitada somente se comprovada a existência de relação de emprego.

Ocorre que a comprovação da simulação e do encobrimento de relações empregatícias é ônus imputado à fiscalização. E, ao analisar o caso levado a julgamento, a Câmara se posicionou no sentido de que o agente administrativo não logrou êxito na comprovação e na demonstração da presença dos requisitos, especialmente o da subordinação (subjetiva e estrutural). Para tanto, os elementos considerados na decisão foram: a constituição das sociedades prestadores antes da celebração dos contratos com a autuada, o que demonstraria estruturas próprias, a dinâmica de organização de horários de trabalho e a prestação de serviços a outros tomadores.

Outra relevante consideração foi a de que a habitualidade não é suficiente para distinguir a prestação de serviços por pessoas físicas ou jurídicas, haja vista que as relações comerciais também se pautam pela confiança, não sendo raro a celebração de vínculos longínquos e constantes.

Conclui, portanto, não haver nenhuma comprovação, ainda que indiciária, de que algum sócio das prestadoras estaria hierarquicamente subordinado ou inserido no modelo organizacional do hospital tomador, e que a mera análise de contratos "fundada em frase de efeito e imputações de vícios de consentimento e de ilicitudes várias, não tem o condão de comprovação da fraude ou da simulação".[22]

Decisão bastante semelhante havia sido proferida já em 3.5.2018, por meio do Acórdão nº 2201-004.378, proferido pela 2ª Câmara da 1ª Turma Ordinária da 2ª Seção de Julgamento do Carf. Da mesma forma, tratava-se de autuação lavrada contra contribuinte (Rede D'Or São Luiz S.A.), em que se exigiam contribuições decorrentes de supostas relações de emprego encobertas por sociedades de médicos prestadoras de serviço, inclusive com a alegação de conluio entre prestadoras e tomadoras para a sonegação fiscal.

Na ocasião, o voto vencedor também se pautou pelo princípio do livre exercício de qualquer atividade econômica, bem como na existência da autorização legal do art. 129, cabendo à fiscalização comprovar a presença dos requisitos da relação de emprego. Ante a insuficiência das alegações fazendárias, e sobretudo pela ausência de subordinação, foi dado provimento ao recurso do contribuinte, a fim de anular a autuação fiscal.

6.2 Caso Hospital Oftalmológico de Brasília e Caso Globo

Em contrapartida, passa-se à análise de casos em que a prática da "pejotização" foi reconhecida, mantendo-se as autuações lavradas.

Em 31.1.2019 foi publicado o Acórdão nº 2402-006.776, em que a 4ª Câmara da 2ª Turma Ordinária da Segunda Seção de Julgamento julgou recurso voluntário interposto por contribuinte (Hospital Oftalmológico de Brasília) autuado para a cobrança de contribuições, sob o fundamento de que teria contratado pessoas jurídicas para o exercício de sua atividade-fim.

---

[22] "Processo nº 14041.720112/201501 Recurso nº Voluntário Acórdão nº 2401005.900 – 4ª Câmara/1ª Turma Ordinária Sessão de 05 de dezembro de 2018 Matéria CONTRIBUIÇÕES SOCIAIS PREVIDENCIÁRIAS Recorrente HOSPITAL SANTA HELENA Recorrida FAZENDA NACIONAL ASSUNTO: CONTRIBUIÇÕES SOCIAIS PREVIDENCIÁRIAS Período de apuração: 01/01/2011 a 30/12/2011 [...] NORMAS PROCEDIMENTAIS DESCONSIDERAÇÃO DA PERSONALIDADE JURÍDICA. CARACTERIZAÇÃO SEGURADOS SÃO GERADO NO PGD-CARF PROCESSO EMPREGADOS. REQUISITOS DA RELAÇÃO EMPREGATÍCIA. NÃO COMPROVAÇÃO. Não restando constatado a existência dos elementos constituintes da relação empregatícia entre o suposto 'tomador de serviços' e o tido 'prestador de serviços', não poderá o Auditor Fiscal desconsiderar a personalidade jurídica da empresa prestadora de serviços, enquadrando os trabalhadores desta última como segurados empregados da tomadora, com fulcro no artigo 229, §2º, do Regulamento da Previdência Social RPS, aprovado pelo Decreto nº 3.048/99, c/c Pareceres/CJ nºs 330/1995 e 1652/1999".

Novamente, a *ratio* da autuação consistiu na existência da simulação, e a fiscalização buscou comprovar a relação de emprego pela emissão de notas fiscais sequenciais, pela inexpressiva quantidade de empregados do hospital, incompatível com o faturamento auferido, bem como pelo fato de que os profissionais seriam compelidos a constituir pessoas jurídicas, única forma de contratação de serviços do autuado. Soma-se a isso a constatação de que o hospital era responsável por todos os procedimentos de marcação de consultas, contratação de planos de saúde, controle de atendimentos emergenciais e outros.

Ao julgar o caso, foi proferido voto vencido que adotou as mesmas premissas e conclusões dos casos expostos acima, com o acréscimo da menção expressa à tese firmada pelo Supremo Tribunal Federal que reputou lícita a terceirização de qualquer forma de trabalho, ainda que atividade-fim. Havia, ainda, decisões da Justiça do Trabalho que negaram o reconhecimento do vínculo empregatício de prestadores de serviço que ajuizaram reclamações contra o hospital autuado.

Todavia, o voto vencedor negou provimento ao recurso, por verificar a presença dos requisitos da relação de emprego. A pessoalidade foi comprovada pelo fato de que as sociedades contratadas eram unipessoais, e sequer possuíam empregados. A habitualidade foi demonstrada pela emissão sequencial de notas fiscais, o que também preenche o requisito da onerosidade da relação.

No tocante ao emblemático requisito da subordinação, a maioria dos conselheiros acolheu as alegações fazendárias de que a quantidade de empregados regularmente registrados seria incompatível com o faturamento, e que os contratados estariam sujeitos ao controle de todos os procedimentos exercidos pelo hospital. A marcação de consultas, o controle de atendimentos e as cobranças demonstrariam a subordinação dos prestadores à "política administrativo-econômica" e à rotina de funcionamento. Entenderam, assim, pela subordinação estrutural, representada pela inserção do prestador na dinâmica e na estrutura do tomador, independentemente do recebimento de ordens diretas.

Apesar de mantida a autuação, deu-se provimento ao recurso para desqualificar a multa aplicada, ante a não comprovação "da presença do elemento subjetivo (dolo) na conduta do contribuinte".

Outro caso também analisado pela 4ª Câmara da 2ª Turma Ordinária da Segunda Seção de Julgamento consistiu em autuação lavrada em face da Globo Comunicação e Participações S.A., para a exigência de contribuições decorrentes da contratação de apresentadores, atores, jornalistas, diretores de programas e demais profissionais que prestavam serviços por intermédio de pessoas jurídicas constituídas (Acórdão nº 2402-006.976).

A defesa da contribuinte pretendeu afastar o requisito da subordinação, questionando a conduta da fiscalização que teria comprovado a relação de emprego tão somente pela juntada dos contratos celebrados, mas que algumas de suas cláusulas seriam desconsideradas sob o fundamento de que a forma não poderia prevalecer ante a substância. Baseou-se, ainda, em precedentes do Carf que, conforme exposto, atestaram que a mera menção a cláusulas contratuais seria insuficiente para a caracterização do vínculo de emprego.

Uma peculiaridade do caso reside na alegação de que a competência para reconhecer vínculos empregatícios seria exclusiva da Justiça Trabalhista, e que a fiscalização teria violado essa competência. Entretanto, tal argumento foi afastado com base no Regulamento da Previdência Social, que imputa à fiscalização o dever de enquadrar como empregados os segurados que, sob quaisquer denominações, participem de relações que preencham os requisitos do vínculo de emprego.

O voto vencedor identificou a presença da pessoalidade e da habitualidade por meio dos lançamentos contábeis da autuada, que revelaram emissões regulares de notas fiscais, muitas vezes com numerações sequenciais.

A subordinação, por sua vez, foi comprovada pelas atividades da contribuinte e pela natureza dos serviços prestados pelos prestadores. Isto é, as cláusulas contratuais comprovaram que a Globo definia, a seu critério, como e quando os serviços deveriam ser prestados, determinava, por exemplo, em quais obras e produções atuariam determinados diretores, atores e jornalistas, motivo pelo qual seria pouco crível aduzir que os tomadores desempenhariam suas atividades com autonomia e independência. É dizer, estavam vinculados aos poderes de direção e de fiscalização.

Ambos os casos somente reforçam a necessidade de que a análise seja casuística, não só pelas provas produzidas no bojo de cada processo, como também por situações peculiares como a natureza das atividades. No caso de serviços médicos, é crível a celebração de contratos entre pessoas jurídicas, por meio dos quais os profissionais atuam de forma independente e autônoma, inclusive para tomadores diversos. Já no caso da Globo, por exemplo, a necessidade de submissão dos contratados às diretrizes e orientações torna pouco viável a atuação autônoma dos prestadores.

7 Conclusão

Não bastassem os princípios constitucionais da liberdade, da livre iniciativa e do livre exercício de qualquer atividade econômica, a prestação de serviços por intermédio de pessoas jurídicas foi expressamente autorizada no ordenamento jurídico por meio da previsão contida no art. 129 da Lei do Bem. Tal prática possui como vantagens a redução de encargos trabalhistas, fiscais e previdenciários, mas encontra limites, todavia, na configuração dos elementos do vínculo empregatício, quais sejam, a pessoalidade, a não eventualidade, a onerosidade e a subordinação.

Apesar de diversos vícios e patologias serem costumeiramente suscitados na doutrina e na jurisprudência como justificativa para a desconsideração de atos e negócios jurídicos praticados, o Código Tributário Nacional autoriza o lançamento tão somente diante da constatação da simulação. Tanto o conceito restrito quanto o conceito amplo (causalista) podem recair sobre a "pejotização": o primeiro, pela constatação da divergência entre a vontade real (celebrar vínculo empregatício) e a vontade declarada (relação comercial entre pessoas jurídicas), e o segundo pelo fato de que a contratação entre sociedades empresárias não pode ser utilizada de forma distorcida, para atingir fins diversos (relação de emprego).

Na seara administrativa, observa-se que a maioria das decisões proferidas sobre o tema manteve as autuações fiscais, muito embora não haja uma definição precisa dos requisitos que ensejam os lançamentos tributários, cenário que prejudica a segurança jurídica, sobretudo nos vieses de cognoscibilidade (conhecer os requisitos) e calculabilidade (possibilidade de antever as consequências que serão atribuídas aos atos praticados).[23]

A principal controvérsia gravita em torno do requisito da subordinação, o qual, por si só, é suficiente para distinguir a prestação de serviços por pessoas físicas e jurídicas. De toda forma, e assim como sói ocorrer no âmbito dos planejamentos tributários, a análise é casuística, está diretamente relacionada ao conjunto probatório.

O que se observa, contrariamente à tendência da corte administrativa, é que, na seara judicial, os recentes posicionamentos do Supremo Tribunal Federal têm sido favoráveis aos contribuintes. Em primeiro lugar, no julgamento conjunto da ADPF nº 324 e do RE nº 958.252, fixou-se a Tese nº 725 de Repercussão Geral, que reconheceu a licitude da terceirização das atividades-fim. Ainda, a maioria da Suprema Corte votou pela declaração de constitucionalidade do art. 129 da Lei do Bem, na ADC nº 66.

Referências

ÁVILA, Humberto. A prestação de serviços personalíssimos por pessoas jurídicas e a sua tributação: o uso e abuso do direito de criar pessoas jurídicas e o poder de desconsiderá-las. *In*: ROCHA, Valdir de Oliveira (Coord.). *Grandes questões atuais do direito tributário*. São Paulo: Dialética, 2013. v. 17.

ÁVILA, Humberto. *Teoria da segurança jurídica*. 3. ed. São Paulo: Malheiros, 2014.

CARVALHO, João Rafael Lavandeira Gândara de. *Forma e substância no direito tributário*. São Paulo: Almedina, 2016.

DELGADO, Maurício Godinho. *Curso de direito do trabalho*. 16. ed. rev. e ampl. São Paulo: LTr, 2017.

GODOI, Marciano Seabra de. A Unilever e o planejamento tributário da década. *In*: GOMES, Marcus Lívio et al. *Planejamento tributário sob a ótica do Carf*: análise de casos concretos. Rio de Janeiro: Lumen Juris, 2019.

GODOI, Marciano Seabra de. Planejamento tributário. *In*: MACHADO, Hugo de Brito (Coord.). *Planejamento tributário*. São Paulo: Malheiros, 2016.

GODOI, Marciano Seabra de; ROCHA, Sérgio André (Org.). *Planejamento tributário*: limites e desafios concretos. Belo Horizonte: D'Plácido, 2018.

GOMES, Marcus Lívio et al. *Planejamento tributário sob a ótica do Carf*: análise de casos concretos. Rio de Janeiro: Lumen Juris, 2019.

GRECO, Marco Aurélio. *Planejamento tributário*. 4. ed. São Paulo: Quartier Latin, 2019.

---

[23] ÁVILA, Humberto. *Teoria da segurança jurídica*. 3. ed. São Paulo: Malheiros, 2014.

JORGE, Alice de Abreu Lima. *Planejamento no direito tributário*. 1. ed. Belo Horizonte: D'Plácido, 2018.

LEÃO, Martha Toribio. *O direito fundamental de economizar tributos*: entre legalidade, liberdade e solidariedade. São Paulo: Malheiros, 2018.

MACHADO, Hugo de Brito (Coord.). *Planejamento tributário*. São Paulo: Malheiros, 2016.

MOREIRA, André Mendes. O planejamento tributário sob a ótica do Código Tributário Nacional. *In*: GODOI, Marciano Seabra de; ROCHA, Sérgio André (Org.). *Planejamento tributário*: limites e desafios concretos. Belo Horizonte: D'Plácido, 2018.

NABAIS, José Casalta. *O dever fundamental de pagar impostos*. Coimbra: Almedina, 1998.

ROCHA, Sérgio André. *Da lei à decisão*: a segurança jurídica tributária possível na pós-modernidade. Rio de Janeiro: Lumen Juris, 2017.

ROCHA, Sérgio André. Para que serve o parágrafo único do artigo 116 afinal? *In*: GODOI, Marciano Seabra de; ROCHA, Sérgio André (Org.). *Planejamento tributário*: limites e desafios concretos. Belo Horizonte: D'Plácido, 2018.

ROCHA, Sérgio André. *Planejamento tributário na obra de Marco Aurélio Greco*. Rio de Janeiro: Lumen Juris, 2019.

XAVIER, Alberto. *Tipicidade da tributação, simulação e norma antielisiva*. São Paulo: Dialética, 2001.

Informação bibliográfica deste texto, conforme a NBR 6023:2018 da Associação Brasileira de Normas Técnicas (ABNT):

MIRANDA, Ariane Coelho Baroni Perdigão de; HUBAIDE, Sávio Jorge Costa. "Pejotização" e seus reflexos tributários: análise dos critérios de desconsideração de negócios jurídicos no âmbito administrativo. *In*: MARINHO NETO, José Antonino (Org.); LOBATO, Valter de Souza (Coord.). *Planejamento Tributário*: pressupostos teóricos e aplicação prática. Belo Horizonte: Fórum, 2021. p. 347-363. ISBN 978-65-5518-269-9.

VALOR TRIBUTÁVEL MÍNIMO (VTM) PARA OPERAÇÕES COM PRODUTOS INDUSTRIALIZADOS ENTRE FIRMAS INTERDEPENDENTES

ELIAS FIGUEIROA DA SILVA

WANDERSON RODRIGUES BESERRA

1 Introdução

A Constituição Federal de 1988 atribui à União Federal competência para instituir o imposto sobre produtos industrializados (IPI), que incide sobre a produção e importação de produtos e bens industrializados ou arrematados. O Código Tributário Nacional estabelece que o IPI tem como fato gerador na produção: a saída do produto de estabelecimento industrial (ou equiparado); na importação: o desembaraço aduaneiro do produto importado.

A presente pesquisa tem por objeto analisar a saída do produto de estabelecimento industrial (ou equiparado). Isso porque, com o objetivo de reduzir a base de cálculo do imposto sobre produtos industrializados (IPI), as empresas industriais criavam estabelecimentos atacadistas para dar saída aos seus produtos com baixo valor de operação, estabelecendo preço adequado apenas na venda ao varejo.

Em resposta a esse "planejamento tributário", foi introduzido no ordenamento jurídico brasileiro a norma antielisiva específica, referente ao valor tributável mínimo (VTM) para operações com produtos industrializados.

Diante disso, com base em pesquisas da jurisprudência administrativa federal do Conselho Administrativo de Recursos Fiscais (Carf), a aplicação da referida norma antielisiva específica tem evidenciado controvérsia referente ao conteúdo semântico de "praça do remetente" e "mercado atacadista", tal como se infere do art. 195 do Decreto nº 7.212/2010 (Ripi/2010).

Nesse contexto, é imprescindível a compreensão acerca do imposto sobre produtos industrializados (IPI) e, principalmente, os critérios a serem observados na aplicação do valor tributável mínimo (VTM).

Por fim, para cumprir o objetivo do presente artigo, trataremos de analisar o entendimento do Conselho Administrativo de Recursos Fiscais (Carf), a respeito dos casos com relação aos quais a fiscalização considerou a utilização do VTM planejamento tributário abusivo.

2 Imposto sobre produtos industrializados (IPI)

O imposto sobre produtos industrializados (IPI) é de competência da União, nos termos do art. 153, IV, da Constituição Federal de 1988 (CF/88), com previsão nos arts. 46 a 51 do Código Tributário Nacional, e atualmente é regulamentado pelo Decreto nº 7.212, de 15.6.2010 (Ripi/2010).

Ele tem por hipótese de incidência, tal como se infere do art. 46 do Código Tributário Nacional,[1] o desembaraço aduaneiro de produtos importados, a saída dos produtos de estabelecimentos industriais ou equiparados, ou arrematação, quando apreendido ou abandonado e levado a leilão.

O art. 47 do Código Tributário Nacional[2] estabelece a base de cálculo do IPI e, no inc. II, determina que, na saída do produto de estabelecimento industrial ou equiparado, a base de cálculo será: o valor da operação de que decorrer a saída da mercadoria,

---

[1] "Art. 46. O imposto, de competência da União, sobre produtos industrializados tem como fato gerador: I - o seu desembaraço aduaneiro, quando de procedência estrangeira; II - a sua saída dos estabelecimentos a que se refere o parágrafo único do artigo 51; III - a sua arrematação, quando apreendido ou abandonado e levado a leilão".

[2] "Art. 47. A base de cálculo do imposto é: I - no caso do inciso I do artigo anterior, o preço normal, como definido no inciso II do artigo 20, acrescido do montante: a) do imposto sobre a importação; b) das taxas exigidas para entrada do produto no País; c) dos encargos cambiais efetivamente pagos pelo importador ou dele exigíveis; II - no caso do inciso II do artigo anterior: a) o valor da operação de que decorrer a saída da mercadoria; b) na falta do valor a que se refere a alínea anterior, o preço corrente da mercadoria, ou sua similar, no mercado atacadista da praça do remetente; III - no caso do inciso III do artigo anterior, o preço da arrematação".

ou o preço corrente da mercadoria, ou sua similar, no mercado atacadista da praça do remetente.

Portanto, a regra geral é de incidência do IPI sobre o valor da operação: compreende o preço do produto, acrescido do valor do frete e das demais despesas acessórias, cobradas ou debitadas pelo contribuinte ao comprador ou destinatário, nos termos do §1º do art. 190 do Ripi/2010.

Dentro desse contexto, com o objetivo de reduzir a base de cálculo do imposto sobre produtos industrializados (IPI), as empresas industriais criavam estabelecimentos atacadistas para dar saída aos seus produtos com baixo valor de operação, estabelecendo preço adequado apenas na venda ao varejo.[3]

Por essa razão, em resposta a esse "planejamento tributário", criou-se inicialmente a noção de firmas interdependentes, de acordo com o art. 612 do Ripi/2010.

3 Valor tributável mínimo (VTM) para operações com produtos industrializados

Para coibir a manipulação de preço, consequentemente, a redução da base de cálculo, foi introduzida no ordenamento jurídico brasileiro a norma antielisiva específica referente ao valor tributável mínimo (VTM), inicialmente, com a Lei nº 4.502, de 30.11.1964, nos termos do art. 15, do então imposto sobre o consumo (IC) na relação entre empresas interdependentes:[4]

> Art. 15. O valor tributável não poderá ser inferior:
> I - ao preço normal de venda por atacado a outros compradores ou destinatários, ou na sua falta, ao preço corrente no mercado atacadista do domicílio do remetente, quando o produto for remetido, para revenda, a estabelecimento de terceiro, com o qual o contribuinte tenha relações de interdependência (art. 42);
> II - a 70% (setenta por cento).do preço de venda aos consumidores, não inferior ao previsto no inciso anterior:
> a) quando o produto for remetido a outro estabelecimento do mesmo contribuinte, o qual opere exclusivamente na venda a varejo;
> b) quando o produto for vendido a varejo pelo próprio estabelecimento produtor.[5]

É importante contextualizar que o imposto sobre o consumo foi renomeado para imposto sobre produtos industrializados, com o advento da Emenda Constitucional nº

---

[3] DANIEL NETO, Carlos Augusto; RIBEIRO, Diego Diniz. O valor tributável mínimo (VTM) no IPI e o conceito de "praça" na sua apuração. *Revista Direito Tributário Atual*, n. 29, 2018. p. 43.
[4] SANTI, Eurico Marcos Diniz de; PRADO, Lucilene Silva; ZOCKUN, Maria Helena (Coord.). *Valor tributável mínimo e imposto sobre produtos industrializados*: evolução histórica da legislação abstrata e prática. São Paulo: Max Limonad, 2019. p. 30.
[5] BRASIL. *Lei nº 4.502, de 30 de novembro de 1964*. Dispõe Sobre o Imposto de Consumo e reorganiza a Diretoria de Rendas Internas. Disponível em: http://www.planalto.gov.br/ccivil_03/LEIS/L4502.htm Acesso em: 20 ago. 2020.

18, de 1°.12.1965 (EC n° 18/1965), por conseguinte, o Decreto-Lei n° 34/1966 alterou a Lei n° 4.502/1964, mudando a denominação de imposto sobre o consumo para imposto sobre produtos industrializados (IPI), trazendo alterações ao art. 15 referente ao VTM.[6]

Atualmente (2021), o valor tributável mínimo (VTM) para operações com produtos industrializados está regulamentado, nos arts. 195 e 196, do Decreto n° 7.212, de 15.6.2010, regulamento do IPI (Ripi/2010).

Outras medidas foram tomadas pelo legislador, com o intuito de evitar a redução da base de cálculo do IPI, equiparando a estabelecimento industrial vários estabelecimentos comerciais atacadistas, alguns varejistas, e estabelecimentos comerciais que recebem produtos de outro estabelecimento industrial da mesma empresa, conforme dispõe o art. 9° do Ripi/2010.

Além do mais, cabem destacar as alterações veiculadas pela Lei n° 7.798, de 10.7.1989, ao considerar como fato gerador do IPI a operação de revenda pelos centros atacadistas e de distribuições, isto é, alargando a hipótese de incidência e a base de cálculo do IPI. Como consequência, afasta-se a aplicação da regra do VTM à indústria e tributa-se diretamente o estabelecimento comercial atacadista equiparado ao industrial.[7]

Nesse sentido, o art. 10 do Ripi/2010[8] estabelece que são equiparados a estabelecimentos industriais os estabelecimentos atacadistas que adquirirem os produtos relacionados no Anexo III da Lei n° 7.798/1989.

Contudo, cabe observar que, com o advento do Decreto n° 8.393, de 28.1.2015, restou revogado o Decreto n° 1.217/1994, dessa forma, atualmente, a Tabela de Incidência do Imposto sobre Produtos Industrializado (Tipi) abrange produtos relacionados a bebidas, cigarros e cosméticos.

Em suma, para certos produtos entre empresas do mesmo grupo, são equiparados a industriais estabelecimentos atacadistas que receberem estes produtos de empresas controladas, coligadas, interligadas ou interdependentes. Ou seja, se o produto estiver no anexo da lei supramencionada, a regra do VTM não é aplicada.[9]

---

[6] SANTI, Eurico Marcos Diniz de; PRADO, Lucilene Silva; ZOCKUN, Maria Helena (Coord.). *Valor tributável mínimo e imposto sobre produtos industrializados*: evolução histórica da legislação abstrata e prática. São Paulo: Max Limonad, 2019. p. 30.

[7] SANTI, Eurico Marcos Diniz de; PRADO, Lucilene Silva; ZOCKUN, Maria Helena (Coord.). *Valor tributável mínimo e imposto sobre produtos industrializados*: evolução histórica da legislação abstrata e prática. São Paulo: Max Limonad, 2019. p. 49.

[8] "Art. 10. São equiparados a estabelecimento industrial os estabelecimentos atacadistas que adquirirem os produtos relacionados no Anexo III da Lei n° 7.798, de 10 de julho de 1989, de estabelecimentos industriais ou dos estabelecimentos equiparados a industriais de que tratam os incisos I a V do art. 9° (Lei n° 7.798, de 1989, arts. 7° e 8°). §1° O disposto neste artigo aplica-se nas hipóteses em que o adquirente e o remetente dos produtos sejam empresas controladoras ou controladas - Lei n° 6.404, de 15 de dezembro de 1976, art. 243, coligadas - Lei n° 10.406, de 10 de janeiro de 2002, art. 1.099, e Lei no 11.941, de 27 de maio de 2009, art. 46, parágrafo único, interligadas - Decreto-Lei n° 1.950, de 14 de julho de 1982, art. 10, §2° - ou interdependentes (Lei n° 7.798, de 1989, art. 7° §1°)".

[9] LIMA, Sérgio Magalhães. Segregação das atividades de uma empresa em duas pessoas jurídicas distintas, para redução do IPI na cadeia produtiva. *In*: FARIA, Aline Cardoso de; GOMES, Marcus Lívio; ROCHA, Sergio André. *Planejamento tributário sob a ótica do Carf*: análise de casos concretos. Rio de Janeiro: Lumen Juris, 2019. p. 525.

Assim, feito o esclarecimento sobre os produtos relacionados no Anexo III da Lei nº 7.798/1989, importa verificar os requisitos para a aplicação do VTM.

A princípio, para caracterização da relação de interdependência, por sua vez, é necessária a configuração de ao menos uma das hipóteses previstas no art. 612 do Ripi/2010.[10]

Decerto é que, nas operações em que os produtos do estabelecimento remetente são destinados à firma interdependente, se deve aplicar o valor tributável mínimo para apuração do IPI, conforme se infere dos arts. 195 e 196 do Ripi/2010:

> Art. 195. O valor tributável não poderá ser inferior:
> I - *ao preço corrente no mercado atacadista da praça do remetente quando o produto for destinado a outro estabelecimento do próprio remetente* ou a estabelecimento de firma com a qual mantenha relação de interdependência. [...]
> Art. 196. Para efeito de aplicação do disposto nos incisos I e II do art. 195, será considerada a *média ponderada dos preços de cada produto*, em vigor no mês precedente ao da saída do estabelecimento remetente, ou, na sua falta, a correspondente ao mês imediatamente anterior àquele.
> Parágrafo único. *Inexistindo o preço corrente no mercado atacadista*, para aplicação do disposto neste artigo, tomar-se-á por base de cálculo:
> I - no caso de produto importado, o valor que serviu de base ao Imposto de Importação, acrescido desse tributo e demais elementos componentes do custo do produto, inclusive a margem de lucro normal; e
> II - no caso de produto nacional, o custo de fabricação, acrescido dos custos financeiros e dos de venda, administração e publicidade, bem como do seu lucro normal e das demais parcelas que devam ser adicionadas ao preço da operação, ainda que os produtos hajam sido recebidos de outro estabelecimento da mesma firma que os tenha industrializado.[11]
> (Grifos nossos)

Ademais, vale frisar que o valor tributável mínimo (VTM) se refere a uma norma antielisiva específica com o intuito de evitar a manipulação da base de cálculo do IPI em operação entre firmas interdependentes.

Daniel Neto e Ribeiro assim versam acerca do art. 195 do Ripi/2010:

---

[10] "Art. 612. Considerar-se-ão interdependentes duas firmas: I - quando uma delas tiver participação na outra de *quinze por cento ou mais do capital social*, por si, seus sócios ou acionistas, bem como por intermédio de parentes destes até o segundo grau e respectivos cônjuges, se a participação societária for de pessoa física (Lei nº 4.502, de 1964, art. 42, inciso I, e Lei nº 7.798, de 1989, art. 9º); II - quando, de ambas, uma mesma pessoa fizer parte, na qualidade de *diretor, ou sócio com funções de gerência*, ainda que exercidas sob outra denominação (Lei nº 4.502, de 1964, art. 42, inciso II); III - quando uma tiver vendido ou consignado à outra, no ano anterior, *mais de vinte por cento no caso de distribuição com exclusividade* em determinada área do território nacional, e *mais de cinquenta por cento, nos demais casos*, do volume das vendas dos produtos tributados, de sua fabricação ou importação (Lei nº 4.502, de 1964, art. 42, inciso III); IV - quando uma delas, por qualquer forma ou título, for a única adquirente, de um ou de mais de um dos produtos industrializados ou importados pela outra, ainda quando a exclusividade se refira à padronagem, marca ou tipo do produto (Lei nº 4.502, de 1964, art. 42, parágrafo único, inciso I); ou V - quando uma vender à outra, mediante *contrato de participação ou ajuste semelhante*, produto tributado que tenha fabricado ou importado (Lei nº 4.502, de 1964, art. 42, parágrafo único, inciso II)" (grifos nossos).
[11] BRASIL. *Decreto nº 7.212, de 15 de junho de 2010*. Regulamenta a cobrança, fiscalização, arrecadação e administração do Imposto sobre Produtos Industrializados – IPI. Disponível em: http://www.planalto.gov.br/ccivil_03/_Ato2007-2010/2010/Decreto/D7212.htm. Acesso em: 20 ago. 2020.

Tal dispositivo tem o condão de estabelecer uma base de cálculo ficta para as operações tributadas pelo IPI ocorridas entre firmas interdependentes, restando claro que o legislador quis evitar que essas empresas criassem estruturas com o fito de artificialmente esvaziar a base de cálculo do IPI nas operações promovidas pela indústria para inflá-la na operação com a empresa comercial atacadista.[12]

E, nesta esteira, é o entendimento do Acórdão nº 3402-004.341 do Carf, *in verbis*:

[...] IPI. VALOR TRIBUTÁVEL MÍNIMO. NORMA ANTIELISIVA ESPECÍFICA.
O valor tributável mínimo - VTM é típica norma antielisiva específica para operações com produtos industrializados e tem por objetivo evitar uma manipulação artificial da base de cálculo do tributo quando da realização de operações entre empresas interdependentes. A delimitação de um dos dois métodos possíveis de apuração do VTM implica precisar qual o conteúdo semântico da expressão "praça do remetente" para então identificar se, naquela praça, há ou não um mercado atacadista, de modo a permitir a apuração do VTM com base em uma comparação mercadológica (preço médio das empresas da localidade do remetente) ou com base em ficção jurídica (levando em consideração como elementos mínimos os custos de produção, as despesas e a margem de lucro ordinária naquele tipo de operação). [...].[13]

Nesta lógica, os critérios a serem observados na aplicação da regra do valor tributável mínimo (VTM) são as seguintes: i) verificar a existência de relação de interdependência entre os estabelecimentos, nos termos do art. 612 do Ripi/2010; ii) caso configurada tal relação, aplica-se a regra do valor tributável mínimo (VTM), assim entendido como o "preço corrente no mercado atacadista da praça do remetente", nos termos do art. 195 do Ripi/2010, obtido por meio da *média ponderada dos preços* dos produtos remetidos, de acordo com o art. 196, *caput*, do Ripi/2010 (VTM Praça), ou, por exclusão, iii) *inexistindo mercado atacadista na praça do remetente*: a base de cálculo será ficta, como se infere do parágrafo único do art. 196 do Ripi/2010, ou seja, custos de produção, outras despesas e margem de lucro normal (VTM Custo).

Nesse contexto, na análise dos acórdãos do Conselho Administrativo de Recursos Fiscais (Carf), o contribuinte alega que, por se tratar de empresas interdependentes, se sujeitam tais operações à incidência do IPI nos termos do que dispõe o parágrafo único, do art. 196, do Ripi/2010, ou seja, para o contribuinte, praça é sinônimo de município, e o VTM é custo de produção, outras despesas e margem de lucro normal (VTM Custo).

Por outro lado, a fiscalização entende que o método de apuração do IPI para tais operações não seria o adotado pelo contribuinte, uma vez que a regra determinante seria aquela disposta no art. 195, inc. I, do Ripi/2010, ou seja, para a fiscalização, praça não é sinônimo de município e o VTM deve ser calculado pela média ponderada dos preços do estabelecimento atacadista (VTM Praça).

---

[12] DANIEL NETO, Carlos Augusto; RIBEIRO, Diego Diniz. O valor tributável mínimo (VTM) no IPI e o conceito de "praça" na sua apuração. *Revista Direito Tributário Atual*, n. 29, 2018. p. 42.

[13] CARF. *Processo nº 16682.722461/201530*. Acordão nº 3402004.341, 4ª Câmara/2ª Turma Ordinária. Sessão de 29 de agosto de 2017, Relator Waldir Navarro Bezerra.

Por derradeiro, esse método de cálculo previsto nos arts. 195, inc. I, e 196, parágrafo único, inc. II, ambos do Decreto nº 7.212, de 15.6.2010 (Ripi/2010), gera controvérsias quanto ao conteúdo semântico em razão de requerer a identificação dos preços praticados no "mercado atacadista" da "praça do remetente", como veremos no próximo tópico.

4 A controvérsia quanto ao termo "mercado atacadista" e "praça do remetente"

Conforme dito anteriormente, o cerne da discussão está em torno do conteúdo semântico de "mercado atacadista" da "praça do remetente": "praça do remetente" seria o limite geográfico do município onde se localiza o estabelecimento remetente (indústria)? E "mercado atacadista" refere-se ao mercado da praça em que se encontra o estabelecimento atacadista (adquirente) ou se estende à do fabricante, quando ambos não se encontram na mesma praça?[14]

Na análise das decisões proferidas pelo Conselho Administrativo de Recursos Fiscais (Carf) com relação ao conceito de "praça", é possível identificar a existência de três conceitos principais: i) conceito de "praça" como sinônimo de localidade circunscrita aos limites geográficos de dado município; ii) conceito mais amplo de "praça"; iii) conceito de "praça" irrelevante.

Quanto à base de cálculo até 2012, foram identificados três parâmetros centrais para aplicação do VTM nos julgamentos do Carf referentes às operações praticadas entre empresas interdependentes:

> I - VTM com base na média ponderada do preço corrente no mercado atacadista da praça do remetente: na hipótese de existência de mercado atacadista na praça do remetente (dois ou mais atacadistas do mesmo produto no mesmo Município), o CARF entendia que o VTM deveria ser calculado sobre a média ponderada do preço corrente no mercado atacadista (VTM Praça);
> II - VTM com base no custo acrescido do lucro normal: já na hipótese de inexistência de mercado atacadista na praça do remetente, o CARF entendia pela aplicação do VTM apurando-se os custos de produção acrescidos das despesas e margem de lucro normal (VTM Custo); e
> III - VTM com base no arbitramento do fisco: este método era aplicado tão somente na falta de escrituração pela empresa e demais documentos exigidos em lei, na forma pré determinada em cada um dos regulamentos do IPI.[15]

---

[14] OLIVEIRA, Marcelo Costa. *Jurisprudência do Carf valor tributável mínimo* – Conceito de praça. Disponível em: https://sitefiespstorage.blob.core.windows.net/uploads/2019/04/file-20190411161623-painel-iii-marcelo-costa-doliveira.pdf. Acesso em: 22 ago. 2020.

[15] SANTI, Eurico Marcos Diniz de; PRADO, Lucilene Silva; ZOCKUN, Maria Helena (Coord.). *Valor tributável mínimo e imposto sobre produtos industrializados*: evolução histórica da legislação abstrata e prática. São Paulo: Max Limonad, 2019. p. 65.

Entretanto, como veremos mais adiante, com o advento da Solução de Consulta Interna Cosit nº 8, de 13.6.2012 (SCI nº 8/2012), ocorreu uma mudança, surgindo um novo critério para aplicação e cálculo do VTM.

4.1 Conceito de "praça" como sinônimo de localidade circunscrita aos limites geográficos de dado município

O entendimento majoritário do Conselho Administrativo de Recursos Fiscais (Carf) até 2012 era de "praça" como sinônimo de localidade circunscrita aos limites geográficos de dado município.[16]

Pois bem, aqueles que defendem "praça" como sinônimo de munícipio têm supedâneo na antiga lei do cheque (Decreto nº 2.591/1912),[17] no §1º do art. 197 do Ripi/2010,[18] no art. 70 do Código Civil,[19] no Parecer Normativo CST nº 44/1981,[20] no Ato Declaratório Normativo CST nº 5/1982, bem como no Projeto de Lei nº 1.559/2015.

O projeto de lei supracitado, com regime ordinário de tramitação, foi aprovado na Câmara dos Deputados e aguarda a apreciação do Senado Federal (Projeto de Lei nº 2.110, de 2019). A Comissão de Assuntos Econômicos deu parecer favorável à aprovação.

Veja, a seguir, trecho da justificativa do Projeto de Lei nº 1.559/2015:

> A lei do IPI fala em preço tributável mínimo, quando da venda de produtos para empresas interdependentes. Ocorre que o *Fisco Federal vem distorcendo o conceito da praça, vindo a expandido de forma totalmente arbitrário e sem critério.* Dessa forma, vários contribuintes são autuados sob a alegação de que não seguiram o preço mínimo tributável, pois, na visão fiscal, o preço de venda deveria considerar os preços praticados em outras cidades. Ou seja, os contribuintes estão vivendo um clima de total insegurança jurídica, já que o fisco federal não acolhe o conceito de praça hoje consagrado, o qual diz ser a cidade onde está o remetente.
>
> Dessa forma, e para *evitar a insegurança jurídica trazida pela interpretação da lei fiscal, necessário deixar pacificado o entendimento corrente, que diz que praça corresponde* à *cidade onde está situado o remetente das mercadorias.* Isto posto, acreditado estar aperfeiçoando o regime

---

[16] SANTI, Eurico Marcos Diniz de; PRADO, Lucilene Silva; ZOCKUN, Maria Helena (Coord.). *Valor tributável mínimo e imposto sobre produtos industrializados*: evolução histórica da legislação abstrata e prática. São Paulo: Max Limonad, 2019. p. 69.

[17] "O cheque deve ser apresentado dentro de cinco dias, *quando passado na praça onde tem de ser pago*, e de oito dias, *quando em outra praça*" (grifos nossos).

[18] "Salvo se for apurado o valor real da operação, nos casos em que este deva ser considerado, o arbitramento tomará por base, sempre que possível, *o preço médio do produto no mercado do domicílio do contribuinte, ou, na sua falta, nos principais mercados nacionais*, no trimestre civil mais próximo ao da ocorrência do fato gerador".

[19] "Art. 70. O domicílio da pessoa natural é o lugar onde ela estabelece a sua residência com ânimo definitivo".

[20] "Isto significando, por certo, que *numa mesma cidade, ou praça comercial*, o mercado atacadista de determinado produto, como um todo, deve ser considerado relativamente ao universo das vendas que se realizam naquela mesma localidade, e não somente em relação àquelas vendas efetuadas por um só estabelecimento, de forma isolada" (havendo multiplicidade de atacadistas, não pode ser utilizado os dados de um só).

jurídico pátrio que trata da matéria, conto com o apoio dos pares na rápida aprovação da presente proposição.[21] (Grifos nossos)

Entre as decisões do Carf, importante frisar os seguintes acórdãos que cancelaram os autos de infração que ampliavam o limite geográfico do conceito de "praça": acórdãos n°s 1-78.103 (2004); 204-02.706; 204-02.707 e 202-18.215 (2007); 3401-00.768 (2010); 3403.002.285 e 203-10.133 (2013); 3402-004.341 e 3401-003.873 (2017).[22]

Nesse prisma, vale destacar as ementas dos acórdãos n°s 3402-004.341 e 3403-002.285, sucessivamente:

> [...] IPI. VALOR TRIBUTÁVEL MÍNIMO. CONCEITO DE "PRAÇA DO REMETENTE" E DE "MERCADO ATACADISTA".
> O fato da lei não promover a delimitação semântica de determinado signo na esfera jurídico-tributária não redunda em negar a existência, para tal signo, de um conteúdo jurídico próprio, sob pena do princípio da legalidade em matéria tributária ser esvaziado de conteúdo. Assim, o preenchimento semântico de um signo jurídico em matéria tributária deve socorrer-se da própria lei. *Nesse sentido, os inúmeros dispositivos legais que empregam o termo "praça" o fazem no sentido de domicílio, i.e., limitando-se ao recorte geográfico de um Município, nos termos do art. 70 do Código Civil. Logo, a regra antielisiva a ser aqui convocada é aquela prescrita no art. 196, parágrafo único, inciso II do RIPI/2010.* Precedentes administrativos e judiciais neste sentido.
> Ademais, estender o conceito de praça ao de região metropolitana, além de não ter sustentação legal nem econômica, implicaria ainda em tornar a regra do art. 195, inciso I do RIPI/2010 um sem sentido jurídico, já que a tornaria redundante. [...].[23] (Grifos nossos)

> [...] VALOR TRIBUTÁVEL MÍNIMO. EMPRESAS INTERDEPENDENTES.
> *Inexistindo mercado atacadista na cidade em que está localizado o estabelecimento remetente, o valor tributável mínimo do IPI a ser observado nas vendas para empresa interdependente deve ser apurado com base na regra do art. 196, parágrafo único, II, do RIPI/2010, considerando-se apenas e tão somente os custos de fabricação e demais despesas incorridas pelo remetente dos produtos.* [...].[24] (Grifos nossos)

Isso posto, como demonstrado acima, não tendo mercado atacadista na praça do remetente (praça = município), a regra antielisiva a ser aplicada é nos termos do

---

[21] BRASIL. *Projeto de Lei n° 1.559-A, de 2015*. Altera o art. 15 da Lei 4.502 de 30 de novembro de 1.964 com o objetivo de conceituar "praça" para os fins que especifica; tendo parecer da Comissão de Finanças e Tributação, pela não implicação da matéria em aumento ou diminuição da receita ou da despesa públicas, não cabendo pronunciamento quanto à adequação financeira e orçamentária; e, no mérito, pela aprovação, com Substitutivo, Relatora Dep. Tereza Cristina. Disponível em: https://www.camara.leg.br/proposicoesWeb/prop_mostrarintegra;jsessionid=FAEEA464F79CB4B5DBEDFD861CDDC2AC.proposicoesWeb1?codteor=1412905&filename=Avulso+-PL+1559/2015. Acesso em: 20 ago. 2020.

[22] OLIVEIRA, Marcelo Costa. *Jurisprudência do Carf valor tributável mínimo* – Conceito de praça. Disponível em: https://sitefiespstorage.blob.core.windows.net/uploads/2019/04/file-20190411161623-painel-iii-marcelo-costa-doliveira.pdf. Acesso em: 22 ago. 2020.

[23] CARF. *Processo n° 16682.722461/201530*. Acordão n° 3402004.341, 4ª Câmara/2ª Turma Ordinária. Sessão de 29 de agosto de 2017, Relator Waldir Navarro Bezerra. p. 3587-3588.

[24] CARF. *Processo n° 11080.731081/201128*. Acordão n° 3403002.285, 4ª Câmara/3ª Turma Ordinária. Sessão de 26 de junho de 2013, Relator Antônio Carlos Atulim. p. 777.

art. 196, parágrafo único, II do Ripi/2010 (VTM Custo), isto é, apurar o custo de fabricação, custos financeiro, de venda, de administração e de publicidade, bem como a margem de lucro normal.

Por fim, o conceito de "praça" tem relação com um local físico, sendo definido como "município" pela legislação, doutrina, bem como jurisprudência. Além disso, o Projeto de Lei n° 1.559/2015 está aguardando apreciação do Senado Federal – projeto que prestigia o princípio da segurança jurídica e, se for aprovado, definirá o conteúdo semântico de "praça", para fins de aplicação do VTM.

4.2 Conceito mais amplo de "praça"

Por outro viés, aqueles que defendem o conceito mais amplo de "praça" se utilizam dos seguintes argumentos: i) Parecer Normativo CST n° 44/1981 – sob a alegação de que o parecer se trata de uma exceção utilizada em um caso específico; ii) legislação de direito administrativo – art. 22, §6°, da Lei n° 8.666/1993 (possibilidade de ampliação do conceito de praça em licitações).

Vale destacar os seguintes acórdãos do Carf: n°s 3301-004.126 (2017); 3301-004.363 (2018); 3201-003.444 (2018); 3302-006.111 (2019).

Segue o entendimento do Conselheiro José Henrique Mauri, relator do Acordão n° 3301-004.363, 3ª Câmara/1ª Turma Ordinária, sessão de 21.3.2018:

> [...] IPI. OPERAÇÕES COM INTERDEPENDENTE. PRAÇA DO REMETENTE. ALCANCE.
> Não há na letra da Lei definição objetiva referente ao termo "praça comercial", tampouco menção territorial que a limite ao espaço de Município.
> O termo "praça", na acepção do artigo 136, I, do RIPI/2002, deve representar a região onde o preço do produto será o mesmo em qualquer parte desse território, sem interferência externa como frete, seguro, comissões, entre outras despesas, que, em se existindo, provocariam desnivelamento do preço a ser comparado, não havendo que se falar em limite geográfico, genericamente estabelecido.
> Assim, "praça de comércio" pode ter abrangência igual, superior ou inferior ao território de Município, a depender dos fatores que integram a operação, dentre outros: produto, concorrência, exclusividade, produto único, segregação de preço por região de destino, tabelamento, segregado ou não por regiões. [...].[25]

Da mesma forma, o Relator Conselheiro Paulo Roberto Duarte Moreira manifestou-se, no Acórdão n° 3201-003.444, quanto ao termo:

> praça do remetente é o local físico, geográfico, até onde se estende o campo de atuação de comercial atacadista da empresa. Dito de outra forma, compreende a área geográfica em que é permitido à empresa atuar, respeitados os limites legais e contratuais, quando exigidos.[26]

---

[25] CARF. *Processo n° 16561.720176/2012-16*. Acordão n° 3301-004.363, 3ª Câmara/1ª Turma Ordinária. Sessão de 21 de março de 2018, Relator José Henrique Mauri. p. 3356.

[26] CARF. *Processo n° 16561.720182/201265*. Acordão n° 3201003.444, 2ª Câmara/1ª Turma Ordinária. Sessão de 26 de fevereiro de 2018, Relator Paulo Roberto Duarte Moreira. p. 2242.

A necessidade de interpretação contextualizada do conceito de praça está claramente consignada na declaração de voto da Ex-Conselheira do Carf Tatiana Josefovicz Belisário, no acórdão em comento:

> O Direito Tributário não admite, na atualidade, interpretações estanques, dissociadas da realidade econômica, social e política. A moderna doutrina tributária, no que vem acompanhada pela jurisprudência dos Tribunais Superiores, não mais admite que a obrigação tributária seja parametrizada por conceitos imutáveis.
>
> A interpretação do direito tributário, a exemplo do que se verifica na interpretação conforme a constituição e na própria mutação constitucional, deve acompanhar a evolução dos paradigmas sociais e econômicos. [...] o contribuinte não pode pretender afastar essa mesma realidade para fins de se eximir da obrigação tributária.
>
> É a própria realidade mercadológica da Recorrente que inviabiliza restringir o conceito de praça comercial a um único município. Não se trata de negar primazia ao princípio da legalidade tributária, mas, sim, de interpretar a norma tributária em consonância com a realidade social, política e econômica.
>
> Seus produtos são comercializados em todo o país (e mesmo internacionalmente), independentemente da sua presença física nos municípios, sendo seus produtos claramente individualizados e definíveis, e sem variações de valor.
>
> E, na atual realidade, de economia globalizada, limitar o conceito de "praça comercial" de um comerciante de alcance internacional, às barreiras geográficas de um único município, significa corromper o próprio conceito normativo.[27]

É oportuno salientar que a 3ª Turma da Câmara Superior de Recursos Fiscais (CSRF), na sessão de julgamento do dia 10.12.2019, manifestou-se no Acórdão nº 9303-009.824, ampliando o conceito de "praça":

> [...] CÁLCULO DO VALOR TRIBUTÁVEL MÍNIMO. DISTRIBUIDOR EXCLUSIVO INTERDEPENDENTE. PREÇOS POR ELE PRATICADOS NO ATACADO.
>
> O valor tributável mínimo aplicável às saídas de determinado produto do estabelecimento industrial fabricante, e que tenha na sua praça um único estabelecimento distribuidor, dele interdependente, corresponderá aos próprios preços praticados por esse distribuidor único nas vendas por atacado do citado produto, sendo incabível a inclusão, na média ponderada, de preços bem inferiores praticados pelo industrial remetente, sob pena de distorção do valor que justamente se pretende determinar com a aplicação da norma antielisiva (Solução de Consulta Interna Cosit nº 8/2012 e Pareceres Normativos CST nos 44/81 e 89/70).
>
> CONCEITO DE PRAÇA. NECESSÁRIA IDENTIDADE COM O DE MUNICÍPIO, DESCABIMENTO.
>
> O conceito de praça, utilizado no art. 136, I, do RIPI/2002 (art. 195, I, do RIPI/2010), não tendo sido o legislador específico quanto à abrangência territorial, comporta interpretação, melhor se identificando com o mercado, que não tem necessária identidade com configurações geopolíticas, em especial a de um Município, restrição esta que implicaria em dar azo a que grandes empresas com características operacionais que a esta possibilidade levam (como as do ramo de cosméticos), adotem livremente a prática de instalar um único distribuidor, interdependente, em outro Município, para forçosamente caracterizar que não existe mercado atacadista na "praça" do remetente e, assim, permitir, ao industrial,

---

[27] CARF. Processo nº 16561.720182/201265. Acórdão nº 3201003.444, 2ª Câmara/1ª Turma Ordinária. Sessão de 26 de fevereiro de 2018, Relator Paulo Roberto Duarte Moreira. p. 2249-2250.

contribuinte do IPI, que pratique preços artificialmente muito inferiores ao de mercado, ou seja, admitir que a norma que visa justamente coibir esta prática venha a viabilizá-la. [...].[28]

A ementa acima transcrita sinaliza que o conceito mais amplo de "praça" foi acolhido pela Câmara Superior de Recursos Fiscais (CSRF), embora legislação, doutrina e jurisprudência sejam contrárias a esse entendimento.

4.3 Conceito de "praça" irrelevante

No caso de distribuidor exclusivo, por meio dos acórdãos nºs 3401-003.954 e 3401-003.955, ambos julgados pela 4ª Câmara/1ª Turma ordinária, sessão de 29.8.2017, decidiu-se que o conceito de praça seria irrelevante para determinar a base de cálculo tributável. Apesar de fabricante e distribuidor exclusivo situarem-se em municípios distintos, o valor do VTM deve ser o preço de venda do distribuidor (VTM Distribuidor).

Nesse sentido, assim se manifestou o Conselheiro Fenelon Moscoso de Almeida, no voto constante da decisão proferida no Acórdão nº 3401003.954:

> [...] Indo direto ao ponto, de fato, para o presente lançamento tributário, no caso específico das circunstâncias de mercado em que inseriam-se os atores únicos e exclusivos, *o conceito de praça não exerce maior influência*, pois, entendo, no mesmo sentido da decisão recorrida e da *Solução de Consulta Interna Cosit nº 8*, de 13 de junho de 2012 (Publicado no sitio da RFB em 15/06/2012) que, na *hipótese de existir no mercado atacadista apenas um* único *distribuidor, interdependente de estabelecimento industrial fabricante de determinado produto*, o valor tributável mínimo aplicável a esse estabelecimento *industrial fabricante remetente* corresponde aos próprios preços praticados pelo *distribuidor* único *adquirente*, nas vendas por atacado do citado produto, até porque, tratando-se de distribuidor monopolista, restam esses preços como sendo os preços correntes do mercado atacadista, aplicável às praças do adquirente e do remetente, independente do entendimento restritivo de praça como a circunscrição territorial do município onde situa-se o adquirente ou o remetente.[29] (Grifos no original)

O fundamento principal utilizado para o conceito de "praça" irrelevante é a Solução de Consulta Interna Cosit nº 8, de 13.6.2012 (SCI nº 8/2012), que tratou de um caso específico, segundo o qual no mercado atacadista existe um único distribuidor, sendo este interdependente do estabelecimento industrial. A dúvida aparece em razão do Parecer Normativo CST nº 44/1981, o qual estabelece que, quando o valor tributável for através dos preços praticados no mercado atacadista da praça do remente, deve-se considerar o universo de vendas realizadas naquela localidade, e não somente aquelas vendas efetuadas por um só estabelecimento, de forma isolada. Segue a ementa:

---

[28] CARF. *Processo nº 16561.720182/201265*. Acordão nº 9303-009.824, CSRF/3ª Turma. Sessão de 10 de dezembro de 2019, Relator Érika Costa Camargos Autran. p. 2713.

[29] CARF. *Processo nº 18470.720682/2015-94*, Acordão nº 3401-003.954, 4ª Câmara/1ª Turma Ordinária. Sessão de 29 de agosto de 2017, Relator Fenelon Moscoso de Almeida. p. 977.

ASSUNTO: IMPOSTO SOBRE PRODUTOS INDUSTRIALIZADOS – IPI

O valor tributável não poderá ser inferior ao preço corrente no mercado atacadista da praça do remetente quando o produto for destinado a estabelecimento distribuidor interdependente do estabelecimento industrial fabricante.

O valor tributável mínimo aplicável às saídas de determinado produto do estabelecimento industrial fabricante, e que tenha na sua praça um único estabelecimento distribuidor, dele interdependente, corresponderá aos próprios preços praticados por esse distribuidor único nas vendas por atacado do citado produto.

Dispositivos Legais: Decreto no 7.212, de 15 de junho de 2010 - Regulamento do IPI; Parecer Normativo CST nº 44, de 1981.

Com a publicação da Solução de Consulta Interna Cosit nº 8, de 13.6.2012 (SCI nº 8/2012), ocorreu uma mudança interpretativa, considerando o termo "praça" irrelevante para o cálculo do VTM.

A fiscalização passou a aplicar a SCI nº 8/2012 ao entender que, na hipótese de este único distribuidor atacadista se encontrar em praça diversa da praça do remetente, ainda assim, deve-se calcular o VTM com base no preço do distribuidor atacadista.

Desse modo, no caso de distribuidor exclusivo, a regra passou a ser VTM preço de distribuição na saída, preço do mercado, sem levar em consideração as despesas da operação.

5 Planejamento tributário e o valor tributável mínimo (VTM)

Inicialmente, compete apresentar conceitos introdutórios pertinentes ao tema planejamento tributário, antes de serem abordados os casos concretos, com relação aos quais a fiscalização considerou a utilização do VTM planejamento tributário abusivo.

Quanto a planejamento tributário, Greco o conceitua como o "conjunto de condutas que o contribuinte pode realizar visando buscar a menor carga tributária legalmente possível".[30] Ainda segundo o autor, "planejamento e elisão são conceitos que se reportam à mesma realidade, diferindo apenas quanto ao referencial adotado e à tônica que atribuem a determinados elementos".[31]

A elisão fiscal ocorre quando o contribuinte organiza a sua estrutura empresarial com o intuito de obter menor carga tributária. O que não é aceitável é a evasão fiscal, ou seja, negócios simulados ou fraudulentos. Assim leciona o Professor Paulo de Barros Carvalho:

> Ainda que a opção do particular tenha por objetivo diminuir a carga tributária, ela seria lícita e perfeitamente válida, não podendo ser desconsiderada pelo agente fiscal. Distinguem-se neste critério, portanto, "elisão" e "evasão fiscal". Enquanto a primeira (elisão) é lícita, consistindo na escolha de formas de direito mediante as quais não se dá a efetivação do fato

---

[30] GRECO, Marco Aurélio. *Planejamento tributário*. São Paulo: Dialética, 2008. p. 117.
[31] GRECO, Marco Aurélio. *Planejamento tributário*. São Paulo: Dialética, 2008. p. 81.

tributário, e consequentemente, impedindo o nascimento da relação jurídica, a segunda (evasão) decorre de operações simuladas em que, ocorrido fato de relevância para o direito tributário, pretende-se ocultá-lo, mascarando o negócio praticado.[32]

O Brasil não tem uma legislação específica que estabeleça critérios para a verificação da simulação no caso concreto. No entanto, a fiscalização tem aplicado o conceito amplo, nos termos do inc. VII do art. 149 do Código Tributário Nacional c/c §1º do art. 167 do Código Civil.[33]

Ocorre que a fiscalização, diante do descumprimento da regra do valor tributável mínimo (VTM) para operações com produtos industrializados, lavra auto de infração alegando que a segregação das atividades ocorreu por fraude ou simulação.

Sobre o tema, a Conselheira do Carf Maria Eduarda Alencar Câmara Simões assevera:

> O que acontece é que, em determinados casos, a fiscalização finda por se confundir quando da lavratura do auto de infração, e, embora esteja diante de situação de mero descumprimento das regras de VTM, sem que se esteja diante de hipótese de subfaturamento, fraude ou mesmo simulação, finda por lavrar auto de infração com fundamento em tais atos dolosos, sem que estes tenham sido comprovados nos autos.[34]

Para cumprir o objetivo do presente artigo, é fundamental analisar o entendimento do Conselho Administrativo de Recursos Fiscal – Carf, a respeito dos casos nos quais a fiscalização considerou a utilização VTM planejamento tributário abusivo.

5.1 Caso Laboratórios Stiefel Ltda. (Acórdão Carf nº 3401-006.610)

Trata-se de auto de infração lavrado em face da contribuinte, em razão da insuficiência no recolhimento do tributo, tendo em vista a inobservância das regras relativas ao valor tributável mínimo (VTM), bem como conceito de praça, nos termos do art. 195, inc. I, e art. 196, *caput*, do Ripi/2010.

Além disso, a autoridade fiscal lavrou termo de responsabilidade solidária em face dos sócios. Isso porque, de acordo com a fiscalização, o grupo econômico efetuou um planejamento tributário abusivo e ilegal, com o propósito específico de reduzir a carga tributária.

---

[32] CARVALHO, Paulo de Barros. *Derivação e positivação no direito tributário*. São Paulo: Noeses, 2012. v. I. p. 83.
[33] BERNARDO, Alex Ribeiro; DELLA VITTORIA, Aline. Redução de capital para alienação de ativos por intermédio dos sócios pessoas físicas ou pessoa jurídica domiciliada no exterior. *In*: FARIA, Aline Cardoso de; GOMES, Marcus Lívio; ROCHA, Sergio André. *Planejamento tributário sob a ótica do Carf*: análise de casos concretos. Rio de Janeiro: Lumen Juris, 2019. p. 46.
[34] SIMÕES, Maria Eduarda Alencar Câmara. Da eficiência probatória nas operações entre empresas interligadas à luz da jurisprudência do CARF: IPI (valor tributável mínimo). *In*: BOSSA, Gisele Barra (Coord.). *Eficiência probatória e a atual jurisprudência do Carf*. Coimbra: Almedina, 2020. p. 644.

A 3ª Turma da Delegacia Regional do Brasil em Porto Alegre/RS proferiu Acordão DRJ nº 10-59.336, mantendo o crédito tributário, bem como a responsabilidade solidária, nos termos da ementa:

> [...] VALOR TRIBUTÁVEL MÍNIMO. FIRMA COM RELAÇÃO DE INTERDEPENDÊNCIA.
> O valor tributável para fins de apuração do IPI não pode ser inferior ao preço corrente no mercado atacadista da praça do remetente, quando o produto for destinado a outro estabelecimento do próprio remetente ou a estabelecimento de firma com a qual mantenha relação de interdependência.
> MULTA DE OFÍCIO MAJORADA. INFRAÇÃO QUALIFICADA O *planejamento tributário abusivo e ilegal praticado por grupo econômico evidencia a conduta dolosa de impedir o conhecimento da real base de cálculo dos tributos, ensejando, pois, a qualificação da multa de ofício aplicada.*
> [...].[35] (Grifos nossos)

Com efeito, a contribuinte interpôs recurso voluntário. Insta salientar trecho do voto do Conselheiro Leonardo Ogassawara de Araújo Branco, proferido no Acórdão nº 3401-006.610:

> Em primeiro lugar, quanto à acusação de reestruturação societária praticada sem propósito negocial para "subfaturamento" em operações intercompany com a finalidade de erodir a base de cálculo do IPI [...] pela configuração de erro de fundamentação nos casos em que o aplicador, tendo à disposição a regra específica antielisiva do valor tributário mínimo, ao invés de aplicá-la, prefere tomar como fundamento a regra antidissimulação do parágrafo único do art. 116 do Código Tributário Nacional que, além de menos específica para o caso concreto, ainda padece de regulamentação e, portanto, de aplicação marcadamente mais tormentosa.[36]

Em relação ao art. 116 do Código Tributário Nacional, o conselheiro apresentou a seguinte ementa do Acordão nº 3401-005.228, proferido em 27.8.2018:

> PLANEJAMENTO TRIBUTÁRIO. DESCONSIDERAÇÃO DE ATOS E NEGÓCIOS JURÍDICOS. FALTA DE REGULAMENTAÇÃO DO PARÁGRAFO ÚNICO DO ART. 116 CTN. ERRO DE FUNDAMENTAÇÃO.
> O parágrafo único do art. 116 do CTN, introduzido pela Lei Complementar nº 104/2001, trata-se de regra anti-dissimulação, e prevê a possibilidade de desconsideração de atos ou negócios jurídicos praticados com a finalidade de dissimular a ocorrência do fato gerador do tributo ou a natureza dos elementos constitutivos da obrigação tributária, observados os procedimentos a serem estabelecidos em lei ordinária que até o momento não foi editada, não podendo, portanto, ser utilizado como fundamento da decisão.[37]

Ora, quando o aplicador tem à disposição uma norma antielisiva específica, que é o caso do valor tributável mínimo, não tem por que fundamentar o auto de infração em uma possível simulação.

---

[35] CARF. Processo nº 16095.720138/2016-22, Acordão nº 16095.720138/2016-22, 4ª Câmara/1ª Turma Ordinária. Sessão de 18 de junho de 2019, Relator Leonardo Ogassawara de Araújo Branco. p. 3044.

[36] CARF. Processo nº 16095.720138/2016-22, Acordão nº 16095.720138/2016-22, 4ª Câmara/1ª Turma Ordinária. Sessão de 18 de junho de 2019, Relator Leonardo Ogassawara de Araújo Branco. p. 3045.

[37] CARF. Processo nº 16095.720138/2016-22, Acordão nº 16095.720138/2016-22, 4ª Câmara/1ª Turma Ordinária. Sessão de 18 de junho de 2019, Relator Leonardo Ogassawara de Araújo Branco. p. 3046.

Por derradeiro, a fiscalização não poderá simplesmente presumir a existência de abuso de direito, sem comprovar a inexistência do propósito negocial. Tal alegação ofende o exposto no art. 100, II e III, do Código Tributário Nacional, além de ferir os princípios da moralidade e da razoabilidade.

5.2 Caso Procosa Produtos de Beleza Ltda. (Acórdão Carf nº 3402-005.599)

De acordo com a fiscalização, o contribuinte realizou um planejamento tributário ilícito com o objetivo de redução da base de cálculo de seus produtos pelo IPI, mediante subfaturamento quando da saída do estabelecimento industrial remetente.[38]

Sobre as circunstâncias fáticas do presente caso, cabe ressaltar a afirmação no inteiro teor, do Conselheiro Diego Diniz Ribeiro, voto vencedor:

> [...] O que a fiscalização ignora, todavia, é que este tipo de segregação de atividades (industrial e atacadista) é explicitamente admitida no caso de operações sujeitas com o IPI, afinal de contas, os artigos 195 e 196 do RIPI/2010 só existem no ordenamento jurídico por partirem da premissa de que este tipo de estruturação empresarial é válida sob o ponto de vista legal.
>
> [...] Outrossim, chega a ser pueril a ideia da fiscalização no sentido de que o "planejamento tributário" por ela questionado restaria configurado pela diferença das margens de lucro apuradas pela recorrente e pela atacadista, partindo do pressuposto, equivocado, de que a margem de lucros de um produtor/industrial deve ser a mesma ou muito próxima daquela auferida por um distribuidor.
>
> [...] Não obstante, em momento algum a fiscalização acusa a operação praticada pela recorrente de deficitária. Ao contrário, parte do pressuposto que é lucrativa, mas com uma margem minorada quando comparada com a operação perpetrada pela empresa atacadista. Afasta-se, com isso, uma característica muito comum em casos de pretenso subfaturamento ou planejamentos abusivos: de que o preço praticado pelo contribuinte na operação de venda do seu produto é incapaz de arcar com o custo da sua operação.
>
> Ademais, outro elemento de prova muito empregado para atestar a existência de planejamentos abusivos é a identificação do momento da criação das empresas empregadas neste tipo de estratagema. Neste sentido, este Tribunal tem entendido que a criação de empresas logo após o advento da lei que altera a tributação é um forte indício de um planejamento sem propósito negocial, ou seja, com o fito exclusivo de redução de tributos. Não é esse, entretanto, o caso dos autos, podendo a estrutura operacional da recorrente ser assim sumarizada: [...].[39]

Ora, como demonstrado alhures, a segregação das atividades, no presente caso, é admitida, isso porque a base de cálculo ficta é definida por um valor tributável mínimo

---

[38] CARF. *Processo nº 16682.722760/201655*. Acordão nº 3402005.599, 4ª Câmara/2ª Turma Ordinária. Sessão de 17 de outubro de 2018, Relator Waldir Navarro Bezerra. p. 2575.

[39] CARF. *Processo nº 16682.722760/201655*. Acordão nº 3402005.599, 4ª Câmara/2ª Turma Ordinária. Sessão de 17 de outubro de 2018, Relator Waldir Navarro Bezerra. p. 2575; 2576.

(VTM), norma antielisiva específica criada pelo legislador, nos termos dos arts. 195 e 196 do Ripi/2010.

Cabe ressaltar que, nos períodos sob fiscalização, os produtos de perfumaria e cosméticos não faziam parte da relação constante do Anexo III da Lei nº 7.789/89, por isso foi aplicado o VTM.

Ademais, para que seja comprovada a existência de propósito negocial na reestruturação da empresa, hão de ser observados a geração de empregos, o aumento das vendas, gerando receitas e lucro, e, consequentemente, o aumento do recolhimento de tributos.

Outro apontamento importante é o equívoco da fiscalização ao questionar o planejamento, tendo em vista a margem de lucro do atacadista ser maior que a do produtor/industrial.

Por fim, o ilustre conselheiro concluiu:

> Assim, diante de tudo o que fora exposto e do vasto e elucidativo acervo probatório produzido pelo recorrente, não há que se cogitar a existência de um planejamento tributário abusivo, mas sim operações empresariais válidas e com o nítido propósito econômico, em perfeita sintonia, portanto, com o princípio constitucional da livre iniciativa privada.[40]

6 Conclusões

Entre as divergências existentes no planejamento tributário, perdura a discussão sobre a aplicação da regra do valor tributável mínimo para apuração do IPI entre firmas interdependentes.

A tentativa de reconstrução interpretativa, com exposição de entendimento, destacadamente do Carf, permitiu a construção da linha interpretativa na aplicação dos brocardos "mercado atacadista" e "praça do remetente".

Para tanto, três foram os conceitos de "praça" nas decisões proferidas pelo Carf, a começar pelo conceito de "praça" como sinônimo de localidade circunscrita aos limites geográficos de dado município; além desse conceito, também há a linha da interpretação extensiva do conceito de praça, assim como há a terceira via, cuja tentativa de conceituação é irrelevante.

Ainda segundo posicionamento das decisões proferidas pelo Carf, a partir de 2017, com o advento da SCI nº 8/2012, o conceito de "praça" passou a ser irrelevante, para distribuidor exclusivo, desse modo, o valor do VTM deve ser o preço de venda do distribuidor (VTM Distribuidor).

Por fim, de acordo com o entendimento da legislação, doutrina e jurisprudência, o conceito de "praça" é sinônimo de município. O recente entendimento do Carf poderá ser

---

[40] CARF. *Processo nº 16682.722760/201655*. Acórdão nº 3402005.599, 4ª Câmara/2ª Turma Ordinária. Sessão de 17 de outubro de 2018, Relator Waldir Navarro Bezerra. p. 2579.

rechaçado com a aprovação do Projeto de Lei nº 1.559/2015, pacificando o entendimento de que "praça" corresponde à cidade onde está situado o estabelecimento remetente.

Referências

BERNARDO, Alex Ribeiro; DELLA VITTORIA, Aline. Redução de capital para alienação de ativos por intermédio dos sócios pessoas físicas ou pessoa jurídica domiciliada no exterior. In: FARIA, Aline Cardoso de; GOMES, Marcus Lívio; ROCHA, Sergio André. *Planejamento tributário sob a ótica do Carf*: análise de casos concretos. Rio de Janeiro: Lumen Juris, 2019.

BRASIL. *Decreto nº 7.212, de 15 de junho de 2010*. Regulamenta a cobrança, fiscalização, arrecadação e administração do Imposto sobre Produtos Industrializados – IPI. Disponível em: http://www.planalto.gov.br/ccivil_03/_Ato2007-2010/2010/Decreto/D7212.htm. Acesso em: 20 ago. 2020.

BRASIL. *Lei nº 4.502, de 30 de novembro de 1964*. Dispõe Sobre o Imposto de Consumo e reorganiza a Diretoria de Rendas Internas. Disponível em: http://www.planalto.gov.br/ccivil_03/LEIS/L4502.htm Acesso em: 20 ago. 2020.

BRASIL. *Lei nº 5172, de 25 de outubro de 1966*. Dispõe sobre o Sistema Tributário Nacional e institui normas gerais de direito tributário aplicáveis à União, Estados e Municípios. Código Tributário Nacional. Disponível em: http://www.planalto.gov.br/ccivil_03/leis/L5172Compilado.htm. Acesso em: 10 ago. 2020.

BRASIL. *Projeto de Lei nº 1.559-A, de 2015*. Altera o art. 15 da Lei 4.502 de 30 de novembro de 1.964 com o objetivo de conceituar "praça" para os fins que especifica; tendo parecer da Comissão de Finanças e Tributação, pela não implicação da matéria em aumento ou diminuição da receita ou da despesa públicas, não cabendo pronunciamento quanto à adequação financeira e orçamentária; e, no mérito, pela aprovação, com Substitutivo, Relatora Dep. Tereza Cristina. Disponível em: https://www.camara.leg.br/proposicoesWeb/prop_mostrar integra;jsessionid=FAEEA464F79CB4B5DBEDFD861CDDC2AC.proposicoesWeb1?codteor=1412905&filename=Avulso+-PL+1559/2015. Acesso em: 20 ago. 2020.

CARF. *Processo nº 11080.731081/201128*. Acordão nº 3403002.285, 4ª Câmara/3ª Turma Ordinária. Sessão de 26 de junho de 2013, Relator Antônio Carlos Atulim.

CARF. *Processo nº 16095.720138/2016-22*. Acórdão nº 3401-006.610, 3ª Seção de Julgamento/4ª Câmara/1ª Turma Ordinária. Sessão de 18 de junho de 2019, Relator Leonardo Ogassawara de Araújo Branco.

CARF. *Processo nº 16561.720176/2012-16*. Acordão nº 3301-004.363, 3ª Câmara/1ª Turma Ordinária. Sessão de 21 de março de 2018, Relator José Henrique Mauri.

CARF. *Processo nº 16561.720182/201265*. Acordão nº 3201003.444, 2ª Câmara/1ª Turma Ordinária. Sessão de 26 de fevereiro de 2018, Relator Paulo Roberto Duarte Moreira.

CARF. *Processo nº 16561.720182/201265*. Acordão nº 9303-009.824, CSRF/3ª Turma. Sessão de 10 de dezembro de 2019, Relator Érika Costa Camargos Autran.

CARF. *Processo nº 16682.722461/201530*. Acordão nº 3402004.341, 4ª Câmara/2ª Turma Ordinária. Sessão de 29 de agosto de 2017, Relator Waldir Navarro Bezerra.

CARF. *Processo nº 16682.722760/201655*. Acordão nº 3402005.599, 4ª Câmara/2ª Turma Ordinária. Sessão de 17 de outubro de 2018, Relator Waldir Navarro Bezerra.

CARF. *Processo nº 18470.720682/2015-94*, Acordão nº 3401-003.954, 4ª Câmara/1ª Turma Ordinária. Sessão de 29 de agosto de 2017, Relator Fenelon Moscoso de Almeida.

CARVALHO, Paulo de Barros. *Derivação e positivação no direito tributário*. São Paulo: Noeses, 2012. v. I.

DANIEL NETO, Carlos Augusto; RIBEIRO, Diego Diniz. O valor tributável mínimo (VTM) no IPI e o conceito de "praça" na sua apuração. *Revista Direito Tributário Atual*, n. 29, 2018.

GRECO, Marco Aurélio. *Planejamento tributário*. São Paulo: Dialética, 2008.

LIMA, Sérgio Magalhães. Segregação das atividades de uma empresa em duas pessoas jurídicas distintas, para redução do IPI na cadeia produtiva. *In*: FARIA, Aline Cardoso de; GOMES, Marcus Lívio; ROCHA, Sergio André. *Planejamento tributário sob a ótica do Carf*: análise de casos concretos. Rio de Janeiro: Lumen Juris, 2019.

OLIVEIRA, Marcelo Costa. *Jurisprudência do Carf valor tributável mínimo* – Conceito de praça. Disponível em: https://sitefiespstorage.blob.core.windows.net/uploads/2019/04/file-20190411161623-painel-iii-marcelo-costa-doliveira.pdf. Acesso em: 22 ago. 2020.

SANTI, Eurico Marcos Diniz de; PRADO, Lucilene Silva; ZOCKUN, Maria Helena (Coord.). *Valor tributável mínimo e imposto sobre produtos industrializados*: evolução histórica da legislação abstrata e prática. São Paulo: Max Limonad, 2019.

SIMÕES, Maria Eduarda Alencar Câmara. Da eficiência probatória nas operações entre empresas interligadas à luz da jurisprudência do CARF: IPI (valor tributável mínimo). *In*: BOSSA, Gisele Barra (Coord.). *Eficiência probatória e a atual jurisprudência do Carf*. Coimbra: Almedina, 2020.

Informação bibliográfica deste texto, conforme a NBR 6023:2018 da Associação Brasileira de Normas Técnicas (ABNT):

SILVA, Elias Figueiroa da; BESERRA, Wanderson Rodrigues. Valor tributável mínimo (VTM) para operações com produtos industrializados entre firmas interdependentes. *In*: MARINHO NETO, José Antonino (Org.); LOBATO, Valter de Souza (Coord.). *Planejamento Tributário:* pressupostos teóricos e aplicação prática. Belo Horizonte: Fórum, 2021. p. 365-383. ISBN 978-65-5518-269-9.

A INTERPOSIÇÃO FRAUDULENTA E A PROVA NOS CASOS ADUANEIROS NOS JULGAMENTOS DO CONSELHO ADMINISTRATIVO DE RECURSOS FISCAIS

LENISA R. PRADO

MARIEL ORSI GAMEIRO

1 Introdução

A proposta deste estudo empírico é identificar em qual modalidade é mais provável que o Conselho Administrativo de Recursos Fiscais (Carf) mantenha as atuações fiscais de modo a condenar os contribuintes investigados pela prática de interposição fraudulenta: se na modalidade presumida ou se na real.

Para realizar a investigação proposta, utilizou-se a ferramenta de pesquisa de acórdãos disponibilizada no sítio eletrônico do próprio Tribunal.[1] O recorte temporal utilizado para a pesquisa foi o período de janeiro de 2016 a junho de 2020, e a procura

---

[1] Local de pesquisa: carf.fazenda.gov.br/sincon/public/pages/ConsultarJurisprudencia/consultarJurisprudenciaCarf.jsf.

foi pelos acórdãos que contivessem em sua ementa e em seus votos as expressões "interposição adj fraudulenta",[2] "interposição fraudulenta" e "uso de interposta pessoa".

Cada expressão adotada retornou um número diferente de acórdãos:
- "interposição adj fraudulenta" = 480 acórdãos;
- "interposição fraudulenta" = 495 acórdãos;
- "uso interposta pessoa" = 39 acórdãos.

A adição do vernáculo "importação" ao fim da expressão "interposição fraudulenta" reduz o universo de acórdãos de 495 para 334 julgados, o que demonstra o que já se esperava, que os julgamentos a respeito do ilícito aduaneiro se referem às operações de importação.

Para identificar quantos acórdãos se referem a cada tipo de importação, acresceu-se ao critério de pesquisa as expressões "por conta e ordem de terceiros", "por encomenda", "própria" e "direta" à expressão "interposição fraudulenta importação". Estas pesquisas revelaram o seguinte panorama:
- "interposição fraudulenta importação por conta e ordem" = 95 acórdãos;
- "interposição fraudulenta importação por encomenda" = 46 acórdãos;
- "interposição fraudulenta importação direta" = 29;
- "interposição fraudulenta importação própria" = 34.

Constata-se que a maioria das autuações submetidas ao crivo do Tribunal Administrativo trata da suposta prática ilícita na modalidade de importação por conta e ordem que, pelas especificidades próprias da espécie de importação, é fato lógico e previsível.

2 Direito aduaneiro e a legislação pertinente

A interposição fraudulenta é o ilícito perpetrado nas operações de importações de produtos estrangeiros remetidos ao Brasil. As importações, bem como as exportações, estão inseridas no contexto de comércio internacional, o qual é regido por acordos e normas internacionais, que são internalizados e fiscalizadas pelos órgãos aduaneiros.

As operações de comércio entre países[3] são quase tão antigas quanto as próprias civilizações. Consta nos livros de história que até os povos nômades e extrativistas já se engajavam em operações comerciais através do escambo.[4] Com a evolução dos mecanismos inerentes às trocas econômicas, surge o dinheiro, o que torna cada vez mais intrincadas as relações entre as diversas soberanias. O progresso comercial sucedeu

---

[2] O conectivo "adj" é utilizado na pesquisa para localizar todas as palavras conectadas por esse, de forma exata, para uma sequência de palavras contíguas: por exemplo, Infração ADJ multa.

[3] O comércio externo é a troca de bens e serviços através de fronteiras internacionais ou territórios.

[4] Troca pura e simples de bens sem uso de moedas.

no mercantilismo,[5] que por sua vez propiciou o acirramento das disputadas entre as nações, que passaram a adotar políticas protecionistas para garantir a segurança de sua economia interna. Os séculos passaram e o protecionismo continua sendo importante pilar da política econômica de todos os países, por ser indispensável mecanismo de blindagem contra as variações causadas por eventual desequilíbrio da balança comercial.

O direito aduaneiro é intrínseco às relações comerciais entabuladas com outras nações e, por isso, também é bastante antigo. Historiadores afirmam que o marco inicial do direito aduaneiro brasileiro foi a publicação da Carta Régia de 28.1.1808,[6] que foi seguido pela promulgação do primeiro regulamento aduaneiro, o que ocorreu em 1832.

Em 1885, a consolidação das diversas leis aduaneiras existentes até então foi aprimorada pelo governo vigente e, após algumas reformulações, tornou-se, em 1894, o diploma aduaneiro mais importante do Brasil, denominado Nova Consolidação das Leis das Alfândegas e Mesas de Rendas – NCLAMR, que vigorou até 1966,[7] quando editado o Decreto-Lei nº 37, de 18.11.1966, que instituiu a chamada lei aduaneira, responsável por consolidar todas as normas até então vigentes.

O direito aduaneiro encontra fundamento no art. 237 da Constituição Federal,[8] que delegou ao Ministério da Fazenda a fiscalização e controle sobre o comércio exterior, o que impôs ao órgão ministerial a responsabilidade de editar as normas e regulamentos a respeito do assunto.[9]

Esse ramo do direito nada mais é que a consolidação das regras que disciplinam as operações de entrada e saída de produtos do território nacional e o lançamento e arrecadação de tributos eventualmente incidentes. A função do direito aduaneiro é regular as práticas de comércio com outros países, incluindo a fiscalização de nossas fronteiras, o movimento de entrada e saída de bens e pessoas, sempre respeitando os tratados internacionais firmados com outros países e devidamente internalizados. Evidente, portanto, que o direito aduaneiro não se confunde com o direito tributário, especialização normativa que tem por objetivo regular e fiscalizar a arrecadação tributária.

Entre as normas de direito aduaneiro, merece destaque o Regulamento Aduaneiro (Decreto nº 6.759/2009), que regula os impostos empregados no comércio exterior,[10] os

---

[5] Conjunto de práticas adotadas pelos Estados absolutistas europeus nos séculos XVII e XVIII, com o objetivo de obter e preservar a riqueza de cada país. Eram os principais objetivos das políticas mercantilistas europeias: desenvolvimento da indústria nacional, crescimento do comércio e expansão do poderio naval.

[6] Normativo que abriu os portos brasileiros para o comércio internacional, de modo a permitir que as mercadorias pudessem ser despachadas em navios portugueses ou navios de países que mantinham uma relação de amizade com o governo de Portugal.

[7] Informações extraídas do artigo escrito por BELS, Dúrcio. Direito tributário e direito aduaneiro, matérias distintas. *BBT Advogados*, 2015. Disponível em: https://bbtadvogados.jusbrasil.com.br/artigos/176020599/direito-tributario-e-direito-aduaneiro-materias-distintas.

[8] "Art. 237. A fiscalização e o controle sobre o comércio exterior, essenciais à defesa dos interesses fazendários nacionais, serão exercidos pelo Ministério da Fazenda".

[9] Ressalte-se que a Constituição determinou a competência privativa da União Federal para legislar sobre assuntos envolvendo o comércio exterior e para instituir os impostos de importação e exportação, que têm características extrafiscais (que é promover o balanço mais ajustado dos resultados da balança comercial).

[10] São os impostos de importação (II) e exportação (IE), os quais a Constituição Federal, em seu art. 153, expressamente assegurou não estarem sujeitos aos efeitos dos princípios da legalidade e da anterioridade tributária,

quais têm a finalidade de proteger a soberania nacional, ao propiciar o superávit da balança comercial.

As normas que são pertinentes para identificação e sanção das práticas de interposição fraudulenta são o art. 23 do Decreto-Lei nº 1.455/1976,[11] que considera como prática danosa ao erário a "ocultação do sujeito passivo, do real vendedor, comprador ou do responsável pela operação, mediante fraude ou simulação, inclusive a interposição fraudulenta de terceiros" – o §2º deste dispositivo estabelece que a prática ilícita deverá ser presumida quando não restar comprovada na operação de comércio exterior a "origem, disponibilidade e transferência dos recursos empregados"; e o Decreto nº 6.759/2009, que estabelece em seu art. 689 que a pena para essa conduta é o perdimento da mercadoria negociada. O normativo que estabelece a punição também prescreve em seu §6º que há de ser punida a espécie presumida da infração.[12] Portanto, a tipificação do ilícito conhecido como interposição fraudulenta admite a condenação do contribuinte por indícios, dispensando o Fisco de grande parte da produção de provas usualmente necessárias para autuar o contribuinte.

A Secretaria da Receita Federal do Brasil é o órgão responsável por estabelecer os procedimentos necessários para a fiscalização do cumprimento das regras aduaneiras, incumbência que resultou na edição das instruções normativas SRFB nºs 1.169/2011[13] e 228/2002.[14]

A interpretação conforme as normas citadas remete à conclusão de que a interposição fraudulenta é o tipo infracional consistente na ocultação de alguma pessoa envolvida na operação (sujeito passivo, real vendedor, comprador ou de seu responsável), mediante fraude ou simulação, sendo punível até mesmo o terceiro que incorre na prática. A interposição fraudulenta em sua modalidade presumida incide quando não há comprovação (da origem, disponibilidade ou da transferência) dos recursos empregados na operação de comércio exterior.

---

e suas alíquotas podem ser majoradas por simples ato do Poder Executivo Federal. Além do II e IE, são próprios da legislação aduaneira o imposto sobre produtos industrializados (IPI), Contribuição para o PIS/Pasep Importação e da Cofins Importação e da Contribuição de Intervenção no Domínio Econômico – Combustíveis nas operações de importação.

[11] Decreto-Lei nº 1.455/1976: "Art. 23. Considera-se dano ao erário as infrações relativas às mercadorias: [...] V - estrangeiras ou nacionais, na importação ou na exportação, na hipótese de ocultação do sujeito passivo, do real vendedor, comprador ou do responsável pela operação, mediante fraude ou simulação, inclusive a interposição fraudulenta de terceiros. [...] §2º Presume-se interposição fraudulenta na operação de comércio exterior a não comprovação da origem, disponibilidade e transferência dos recursos empregados".

[12] Regulamento Aduaneiro (Decreto nº 6.759/2009): "Art. 689. Aplica-se a pena de perdimento da mercadoria nas seguintes hipóteses, por configurarem dano ao Erário: [...] XXII - estrangeira ou nacional, na importação ou na exportação, na hipótese de ocultação do sujeito passivo, do real vendedor, comprador ou de responsável pela operação, mediante fraude ou simulação, inclusive a interposição fraudulenta de terceiros. [...] 6º Para os efeitos do inciso XXII, presume-se interposição fraudulenta na operação de comércio exterior a não-comprovação da origem, disponibilidade e transferência dos recursos empregados. Art. 690. Aplica-se ainda a pena de perdimento da mercadoria de procedência estrangeira encontrada em zona secundária, introduzida clandestinamente no País ou importada irregular ou fraudulentamente".

[13] Estabelece os procedimentos especiais de controle, na importação ou na exportação de bens e mercadorias, diante da suspeita de irregularidade punível com a pena de perdimento.

[14] Dispõe sobre o procedimento especial de verificação da origem dos recursos aplicados em operações de comércio exterior e combate à interposição fraudulenta de pessoas.

2.1 Sanções aduaneiras

Constituem infrações para o direito aduaneiro qualquer infração, seja ação ou omissão, voluntária ou involuntária, que importe na inobservância, por parte de pessoas físicas ou jurídicas, de normas estabelecidas ou disciplinadas no Decreto nº 6.759/2009 (Regulamento Aduaneiro), ou em ato administrativo de caráter normativo destinado a completá-lo, consoante redação do art. 637 do citado regulamento.[15]

O conceito de infração aduaneira decorre do próprio conceito de infração tributária, não devendo ambos ser confundidos. Enquanto as infrações tributárias estão diretamente relacionadas a prejuízos à arrecadação tributária, as infrações aduaneiras estão mais conectadas com a preservação da soberania nacional, a saúde, a segurança, a regulamentação do mercado nacional, entre outros aspectos de importância significativa para o direito aduaneiro.

O Regulamento Aduaneiro[16] determina que as infrações aduaneiras se sujeitam às seguintes penalidades: perdimento do veículo; perdimento das mercadorias; perdimento de moeda; multa; e sanção administrativa. Destaca-se que tais penalidades são aplicadas separadamente ou cumulativamente.

A pena de perdimento de bens apresenta contornos penais, pois se trata da mais gravosa pena de natureza administrativa/aduaneira no ordenamento jurídico vigente, e afeta primordialmente o direito constitucional de propriedade. Para Heleno Tôrres, "a sanção de perdimento de bens tem tanto caráter de intervenção típica de poder de polícia quanto de modalidade própria de sanção tributária".[17] Entende-se que a vertente tributária da sanção somente se insurge quando é possível converter a pena à imposição da multa sobre o valor total da operação ilícita.[18]

As críticas doutrinárias a respeito da pena de perdimento defendem que tal sanção é inconstitucional, eis que incompatível com o texto constitucional vigente – que assegura a todos o direito de propriedade –, ante a sua desproporcionalidade,[19] e porque vincula a sua imposição ao "dano ao erário", sendo que a infração de interposição fraudulenta, especialmente quando imputada na hipótese de ocultação ou simulação, não causa, necessariamente, dano à arrecadação ou ao patrimônio público.[20]

---

[15] ULIANA JÚNIOR, Láercio Cruz; VIEIRA, Amanda Caroline Goulart. Da aplicação da pena de perdimento de bens na ocultação do real adquirente ou aplicação da multa de 10% (dez por cento) do art. 33 da Lei nº 11.488/2007. *Revista Direito Tributário Atual*, n. 42, 2019.

[16] Arts. 688 a 700.

[17] TÔRRES, Heleno Taveira. Pena de perdimento de bens na importação e seus limites constitucionais. *In*: ROCHA, Valdir de Oliveira (Coord.). *Grandes questões atuais do direito tributário*. São Paulo: Dialética, 2006. v. 10.

[18] O art. 23 do DL nº 1.455/1976 predispõe que, no caso de infrações relativas às mercadorias, quando estas configuram dano ao Erário e não forem localizadas ou tiverem sido consumidas ou revendidas, a pena de perdimento poderá ser convertida em multa equivalente ao valor aduaneiro na importação, ou o preço constante da respectiva nota fiscal, ou o valor inserto no documento equivalente, quando se tratar de exportação.

[19] ZANELLATO FILHO, Paulo José. *A (in)constitucionalidade da pena de perdimento aduaneira*. São Paulo: Aduaneiras, 2016. p. 168.

[20] FOLLONI, André Parmo. Pena de perdimento no comércio exterior e dano ao Erário: intervenção estatal inconstitucional no funcionamento da economia. *In*: TREVISAN, Rosaldo (Coord.). *Temas atuais de direito aduaneiro II*. São Paulo: Lex, 2015. p. 400-417.

Apesar das robustas críticas à pena de perdimento, tal discussão é inócua, vez que o Supremo Tribunal Federal já se manifestou a respeito da constitucionalidade da sanção prevista no Decreto-Lei nº 1.455/1976, no julgamento do Recurso Extraordinário nº 95.690-0.[21]

A responsabilidade por infrações aduaneiras é disciplinada pelo art. 95 do Decreto-Lei nº 37/1966. Quando se comprova ocultação/acobertamento em uma operação de importação, aplica-se a pena de perdimento à mercadoria (ou a multa de 100% sobre o valor dos produtos/bens importados que a substitui), com fundamento no art. 23, V, do Decreto-Lei nº 1.455/1976 (e em seu §3º). A penalidade de perdimento afeta materialmente o acobertado (e o acobertante, de forma conjunta ou isolada, conforme estabelece o art. 95 do Decreto-Lei nº 37/1966).[22]

Outra penalidade imposta àqueles contribuintes que incorrem em infrações aduaneiras é a multa de 10% (dez por cento) sobre o valor da operação ilícita. Tal sanção está prevista no art. 33 da Lei nº 11.488/2007, que registra que essa multa não pode ser inferior a R$5.000,00 (cinco mil reais), e deve ser suportada à pessoa jurídica que ceder o seu nome, inclusive mediante a disponibilização de documentos próprios.[23] Trata-se de pena pessoal aplicável somente à empresa que, cedendo seu nome, faz a importação, em nome próprio, para terceiros, cometendo a infração de interposição fraudulenta consubstanciada na ocultação do real adquirente.[24]

Portanto e de forma abreviada, pode-se afirmar que a multa de 10% (dez por cento) recai sobre a cessão de nome pelo importador ostensivo, enquanto a multa de 100% (cem por cento) tem por finalidade reparar o dano causado ao Erário na hipótese de omissão do real adquirente, nos termos da lei.

O parágrafo único do art. 33 veda a aplicação da penalidade de inaptidão do Cadastro Nacional de Pessoas Jurídicas (CNPJ), prescrita no §1º do art. 81 da Lei nº 9.430/1996 à hipótese prevista no *caput* do art. 33. A interpretação conjunta desses dispositivos remete à conclusão de que deve ser aplicada a multa de 10% (dez por cento) ao cedente do nome quando o real adquirente for conhecido, e a este, então, aplicar-se-á a penalidade de inaptidão do CNPJ. Oportunamente os autores Laércio Júnior e Amanda Vieira alertam que o teor do parágrafo único do art. 33 da Lei nº 11.488/2007 permite concluir que:

---

[21] O STF deixou de se pronunciar a respeito da constitucionalidade ou não do Decreto-Lei nº 37/1966, ante a ausência de prequestionamento sobre o assunto no apelo extremo julgado.

[22] Esclarecimentos contidos no voto condutor do Acórdão nº 3401-003.289, proferido em 24.1.2017, no julgamento do Processo nº 11829.720012/2013-60, pela 1ª Turma Ordinária da 4ª Câmara da 3ª Seção, sob a relatoria do Conselheiro Rosaldo Trevisan.

[23] O entendimento dominante do Carf é no sentido de que a multa de 10% do valor da operação por acobertamento (conforme previsto no art. 33 da Lei nº 11.488/2007) afeta somente o acobertante, pessoa jurídica, e justamente pelo fato de "acobertar", quando identificado o acobertado.

[24] ULIANA JÚNIOR, Láercio Cruz; VIEIRA, Amanda Caroline Goulart. Da aplicação da pena de perdimento de bens na ocultação do real adquirente ou aplicação da multa de 10% (dez por cento) do art. 33 da Lei nº 11.488/2007. *Revista Direito Tributário Atual*, n. 42, 2019.

Quando o real adquirente for desconhecido, por sua vez, a inaptidão será aplicada ao cedente do nome [eis que a norma] estipula expressamente a inaptidão de CNPJ à pessoa jurídica que não comprove a origem, disponibilidade e transferência dos recursos (art. 81, §1º da Lei nº 9.439/1996), sendo essa a definição prevista em lei de interposição fraudulenta presumida [...]

Assim, "da leitura do art. 33 da Lei nº 11.488/2007 resta patente a conclusão que seu escopo foi afastar a inaptidão do CNPJ para a conduta de cessão do nome para acobertar outrem". Nesta senda, verifica-se que a multa de 10% (dez por cento) não é aplicável aos casos de interposição presumida, constante do §2º do art. 23 do DL nº 1.455/1976, sendo que a esta se aplica a inaptidão da inscrição no CNPJ.[25]

Para compreender o tipo infracional da interposição fraudulenta e suas espécies correlatas, bem como suas particularidades, é indispensável conhecer cada uma das modalidades de importação existentes.

3 Tipos de importação

As importações são as operações que têm por objetivo trazer um produto, bem ou serviço dos países estrangeiros para o mercado brasileiro, de forma permanente ou temporária. Essas operações podem ser realizadas por pessoas físicas[26] e jurídicas, sendo que as pessoas jurídicas devem observar várias regras, entre as quais estar com a habilitação no Radar[27] ativa.

Existem três tipos de importação, descritas a seguir.[28]

3.1 Importação própria ou direta

Nesse tipo de importação, o importador é o próprio consumidor final dos produtos. Nesse formato de operação, a empresa importa utilizando seus próprios recursos para a nacionalização dos bens e também é a responsável pela negociação junto ao exportador, documentação, conferência e desembaraço aduaneiro. De acordo com a doutrina, essa modalidade de importação é aquela na qual "o importador adquire a mercadoria do exportador no exterior, fecha o câmbio em nome próprio, com recursos

---

[25] ULIANA JÚNIOR, Láercio Cruz; VIEIRA, Amanda Caroline Goulart. Da aplicação da pena de perdimento de bens na ocultação do real adquirente ou aplicação da multa de 10% (dez por cento) do art. 33 da Lei nº 11.488/2007. *Revista Direito Tributário Atual*, n. 42, 2019.

[26] As pessoas físicas podem realizar importações de produtos ou serviços no valor limite de US$3.000,00 (três mil dólares).

[27] O Radar é o acrônimo que corresponde ao Registro e Rastreamento da Atuação dos Intervenientes Aduaneiros, habilitação que comprova que a pessoa jurídica importadora está devidamente constituída e legalizada, ou seja, cumpre os requisitos essenciais para operar as importações.

[28] Seguem os esclarecimentos publicados no sítio eletrônico do Siscomex (Sistema Integrado de Comércio Exterior), vinculado ao Ministério do Desenvolvimento, Indústria e Comércio (Disponível em: https://www.fazcomex.com.br/blog/o-que-e-importacao/).

próprios, paga os tributos e a utiliza ou a venda no mercado interno para diversos compradores".[29]

As características dessa modalidade de operação reduzem as chances da prática de interposição fraudulenta, eis que ausente a etapa da intermediação nessa espécie de importação. É mais recorrente que as investigações, e, eventualmente, as penalidades direcionam-se à cessão de nome próprio, sobre a qual recai a multa de 10% prevista no art. 33 da Lei nº 11.488/2007.

3.2 Importação por conta e ordem de terceiros

Essa modalidade de importação foi regulamentada pela Receita Federal do Brasil com a edição da Instrução Normativa SRF nº 225/2002, conforme autorizado pelo art. 80 da MP nº 2.158-35/2001.

Nessa modalidade, a importação é um serviço prestado por uma terceira empresa, que irá realizar o processo de liberação aduaneira na importação de mercadorias adquiridas pela contratante. Nessa operação, a empresa importadora firma previamente um contrato com uma *trading* existente no mercado de comércio exterior para importar um produto definido. A *trading*, ou intermediária, irá realizar todos os procedimentos da importação, inclusive se responsabilizará pelo cumprimento das obrigações administrativas e tributárias, pela logística da operação e pelo desembaraço das mercadorias até entregá-las no local definido pelo contratante. As condições desse contrato devem ser conhecidas pela Receita Federal.

Em voto extremamente didático, o Conselheiro Paulo Déroulède esclarece que essa modalidade de importação conta, efetivamente, com um intermediário, uma "interposta pessoa" legítima, que atua como mandatária do real adquirente das mercadorias. É o que se aprende do valioso voto:

> Assim, na importação por conta e ordem, embora a atuação da empresa importadora possa abranger desde a simples execução do despacho de importação até a intermediação da negociação no exterior, contratação do transporte, seguro, entre outros, *o importador de fato é o adquirente, a mandante da importação, aquela que efetivamente faz vir a mercadoria do outro país em razão da compra internacional; embora, nesse caso, o faça por via de interposta pessoa – a importadora por conta e ordem -, que é uma mera mandatária da adquirente.*
>
> Dessa forma, mesmo que a importadora por conta e ordem efetue os pagamentos ao fornecedor estrangeiro, antecipados ou não, não se caracteriza uma operação por sua conta própria, mas, sim, entre o exportador estrangeiro e a empresa adquirente, pois dela se originam os recursos financeiros.[30] (Grifos nossos)

---

[29] ARAÚJO, Ana Clarissa M. dos Santos *et al.* Dano ao erário pela ocultação mediante fraude – A interposição fraudulenta de terceiros nas operações de comércio exterior. *In*: PEIXOTO, Marcelo Magalhães; SARTORI, Ângela; DOMINGO, Luiz Roberto (Coord.). *Tributação aduaneira à luz da jurisprudência do Carf* – Conselho Administrativo de Recursos Fiscais. 1. ed. São Paulo: MP Editora, 2013. p. 53.

[30] Acórdão nº 3302-003.059, proferido em 23.2.2016, no julgamento do Processo nº 12466.003153/2010-09, pela 2ª Turma Ordinária da 3ª Câmara da 3ª Seção, sob a relatoria do Conselheiro Paulo Guilherme Déroulède.

A legislação pertinente impõe ao real adquirente consequências relevantes, como a prestação de garantia como condição para a entrega de mercadorias, quando o valor das importações for incompatível com seu capital social ou o patrimônio líquido; a sujeição ao procedimento especial previsto na IN SRF n° 228/2002 (verificação da origem dos recursos aplicados em operações de comércio exterior e combate à interposição fraudulenta de pessoas); a responsabilidade solidária quanto ao imposto de importação; a responsabilidade conjunta ou isolada, quanto às infrações aduaneiras; a sujeição ao pagamento dos tributos relativos ao IPI de sua saída por contribuinte por equiparação; a sujeição aos pagamentos de PIS/Pasep e Cofins sob as normas de incidência sobre a receita bruta do importador.

Importante registrar que a legislação vigente possibilita que as autoridades reclassifiquem a importação por encomenda para importação por conta e ordem de terceiros, para a finalidade de autuação fiscal e aduaneira, quando constatado que houve adiantamento de recursos de terceiros. É o que se constata do julgado a seguir transcrito:

> Deflui-se que a operação por encomenda, na qual o importador realiza toda a transação comercial e revende a mercadoria a um adquirente predeterminado, e este não antecipa qualquer recurso, é sujeita a um controle aduaneiro específico e acarreta todos os efeitos previstos nos artigos 77 a 81 da MP n° 2.158-35/2001, nos termos do §2° do art. 11 da Lei n° 11.281/2006. *Destaca-se que a antecipação de recursos por parte do encomendante retira a figura da importação por encomenda* (parágrafo único do art. 1° da IN SRF 634/2006 e §3° do artigo 11 da Lei n° 11.281/2006) *e a desloca para a figura da importação por conta e ordem, por ficção jurídica, representada pelas presunções de que trata o §2° do art. 11 da Lei n° 11.281/2006 e o art. 27 da Lei n° 10.637/2002.*[31] (Grifos nossos)

Considerando a intrincada legislação regente dessa modalidade de importação, não causa estranheza o fato de que no período investigado para a elaboração desse artigo, no universo de autuações por interposição fraudulenta, foram proferidos mais de 53% de acórdãos sobre essa espécie de operação de comércio internacional.

3.3 Importação por encomenda

Nessa espécie, o importador também atua como um intermediário no processo de importação, porém, vale-se de recursos próprios. Diferentemente de importação por conta e ordem de terceiros, a importação por encomenda demanda que o importador empregue recursos próprios para a importação, e não utilize recursos do contratante (importador final), que é o encomendante. O encomendante se responsabiliza pelo recolhimento dos tributos incidentes na operação.

Essa modalidade de operação requer que se conheça previamente a quem as encomendas serão revendidas dentro do mercado brasileiro, apesar de exigir que o

---

[31] Acórdão n° 3302-003.059, proferido em 23.2.2016, no julgamento do Processo n° 12466.003153/2010-09, pela 2ª Turma Ordinária da 3ª Câmara da 3ª Seção, sob a relatoria do Conselheiro Paulo Guilherme Déroulède.

importador comprove a capacidade financeira para realizar tal transação. É o que confirma o excerto do voto proferido pelo Cons. Déroulède:

> A importação por encomenda é aquela em que uma empresa adquire mercadorias no exterior com recursos próprios e promove o seu despacho aduaneiro de importação, a fim de revende-las, posteriormente, a uma empresa encomendante previamente determinada, em razão de contrato entre a importadora e a encomendante, cujo objeto deve compreender, pelo menos, o prazo ou as operações pactuadas (art. 2°, §1°, II, da IN SRF n° 634/2006).
>
> Assim, como na importação por encomenda o importador adquire a mercadoria junto ao exportador no exterior, providencia a sua nacionalização e a revende ao encomendante, tal operação tem, para o importador contratado, os mesmos efeitos fiscais de uma importação própria.
>
> Em última análise, em que pese a obrigação do importador de revender as mercadorias importadas ao encomendante predeterminado, é aquele e não este que pactua a compra internacional e deve dispor de capacidade econômica para o pagamento da importação, pela via cambial. Da mesma forma, o encomendante também deve ter capacidade econômica para adquirir, no mercado interno, as mercadorias revendidas pelo importador contratado.
>
> Outro efeito importante desse tipo de operação é que, conforme determina o art. 14 da Lei n° 11.281/2006, aplicam-se ao importador e ao encomendante as regras de preço de transferência de que tratam os artigos 18 a 24 da Lei n° 9.430/1996. Em outras palavras, se o exportador estrangeiro, nos termos dos artigos 23 e 24 dessa lei, estiver domiciliado em país ou dependência com tributação favorecida e/ou for vinculado com o importador ou o encomendante, as regras de "preço de transferência" para a apuração do imposto sobre a renda deverão ser observadas.[32]

Apesar de em alguns aspectos a importação por encomenda se assemelhar à importação por conta e ordem de terceiros, as diferenças são significativas, e a eventual adoção de espécie equivocada poderá resultar em sanções tributárias e aduaneiras.

3.4 Importância do Radar nas diferentes modalidades de importação

O Radar Siscomex (Registro e Rastreamento da Atuação dos Intervenientes Aduaneiros) é o processo no qual as pessoas jurídicas e físicas recebem autorização da Receita Federal para atuar nas operações de comércio internacional. É o procedimento voltado para coibir fraudes fiscais e fornecer dados contábeis, fiscais e aduaneiros em tempo real para o Fisco. Com essas informações, torna possível a criação e o estabelecimento de perfis de risco, a fiscalização dos negócios e a identificação de padrões comportamentais que auxiliam o controle e o combate de fraudes. De acordo com o Fisco, "ao reunir todos os dados das organizações que mantém relações de comércio exterior em uma única plataforma, o Radar torna-se um sistema fundamental para o controle mercantil das fronteiras brasileiras".[33]

---

[32] Acórdão n° 3302-003.059, proferido em 23.2.2016.
[33] Disponível em: https://dclogisticsbrasil.com/radar-siscomex-entenda-a-importancia-de-se-habilitar-neste-sistema/.

Por se tratar de ferramenta de controle, o Radar permite determinado volume de operações de acordo com o perfil do agente. Por esse motivo, um dos benefícios da interposição fraudulenta para os infratores é operar as importações sem comprometer o valor/volume deferido pela Receita Federal. Em outras palavras, ao utilizar uma terceira pessoa para figurar na operação de importação, permitirá que o real importador não empenhe o montante legitimado pelos órgãos de fiscalização aduaneira.

Diante da importância do registro no Radar, a jurisprudência evoluiu de modo a considerar que meros indícios que sinalizem que o infrator tentou burlar a eficácia desse instrumento configuram fundamentos plausíveis e suficientes para impor as severas sanções vinculadas à prática da interposição fraudulenta.

4 Objetivos do contribuinte infrator

Vários acórdãos analisados nessa pesquisa identificam que a ocorrência de interposição fraudulenta se conforma em negócios entabulados com a finalidade de reduzir ilicitamente a carga tributária suportada pelos contribuintes envolvidos. A seguir é transcrito o posicionamento mais recorrente:

> Negócios efetuados com pessoas jurídicas, intencionalmente interpostas na cadeia produtiva, sem qualquer finalidade comercial, de modo *a simular negócios jurídicos inexistentes e visando, unicamente, reduzir a carga tributária constituem fraude contra a Fazenda Pública*. Há simulação *quando os negócios aparentarem conferir direitos a pessoas diversas daquelas* às *quais realmente se conferem*, portanto, quando houver interposição de pessoas. Não se trata de planejamento tributário lícito – elisão, mas de mera evasão fiscal.[34] (Grifos nossos)

Não iremos adentrar à profícua discussão a respeito do elemento simulação para a configuração do ilícito estudado,[35] pois tal embate acadêmico levará este artigo a tergiversar o tema proposto.

Além da evidente redução da carga tributária, os julgados administrativos evoluíram de modo a considerar como objetivo do infrator aduaneiro outros benefícios, mais específicos, como a usurpação dos créditos decorrentes da cadeia do IPI, a blindagem

---

[34] Acórdão nº 3202-001.136, proferido em 26.3.2014, no julgamento do Processo nº 10814.002071/2009-72, pela 2ª Turma Ordinária da 2ª Câmara da 3ª Seção, sob a relatoria do Conselheiro Luís Eduardo Garrossino Barbieri.

[35] Desse entendimento, há de se atentar para o elemento simulação, suposta característica da prática de interposição fraudulenta. Não há como discordar do entendimento de Carlos Augusto Daniel Neto: "A fraude à lei consiste em uma violação oblíqua a um preceito legal que impede determinados resultados – é dizer, as partes estão de acordo com a letra da lei, mas em desacordo com a sua *ratio* ou espírito. Enquanto a simulação consiste na criação de uma ficção negocial, cujo propósito é a ocultação de uma realidade, na fraude à lei se realizam atos reais e desejados, ainda que ordenados para a produção de uma burla a norma imperativa. [...] Portanto, a simulação é realizada através de um conluio das partes negociantes para realizar dolosamente um negócio cuja forma seja utilizada para ocultar substância inexistente ou absolutamente incompatível com a causa típica da forma praticada, com o objetivo de prejudicar terceiros, através da aposição de elementos falsos nas declarações negociais" (DANIEL NETO, Carlos Augusto. A simulação na interposição fraudulenta de terceiros. *Revista de Direito Tributário Atual*, n. 36, 2016).

patrimonial e outras vantagens, as quais estão suscintamente listadas no voto a seguir reproduzido:

> Percebe-se que o dano ao erário não diz respeito apenas à proteção da arrecadação de tributos, mas ao próprio controle aduaneiro. Neste sentido, a interposição fraudulenta em si, ou seja, a própria conduta é considerada dano ao erário, como expressamente disposta no artigo 23 acima transcrito.
>
> Embora a conduta configura o dano ao erário, pode-se enumerar vantagens em tese almejadas, mediante a interposição ilícita de pessoas como: *burla aos controles de habilitação para operar no comércio exterior; blindagem do patrimônio do real adquirente ou encomendante, no caso de eventual lançamento de tributos ou infrações; quebra da cadeia de IPI; sonegação de PIS e Cofins, relativamente ao real adquirente, lavagem de dinheiro e ocultação da origem de bens e valores, aproveitamento indevido de incentivos fiscais do ICMS. Portanto, a alegação de que não houve dano efetivo ao erário, simplesmente pelo fato de não haver tributo a ser recolhido, não procede.*[36] (Grifos nossos)

Seja como for, é razoável presumir que os objetivos perseguidos por aqueles que, conscientemente, incorrem na infração da interposição fraudulenta é obter vantagem financeira, seja ela mediata (blindagem patrimonial ou liberação de montante do Radar, por exemplo) ou imediata (redução de tributos).

Como o revés da mesma moeda, a legislação inerente à repreensão de tal conduta visa preservar a soberania e economia nacionais, evitar danos ao Erário, defender os interesses arrecadatórios e aduaneiros[37] e preservar a isonomia entre os contribuintes e agentes de comércio exterior.

5 Interposição fraudulenta: comprovada e presumida

O §2º do art. 23 do Decreto-Lei nº 1.455/1976 estabelece a principal diferença entre as duas espécies de interposição fraudulenta. *In verbis*:

> Decreto-Lei nº 1.455/1976 [...]
> Art. 23. Considera-se dano ao erário as infrações relativas às mercadorias: [...]
> V - estrangeiras ou nacionais, na importação ou na exportação, na hipótese de ocultação do sujeito passivo, do real vendedor, comprador ou de responsável pela operação, mediante fraude ou simulação, inclusive a interposição fraudulenta de terceiros. [...]
> §2º Presume-se interposição fraudulenta na operação de comércio exterior a não comprovação da origem, disponibilidade e transferência dos recursos empregados.

---

[36] Acórdão nº 3302-003.059, proferido em 23.2.2016, no julgamento do Processo nº 12466.003153/2010-09, pela 2ª Turma Ordinária da 3ª Câmara da 3ª Seção, sob a relatoria do Conselheiro Paulo Guilherme Déroulède.

[37] Importante destacar que o bem tutelado pelos normativos referentes à interposição fraudulenta não se restringe ao Erário, mas também ao controle aduaneiro, que é reconhecido como um objetivo específico e relevante de proteção (Acórdão nº 3403-002.842, de relatoria do Conselheiro Rosaldo Trevisan).

A interposição fraudulenta descrita no inc. V do referido art. 23 é a comprovada, ou seja, aquela que demanda a produção de provas de que o agente tenha agido mediante fraude ou simulação, para ocultar uma das partes da operação de importação.

A modalidade presumida é, na verdade, uma ficção judicial estabelecida pelo §2º do indigitado dispositivo, eis que delega aos agentes aduaneiros a possibilidade de presumir a ocorrência da infração quando não restar comprovada a "origem, disponibilidade e transferência" do dinheiro empregado na operação comercial.

Os julgados investigados neste artigo diferenciam os tipos infracionais de acordo com o conhecimento a respeito de quem é acobertante e acobertado. Eis um trecho ilustrativo desse método de identificação:

> INTERPOSIÇÃO FRAUDULENTA. PRESUMIDA E COMPROVADA.
> A interposição fraudulenta, em uma operação de comércio exterior, pode ser comprovada ou presumida. *A interposição presumida é aquela na qual se identifica que a empresa que está importando não o faz para ela própria, pois não consegue comprovar a origem, a disponibilidade e a transferência dos recursos empregados na operação*. Assim, com base em presunção legalmente estabelecida (artigo 23, §2º do Decreto-Lei nº 1.455/1976), configura-se a interposição e aplica-se o perdimento. Segue-se, então, a declaração de inaptidão da empresa, com base no art. 81, §1º da Lei nº 9.430/1996, com a redação dada pela Lei nº 10.637/2002. *A interposição comprovada é caracterizada por um acobertamento no qual se sabe quem é o acobertante e quem é o acobertado*. A penalidade do perdimento afeta materialmente o acobertado (em que pese possa a responsabilidade ser conjunta, conforme o art. 95 do Decreto-Lei nº 37/1966), embora a multa por acobertamento (Lei nº 11.488/2007) afete somente o acobertante, e justamente pelo fato de acobertar. (Acórdão nº 3401-003.158, 27.4.2016)

Portanto, é indiscutível que a qualidade e as características do arcabouço probatório suficiente para a manutenção da autuação fiscal submetida ao crivo do Tribunal Administrativo serão diferentes para cada uma das modalidades.

Porém, independentemente de se tratar da forma presumida ou concreta, há de se assegurar que a instrução do processo administrativo respeite os primados constitucionais da ampla defesa, do contraditório e da busca pela verdade material.[38] A regra é no sentido de sempre ser responsabilidade do Fisco (e demais autoridades competentes para lavrar as autuações fiscais e aduaneiras) a apresentação de provas aptas a ensejar a sanção daquele contribuinte investigado.[39] Essa regra de ouro aplica-se,

---

[38] Primado específico da seara contenciosa administrativa.

[39] Sobre a regra de ouro no processo sancionatório, vale lembrar o voto condutor do Acórdão nº 3202-001.136: "A prova consiste em um dos elementos mais importantes do processo. A aplicação do direito ao caso concreto para a solução do litígio será efetuada a partir do conhecimento que se tem sobre os fatos ocorridos. No processo administrativo fiscal as partes submetem-se à regra geral do ônus da prova, de modo que incumbe à autoridade fiscal o ônus de provar os fatos constitutivos do direito da Fazenda Nacional, vale dizer, provar a ocorrência do fato gerador e demais circunstâncias necessárias à constituição do crédito tributário. De outro lado, cabe ao impugnante provar a não ocorrência do fato gerador ou eventualmente a improcedência de algum dos elementos lançamento tributário. O julgador, então, a partir da discussão racional no processo (alegação/refutação; provas/contraprovas), aprecia e valora as provas existentes nos autos, formando o juízo de probabilidade da ocorrência dos fatos, para ao fim decidir o litígio com base em sua livre convicção motivada" (Acórdão nº 3202-001.136, proferido em 26.3.2014, no julgamento do Processo nº 10814.002071/2009-72, pela 2ª Turma Ordinária da 2ª Câmara da 3ª Seção, sob a relatoria do Conselheiro Luís Eduardo Garrossino Barbieri).

indiscutivelmente, às hipóteses de investigações sobre a interposição comprovada, como se verifica no julgado a seguir transcrito:

> Não pode o fisco, diante de casos que classifica como "interposição fraudulenta", olvidar-se de produzir elementos probatórios conclusivos. Devem os elementos de prova não somente insinuar que tenha havido nas operações um prévio acordo doloso, mas comprovar as condutas imputadas, o que não se vê no presente processo.
> Nas autuações referentes a ocultação comprovada (que não se alicerçam na presunção estabelecida no §2º do art. 23 do Decreto-Lei nº 1.455/1976) o ônus probatório da ocorrência da fraude ou simulação (inclusive a interposição fraudulenta) é do fisco, que deve carrear aos autos elementos que atestem a ocorrência da conduta tal qual como tipificada em lei.[40]

Contudo, quando se trata de ilícito presumido, consistente na falta (ou insubsistência) de informações a respeito dos recursos financeiros empregados em uma operação comercial, tal obrigação é mitigada.

O Tribunal Administrativo, ciente do seu dever de sempre buscar a verdade material questionada nas autuações que lhe são submetidas, deve utilizar como meio de prova todo e qualquer material produzido pelo contribuinte autuado e aquelas provas listadas pela acusação.

As provas mais comuns arroladas nos processos julgados pelo Carf são aquelas que se referem aos fatos adjacentes à fraude sob investigação: que atestem a frequência do ilícito (se se trata de erro habitual ou esporádico, ou prática reiterada), a voluntariedade do agente (possibilidade de agir de forma lícita), a complexidade da prática do ato ilícito (dinâmica da execução do ato, lapsos temporais entre os atos), as consequências obtidas como resultado do crime (destino do dinheiro não utilizado para pagamento do tributo) e características dos agentes que praticaram o ato (idade, grau de instrução, experiência, conexão com a pessoa jurídica).

6 A prova na interposição fraudulenta

O tema relativo à instrução probatória no âmbito do processo administrativo fiscal coleciona polêmicas, especialmente em razão dos diversos entendimentos esposados em cada colegiado, para cada conselheiro, e demais vertentes subjetivas que, sem a devida análise conjunta, geram cada vez mais insegurança jurídica na relação entre Fisco e contribuinte.

No entanto, esse estudo é fundamental, porquanto o ato do lançamento é uma decisão, e a convicção necessária para a tomada de decisão se produz pela prova.

---

[40] Acórdão nº 3403-002.842.

Clássica no tema é a obra de Paulo Celso B. Bonilha, para quem "A prova é a soma dos fatos produtores da convicção da autoridade julgadora, apurados no processo administrativo fiscal".[41]

Vale dizer que as provas não têm objetivo de buscar a verdade absoluta, mas tão somente a verdade jurídica, ou seja, aquela que, mediante apresentação de documentos, tenha força suficiente para o cotejo entre a realidade e a descrição dos fatos no processo.

Afirma a Professora Maria Rita Ferragut:

> o que realmente sabemos sobre os eventos são suas versões, concretizadas por meio de linguagens que os descrevem e que os transformam em fatos. E, no direito positivo, os fatos são descritos por enunciados elaborados segundo regras impostas pelo sistema e submetido às provas.[42]

Além disso, afirma-se também que nem todos os fatos precisam ser provados, apenas aqueles relevantes, pertinentes e controversos, ou seja, aqueles que podem influenciar na formação da convicção do julgador para decidir o litígio.

Indaga-se, para o instituto da interposição fraudulenta: o que se prova para sua configuração?

É necessário, para configuração da respectiva infração, especialmente no direito aduaneiro, comprovar dois requisitos, ligados diretamente aos critérios da regra-matriz de incidência tributária, especificamente no que diz respeito ao aspecto material – para comprovarmos a materialidade da infração, bem como ao aspecto pessoal – para comprovarmos a autoria da infração.

Para a autoria, a prova deve vir para apontar quais são as pessoas relacionadas à operação, sejam elas físicas ou jurídicas, que se configuram como ilícitos aduaneiros, que, obviamente, vão além daquelas oficialmente postas nas obrigações declaratórias tributárias e aduaneiras.

Para tanto, devemos considerar as disposições normativas contidas no art. 124, inc. I, do Código Tributário Nacional, que dispõe sobre a responsabilidade tributária, bem como o acréscimo ocorrido no Decreto-Lei nº 37/1966 das novas hipóteses de responsabilidade solidária, através da Medida Provisória nº 2.158-35.

A primeira hipótese é prevista no art. 32, parágrafo único, do Decreto-Lei nº 37/1966, que diz respeito à figura do adquirente de mercadoria de procedência estrangeira, na importação por conta e ordem, mediante utilização de pessoa jurídica importadora.

A segunda hipótese diz respeito à modalidade de importação por encomenda, atribuindo-se ao encomendante predeterminado a condição de sujeito passivo pelo imposto, na qualidade de responsável solidário (parágrafo único, alínea "d", art. 32, Decreto-Lei nº 1.455/1976, inserido pelo art. 12 da Lei nº 11.281/2006).

---

[41] BONILHA, Paulo Celso B. *Da prova no processo tributário*. São Paulo: Dialética, 1997. p. 67.
[42] FERRAGUT, Maria Rita. *Presunções em direito tributário*. 2. ed. São Paulo: Quartier Latin, 2005. p. 54.

Diferenciam-se, aqui, as responsabilidades quanto à interposição comprovada e a interposição presumida, sendo que naquela é necessário comprovar todas as pessoas envolvidas, enquanto nesta não se sabe quem é o real adquirente, como importador de fato que figura como condutor de toda a operação ilícita, em razão do caráter fraudulento.

A relação da interposição fraudulenta com as figuras de responsabilidade existentes nas operações aduaneiras reside na declaração de importação que não carrega a realidade de quem figura como importador efetivo, denominado, nos casos concretos, sujeito oculto da importação. Ou seja, aquele que é o real detentor dos recursos, com a respectiva capacidade contributiva compatível com a operação, o que gera, em consequência, vantagens mediante fraude e simulação, como a burla dos controles de habilitação para operar no comércio exterior – os determinados canais de fiscalização, blindagem patrimonial, quebra na cadeia do IPI, lavagem de dinheiro e ocultação de bens e valores.

O art. 23, inc. V, do Decreto-Lei nº 1.455/1976, aponta a ocultação do sujeito passivo, mediante fraude ou simulação, como dano ao erário, independentemente de se identificar a vantagem.

Já quanto à prova da materialidade, destaca-se que a instrução deve demonstrar de forma evidente a ocultação, mediante fraude ou simulação, na importação ou exportação, do sujeito passivo, do real vendedor, comprador ou responsável pela operação, inclusive a interposição fraudulenta de terceiros.

Nesse ponto é importante comprovar fraude ou simulação.

E, para fraude, considera-se a disposição normativa contida no art. 72, da Lei nº 4.502/1964, que determina fraude como toda ação ou omissão dolosa tendente a impedir ou retardar a ocorrência do fato gerador da obrigação tributária principal, ou a excluir ou modificar as suas características essenciais.

A simulação – que corriqueiramente gera discussão na esfera do planejamento tributário e de sua definição – é disposta, de forma clássica, no art. 167, §1º, do Código Civil, de modo que falarmos de simulação de um negócio jurídico significa formalizar algo diferente da realidade dos fatos, dando-lhe uma forma jurídica não correspondente à respectiva realidade, com objetivo de lesar terceiro.

E como a prova deve ser feita nesses casos?

Segundo o Professor Rodrigo Mineiro,[43] num artigo específico sobre as provas analisadas nos processos de interposição julgados pelo Carf, a maioria dos casos tem aceitado os seguintes elementos para configurar a ocultação:

(A) Elementos relacionados à transação comercial e prestação de serviços:

(i) contratos;

(ii) ordens de compra;

---

[43] MINEIRO, Rodrigo. A prova na interposição fraudulenta. *In*: BOSSA, Gisele Barra (Coord.). *Eficiência probatória e a atual jurisprudência do Carf*. Coimbra: Almedina, 2020.

(iii) elementos diversos que apontam que a negociação foi efetuada pelo sujeito oculto.

(B) Elementos relacionados à liquidação financeira e controles:

(i) registros contábeis do importador e do sujeito oculto;

(ii) não comprovação, pelo importador, da origem dos recursos empregados;

(iii) ausência de capacidade financeira do importador;

(iv) comprovante financeiro do pagamento da importação e demonstração do fluxo financeiro da operação.

Ainda, afirma o autor, que a jurisprudência no Carf é forte no sentido de se exigir um quadro probatório maior do que alguns indícios: (i) proximidade das datas de desembaraço, entrada e saída de mercadorias; (ii) ausência de capacidade financeira; (iii) concentração das vendas para um único cliente; e (iv) margem de lucro irrisória, incompatível com a operação. Exigem-se mais elementos para se configurar o quadro probatório. Em diversos casos, os julgadores entenderam que a fiscalização deveria ter aprofundado a investigação dos fatos a partir dos indícios apresentados, mas não o fez.[44]

Outro fator controverso na jurisprudência do tribunal é a comprovação do dolo, e nesse passo José Fernandes relaciona os principais fatos que foram acatados pelas turmas julgadoras do Carf para configurar a infração: i) o suposto adquirente da mercadoria e intermediário entre o importador e o encomendante utilizou recursos repassados pelo encomendante oculto, para adquirir mercadorias no exterior; ii) o suposto adquirente e intermediário não apresentava capacidade operacional e econômico-financeira para realizar as operações declaradas por sua conta e ordem; iii) nas operações de revenda das mercadorias, realizadas no mercado interno, ao encomendante predeterminado, foram praticados preços artificialmente subfaturados, com a evidente finalidade de fraudar o pagamento dos tributos devidos nas respectivas operações; iv) a exclusão do encomendante predeterminado da condição de contribuinte do IPI, por equiparação a estabelecimento industrial, com a consequente quebra da cadeia de incidência do imposto; e v) a obtenção de benefícios indevidos de programas de incentivo fiscal concedidos pelos Estados.[45]

Vê-se, a dilação probatória, nos casos de interposição, é temerária se posta à disposição de critérios preestabelecidos, ou de uma uniformização de quais documentos devem ser considerados para configuração da simulação ou fraude. Embora tenhamos algum parâmetro na jurisprudência dos tribunais administrativos – em destaque, o Carf, não há como afirmar que um tipo de prova é determinante à comprovação da operação em sua realidade.

Cada caso carrega sua própria universalidade, e não necessariamente as operações que visam à redução da carga tributária são de natureza fraudulenta, ou se configuram

---

[44] BOSSA, Gisele Barra (Coord.). *Eficiência probatória e a atual jurisprudência do Carf.* Coimbra: Almedina, 2020.

[45] NASCIMENTO, José Fernandes. As formas de comprovação da interposição fraudulenta na importação. *In*: PEREIRA, Cláudio Augusto Gonçalves; REIS, Raquel Segalla. *Ensaios de direito aduaneiro.* São Paulo: Intelecto Soluções, 2015. p. 414-415.

como ilícitos, especialmente porque simulação e fraude podem ser percorridas – a depender do intérprete e da visão do julgador sobre o caso – pelo caminho da licitude ou pelo caminho da ilicitude, adentrando em uma subjetividade tano em relação à prova, quanto em relação à valoração dada dentro do contexto do processo administrativo.

No próximo e último tópico sobre a questão, trataremos de alguns casos emblemáticos enfrentados pelo Conselho Administrativo de Recursos Fiscais, de interpostas pessoas, para que possamos averiguar – ainda que embasados apenas pelos termos, fatos e descrições trazidos nos acórdãos – como se comporta a jurisprudência quanto à dilação probatória.

7 Jurisprudência do Carf sobre o tema

No presente tópico, abordaremos alguns casos que demonstram a configuração da interposição fraudulenta, e como o Tribunal Administrativo analisou caso a caso, para que possamos, finalmente, concluir se há um consenso na jurisprudência administrativa.

7.1 Caso Via Itália Comércio e Importação de Veículos Ltda.

A Via Itália Comércio e Importação de Veículos Ltda. é empresa importadora de veículos de luxo, e atua como representante exclusiva do Brasil de marcas de automóveis de luxo – Ferrari, Lamborghini e Maserati, e em momento anterior a 2010 realizava operações diretas a consumidores finais no Brasil.

A partir de 2010, supostamente, as operações passaram a ser realizadas com a empresa Auto Rosso Comércio de Veículos Ltda., de modo que os veículos eram por ela importados, para que posteriormente fossem revendidos no mercado nacional.

A empresa foi fiscalizada e autuada, no período de 2011 e 2013, especificamente em relação ao recolhimento de IPI e Cofins, tendo em vista que a fiscalização entendeu que as duas pessoas jurídicas são, na verdade, uma única empresa, tendo sido a primeira fragmentada com o único propósito de reduzir a carga tributária de maneira evasiva e simulada.

De acordo com a fiscalização, essa estrutura de pessoas jurídicas com vínculo societário permitiu que a Via Itália manipulasse artificialmente o preço dos automóveis. A fim de reduzir a base de cálculo do IPI, a importadora venderia os carros com um valor muito barato para a empresa intermediária. Esta, por sua vez, incluiria a margem de lucro de 70% apenas na revenda dos veículos para as concessionárias, operação sobre a qual não incide o IPI.

O respaldo jurídico dessa relação seria um falso contrato de promessa de venda e compra de veículos importados firmado entre as autuadas. Nesse contrato a Via Itália é qualificada como a vendedora e a Auto Rosso como a compradora, sendo que esta última anteciparia à vendedora os valores necessários para a importação dos veículos.

As provas confirmariam (i) confusão de endereços; (ii) confusão de quadro societário (com relação de parentesco entre os sócios e uso de "laranjas"); (iii) empresas *off shore* para ocultar o real beneficiário, quem detinha amplos poderes de administração; (iv) unidade de gestão; (v) despesas de aluguel da Auto Rosso pagas pela Via Itália; e (vi) ocultação de patrimônio (blindagem patrimonial).

Vale destacar que a empresa foi autuada para cobrança de IPI e também autuada para cobrança de Cofins.

A autuação relativa ao IPI[46] era fundamentada exclusivamente pelo art. 116, parágrafo único, do Código Tributário Nacional, pelo suposto planejamento tributário ilícito, com a quebra da cadeia do IPI, em razão da utilização da empresa Auto Rosso para as operações indiretas de importação do veículo ao Brasil, com posterior revenda e acréscimo exacerbado de margem de lucro ao consumidor final. Nessa autuação, o Conselheiro Leonardo Branco, mediante o Acórdão n° 3401-005.228, anulou o auto de infração pela fundamentação baseada exclusivamente no artigo supracitado, que demanda regulamentação para sua aplicabilidade.

Já a autuação relativa à cobrança de Cofins versou sobre a utilização de pessoa jurídica interposta na importação de veículos para consumidor final (a acusação aqui é de organização societária simulada), sendo a discussão a respeito de simulação e fraude, com fulcro no inc. VII do art. 149 do CTN.

A ementa da decisão foi dada nos seguintes termos:

> Processo n° 11065.72037/2017-16 – Acórdão n° 3402-006.831 – 21/08/2019
> 3ª Seção/ 4ª Câmara/ 2ª Turma Ordinária.
> SIMULAÇÃO. PROVA INDIRETA. FORÇA PROBANTE DOS INDÍCIOS. A simulação retrata um vício social do negócio jurídico. De maneira intencional, as partes orquestram uma ilusão negocial com a finalidade de induzir terceiros a erro. A prova direta representa, de forma imediata, a ocorrência do fato com implicações jurídicas. Já a prova indireta baseia-se na existência de outros fatos secundários (indícios) que, por indução lógica, levam à conclusão sobre a ocorrência ou não do fato principal de relevância jurídica. E para que ocorro a referida indução lógica, o quadro de indícios deve ser preciso, grave e harmônico entre si.
> SIMULAÇÃO. PESSOA JURÍDICA INTERPOSTA. Caracterizado que a empresa efetuou as vendas ao consumidor final por meio de interposta pessoa jurídica, inexistente de fato, considera-se que as vendas foram efetuadas por ela própria.

7.2 Caso Huawei do Brasil Telecomunicações Ltda.

O caso envolve duas empresas, a Huawei e SAB Company, em que, conforme afirma a fiscalização, foram caracterizadas simulação e ocultação do real adquirente,

---

[46] Processo n° 11065.724114/2015-03.

tendo em vista que as operações eram realizadas pela SAB, sem mencionar a Huawei, que era a real adquirente.

Foram utilizados como fundamentos da autuação:

(i) a inclusão da Server Company no polo passivo – art. 124, inc. I, Código Tributário Nacional;

(ii) a ocultação, mediante fraude e simulação da Huawei como real adquirente, quando a importação das mercadorias era feita pela SAB (importação própria);

(iii) o fato de a operação real que aconteceu ter sido de importações por conta e ordem da Huawei, conforme contrato de importação de mercadorias firmado entre a SAB e a Huawei e declaração firmada pelo representante da Huawei, Sr. Itamar Felipe Cassiano Coelho, que informava que a SAB promovia as atividades alfandegárias referentes às mercadorias importadas da Huawei Shenzehen;

(iv) o fato de a revenda das mercadorias pela SAB para a Huawei estar sendo realizada abaixo do preço de custo (valor da mercadoria + impostos relacionados), com prejuízo, sendo que a relação comercial entre a SAB e a Huawei não era de compra e venda mercantil, mas sim de prestação de serviços de importação, evidenciada pelo contrato e pelos *e-mails* coletados em fase de fiscalização;

(v) o fato de a maior vantagem auferida pela Huawei com esta operação é a de que, ocultando-se como real adquirente das mercadorias importadas, deixa de ser equiparada à industrial (conforme art. 9º do RIPI) e, portanto, deixa de recolher o IPI devido na revenda dos produtos;

(vi) o art. 23, inc. V, Decreto-Lei nº 1.455/76 – a relatora destacou que a autuação não se baseia em interposição fraudulenta presumida, visto que comprovada a camuflagem da operação;

(vii) a simulação ocorrida, nos termos do art. 167, §1º, II, do Código Civil.

A defesa arguiu que as operações realizadas se enquadrariam na importação por encomenda, e não importação por conta e ordem de terceiros, sendo que o procedimento adotado pela Huawei e pela SAB estariam corretos.

Além disso, afirmou que a inclusão do §3º do art. 11 da Lei nº 11.281/2006 por meio da Lei nº 11.452/2007 passou a expressamente admitir como importação por encomenda aquelas importações realizadas "com recursos próprios da pessoa jurídica importadora, participando ou não o encomendante das operações comerciais relativas à aquisição dos produtos no exterior".

Nesse processo, o contrato firmado entre SAB/Server e Huawei, era nominalmente determinado como "contrato de compra e venda de mercadorias importadas", contudo, demonstrava no conteúdo de suas cláusulas regras de operação de diferente natureza daquela nominalmente posta, fato e documento considerado na análise do conjunto probatório.

Destaca-se, entre as regras que faziam parte do supracitado contrato, a previsão de que a Huawei arcaria com os custos da importação, com expressas determinações da forma que seriam emitidas as faturas comerciais, bem como assumiria os riscos da operação, e seria a responsável pela retirada da mercadoria dos armazéns aduaneiros. O embasamento técnico utilizado pela relatora corresponde à infração descrita no art. 23, inc. V, do Decreto-Lei nº 1.455, na Instrução Normativa SRF nº 634/2006 e no art. 167, parágrafo único, inc. II, do Código Civil.

A ementa da decisão foi dada nos seguintes termos:

> Processo n. 10314.000413/2007-99 - Acórdão n. 3402-006.900 – 26/09/2019
> 3ª Seção de Julgamento/4ª Câmara/2ª Turma Ordinária
> MANUTENÇÃO NO POLO PASSIVO DO REAL ADQUIRENTE QUE CONCORREU PARA A PRÁTICA DA INFRAÇÃO.
> Cabe ser mantida no polo passivo da autuação a empresa qualificada como a real adquirente das mercadorias importadas quando comprovada a efetiva ocorrência de importação por conta e ordem de terceiros, simulada pela documentação que respaldou a importação (art. 95, V, Decreto-lei nº 37/1966). Além disso, respondem pela infração conjunta ou isoladamente, quem quer que, de qualquer forma, concorra para sua prática, ou dela se beneficie (art. 95, I, Decreto-lei nº 37/1966).
> INTERPOSIÇÃO FRAUDULENTA. IMPORTAÇÃO POR CONTA E ORDEM DE TERCEIROS
> Sendo classificada a importação por conta e ordem de terceiros com fulcro na documentação acostada aos autos pela fiscalização, em especial o contrato firmado entre a importadora ostensiva e a importadora efetiva, resta comprovada a interposição fraudulenta nos termos o artigo 23, V, do Decreto-lei nº 1.455/76, com redação dada pela Lei no 10.637/2002.
> Recurso Voluntário Negado.

7.3 Caso Cargill Agrícola Ltda.

No caso, a Cargill brasileira exportava para uma filial que ficava numa ilha tropical caribenha. Lá, os grãos eram revendidos para outra empresa. A filial da Cargill no país, no entanto, não tinha loja física. Segundo a Receita, sem um estabelecimento no país, não haveria local para armazenamento dos grãos e, portanto, a revenda estaria ocultando o real adquirente, prática vedada pela legislação.

Foi verificado pela fiscalização que, supostamente, a matriz Cargill Agrícola S.A. efetuou operações de exportação durante o ano 2013 no valor total de R$9.431.260.142,00.

Desse valor total exportado, 98,5% ou R$9.288.294.468,00 tiveram como importador/comprador a sua filial Cargill TC, entretanto, restou não comprovado seu propósito negocial ou substância econômica, encobrindo dos controles aduaneiros as vendas que foram efetuadas diretamente da matriz aos reais compradores (ocultos nas operações de exportação).

Nesse sentido, a autuação versa sobre a ação da filial Cargill TC como interposta pessoa nas operações de exportações em questão, ocultando os reais compradores, os quais negociavam diretamente com a matriz em São Paulo e ordenavam à matriz que os bens fossem embarcados do Brasil diretamente para diversos países de destino, incorrendo na infração disposta pelo art. 23, inc. V, §1°, Decreto n° 1.455/76.

A imagem a seguir, colacionada aos autos do processo administrativo fiscal, bem ilustra a dinâmica operacional, interpretada pela fiscalização como fraudulenta:

> As vendas para exportação realizadas entre matriz e filial de Turcos e Caicos foram operações de fachada, com prevalência da forma em detrimento da essência e a consequência foi o acobertamento da realidade – encobriram as vendas diretas da empresa brasileira Cargill aos clientes "ocultos na operação", que formalmente compraram da filial de Turcos e Caicos no exterior, porém, quem vendeu de fato foi a matriz em São Paulo. A filial de T&C fez parte somente do fluxo formal e financeiro dessas operações, atuando como interposta pessoa.

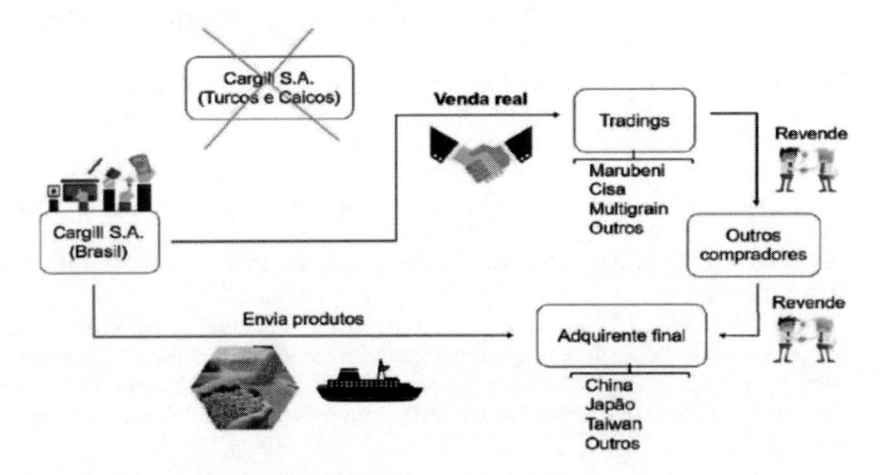

A defesa arguiu que não houve interposição de terceiros, nem fraude; as empresas vendiam mercadorias no mercado futuro, em que há risco de preço que justifica a importação imediata, risco de crédito, oscilações cambiais; e a compra e venda entre matriz e filial estrangeira é permitida em lei. Bem como afirmou que a filial é comprovadamente existente, inclusive é parte de litígios de arbitragem, com capacidade econômica, margem de lucro alta, e venda de produtos de outras empresas com valores vultuosos; não foi comprovado dano ao erário, foi presumido; a filial atua de forma integrada com a matriz, com gerenciamento de riscos quanto às flutuações de preços; os resultados da Cargill TC foram tributados no Brasil; a empresa foi submetida a dois procedimentos fiscais relativos a preços de transferências para *commodities* agrícolas; e, finalmente, não foi apontada a vantagem que seria obtida pela suposta ocultação dos compradores estrangeiros, muito menos a conduta dolosa do contribuinte.

Por unanimidade, o colegiado do Carf entendeu pela anulação do auto de infração, tendo em vista tratar-se a operação, unicamente, de um adiantamento que o contribuinte faz na exportação, dentro de sua própria empresa, filial e matriz, como uma única personalidade jurídica.

Cita-se, ainda, o voto relator:

> Ficou evidente e confirmado pelo contribuinte que a filial serve para cumprir com a necessidade da exportação imediata, seja porque trabalha no mercado futuro e deve exportar rapidamente para evitar oscilações cambiais e inclusive de preço de sua mercadoria, seja porque precisa exportar para manter sua imunidade ao ICMS e suspensão do IPI.
>
> A não exportação imediata da futura mercadoria pode gerar prejuízo, na medida em que o contribuinte não pode esperar para vender suas safras somente no momento em que possui as safras colhidas e em mãos. A exportação direta pela matriz, como entendeu a fiscalização que deve ser este o modelo correto de negócio, não observou questões mercadológicas de mercado futuro, cotações de bolsa e, também, não considerou que as vendas "virtuais" passam por outros elos na cadeia, como distribuidores que não possuem nenhum tipo de "conluio" com a contribuinte.

Destaca-se, também, a declaração de voto da Conselheira Tatiana Belisário:

> Assim, além do afastamento de caracterização de fraude ou simulação na conduta, que, por si só, afasta a tipificação da conduta, entendo necessário assinalar este aspecto, ainda que de viés majoritariamente ideológico. Ainda que o dano ao erário – em sede de operações de importação e exportação – prescinda de comprovação de prejuízo efetivo, é necessária a demonstração do potencial de dano da operação examinada, sem o qual esvazia-se o conteúdo da norma de caráter regulatório e sancionador.

A ementa da decisão foi proferida nos seguintes termos:

> Processo n. 16561.720129/2017-79 - Acórdão n. 3201-005.152 – 26/03/2019
> 2ª Câmara/1ª Turma Ordinária
> INTERPOSIÇÃO FRAUDULENTA. NÃO COMPROVAÇÃO. NÃO OCORRÊNCIA DA FRAUDE OU OCULTAÇÃO. NÃO APLICAÇÃO DA CONVERSÃO DA PENA DE PERDIMENTO EM MULTA.
> Não constatada a ocultação do real adquirente, mediante fraude ou simulação, nas operações de comércio exterior, a pessoa jurídica indicada como interposta e os indicados como beneficiários dessa interposição não respondem pela conversão da pena de perdimento em multa porque os fatos não subsumem à interposição fraudulenta prevista no inciso V, §1º, Art. 23 do Decreto 1.455/76.

8 Conclusão

Diante dos esclarecimentos prestados e dos julgados citados, indaga-se se a jurisprudência administrativa embasa um mínimo de segurança jurídica para os contribuintes estruturarem empresas e grupos empresariais, sem adentrar em uma zona nebulosa de critérios permeados de subjetividade, especialmente no que diz respeito ao conjunto probatório.

A dilação probatória de documentos contábeis e fiscais, conforme devidamente demonstrado, nos casos de interposição fraudulenta, é tão heterogênea quanto os próprios casos concretos que são julgados pelo Carf.

Não há como estabelecermos um parâmetro mínimo ou determinado critério, ou ainda um ponto de partida, em relação a dois grandes pilares quando se trata de prova: quais provas serão consideradas no processo administrativo fiscal, qual é a força que o respectivo documento terá na análise técnica e, ainda, como este será enquadrado na averiguação de todo conjunto de provas.

A subjetividade do tema e a inexistência de decisões consolidadas que tenham o condão de lastrear um comportamento aduaneiro ou tributável considerado lícito têm reflexos diretos no planejamento tributário.

E, mais uma vez, como em outros temas de grande relevância, pontua-se que, nos casos de interposição fraudulenta, há um grande desencontro entre o conceito de planejamento tributário, as peculiaridades da relação estabelecida entre direito aduaneiro e direito tributário e os inúmeros e altamente heterogêneos julgamentos proferidos pelo Tribunal Administrativo Tributário Federal.

Veja que as operações de interposição fraudulenta não são necessariamente ilícitas na seara civil, eis que revestidas de todas as formalidades essenciais para a validade do negócio jurídico.

Chega-se a um importante questionamento, que transcende o tema e segue para o cerne do problema: pode a Administração Tributária/Aduaneira desconsiderar os atos ou negócios jurídicos com a finalidade de dissimular a ocorrência do fato gerador do tributo?

A relevância desse questionamento permitiu que o assunto fosse levado ao Supremo Tribunal Federal, que iniciou o julgamento virtual da Ação Declaratória de Inconstitucionalidade nº 2.446, na qual se discute a constitucionalidade do parágrafo único do art. 116 do Código Tributário Nacional.[47]

A relatora do caso, Ministra Cármen Lúcia, empreendeu uma interpretação sistemática do CTN, à luz do princípio da legalidade/tipicidade tributária, para concluir:

> a norma não proíbe o contribuinte de buscar, pelas vias legítimas e comportamentos coerentes com a ordem jurídica, economia fiscal, realizando suas atividades de forma menos onerosa, e, assim, deixando de pagar tributos quando não configurado fato gerador cuja ocorrência tenha sido licitamente evitada.

Acrescentou que continua hígido o art. 110 do CTN (que assegura a observância das formas de direito privado pela legislação tributária) e não está "autorizado o agente fiscal a valer-se de analogia para definir fato gerador e, tornando-se legislador, aplicar tributo sem previsão legal", nem a socorrer-se "de interpretação econômica". Entretanto, julgou improcedente a ação, por entender que, "a despeito dos alegados motivos que resultaram na inclusão do parágrafo único ao artigo 116 do CTN, a denominação 'norma

---

[47] "Art. 116. Salvo disposição de lei em contrário, considera-se ocorrido o fato gerador e existentes os seus efeitos. Parágrafo único. A autoridade administrativa poderá desconsiderar atos ou negócios jurídicos praticados com a finalidade de dissimular a ocorrência do fato gerador do tributo ou a natureza dos elementos constitutivos da obrigação tributária, observados os procedimentos a serem estabelecidos em lei ordinária (incluído pela LCP nº 104, de 2001)".

antielisão' é de ser tida como inapropriada, cuidando o dispositivo de questão de norma de combate à evasão fiscal".

A reflexão reside, em suma, na inexistência regulamentar do artigo supracitado, e no seu alcance quando da aplicabilidade aos casos concretos – especialmente de grandes operações societárias, muitas vezes lícitas, que correm o risco de autuações fiscais bilionárias, embasadas pela subjetividade dos entendimentos heterogêneos da segunda instância administrativa tributária.

Nesse sentido, vemos que, embora de grande conteúdo técnico e de amparo à imparcialidade das decisões administrativas tributárias, a jurisprudência do Carf – que bem poderia servir à consolidação da segurança jurídica e de sustento da coerência tributária – incorre em diversos posicionamentos sobre o mesmo tema, ante a subjetividade que percorre campos espinhosos, como a dilação probatória no âmbito do processo administrativo fiscal, especialmente em planejamento tributário.

Informação bibliográfica deste texto, conforme a NBR 6023:2018 da Associação Brasileira de Normas Técnicas (ABNT):

PRADO, Lenisa R.; GAMEIRO, Mariel Orsi. A interposição fraudulenta e a prova nos casos aduaneiros nos julgamentos do Conselho Administrativo de Recursos Fiscais. *In*: MARINHO NETO, José Antonino (Org.); LOBATO, Valter de Souza (Coord.). *Planejamento Tributário:* pressupostos teóricos e aplicação prática. Belo Horizonte: Fórum, 2021. p. 385-409. ISBN 978-65-5518-269-9.

APLICAÇÃO DO DIREITO E O PLANEJAMENTO TRIBUTÁRIO: ESTUDO DE CASO

MAYSA DE SÁ PITTONDO DELIGNE

Introdução

O objetivo deste artigo é evidenciar a relevância da atuação dos aplicadores do direito nos casos de planejamento tributário a partir do estudo de um caso concreto ordinariamente chamado de *split* de operações, tecendo breves considerações quanto ao planejamento tributário e às contribuições destinadas ao programa de integração social – PIS e ao financiamento da seguridade social – Cofins. Não posso deixar de registrar aqui meu mais sincero agradecimento ao coordenador, Dr. Valter Lobato, pelo honroso convite que me foi formulado, inclusive para participar, ao lado do amigo Dr. Fernando Moura, de um interessante debate sobre o planejamento tributário na disciplina ministrada no Programa de Pós-Graduação em Direito da Universidade Federal de Minas Gerais (PPGD-UFMG).

Cumpre frisar que aqui se pretende apenas levantar preocupações desta autora sobre o tema, em especial quanto à complexidade na disciplina legal das contribuições e a dificuldade de se identificar, a partir da doutrina e da jurisprudência pátria, o que seria um planejamento tributário válido. Não se pretende, portanto, esgotar todas as discussões existentes sobre o tema, especialmente em se considerando que esses dois temas, juntos, são as principais fontes de controvérsias e de insegurança jurídica para os contribuintes no exercício de suas atividades.

Acresce-se que este artigo reflete opinião acadêmica de sua autora, a partir do estudo de caso concreto localizado na página pública do Conselho Administrativo de Recursos Fiscais – Carf, buscando contribuir para o debate doutrinário em torno do planejamento tributário.

1 A complexidade do PIS e da Cofins

Antes de adentrar especificamente na problemática em torno do planejamento tributário, cumpre mencionar que a legislação destes tributos ilustra um dos principais problemas decorrentes da equivocidade dos textos normativos: a complexidade.[1] Complexo é o texto do qual são depreendidas duas normas diferentes e conjuntas, demandando uma decisão por parte do intérprete.[2]

A tradicional discussão quanto aos créditos passíveis de serem aproveitados pelas empresas na apuração na sistemática não cumulativa do PIS e da Cofins exemplifica esse problema. O inc. II do art. 3º das leis nºs 10.637/2002 e 10.833/2003 garante o desconto de créditos sobre os valores das contribuições apurados sobre "bens e serviços, utilizados como *insumo* na prestação de serviços e na produção ou fabricação de bens ou produtos destinados à venda". Mas qual o sentido que deve ser atribuído ao signo insumo? Esse signo complexo denota a construção de mais de um significado, vez que utilizado na sistemática de apuração de outros tributos de forma mais ampla (no caso do imposto de renda das pessoas jurídicas – IRPJ) ou mais restrita (no imposto sobre produtos industrializados – IPI).[3] A interpretação que prevalece atualmente segue uma posição intermediária, próxima àquela adotada pelo Carf, exigindo a necessidade de comprovar a essencialidade ou relevância do bem para a atividade da pessoa jurídica para a tomada do crédito.[4]

---

[1] GUASTINI, Riccardo. *Interpretar y argumentar*. Tradução de Silvina Álvarez Medina. Madrid: Centro de Estudios Políticos y constitucionales, 2014. p. 55-60.
[2] GUASTINI, Riccardo. Interpretación y construcción jurídica. *Isonomía*, n. 43, p. 11-48, out. 2015; e ÁVILA, Humberto. Função da ciência do direito tributário: do formalismo epistemológico ao estruturalismo argumentativo. *Direito Tributário Atual*, v. 29, p. 187-199, jan. 2013.
[3] Para uma elucidação da discussão e a crítica ao legislador federal nas leis do PIS e da Cofins não cumulativos, vide: DELIGNE, Maysa de Sá Pittondo. *Competência tributária residual e as contribuições destinadas à seguridade social*. Belo Horizonte: D'Plácido, 2015. p. 291-299.
[4] Recurso Especial nº 1.221.170. Rel. Min. Napoleão Nunes Maia Filho, Primeira Seção, j. 22.2.2018. *DJe*, 24 abr. 2018.

Acresce-se que a própria sigla "PIS/Cofins" é utilizada para identificar distintas contribuições, fundadas em diferentes dispositivos constitucionais e dotadas de materialidades e sistemáticas de apuração próprias.

Com efeito, ainda que possuam destinação constitucional idêntica, não se confunde o PIS/Cofins faturamento da Lei nº 9.718/98 (art. 195, I, CF/88), também chamado por vezes de PIS/Cofins Cumulativo, com o PIS/Cofins não cumulativo das leis nºs 10.637/2002 e 10.833/2003, incidentes sobre a receita (art. 195, I, "b", CF/88), igualmente diferente do PIS/Cofins Importação da Lei nº 10.865/2004, incidente sobre o valor aduaneiro (art. 195, IV, CF/88).[5] Sem mencionar os inúmeros regimes de apuração diferenciados, entre os quais o regime monofásico para determinados produtos industrializados (Lei nº 10.147/2000), e os créditos presumidos concedidos para determinadas atividades ou circunstâncias, como o crédito presumido nas atividades agrícolas e pecuárias (Lei nº 10.925/2004).

Não bastasse este complicado arcabouço normativo, estas leis são constantemente modificadas pelo legislador, em uma verdadeira colcha de retalhos que, ao contrário do que a expressão poderia significar à luz da cultura popular, não garante efetividade ao princípio da segurança jurídica.

Consoante as lições de Humberto Ávila, como uma norma princípio, a segurança jurídica exige que todos os poderes estatais busquem e garantam, de forma contínua e sem exceções, em todos os seus níveis (Executivo, Legislativo e Judiciário) os estados de cognoscibilidade, confiabilidade e calculabilidade.[6] A qualidade da cognoscibilidade refere-se à possibilidade de o sujeito identificar e compreender quais são as normas jurídicas que estão regendo seu comportamento.[7] A confiabilidade refere-se à continuidade do ordenamento jurídico, relacionado à própria consistência do ordenamento, que busca estabilidade, integridade e coerência das normas jurídicas nele veiculadas.[8] Por sua vez, a calculabilidade refere-se à elevada capacidade de prever as consequências jurídicas de atos e fatos pela maioria das pessoas.[9]

Contudo, nenhum destes estados é assegurado quando o legislador promove uma constante modificação do texto normativo, editado sem clareza e coerência. Ávila, inclusive, já criticou exatamente a ausência de coerência na definição da sistemática da não cumulatividade do PIS e da Cofins pelas leis nºs 10.637/02 e 10.833/03, eis que o legislador "deixou de honrar o critério de distinção eleito (capacidade compensatória

---

[5] Inclusão da alínea "b" do inc. I do art. 195 pela Emenda Constitucional nº 20/1998 e do inc. IV pela Emenda Constitucional nº 42/2003. Quanto ao conceito de receita do PIS/Cofins não cumulativos, vide: DELIGNE, Maysa de Sá Pittondo. Receita como elemento de incidência do PIS e da Cofins: conceito jurídico x conceito contábil. In: MURICI, Gustavo L.; CARDOSO, Oscar V.; RODRIGUES, Raphael S. (Org.). *Estudos de direito processual e tributário em homenagem ao Ministro Teori Zavascki*. Belo Horizonte: D'Plácido, 2018. p. 841-861.
[6] ÁVILA, Humberto. *Teoria da segurança jurídica*. 4. ed. São Paulo: Malheiros, 2016.
[7] ÁVILA, Humberto. *Teoria da segurança jurídica*. 4. ed. São Paulo: Malheiros, 2016. p. 355.
[8] ÁVILA, Humberto. *Teoria da segurança jurídica*. 4. ed. São Paulo: Malheiros, 2016. p. 705.
[9] ÁVILA, Humberto. *Teoria da segurança jurídica*. 4. ed. São Paulo: Malheiros, 2016. p. 143-144.

de créditos anteriores) e a finalidade que o justifica (afastar o efeito econômico perverso do acúmulo da carga tributária durante o ciclo econômico)".[10]

Esse quadro de insegurança é agravado quando o contribuinte realiza um planejamento tributário, como veremos a seguir, após serem traçadas algumas premissas quanto ao planejamento tributário.

2 Planejamento tributário e a ausência de uma aproximação uníssona pela doutrina e jurisprudência pátrias

Entende-se por planejamento tributário o emprego de meios lícitos, autorizados ou previstos na própria legislação pátria, para reduzir o encargo tributário devido em determinada operação ou situação.[11] Não me refiro, aqui, portanto, à utilização de artifícios fraudulentos ou simulados pelas pessoas para reduzir o montante de tributo devido na operação, mas ao próprio exercício do direito do contribuinte de economizar tributos, nas palavras de Martha Leão, organizando suas atividades de forma lícita "com vistas a pagar o menor tributo possível".[12]

A principal dificuldade ocorre na identificação de elementos objetivos para diferenciar as operações ilícitas, por simuladas ou fraudulentas (evasão fiscal), daquelas lícitas, que podem ser admitidas como em acordo ou em conformidade com o ordenamento jurídico (elisão fiscal).[13] Com efeito, ao tratar da figura do planejamento tributário, a doutrina e as decisões, em especial as administrativas, adotam diferentes conceitos de simulação, dissimulação, abuso de direito, abuso de forma, fraude à lei, dolo, negócio jurídico indireto, causa do negócio jurídico e propósito negocial, na maioria das vezes sem sequer identificar qual o significado atribuído a essas expressões.[14]

Igualmente não há consenso quanto à existência, no Brasil, de uma norma geral antielisiva, com grande divergência quanto ao conteúdo e alcance do parágrafo único do art. 116 do Código Tributário Nacional – CTN.[15]

As normas antielisivas são aquelas voltadas ao *fechamento* de espaços de liberdade do contribuinte existentes nas *brechas* dadas pela legislação. Na legislação nacional,

---

[10] ÁVILA, Humberto. O "postulado do legislador coerente" e a não-cumulatividade das contribuições. *In*: ROCHA, Valdir de Oliveira (Coord.). *Grandes questões atuais do direito tributário*. São Paulo: Dialética, 2007. v. 11. p. 180.

[11] BOZZA, Fábio Piovesan. *Planejamento tributário e autonomia privada*. São Paulo: Quartier Latin, 2015. v. XV. Série Doutrina Tributária. p. 273.

[12] LEÃO, Martha Toribio. *O direito fundamental de economizar tributos*: entre legalidade, liberdade e solidariedade. São Paulo: Malheiros, 2018. p. 207.

[13] BOZZA, Fábio Piovesan. *Planejamento tributário e autonomia privada*. São Paulo: Quartier Latin, 2015. v. XV. Série Doutrina Tributária. p. 250.

[14] SCHOUERI, Luís Eduardo. O desafio do planejamento tributário. *In*: SCHOUERI, Luís Eduardo; FREITAS, Rodrigo de (Coord.). *Planejamento tributário e o "propósito negocial"*: mapeamento de decisões do Conselho de Contribuintes de 2002 a 2008. São Paulo: Quartier Latin, 2010. p. 16.

[15] BOZZA, Fábio Piovesan. *Planejamento tributário e autonomia privada*. São Paulo: Quartier Latin, 2015. v. XV. Série Doutrina Tributária. p. 292-299.

possível identificar normas específicas antielisivas, como as regras de preços de transferência trazidas no bojo da Lei nº 9.430/96.[16] O debate permeado nos tribunais, em especial administrativos, seria se o referido art. 116, parágrafo único, estabeleceria uma norma geral antielisiva, ao assim dispor:

> Parágrafo único. A autoridade administrativa poderá desconsiderar atos ou negócios jurídicos praticados com a finalidade de dissimular a ocorrência do fato gerador do tributo ou a natureza dos elementos constitutivos da obrigação tributária, observados os procedimentos a serem estabelecidos em lei ordinária.

Especificamente dentro do Carf, é possível encontrar posições seja pela possibilidade de aplicação do referido dispositivo como uma norma geral antielisiva,[17] seja no sentido da impossibilidade de sua aplicação em face da ausência de lei ordinária, como uma norma de eficácia limitada.[18] Na Câmara Superior de Recursos Fiscais – CSRF, responsável por uniformizar a jurisprudência do Carf, possível encontrar posicionamento da Primeira Turma no sentido da aplicação imediata desse dispositivo à luz de um suposto "dever fundamental de pagar tributos", em posição frontalmente criticada pela doutrina.[19] Nos termos do julgado:

> [...] Na esfera federal, há na doutrina nacional aqueles que afirmam ser ineficaz a referida norma geral antielisiva, sob o argumento de que a lei ordinária regulamentadora ainda não foi trazida ao mundo jurídico. Por outro lado, há aqueles que afirmam ser plenamente eficaz a referida norma, sob o argumento de que o Decreto nº 70.235/72, que foi recepcionado pela Constituição de 1988 com força de lei ordinária, regulamenta o procedimento fiscal. *Dentre as duas interpretações juridicamente possíveis deve ser adotada aquela que afirma a eficácia imediata da norma geral antielisiva, pois esta interpretação é a que melhor se harmoniza com a nova ordem constitucional, em especial com o dever fundamental de pagar tributos, com o princípio da capacidade contributiva e com o valor de repúdio a práticas abusivas.* (Acórdão CSRF nº 9101-003.447, de 6.3.2018. No mesmo sentido Acórdão nº 9101-002.953) (Grifos nossos)

Cumpre mencionar que já houve tentativas de regulamentação desse dispositivo por meio de medidas provisórias que não foram referendadas pelo Congresso Nacional, não sendo convertidas em lei. É o que se denota, por exemplo, da Medida Provisória nº 66/2002, que estabelecia nos arts. 13 e 14 os denominados "procedimentos relativos

---

[16] Sobre o tema, veja: SCHOUERI, Luís Eduardo. *Preços de transferência no direito tributário brasileiro*. 3. ed. São Paulo: Dialética, 2013; BARBOSA, Demetrio Gomes. *Preços de transferência no Brasil*: uma abordagem prática. 2. ed. São Paulo: Fiscosoft; Revista Dos Tribunais, 2012; OLIVEIRA, Vivian de Freitas e Rodrigues de. *Preço de transferência como norma de ajuste do imposto sobre a renda*. São Paulo: Noeses, 2015.

[17] Nesse sentido, *vide* os acórdãos proferidos na segunda seção de julgamento do Carf: nºs 2402-006.696, 2402-007.200, 2202-004.821, 2301-005.984, 2301-005.985, 2202-004.749, 2402-006.250, 2202-004.663.

[18] Nesse sentido, possível encontrar acórdãos na Primeira Seção de Julgamento (nº 1302-003.229) e da Terceira Seção (nº 3401-005.228).

[19] Ver: LEÃO, Martha Toribio. *O direito fundamental de economizar tributos*: entre legalidade, liberdade e solidariedade. São Paulo: Malheiros, 2018.

à norma geral anti-elisão".[20] Essa disciplina, contudo, não foi convertida em lei, não constando da Lei nº 10.637/2002.[21]

Essa questão será solucionada pelo Supremo Tribunal Federal no julgamento da Ação Direta Inconstitucionalidade – ADI nº 2.446, no qual foi proferido voto pela Ministra Relatora Cármen Lúcia, em sessão virtual iniciada em 12.6.2020, entendendo não se tratar de uma norma geral antielisiva, sendo que "a desconsideração autorizada pelo dispositivo está limitada aos atos ou negócios jurídicos praticados com intenção de dissimulação ou ocultação desse fato gerador". Em outros trechos do voto proferido, ainda pendente de julgamento final:[22]

> Não se comprova também, como pretende a autora, retirar incentivo ou estabelecer proibição ao planejamento tributário das pessoas físicas ou jurídicas. *A norma não proíbe o contribuinte de buscar, pelas vias legítimas e comportamentos coerentes com a ordem jurídica, economia fiscal, realizando suas atividades de forma menos onerosa, e, assim, deixando de pagar tributos quando não configurado fato gerador cuja ocorrência tenha sido licitamente evitada.* [...]
> O art. 108 do Código Tributário Nacional não foi alterado pela Lei Complementar n. 104/2001, não estando autorizado o agente fiscal a valer-se de analogia para definir fato gerador e, tornando-se legislador, aplicar tributo sem previsão legal. Nada há na norma questionada a autorizar tal interpretação, inteiramente criada pelo intérprete e sem qualquer respaldo normativo ou fático. [...]
> 9. De se anotar que elisão fiscal difere da evasão fiscal. Enquanto na primeira há diminuição lícita dos valores tributários devidos pois o contribuinte evita relação jurídica que faria nascer obrigação tributária, na segunda, o contribuinte atua de forma a ocultar fato gerador materializado para omitir-se ao pagamento da obrigação tributária devida. *A despeito dos alegados motivos que resultaram na inclusão do parágrafo único ao art. 116 do CTN, a denominação "norma antielisão" é de ser tida como inapropriada, cuidando o dispositivo de questão de norma de combate à evasão fiscal.* (Grifos nossos)

Sem uma definição dessa questão, a discussão em torno dos planejamentos tributários permanece em identificar elementos de licitude ou ilicitude das condutas dos sujeitos identificadas pelos auditores fiscais e julgadores na aplicação do direito, em uma perspectiva casuística, analisando cada caso.

---

[20] "Art. 13. Os atos ou negócios jurídicos praticados com a finalidade de dissimular a ocorrência de fato gerador de tributo ou a natureza dos elementos constitutivos de obrigação tributária serão desconsiderados, para fins tributários, pela autoridade administrativa competente, observados os procedimentos estabelecidos nos arts. 14 a 19 subseqüentes. Parágrafo único. *O disposto neste artigo não inclui atos e negócios jurídicos em que se verificar a ocorrência de dolo, fraude ou simulação.* Art. 14. São passíveis de desconsideração os atos ou negócios jurídicos que visem a reduzir o valor de tributo, a evitar ou a postergar o seu pagamento ou a ocultar os verdadeiros aspectos do fato gerador ou a real natureza dos elementos constitutivos da obrigação tributária. §1º Para a desconsideração de ato ou negócio jurídico dever-se-á levar em conta, entre outras, a ocorrência de: I - falta de propósito negocial; ou II - abuso de forma. §2º Considera-se indicativo de falta de propósito negocial a opção pela forma mais complexa ou mais onerosa, para os envolvidos, entre duas ou mais formas para a prática de determinado ato. §3º Para o efeito do disposto no inciso II do §1º, considera-se abuso de forma jurídica a prática de ato ou negócio jurídico indireto que produza o mesmo resultado econômico do ato ou negócio jurídico dissimulado".

[21] BRASIL. *Medida Provisória nº 66, de 29 de agosto 2002*. Convertida na Lei nº 10.637, de 2002. Disponível em: http://www.planalto.gov.br/ccivil_03/MPV/Antigas_2002/66.htm. Acesso em: 4 fev. 2021.

[22] Julgamento pendente com pedido de vista do Ministro Ricardo Lewandowski, tendo sido o voto da relatora acompanhado pelos ministros Marco Aurélio, Edson Fachin, Alexandre de Moraes e Gilmar Mendes. Extrato de andamentos do processo disponível em: http://portal.stf.jus.br/processos/detalhe.asp?incidente=1930159. Acesso em: 4 fev. 2021. Voto da Ministra Cármen Lúcia disponível em: https://www.conjur.com.br/dl/adi-2446-voto-carmen-lucia.pdf. Acesso em: 4 fev. 2021.

Contudo, a ausência de uma abordagem uníssona sobre o planejamento tributário pode prejudicar os contribuintes, que não têm um posicionamento claro de qual conduta podem ou devem seguir. Esse problema fica claro quando a mesma configuração fática de um mesmo sujeito é apreciada de forma diametralmente oposta pelos sujeitos aplicadores do direito, enquadrando a mesma operação ora como lícita e ora como ilícita. Para melhor ilustrar essa problemática, propõe-se aqui fazer uma análise de um caso concreto no qual ocorreu exatamente essa situação em julgamentos realizados no Carf, relacionado a planejamento tributário de PIS/Cofins realizado por uma mesma pessoa jurídica.

3 Planejamento tributário de PIS e Cofins: o caso do *split* de operações

A ausência de uma clara orientação de conduta dos contribuintes em matéria de planejamento tributário pode ser ilustrada por um caso concreto envolvendo grupo econômico que se dedica à produção e comercialização de produtos de perfumaria, de toucador e de higiene pessoal referenciados na Lei nº 10.147/2000.[23] Pessoa jurídica distribuidora foi autuada para a exigência do PIS e da Cofins monofásicos, por ter entendido a fiscalização que a operação societária estruturada juntamente com pessoa jurídica industrial do grupo seria maculada por simulação, com o fim exclusivo de diminuir a carga tributária das contribuições. Cumpre primeiramente fazer um breve relato dos fatos que envolvem os autos de infração lavrados, em conformidade com o Acórdão nº 3403-002.519, de 22.10.2013 (referente ao processo de PIS Monofásico) e o Acórdão nº 3402-001.908, de 26.9.2012 (referente ao processo de Cofins Monofásico).

Após a edição da legislação do PIS/Cofins monofásicos, a empresa procedeu com uma reestruturação de suas atividades para segregar a atividade industrial da atividade de distribuição em duas pessoas jurídicas distintas, ainda que integrantes de um mesmo grupo econômico. Visando ilustrar essa operação, denominada normalmente *split* de operações, faz-se a seguir um breve esquema ilustrativo:

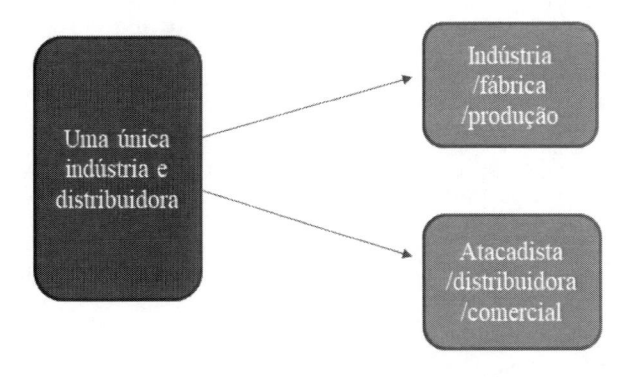

---

[23] Processos do PIS Monofásico (Processo nº 19515.001905/200467) e da Cofins Monofásica (Processo nº 19515.001904/2004-12).

Com fulcro no conceito de simulação do Código Civil (arts. 102 do Código de 1916[24] e 167 do Código Civil de 2002),[25] entendeu a fiscalização que essa segregação seria apenas uma aparência de negócio jurídico, que foi realizado exclusivamente para reduzir a carga tributária a ser paga na sistemática monofásica da Lei nº 10.147/2000.

Isso porque, com a segregação das atividades e mantendo a atividade de atacadista dentro do grupo econômico, o PIS e a Cofins somente incidem sobre o valor da saída do industrial para o atacadista/distribuidor, com uma soma de alíquotas no total de 12,5% (doze e meio por cento) para os produtos de perfumaria, de toucador ou de higiene pessoal, na forma do art. 1º, I, "b" da Lei nº 10.147/2000.[26] A saída subsequente para o varejo/consumidor final é sujeita à alíquota zero, vez que a tributação foi concentrada na indústria, na forma do art. 3º da mesma lei.[27] Buscando ilustrar a operação:

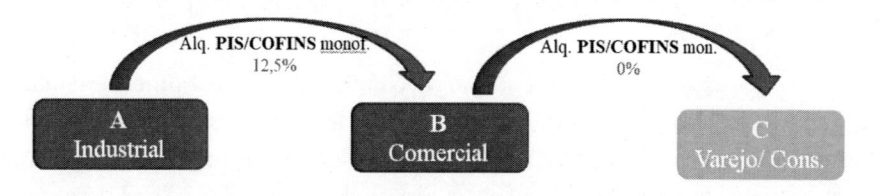

```
          Alq. PIS/COFINS monof.           Alq. PIS/COFINS mon.
                12,5%                              0%
      ┌──────────────┐         ┌──────────────┐         ┌──────────────┐
      │      A       │         │      B       │         │      C       │
      │  Industrial  │         │  Comercial   │         │ Varejo/Cons. │
      └──────────────┘         └──────────────┘         └──────────────┘
```

A fiscalização afirma, ainda, que a empresa industrial não seria dotada de autonomia empresarial, possuindo gestão e organização atrelada e dependente da empresa distribuidora. Com isso, a segregação das atividades foi desconsiderada para exigir as contribuições sobre as vendas feitas pela distribuidora para o mercado, e não as vendas entre as empresas vinculadas como feito pela empresa, considerando as saídas da empresa industrial para a empresa distribuidora. Estas autuações abrangeram os anos de

---

[24] "Art. 102. Haverá simulação nos atos jurídicos em geral: I - Quando aparentarem conferir ou transmitir direitos a pessoas das a quem realmente se conferem, ou transmitem. II - Quando contiverem declaração, confissão, condição, ou cláusula não verdadeira. III - Quando os instrumentos particulares forem antedatados, ou pós-datados".

[25] "Art. 167. É nulo o negócio jurídico simulado, mas subsistirá o que se dissimulou, se válido for na substância e na forma. §1º Haverá simulação nos negócios jurídicos quando: I - aparentarem conferir ou transmitir direitos a pessoas diversas daquelas às quais realmente se conferem, ou transmitem; II - contiverem declaração, confissão, condição ou cláusula não verdadeira; III - os instrumentos particulares forem antedatados, ou pós-datados. §2º Ressalvam-se os direitos de terceiros de boa-fé em face dos contraentes do negócio jurídico simulado".

[26] "Art. 1º A Contribuição para os Programas de Integração Social e de Formação do Patrimônio do Servidor Público – PIS/PASEP e a Contribuição para o Financiamento da Seguridade Social – COFINS devidas pelas pessoas jurídicas que procedam à industrialização ou à importação dos produtos classificados nas posições 30.01; 30.03, exceto no código 3003.90.56; 30.04, exceto no código 3004.90.46; e 3303.00 a 33.07, exceto na posição 33.06; nos itens 3002.10.1; 3002.10.2; 3002.10.3; 3002.20.1; 3002.20.2; 3006.30.1 e 3006.30.2; e nos códigos 3002.90.20; 3002.90.92; 3002.90.99; 3005.10.10; 3006.60.00; 3401.11.90, exceto 3401.11.90 Ex 01; 3401.20.10; e 9603.21.00; todos da Tabela de Incidência do Imposto sobre Produtos Industrializados – TIPI, aprovada pelo Decreto no 7.660, de 23 de dezembro de 2011, serão calculadas, respectivamente, com base nas seguintes alíquotas: I - incidentes sobre a receita bruta decorrente da venda de: [...] b) produtos de perfumaria, de toucador ou de higiene pessoal, classificados nas posições 33.03 a 33.07, exceto na posição 33.06, e nos códigos 3401.11.90, exceto 3401.11.90 Ex 01, 3401.20.10 e 96.03.21.00: 2,2% (dois inteiros e dois décimos por cento) e 10,3% (dez inteiros e três décimos por cento); e (Redação dada pela Lei nº 12.839, de 2013)".

[27] "Art. 2º São reduzidas a zero as alíquotas da contribuição para o PIS/Pasep e da Cofins incidentes sobre a receita bruta decorrente da venda dos produtos tributados na forma do inciso I do art. 1º, pelas pessoas jurídicas não enquadradas na condição de industrial ou de importador".

2000 a 2003. Novamente se busca apenas esquematizar o entendimento da fiscalização, com valores tão somente exemplificativos das operações:

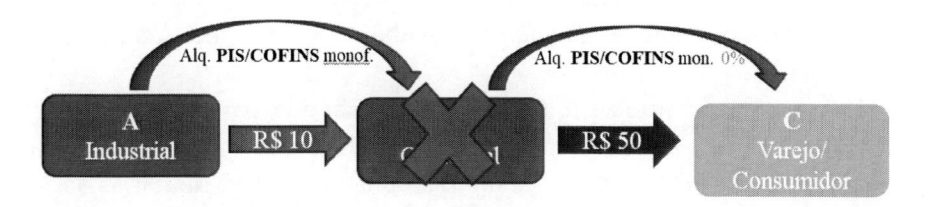

Por entender que a própria sistemática monofásica estimula o comportamento dos contribuintes de segregar suas atividades de distribuidores, o entendimento que prevaleceu inicialmente foi no sentido de que não caberia se falar em simulação na hipótese, sendo que a criação da pessoa jurídica industrial "não é uma ficção, mas uma realidade concreta induzida pelos efeitos econômicos da política fiscal, a qual, sobre-onerando o setor produtivo, compeliu os produtores a atuarem também na atividade de revenda e distribuição".[28] O acórdão da autuação do PIS Monofásico respaldou-se nas razões proferidas para a Cofins Monofásica, que expressamente indicou que a empresa "desmembrou suas atividades em várias empresas do mesmo grupo, por estar expressamente autorizada pela Lei Comercial e Tributária, data vênia não pode ser considerada como ato ilícito ou simulação, pelo só fato de gerar economia tributária".[29]

Assim, em uma primeira fase da análise casuística realizada pelo Carf, a estruturação da atividade adotada pela empresa foi admitida como lícita, em conformidade com a legislação cível e tributária, sendo que a redução do valor tributário devido foi correta, tratando-se inclusive de uma conduta estimulada pela legislação do PIS/Cofins monofásicos.

Ainda que a decisão do PIS Monofásico tenha sido definitiva, na forma do art. 45 do Decreto nº 70.235/72, após o não conhecimento do recurso especial fazendário interposto,[30] a mesma empresa continuou a sofrer autuações relacionadas ao mesmo litígio.

Com efeito, a mesma operação foi novamente autuada, desta vez em nome da pessoa jurídica industrial para os anos de 2009 e 2010. Esta autuação foi lavrada com fundamentos jurídicos idênticos dos anteriores, como se denota do relatório constante do Acórdão nº 3201003.930, de 30.6.2018. Contudo, naquela oportunidade, a mesma configuração fática passou a ser admitida como simulada, tendo prevalecido o entendimento no sentido de que não teriam sido observadas as regras do "preço de transferência" entre empresas ligadas, mas não como uma fraude suscetível a agravar a multa

---

[28] Acórdão nº 3403-002.519, de 22.10.2013. Rel. Cons. Ivan Allegretti.
[29] Acórdão nº 3402001.908, de 26.9.2012. Rel. Cons. Fernando Luiz da Gama Lobo D'Eça.
[30] Acórdão nº 9303-003.474, de 24.2.2016. Rel. Cons. Tatiana Midori Migiyama.

aplicada.³¹ Como indicado no voto do redator designado para o acórdão, entendeu-se que o "preço pelo qual as mercadorias foram negociadas foi desacreditado. Tal preço foi inferior ao que seria se as partes não fossem pertencentes ao mesmo grupo. Logo, prevaleceu o entendimento de que não houve liberdade de negociação em condições de livre mercado".³²

Nesse aspecto, contudo, é importante mencionar que, para o PIS e a Cofins, não consta do ordenamento jurídico pátrio normas específicas antielisivas, para coibir condutas específicas que poderiam ensejar uma camuflada redução tributária relacionada às empresas do mesmo grupo econômico, tal como existente na legislação do imposto sobre produtos industrializados – IPI, com a fixação do valor tributável mínimo (art. 195, do Regulamento do IPI, aprovado pelo Decreto nº 7.212/2010) ou a disciplina dos preços de transferência nas importações e exportações entre pessoas vinculadas (arts. 18 a 21 da Lei nº 9.430/96).

Houve, inclusive, uma tentativa de se criar uma norma específica antielisiva pelo art. 22 da Medida Provisória nº 497/2010, exatamente da forma almejada pela auditoria fiscal federal e referendada pelo último acórdão mencionado, que buscava a equiparação do produtor e fabricante quando houver relação de interdependência entre as pessoas jurídicas:

> Art. 22. *Equipara-se a produtor ou fabricante*, para efeitos da incidência da Contribuição para o PIS/PASEP e da COFINS, a pessoa jurídica *comercial atacadista que adquirir, de pessoa jurídica com a qual mantenha relação de interdependência, produtos por esta produzidos, fabricados ou importados* e que estejam relacionados no §1º e §1ºA do art. 2º da Lei no 10.833, de 2003. (Grifos nossos)

A tentativa de criação de uma norma antielisiva específica constava da exposição de motivos da medida provisória, que assim expressou:

> 56. A alteração proposta no art. 22 se faz necessária porque algumas pessoas jurídicas que produzem ou fabricam produtos sujeitos à incidência concentrada da Contribuição para o PIS/PASEP e da COFINS *vendem sua produção para comerciais atacadistas, controladas ou coligadas, com preços subfaturados, erodindo a base de cálculo das contribuições*. 57. O dispositivo proposto, ao equiparar as pessoas jurídicas comerciais atacadistas aos produtores, *elimina a possibilidade desse planejamento elisivo*. [...]. (Grifos nossos)

Entretanto, essa previsão não foi convertida na Lei nº 12.350/2010, tendo sido rejeitada pelo Congresso.³³ Com isso, o posicionamento do órgão de julgamento acabou por criar uma nova norma específica do PIS/Cofins que exige que transações nacionais entre empresas do mesmo grupo observem preços de mercado. Contudo, além de não encontrar respaldo em qualquer texto positivado ou em princípios depreendidos de nosso ordenamento jurídico, essa norma sequer identifica qual seria o parâmetro a ser

---

³¹ Processo nº 10830.726910/201419. Acórdão nº 3201003.930, de 30.6.2018. Rel. Cons. Tatiana Josefovicz Belisário.
³² Acórdão nº 3201003.930, de 30.6.2018. Voto do redator designado Conselheiro Leonardo Correia Lima Macedo.
³³ BRASIL. *Medida Provisória nº 497, de 27 de julho de 2010*. Convertida na Lei nº 12.350, de 2010. Disponível em: http://www.planalto.gov.br/ccivil_03/_Ato2007-2010/2010/Mpv/497.htm. Acesso em: 4 fev. 2021.

observado pelo contribuinte para definir o preço de mercado, não orientando a conduta do sujeito de forma clara.[34]

Ora, não se nega que ao aplicador do direito é autorizado construir normas jurídicas no exercício da atividade de interpretação.[35] Contudo, essa construção possui limites, devendo considerar o texto positivado e os princípios que norteiam o ordenamento jurídico pátrio, não sendo possível que seja estabelecido ao sujeito a observância de uma norma que não era passível de ser construída quando de sua ação. As normas individuais construídas devem, ainda, ser claras, passíveis de serem observadas e adimplidas pelo sujeito a quem se direciona e, da mesma forma, pelos demais integrantes da sociedade, inclusive no futuro.

Com efeito, entende-se necessário ultrapassar a visão estritamente descritiva ou normativista do direito para reconhecê-lo como um instrumento de orientação da conduta do sujeito que integra a comunidade jurídica quando da escolha de sua ação, de seu comportamento.[36] [37] Ao buscar adotar determinada conduta, o sujeito precisa analisar como as normas jurídicas a estão orientando para evitar comportamentos contrários ou não desejados pelo ordenamento e, por conseguinte, a aplicação de sanções nele previstas.

Com este raciocínio, denota-se a ideia de que uma norma jurídica não se apresenta apenas como um instrumento sancionatório, ditando apenas um não seguir, mas sim como um instrumento de orientação de conduta para o integrante da sociedade jurídica.[38] A finalidade do direito, portanto, não é a aplicação da sanção, mas a previsão e a consciência pelo sujeito integrante da comunidade jurídica de quais os resultados jurídicos previsíveis para determinado comportamento em sociedade. Esta concepção está em conformidade com o Estado Democrático de Direito adotado pela Constituição

---

[34] Frise-se que a discussão em torno da identificação do preço de mercado existe no Carf especificamente quanto ao valor tributável mínimo, sobre qual a região mercadológica que deve ser tomada de parâmetro (município, região metropolitana). *Vide*: RIBEIRO, Diego Diniz. Aplicação do valor tributável mínimo do IPI é validada pela jurisprudência do Carf. *Conjur*, 16 jan. 2019. Disponível em: https://www.conjur.com.br/2019-jan-16/direto--carf-aplicacao-valor-tributavel-minimo-ipi-validada-carf. Acesso em: 4 fev. 2021.

[35] Nas palavras de Misabel de Abreu Machado Derzi: "A lei posta pelo Poder Legislativo pode comportar, assim, mais de uma interpretação, mais de uma significação, de modo que a lei que vige em determinado momento, é aquela segundo uma de suas interpretações possíveis" (BALEEIRO, Aliomar. *Direito tributário brasileiro*. Atualização de Misabel de Abreu Machado Derzi. 12. ed. Rio de Janeiro: Forense, 2013. p. 998).

[36] Principal expoente da teoria normativista: KELSEN, Hans. *Teoria geral das normas*. Porto Alegre: Sérgio Antônio Fabris, 1986. Aliada à teoria cognitivista da interpretação, segundo a qual cabe ao intérprete somente identificar o significado da norma que já seria unívoco, pré-constituído e suscetível de conhecimento adotada, entre outros, por: CARVALHO, Paulo de Barros. *Curso de direito tributário*. 28. ed. São Paulo: Saraiva, 2017; BECKER, Alfredo Augusto. *Teoria geral do direito tributário*. São Paulo: Saraiva, 1963; e FALCÃO, Amílcar de Araújo. *Fato gerador da obrigação tributária*. São Paulo: Financeiras, 1964. p. 28-54.

[37] Esta alteração de paradigma foi instaurada por Hart ao desenvolver sua teoria em crítica à teoria normativista de Kelsen (*vide*: HART, H. L. A. *O conceito de direito*. 3. ed. Lisboa: Fundação Calouste Gulbenkian, 2001), como retratado por LOPES, José Reinaldo de Lima. Filosofia analítica e hermenêutica: preliminares para uma teoria do direito como prática. *Revista de Informação Legislativa*, v. 53, p. 219-220, 2016.

[38] SHERWIN, Emily. A defense of analogical reasoning in law. *The University of Chicago Law Review*, v. 66, n. 4, Autumn 1999. p. 1194; LOPES, José Reinaldo de Lima. Entre a teoria da norma e a teoria da ação. *In*: STORCK, Alfredo Carlos; LISBOA, Wladimir Barreto (Org.). *Norma, moralidade e interpretação*: temas de filosofia política e direito. 1. ed. Porto Alegre: Linus, 2009. v. 1. p. 56.

Federal de 1988, que visa garantir ao sujeito o exercício de suas ações em sociedade, amparado pelas normas jurídicas depreendidas dos textos normativos que integram o ordenamento jurídico, que restringem os poderes do Estado quando de sua atuação, orientada pelo já mencionado princípio da segurança jurídica.[39]

Dessa forma, deve-se reconhecer a importância do sujeito no processo argumentativo (deliberativo e interpretativo) necessário à aplicação das normas que integram o ordenamento jurídico, devendo a ciência do direito se dedicar ao estudo não apenas das normas editadas pelos legisladores, mas também daquelas normas decorrentes da atividade de aplicação do direito, quando da interpretação dos textos normativos, com as decisões interpretativas tomadas na resolução de casos concretos, que igualmente orientam condutas.[40]

Quando essas decisões são tomadas em análise de um caso concreto por órgãos estatais autorizados a aplicar o direito (do Judiciário ou do Executivo), essas decisões integram o ordenamento jurídico como normas jurídicas individuais e concretas, orientando a conduta futura do sujeito envolvido naquele caso.[41] [42] Diante da generalidade do direito, uma decisão tomada para um caso concreto pode potencialmente atingir outros casos concretos idênticos ou semelhantes, com um potencial de ser generalizada. Admitindo que o aplicador exerça uma função de criar direito, admite-se a força vinculante às decisões passadas proferidas, de observância obrigatória, como as normas editadas pelo Poder Legislativo.[43]

Com essa concepção de direito e o reconhecimento da importância do intérprete na construção do direito, atribui-se a devida relevância ao processo de aplicação do direito pelos órgãos autorizados e ao produto, resultado, desse processo, que consiste na decisão interpretativa. E falta de consciência no Brasil do efeito das decisões nas condutas dos sujeitos gera problemas como este apresentado, com decisões diametralmente opostas direcionadas ao mesmo contribuinte quanto à mesma organização societária perpetrada.

Contudo, devem os órgãos de aplicação se atentar para a relevância de suas decisões, buscando garantir segurança jurídica, com consistência, estabilidade, integridade e

---

[39] Conforme histórico do princípio do Estado de Direito em: FERREIRA FILHO, Manoel Gonçalves. *Estado de Direito e Constituição*. 4. ed. São Paulo: Saraiva, 2007. p. 3 e ss.

[40] Dentro desta vertente teórica que reconhece o papel do intérprete na construção do direito, há divergências em especial quanto à compreensão do que é a interpretação e quais seriam os seus limites, bem como quanto à identificação de quais elementos argumentativos, jurídicos ou extrajurídicos podem ser considerados pelo aplicador quando da tomada da decisão jurídica.

[41] Faz aqui essa distinção considerando os diferentes sujeitos que são intérpretes dentro da sociedade jurídica e podem contribuir para a construção do direito, mas que, salvo disposição legal em sentido contrário, não introduzem normas jurídicas no ordenamento jurídico. É o caso do estudioso do direito (jurista) no estudo de questões jurídicas, que trazem propostas dirigidas aos órgãos de aplicação, buscando influir nas decisões interpretativas, mas que não introduzem normas jurídicas (GUASTINI, Riccardo. *Interpretar y argumentar*. Tradução de Silvina Álvarez Medina. Madrid: Centro de Estudios Políticos y constitucionales, 2014. p. 90).

[42] BALEEIRO, Aliomar. *Direito tributário brasileiro*. Atualização de Misabel de Abreu Machado Derzi. 12. ed. Rio de Janeiro: Forense, 2013. p. 983.

[43] DERZI, Misabel de Abreu Machado. *Modificação da jurisprudência no direito tributário*. São Paulo: Noeses, 2009. p. 586.

coerência em seus posicionamentos. A preocupação legislativa com os efeitos decisórios é identificada nos arts. 20 a 30 da Lei de Introdução às Normas do Direito Brasileiro, com redação dada pela Lei nº 13.655/2018. Como indica o *caput* do art. 30 do referido diploma, "as autoridades públicas devem atuar para *aumentar a segurança jurídica na aplicação das normas*, inclusive por meio de regulamentos, súmulas administrativas e respostas a consultas".

É igualmente o que se depreende da expressão do art. 926 do Código de Processo Civil de 2015,[44] que traz essa preocupação quanto aos tribunais judiciais, mas plenamente aplicável aos tribunais e julgados administrativos.

Conclusão

Em síntese, não se pretende, aqui, trazer conclusões precisas quanto ao PIS e à Cofins e ao planejamento tributário. Como dito, esses dois temas, juntos, são as principais fontes de controvérsias e de insegurança jurídica para os contribuintes no exercício de suas atividades. Buscou-se, apenas, tecer apontamentos e preocupações em torno da complexidade da legislação brasileira do PIS e da Cofins e da ausência de um posicionamento doutrinário e jurisprudencial sobre a figura do planejamento tributário. A partir de um caso concreto, do PIS/Cofins Monofásico sobre *split* de operações, buscou-se evidenciar a relevância da integridade, coerência e consistência das decisões tomadas pelos aplicadores do direito na disciplina planejamento tributário, evidenciando o prejuízo da existência de decisões administrativas diametralmente opostas sobre o mesmo tema, direcionadas inclusive ao mesmo contribuinte, sem uma clara orientação de conduta do sujeito passivo e da sociedade jurídica.

Referências

ÁVILA, Humberto. Função da ciência do direito tributário: do formalismo epistemológico ao estruturalismo argumentativo. *Direito Tributário Atual*, v. 29, p. 187-199, jan. 2013.

ÁVILA, Humberto. O "postulado do legislador coerente" e a não-cumulatividade das contribuições. *In*: ROCHA, Valdir de Oliveira (Coord.). *Grandes questões atuais do direito tributário*. São Paulo: Dialética, 2007. v. 11.

ÁVILA, Humberto. *Teoria da segurança jurídica*. 4. ed. São Paulo: Malheiros, 2016.

BALEEIRO, Aliomar. *Direito tributário brasileiro*. Atualização de Misabel de Abreu Machado Derzi. 12. ed. Rio de Janeiro: Forense, 2013.

BARBOSA, Demetrio Gomes. *Preços de transferência no Brasil*: uma abordagem prática. 2. ed. São Paulo: Fiscosoft; Revista Dos Tribunais, 2012.

---

[44] "Art. 926. Os tribunais devem uniformizar sua jurisprudência e mantê-la estável, íntegra e coerente. §1º Na forma estabelecida e segundo os pressupostos fixados no regimento interno, os tribunais editarão enunciados de súmula correspondentes a sua jurisprudência dominante. §2º Ao editar enunciados de súmula, os tribunais devem ater-se às circunstâncias fáticas dos precedentes que motivaram sua criação".

BECKER, Alfredo Augusto. *Teoria geral do direito tributário*. São Paulo: Saraiva, 1963.

BOZZA, Fábio Piovesan. *Planejamento tributário e autonomia privada*. São Paulo: Quartier Latin, 2015. v. XV. Série Doutrina Tributária.

CARVALHO, Paulo de Barros. *Curso de direito tributário*. 28. ed. São Paulo: Saraiva, 2017.

DELIGNE, Maysa de Sá Pittondo. *Competência tributária residual e as contribuições destinadas à seguridade social*. Belo Horizonte: D'Plácido, 2015.

DELIGNE, Maysa de Sá Pittondo. Receita como elemento de incidência do PIS e da Cofins: conceito jurídico x conceito contábil. *In*: MURICI, Gustavo L.; CARDOSO, Oscar V.; RODRIGUES, Raphael S. (Org.). *Estudos de direito processual e tributário em homenagem ao Ministro Teori Zavascki*. Belo Horizonte: D'Plácido, 2018.

DERZI, Misabel de Abreu Machado. *Modificação da jurisprudência no direito tributário*. São Paulo: Noeses, 2009.

FALCÃO, Amílcar de Araújo. *Fato gerador da obrigação tributária*. São Paulo: Financeiras, 1964.

FERREIRA FILHO, Manoel Gonçalves. *Estado de Direito e Constituição*. 4. ed. São Paulo: Saraiva, 2007.

GUASTINI, Riccardo. Interpretación y construcción jurídica. *Isonomía*, n. 43, p. 11-48, out. 2015.

GUASTINI, Riccardo. *Interpretar y argumentar*. Tradução de Silvina Álvarez Medina. Madrid: Centro de Estudios Políticos y constitucionales, 2014.

HART, H. L. A. *O conceito de direito*. 3. ed. Lisboa: Fundação Calouste Gulbenkian, 2001.

KELSEN, Hans. *Teoria geral das normas*. Porto Alegre: Sérgio Antônio Fabris, 1986.

LEÃO, Martha Toribio. *O direito fundamental de economizar tributos*: entre legalidade, liberdade e solidariedade. São Paulo: Malheiros, 2018.

LOPES, José Reinaldo de Lima. Entre a teoria da norma e a teoria da ação. *In*: STORCK, Alfredo Carlos; LISBOA, Wladimir Barreto (Org.). *Norma, moralidade e interpretação*: temas de filosofia política e direito. 1. ed. Porto Alegre: Linus, 2009. v. 1.

LOPES, José Reinaldo de Lima. Filosofia analítica e hermenêutica: preliminares para uma teoria do direito como prática. *Revista de Informação Legislativa*, v. 53, p. 219-220, 2016.

OLIVEIRA, Vivian de Freitas e Rodrigues de. *Preço de transferência como norma de ajuste do imposto sobre a renda*. São Paulo: Noeses, 2015.

RIBEIRO, Diego Diniz. Aplicação do valor tributável mínimo do IPI é validada pela jurisprudência do Carf. *Conjur*, 16 jan. 2019. Disponível em: https://www.conjur.com.br/2019-jan-16/direto-carf-aplicacao-valor-tributavel-minimo-ipi-validada-carf. Acesso em: 4 fev. 2021.

SCHOUERI, Luís Eduardo. O desafio do planejamento tributário. *In*: SCHOUERI, Luís Eduardo; FREITAS, Rodrigo de (Coord.). *Planejamento tributário e o "propósito negocial"*: mapeamento de decisões do Conselho de Contribuintes de 2002 a 2008. São Paulo: Quartier Latin, 2010.

SCHOUERI, Luís Eduardo. *Preços de transferência no direito tributário brasileiro*. 3. ed. São Paulo: Dialética, 2013.

SHERWIN, Emily. A defense of analogical reasoning in law. *The University of Chicago Law Review*, v. 66, n. 4, Autumn 1999.

Informação bibliográfica deste texto, conforme a NBR 6023:2018 da Associação Brasileira de Normas Técnicas (ABNT):

DELIGNE, Maysa de Sá Pittondo. Aplicação do direito e o planejamento tributário: estudo de caso. *In*: MARINHO NETO, José Antonino (Org.); LOBATO, Valter de Souza (Coord.). *Planejamento Tributário*: pressupostos teóricos e aplicação prática. Belo Horizonte: Fórum, 2021. p. 411-424. ISBN 978-65-5518-269-9.

SOBRE OS AUTORES

Alexandre Evaristo Pinto
Doutor em Direito Econômico, Financeiro e Tributário pela Faculdade de Direito da USP. Doutorando em Controladoria e Contabilidade da Faculdade de Economia, Administração e Contabilidade da USP. Mestre em Direito Comercial pela Faculdade de Direito da USP. Conselheiro Titular da 1ª Turma da Câmara Superior de Recursos Fiscais do Conselho Administrativo de Recursos Fiscais. Professor no Mestrado Profissional em Controladoria e Finanças da Fipecafi. Coordenador do MBA IFRS da Fipecafi.

Angélica Duarte
Mestranda em Direito e Justiça (Direito Tributário) na Universidade Federal de Minas Gerais (UFMG). Advogada Tributarista no escritório Botelho Spagnol Advogados em Belo Horizonte/MG. *E-mail*: angelica.o.duarte@hotmail.com.

Ariane Coelho Baroni Perdigão de Miranda
Graduada em Direito pela Pontifícia Universidade Católica de Minas Gerais. Pós-Graduanda em Advocacia Tributária. Advogada, sócia do Baroni & Tibúrcio Advocacia. Coautora do livro *Direito civil – Temas da atualidade* (1. ed. Rio de Janeiro: Lumen Juris, 2017).

Bárbara Shirley Alves Maia
Graduanda em Direito e Ciências Contábeis pela Pontifícia Universidade Católica de Minas Gerais.

Bianca Mauri Frade
Bacharel em Direito pela UFMG. Pós-Graduanda em Direito Tributário pelo Instituto Brasileiro de Direito Tributário – Ibet. Advogada.

Bruno Cesar Fettermann Nogueira dos Santos
Mestrando em Direito Econômico, Financeiro e Tributário e Bacharel pela Faculdade de Direito da USP. Especialista em Direito Tributário e em Direito Tributário Internacional pelo IBDT. MBA em Normas Contábeis Internacionais pela Fipecafi. Pesquisador do Instituto Brasileiro de Direito Tributário.

Daniela Nascimento Dias de Souza
Pós-Graduada em Direito Tributário e Master of Law LL.M em Direito Tributário pela PUC Minas. Advogada.

Danielle Brandão Guisoli
Advogada, contadora e consultora tributária. Bacharel em Direito pela Faculdade Milton Campos. Bacharel em Ciências Contábeis pelo Instituto Brasileiro de Mercado de Capitais – Ibmec.

Eduardo Arrieiro Elias
Advogado tributarista em Belo Horizonte/MG. Graduado e Mestre em Direito pela Faculdade de Direito Milton Campos. Sócio do escritório Arrieiro Papini Advogados. *E-mail*: eduardo@arrieiropapini.com.br.

Elias Figueiroa da Silva
Advogado. Pós-Graduado em Direito Tributário pelo Centro de Estudos em Direito e Negócios – Cedin.

Flávio Machado Vilhena Dias
Mestre em Direito Tributário pela PUC-SP. Especialista em Direito Tributário pelo Ibet. Conselheiro Titular no Conselho Administrativo de Recursos Fiscais – Carf. Professor de Direito Tributário no Ibet, IEC PUC Minas e Cedin. Advogado licenciado.

Hanna Oliveira Lauar
Advogada especialista na área de Tributação Internacional. Mestranda em Justiça Tributária e Segurança Jurídica pela UFMG. Bacharel em Direito pela UESC. Pós-Graduada *lato sensu* em Direito Tributário pelo IEC PUC Minas.

José Antonino Marinho Neto
Bacharel em Direito pela UFMG. Pós-Graduando em Direito Constitucional pelo IDP. Pesquisador do Observatório de Macrolitigância Fiscal e Aditus Iure (IDP). Advogado.

Juliana Santos Moura
Pós-Graduada em Direito Tributário pela PUC Minas. Mestranda em Direito Tributário pela UFMG. Advogada.

Lenisa R. Prado
Conselheira no Conselho Administrativo de Defesa Econômica – Cade (Autoridade Brasileira de Defesa da Concorrência). Advogada licenciada. Graduada em Direito pelo Centro Universitário de Brasília (UniCEUB). Pós-Graduada em Direito Público e Mestre em Direito Constitucional pelo Instituto Brasiliense de Direito Público (IDP). Doutoranda

em Direito Tributário pela Universidade Federal de Minas Gerais (UFMG). Professora do IDP. Já prestou assessoramento jurídico ao Consultor Jurídico do Ministério dos Transportes, Portos e Aviação Civil e ao Departamento Nacional de Infraestrutura de Transportes (DNIT). Foi conselheira do Conselho Administrativo de Recursos Fiscais (Carf). Foi assessora no Superior Tribunal de Justiça.

Leonardo Aguirra de Andrade
Doutor e Mestre em Direito Tributário pela Universidade de São Paulo. LLM em Direito Tributário Internacional pela Georgetown University. Advogado em São Paulo. *E-mail*: leonardo.andrade@andrademaia.com.

Leonardo de Andrade Rezende Alvim
Doutorando em Direito Tributário pela UFMG. Mestre em Direito Público pela PUC Minas. Especialista em Gestão em Direito Tributário pela FGV. Professor de Direito Tributário da Escola Superior Dom Helder Câmara em Belo Horizonte. Pesquisador do Núcleo de Tributação do Insper/SP. Professor da Pós-Graduação *lato sensu* em Direito Tributário no Cedin. Ex-Procurador-Geral Adjunto e Ex-Coordenador-Geral de Assuntos Tributários na PGFN em Brasília.

Leonardo Dias da Cunha
Professor da Especialização em Direito Tributário da PUC Minas. Advogado contencioso e consultivo tributário. Mestre em Direito Público, com ênfase em Direito Tributário pela PUC Minas. Especialista em Direito Tributário pela FGV. Membro da Comissão de Direito Tributário da OAB/MG. Membro da Comissão de Educação Jurídica da OAB/MG. Membro da Diretoria da Associação Brasileira de Direito Tributário – ABRADT – Jovem.

Letícia Leite Vieira
Advogada. Mestranda em Direito Tributário pela Universidade Federal de Minas Gerais. *E-mail*: leticialvieira@hotmail.com.

Lívia Carolina Silveira Costa
Especialista em Direito Tributário pela Fundação Getúlio Vargas (FGV). Advogada.

Luís Flávio Neto
Diretor do Instituto Brasileiro de Direito Tributário – IBDT. Coordenador Acadêmico e Professor do Mestrado Profissional em Direito Tributário Internacional e Comparado do IBDT. Doutor e Mestre em Direito Econômico, Financeiro e Tributário pela Universidade de São Paulo. Estágio Pós-Doutoral em Direito Tributário Internacional na University of Florida (USA, 2017) e no IBFD (Holanda, 2018-2020). Pesquisador visitante na

Wirtschaftsuniversität Wien (2014) e no IBDT (2008-2009). Advogado sócio do escritório KLA Advogados.

Marcelo Nogueira de Morais
Consultor jurídico, tributário e legislativo da Fecomércio/MG. Mestre em Direito Público, com ênfase em Direito Tributário pela PUC Minas. Membro do Conselho de Contribuintes do Estado de Minas Gerais. Possui MBA Executivo Internacional com ênfase em Direito Tributário pela FGV, com extensão internacional cursada na Universidade da Califórnia, campus Irvine (UCI).

Mariel Orsi Gameiro
Conselheira do Carf – Conselho Administrativo de Recursos Fiscais e do Conselho Administrativo de Recursos Tributários – Cart de Belo Horizonte. Ex-Conselheira do Conselho de Contribuintes do Estado de Minas Gerais – CCMG. Advogada licenciada. Professora de Direito Tributário na Pós-Graduação e Graduação da PUC Minas e Cedin. Especialista em Direito Tributário pela PUC Campinas. Mestre em Medicina pela Unesp. Doutoranda em Direito Tributário na UFMG.

Marina Pettinelli
Advogada. Especialista em Direito Tributário pela Fundação Getulio Vargas (FGV). MBA IFRS - Normas Internacionais de Contabilidade.

Maysa de Sá Pittondo Deligne
Doutora e Mestre em Direito Tributário pela Faculdade de Direito da Universidade de São Paulo – FDUSP. Especialista em Direito de Empresa pela PUC Minas. Bacharel em Direito pela Faculdade de Direito da Universidade Federal de Minas Gerais – UFMG. Conselheira Titular na 3ª Seção de Julgamento do Conselho Administrativo de Recursos Fiscais – Carf. Professora em cursos de Pós-Graduação em Direito Tributário do Ibmec, Cedin, PUC Minas, ESA/OAB e IBDT.

Miguel Andrade Ferreira
Advogado e Consultor na área civil e empresarial. Mestrando em Justiça Tributária e Segurança Jurídica pela UFMG. Pós-Graduado *lato sensu* em Direito Público pela PUC Minas. Bacharel em Direito pela PUC Minas.

Müller Nonato Cavalcanti Silva
Especialista e Mestrando em Direito Tributário pelo Instituto Brasileiro de Estudos Tributários – Ibet. Professor de Direito Tributário em cursos de pós-graduação. Advogado tributarista licenciado. Conselheiro na 3ª Seção de Julgamento do Conselho Administrativo de Recursos Fiscais – Carf.

Nayara Atayde Gonçalves Machado
Conselheira do Conselho de Contribuintes de Minas Gerais. Advogada. Mestre em Direito pela Faculdade Milton Campos. *E-mail*: nayara_atayde@hotmail.com.

Paulo Honório de Castro Júnior
Graduado em Direito e Mestrando em Direito Tributário pela Universidade Federal de Minas Gerais – UFMG. Mestrando em Direito Financeiro pela Universidade de São Paulo – USP. Pós-Graduado pelo Instituto Brasileiro de Estudos Tributários – Ibet. Presidente do Instituto Mineiro de Direito Tributário – IMDT. Professor de Direito Tributário e Financeiro em cursos de Pós-Graduação e de Extensão. Advogado.

Ramon Tomazela
Doutor e Mestre em Direito Tributário pela Universidade de São Paulo (USP). Master of Laws (LL.M.) em Tributação Internacional na Universidade de Viena (Wirtschaftsuniversität Wien – WU), Áustria. Professor convidado em cursos de Pós-Graduação. Advogado em São Paulo.

Sávio Jorge Costa Hubaide
Mestrando em Direito Tributário e Bacharel pela Universidade Federal de Minas Gerais (UFMG). Pós-Graduado em Direito Tributário pelo Cedin. Advogado.

Thais de Barros Meira
Advogada. Doutora em Direito Tributário (USP). LL.M. (Harvard Law School). Mestre em Direito do Estado (PUC-SP).

Tiago Conde Teixeira
Doutorando. Mestre em Direito Público pela Universidade de Coimbra (Portugal). Bacharel em Direito pelo Centro Universitário de Brasília. Professor de Direito Tributário do Instituto Brasiliense de Direito Público (IDP). Membro efetivo da Câmara de Tributação da Fecomércio. Advogado, Consultor e Diretor da ABRADT.

Valter de Souza Lobato
Professor de Direito Financeiro e Tributário da Universidade Federal de Minas Gerais (UFMG). Mestre e Doutor em Direito pela UFMG. Presidente da Associação Brasileira de Direito Tributário (ABRADT). Advogado.

Wanderson Rodrigues Beserra
Advogado. Pós-Graduado em Direito Tributário pela PUC Minas.

Esta obra foi composta em fonte Palatino Linotype, corpo
10 e impressa em papel Offset 75g (miolo) e Supremo
250g (capa) pela Gráfica Formato em
Belo Horizonte/MG.